발전행정 시대의 정부와 사회

-새마을운동을 중심으로-

이광석 · 임한성 · 이정훈 · 강왈구
김학실 · 이병기 · 김관욱 · 전기우
이종수 · 네모토 마사쯔구 · 이병욱

도서출판 대영문화사

머리말

행정사(行政史)란 행정의 역사를 다루는 행정학의 한 분야이다. 역사의 의미란 현재와 과거와의 대화로 그 속에서 본보기가 될 만한 것을 찾으려는 노력이다. 그런데 행정사를 공부할 때의 어려움은 역사를 다루는 학문과의 관계를 어떻게 설정할 것인가의 문제와, 얼마만큼 적실성(relevance) 있게 접근할 것인가의 실제적인 문제에 부딪힌다. 예를 들어 중국의 '동북공정(東北工程)'에 대응하려고 행정학자가 고대사(古代史)를 강의할 필요가 있을까? 이런 목적을 위해서라면 역사학에 맡기는 편이 나을 것이다. 한편 적실성 있는 지식을 제공하려면 현재 상태에 대한 정확한 이해가 필요하다. 그러면 현재 상태는 어떠한가? 사진작가에 따르면 현대 한국인의 얼굴은 서구화되었기에, 전통적인 한국인의 얼굴을 전국 어디에서든 찾아보기가 쉽지 않다고 한다. 얼굴뿐만이 아니라 의식도 서구화되었음은 말할 필요가 없다. 또 고대 한국인의 언어생활을 현대인이 이해하기에는 시간적인 간격이 너무 깊다. 더 나아가 현대를 연구하더라도 행정 그 자체의 연구에는 많은 노력을 기울였으나, 행정이 뿌리박고 있는 생활세계에는 관심을 덜 가져왔다. 인간의 생활세계는 공간적으로는 지역, 인간적으로는 '나'라는 주체 또는 '우리'라는 상호 주체가 함께 연루되어야만 발생하고 구성되며, 시간적으로는 과거와 현재 및 미래가 얽혀 있는 정신적인 결과물이다. 따라서 이제부터 행정학의 연구 주제 중의 하나는 '생활세계와 행정과의 관계'라고 하겠다. 이런 관점에 선다면, 현재 상태를 이해하기에 도움이 되는 주제를, 역사학을 응용하지만 역사학과 차별되게, 행정과 생활세계의 연구에도 관심을 가져야 한다는 결론에 이른다.

헤겔의 명언 중에 "미네르바의 부엉이는 황혼에 난다"라는 말이 있다. 그 말을 여기에 적용하면 이제 거의 반세기가 흐른 새마을운동은 연구하고 평가하여야 할 대상이 되었다는 뜻이다. 다른 한편에서는 흘러간 과거진행형으로 보는 관점이 아니라 세계 여러 나라에서 도입하려고 하는 현재진행형이기에 나아갈 방향을 제시할 필요성이 있고, 학계에서는 이 요청에 대하여 응답하여야 할 때이다. 이러한 현상에 비추어볼 때 이제는 우리 역사의 한 부분이 된 새마을운동을 개인적 호・불호나 그 정책을 시행한 정부의 호・불호를 떠나 객관적으로 또는 합리적으로 평가할 필요성이 제기된다. 이 책은 이 목적에 이바지하도록 편찬되었다.

이 책은 4편으로 이루어졌다. 제1편은 "새마을운동의 의의와 역사"를 다룬 글들로, 제1장은 이광석 교수가 집필한 "한국의 발전에서 발전행정의 의의", 제2장은 임한성 박사가 집필한 "새마을운동과 지역사회 개발", 제3장은 이정훈 교수가 집필한 "사회 발전에서 새마을운동의 공헌과 리더십"의 묶음이다.

제2편에서는 "국내 새마을운동"이라는 제목 아래, 제4장은 "새마을운동과 새마을금고"로 강왈구 박사의 글이며, 제5장은 "새마을운동에서 여성의 역할"을 다루었는데 김학실 교수의 글이다. 제6장은 "새마을소득증대사업"을 논의한 글로 이병기 교수가 집필하였다. 제7장은 "공장새마을운동에 대한 인류학적 고찰"을 다룬 글로 김관욱 선생이 집필하였다.

제3편은 "새마을운동의 국제화"에 관심을 둔 글들로, 제8장은 전기우 박사가 집필한 "새마을운동의 세계화"이며, 제9장은 임한성 박사가 집필한 "개발도상국에서의 새마을운동: 아시아・아프리카"이며, 제10장은 "우리나라와 몽골 새마을운동 거버넌스", 제11장은 "새마을교육과 지도자 양성: 몽골녹색 ODA와 새마을운동 활성화 방안을 중심으로"로, 제10장과 제11장은 이종수 교수의 글이다.

제4편은 "새마을운동의 학문적 성격"을 다룬 글들로, 제12장은 "새마을운동에 대한 일본어 문헌의 검토와 과제"로 네모토 마사쯔구 교수가 집필하였고, 제13장은 "새마을운동 경제학"으로 이병욱 교수가 집필하였으며, 제14장은 "새마을운동

의 학문적 성격"으로 이광석 교수의 글이다.

이 책의 발간에 많은 분의 도움이 녹아 있다. 특히 새마을운동의 세계화와 아울러 새마을운동의 학문화를 지향하는 최외출 영남대 부총장(글로벌새마을포럼 회장)께 감사드린다. 또 자료를 이용하도록 한 이정주 교수(영남대)와 이정락 선생(영남대)에게도 감사드린다. 아울러 이 책의 편찬에 많은 도움을 준 김창현 선생(경북대 박사과정)에게도 감사를 표한다.

이 책은 발전행정 시대에 정부가 사회 또는 생활세계에 어떤 영향을 미쳤는가라는 시각에서 새마을운동을 연구한 것으로, 완성본이라기보다는 큰 걸음을 내딛는 시도로 보아주기 바란다. 이 분야에 관심이 있는 분들의 애정 어린 충고를 기대한다.

2016년 7월

집필진을 대표하여 이광석 사룀

차 례

제 7 장 공장새마을운동에 대한 인류학적 고찰: 여성 노동자의 몸을 통해 본 구로공단의 과거와 현재 230

제 3 편 새마을운동의 국제화

제 8 장 새마을운동의 세계화 267

제 1 편

새마을운동의 의의와 역사

제 1 장 한국의 발전에서 발전행정의 의의

제 1 절 행정의 발전

행정학의 탄생은 독일의 관방학과 베버(Max Weber)의 사회학에서 유래한다. 그러나 현대적 의미의 행정학은 미국의 윌슨(W. Wilson)의 「행정의 연구(The Study of Administration)」(1987)라는 논문에서부터라고 말하고 것이 일반적이다. 행정학의 발달 이론을 잘 정리한 박동서(2005)를 따라 논의해 보기로 한다.[1)]

윌슨 이전까지는 행정의 연구가 정치 속에 포함되어 있어서 행정이라고 일컬을 만한 독자성이 인정되고 있지 못하고 있었다. 윌슨의 공헌은 정치의 영역에서 분리하여 처음으로 독자성을 주장하였다는 데 있다. 즉, 행정은 정치로부터 분리되어 그 고유 영역이 있음을 주장하게 되었다.[2)] 이 배경에는 엽관주의의 폐해가 자리잡고 있었고, 또 엽관주의의 폐해의 원인으로 지목된 것은 정당정치에 있었다. 이를 막기 위해서는 행정이 정치로부터 분리시켜 정당정치에서 연유되는 엽관 인사를 막

---

1) 이 부분은 박동서(2005)를 인용한 것이다.

2) 이때에 행정이 정치와 분리하여야 할 필요성이 대두된 것은 1880년대에는 19세기 중엽 이후 미국에 널리 퍼져 뿌리를 박은 엽관주의(spoils system)의 횡포 때문이다. 이를 극복하기 위해서는 반엽관주의(antispoils system)가 필요하였고, 그 이론적 기반이 제공되어야 했다. 윌슨의 주장은 이러한 연유로 그 당시 많은 사람의 동감을 얻게 되었다(박동서, 2005).

을 이론적인 근거를 제공하여야 하였다. 그것이 바로 윌슨이 추구하였던 행정은 정치의 이원론이다. 정치・행정의 이원론은 그 후에도 저명한 굿노(F. J. Goodnow)나 윌로비(W. F. Willoughby) 등에 의하여 계승・발전되어 1930년대에 이르기까지 정치・행정 일원론이 대두할 때까지 지속되었다.

1930년대에 이르러 뉴딜(New Deal)정책으로 인하여 정치・행정 이원론이 비판을 받기 시작하였고, 정치・행정 일원론이 이를 대체하였다. 그 이론적 근거는 애플비(P. H. Appleby)의 「정책과 행정(Policy and Administration)」(1949년)에서 제공되었다. 뉴딜정책에서 보듯이 정치와 행정 간에는 불가분의 관계에 있음이 입증되었고,[3] 이에 따라 정치・행정 이원론이 더 이상 유지되기가 힘들었다. 즉, 위기 때에는 행정부의 적극적인 역할을 더욱더 요구하였다.

1940년대 후반에 행태과학적 접근(behavioral science approach)을 주장하는 사이먼(H. A. Simon)을 중심으로 새로운 이원론을 제기하였다. 그 근거는 논리적으로 구별이 가능한 사실과 가치를 구분하여 행정의 연구에서는 그 대상을 전자에 한정하려고 하였다. 이 새 이원론은 행정의 정책 결정 기능, 즉 가치판단적인 것을 부정하는 것이 아니라, 행정의 과학화를 위한다는 목적에서 행정학을 재구성하였다. 즉, 학문 지향의 특성을 보여주고 있다. 따라서 실제 행정 과정에서는 정책 결정이 100% 가치 중립이라는 것을 강력히 주장하는 것은 아니라고 해석되고 있다.

1960년대에 들어서 신생국의 국가 발전이 주요 관심 사항으로 되었다. 신생국의 정치・행정의 발전 문제를 연구하던 학자들 중 와이드너(E. W. Weidner), 에스먼(M. J. Esman) 등은 정치와의 관계에서 행정우위론을 주장하였다. 이들에게서 새 일원론의 이론적 근거를 얻었다. 이 근거는 신생국에서 발전을 하기 위해서는 발전의 담당자 역할을 우수 인력으로 충원된 행정관료조직에 맡길 수밖에 없다는 것이다. 선진국에서는 사경제인이나 정치인에게서 찾을 수 있겠지만 신생국에

3) 그 근거를 다음과 같이 제시하고 있다(박동서, 2005). 첫째, 정치나 행정이나 다 같이 정치 권력을 내포하고 있다. 둘째, 행정이란 마땅히 누구나 넓은 의미의 정치 과정 속에 내포되고 있다고 본다. 셋째, 논리적・분석적으로 정치・행정을 2분할 수 있기는 하나 이와 같이 하는 경우에도 행정, 즉 이미 수립된 정책을 구체화하는 과정에서도 가치 배분적인 것이 내포되어 있다는 것을 부정할 수 없으며, 따라서 단순한 기계적인 집행으로 생각할 수 없는 것이다. 넷째, 행정을 행정부의 기능으로 생각하는 경우 더욱 정책 결정적인 것을 내포하고 있음은 세계 공통적이다. 특히 행정부의 경제적 권한・예산권 등에서 행정부 의존이나 행정부의 우월화 현상이 나타난다.

서는 정치인・경제인들의 능력 향상을 기다릴 수 없기 때문이다.4)

1980년을 전후하여 영국과 미국에서 신공공관리론이 행정에 적용되기 시작하였다. 앞서 살펴본 20세기 초의 이원론과 기본적으로는 같은 가치를 공유하는데, 행정에 경영기법을 적용하여 행정의 효율성, 생산성을 높이자는 데 목표가 있다. 이 이론적 근거는 공공선택론에서 유래하였다. 이 배경에는 1970년대에 이른바 스태그플레이션(stagflation)이라는 경제 침체가 자리잡고 있었다. 그 원인으로는 복지 프로그램의 팽창으로 재정 규모가 계속 커지고, 이에 따라 재정적자와 사경제의 침체가 가속화되었다. 이를 극복하기 위한 방안이 그간 발전된 경영기법의 도입과 행정에의 적용이었다. 아울러 시민(고객)을 위한 행정 서비스의 수준도 높임으로써 이들의 선택과 만족도를 높이자는 의도에 있었다.5)

---

4) 그러나 임명된 행정인으로 충원된 행정이 정치를 우월한 입장에서 영도해 나가는 경우에 책임성・정통성의 문제가 제기된다. 따라서 정치 발전이 부진한 국가에서는 관료주의화하여 기대되는 성과를 올리지 못할 뿐만 아니라, 또 하나의 귀중한 가치인 시민적 자유의 신장은 고사하고 상실하기 쉽다. 1960년대 이후 행정 주도로 경제 발전은 이룩했지만 민주성・책임성의 정도가 높지 못해서, 행정부의 비대화와 이에 의한 권력의 남용, 인권의 침해, 자유의 억압은 가중되었다(박동서, 2005).

5) 신공공관리론(new public management: NPM)의 주요 특색은 다음과 같다(박동서, 2005). 첫째, 행정의 지나친 팽창, 정부의 실패에 대한 반성으로 행정 기능 및 기구 인력의 감축 및 민영화, 민간 위탁을 조장한다. 둘째, 사회와 경제의 자율성을 신장함으로써 경제의 생산성을 향상시키기 위하여 경제 규제를 완화한다. 셋째, 행정조직 간, 조직원 간의 경쟁을 조장하기 위하여 평가 기준으로 성과를 중시하며 이에 따른 유인제를 장려한다. 넷째, 중시하는 성과의 내용으로서 고객의 만족도를 높이기 위하여 이들의 요망을 장기적으로 파악하고 행정에 적극 반영한다. 다섯째, 의도하는 행정의 효율성을 높이기 위하여 정책 기능과 집행 기능을 분리시켜 집행 기능은 관리에서 고도의 자율성을 부여하고 결과와 성과를 기준으로 평가하여 책임을 묻는다(agency-책임운영기관). 이와 동시에 고급관리직의 임용을 조직 내외에서 공개채용하며 계약제로 한다(개방형 임용제). 이에 대한 비판적인 평가가 제기되는데, 주요 내용은 다음과 같다. 첫째, 행정이 경영과 다른 공공성, 공익성이 경시되고 있다는 것, 둘째, 민을 고객으로 보는 것은 사회를 구성하는 시민이 지니는 권리와 의무를 고려할 적에 지나치게 편협된 개념화라는 점, 셋째, 고객이란 지불능력이 있는 자를 의미하는데 그러한 능력이 없는 빈민, 약자는 누가 돌보느냐는 문제, 넷째, 경쟁만 강조하다 보니 빈부의 차가 심화되고 이와 더불어 세계화는 국제 간에도 같은 결과를 유발하고 있어 국내외에서의 공동체성이 붕괴되고 있다는 것, 다섯째, 정책 결정과 집행이 얼마나 분리될 수 있으며 결과를 중시하다 보니 평가가 얼마나 공정성을 지니고 있으며 과정이 경시되고 있다는 것 등을 들 수 있겠다.

제 2 절 사회와 행정의 발전

리그스(F. Riggs)는 먼저 분화의 정도에 따라 사회를 세 유형으로 나눈다(Riggs, 1964; Lee, 2004에서 재인용). 농촌사회(Agraria), 프리즘사회(Transitia), 산업사회(Industria)가 그것이다. 농촌사회는 융합적이며 호혜주의와 재분배주의가 특징이다. 호혜주의란 가격제도에 의하지 않고 조선조 조공무역이나 생일이나 크리스마스에 선물을 주고받는 것에서 보는 바처럼 등가적 교환이 이루어진다. 이런 제도가 산업사회에 적용되면 호혜주의의 기능은 시장으로 이행된다. 농촌사회의 또 다른 특징은 공동사회에서 보는 바처럼 재분배주의가 지배하는 사회이다. 산업사회에서는 이 기능은 정부의 역할로 전환한다. 그 중간에 존재하는 사회의 형태가 프리즘사회이다.

한편 리그스의 모델은 로스토(W. W. Rostow)의 경제발전 5단계와 비교할 수 있는데, 그의 이론은 전통사회(traditional sector)와 발전된 사회(modern capitalist sector) 사이에 도약 단계(take-off stage)를 설정한다. 그의 이론을 되새기는 목적은 새마을운동이 선행 조건 단계나 도약 단계에서 일어났던 사건으로 해외에 새마을운동을 진출시키고자 할 때 그 나라의 상황이 어느 단계인지가 초점이 되기 때문이다. 그러면 로스토의 경제발전단계설은 어떻게 구성되는가? 이를 간단히 탐구해 보기로 한다(Rostow, 1971).

이론의 시작은 전통사회로부터이다. 전통사회란 그 구조가 뉴턴 이전의 과학과 기술에 바탕을 두 사회로, 따라서 구조의 발전이 한정된 생산함수의 영역 내에 머무르고 있는 사회이다. 성장의 2단계는 과도적 단계로, 도약을 위한 선행 조건이 발전되어 가는 기간에 놓여 있는 사회이다. 이 단계에서는 전통사회가 근대 과학의 성과를 이용하고, 수확 체감을 방지하며, 그 결과로 가속적 성장 추진력의 작용에 의한 긍정적 방향으로의 전개가 이루어진다. 예컨대, 교육이나 생활 개선, 위험을 부담하려는 새로운 형태의 진취적인 사람들이 나타난다. 더욱이 이 단계에서는 균형잡힌 사회적 가치관에서도 변화가 일어난다. 그 대표적인 것이 중앙집권적 국가 건설이라고 한다. 그 다음 단계는 도약 단계로, 착실한 성장에 방해가 되는 낡은 사상이나 저항이 극복되는 기간이다. 이 단계에는 새로운 공업이 급속히 발전하여 이윤을 만들어내며, 그 이윤의 대부분이 재투자된다. 또한 농업은 상업화되고 이에 따라 기술이 공업에서와 같이 농업에서도 보급된다. 이어서 새로운 방법을 받아들이고, 그 방법이 그들의 생활양식에 미치는 큰 변동을 받아들이고자 하는 농민의 수가 점차 증가된다. 도약 단계가 성공하려면 농업생산력의 혁신적 증대가 기본 조건이 된다. 이후의 단계는 성숙 단계와 고도대중소비 단계이지만 이 글의 핵심과는 거리가 있기에 논의하지 아니한다.

로스토의 전통사회 단계는 리그스의 농촌사회에, 그의 현대 자본주의사회(modern capitalist sector)는 산업사회에 상응한다. 그 사이에 존재하는 도약 단계가 바로 리그스의 프리즘사회이다. 여기에서 중요한 것은 어느 시점에서 의식의 전환이 일어난다는 데 있다. 즉, 긍정적 발전이 이루어지는 영역은 의식의 전환이 일어날 때에 비로소 발전이 순기능의 궤도에 오른다는 것이다. 이를 나타낸 것이 [그림 1-1]이다.

그림 1-1 개인의 의식 전환이 국가 발전에 공헌하는 영역

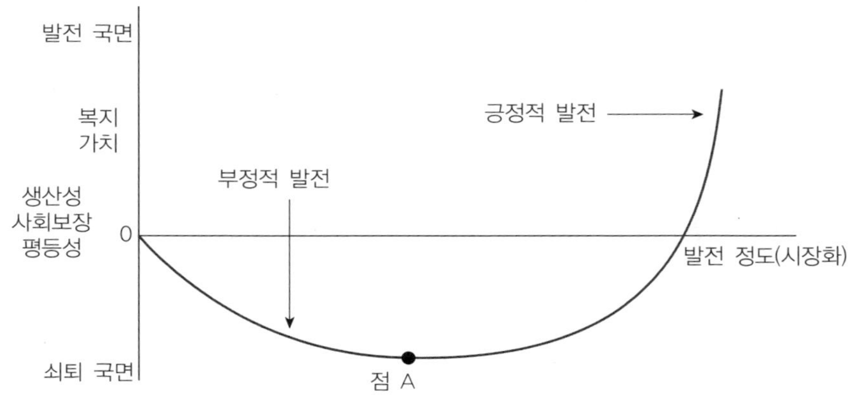

자료: Riggs(1964: 121).

새마을운동의 공헌은 '잘살아보세'라는 구호 속에 담겨 있다. 즉, 가난이라는 숙명을 이제는 더 이상 숙명으로 받아들이지 않고 잘 살아보겠다는 의지를 갖도록 유도한데 있다. [그림 1-1]의 점 A에서, 부정적 발전에서 긍정적 발전으로의 의식

전환이 일어난다. 이 역할을 행정이 담당하였음에 발전행정과 새마을운동이 만나게 된다. 그 이전에 새마을운동의 전개에 대하여 간단히 기술해 보기로 한다.

제 3 절 새마을운동의 발전

새마을운동은 새마을운동의 추진 주체가 누구인가에 따라 제1기(1970~79년의 새마을운동 시기), 제2기(1980~2009년의 새마을운동 시기), 제3기(2010년 이후의 새마을운동 시기)로 나뉜다.[6] 이 구분을 새마을운동의 공간적 확산을 살펴보면, 제1기는 국내에서 국토의 전공간으로 확대된 시기이며, 제2기에는 전국민의 생활공간까지 확산되었다. 제3기에는 국제 사회로 그 공간을 확산하는 시기였다.[7] 또한 이 변화는 제1기의 자발적 운동에서, 제2기에는 새마을운동이 민간으로 이전되었다가 2010년을 기점으로 민·관 협력 체계를 통하여 새마을운동의 주체가 변화됨을 의미한다(이정주·이정락, 2016). 그러나 시대적·내용적 흐름에도 이렇게 다양하게 전개되었음에도 불구하고 새마을운동과 관련한 대부분의 연구와 평가는 1970년대(1970~79년)를 대상으로 하고 있다.

더 나아가 역사적으로 1970년대 이후 새마을운동은 정신운동으로 자리잡았다. 그럼에도 새마을운동을 농촌지역으로 한정하여 연구·평가하는 것은 연구 대상과 연구의 범위를 스스로 축소시킨다는 주장(이정주·이정락, 2016)은 의미있다고 하겠다.

한편 1990년대 이후 발표된 새마을운동에 대한 부정적·비판적 연구도 주목할 만하다. 이를 정리한 것이 다음 〈표 1-1〉이다.

〈표 1-1〉에서 보듯 대다수의 연구 논저는 그 연구 대상이 시대적으로 1970년대의 새마을운동이다. 대체로 그 내용을 요약하면(이정주·이정락, 2016) 새마을운동으로 인하여 도시와 농촌 간의 격차 확대와 농가 부채의 급증, 마을공동체 자율성

6) 이 절은 이정주·이정락(2016)을 정리하였다.
7) 한국은 2009년 11월 25일 OECD/DAC 회원국으로 가입되어 수원국으로 전환되었다. 그리고 국제 사회에서 첫 번째 사례로 새마을운동의 세계화가 가능하게 되었다.

표 1-1 새마을운동에 대한 비판적 연구 사례

연도	연구자	연구 제목	출 처
1999	박진도, 한도현	새마을운동과 유신체제	역사비평(47)
2000	김흥순	공동근대화 프로젝트로서의 새마을운동에 대한 비판적 고찰	한국지역개발학회지
2002	오유석	박정희식 근대화 전략과 농촌새마을운동	동향과 전망(2002)
2004	고원	박정희 정권 시기 농촌새마을운동과 근대적 국민 만들기	경제와 사회(69)
2006	하재훈	박정희 체제의 대중통치 새마을운동	경북대 박사학위 논문
2011	황병주	유신체제의 대중 인식과 동원담론	상허학보(32)
2011	박보영	지역사회개발사업과 발전주의 복지정치: 박정희 정권의 새마을운동을 중심으로	사회복지정책(38)
2012	김영미	식민지 동원의 유산과 변용	한국학논총(38)

출처: 이정주 · 이정락(2016).

파괴, 공동체적 지혜와 전통 파괴를 중요한 문제점으로 지적하고 있거나, 새마을운동이 추구한 지향점을 물질적 근대화의 산물로 보았으며, 그 운영 체계는 정부와 관이 주도하는 획일적이고 하향적인 운영 체계로 보고 있다.

다른 연구에서는 농촌새마을운동을 헤게모니적 권력 전략이라는 관점에서 고찰하는 연구도 있다. 그람시(A. Gramsci)에 따르면 '헤게모니'란 자신의 특수이익을 다른 집단의 이익과 일치시킴으로써 보편이익으로 전화시켜내는 특수한 지배 능력을 말한다.8)

8) 농촌새마을운동에서 헤게모니적 권력 전략의 분석 지점은 가난에서 해방되고 싶은 농민의 일상적 욕망과 농민을 경제적으로 동원하고 동시에 정권의 지지 기반을 강화하려는 국가적 강제력의 작용이라는 상이한 성격의 두 가지 이해관계가 맞물리면서 갈등과 침투, 변용과 전유, 새로운 동의와 균열을 창출해 가는 복잡한 근대적 대중정치의 메커니즘이다. 이러한 과정을 통과하면서 농촌새마을운동은 국가가 농민의 일상 속에서 특정한 생활규범을 침투시키고자 한 '농민생활의 근대적 규율화 운동'이자 이를 통하여 농민을 '국민'으로 호명하고자 한 헤게모니적 권력 전략으로 전화된다고 평가한다. "잘살아보겠다"는 농민들의 욕망을 '내힘으로 잘살아보겠다'는 정신적 자세의 문제로 변환하고, 농촌의 발전 여부는 그 같은 정신을 결여한 게으름에 있다고 단호하게 강조하였다. 나아가 박정희 체제는 이런 이데올로기적 공격을 물질적 · 제도적으로 뒷받침하였는데, 그것은 '선별적 지원' 정책이었다. 새마을운동은 철저하게 국가정책의 이행 여부에 중심을 두고 그 테두리 안에서 운영되었다. 이를 위하여 마을들은 기초마을-자조마을-자립마을로 구분되었고 차등적으로 지원받았다. 그리고 이 선별적 지원에서 탈락한 마을들은 일종의 '비행(非行)집단'처럼 낙인찍혔다(고원, 2004: 178-191; 이정주 · 이정락, 2016에서 재인용).

이러한 새마을운동의 부정적·비판적 연구를 유형별로 분류한 것이 〈표 1-2〉이다.

표 1-2 새마을운동의 비판적 평가 관점 분류표

구분	새마을운동 분야	주요 부정적·비판적 논지
이념적 관점	정신 계발-의식 개혁	획일적 생활규범 강요, 자율성 파괴
정치적 관점	조직 및 운영 체계	강제적, 집단적, 대중 동원, 정권 지지 기반 강화
경제적 관점	소득 증대	농가 부채 급증, 도·농 간의 격차 확대
사회·문화적 관점	환경, 생활태도 개선	전통의례 및 문화 파괴, 전통 양식 파괴

이 책은 이러한 점을 연구·검토하여 각 분야에서 이에 대한 진정한 논의를 시작하려는 시도이다. 이상의 논의를 기초로 실제 새마을운동에 여러 분야의 이론을 적용해 본 글들이 제2장부터 전개된다.

참고 문헌

박동서(2005). 『한국행정론』, 법문사.

이정주·이정락(2016). 새마을운동 발전단계 구분과 구분 유형에 관한 연구: 새마을운동의 추진체제의 변화와 지리·공간적 확산을 중심으로, 『지방행정연구』, 30(1): 139-167.

Lee, Kwang-seok(2004). *The Development of Korean National Pension Policy: A Paradigmatic Analysis*, Ph. D. Thesis: University of Newcastle upon Tyne.

제 2 장

새마을운동과 지역사회 개발

제 1 절 서론

한국 새마을운동은 농촌지역 사회개발뿐만 아니라 한국 사회의 성격을 결정짓는 데 분수령, 즉 한국 사회의 1970년대를 특징짓는 큰 사건이었다. 새마을운동이 한 시대를 풍미할 수 있었던 것은 이 운동이 기존의 지역사회 개발운동과는 다른 조건 하에서 그리고 다른 전략으로 추진되었기 때문이다. 새마을운동은 서구 사회가 개발도상국(주로 구식민지 국가) 개발을 목적으로 하였던 지역사회 개발모델을 극복하고 국민들의 정신 개혁을 바탕으로 하여 지역사회의 자원과 역량을 최대한 활용한 지역사회 개발을 추구하였던 한국의 독창적인 농촌지역 사회개발모형이라고 할 수 있다.

이러한 새마을운동에 대한 일반 국민들의 인식은 대체로 긍정적이지만 전문가 그룹에서는 찬성과 반대의 입장이 공존하고 있다.[1] 그러나 국제적으로는 성공한

1) 1987년 정치적 민주화 과정을 거치면서 사회학, 역사학 등을 전공한 소장 학자들을 중심으로 새마을운동에 대한 부정적 연구 결과들이 많이 쏟아져 나왔다. 부정적 시각의 근저에는 중앙집권적 하향식 사업 추진 방식에서 오는 강압성, 기초·자조·자립마을이라는 차별적 지원을 통한 과도한 경쟁심 유발, 갈수록 확대되는 도·농 간의 격차에서 오는 괴리감, 새마을운동의 성과가 과도하게 부풀려졌다는 점 등이 있다. 현재 젊은 층에서 새마을운동에 대한 관심이 저하되어 있는 것

농촌지역 사회개발운동의 사례로서 많은 아시아 및 아프리카 개발도상국들이 자국의 농촌 개발과 빈곤 문제 해결을 위하여 벤치마킹하고자 하는 제일의 대상이 바로 새마을운동이다. 즉, 한국 새마을운동은 제한된 자원을 효율적으로 활용하는 과정논리를 포함하고 있고, 지역사회 주민들의 역량 강화를 통하여 변화를 관리할 수 있는 능력을 향상시킬 수 있는 방법론을 포함하고 있어서 많은 국제기구(UNDP, OECD, WFP 등)가 개발도상국의 농촌 개발과 빈곤 문제를 해결할 수 있는 국제개발협력모델로 새마을운동을 지목하고 있고, 특히 이 운동의 성공 요인들에[2] 깊은 관심을 표명하고 있다.

이러한 맥락에서 새마을운동은 기본적으로 당시 한국의 특수한 사회경제적 상황에서만 가능하였던 운동이 아닌가라는 질문이 제기될 수 있다. 이 질문은 구체적으로 두 가지 의미를 내포하고 있다. 첫째는 새마을운동이 한국이라는 사회적·문화적·정치적으로 한정된 사회에서만 가능하였던 것이 아닌가라는 점과, 두 번째는 새마을운동이 특정의 사회경제적 발달 수준을 넘어서는 다른 차원의 사회에서도 가능할까라는 의구심이다. 다시 말해 새마을운동은 한국이라는 테두리를 넘어서서 지구촌 전체적으로 통용될 수 있는 방법론을 포함하고 있는가라는 문제와 1970년대의 방법론이 현대 사회에서도 적용될 수 있는가라는 문제에 해답을 제시할 수 있어야 한다는 것이다.

이 장에서는 이러한 문제 인식에 근거하여 새마을운동이 당시 한국 농촌 사회

은 이러한 부정적 인식이 상당히 광범위하게 유포되어 있으며, 특히 민주화 과정을 거치면서 새마을운동을 구시대의 유물로 인식하는 경향이 강하기 때문이다. 그러나 1970년대 새마을운동이 국정 운영의 중요 과제로 다루어지다 보니 추진 과정에서 정부 관료들의 지나친 간섭이 있었지만, 농촌 주민에게 사회 발전 과정에 대한 참여라는 자신감을 심어주었고, 농촌의 빈곤 문제 해소에 상당한 성과를 거두었다고 주장하는 학자들도 많이 있다. 2000년도에 접어들어서는 사회적 자본(social capital), 지역사회 역량(community capacity) 또는 거버넌스(governance)의 시각으로 새마을운동을 분석하는 학자들이 증가하고 있다.

2) 새마을운동이 성공할 수 있었던 요인으로는 학자마다 다르게 지적되고 있으나 대체로 변화의 필요성에 대한 국민적 자각, 정부 주도의 농촌 개발계획과 농민들의 자발적 참여의 공존, 효과적인 인센티브와 모니터링 체계, 마을지도자의 리더십 등으로 요약된다. 즉, 중앙정부가 주도하였지만 근면·자조·협동의 새마을정신을 토대로 농촌 주민 및 새마을지도자들이 적극적으로 결합하였다는 것이다. 또 농촌 기반시설 투자 등 농업생산성 증대를 위하여 노력하였으며 소득재분배(보조금) 정책을 통하여 도·농 간 격차를 줄이려는 정책도 중요한 역할을 하였다. 각종 자원을 동원하고 제도적 역량을 강화한 국가지도자의 리더십도 역시 성공 요인으로 꼽을 수 있을 것이다.

에 어떤 영향을 미쳤는가를 전체적으로 살펴보고, 이를 보완하는 의미에서 사례를 통하여 지역사회(마을) 단위에서의 새마을운동 추진 과정과 지역사회 개발에 대한 기능과 역할을 살펴보고자 한다.

제 2 절 새마을운동과 지역사회 개발운동

1 지역사회 개발운동

1) 지역사회 개발의 본질

지역사회 개발의 개념을 설명할 때 가장 먼저 필요한 것은 '지역사회'와 '개발'이 함축하고 있는 의미를 살펴보는 것이다. 먼저 '지역사회'란 영어의 'community'로서 common 및 communal과 같은 어원을 가진 것으로 '공동 소유'의 의미를 내포하고 있다. 지역사회의 의미는 다양하게 해석되고 있지만 일반적으로 지리적 영역을 공유하여야 하고, 공동 의식과 소속감을 지니고 있으며, 또한 지역사회는 확대되는 경향을 지니고 있다는 점 등에서는 대부분 의견이 일치하고 있다. 이를 더욱 세분화하면 지역사회는 ① 제한된 지역과 지역 내 주민, ② 지역사회 공동체 의식, ③ 조직된 사회적 관계, ④ 공통된 이익의 추구, ⑤ 활동의 분담, ⑥ 발전 추구, ⑦ 역사적 유산의 공유, ⑧ 향토애 등을 그 개념 요소로 하고 있다.

다음으로 '개발(development)'이라는 용어는 매우 다양한 의미를 지니고 있다.[3] 즉, 개발이란 ① 쇄신적 의지의 창조와 조직화, ② 사회구조와 역할의 분화,

3) 영어의 'development'는 한국어로 '개발' 또는 '발전'으로 번역되고 있다. 그러나 엄격하게 구분하면 개발과 발전의 개념은 상당히 다르다. 개발이라는 말은 매우 다의적이고 포괄적인 것으로 일의적으로 정의내릴 수 없으며, 그 의미 내용은 시대 상황의 추이에 따라 달라진다. 원래 개발이라는 개념은 가치 판단을 구현하는 목표함수로 거기에는 복잡한 문제들이 투영되어 있기 때문이다. 일반적으로 개발이란 '가치 있다고 평가되는 상태로 나아가기 위한 의도적 노력'을 의미하고, 발전이란 '그러한 상태, 즉 더 나은 상태로 또는 더 높은 단계로 나아감'이란 결과의 의미를 강하게 지니고 있다. 즉, 개발은 '인위적으로 발전시킨다'는 의미로 사용할 수 있다. 그러나 어떤 사회에

③ 불확실성이 개입하는 동태적 과정, ④ 변동 대응력의 증진, ⑤ 가치 지향적 활동, ⑥ 양적인 성장, ⑦ 사회심리적 진화라는 의미 등을 포함하고 있다. 그리고 최근에는 개발을 인권의 하나로 취급하고 국내적 및 국제적 평화와 안전의 확보에 불가결하다는 주장으로까지 발전하고 있다.

따라서 지역사회 개발 개념은 시대와 장소에 따라 그 내용이 달라질 수 있으며, 또한 학자들의 견해에 따라 매우 다양하게 나타나고 있다. 또 지역사회 개발사업을 시행하고 있는 국가마다 조금씩 다른 개념을 채택하고 있으며, 시대적으로도 강조하고 있는 특색이나 내용이 다르게 나타나고 있다는 것을 알 수 있다. 그러나 그 다양한 개념들을 일반화하면 지역사회 개발이란 주위의 제반 환경을 변화시키려는 노력을 끊임없이 추구하는 것이며, 이러한 과정은 개인의 활동보다는 지역사회 구성원들 상호간의 협동적·집단적 노력에 의한 집단적 활동에 의하여 수행되는 것이 더욱 효율적인 운동이라고 할 수 있다.

이러한 의미를 지니고 있는 지역사회 개발이라는 용어는 제2차 세계대전 이후 선진국에 의한 후진국 개발원조계획의 하나로 지역사회 개발이 많은 후진국에 도입되면서 학술·행정 용어로 널리 통용되기 시작하였다. 1948년 영국 케임브리지에서 연방국의 개발을 위하여 식민지행정관회의에서 처음으로 지역사회 개발이라는 용어를 채택, 사용하였다. 이 회의에서 지역사회 개발이란 "지역사회 주민의 적극적인 참여와 최대한의 그들의 주도적 노력을 통하여 지역 주민 전체의 생활 향상을 기약하는 운동"이라고 정의하였다.

1956년 UN 특별분과위원회는 지역사회 개발을 "어느 지역사회의 경제적·사회적·문화적 여러 가지 조건을 개선하기 위하여, 이 지역사회를 국가생활에 통합시키기 위하여, 또 이 지역사회로 하여금 국가적 계획에 충분히 공헌할 수 있도록 하기 위하여 주민의 노력과 정부의 노력이 뭉치는 과정"이라고 정의하였다. 그리고 1956년 ICA(international Cooperation Administration)의 지역사회 개발지침의

변화가 일어났을 때 그것이 인간의 삶이나 존재에 가치 있는 방향으로의 변화여야 한다. 예를 들면 슘페터(J. Schumpeter)는 기존 자원을 새로운 방법으로 활용하여 새로운 재화를 생산해내는 것이 개발의 핵심이라는 경제적 개념을 중시하였다. 이에 반하여 뮈르달(G. Myrdal)은 development를 발전의 의미로 사용하여 사회적 측면을 강조하였다. 그에 의하면 발전이란 1인당 국민소득의 성장이란 양적 측면에서 규정할 것이 아니라 사회 체제 전반에 걸쳐 낡은 것에서 새로운 것으로의 질적인 변화가 나타나야 발전이라고 할 수 있다고 주장하였다.

정의에 따르면 지역사회 개발이란 "지역사회 주민이 그 지역사회의 발전을 위한 계획과 실천을 위하여 스스로를 조직하고 그들의 공통된 또는 개인적 욕구나 문제를 인식하고 이를 해결하기 위하여 집단적 또는 개별적 계획을 수립하고 이를 수행해 나가는 과정에 그 지역사회의 제반 자원을 최대한 활용하여 외부의 자원이 필요할 때는 외부의 행정기관, 또는 민간단체가 인적·물적 자원을 지원하여 그 지역사회의 발전을 가져오게 하는 사회활동 과정"이라고 하였다.

한국에서는 1958년 대통령령으로 부흥부 산하에 지역사회개발 중앙위원회를 설치하여 정부에 의한 지역사회 개발사업이 시작되었다. 이 위원회는 "지역사회 개발이란 일정한 지역 내의 주민이 생활의 개선과 향상을 위하여 집단적 또는 개별적 계획을 수립하고 실천·수행하는 사회개선사업"이라고 하였다. 이 정의는 지역사회 개발이 궁극적으로 사회 개선에 목적을 두고 있으며, 특히 지역 주민의 자발적 참여와 활동을 통한 사업이라는 자조적 요소를 강조하고 있다.

이상의 사실들을 종합하면 지역사회 개발운동이란 "일정 지역 주민들이 공통적인 욕구를 해결·충족하기 위하여, 공동체 의식을 토대로 한 지역 주민의 공동참여와 자발적이고 자조적 노력에 의하여, 주민들의 생활양식과 경제·사회적 발전을 도모하는 대중운동"이라고 할 수 있다. 이처럼 지역사회 개발이란 현재의 상황에서 출발하여 더 나은 상황으로 나아가고자 하는 의지를 포함하고 있기 때문에 시간과 장소에 따라 그 내용이 달라질 수 있으며, 그 개념 또한 그만큼 다양성을 띠고 있다. 즉, 지역사회 개발운동은 하나의 과정(process), 방법(method), 계획(program), 운동(movement) 등으로 해석이 가능하다는 것이다.

그림 2-1 지역사회 개발 개념 구조

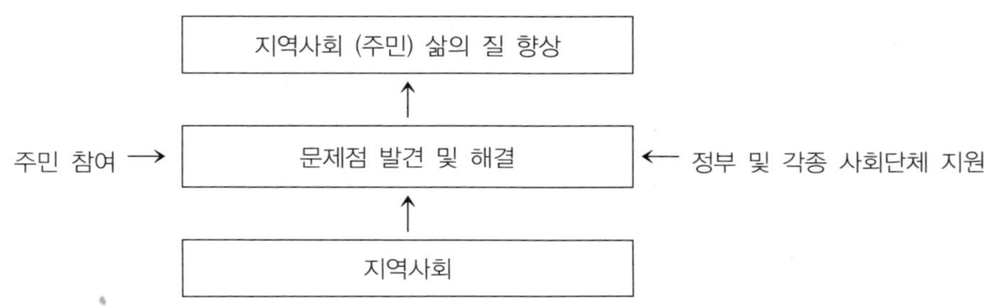

2) 지역사회 개발의 추진 원리

지역사회 개발의 내용은 각각의 지역사회가 처해 있는 상황에 따라 그 과제나 목표 및 추진 전략이 매우 다양하다. 그러나 지역사회 개발에서 추구하는 목표를 효과적으로 달성하기 위하여 사업 추진 과정에서 따라야 할 실천 원리로서의 기본 원리가 있다. 이 기본 원리도 각 국가에 따라서 그리고 사회경제적 발전 단계에 따라서 매우 다양하게 나타나고 있다. 문병집 교수는 세계 여러 국가에서 많이 적용되고 있는 지역사회 개발사업의 원리를 요약하여 다음과 같이 정리하였다(정지웅·임상봉, 1999).

① 주민의 요구와 사회의 이익을 토대로 추진되어야 한다.

② 주민의 공통적인 욕구와 전체적인 이익에 부합되어야 한다.

③ 자조와 협동을 바탕으로 추진되어야 한다.

④ 지역사회의 자체 자원과 기타 제반 여건을 토대로 계획하고 추진되어야 한다.

⑤ 사업 과정에서의 변화 도입은 주민대중의 충분한 이해 위에서 이루어져야 한다.

⑥ 훌륭한 지도자의 발굴과 양성을 통하여 행하여져야 한다.

⑦ 소집단을 통하여 추진되는 것이 원칙이며, 그 지도는 어디까지나 민주주의적이고 유도적이어야 한다.

⑧ 경제 개발과 사회 개발의 통일성 위에서 행하여져야 한다.

결국 지역사회 개발은 일정 지역사회 주민들의 적극적인 참여와 자발적인 노력에 의하여 공통적인 욕구를 해결하고 지역사회 전체의 경제적 및 사회적 발전을 위한 대중적인 활동이다. 이 활동은 내부적인 모든 자원과 외부적인 모든 자원의 합리적 동원에 의하여 추진된다. 특히 인적 자원과 물적 자원의 개발은 중요한 과제가 되고 있다. 다시 말해서 지역사회 개발사업은 주민의 자발적 참여를 토대로 행하여지는 것이며, 이 사업이 지향하는 목적은 인적·물적 자원의 동원과 활용으로 일정 지역사회의 생산 기반과 생활환경을 개선하여 그 지역사회의 사회경제적인 발전을 가져오는 데 있다. 따라서 지역사회 개발사업은 인간 개발과 물적 개발을 동시에 추진하여 지역사회 주민들의 공통적 욕구를 해결함으로써 지역사회의 삶의 질을 향상시키는 데 그 의미가 있는 것이다.

그림 2-2 지역사회 개발의 메커니즘

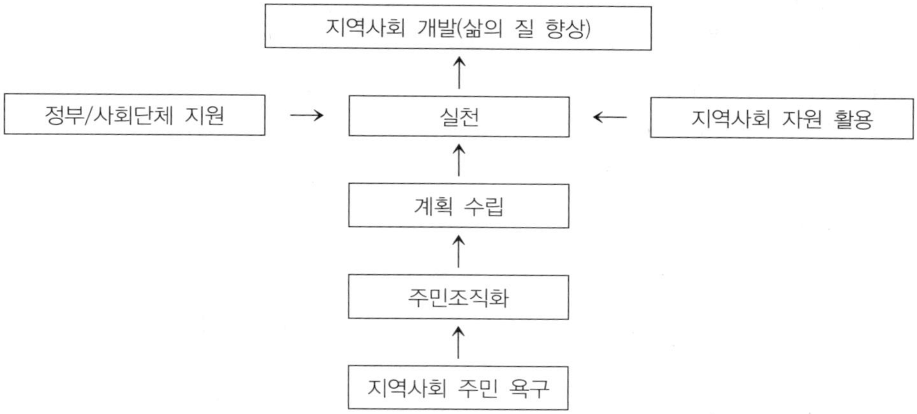

2 새마을운동

1) 새마을운동의 본질

새마을운동은 한국 근현대사에서 최장 기간에 걸쳐 최대 규모로 진행 중에 있는 국민운동이다. 새마을운동은 근면·자조·협동의 정신 아래 많은 국민이 함께 실천한 조국 근대화의 국가적·사회적 목표를 실현하기 위한 잘살기운동이자 정신개혁운동 및 행동적 실천운동이었으며, 동시에 향약·두레·품앗이 등 한국 고유의 전통적 가치를 계승하고 윤리 의식과 도덕적 가치를 강조함으로써 사회구성원 모두의 삶을 향상시킨 '공동체운동'이다. 특히 이 운동은 농촌지역에서 많은 주민의 지지와 참여를 이끌어냄으로써 농촌 지역사회의 근대화에 크게 기여하였으며, 경제 개발과 국가 발전이라는 시대적 요구, 그리고 사회경제적 지위 향상을 추구하였던 농민들의 요구도 함축하고 있었다.

이러한 다양성을 지닌 새마을운동은 새로운 개념 또는 이론에 의하여 추진된 것이 아니라 기존의 농촌 개발 또는 농민 소득증대사업의 연속선상에 있었다. 농촌지역 사회개발의 한 형태로서 새마을운동이란 지역 주민들이 새로운 가치관으로서의 근대화 추구와 사회경제적 지위 향상을 위하여 주민들의 자율적이고도 적극적인 참여로 지역사회의 복지 증진을 도모하기 위한 실천운동이라고 할 수 있다.

그러나 새마을운동은 '잘살기운동'이라고 정의됨으로써 그 실천 과정에서 그 개념의 해석이 다양해질 수밖에 없었지만 많은 학자의 정의를 종합하면 "새마을운동이란 정부의 행정적·재정적 지원 하에 농촌 주민들이 자조적이고 협동적인 활동을 통하여 농촌 지역사회의 삶의 질을 개선을 추구하는 종합적 지역사회 개발운동"이라고 할 수 있다.

이렇게 새마을운동에 대한 정의는 매우 다양할 수 있지만, 이 운동의 본질은 '마을'과 '운동'이라는 두 가지 성분의 결합 방식과 관련하여 어느 정도 밝힐 수 있다. 여기에서 '마을'은 새로운 것을 추구하는 행위 주체를, '운동'은 새로운 것을 위한 변환장치로 해석할 수 있다. '마을'은 변화의 주체로서 새로운 마을을 형성하기 위하여 자주적이며 능동적으로 활동하여야 한다. 그리고 '운동'은 변화의 수단으로서 현재 상태와 미래에 지향하는 목표를 포함하여야 한다. 그러나 방향 감각이 없는 변화는 관리될 수 없고, 속도 감각이 없는 변화는 통제될 수 없다. 그리고 목적 없는 '운동'은 불가능하다. 결국 새마을운동이란 마을(공동체)을 중심축으로 하여, 관리될 수 있고 통제될 수 있는 정책 수단을 동원하여 새로운, 즉 변화된 더 나은 상황을 창출하는 것을 목적으로 하는 운동이라고 할 수 있다.

새마을운동의 본질과 관련하여 '마을'과 '운동'이라는 두 가지 성분의 구분만으로는 새마을운동의 개념을 명확하게 밝히기 어렵다. 이를 위해서는 이 운동의 수단 및 추진 주체와 연계될 수 있는 운동의 목적이 전제되어야 한다. 이 운동의 목적은 근본적으로 '새로운 것'을 추구하는 것이다.

새마을운동 개념을 더욱 세분화하여 지역사회 개발 차원에서 그 본질(새로움)을 찾아보면 네 가지 차원으로 구분할 수 있으며, 그것을 통하여 새마을운동의 구체적인 목적을 찾을 수 있다. 첫째는 새마을운동이 지향하는 국민의 의식 개혁을 위한 기본 이념이고(새마을정신: 근면·자조·협동), 둘째는 새마을운동이 지향하는 정책 목표이며(국가 발전, 잘사는 마을 만들기, 즉 농촌 사회의 삶의 질 향상/역량 강화, 생활환경 개선, 소득 증대), 셋째는 목적 달성을 위한 정책 수단이며(정부 지원, 주민 참여, 추진 전략), 마지막으로 이 수단을 누가 실행하는가 하는 추진 주체(정부, 마을 주민)에 관한 것이다. 이 네 가지는 모두 새마을운동 이전의 농촌개발정책과는 다른 새로운 요인들을 포함하고 있다.

이 중에서 새마을운동의 정책 목표는 두 단계로 구분할 수 있다. 먼저 상위 목표로 선진 조국 및 조국 통일의 달성이고, 다음으로 중간 목표로는 도시와 농촌의 불균형 해소, 즉 고도 경제 성장으로 인하여 발생된 도시와 농촌 간의 사회경제적 구조상의 불균형과 그로 인하여 연속되는 농어민의 소외 현상을 해소하는 것, 즉 농촌지역 주민의 '삶의 질'을 향상시키는 것이다.

삶의 질 개념은 매우 다의적이며 또한 포괄적이지만 새마을운동에서 삶의 질은 마을 주민 모두가 공감하는 정책 수단 투입의 결과, 즉 도달하고자 하는 정책 목표로 이해할 수 있다. 그러나 마을 주민 모두가 공감하는 수준의 삶의 질을 설정하기 위해서는 사회 정의 관점에서 지역사회의 현재 복지 수준을 크게 상회하는 만족도를 목표로 하여야 하기 때문에 이를 실현하여야 될 정책 수단의 구체성과 명료성이 떨어질 수밖에 없다. 이와 같이 삶의 질 향상은 새마을운동이 추구하여야 할 궁극적인 가치이지, 기간을 정해 놓고 달성하여야 할 목표는 아니다. 새마을운동이 수단이고 과정이라는 점을 고려하여, 삶의 질 향상과 같은 결과 지향적이고 최종적인 변화의 가치보다는 구체적인 정책 수단과 연계될 수 있는 실천적이고 중간 과정적인 새로운 하위 목표 도입이 필요하다. 새마을운동에서는 삶의 질 향상의 하위 목표로서 주민 역량 강화, 생활환경 개선 및 소득 증대가 채택되었다. 이렇게 새롭

그림 2-3 새마을운동의 개념 구조

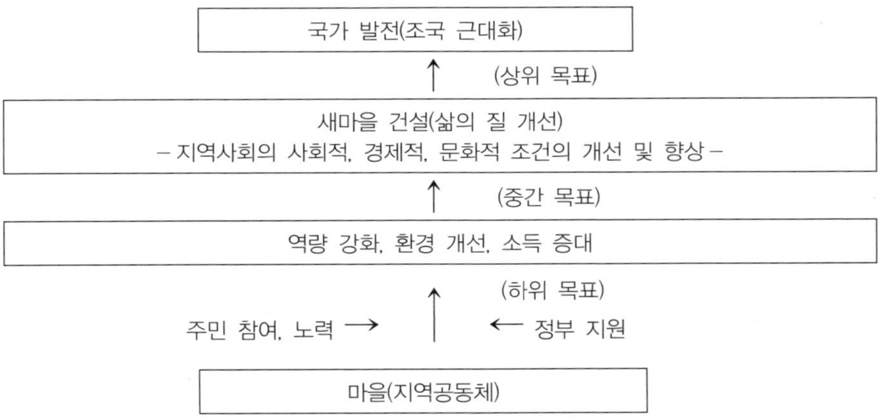

게 도입된 새마을운동의 하위 목표는 삶의 질 향상과 같은 차상위의 가치를 실현하는 수단으로 작동할 수 있었으며, 또한 새마을운동 추진 과정에서 구체적인 정책 수단을 결정하는 가치 판단 기준으로 기능할 수 있었다. 새마을운동과 같이 공동의 노동력 투입을 필요로 하는 공동의 목표는 그러한 노동력 동원을 정당화하기 위하여 실증적으로 측정이 가능하도록 단계적으로 설정되어야 하고, 정량적 분석이 가능하여야 한다.

2) 새마을운동 추진전략

새마을운동이 가장 왕성하게 추진되었던 1970년대의 연도별 전개 과정을 크게 묶어 본다면 기반 조성 단계(1970~73), 자조 발전 단계(1974~76), 자립 완성 단계(1977~79)를 거쳐 왔다. 위에서 언급되었듯이 새마을운동은 자율적이며 실천적인 범국민운동으로서 생산적 소득 증대를 추구하였으며, 또한 협조적 지원 활동에 의하여 단계적으로 추진되었다.

새마을운동의 핵심 작동 원리는 마을 주민이 자신들의 문제를 스스로 인식하고, 주민들이 자조·협동정신으로 이를 해결하기 위한 역량을 강화하면서 문제를 해결해 나가는 것이다. 따라서 새마을운동은 물리적 성과도 물론 중요하지만 주민들의 사명감과 자신감 고취 및 역량 강화도 매우 중요하다. 이러한 정신은 새마을운동에 참여함으로써 함양될 수도 있지만, 주민 참여적 개발과 지역사회 중심의 새마을사업 전개를 위해서는 사전에 주민 교육이 필요하였다. 이를 위하여 정부는 새마을지도자연수원 설립을 시작으로 정부 산하 각 기관, 단체, 학교, 공장, 산업체별로 소정의 새마을교육을 실시하였다. 이를 알기 쉽게 나타내면 [그림 2-4]와 같다.

이러한 메커니즘을 기본으로 하여 새마을운동을 효율적 및 효과적으로 추진하기 위하여 정부는 다양한 전략을 수립하였다. 그중에서 대표적인 몇 가지를 소개하면 다음과 같다.

첫째, 새마을운동은 사업의 기본 단위로 마을을 선정하였다. 새마을운동이 성공적으로 추진될 수 있었던 가장 중요한 요인 중의 하나로 1970년대의 농촌 마을이 지니고 있는 공동체 조직과 공동체 정신을 농촌지역 개발에 활용할 수 있었다는 점을 들 수 있다. 한국 사회에서 마을이란 동일한 생활공간을 의미할 뿐만 아니라 전통 및 관습을 공유하고 있으며 유사한 경제활동을 하고 있고, 주민들에게는 전통

그림 2-4 새마을운동 추진 메커니즘

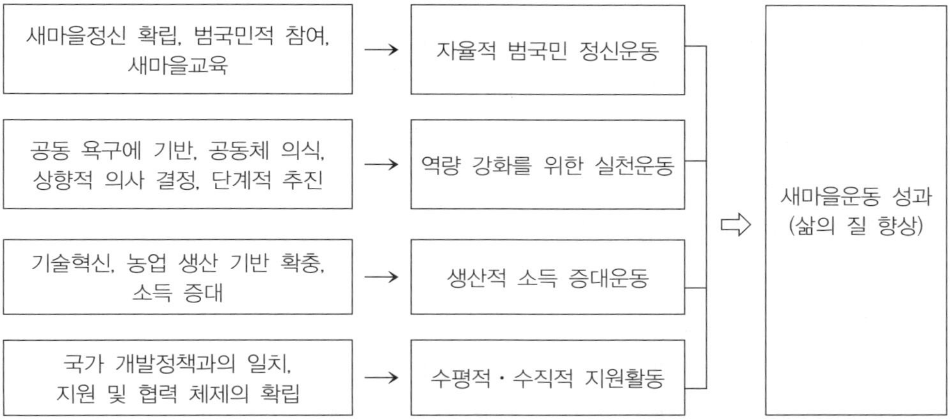

적으로 상부상조와 우리라는 공동체 의식(we-feeling)이 가장 강하게 형성되어 있는 지역공동체이며, 사회적 자본이 남아 있던 최소의 행정 단위였다. 따라서 마을을 주민 자신들의 힘으로 개발한다는 공동 노력의 유발은 어느 단위사회의 경우보다 용이하였다. 특히 새마을운동이 한국 농촌 마을의 전통적인 마을 운영 원리에 의하여 추진되었기 때문에 마을 주민들은 쉽게 새마을운동을 받아들일 수 있었다.

둘째, 정부 주도 하의 상향식 개발이라는 혼합식 개발 방식의 채택이다. 정부가 지역사회 개발을 위하여 주민들의 자발적 참여를 유도하고 개발 활동을 어느 정도 지원하되, 마을 단위에서는 마을개발사업을 그 대상 선정과 시행 방법에서는 전적으로 마을 주민들이 주도하여 추진하는 상향식 개발 방식을 적용하였다. 특히 저개발 상태의 사회에서는 마을 수준에서 개발에 필요한 지역사회의 역량, 재정적 · 기술적 능력이 절대적으로 부족하기 때문에 정부 차원에서 장기 계획의 설계 및 재정적 · 행정적 지원은 불가피하다. 한국의 새마을운동도 초기에는 정부가 주도하는 하향식으로 추진되었지만, 시간이 경과함에 따라 주민들의 역량이 강화되어 점차적으로 주민 참여에 의한 상향식 개발을 지향하는 농촌지역 개발의 새로운 패러다임을 제시하고 있다. 즉, 정부가 정책을 추진하고 사업에 필요한 물자와 재원을 지원해 주되, 이 과정에서 주민은 자신들의 마을이 무슨 문제가 있는지, 그리고 그 문제의 해결 방안을 논의하고, 그 해결 방법이 결정되면 자신들이 스스로 그것을 추진한다는 것이다. 이러한 주민 참여를 전제로 한 새마을운동 추진 방식은 다음과 같은 특징을 지니게 된다.

① 주민들은 마을 개발의 전 과정, 즉 문제의 발굴과 해결 방안 도출 그리고 집행 과정 등에 직접적으로 참여하게 된다.

② 문제 해결을 위한 의사 결정과 재정 확보 방안을 찾는 등의 의사 결정을 하게 된다.

③ 정부의 재정적·행정적 지원은 주민 참여를 위한 동기 유발에 초점을 두어야 한다.

④ 이와 같이 사업 전 과정에 참여하게 됨에 따라 주민들은 문제 해결, 사업 시행 및 관리 등에 관한 능력을 향상시킬 수 있다.

셋째, 종합개발 방식이다. 잘사는 마을을 건설한다는 것은 단순히 소득 증대만을 의미하는 것이 아니라 생활환경 개선, 사회간접자본 및 생산 기반의 확충, 영농기술의 개발, 정신 계발 등 다각적인 측면에서 지역사회의 전반적인 삶의 변화를 도모하는 것이다. 따라서 새마을운동은 종합적 지역개발운동이다. 새마을사업이라는 이름으로 실시된 많은 사업이 목적이 서로 독립적으로 분류되는 것은 아니었다. 예를 들면 마을진입로 건설은 복지후생 향상이라는 목적도 있지만 장기적으로는 생산 기반 확충 및 (영농기계화를 통하여) 소득 증대 목적에도 영향을 미치는 사업이다. 즉, 새마을운동은 낙후된 농촌을 전반적으로 개발하고자 하였기 때문에 많은 사업이 상호간에 깊은 연관성을 지니고 있었다는 것이다. 생산 기반 확충 분야의 사업들도 마찬가지로 설명할 수 있다. 일차적인 효과(outputs)는 생산활동의 편리성 향상이지만, 이를 통한 이차적 효과(outcomes)는 소득 증대와 직결되고 있다. 종합적 개발 방식이 가지는 장점은 개발도상국의 농촌지역이 일반적으로 지니고 있는 다양한 개발 저해 요인을 동시에 제거할 수 있다는 점이다.

넷째, 단계별 발전전략을 제시하고, 그 발전 단계에 따라 인센티브를 지원하는 방식(자율과 경쟁, 우수마을 우선지원 정책)을 채택하였다. 새마을운동의 특징은 모든 마을을 똑같이 지원한 것이 아니라 잘하는 마을을 우선 지원하여, 다른 마을들이 보고 따라오도록 하는 경쟁 체제를 도입한 것이다. 정부는 1973년부터 모든 농촌 마을을 발전 정도에 따라서 기초·자조·자립마을로 구분하고,[4] 자립마을을 우선 지원하는 동시에 기초마을과 자조마을이 자립마을 수준으로 발전할 수 있도록 개발계획을 수립하고 이를 지원하는 전략을 채택하였다. 이를 통하여 마을 간 경쟁과 성취 욕구 고취를 시도함으로써 결과에 대한 책임과 성공을 위한 동기부여뿐만 아니라 뒤처진 마을은 개발 성과가 높은 마을을 벤치마킹할 수 있었다. 정부는 이렇게 마을 간의 경쟁을 유도함으로써 주민들의 참여를 이끌어내고, 이를 통하여 사업의 성과를 높이고자 하였다.

마지막으로 새마을교육이다. 새마을교육이란 새마을운동의 효과적 추진을 위하여 지속적으로 전국민을 새마을정신과 기술에 숙달한 인간으로 육성함을 말한다. 그러나 새마을교육은 국민의 의식과 생활태도의 변화·개선을 추구하는 정신교육이 그 핵심이다. 따라서 새마을교육은 새마을사업의 성공을 위하여 새마을지도자를 비롯한 주민들의 가치관과 생활태도 개선을 지속적으로 강조하였다. 새마을운동에의 주민 참여를 유도하기 위하여 정부는 다양한 방법을 활용하였다. 주민 참여요인 중 가장 중요한 것은 바로 마을지도자와 주민과의 관계였다. 따라서 새마을운동을 성공적으로 추진하기 위해서는 새마을사업을 추진할 새마을지도자를 발굴하고 그들의 리더십을 배양하는 일이 매우 중요하였다. 특히 마을 개발을 위해서는 사업 기획, 결산, 조직 운영 등 많은 분야에 대한 역량이 필요하였다. 결국 새마을교육의 일차적 목적은 새마을운동 추진을 담당할 선도요원 또는 정예요원을 양성하여 새마을운동을 확산·실천하자는 것이었다. 이러한 새마을지도자들이 갖추어야 할 정신적 특성으로서의 행동 특성은 근면·자조·협동의 덕목으로 압축할 수 있지만, 새마을사업이 점차 확대됨에 따라 정신적·이론적 교육보다는 실천적인 교육에 역점을 두었다.[5]

---

4) 기초·자조·자립마을의 수준별 조건을 사전에 제시함으로써 주민들이 앞으로 무엇을 어떻게 하여야 할 것인가를 스스로 판단할 수 있게 하였고, 상위 등급 마을로 발전하도록 주민들의 단합과 도전정신을 일깨웠다. 이러한 단계별 추진과 철저한 관리 체계는 주민들의 자신감과 의욕을 고취시켰고 시행착오를 줄여 나갔다.

5) 결론적으로, 새마을지도자의 역할은 주민 욕구의 창조와 조정, 주민 참여 동기의 유발, 해결 방안의 제시와 솔선수범, 자원의 동원과 활용, 유리한 개발 여건과 환경의 조성에 있었다. 특히 주민들의 개발 욕구를 정확하게 수렴하고 이를 바탕으로 결정된 사업을 적극적으로 추진, 주민들을 동원하고 사업을 성공적으로 완수하는 '창조적 리더십'을 발휘하여야 한다. 그리고 새마을지도자는 새마을운동을 추진하는 촉진자 역할을 하면서 마을의 새마을사업 추진에 관한 제반 업무를 담당하였다. 마을의 개발계획을 수립하는 일과 매 연도 정부의 지원을 받아 추진하는 새마을사업의 추진에 관한 일들, 예를 들면 사업계획을 수립하고 필요한 예산을 확보하며 주민들의 노력 동원, 물자 조달, 사업비의 공동 부담, 주민회의 주재, 주민 설득, 이해가 다른 집단 간의 갈등 해소,

3 지역사회 개발운동과 새마을운동의 비교

한국의 새마을운동과 전통적인 지역사회 개발운동의 비교에는 세 가지 의견이 있다. 첫째는 두 운동이 동일한 것으로 간주하는 의견이며, 둘째는 두 운동은 본질적으로 다른 것이라는 의견과, 마지막으로 두 운동은 본질적으로는 크게 다른 것이 없지만 그 중점 사업과 추진 방법에는 차이가 있다는 절충적 의견이다. 결국 이러한 의견의 차이는 두 운동이 공통점과 차이점을 동시에 지니고 있기 때문일 것이다.

새마을운동은 마을 주민들이 공동체 의식을 바탕으로 하여 사회적·문화적·경제적 근대화를 통하여 생활의 질을 개선하려는 행동과 노력으로 정의할 수 있으며, 지역사회 개발은 역사적·문화적·공간적으로 이해와 응집력이 강한 지역사회 주민들의 공동 노력에 의하여 그들의 공동 욕구와 문제를 해결함으로써 지역사회의 복지 향상을 위한 노력의 과정으로 정의되기 때문에 양자는 본질적 개념에서는 차이가 없다고 할 수 있다. 즉, 지역사회 개발과 새마을운동은 다음과 같은 공통점을 지니고 있다는 것이다. ① 공동체의 집합적 노력에 의한 주민들의 생활 수준 향상, ② 주민과 지역사회의 사회적·문화적·경제적 발전을 종합적으로 추구, ③ 지역사회의 발전을 통하여 국가 발전에 기여, ④ 주민들의 자조적 노력의 중요성 강조.

그러나 새마을운동은 일반적인 지역사회 개발에서 찾아볼 수 없는 몇 가지 특징을 지니고 있다.

첫째, 지역사회 개발은 일반적으로 문제점을 지니고 있는 취약지역을 그 대상으로 하고 있지만, 새마을운동은 모든 지역사회(농어촌, 산촌, 도시, 학교, 관청, 회사, 공장 등 모든 단체)를 대상으로 한 범국민적으로 전개된 것에 큰 의미가 있고, 기초→자조→자립마을로의 단계적 개발을 시도하는 등 추진 체계 측면에서도 큰 차이가 있다.[6] 다시 말해서 새마을운동은 모든 지역사회의 공통적 욕구나 문제를

정부와의 창구 역할, 면이나 군의 새마을지도자 협의회 참석 등의 업무를 담당하였다.

6) 이것은 새마을운동이 한국의 역사적 산물이라는 발생 동기와 깊은 관련이 있다. 1960년대의 한국 사회에는 비합리, 불신, 욕구 불만의 축적 등 한계적 사회(marginal society)의 성격이 강하게 잔존하고 있었다. 이를 극복하여야 한다는 필요성에 대한 국민들의 인식이 높아지기 시작하였다. 따라서 새마을운동은 근본적으로 우리의 역사와 민족성에 대한 반성과 자각을 바탕으로 하여 부

충족 · 해결함으로써 지역사회의 발전과 주민 생활의 향상을 도모하고 나아가 국가 발전에 기여하는 이념이다. 따라서 새마을운동은 범국민적 정책으로 추진되었다는 특색으로 인하여, 즉 새마을운동이 지역사회 개발보다 그 추진의 폭과 강도가 더 넓고 강하다.

둘째, 지역사회 개발과 새마을운동 모두 주민총회를 통하여 사업을 결정하고(필요한 자원을 정부로부터 지원받아) 스스로 협동하여 추진하는 상향식 접근 방법(bottom-up)을 기본으로 하고 있다. 그러나 새마을운동의 경우 초기에는 강력한 정부 주도에 의하여 점화되었고, 정부의 다양한 추진 전략에 의하여 주민 참여가 강화되면서 점차 상향식 방식이 혼합되어 갔다.

셋째, 새마을운동은 환경 개선, 소득 증대, 정신 계발을 3대 사업으로 추진되었으며, 지역사회 개발도 일반적으로 사회 개발, 경제 개발, 인간 개발을 사업 분야로 하는 개발 전략이기 때문에 사업 분야 측면에서는 본질적으로 매우 유사하다고 할 수 있다. 그러나 새마을운동은 상대적으로 정신 계발을 더욱 강조함으로써 사회 개발에 중점을 두는 지역사회 개발과는 약간의 차이점을 보이고 있다.

넷째, 새마을운동과 지역사회 개발 모두 마을 주민들의 기본 욕구 및 수요에 기반을 둔 숙원사업을 추진함으로써 주민들의 삶의 질을 향상하고자 한다. 그러나 새마을운동은 1960년대의 급속한 공업화로 인하여 나타나기 시작한 도시와 농촌 간의 사회경제적 격차를 해소하는 것이 1차적 목표였기 때문에 이 운동이 일정 궤도에 도달할 때까지 국가적 차원에서 관리되었다. 그러나 새마을운동이 전국적으로 광범위하게 확산된 이후에는 지역사회 개발이론에서 이상적인 것으로 판단하고 있는 기본 수요이론이 개별 마을의 실정에 맞게 적용되었다. 그러나 오늘날처럼 새마을운동이 국민정신운동의 성격을 강하게 지니고 있으면 마을 단위의 기본 수요보다는 사회적 · 국가적 차원에서의 국민적 수요 해결이 우선되는 경향을 띨 수밖에 없을 것이다.

이상에서 살펴보았듯이 새마을운동이 마을 주민들의 공동적 노력, 지역사회의

강한 국가 건설을 위하여 근면 · 자조 · 협동의 정신을 익히고 실천하려는 국민정신 개혁운동이라는 특색을 지니고 있다. 이 의식 개혁이 새마을운동의 진정한 핵심이고 또한 특수성이다. 이것이 새마을운동을 영어로 표기할 때 'New Community Movement'라고 하지 않고, 구태여 고유명사인 'Saemaul Undong'을 고집하는 이유이다.

사회·문화·경제 등 종합적 발전의 추진, 마을 개발을 통한 국가 발전에의 기여, 주민과 정부의 협력 등 여러 면에서 일반적인 지역사회 개발운동과는 본질적으로 매우 유사한 측면을 지니고 있다. 따라서 "새마을운동은 그 발생 동기, 실시 대상 지역, 운동의 중점, 추진 방법 등에서 일반적인 지역사회 개발과는 다르지만 그 본질은 지역사회 개발이다." 즉, 새마을운동이란 한국의 독자적인 특수한 상황과 사상에 따라 의도된 사회 변동으로, 주민들이 근면·자조·협동정신을 통하여 마을의 사회적·경제적·정신적 개발을 이룩하고, 이로써 국가 발전에 기여하려는 정부 주도의 정신개혁운동이기 때문에 '지역사회 개발운동의 한국적 유형'이라고 할 수 있다.

표 2-1 지역사회 개발운동과 새마을운동

지역사회 개발운동	새마을운동
• 보편타당한 일반성에 기반을 둠 – 낙후된 지역사회를 대상 – 낙후된 지역의 주민만 참여 – 각 지역사회 상황에 따른 사업	• 한국 사회의 특수성에 입각 – 도·농 발전 격차 해소 → 전국적으로 확대 – 범국민적 참여 – 정신 계발, 환경 개선, 소득증대사업 역점
• 상향식 접근 방법 – 마을의 단계별 개발 노력 결여 – 외부 지도원 역할 중시 – 정부의 전면적 주도 없음	• 혼합식(상향식 + 하향식) 접근 방법 – 기초·자조·자립마을로 단계별 개발 강조 – 내부 새마을지도자 역할 강조 – (초기에) 정부 주도
• 지방정부 개발정책과의 연결성 미미	• 지방정부 개발정책과의 연결성 강조
• 기본 수요(basic needs) 이론에 입각	• 도·농 간의 불균형 해소 → 기본 수요이론 적용
• 사회 개발에 중점	• 정신 계발에 중점

제 3 절 새마을운동의 성과

1960년대 초반 실시된 수출주도형 공업화 정책에 따른 급속한 공업화 현상은 필연적으로 도시(공업)에 비하여 농촌(농업)의 상대적 낙후성, 즉 심각한 도·농 격차의 문제를 동반할 수밖에 없었다. 이러한 도·농 간의 격차 해소란 결국 농촌에서의 생활이 도시생활에 비하여 큰 손색이 없도록 농촌 사회를 개발하는 것이다.

즉, 당시 농촌 사회에 존재하던 전근대성과 전통적인 영세 소농구조로 인한 농촌 사회의 정체성을 극복하는 것이 새마을운동의 주요 과제였다. 이것은 결국 새마을 운동이 주민들의 의식 개혁, 생활환경 개선, 소득증대사업에 매진해야 하였던 이유이다.

1971년에서 1979년까지 새마을운동에 총 27,521억 원이 투자되었다. 이 중에서 정부가 50.9%에 해당하는 13,997억 원을 투자하고 주민들이 49.1%에 해당하는 13,524억 원을 투자하였다.[7] 개발도상국의 농촌 개발은 그 재원을 거의 정부나 외부의 원조에 의존하는 것이 일반적이었지만 새마을운동은 총 투자액의 49%를 주민이 부담하였으며, 이와 같은 대규모 투자가 전국적으로 동시에 이루어진 점에서 농촌 지역사회 개발 역사에 신기원을 이룩하였다. 이 투자 중에서 가장 큰 비중을 차지하는 분야는 소득 증대 분야(총투자액의 44.0%)이며, 다음으로는 복지·환경 분야(29.0%), 생산 기반 분야(21.0%)가 따르고 있다. 정신 계발 분야에는 총투자액의 4.0%가 투자되었다. 이와 같은 투자에 힘입어 농가 소득은 1970년도의 256천 원에서 1979년도에는 2,227천 원으로 증대되었다.

그러나 당시 추진되었던 새마을사업의 성격은 사업 추진 시점에 따라 조금씩 차이가 있다. 이러한 성격 차이는 새마을운동이 마을 주민 공동의 가치 창출에 우선 목적을 두고 추진되었기 때문에 필연적으로 나타날 수밖에 없었다. 즉, 한 가지 목표를 달성한 후에 다른 종류의 가치를 추구해야 하였기 때문에 관찰 시점에 따라 새마을사업의 종류와 성격이 다르게 나타나고 있다는 것이다. 이러한 문제로 인하여 새마을운동의 성과를 어떤 특정 시기에 맞추어 설명하는 것은 큰 의미가 없다. 여기에서는 새마을운동이 농촌 지역사회에서 어떤 성과를 가져왔는가를 주로 1970년대를 중심으로 정신적, 사회적, 경제적 측면으로 구분하여 살펴본다.

1 정신적 성과

새마을운동은 단순히 지역사회 개발만을 의식하지 않고, 좀 더 근본적인 관점에서 접근하고 있기 때문에 한국 농촌 개발에 새로운 전기를 제공하였다고 평가되

7) 융자 등 기타 지원액을 주민 부담으로 전환할 경우 주민부담률은 약 72%에 달한다.

고 있다. 새마을운동의 주요 내용을 보면 국민의 정신 개발, 사회·경제·문화 개발 등 전반적인 시각에서 접근하고 있다. 이러한 특성 때문에 새마을운동의 성과 부분에서 일반적인 지역사회 개발운동과 비교하여 가장 특징적인 부분이 바로 이 정신적 측면에서의 성과이다.

새마을운동은 근면·자조·협동이라는 새마을정신을 토대로 하여 마을 주민의 자율적인 참여로 확대된 범국민 근대화운동이었다. 기아와 빈곤에서 헤어나지 못하고 미래에 대한 비전과 자신감이 부족하였던 농촌 주민들에게 정부가 약간의 재정적·행정적 지원을 함으로써 주민들의 개발 의지와 동기를 북돋아주었다. 주민들은 새마을운동을 계기로 마을개발사업의 결정을 위한 토론과 의사 결정에 참여할 수 있었을 뿐만 아니라 이를 계기로 마을의 개발 수요 파악, 개발계획 수립 및 사업 실천 등에 실질적으로 참여할 수 있는 기회를 가질 수 있게 되었다. 즉, 새마을운동은 가난으로 인하여 미래에 대한 비전을 가지지 못하고 무기력한 상태에 놓여 있던 농촌 주민들에게 "우리도 할 수 있다"는 자신감을 불어넣음으로써 지역주민이 자신들의 문제 해결을 위하여 노력하도록 변화시켰다. 이러한 정신적 측면에서의 변화를 구체적으로 설명하면 다음과 같다.

첫째, 새마을운동이 거둔 가장 큰 정신적 성과는 "우리도 할 수 있다"는 의욕과 신념의 고취와 같은 국민적 차원에서의 의식 변화이다. 근면한 생활, 자조하는 자세, 협동하는 기풍이 개인이나 조직의 성장뿐만 아니라 사회 발전을 위한 바람직한 시대정신으로 받아들여졌다. 새마을운동의 실천을 통하여 '하면 된다' '할 수 있다'는 긍정적이고 적극적인 의식과 행동양식이 주민들 사이에서부터 시작하고, 점차 확대되어 국민적 자신감 회복과 도전정신 확산으로 발전하였다. 공익과 능률, 실질과 행동이 존중되는 풍토가 조성되기 시작한 것이다. 결국 '우리도 한번 잘살아보자'는 개발 욕구가 결집되어 국가 근대화를 위한 진취적 국민상이 정립되었다.

둘째, 새마을운동의 역사적 의의 중 다른 하나는 풀뿌리 민주주의의 실현이다. 일본의 식민지 지배와 한국전쟁 등으로 인하여 민주적인 의사 결정에 관한 학습의 기회를 가질 수 없었던 농촌 주민들에게 주민총회를 통한 의사 결정 방식은 주민들에게 민주적 역량과 자치 능력을 향상시킬 수 있는 좋은 기회를 제공하였다. 구체적으로는 농촌 주민들이 공통 욕구 해결과 마을 개발 등 공공문제에 관심을 가지면서 토론 참여 방식·자치 능력·관리 능력 등이 신장되었으며, 새마을지도자의 선출이 능력과 신망 있는 인물을 추대하여 주민들이 직접 선출하는 형태로 변화하였고, 새마을사업의 추진을 위한 (공통 욕구를 해결하기 위한) 공동 문제의 토의를 통하여 민주적 의사 결정 능력을 향상시킬 수 있었다.

셋째, 농민들의 가치관 및 생활 태도의 변화이다. 특히 새마을교육을 통하여 당시 한국의 농촌 사회에 만연되어 있던 미신을 타파하고 가정의례를 간소화하며 외부의 새로운 정보를 적극적으로 수용·활용하는 등 새로운 가치관과 합리적 사고가 정착되기 시작하였다. 농업 생산과 관련하여 이러한 합리주의적 가치관은 새로운 영농기술을 도입함으로써 고소득 작물 재배를 가능하게 하였으며, 이로 인한 사회경제적 지위 향상에 대한 농민으로서의 자신감과 긍지가 높아지게 되었다. 새마을운동으로 인한 이러한 변화는 농민들이 마을 개발에 자발적이며 적극적으로 참여하는 동기를 유발하고, 성취 욕구를 불러일으키는 데 크게 기여하였다.

넷째, 여성들의 사회경제적 역할에 대한 재평가를 통하여 여성들의 사회적 위상이 제고되었다. 여성들의 적극적인 참여로 새마을사업의 추진이 더욱 활성화되었고 실질적인 생활운동으로 정착되었다. 여성들의 새마을운동에 대한 적극적인 참여와 눈부신 성과는 여성들의 사회적 참여가 공인이 되고 양성 평등의 기틀을 만드는 계기가 되었다. 즉, 새마을운동 참여를 통하여 여성들이 가정이라는 울타리를 넘어서 사회 문제에까지 관여하기 시작하였고 근대적 여성으로 재탄생하는 계기를 마련하게 되었다.

다섯째, 새마을운동이 마을 단위를 중심으로 주민 주도로 마을 개발을 추진하는 과정에서 대부분의 마을은 마을공동기금, 저축 등으로 마을의 재정적 기초를 형성하였다. 그리고 새마을사업 추진을 위한 시·군과 마을 주민 사이의 잦은 공동 문제의 토의는 특히 군 단위 이하에서 민관 사이에 상호 토의와 신뢰를 통한 새로운 형태의 민관 파트너십을 형성하게 되었다.

2 경제적 측면

새마을운동의 경제적 성과는 거시적 및 미시적 측면으로 구분할 수 있다. 그러나 일반적으로 경제적 성과란 다양한 요인들의 상호작용의 결과이기 때문에 여기에서 설명하는 성과가 반드시 새마을운동에 의하여 나타난 것이라고 주장하기는 어렵다. 그러나 새마을운동을 통하여 정부의 재정적 지원 이외에 농촌 주민들의 자발적인 노동력 및 자금을 통원하여 농촌의 주거환경과 생산 기반 시설을 개선함으로써 식량 증산과 소득 증대를 이룩하였다는 것은 새마을운동이 달성한 경제적 성과라고 할 수 있을 것이다. 여기에서는 생활환경 개선과 생산 기반 확충, 소득 증대, 지역 간 균형 발전 등에 관하여 중점적으로 살펴본다.

1) 생활환경 개선 및 생산 기반 확충

새마을사업을 통하여 가장 두드러진 성과가 나타난 것이 바로 이 분야이다. 주택개량사업(지붕 개량, 담장 개량, 화장실 및 부엌 개량), 취락구조 개선사업(마을 진입로 및 마을 안길 확장, 상하수도 개선, 소하천 정비), 농업 기반 조성(농로 및 수로 정비, 제방 건설 등), 마을 통신사업 등이 대표적인 사업으로 기본적 생활환경과 농업 생산 기반이 크게 개선되었다.

한국의 농촌 주택은 1960년대 이후 정부의 농촌 근대화사업에 의하여 많이 개량되었지만 주거환경이 만족할 만한 수준은 아니었다. 당시에 농촌지역의 소득 수준은 높지 않았기 때문에 대부분의 농가 주택은 초가지붕이었고 가옥 구조가 약하거나 노후 불량인 경우가 많았다. 정부는 이러한 농촌의 주거환경을 개선하고자 지붕개량사업을 실시하여, 1972~78년 동안 261만 8천 채의 초가지붕을 함석, 슬레이트, 또는 기와 등으로 개량하였다. 이와 함께 노후하거나 불량한 주택에 대해서는 전면 개축하거나 또는 신축하는 주택개량사업을 실시하였다.

주거환경 개선사업은 주택 개량에만 머무르지 않고 마을 공동시설 확보, 부속 건물 개량, 취락 배치 개선 등 농촌 마을 구조를 근대화하고자 하는 취락구조 개선사업을 추진하였다. 그 결과, 정부는 1971~80년 사이에 2,747개 마을의 취락구조를 개선하였다. 더불어 전국의 거의 모든 마을에 마을회관, 탁아소, 공동구판장 등이 설치되었고, 상당수의 마을에서는 공동목욕탕과 공동작업장 등이 설치되어 주민복지가 개선되었다.

농가의 소득 증대와 더불어 농촌지역에 전기 및 전화가 빠른 속도로 보급되면서 농촌지역의 문화생활도 빠르게 향상되었다. 전국 농촌지역에 전기 보급은 1981년에 완결되었고 마을 통신사업도 1976년에 면 단위에서 교환시설을 설치를 완성하였다. 이처럼 전화사업, 전기 가설, 진입로 확장, 마을 안길 개설 등의 공동 편의 시설 확충으로 농촌에서도 상당한 정도의 문화생활 향유가 가능하게 되었다.

농업 생산기반 확충사업은 농민 개개인의 의지나 몇몇 생산 단위로는 해결하기 어려운 막대한 투자와 기술 지원이 있어야 가능하며, 농업 생산자들의 상반된 이해 관계를 조정하여야 한다는 어려움도 있다. 그러나 새마을운동은 이러한 문제를 우선적으로 마을 단위로 접근함으로써 매우 큰 성과를 달성할 수 있었다. 예를 들면, 농로 개발, 소규모 저수지, 수로 건설, 소하천 정비 등이 이러한 사업에 속한다. 그러나 농업 생산 증가를 위하여 가장 중요한 것은 경지 정리와 수리시설의 확립이

표 2-2 새마을운동 주요 사업별 추진 실적(1971~80)

사업명	단위	목표(A)	실적(B)	B/A(%)
마을회관 건립	채	35,608	37,012	104
주택 개량	천 동(棟)	544	225	42
취락구조 개선사업	마을	–	2,747	–
소도읍 가꾸기	도읍(都邑)	1,529	843	55
간이급수시설	개소	32,624	28,130	86
하수구시설	km	8,654	15,559	179
마을 안길 확장	km	26,266	43,558	166
농로 개발	km	49,167	61,797	126
소규모 다리 건설	개소	76,749	79,516	104
창고 건립	채	34,665	22,143	64
작업장 건립	개소	34,665	6,263	18
축사 건립	개소	32,729	4,476	14
소규모 저수지	개소	10,122	13,327	132
둑(제방) 건설	개소	22,787	31,625	139
수로 건설	km	4,043	5,161	128
소하천 정비	km	17,239	9,677	56
농어촌 전화(電化) 사업	1,000호	2,834	2,777.5	98
마을통신사업	마을(洞里)	18,633	18,633	100
새마을공장 건설	개소	950	717	75
마을조림사업	ha	967,362	642,804	66

다. 특히 벼농사 수입이 전체 농업 수입의 50~60%에 달하던 당시에 이것은 주민들에게 절대적으로 중요한 부분이었다. 1971~76년까지의 경지정리율은 14.6%에서 25.3%로 약 2배 증가하였으며,[9] 수리시설도 대대적으로 확충되었다.

농로 확장, 경지 정리, 교량 설치, 농업용수 개발 등은 농업 기반의 혁신을 이루었으며 농업 소득과 농외소득원 개발로 농가 소득 증대에 크게 기여하였다. 이러한 성과에 대해서는 새마을운동의 성과라기보다는 새마을운동 이전에 추진된 정책이 이어진 결과 나타난 것이 많다는 비판적인 의견도 있지만, 이러한 농촌의 생활 및 주거환경의 개선과 농업 생산 기반 조성은 새마을운동의 최대 성과라는 평가도 많다. 새마을사업으로 추진된 다양한 사업들의 성과는 앞의 〈표 2-2〉와 같다.

2) 농가 소득 증대

이러한 생활환경 개선과 사회간접자본의 확충 외에 경제적인 측면에서 나타난 성과는 농촌지역의 소득 수준 향상이다. 1960년대 초부터 시작된 경제개발계획은 도시를 중심으로 한 공업화정책 추진에 중점을 두었기 때문에 농촌지역이 상대적으로 낙후될 수밖에 없었다. 그에 따라 새마을운동 추진 과정에서 새마을사업을 어떻게 소득 증대로 연계시키느냐가 중요한 과제였다. 새마을운동 추진 과정에서 지역 주민 자신은 물론 지역공동체도 마을 개발을 추진할 수 있는 수단을 가지고 있어야 한다는 점에서 소득 증대는 새마을운동의 중요한 덕목이 되었다. 즉, 소득 증대가 이루어지지 않으면 주민과 지역동동체는 스스로 아무 일도 할 수 없게 된다.

농가 소득 증대에 기여한 몇 가지 사업 내용을 살펴보면 다음과 같다.

첫째, 당시 농촌에서 가장 중요한 사업이었던 쌀 생산에서 신품종(통일벼: IR 667)을 보급함으로써 쌀 생산이 급속도로 증가하였으며, 또한 이중곡가제의 실시 또한 농가 소득 증대에 크게 기여하였다.

둘째, 농업 소득 증대를 위한 노력은 사회간접자본시설의 확충에서도 잘 나타

---

9) 경지정리사업은 1964년 이후 국고보조의 상향 조정과 수혜자 부담의 하향 조정, 대구획 경지정리사업 등 제도적인 변화와 함께 사업 내용도 내실화되었다. 1960년대의 경지정리사업은 양곡 지원과 자부담 위주의 시작 단계였으며 1970년에 이르러 정부의 보조율을 높이고 사업 계획, 설계 기준이 제정되는 등 본격적인 사업 추진을 통하여 연평균 20,000ha 이상을 시행하였고, 매년 103억 정도를 투자하였다. 새마을운동이 활성화되었던 1970년대에 전체 경지 정리는 1,749 지구, 201,732 ha에 달하였다.

나고 있다. 위의 〈표 2-2〉에서 잘 나타나고 있듯이 새마을사업을 통하여 확충된 농로, 도로 등은 영농 기계화를 가능하게 하였을 뿐만 아니라 공동 창고, 농산물 집하장 등 각종 유통 및 관리시설의 개선과 결합하여 시장접근성을 향상시켜 농업 소득 증대에 크게 기여하였다.

이와 같은 노력의 결과는 가구당 농가 평균소득과 도시근로자 가구 평균소득의 격차가 지속적으로 완화되어 1974~1977년에는 경상소득으로는 농가 소득이 도시근로자 가구 소득을 상회하게 된다. 그 후 1979~1980년에는 하강 현상을 보이다가 1982년 이후에는 다시 도시근로자 경상소득을 상회 혹은 접근하였다. 그리고 도시근로자 1인당 실질소득에 대한 농민 1인당 실질소득 수준을 비교하면, 새마을운동 초기인 1970년의 60.6% 수준에서 1974~1975년에는 85% 수준에까지 접근하였다.[10] 이와 같이 새마을운동이 가장 왕성하게 추진되었다고 볼 수 있는 1970년대 중반의 경우에 농민의 경상소득과 실질소득이 다른 기간에 비하여 도시근로자에

표 2-3 농민과 도시근로자 가구의 연간 소득 비교

연도	호당 경상 소득			호당 실질 소득			1인당 실질 소득		
	농가 (A)	도시 근로자 (B)	상대소득 비율 (A/B)	농가 (A)	도시 근로자(B)	상대소득 비율 (A/B)	농가(A)	도시 근로자 (B)	상대소득 비율 (A/B)
	(천 원)	(천 원)	(%)	(천 원)	(천 원)	(%)	(천 원)	(천 원)	(%)
1970	256	381	67.1	256	381	67.1	43	71	60.6
1971	356	452	78.9	320	398	80.3	55	75	73.3
1972	429	517	83.0	336	409	82.3	59	78	75.6
1975	873	859	101.6	391	422	92.7	69	82	84.1
1977	1,433	1,405	102.0	422	544	77.7	76	114	66.7
1979	2,227	2,630	84.7	444	751	59.1	85	162	52.5
1980	2,693	3,205	84.0	430	712	60.5	84	157	53.5
1981	3,688	3,817	96.6	459	699	65.6	91	154	60.4
1983	5,128	4,991	102.8	525	824	63.7	105	190	55.4
1985	5,736	6,046	94.9	626	952	65.8	133	228	58.5

10) 그러나 1970년대 후반부터 농업 생산 요소 구입가격지수가 빠르게 상승하면서 농산물 교역 조건이 지속적으로 악화되어 1985년 농민 1인당 실질소득은 도시근로자 1인당 실질소득의 58.5%에 불과하여 1970년의 60.6%보다 오히려 낮은 수준이다.

가까이 접근하였다는 것은 결과적으로 새마을운동이 농가 소득 증대에 크게 기여하였다고 할 수 있다.

3) 지역 간 균형 발전

새마을운동의 또 다른 성과로 지적할 수 있는 것은 지역 간 균형 발전을 어느 정도 이룩하였다는 점이다. 지역 간 균형 발전은 두 가지 측면으로 구분하여 설명되어야 한다. 하나는 도·농 간의 발전 격차의 문제이고, 다른 하나는 농촌지역 내부에서 마을과 마을 간 그리고 지역과 지역 간에 나타나는 발전 격차의 문제이다.

새마을운동이 도·농 간 발전 격차 해소에 기여하였다는 점은 위에서 설명한 농가 소득 수준의 향상, 생활환경의 개선 등으로 파악될 수 있다.

반면에 농촌지역 사이에 존재하던 발전 격차의 해소 문제는 새마을운동의 추진 전략에서 찾아볼 수 있다. 새마을운동은 1974년부터 마을을 단계별로 구분하여 마을 실정에 적합한 지원책을 시행하였다. 즉, 마을의 발전 수준 정도에 따라 기초→자조→자립마을로 3분류하여 그의 승급 요건 및 지원 내용에 관한 기준과 표준사업을 규정하고, 이를 매년 평가, 재분류하였다. 예를 들면 새마을운동의 초기인 1972년에는 호당 소득이 90만 원 이상이고, 수리율이 85% 이상인 자립마을은 7%에 불과하고, 전체 마을 수의 53%가 가장 낮은 수준인 기초마을 단계에 있었다. 그러나 새마을운동이 진전됨에 따라 1977년 말에는 기초마을이 자취를 감추게 되고, 전국 36,000여 개 마을의 2/3가 자립마을 수준으로 발전되었다. 이와 같은 발전의 추세는 계속되어 1980년 말에는 모든 마을이 자립마을 이상의 수준에 포함되어, 자립마을보다 높은 수준의 자영마을과 복지마을이 설정되었다. 그러나 일반적으로 자립마을이란 마을이 생활공간으로서의 기본적인 요건은 거의 완비하였다고 볼 수 있으며, 발전의 잠재력도 어느 정도 형성되어 있어 마음만 먹으면 더 높은 수준으로 발전할 수 있을 정도의 단계를 말한다.

이와 같은 지역 간 발전 격차는 마을의 입지 여건과 크게 관련되어 있어 근본적인 차이는 해소하지 못한다 하더라도 상당 수준으로 생활환경이 개선되어 그 격차가 상당히 해소되었다고 볼 수 있다.

제 4 절 사례분석: 포항시 기계면 문성리의 새마을운동

1 문성리 마을의 사회경제적 조건

포항시 기계면에 위치한 문성리[11]는 기계면 소재지인 현내리에서 서쪽으로 2㎞ 지점의 장방산 기슭에 자리 잡은 전형적인 농촌 마을이다. 먼저 주민 구성을 보면 일제 시기부터 문성리 주민은 50호 미만이었다.[12] 1971년 박정희 대통령의 방문 시 보고에는 68가구 409명의 주민(남: 198, 여: 211)이 살고 있었다고 소개하였다. 남양 홍씨 집성촌이라고 할 수 있을 정도로 1970년대까지 홍씨가 전체 가구의 50% 이상을 차지하고 있었고, 2010년 현재도 40여 가구에 이른다. 이들의 응집력은 대단히 강한 것으로 평가되고 있다. 이외에 원씨, 박씨, 최씨가 몇 가구 있지만 그들의 응집력은 상대적으로 약하다.

마을 주민의 경제적 상황은 상당히 열악하였다. 전체 주민들이 농업에 종사하고 있었지만 평균 경사가 10~15도의 경사지의 지형 조건으로 인하여 총면적의 67%가 산지이고 상습적인 한해지역이었다. 마을의 전체 농경지는 62ha로서 농가 호당 경지 면적은 (당시의)전국 평균 0.89ha에 미달하는 0.74ha로서 대다수가 영세 소농이었다. 척박한 환경으로 인하여 농사는 — 몇몇 부유한 농가를 제외하고는 — 대부분의 농가가 자급자족하기도 어려운 형편이었다. 연세가 많은 동네 노인들은 '영일군 또는 경상북도에서 가장 가난한 동네가 문성동이었다'는 자조적인 표현을 아직도 하고 있다. 이러한 열악한 영농 조건으로 인하여 많은 농가가 극심한 생활고를 이기지 못하여 마을을 떠났다. 이런 자연 조건에 의한 빈곤이 주민들의 생활 태도에 크게 영향을 미쳐 많은 주민이 나태하고 진취성이 부족하였다.

11) 기계면은 원래 경상북도 영일군 기계면이었지만 1995년 행정구역 통폐합에 따라 영일군이 포항시에 편입되어 현재는 경상북도 포항시 북구 기계면으로 되어 있다. 농촌지역의 최소 행정구역 단위인 리(里)는 새마을운동 당시에는 동(洞)이라고 하였지만 이하에서는 현재 명칭을 사용하여 문성리라고 칭한다.

12) 마을 노인들의 기억에 의하면 1945년에는 가구 수가 50호 미만이었으며, 한국전쟁 이후 조금 증가하였다고 한다. 대체로 조상 대대로 살아온 토박이 가구 수는 약 50호 정도였다는 뜻으로 추정된다.

2 새마을운동 이전의 마을개발사업

문성리에서 본격적으로 마을개발사업이 시작된 것은 새마을운동 이전인 1967년 봄부터였다. 1967년은 현재의 문성리의 발전을 가져온 출발의 원년이라고 할 수 있다. 그 해 홍선표가 마을 이장으로 임명되면서 마을개발사업이 전면적으로 실시되었다.[13] 그는 평소에 문성리가 어떻게 하면 더 잘살 수 있는 마을이 될 수 있을까 하고 고민하였다. 그는 주민들이 나태한 생활 습관에서 벗어나, 마을 발전을 위하여 협동하여 노력할 수 있도록 하는 정신 개혁을 위하여 '놀고 먹는 사람 없애기 운동'을 펼쳤다. 그리고 그는 주민들의 힘을 모아 자연적 불리함(한해)을 인간의 노력으로 극복한다는 생각에서 ① 천수답 중 상습적으로 가뭄 피해를 입는 농지를 뽕밭으로 전환하여 양잠사업을 추진하고, ② 천수답을 수리안전답으로 만들기 위하여 관개시설을 확충하며(양수시설), ③ 부족한 농업소득의 보완을 위하여 양계사업의 추진을 구상하였다. 이러한 그의 구상은 1967년의 극심한 가뭄으로 인하여 벼농사가 심각한 피해를 입었을 때 마을 주민들과의 대화를 통하여 사업 추진에 대한 개괄적인 의견 일치를 보았다.

1) 뽕밭 조성사업

1967년 봄에 마을 주민들은 합심하여 천수답 중 가장 열악한 위치에 있는 12ha의 농지를 뽕밭으로 전환하는 작업을 시작하였다. 마을 주민, 특히 노인들의 반대가 심하였지만 잠업(누에치기)의 수익성과 미래 전망 그리고 영농 방법 등을 주로 젊은 층을 대상으로 설명하고 설득하였다. 그의 의견에 동의한 마을의 젊은 사람들이 다른 주민들을 일일이 찾아다니며 사업을 이해시키고, 동의를 얻어 사업을 실시하게 되었다. 주민들은 논둑을 없애고, 퇴비를 넣고, 12ha의 토지에 90,000그루의 뽕나무를 심을 수 있었다.

---

13) 1970년 이전의 공식 기록이 없어 홍선표(1929~2015)는 공식적으로는 1970년에서 73년까지 동장으로 재직한 것으로 기록되어 있지만, 문성리 마을 자체에는 1967년이라고 기록되어 있다. 그러나 그의 기억과 마을 주민들의 증언을 종합하면 1963~64년 사이에 이장으로 취임한 것으로 추정된다. 그는 1971년 8월 새마을운동 관련 국민포장을 받을 정도로 새마을운동 선구자 중 한 사람이다.

청년층을 중심으로 한 주민들의 지극 정성 덕택에 수확을 할 수 있었던 1970년에는 양잠 농가 40호에서 180상자를 소잠하여 270만 원의 소득을 창출하게 되었다. 이어 1972년에는 235상자를 소잠하여 700만 원의 소득을 올림으로써 벼농사에 비하여 훨씬 높은 농가 수익을 창출할 수 있었다.

표 2-4 뽕밭 조성사업

시행 연도	면적	식상 주수	소잠	잠견	수입
1967	12ha	90,000			
1970	12ha		180매	5,400kg	270만 원
1972	12ha		235매	8,400kg	700만 원
1973	12ha		310매	12,000kg	900만 원

이러한 결과는 주민들에게 양잠사업이 논농사에 비하여 수익성이 훨씬 높은 사업임을 인식하게 하는 데 크게 기여하였다. 이에 따라 뽕밭은 20ha로 확대되어 농가 소득을 더욱 증대시킬 수 있다는 희망을 가지게 되었다. 그뿐만 아니라 1973년에는 영일군청에서 천수답 상전 조성 시범지구로 지정하여 원잠농회사(경주 소재 삼흥제사)와 계약을 체결하여 지속적인 소득원을 개발할 수 있었다.

이 사업이 성공적으로 추진됨에 따라 주민들은 자신감을 가지고 좀 더 큰 사업에도 도전할 수 있는 용기와 능력을 얻게 되었으며, 주민들 사이의 협동 및 신뢰감도 크게 향상되었다.

2) 수리안전답 조성사업

장방산 중턱의 높은 지대에 위치한 문성리는 그 지형 조건으로 인하여 벼농사를 비롯한 대부분의 농사를 하늘에서 내리는 비에 의존하고 있어 거의 매년 가뭄 피해를 겪어야만 하였다. 극심한 가뭄 피해를 극복하기 위해서는 마을 앞 기계천의 풍부한 지하수를 마을 앞까지 끌어올리는 것이 유일한 방법이라는 것에 대하여 주민들이 합의하고 양수기 설치사업을 시작하였다. 이 사업의 핵심은 기계천에 집수암거[14]를 설치하고, 여기에 고인 물을 양수시설을 통하여 마을 옆에 있는 두 개의

14) 가뭄 때 하천 바닥에 속도랑을 설치하여 물을 모으는 시설이다. 그러나 가뭄이 극심할 경우에는

저수지에 저장하여 다시 주변의 논밭으로 흘려보내 천수답을 수리안전답으로 만드는 작업이다. 사업을 계획할 때 양수시설의 혜택을 받을 수 있는 농가와 그렇지 못한 농가 사이에 심한 알력이 있었지만, 혜택을 더 많이 받을 수 있는 농가가 더 많은 비용을 부담한다는 수혜자 부담 원칙으로 인한 차등적 비용 부담으로 주민 합의를 이끌어낼 수 있었다.

그러나 사업비 96만 원은 당시로서는 매우 큰 액수로 주민들에게는 큰 부담이었지만 필요자금은 마을 자체적으로 해결해야만 하였다. 먼저 양수시설의 혜택을 받을 수 있는 주변에 논밭을 소유하고 있는 지주들에게 경지 넓이에 비례하여 갹출하여 12만 원 정도를 마련하였다. 이 자금으로 겨우 터빈식 양수기 2대를 구입하고 발동기는 기계면 내의 정미소에서 겨우 빌렸지만, 하천에서 산 중턱까지 지하수를 끌어올려야 하는 송수관 설치를 위한 재원 마련이 또 문제였다. 이 문제는 가을 추수가 끝나면 곧바로 갚는다는 서약서를 쓰고 외상으로 구입하는 방법으로 겨우 해결할 수 있었다. 이런 많은 어려움을 극복하고 문성리 주민들은 16ha의 수리안전답을 조성하였다. [그림 2-5]는 당시 사업의 단면도이다.

그림 2-5 양수장 설치 단면도

제 기능을 발휘하지 못하는 경우도 많이 있었다.

한번 점화된 주민들의 의욕은 대단하였다. 주민들은 이 1차 사업에 만족하지 않고 한 발 더 나아가 1970년에는 제2단계로 양수시설을 증설하여(100 HP 원동기) 송수관 600m를 매설하여 30ha의 논을 수리안전답으로 조성하였다. 그 결과 쌀의 생산량은 당연히 급속도로 증가하였다.

표 2-5 수리안전답 조성사업 규모

구분	시행 연도	발동기	양정[15]	송수관	몽리 면적[16]
1차 사업	1967	원동기 30HP	20m	600m	16ha
2차 사업	1970	원동기 100HP	27m	600m 300m	35ha

3) 양계사업

뽕밭에서 수익을 얻기 위해서는 보통 2~3년의 시간이 필요하였다. 이 기간 동안 농지 축소로 인한 농업 소득의 감소를 보완할 수 있는 방안으로 추진된 것이 수익의 순환이 빠른 양계사업이었다. 그러나 문성리는 대도시로부터 멀리 떨어져 있고, 여름철에는 기계천의 통행이 불편하여 양계의 입지 조건으로는 좋은 편이 아니었다. 그럼에도 불구하고 주민들의 노력에 의하여 1967년 10가구의 2,000마리에서 1970년에는 23가구에서 6,500마리의 닭을 보유하여 120만 원의 소득을 올렸다. 그리고 닭의 배설물은 뽕밭의 거름으로도 사용하여 일거양득의 효과를 얻을 수 있었다. 이렇게 양계 농가가 급속히 증가함에 따라 사료의 공동 구매, 계란과 육계의 공동 판매, 공동 방역 등 협동사업과 개량된 축사 개축, 사료와 급수의 자동화 등 시설 현대화로 인건비 절감에 성공하였다. 이 양계사업에서도 서로 돕고 힘을 합하는 협동정신을 기를 수 있었다. 그러나 이 양계사업은 1970년 이후 뽕밭에서의 수입 증가로 그 중요성이 점차 낮아지기 시작하였다.

---

15) 펌프 장치에서 물을 목적지까지 퍼 올리는 높이. 여기서는 하천의 집수암거에서 천수답까지의 높이를 의미한다.

16) 논밭 따위가 저수지, 보, 양수장과 같은 관개시설에 의하여 혜택을 받는 면적.

표 2-6 양계사업

시행 연도	사육 두수	참여 농가	수입
1967 1970	2,000마리 6,500마리	10가구 22가구	40만 원 120만 원

4) 마을개발사업의 효과

위에서 설명한 3개 개발사업은 문성리 마을의 경제적 상황을 크게 향상시켰다.

첫째, 양수장 건설사업의 결과 천수답이 수리안전답으로 전환됨에 기존에 조, 콩 생산에 집중하였던 농지에서도 벼농사가 가능해짐에 따라 쌀 생산이 마을 전체적으로 1967년 40톤에서 1972년 120톤으로 획기적으로 증가하였다.[17] 벼농사가 주업이었던 당시 한국 농촌에서 양수장 건설사업은 주민들이 기대하였던 이상으로 높은 소득 증대 효과를 가져왔다. 특히 1970년대 중반에 다수확 품종인 통일벼 도입이 이중곡가제의 실시와 결합되면서 농업 소득은 빠른 속도로 증가하였다.

둘째, 천수답을 뽕밭으로 전환하여 12ha의 뽕밭에서 1970년 700만 원의 수입을 올렸다. 이 수입은 벼농사에 의존하던 문성리 주민들에게 새로운 소득원으로 자리잡게 되었다. 이에 주민들은 한동안 뽕밭 면적 확대를 위하여 노력하였다. 그러나 이 뽕밭사업은 1980년대에 들어서면서 그 중요성이 점차 감소하기 시작하였다.

셋째, 양계사업으로는 1970년에 120만 원의 소득 증대 효과를 가져왔다.

이와 같이 어렵고 힘든 과정을 겪으면서 문성리 마을은 점차 기반을 다지게 되어 가구당 소득도 1970년 전국 평균을 넘어서게 되었다. 이후에 계획대로 마을 발전이 지속된다면 1976년에는 가구당 소득이 415천 원의 달성을 목표로 하여 근대

표 2-7 지역개발사업의 개발 효과(주요 생산품 비교)

품목	쌀	조	대맥	대두	양잠	한우	양계
1967	40M/T	12M/T	112M/T	21M/T		40두	
1971	120M/T		90M/T	15M/T	65M/T	106두	6,500수
증감	80M/T	−12M/T	−22M/T	−3M/T	65M/T	66두	6,500수

17) 경지면적 단위당(반: 1정보의 10%로 300평, 즉 991.74㎡) 생산량은 1967년 290㎏에서 1971년 400㎏으로 증가하였다.

화된 살기 좋은 농촌 건설의 꿈을 키워가고 있었다.

끈기와 인내로 마을개발사업의 어려움을 극복하고 성공하게 되자, 마을 주민들은 절망에서 깨어나기 시작하였고 단결과 협동정신의 의미와 중요성을 인식하게 되었으며 또한 마을지도자의 선도에 따라 과감하게 실천할 줄 아는 용기도 갖게 되었다. 즉, 주민들은 협동심, '하면 된다'는 의지 그리고 사업 추진 능력을 마을개발사업의 추진 과정에서 자연스럽게 얻게 된 것이다. 이러한 경험은 이후 새마을운동을 추진하는 데 결정적인 역할을 하게 된다.

3 새마을운동의 점화

1970년에 정부는 전국 33,267개 리 · 동에 시멘트 335포대씩을 공급해 주고 마을 자체적으로 새마을사업을 계획, 추진하도록 하였다. 이 시기에 문성리에서도 다른 마을과 같이 본격적인 새마을운동의 열풍이 불기 시작하였다.

1970년 10월 4일부터 7일까지 4일간 경상북도가 주최하여 영일군 각 읍 · 면에서 자원지도자[18] 1명씩을 선발하여 선진지(경북 청도읍 신도리, 경남 사천군 수청리, 충남 논산군 은진면 와야리 등)를 견학시켰다. 이 모범부락 견학 참가자의 권유에 의하여 기계면에서는 자원지도자 등 주민 145명이 동일한 지역을 견학하였다. 견학에서 돌아오는 길에 마을 발전을 위하여 노력하자고 결의하면서 ① 앞장서자, ② 의존하지 말자, ③ 놀지 말자라는 세 가지 마을 표어를 설정하고 새마을운동에 앞장설 것을 다짐하였다. 우선 견학에 참여한 주민을 중심으로 좌담회를 개최하고 새마을사업 계획을 추진하게 된다.

문성리 마을에서는 추진된 중요한 몇 가지 새마을사업을 소개하면 다음과 같다.

첫째, 마을 진입로 확장 및 마을 안길 정비사업이다. 주민들은 먼저 국도에서 기계천까지의 꼬불꼬불한 농로를 폭 5m의 길이 800m의 직선 길로 확장하고, 기계천에서 마을까지 1,000m의 좁은 오솔길을 마을 중심을 지나는 큰 길로 만든다는

18) 새마을운동이 본격적으로 시작되기 이전 많은 농촌에서 마을지도자를 자원지도자라고 부르고 있었다.

계획이었다. 그리고 이 길에 연결되어 있는 마을 안길을 양쪽으로 짐수레가 왕래할 수 있도록 넓게 정리하는 계획도 동시에 수립하였다. 그러나 이 공사를 진행하기 위해서는 먼저 진입로에 편입되는 748평의 토지 문제를 해결해야만 하였다. 토지 보상을 위한 재원을 마련하지 못한 상황에서 이 문제는 땅 주인들의 토지 희사에 의해서만 해결될 수 있었다. 그러나 당시에 농지란 농민들의 가장 큰 재산이고 동시에 가장 중요한 수입원이었기 때문에 토지 희사란 결코 간단한 일이 아니었다. 그러나 우여곡절 끝에 가장 넓은 토지가 편입되는 홍순락(200평)과 홍선표(150평)가 토지 희사의 의사를 먼저 밝힘에 따라 나머지 지주 17명도 동참하여 토지 문제는 큰 어려움 없이 해결되었다. 땅 주인들의 토지 희사에 감사하는 마음으로 주민들은 한겨울의 한파 속에서도 한 마음 한 뜻으로 노력하여 마을 진입로를 완공하였다(1971.1.15.). 마을 안길 사업은 마을 외곽을 일주하는 도로를 새로 만들고 새로 개설된 마을 진입로와 연결하고 새 도로에서 집집마다 들어오는 마을 안길을 확장하였다.

기계천의 양수장 건설이 문성리 주민들의 젖줄이라면, 이 마을 진입로 및 안길 확장은 이전에 사료, 비료 등 농기자재를 지게로 운반하던 것을 이제는 자동차로 운반할 수 있게 해 주는 핏줄이라고 할 수 있다. 그리고 이후에 완공된 1,600m의 농로 개설과 더불어 1970년대 후반부터 본격적으로 시작된 영농 기계화의 초석이 되었다.

마을 진입로 및 마을 안길 확장사업에 소요된 자금은 〈표 2-8〉에 나타나 있다. 이 표에서 알 수 있듯이 정부가 전국 모든 마을에 균등하게 제공한 335포의 시멘트를 제외한 나머지 모든 필요 재원과 노동력을 마을 자체 능력으로 해결하였다. 당시 전체 가구가 68호였음을 감안하면 문성리의 모든 가구가 이 사업에 참여하였음

표 2-8 마을 진입로 건설 사업비 투자 상황

세부사업명	계	정부 지원	자부담	참여 호수	노동력(연인원)
석추	296,400원	86,400원 (시멘트 335포)	210,000원		
성토	175,000원		175,000원		
계	471,400원	86,400원	385,000원	68호	2,100명

을 알 수 있다.

다음으로 착수한 사업은 지붕개량사업(1970.10.20.~1971.4.20.)이었다. 지붕 개량은 미관상의 장점뿐만 아니라 매년 시행하는 지붕 보수공사에 필요한 노동력을 절감하고, 볏짚을 소 사료로, 가마니와 새끼의 재료로 그리고 양송이 재배의 재료로 사용할 수 있는 등 많은 경제적 효과를 주었다. 이 사업은 전적으로 마을 자체 부담으로 시행되었으며 전체 사업비용은 348만 원이었다. 65가구가 사업에 참여하여 6개월 만에 완료하였다. 지붕개량사업 추진에는 마을 청년들이 사업추진실천회를 조직하고 노동력을 제공하여 결정적 역할을 담당하였다. 더구나 그들은 가난한 가정부터 우선적으로 사업을 추진하는 등 마을 복지 향상과 단합에도 크게 기여하여 주민들에게 좋은 반응을 얻었다. 그리고 어둡고 불편하였던 부엌을 시멘트로 개량하고 조잡하나마 찬장과 조리대를 설치하여 식품의 위생적 관리에도 기여하였다.

이외에도 문성리 마을에서는 공동 우물 및 빨래터 만들기 사업을 진행하여 위생적인 식수 관리와 부녀자들의 가사노동 절약에 기여하였고, 마을회관을 건립하여 사무실, 창고, 회의실 등 다목적으로 활용하였다. 이외에도 문성리에서는 화장실(42개소)과 부엌 개량(52개소), 담장 개보수 등을 부녀회원들이 협력하여 지속적으로 실시하였다. 특히 마을 앞 기계천에 교량을 설치함으로써(폭 5.4m, 길이 126m, 1972년 12월) 마을이 완전히 국도와 연결되었다.

새마을사업 시행 초기 연도인 1970~71년의 농한기 6개월 동안 문성리 주민들이 자조, 협동으로 이룩한 새마을사업의 실적은 매우 놀랍다. 이들은 시멘트 335포와 자재운반비를 합친 109,200원의 정부 지원으로 마을 진입로 건설을 포함한 9개 사업에서 약 480만 원(지원 대비 약 50배)에 해당하는 엄청난 새마을사업을 성공리에 완수했다.

새마을사업 중 일부는(마을 진입로, 기계교 건설) 정부 지원이 있었지만 대부분의 사업을 마을 자체 재원으로 추진하였다. 이러한 재원을 마련하기 위하여 주민

표 2-9 전체 사업비 규모(1970.10~1971.06)

자체 부담	자재운반비	정부 보조	합계
676,330원	12,800원	96,480원	785,610원
참여 호수: 68호		참여 인원 수(연인원): 2,325명	

들은 절미운동, 마을금고 설치, 소요자재 공동 구입 등을 수행하였고, 이를 통하여 부족한 재원을 충당하였다.

새마을운동은 소득 측면에서의 양적 증가뿐 아니라 주민들은 '노력하면 잘살 수 있다'는 경험과 '협동하면 많은 일을 이룰 수 있다'는 자신감과 같은 진취적 사고, 즉 의식 개혁이 이루어졌다는 것이 가장 중요한 수확이었다. 이를 증명할 수 있는 것이 새마을운동을 전후하여 나타난 문성리의 변화이다.

첫째, 모든 새마을사업은 먼저 동개발위원회에서 계획을 수립하고, 주민전체회의에서 주민들의 표결에 따라 최종 의결되는 과정을 밟았다. 이러한 경험의 축적이 문성리 마을을 혈연 중심 사회에서 마을지도자를 구심점으로 조직화된 공동체로 변화시켰다. 문성리의 경우 마을개발사업이 시작된 1967년만 해도 마을 공동조직이 매우 미약하였으며, 마을 내에서 절대적인 영향력을 미치는 지도자는 없었다. 대부분의 농촌공동체에서 비슷하게 나타나고 있듯이 마을의 최고 부자 또는 최대 가문의 대표가 유지로서 영향력이 컸었다. 그러나 1967년 이후의 마을개발사업을 통하여 각종 조직 및 그 지도자의 영향력이 커지기 시작하였다.

둘째, 새마을운동은 마을 내에서 주민들이 자신의 의견을 표현할 수 있는 토론의 장을 만들어냈다. 마을개발사업이 진행되면서 마을회의(이 마을 사람들은 아직도 동민회의라고 부르고 있다.)가 정기적 또는 비정기적으로 수시로 열리게 되었다. 마을회의의 취지는 동개발위원회에서 결정된 사업을 최종적으로 의결하는 장으로 마련되었다. 비록 일차적으로 동개발위원회에서 회의를 거쳐 정리된 안건이지만, 주민들에게 일방적으로 공표하기보다는 마을회의에서 다시 주민들의 의견을 조율하여 주민 욕구를 최대한 반영하자는 의도였을 것이다.

셋째, 주민들의 의식 변화이다. 새마을사업의 성공적인 추진은 주민들의 가치관과 생활 태도 변화에 결정적인 기여를 하였다. 물질적인 측면인 소득 증대와 환경 변화는 변화된 상황에 적합하게 인간의 생활 태도를 변화시킨다. 그러나 문성리의 경우 그러한 측면보다는 새마을사업을 통하여 주민들이 자신감을 가지게 되었으며, 이제 모든 일에 의욕적으로 도전할 수 있는 정신적 자세의 변화가 이후의 마을 발전에 결정적으로 영향을 미친 것으로 보인다.

이처럼 문성리의 새마을운동은 주민들이 합심·단결하면 그 힘이 얼마나 커질 수 있는가를 보여주는 좋은 사례라고 할 수 있다. 마을개발사업을 통한 경험은 잠재된 주민들의 진취성과 협동심을 다시 일깨우는 동인으로 작용하였다. 그리고 마을의 발전을 위하여 기꺼이 자신의 토지를 희사한 주민들의 희생정신과 애향심 그리고 마을지도자의 헌신적인 노력은 다른 마을에 좋은 본보기가 되었다.

4 새마을운동의 확산

1970년 새마을운동은 문성리가 선도적 역할을 하였고, 이어서 그 효과가 기계면 전체 리·동에 파급되었다. 그러나 이러한 효과는 기계면에만 국한된 것이 아니라 영일군 전체에 파급되어 각 읍·면의 선의의 경쟁을 통하여 영일군 전체 355개 마을에 새마을운동이 확산되었다.

문성리의 새마을운동 성과는 문화공보부를 통하여 세 차례에 걸쳐 전국에 홍보되었다. 특히 1971년 9월 17일 당시 대통령이 전국시장군수 비교행정회의를 경상북도 도청에서 주재하고, 뒤이어 경제부처 장관, 전국 도지사, 시장, 군수를 대동하여 문성리를 시찰한 것이 결정적이었다. 대통령은 마을 개발 상황을 보고받고 마을을 둘러본 후 "문성리 새마을사업은 환경 개선도 중요하지만 주민들의 정신 문제가 본받을 만하다"고 말하고 "문성리와 같은 선진 새마을을 만드는 것이 조국 근대화의 지름길"이라고 강조하였다.[19]

문성리의 성공 사례가 대통령 방문을 통하여 전국적으로 알려지게 되자, 가장 먼저 자극을 받은 지역은 바로 기계면의 다른 리·동이었다. 즉, 문성리의 성공은 기계면의 다른 마을 주민들이 적극적으로 새마을사업 추진에 참여하게 하는 촉매제 역할을 하였다. 그 결과 기계면이 영일군에서 가장 높은 새마을운동 성과를 이루었다.

---

19) 문성리 방문 시 대통령의 훈시는 다음과 같다(정부 공문서: 보고번호 제71-571 외 4건). 1) 문성리에 전화(電化)사업을 우선 해 줄 것, 2) 지붕 개량에 있어, 양산 시(量産時) 값을 싸게 할 수 있을 것이니 슬레이트 기와 값을 싸게 공급하도록 할 것, 3) 전국 시장, 군수는 문성동과 같은 '새마을'을 만들어라. 4) 자조, 자립, 협동정신이 곧 새마을정신이다. 5) 부락 지도자를 발굴, 육성하는 데 힘쓰라. 6) 시장, 군수는 새마을정신 주입에 점화 역할을 하라. 7) 시장, 군수의 지도력 여하에 따라 투자 효과가 1 : 1에서 1 : 50으로 나타남을 실감나게 느꼈을 줄 믿는다. 8) 결론적으로 부강한 농촌을 만들기 위해서는 정부의 지원만으로는 절대 불가능하니 주민들의 자조·자립·협동을 바탕으로 하는 '새마을정신' 고취에 주력하라.

이와 같이 새마을운동에서는 문성리 마을이 선도적 역할을 하였고, 이어서 그 효과가 기계면 전체 리·동에 파급되었다. 그러나 이러한 효과는 기계면에만 국한된 것이 아니라 영일군 전체에 파급되어 각 읍·면의 선의의 경쟁을 통하여 영일군 전체 355개 마을에 새마을운동이 확산되었다. 당시 영일군의 재정적 지원 방식은 정부의 지원 방침과 동일하게 새마을사업을 잘하는 마을의 사업에 더 많은 재정 지원을 해 주는 선 사업, 후 보상의 형태였다. 이와 같은 새마을운동의 차등적 지원의 추진 방식은 큰 효과를 보았다.

이러한 새마을사업의 결과, 기술과 자재를 지원하면 노동력은 항상 제공할 준비가 되어 있다는 것이 모든 지역 주민의 공통된 의사였지만 영일군은 새마을지도자를 발굴하여 지도자를 중심으로 — 문성리와 같이 — 단결된 마을을 계속 육성하려고 노력하였다. 읍·면 단위의 사업은 영일군이 전담하고, 마을 단위의 사업은 마을 주민들이 전담하였다. 마을 간 사업 중 현금 부담이 과중한 사업에 대해서는 자재 일부는 군비로 지원해서 주민과 합동으로 실시하고, 특히 주민 소득과 관련된 사업에 크게 치중하였다. 이러한 과정을 거쳐 주민들의 숙원사업은 대부분 완수되었고, 농촌 근대화사업은 농촌 주민들의 자조정신의 고취와 더불어 더욱 앞당겨질 수 있었다.

5 문성리 새마을운동의 작동 메커니즘

이상에서 문성리의 마을 개발 상황을 살펴보았다. 이를 바탕으로 문성리 마을 개발모형을 도식화하면 [그림 2-6]와 같이 구성할 수 있을 것이다. 이 모델에서 마을 개발은 그 마을이 지니고 있는 인적 자본(새마을지도자, 주민)과 사회적 자본(주민 신뢰, 마을조직, 자원) 그리고 정부 지원이 결합하여 주민 욕구를 효과적으로 집약하여 마을 개발의 비전과 목표를 설정하고, 내·외부 자원을 동원하여 사업계획을 시행하고, 그 결과에 대하여 공동으로 책임을 지며, 사업 성과에 대한 평가 결과는 이 순환의 확대를 위하여 환류된다. 이때 마을개발사업은 주민 전체에게 그 혜택이 공평하게, 지속적으로 주어져야 하고 그리고 확대되어야 한다.

그리고 이 그림은 동시에 다음의 의미도 포함하고 있다. 즉, 새마을운동의 주체

그림 2-6 문성리 마을개발모델

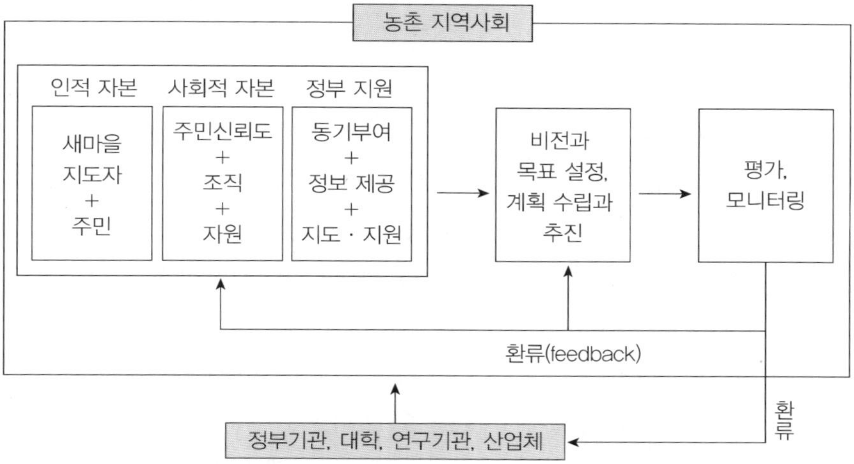

는 주민이며 그 수혜자도 주민이다. 새마을사업의 수행은 기본적으로 자체 자원에 기초를 두고 주민들의 적극적인 참여를 전제로 추진되어야 하는 사업이다. 그러나 마을지도자의 능력과 자체 재원이 부족하고, 주민들 사이에 신뢰성과 협동성이 결여되어 있을 경우, 즉 마을에 사회적 자본이 축적되어 있지 않을 경우 정부의 지원이 있더라도 새마을사업이 성공하기는 무척 어렵다는 것이다. 따라서 아래에서는 문성리 새마을운동의 추진 주체를 중심으로 그 작동 원리와 기능을 살펴본다.

1) 새마을지도자

문성리 마을 개발은 홍선표 새마을지도자가 앞장서고 일부 젊은 층의 동조로 광범위한 새마을운동 확산으로 이어짐으로써 성공하게 되었다. 문성리에서 그가 수행한 역할은 주민들의 구심점이 되어 마을의 단결을 공고히 함으로써 새마을사업에 대한 주민 참여를 증대시키고, 주민들 상호간의 의사 소통과 상부상조 등 상호작용의 매개적 역할을 수행한 것이다. 많은 학자가 지도자의 역할로 욕구의 창조와 활용, 참여 동기 유발, 해결 방안의 강구와 모범적 실시, 자원의 동원과 활용, 유리한 개발 여건과 환경의 조성 등을 제시하였는데 홍선표 새마을지도자의 활동이 그 모범적 사례하고 할 수 있다.

이처럼 새마을지도자는 지역사회의 중요한 인적 자본으로서 새마을사업에서 높은 능동성과 적극성을 보이고 주민들을 동원하여 사업을 성공적으로 이끌어 가는 데 매우 중요한 역할을 하였다. 즉, 그들은 마을개발사업의 성패를 결정짓는 일차적 요인이었다. 새마을지도자들은 마을 주민의 욕구를 탐색하고, 조정하며, 주민들이 새마을사업에 참여하도록 동기를 유발하는 역할을 수행하였다. 그리고 문제가 발생하였을 경우에는 해결 방안을 제시할 뿐만 아니라 마을 내외부의 자원을 동원, 활용하여 개발에 유리한 여건과 환경을 조성하는 데 기여하였다. 이들이 새마을운동 과정에서 보여준 리더십을 상생적 리더십 또는 창발적 리더십으로 표현되기도 하지만 그들은 기본적으로 변화촉진자의 역할을 담당하였다.

그러면 홍선표라는 새마을지도자의 강력한 리더십의 근원은 무엇일까? 그것은 그가 가지고 있던 개인적 특성에서 찾을 수 있다.

먼저 언급할 것은 그의 개인적 배경이다. 이를 이해하기 위해서는 그의 집안과 마을 주민들의 사회적 관계를 고려할 필요가 있다. 주민들의 전언에 따르면 1960년대 홍씨 집안은 대단한 부(富)를 축적하고 있었으며, 모든 마을 주민에게 상당히 호의적이었다고 한다. 따라서 많은 마을 주민의 경제생활이 다소간 홍씨 집안과 관계를 지닐 수밖에 없었을 것이다. 과거 전통적으로 형성되어 왔던 대지주 집안과 주민 사이에 신뢰 관계가 이후에 홍선표의 리더십 형성과 발휘에 상당한 영향을 미쳤을 것으로 보인다.

두 번째는 고향에 대한 그의 개인적 애향심이다. 그의 고백에 의하면 고향인 문성리의 열악한 마을 상황이 그가 마을 개발을 위하여 혼신의 힘을 다하도록 하였다. 그는 마을에서 최우선적으로 해결하여야 할 문제는 빈곤 극복, 즉 경제적 문제의 해결이라고 생각하였다. 지역 주민이 가장 필요로 하며 절실히 원하는 것, 바로 소득 증대를 위한 사업을 일순위로 책정한 것이다.

세 번째는 특징은 그의 책임감이다. 그는 어떤 책임을 맡으면 최선을 다해야 한다고 말하였다. 이러한 그의 성격이 마을 개발 과정에서 마을의 자연적 · 지리적 불리함을 주민들에게 끈기있게 설명하고, 정부의 정책 지원을 적절하게 활용하여 주민들의 적극적인 참여를 이끌어내는 데 핵심적 역할을 수행할 수 있게 하였다.

마지막으로 개인적 능력이다. 그는 당시에는 몇 안 되는 중학교 졸업생이었으며,[20] 도시에서 개인 사업을 한 경험도 있다. 이러한 개인적 사업 경험이 마을 개발사업의 선정과 추진 과정에서 발휘되었다. 예를 들면 뽕밭 조성사업의 경우 수익을 창출하기 위해서는 3년이란 기간이 필요한데 이 기간의 소득 감소를 보완하기 위하여 그는 수리안전답 조성사업과 단기간에 수익을 창출할 수 있는 양계사업을 실시하였다. 수익 창출을 기준으로 살펴보면 양계사업은 3~6개월, 벼농사는 1년, 그리고 뽕밭사업은 3년이 필요하기 때문에 이들 사업의 수익 창출 시기를 고려하여 사업을 계획한 것이다. 홍선표는 경제학을 전공한 사람도 아니지만 타고난 능력 및 사업 경험을 바탕으로 서로 보완할 수 있는 세 가지 사업을 제시함으로써 소득 감소 문제를 해결하고 주민들로부터 신망을 얻을 수 있었다. 마을 주민들에게 증명된 그의 역량은 마을 개발에 대한 주민 참여에 결정적인 영향을 미쳤다.

2) 사회적 자본

마을개발사업에서 사회적 자본은 주민과 마을조직 두 가지 측면에서 구분하여 살펴볼 수 있다.

① 주민

일반적으로 지역사회 개발에서 주민 참여는 의사 결정과 그 집행 과정에 주민이 직·간접적으로 참여하는 행위라고 정의할 수 있으며, 주민 참여는 마을개발사업의 민주성, 능률성, 형평성을 증진시킬 수 있는 수단이 된다.

새마을지도자가 주민의 다양한 욕구를 종합하여 새마을사업을 효율적으로 수행할 수 있게 한다는 점에서 그 중요성이 인정된다면, 주민은 새마을운동에서 절대다수를 차지하는 운동 주체이자 새마을사업의 수혜자로서 핵심적인 위치에 있다. 새마을사업의 어떤 목표도 결국은 주민을 위하여 존재하는 것이므로 새마을사업의 시행에는 주민 욕구를 최대한 반영하여야 한다. 주민은 마을 개발에 결정적 역할을 수행하는 지도력의 기반인 동시에 개발사업에 필요한 각종 자원을 제공해 주는 원천이기도 하다. 또한 직접적 수혜자로서의 주민은 사업 내용을 구체적으로 인지하고 이를 평가하는 피드백 장치(feedback mechanism)의 기능도 동시에 수행한다. 이러한 점에서 볼 때 주민의 능력, 자질 및 참여도 등에 따라 새마을사업의 성과도

20) 당시 수준으로 중학교 졸업은 농촌지역에서 상당히 높은 학력이었다. 이것은 전체 주민의 95%가 국졸 이하의 학력이었고 홍선표 이후에 이장을 맡은 3명의 학력이 국졸이라는 점에서도 충분히 알 수 있다.

다르게 나타날 것이다.

문성리 주민들도 당연히 새마을사업 과정에서 절대 다수를 차지하는 사업의 주체이자 수혜자로서 핵심적인 위치에 있었다. 주민들은 마을총회를 통하여 자신들의 욕구가 최대한 반영된 사업을 계획하였고, 협동하여 사업을 수행하고 나중에 이를 평가하는 기능도 동시에 수행하였다. 문성리 주민들의 강한 참여 의지는 다른 마을보다 척박한 지리적 환경에 대한 극복 의지와 마을지도자에 대한 신뢰 등이 작용한 것으로 보인다. 마을 주민들이 적극적으로 새마을운동에 참여하게 된 요인을 구체적으로 살펴보면 다음과 같다.

첫째, 문성리 마을의 사회적 자본을 지적할 수 있다. 새마을운동 이전에 마을개발사업(뽕밭 조성사업, 양수장 건설사업)을 통하여 문성리 주민들 사이에 이미 일정한 관습과 신뢰성 및 협동성 그리고 마을조직이 존재하였다. 특히 문성리는 다른 농촌 마을과 같이 혈연 중심의 전통적 공동체 의식이 강하게 남아 있었지만 신뢰감 있는 마을지도자가 존재하였던 점에서 차이가 있다. 주민들 사이의 공동체적 유대감과 신뢰는 마을 발전을 위한 중요한 사회적 자본이었다. 더구나 마을지도자 리더십의 작용으로 이 마을의 내생적 개발 역량은 새마을운동이라는 정부정책과 연계되어 과거의 마을 역사에서 찾아볼 수 없었던 모범적 발전을 이룩할 수 있었던 것이다. 문성리 주민들이 마을개발사업에 적극적으로 참여한 배경에는 홍선표라는 마을지도자에 대한 믿음과 신뢰가 있다. 홍선표라는 지도자 개인의 성품에 대한 믿음, 업무 수행 능력에 대한 믿음, 사업 성과에 대한 믿음의 결과가 지속적인 주민참여와 협동으로 나타난 것이다. 마을 안에서 지도자와 주민 사이의 강한 연대감과 신뢰가 사회적 자본으로서 마을 발전에 큰 역할을 했다.

둘째, 마을 주민의 새마을운동 참여 동인으로는 절박한 빈곤 상황에 대한 인식을 뽑을 수 있다. 문성리 주민들은 가난 극복 또는 자연재해를 극복하자는 내부적 동기부여가 강하였다. 주민들의 자발적 참여는 강제적 수단으로 이루어지지 않았다. "그때는 찬성, 반대라기보다는 정말 힘들고 그랬으니까 어떻게든 벗어날 수 있는 방법을 찾을 때라고. 그래서 누구라도 반대할 수 없었어. 새마을사업을 반대하였던 사람은 거의 없었어."(홍선표)라고 증언하였듯이 절박한 빈곤 상황이 주민을 참여하도록 만드는 동인이 되었다. 이처럼 문성리에서 새마을운동이 성공적일 수 있었던 것은 마을이 그만큼 낙후되어 있었고 주민 참여를 위한 충분한 동기부여가 있었기 때문이다. 대부분의 마을개발계획은 동개발위원회에서 이루어졌지만 최종적으로는 마을회의에서 주민들의 의결을 통과한 후 시행되었다는 점도 주민들이 간접적으로나마 마을개발계획 수립에 참여한다는 긍지를 가질 수 있도록 만들어 주었다.

셋째, 합리적 사업계획과 진행도 주민 참여를 활성화하는 데 도움이 되었다. 문성리의 경우 마을개발사업은 동개발위원회에서 철저한 계획에 따라 실행되었다. 모든 사업에서 필요한 자재와 외부 지원, 자체 조달 자금과 인력 등 모든 세부 사항을 세밀하고 합리적으로 계획하여 실행하였기 때문에 주민들은 실수할 위험을 사전에 차단하고, 안심하고 새마을사업에 협조할 수 있었다. 이 부분은 새마을지도자 및 마을의 각종 조직대표들의 역량과도 밀접하게 연결되어 있다.

② 마을조직

새마을운동에서는 주민들의 사회 관계 형성, 추진 주도 세력의 형성, 주민 욕구의 효과적 집약, 새마을사업에 대한 주민 공동 책임의 원칙, 가용자원의 효율적 동원과 활용, 외부 지원의 수용, 개발 목표의 효율적 달성을 위하여 주민조직의 활용이 매우 중요하다. 따라서 주민들이 여러 마을조직에 가입함으로써 새마을사업에 직·간접적으로 참여할 수 있는 기회를 가질 수 있을 경우 새마을사업이 더욱 효율적으로 그리고 효과적으로 추진될 수 있다.

문성리 주민들은 새마을운동 전후에 마을에 설치된 주민조직(4-H 클럽, 동개발위원회, 청년회, 부녀회, 마을금고)에 적극적으로 참여함으로써 각종 정보를 제공받고 새마을사업의 의사 결정에 동참하였다.

문성리 마을의 새마을사업 추진 과정에서 주민들의 적극적인 참여를 유도하였던 것은 '동개발위원회'였다. 이 협의체는 마을을 이루고 있는 7개의 반에서 선출된 7명의 대표자로 구성된 형태였다. 일반적으로 위원장은 새마을지도자 또는 이장이 맡았다. 새마을사업의 진행 과정을 보면 모든 사업계획은 동개발위원회에서 세우고 최종 결정은 반드시 마을회의에서 이루어졌다. 모든 사업이 전체 마을 주민의 의사에 의하여 결정되었기 때문에 전체 주민의 의사에 반하는 개인적 행동은 무척 어려웠다. 즉, 동개발위원회는 사업 결정에 주민을 참여시키는 제도적 장치의 기능을 수행하였고, 다른 한편으로는 마을개발사업의 집행기관으로서 그리고 주민들

사이의 의사 소통과 갈등의 조정장치 역할을 수행하여 새마을사업 추진에 기여하였다.[21)]

이렇게 결정된 사업의 추진 과정을 자세히 살펴보면, 항상 주민조직의 적극적인 협조가 이루어지고 있음을 알 수 있다. 예를 들면 지붕개량사업에는 '사업추진위원회'가 별도로 설치되어 있었지만, 청년층을 중심으로 실질적인 사업 추진을 위하여 필요한 노동력을 제공하는 '사업추진실천회'를 별도로 구성하였다. 이러한 사실은 모든 새마을사업에 많은 주민이 적극적으로 참여할 수 있도록 유도하였다는 것을 나타낸다.

문성리 마을의 조직활동에서 부녀회원들의 활동도 매우 중요하다. 새마을운동 이전에 있었던 양수장 건설사업이나 뽕밭 조성사업 그리고 양계사업에 대한 마을 부녀자들의 공헌을 알 수 있는 사진들이 새마을기념관에 아직 많이 남아 있다. 그리고 부녀자들의 노력을 엿볼 수 있는 또 하나의 노력은 농외소득의 개발이다. 농한기에 이 마을 부녀자들은 농가 부업으로 홀치기, 보릿짚 땋기를 하여 연간 82만 원 정도의 농가 부업소득을 얻고 있었다.[22)] 한 사람이 하루에 홀치기 200원, 보리짚 땋기 25원의 수익을 위하여 노력하였다는 사실을 요즘 젊은이들은 받아들이기 힘들 것이다. 마을회관에 남아 있는 기록물에 의하면 빨래터 공사나 부엌, 지붕, 화장실 개량 등 생활환경 개선사업에 부녀회가 상당히 깊숙하게 관여한 것으로 보인다. 아직 전통적 관습이 강하게 남아 있던 문성리에서 부녀자들이 공식 회의석상에서 자신들의 의사를 개진할 수 있었다는 것은 상당히 예외적인 일이다.

3) 정부 지원

새마을운동에서 정부 개입은 두 가지 부분으로 구분할 수 있다.

첫째, 새마을운동이 초기에 정부 주도로 강력하게 이루어졌다는 것이다. 1970년대 새마을운동의 성공 요인 중 가장 중요한 부분은 정부의 역할이라고 할 수 있다.

---

21) 문성리 마을의 경우 동개발위원회에서 결정된 마을개발사업은 거의 대부분이 마을회의를 통과하였다. 그만큼 주민들이 개발위원들을 신뢰하고 있음을 나타낸다. 또한 마을회의는 제한적이기는 하지만 새마을사업 진행 과정에서 비협조적일 수 있는 주민들에게 제재를 가할 수 있는 정당성의 근거가 되는 전체 주민의 의사를 확인시켜 줄 수 있는 장치로 활용되었다.

22) 마을 전체 소득: 홀치기－200원×30인×120일＝720,000원, 보릿짚 땋기－25원×40인×90일＝101,250원.

물적 자원 지원에 집중된 초기의 정부 지원은 새마을운동의 점화 단계에서 핵심적인 역할을 수행하였고, 새마을운동의 발전 과정에서 빼놓을 수 없는 유인 체계로 작용하였다. 정부가 초기에 강력하게 개입하였던 이유로는 주민들의 개발 의욕 및 협동정신 결여, 농가경제의 영세성으로 인한 사업재원 확보의 어려움, 영농 및 기반시설 구축에 필요한 주민들의 낮은 기술 수준, 새마을지도자 발굴 및 육성의 필요성 등을 들 수 있다. 정부의 지원은 구체적으로 시멘트, 철근, 사업자금 지원 등으로 각 마을의 숙원사업 해결에 사용하도록 하였다. 이를 통하여 나타난 가시적 성과는 마을 주민들의 자조정신을 일깨우고 협동심을 유발시키는 동기부여 수단으로 작용하였다. 정부는 새마을운동에 대한 주민들의 적극적인 참여를 위한 동기부여를 위하여 물질적 지원뿐만 아니라 다양한 추진 전략을 개발하였다.

두 번째, 새마을운동이 어느 정도 진전된 이후에 사업 목표는 미리 수립한 정부계획에 의하여 수행하되 마을 단위에서 행하여지는 세부사업에 대해서는 각 마을 수준에 따라 새마을지도자와 주민들이 이에 관한 의사 결정과 집행에 다 함께 참여하여 상호 협동 속에서 추진하였다. 이 경우 정부 개입의 가장 중요한 부분은 새마을사업 시행을 위한 새마을지도자 및 주민들의 부족한 역량, 지역사회의 부족한 재원을 보완해 주는 행정적 · 재정적 지원이었다.[23]

문성리에서도 당연히 주민들의 공통 욕구를 모아 동개발위원회에서 계획을 세우고, 이것을 다시 주민회의의 의결을 거쳐 면을 거쳐 군에 보고를 하면 군 예산이 허용되는 범위에서는 대부분 승낙을 받았다. 동개발위원회를 통한 주민 참여가 새마을사업의 계획과 집행 과정에 적극적으로 이루어졌기 때문에 정부의 물질적 및 (부분적이었지만) 기술적 지원이 좀 더 능률적으로 사업에 이용될 수 있었다.

이러한 정부 지원은 단지 대상 지역에 지원금을 제공한다는 측면만이 아니라 새마을지도자에 대한 홍보, 시상, 마을 소개 등도 포함된다. 예를 들면 '잘사는 농촌'(대한뉴스 812) '자조하는 마을'(대한뉴스 840) '전국에 새마을을'(대한뉴스 846) 등의 제목으로 홍보 뉴스로 제작되어 전국 극장에서 방영되었다. 이를 통하여

---

23) 일반적으로 새마을사업의 추진은 먼저 마을의 우선사업을 주민회의를 거쳐 결정하면, 이것을 면사무소에 보고하고 면에서는 사업의 성공 가능성을 검토하여 이상이 없으면 군청에 보고한다. 군청에서는 예산, 자재, 기술, 인력의 가능 여부를 심사한 후 승인 여부를 확정한 후 이를 다시 마을로 시달한다. 마을에서는 군에서 확정된 마을 사업계획을 반상회 등을 통하여 전 주민에게 다시 통보하여 전 주민들이 사업계획을 이해할 수 있도록 하고 협조를 부탁한다.

문성리의 새마을운동의 가시적 성과가 세상에 널리 알려지게 되고 주민의 자부심이 고취되면서 신뢰와 공동체 의식의 함양을 통하여 높아지게 되었을 것이다.

4) 종합

그러면 문성리에서는 어떤 메커니즘들이 작동하였기 때문에 한국의 대표적인 새마을운동 모범마을이 될 수 있었는가? 첫째는 홍선표라는 헌신적이며 탁월한 마을지도자가 있었다는 점이다. 그는 먼저 주민들에게 가장 중요했던 빈곤 극복(소득 증대)이라는 동기부여를 통하여 주민들을 이끌어 나갔다. 이 동기부여에 반응한 주민들이 마을개발사업에 적극적으로 참여하고, 상당한 사업 성과를 달성함으로써 주민들의 의식이 변화하기 시작하였다. 둘째, 주민들의 적극적인 참여이다. 아무리 훌륭한 마을지도자가 있어도 주민들이 참여하지 않으면 새마을운동은 성공할 수 없다. 문성리 주민들은 새마을사업의 주체로서 그리고 그 사업 성과의 수혜자로서의 역할을 훌륭하게 수행하였다. 셋째, 마을 주민들의 조직화된 힘이다. 주민들은 마을개발사업을 계획 단계에서부터 마지막 단계까지 주민조직을 통하여 참여하였다. 동개발위원회는 모든 개발계획을 수립하고, 그것을 주민회의에서 주민들에게 하나하나 보고하면서 주민 동의를 이끌어냈다. 이러한 주민 동의 절차를 거침으로써 주민들은 좀 더 적극적으로 참여할 수 있는 동기를 부여받았고, 또한 책임의식을 가지고 사업에 참여하게 하는 기틀을 마련하였다. 그리고 특히 청년회와 부녀회는 거의 대부분의 사업에 적극적으로 참여하여 마을 개발에 크게 기여하였을 뿐만 아니라 그 조직의 존재 가치를 주민들에게 확실하게 각인시키는 계기를 마련하였다. 마지막으로 내부적 동기 부여와 외부적 자극에 영향을 미치는 정부 지원이다. 정부 지원은 새마을운동 초기에 마중물의 역할을 담당했다.

이 요인들을 좀 더 구체적으로 설명하면 다음과 같다.

① 마을개발사업은 주민들과 마을지도자가 합심하여 생활 속에서의 필요에 따라 그들 스스로 찾아냈다.

② 마을지도자를 중심으로 한 동개발위원회가 사업을 계획・추진하고 마을회의에서 의결됨으로써 주민들은 자신의 의사에 따라, 자신이 직접 참여하는 민주적 의사 결정 원리를 경험하였다.

③ 새마을지도자는 주민들 중에서 선출된 봉사자로서 주민들로부터 강력한 신

뢰를 받고 있을 뿐만 아니라 동시에 마을개발사업에 대한 강력한 지도권을 부여받았다.

④ 새마을사업 추진에 필요한 재원은 일부 정부 지원에 의존하였지만 기본적으로 마을 자체적으로 해결하였다. 특히 토지와 같은 물질적 부분에서 많은 지역 주민들이 자발적으로 희사함으로써 마을 분위기를 긍정적으로 조성해 주었고, 이것이 새마을사업 추진 주체인 지역 주민과 새마을지도자가 큰 힘을 보태주었다.

⑤ 행정기관은 개발재원의 일정 부분을 지원하거나, 필요할 경우 행정적으로 그리고 기술적으로 지원함으로써 마을 개발 분위기를 선도하고 주민의 의욕을 고취시켰다.

결국 새마을운동의 성공 여부는 외부 지원에 의하여 이루어지는 것이 아니고 역량있는 마을지도자의 선도 하에서 마을 내부의 자생적이고 민주적인 의사 결정 시스템이 작동하여 주민들의 적극적인 참여가 이루어질 경우 확보될 수 있다는 것을 문성리 마을에서 확인할 수 있다. 이 주민 참여를 촉진시키기나 참여를 위한 동기부여를 위해서는 정부의 재정적 지원이나 추진 전략도 중요하다. 그러나 더욱 근원적으로 주민들이 주인 의식을 가지고 마을개발사업에 참여하고 마을개발사업의 지속성을 확보하는 길은 다름이 아니라 마을 주민들 스스로 소득 증대를 경험하도록 하여 주민들의 기업가정신을 함양하는 것임이 문성리 마을에서 증명되었다. 이를 위하여 마을 내부에 있는 다양한 조직의 활성화와 마을 발전을 위한 중장기 계획의 수립, 그것을 추진할 수 있는 여건의 조성 등이 선행되어야 할 것이다.

제 5 절 지역사회 개발에 대한 새마을운동의 기여 기능

새마을운동은 물질적 개선뿐만 아니라 정신혁명, 즉 국민들의 의식을 변화시켜 진취적이고 긍정적인 신념 체계를 확립하고 과학적이며 합리적인 가치관과 생활태도를 가짐으로써 창의적이며 혁신적인 인간형을 창조하는 것이 목표였다. 이를 위하여 기본적인 생활환경 개선사업과 같이 가시적 효과가 큰 사업을 통하여 마을 주민들에게 자신감을 부여하고 의욕을 유발시킬 수 있는 사업을 우선 시행하는 방법을 선택하였다. 즉, 기초적인 환경 개선을 통하여 마을 주민들의 '하면 된다'는 자신감을 유발한 후 궁극적으로 새마을운동이 지향하였던 소득 증대와 잘사는 마을의 건설을 추진하였던 것이다. 따라서 1970년대 새마을운동이 지역사회 개발에 구체적으로 어떤 분야에 얼마나 기여하였느냐를 밝히기는 매우 어렵다. 그러나 새마을운동의 전체적인 성과와 문성리 마을의 사례분석을 통하여 나타난 결과를 결합하면 새마을운동은 다음과 같은 측면에서 지역사회 발전에 상당히 기여하였음을 알 수 있다.

첫째, 농촌 지역사회에 대한 정부의 행정적·재정적·기술적 지원을 바탕으로 시작된 새마을운동으로 인하여 농촌 생활환경 및 취락구조가 개선되고 농업 생산 기반이 확충되는 등의 물리적 자본이 빠른 속도로 축적되었다. 이렇게 농촌지역에 축적된 물리적 자본은 이후의 영농기계화와 농업 소득 증대에 크게 기여하고 농촌 근대화의 기반이 되었다.

둘째, 정부의 새마을운동 추진 전략이 새마을운동의 성과에 큰 영향을 미쳤다. 새마을운동은 마을지도자를 중심으로 하는 마을 단위의 마을회의를 기초 추진 체계로 하되 중앙과 지방의 각급 행정기관, 농협 등 공공기관, 기업, 학교, 사회단체 등 유관 기관단체가 서로 수직적 및 수평적 협력 네트워크를 구축하여 추진되었다. 관 주도의 일방적이고 하향적인 사업 추진 방식이 아니라 이해관계자(주민, 공무원 등)가 모여 함께 논의하고 결정하고 역할을 분담하였다. 즉, 민과 관이 상호 신뢰를 바탕으로 한 협력으로 새마을사업을 추진한 것이다. 이러한 현상은 이른바 현대의 거버넌스 개념으로 이해할 수 있을 것이다.

셋째, 새마을지도자 및 주민들에게 사업계획 및 추진 역량이 개발되는 등 인적 자본의 축적이 강하게 나타났다. 전문가가 아니면 계획도 못하고, 기술자가 아니면 못한다는 생각에서 벗어나 모든 일에 '노력하면 할 수 있다'는 생각으로 전환하게 된 것이다. 특히 새마을지도자의 역량과 자질은 주민들의 의식 변화에 결정적으로 영향을 미쳐 새마을사업을 성공적으로 이끌어간 원동력이 되었다. 이에 정부는 새마을연수원을 설립하여 새마을지도자의 발굴 및 육성을 위하여 노력하였으며, 일반 국민을 대상으로 한 새마을교육은 주민들의 가치관과 생활 태도의 근대화에 크게 기여하였다. 특히 일반 주민들은 새마을교육과 새마을사업에의 참여 등을 통하여 개인적 역량을 강화할 수 있는 기회를 가질 수 있어 마을개발사업뿐만 아니라 개인적인 소득 증대 활동에서도 새로운 방법으로 접근할 수 있는 토대를 마련할 수 있었다.

넷째, 지역사회의 조직화이다. 지역사회의 조직화는 마을 주민들의 결속력 강화와 주민의 자발적 참여를 확대하기 위한 필수 조건이다. 즉, 지역사회 개발에 주민 참여를 유도하기 위해서는 주민조직화는 선결 요건이다. 주민조직화란 주민이 주인 의식을 갖게 하는 것이며, 마을 문제를 주민들의 힘으로 해결하는 것이며, 협동할 수 있는 조직을 만들고, 다른 조직들과 연대하고 협력하는 모든 것을 지칭한다. 새마을운동에서 주민조직화는 마을총회, 청년회, 부녀회 등의 새마을조직 결성을 통하여 체계적으로 이루어졌기 때문에 주민 참여를 유도하는 데 큰 역할을 하였다

다섯째, 새마을사업을 통하여 주민들 사이에 형성된 신뢰감과 유대감 그리고 마을조직의 활동 등 사회적 자본의 축적이다. 사회적 자본의 핵심 요소인 신뢰가 가장 잘 나타나는 경우는 마을 주민들과 새마을지도자 사이의 관계였다. 흔히 한국 새마을운동의 중요한 성공 요인은 새마을지도자의 헌신적인 노력을 많이 강조하고 있지만, 문성리 경우에서 잘 나타나고 있듯이 새마을지도자와 마을 주민 사이의 신뢰가 담보되지 않는다면 새마을지도자의 역량도 발휘되지 못하고, 또한 적극적인

표 2-10 새마을운동의 기여

자본 축적	대상	요인	세부 요인
물리적 자본	정부	행정적·재정적 지원	역할: 목표 및 추진전략 제시, 초기 물적 자원 지원, 행정적·기술적 지원, 협조자 및 조언자 기여: 운동 촉발, 지원
인적 자본 (역량 개발)	새마을지도자, 주민	헌신적·창발적 리더십, 희생적 참여	역할: 변화촉진자, 우수한 역량 소지자 기여: 주민 계몽, 주민 참여, 정부와의 소통
거버넌스	정부(공무원), 새마을지도자, 주민	의사 결정의 민주성 (상향식+하향식)	역할: 사업 협의 및 결정(의사 결정) 기능: 업무 조정, 민주주의
사회적 자본	마을 주민, 조직	자발적·적극적 참여	역할: 마을 개발에 참여, 협동, 공동체 유대감 및 신뢰 형성, 민주적 의사 결정 기여: 운동의 주체, 노동력 및 재원 제공

주민 참여도 불가능하였을 것이다. 그리고 마을 진입로 확장이나 마을회관 건립 등 마을 공동의 자산 형성에 개인이 토지를 기부하고, 비용을 부담하는 과정에서 형편이 어려운 사람들에 대해서는 부담을 적게 하는 것과 같이 포용과 배려의 미덕을 바탕으로 한 비용 분담의 방식이 마을 특성에 적합하도록 제도화하여 새마을사업 시행 과정에서 주민들 사이에 신뢰가 형성되고, 이 신뢰감이 주민 참여를 촉발하게 되었다.

이들 다섯 가지 요인은 마을 발전을 촉발시키는 자극으로 상호 반응하며 동기부여가 되어 상승적으로 결합하면서 폭발적인 신바람을 일으키고 지속적으로 마을의 발전에 몰입하게 함으로써 새마을운동의 성공에 영향을 미쳤다. 이 가운데 새마을운동에 성공한 마을과 실패한 마을을 구분지을 수 있는 가장 큰 차별 요인은 바로 적극적인 주민 참여와 역량 있는 새마을지도자의 존재 여부라고 요약할 수 있을 것이다.

참고 문헌

고원(2006). 박정희 정권 시기 농촌 새마을운동과 근대적 국민 만들기, 『경제와 사회』, 비판사회학회, 2006년 봄(통권 제66호).

______(2008). 새마을운동의 농민 동원과 '국민 만들기', 공제욱 엮음, 『국가와 일상: 박정희 시대』, 한울.

김영모(2003). 『새마을운동 연구』, 고헌출판부.

김일철(1978). 새마을운동의 전개 과정과 그 사회적 성격의 전환, 『지역개발연구』, 10(1).

______(1991). 『70년대 새마을운동의 전개 과정과 농촌사회의 변화』, 한국정신문화연구원.

김준석 외(2006). 『새마을운동의 재조명: 성공 원리의 분석과 활성화를 위한 제언』, 경기개발연구원.

내무부(1980). 『새마을운동 10년사』.

______(1983). 『새마을운동』.

노화준(2013). 『한국의 새마을운동』, 법문사.

문병집(1986). 『지역사회개발론』, 법문사.
박섭 · 이행(1997). 근현대 한국의 국가와 농민: 새마을운동의 정치사회적 조건, 『한국정치학회보』, 31.
박진도 · 한도현(1999). 새마을운동과 유신체제: 박정희정권의 농촌새마을운동을 중심으로. 『역사비평』, 여름호.
서울대학교 새마을운동종합연구소 편(1981). 『새마을운동의 이념과 실제』, 새마을운동 국제학술회의논문집(1980.12.8.~13.).
소진광(2005). 지역사회 빈곤 퇴치와 사회적 자본, 『한국지역사회개발학회지』, 17(1).
______(2007). 지역사회 거버넌스와 한국의 새마을운동, 『도시행정학보』, 20(2).
오유석(2003). 1970년대 농촌새마을운동에 대한 역사적 평가, 한국농촌경제연구원, 『한국 농촌사회의 변화와 발전』.
유병용 · 최봉대 · 오유석(2001). 『근대화전략과 새마을운동』, 백산서당.
임한성 · 임재강(2013). 새마을운동의 성공 요인에 관한 사례연구, 『지방정부연구』, 17(3).
정기환 외(2014). 『국제 새마을운동 ODA사업 표준모형 구축과 컨텐츠 개발』, 한국국제협력단.
정지웅 · 임상봉(1999). 『지역사회개발학』, 서울대학교출판부.
최상호 · 정지웅(1989). 『지역사회개발론』, 교학연구사.
황연수(2006). 농촌새마을운동의 재조명, 『농업사연구』, 5(2): 17-53, 한국농업사학회.
T. R. Batten(김승한 옮김)(1972). 『새마을사업의 원리와 그 실제: 지역사회개발사업원리(*Communities and their Development*)』, 집현사.

제 3 장 사회 발전에서 새마을운동의 공헌과 리더십

제 1 절 서론

바람직한 사회가 무엇인가에 대한 연구는 나라를 불문하고 지속적으로 관심의 대상이 되어 왔다. 특히 근대화이론은 서구의 발전을 바람직한 발전의 종착역으로 삼았으며, 그렇지 못한 전통적인 특성을 가진 나라들을 후진국으로 분류한 바 있다.

1970년대부터 제3세계 국가에 광범위한 반향을 불러일으켰던 종속이론은 제3세계의 저발전과 빈곤은 그 나라 내부의 문제라기보다는 중심부에 위치한 서구 국가들과의 관계가 부가가치가 높은 공산품과 자연 자원과의 불균등한 교환이나 착취 관계에 기인한다고 주장하였으며, 궁극적인 해결책은 종속적인 관계의 단절을 통해서만 가능하다는 주장이었다.

한국 사회에서 발전에 대한 논의를 주도해 온 근대화이론은 시대에 뒤진 논의로 치부되기도 하였고, 1980년대에는 종속이론과 세계체제론이 사회변혁운동의 이론적 토대로 활용된 바 있다. 그러나 지난 60여 년을 돌아볼 때 한국은 사회 발전을 설명하는 전통적인 이론적 패러다임인 근대화론과 종속이론의 관점에서 보면, 이들 이론의 예측을 벗어나는 흥미로운 경험적 검증의 대상이 되고 있다(이재열 외, 2015).

한국은 한편으로는 고도 성장을 달성하였지만, 다른 한편으로는 다양한 문제들을 만들어내었다는 점에서 고전적 종속이론이나 전통적 근대화론으로는 설명하기 어려운 새로운 이론적 설명을 요구하는 사례이다. 그래서 종속적 발전론이나 신근대화론과 같은 이론 발전에 좋은 소재가 되었다.

제 2 절 사회 발전

1 사회 발전의 의의

사회를 '인간이 사는 세상'이라고 정의한다면 국가보다는 넓은 의미의 개념이 된다. 국가가 가지는 개념은 주권, 국민과 영토라는 요건을 기초로 하여 성립되지만, 사회라는 것은 넓은 의미로서는 자연사회까지도 포함시킬 수 있는가하면, 좁은 의미로서는 두 사람 이상이 모여서 서로가 협력적인 인간 관계를 형성하고 있는 상태에 대하여 개념지을 수 있다.

여기에서 설정하고자 하는 사회는 공공사회의 개념으로서 정치, 경제, 사회, 문화 등의 영역을 포괄하는 전체사회를 말한다. 즉, 전체사회는 국가와 동위 개념으로 파악하되 국가의 경우처럼 국제 사회의 일원이라는 외연적 개념으로 생각하지 아니하고, 다만 내포적인 개념으로서 국가 질서 하에서의 전체 사회 체계를 그 연구 범위로 하고자 한다.

파슨스(Parsons, 1967)는 그의 사회 발전 체계에 관한 이론에서 전체사회를 4개의 하부 체계로 분류하고, 그 하위 체계의 균형 파괴적인 발전이 전체사회를 발전시킨다고 하였는데, 그 하위 체계란 적응 부분으로서 경제 부문과 목표 달성 부문으로의 정치 부문과 잠재형 유지 및 긴장관리 부분으로서 사회 부문 그리고 기획 및 관리통제 부분으로서 통합 부문을 의미한다.

이러한 분석적 시각에서 전체사회를 상념하고 그 전체사회의 발전이 '리더십'과 어떠한 관계를 지니는가에 중점을 두고자 한다. 특히 이 내용에서는 새마을운동과 리더십이 사회 발전에 주는 영향에 관하여 살펴보고자 하는데 문제 의식을 두고 있기 때문에 연구의 초점은 어디까지나 사회 발전에 주는 새마을운동과 리더십의 영향을 연구·고찰한다는 면으로 그 범위를 좁히고자 한다.

초기 근대화 이론에서 발전이란 서구와 같은 사회로 변화하는 과정을 의미한 바 있다. 그러나 최근 들어서는 다중근대성에 대한 논의들이 활발해지고 있다. 즉, 근대화와 발전을 구분하자는 것으로 근대화는 선택적 과정이기 때문에 하나의 경로만 존재하는 것이 아닐 수 있다는 것이다(김경동, 2002; Kim, 2008).

유럽 내에서도 영국이나 프랑스의 근대화 과정이 밑으로부터의 변화를 거쳤다면, 독일은 국가를 중심으로 한 위로부터의 권위주의적 동원을 통한 근대화를 이루었다. 그 밖에도 농민혁명을 통하여 사회주의적 발전을 이룬 러시아와 같은 나라들도 있다. 즉, 전 세계를 살펴보면 근대화의 과정은 문화 접변의 과정이며, 선험적이고 경험적인 지식들이 이론적 지식으로 정립되고, 사회구조의 경직성이 해소되는 등 훨씬 복잡하고 다양하였다.

반면에 사회 발전은 가치 함축적이고 질적이며, 구조적이고 역동적인 개념이다. 즉, 사회구조 자체의 변동을 통하여 삶의 질을 높이는 것을 의미한다. 그러므로 근대화의 측면에서는 상당 정도의 상대성과 다중근대성을 인정할 수 있지만, 사회 발전의 측면에서는 비교적 동의할 수 있는 보편적인 기준이 존재하고, 혹은 규범적으로 존재하는 것이 바람직하다고 볼 수 있다.

2 한국 사회의 발전

한국의 경우 매우 빠른 시간 동안 경제 성장과 민주화를 이룬, 세계적으로 주목을 받은 나라이다. 그러나 산업화와 민주화라는 뚜렷한 성취에도 불구하고 대다수의 국민이 현실에 대하여 만족하지 못하고 있는 것도 사실이다. '헝그리 사회'가 풍요로운 사회로 가지 못하고 '앵그리 사회'로 바뀌고 말았다는 지적(전상인, 2008)은 단순한 양적 성장이나 민주적 절차의 확립만으로는 바람직한 사회 발전의 충분조건이 되지 못한다는 것을 잘 보여준다.

한국과 선진국의 가장 큰 차이점은 양적인 성장이 아닌, 질적인 수준의 차이에서 두드러진다. 흔히 선진국이라 불리는 OECD의 10여개 국가와 비교할 때, 한국은 삶의 질, 창의적 인재 육성, 시장 내 정부의 역할, 사회자본 등에서 OECD에 비하여 크게 뒤져 있다(이재열 외, 2015). 따라서 시대적 전환점에 서 있는 한국 사회의 과제는 지속적인 성장뿐 아니라 개인과 사회의 삶의 질을 높이는 데 초점을 맞추어야 한다.

OECD를 중심으로 GDP로 표현되는 경제 중심적 성장 논리를 넘어서는 종합적인 사회 발전의 개념과 지표들을 개발하여 정책의 목표를 설정하고 그 성취도를 평가할 수 있는 기준으로 만들기 위한 노력이 광범위하게 진행되고 있는데, 이는 우리의 문제 의식과도 상당히 관련이 있다. 진정한 의미의 사회 발전을 개념화하고, 이를 지표로 측정하며, 그에 기반한 사회 동향보고서를 작성하여 정책과 연결하는 경험적 근거에 기반을 둔 정책의 선순환을 만들기 위한 노력들이 세계적으로 이루어지고 있다(이재열 외, 2015).

3 사회의 질

사회의 질이란 경제적 발전뿐만 아니라 사회 안전과 통합, 그리고 개인의 자율성을 조건짓는 사회관계와 제도의 총체로 유럽에서 고안되었고, 벡 외(Beck et al., 2001)는 "사회의 질이란 시민들이 건강과 잠재력을 강화할 수 있게끔 자신이 속한 커뮤니티의 사회경제적 생활에 참여할 수 있는 정도"라고 정의한다. 1997년 유럽의 사회적 질에 관한 암스테르담 선언에서는 1,000명에 가까운 학자와 정책 입안가들이 서명한 바 있고, 유럽의회의 공식의제로도 채택되었다.

사회의 질 접근은 기존의 삶의 질 접근이 보이는 개인주의적이고 주관주의적 특성에 대하여 사회를 평가의 단위로 객관적으로 접근하고, 또한 글로벌 경쟁을 지양하면서 사회의 수준을 재정립하려는 시도로서 사회이론에 따라 사회정책의 체계적 인과성을 전제하여 사회 과정의 의미를 부각시키고자 하였다.

사회의 질 접근은 사회의 규범적 상황을 네 차원에서 제시한다. 살기 좋은 사회는 물질적으로나 환경적으로 안심할 수 있게 풍부한 자원을 제공하고(안전성), 공통의 정체성과 가치규범 속에서 사회적 관계를 유지하며(응집성), 다양한 제도나 관계에서 배제되는 사람이 없고(포용성), 개인의 역량과 능력이 잘 발휘되는(역능성) 사회여야 한다.

따라서 사회의 질은 사람들의 일상의 삶의 질을 포괄적으로 포착해내기 위하여 제안한 매우 가치 부하적인 개념(이재열, 2008)으로 경제, 사회, 문화, 개인적 삶을 포괄하는 이러한 접근은 경제 사회 발전의 새로운 방향을 제시하고 있다.

그림 3-1 사회의 질 준거틀

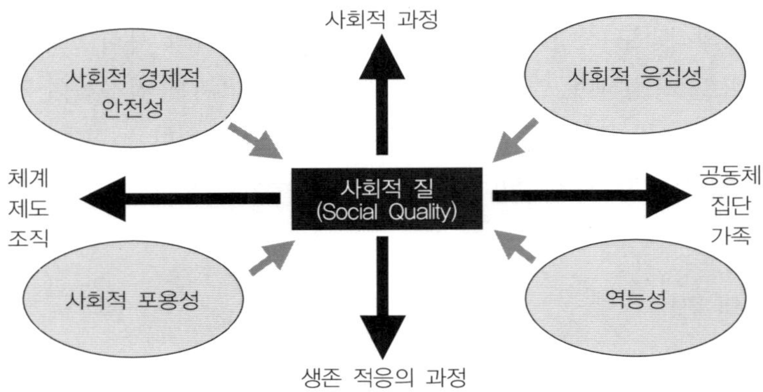

일반적으로 사회의 질에 대한 접근은 "개인의 잠재력과 복지를 극대화할 수 있는 상생적 관계 맺기가 가능할 수 있게 공동체의 사회, 경제, 문화생활에 참여할 수 있는 정도"가 곧 그 사회의 질을 결정하는 핵심 요소이다.

제 3 절 새마을운동

1 새마을운동의 의의

인류는 나름대로 주어진 환경 속에서 그 환경과 어우러져 자신들의 영역을 개척하고 삶을 영위하면서 그 흔적을 남겨와 오늘에 이르고 있으며, 단순한 물질적 부분만 아니라 정신적인 것까지 포함한 것을 바탕으로 오늘의 인류는 새로운 영역을 만들어가고 있다.

인간에게 육체와 정신이 합쳐져 완전한 인간의 형상을 이루는 것과 같이 한 나라나 하나의 종족은 그들의 육체와 정신이 합쳐질 때만이 하나의 완전한 실체를 형성하게 된다. 그 실체는 바로 학술과 사상으로 대표되는 문화라는 것이며, 이것이 곧 각자의 삶의 방식이다.

우리 민족 삶의 존재 방식인 민족문화는 자연과 인간에 대한 즉자적인 입장에서 반응을 하며, 그 현실의 문제를 해결하기 위하여 총력을 기울여 문제를 해결하고, 그 유형·무형의 삶의 흔적을 축적해 오면서 찬란한 문화를 발전시켜 왔다고 하겠다.

상고(上古) 시대부터 창조적으로 형성·축적해 온 독특한 문화에 담겨 있는 사상과 그를 실천하기 위한 동력은 민족문화의 저력이요, 오늘의 대한민국을 건설한 실질적인 추진력이라고 할 수 있다. 또한 이러한 힘은 현실의 국가적 위기를 극복하고 1인당 국민소득(GDP) 30,000달러인 시대정신에 부합하고 세계화의 주역으로서 나아가는 동인(動因)이다(김진윤, 2013: 78).

한국은 이러한 문화적 저력을 바탕으로 세계에서 민주화와 근대화에 가장 성공한 국가로 평가받고 있으며, 특히 세계 10위권의 경제력을 바탕으로 국제 무대에서 그 위상이 점차 증대되고 있는 실정이다.

그러나 그 위상에 걸맞은 내적 질서의 안정과 외적 능력의 실질적인 발산을 위하여 그 동안 축적되어온 성공적인 문화적 유산을 재정립하여 새로운 시대 환경에 부합하는 동인(動因)을 보전적으로 정리할 것이 요청된다.

우리 민족의 문화적 유산이며 새로운 시대를 맞이하고 창조하는 성공적 경험이라고 할 수 있는 화랑정신, 선비정신, 호국정신, 그리고 새마을정신을 관통하는 '도전과 혁신'의 시대정신을 재조명함으로써 새로운 공동체 건설의 추진력을 밝힐 수 있을 것이다.

특히 이러한 정신들은 그 발상(發想)적인 측면이나 주류(主流)적인 측면에서 볼 때 '경상북도'라는 지역성에 깊은 뿌리를 내리고 있다. 특히 '새마을정신'은 발상적인 측면은 물론이고 그 주류적인 측면에서 단연코 경상북도와 그 맥을 같이한다고 하겠다.

모든 사상과 정신이 그러하듯이 그에 앞선 사상과 정신을 계승적으로 발전시켜 새로운 시대정신으로 삼는 것으로 볼 때, 새마을정신 속에서 우리 민족의 빛나는 문화유산인 화랑정신, 선비정신, 호국정신이 융합되어 있었기에 건국 이후 가장 성공한 운동이요 아직도 그 불꽃이 꺼지지 않고 타오르고 있는 대한민국의 발전을 위한 핵심적 동인 가운데 하나라고 할 수 있다(경운대학교 새마을아카데미, 2008a: 3-5).

1) 새마을의 의미

새마을은 '새'와 '마을'이 합쳐진 합성어로서 '새'는 새로움을, '마을'은 생활공동체의 기본 단위로서 '동네'를 뜻한다. '새'는 변화를 의미하며, 변화란 물질적 · 정신적 풍요를 의미하고, '마을'은 생활공동체를 의미하는 것으로 생활공동체란 지역공동체, 문화공동체, 경제공동체가 하나로 모여 있는 공간을 의미한다. '새마을'은 자신이 몸담고 있는 생활공동체를 물질과 정신 양 측면에서 더 나은 방향으로 발전시켜 나감을 의미한다(김진윤, 2013: 84).

합리적인 개인주의와 자본주의적 시장경제를 바탕으로 눈부신 성장을 하였다. 21세기 현재 개인주의는 이기주의로 변질되었고, 자본주의는 물질 만능, 빈부 격차, 시민 의식 부재, 도덕성 상실을 초래하였다.

오늘날의 새마을운동은 이러한 부작용을 치유하고 새로운 변화를 도모하기 위하여 노력하고 있다. 결국 오늘날 '새마을'은 사회구성원 사이의 연대감과 공동체성을 회복하기 위한 의지적 실천이라는 의미로 확정되고 있다.

2) 새마을운동의 의미

새마을운동은 절대 빈곤에서 탈출하고자 시도된 총체적인 국가개발운동이다. 20세기 세계사적 흐름에 발맞추어 한국 사회의 근대성 확립에 기여한 정신개혁운동으로 새마을운동은 농촌을 중심으로 불붙은 거국적인 지역사회 개발운동이고, 새마을운동은 식민 지배와 해방, 한국전쟁과 재건, 산업화와 사회 문제 등 다양한 측면에서 발생한 갈등과 분열을 극복하는 데 기여한 국민통합운동으로서 향약, 두레, 품앗이 등 공동체적 전통을 계승하고 윤리와 도덕을 강조한 공동체운동이다

(김진윤, 2013: 84).

과거의 '잘살기운동'에서 21세기 새마을운동은 국민의 자발적 참여를 통하여 공동체 의식 함양을 향한 '더불어 잘살기운동'이므로 정부 주도에 의한 '위로부터의 운동'이 아니라 국민의 자발적 참여에 의한 '아래로부터의 운동'이다. 21세기 새마을운동은 국민 의식 선진화를 기초로 국내적으로는 '정신문화운동'으로, 국제적으로 '국제지역 사회개발운동'으로 거듭나는 운동이라고 할 수 있다.

표 3-1 새마을운동의 의의 변천

구분	기존	오늘날
이념	잘살기운동	더불어 잘살기운동
전개 방향	위로부터의 운동	아래로부터의 운동
시대 변화	근대화 운동	선진화 운동

3) 새마을운동의 행동강령

새마을운동의 행동강령은 '근면(勤勉), 자조(自助), 협동(協同)'으로 집약 표현되고 있다. 첫째, 근면정신(勤勉精神)은 내가 잘살고 우리 마을이 잘살기 위해서는 부지런하여야 한다는 것이다. 일을 하지 않고 가난만 탓해 보아야 아무 소용이 없다. 남보다 잘살기 위해서는 그만큼 더 노력하여야 된다는 것이다. 즉, 근(勤)은 '부지런하다'는 의미이며, 면(勉)도 '힘쓴다'는 것이니 '부지런하게 힘쓴다' 것으로 한시라도 쉬지 않고 계속적으로 부지런하게 힘쓴다는 것이다(김진윤, 2013: 79).

근면정신은 일에 대한 건전한 윤리관을 고취하면서 새마을운동에 대한 주민들의 자발적인 참여와 적극적인 추진을 강조하기 위한 것이다. 그러므로 근면정신의 속성은 첫째, 부지런하면 성실해지고, 성실해지면 거짓과 꾸밈이 없다는 것이다. 둘째, 근면은 저축과 검소의 기풍을 가져준다는 것이며, 셋째, 근면하면 창의성이 발휘된다는 것이다(정갑진, 2011: 19-20).

둘째, 자조정신(自助精神)은 내가 잘살고 우리 마을이 잘살기 위해서는 남에게 의지하지 않고 스스로 노력하여야 한다는 것이다. 남이 도와주기만을 기다리는 것이 아니라 스스로 문제점을 찾아 해결하고 개척해 나가야 한다는 것이다(김진윤, 2013: 80).

나에게 주어진 문제는 내가 해결해 나가고, 마을 일은 마을 사람들 전체가 하나 되어 함께 걱정하고 염려하는 가운데 해결의 실마리를 풀어나가야 하는 것이며 처음부터 다른 사람이, 이웃사람이, 그리고 정부에서 도와주기를 바라고 노력하지 않는다면 그 마을은 결코 발전할 수 없다는 것이다. 그러므로 자조정신은 자립정신, 자율과 책임의 주인정신, 자신감을 내포하고 있으며 사명감을 고취하는 새마을운동의 핵심적인 실천윤리라고 할 수 있다(정갑진, 2011: 20).

셋째, 협동정신(協同精神)은 내가 잘살고 우리 마을이 잘살기 위해서는 서로 마음을 합하여 도와 나아갈 줄 알아야 한다는 것이다. 즉, 마음을 합치고 힘을 합치는 정신이다. 서로 이웃끼리 사랑하고 서로가 힘을 합쳐 모자라는 일손을 도와 나아가는 미풍과 인정이 있어야 한다는 것이다. 그래서 마을 주민 모두가 마을 일을 공동으로 처리하고, 의지와 힘을 한데 모아 일에 열중해 나갈 때 잘사는 마을, 부자 마을을 만들 수가 있다는 것이다(김진윤, 2013: 80). 그러므로 협동하면 일의 능률이 오르고, 단결심을 높여주며, 신뢰와 자신감을 북돋아주기 때문에 협동정신이야말로 인간 최고의 이념이요 인간적이라 할 수 있다.

결국 새마을운동이란 잘살기 위한 운동이며, 잘살기 위해서는 우리 국민 한 사람 한 사람이 근면하고 자조하며 협동하는 새마을정신을 실천해 나가야 한다는 것이다(내무부, 1975: 35).

이상의 3대 강령은 서로 독립된 별개의 정신이 아니라 함께 기르고 실천해 나가 이 세 가지 정신을 하나로 융화시켜 나가야 한다는 것이다. 즉, 근면하지 않고 자조할 수 없으며 자조하지 않고는 협동할 수 없는 것이다. 이와 같이 근면·자조·협동의 새마을정신은 서로 다른 정신인 것 같으면서 실제로는 하나인 정신이며 삼위일체를 이루는 정신인 것이다(내무부, 1975: 55).

2 새마을운동의 사상적 연원

새마을운동의 성공적 경험은 대한민국 건국 이후는 물론이고 우리 민족사상 위대한 문화유산 중에 하나이다. 이러한 사실은 이미 국내외적으로 공인된 사실이며, 이러한 경험을 통하여 세계화의 주역으로 발돋움하고 있는 현실이다. 이는 모든 사상과 정신이 그러하듯이 그에 앞선 사상과 정신을 계승적으로 발전시켜 새로운 시대정신으로 삼는 것으로 볼 때 새마을정신 속에서 우리 민족의 빛나는 문화유산인 화랑정신, 선비정신, 호국정신이 융합되어 있었기에 가능한 것이었다고 할 수 있다(김진윤, 2013: 81).

새마을운동의 사상적 연원은 우리 민족의 역사와 그 궤를 같이한다고 하겠다. 새마을운동은 시대적·사회적 요청에 부응하여 끊임없이 그 해답을 찾으려는 도전적인 자세와 그 해답을 찾아내는 혁신으로 현실적 당면 과제를 해결해낸 사회개혁운동으로 계승하여야 할 문화유산인 것이다. 이는 그 시대의 지도자는 물론이고 구성원들의 삶 속에 배어 우리 민족의 사상사 내지 정신사에 면면히 이어져 계승된 삶의 존재 방식의 총체인 민족사상과 문화에 그 뿌리를 두고 있다고 하겠다(김진윤, 2013: 81).

먼저 '새마을'의 의미는 멀리 『삼국유사(三國遺事)』의 고조선(古朝鮮)에 관한 기록 속에서 '아사달(阿斯達)', '조선(朝鮮)', '백악산(白岳山)'과 '홍익인간(弘益人間)', '재세이화(在世理化)' 등의 내용에서 그 연원을 찾을 수 있다. '아사달'이란 고대 우리말로는 곧 '아침의 산(山)', '밝은 산', '광명(光明)의 산', '조선(朝鮮)의 산'이란 뜻으로 『위서(魏書)』에 있는 '백산(白山) → 악산(岳山) → 백악산(白岳山)'은 곧 '밝은 산', '밝산', '둥근산(朴山)'이란 것이며, 붉고 밝은 뜻은 박혁거세(朴赫居世)의 '박(朴)'도 고주몽(高朱蒙)의 '주(朱)'도 모두가 밝은 붉은 뜻으로 한자화(漢子化)한 것이다(정종복·현유학, 1982: 473).

또한 '홍익인간'은 "널리 사람을 이롭게 한다"는 것이며, '재세이화'는 "세상에 있으면서 다스려 교화시킨다"는 뜻으로 고조선의 건국 이념이다. 이는 밝은 아침의 나라가 널리 사람을 이롭게 하고 교화를 시킨다는 것이다. 즉, 밝고 붉은 새로운 나라를 세워 모든 구성원을 이롭게 하도록 교화한다는 것으로, 시대적 요청에 부응하여 새로운 나라를 만들자는 새마을운동의 정신과 그 궤를 같이한다고 할 것이다.

신라의 화랑제도는 외세의 잦은 침략에 시달리다보니 원화(源花)라는 촌락공동체의 청년 민간조직을 화랑이라는 국가조직체로 만들어 귀족에서부터 평민에게 이르기까지 하나의 조직에 묶어서 탄생한 제도로 이를 통하여 진흥왕은 대당(大幢)[1]

1) 신라 시대의 군부대. 544년(진흥왕 5)에 설치된 신라 최초 최대의 군단으로, 이른바 육정(六停)의 하나이다. 대당은 진흥왕 이래의 신라의 영토 확장, 특히 삼국통일전쟁 기간 중 군사력의 핵심

이라는 조직 속에 편입시켰던 것이다(김진윤, 2012: 111-112). 그들의 행동강령은 세속오계(世俗五戒: 事君以忠, 事親以孝, 交友以信, 臨戰無退, 殺生有擇)이다. 이는 국가적·시대적 요청에 의한 국가조직 동원체로 시대적 난제를 극복하기 위한 동원 체제이며 자조와 협동의 제도로서 공동체 의식의 발로이다.

고려 시대의 불교는 종교적 사상 통일의 구도 하에서 불교를 통한 국가 동원 체제의 바탕이고 국난 시 전쟁에 참여하는 호국불교의 성격으로 대장경판각으로 항몽(抗蒙)전쟁 시 승병의 활약이 그 예이다. 김윤후(金允侯)는 경기도 평택 지역에 소재하는 백현원(白峴院)의 승려였으나 1232년(고종 19) 몽고군이 침입하자 인근 처인부곡(용인시 남사면)의 처인성(處仁城)으로 몸을 피하여 입보민들을 지휘하였다. 적장 살리타이(撒禮塔)가 1232년의 12월 16일에 피살되었고, 이로 인하여 몽고군은 더 이상 남하하지 못하고 철군하고 말았다. 강화도로 천도한 고려 정부는 그를 살리타이를 사살한 주인공으로 지목하고 그의 공을 포상하여 상장군을 제수하였으나 자기 혼자만의 공이 아니라고 하여 이를 사양하였다. 그러나 섭랑장(攝朗將)의 무반직을 받았고 처인부곡은 처인현으로 승격하였다.[2)]

여말선초 주자학은 사회 개혁을 위한 신흥 주자학을 받아들여 조선의 건국의 기틀을 마련하는 준거였다. 즉, 부패한 불교적 정치사회 구조에서 새로운 질서가 요청되는 시기에 일단의 학자들이 성리학, 즉 주자학을 받아들여 현실 타개와 새로운 정치적 비전의 모티브로 삼았다. 또한 그들의 이상을 위하여 현실적인 힘이 필요하였다. 그래서 신진 성리학자들과 신흥 무장 세력이 결합되었고, 새로운 조선을 건국하게 되었다(김진윤, 2012: 114-115).

조선 시대의 선비정신은 불의와 부패에 항거하는 정의감과 의리심은 국가사회를 유지하는 정신적 골간으로 근면과 공동체를 강조하는 사상적 바탕이 된 것이다. 특히 향약(鄕約: 德業相勸, 過失相規, 禮俗相敎, 患亂相恤), 두레, 품앗이는 상호부조의 협동정신과 공동체 의식을 담고 있는 표본적인 주민자치공동체였다.

향약은 시행 시기나 지역에 따라 다양한 내용을 담고 있으나, 기본적으로 유교

적인 위치에 있었다. 품일(品日)·김인문(金仁問)·김진주(金眞珠)·김흠돌(金欽突) 등은 모두 대당의 장군으로 활약하였다.

2) http://terms.naver.com/entry.nhn?docId=1072900&mobile&categoryId=200001079(검색일, 2016년 6월 9일).

적인 예속(禮俗)을 보급하고, 농민들을 향촌사회에 얽어매 토지로부터의 이탈을 막고 공동체적으로 결속시킴으로써 체제의 안정을 도모하려는 목적에서 실시되었다(김진윤, 2013: 81-82).

두레는 원시적 유풍인 공동노동체 조직이며 농촌 사회의 상호 협력, 감찰을 목적으로 조직된 촌락 단위이다. 두레는 원시적 유풍인 공동노동체 조직이며 농촌 사회의 상호 협력, 감찰을 목적으로 조직된 촌락 단위이다. 우두머리를 좌상(영좌)이라 하고, 두레를 표시하는 기(旗)가 있었다. 그 종류도 다양하여 성별에 따라 남자두레와 여자두레로 나눌 수 있고, 선후에 따라 선생두레와 제자두레, 또는 형두레와 아우두레로 나눌 수 있다. 이때 제자두레나 아우두레는 선생두레와 형두레에 대하여 존경과 복종을 표시해야 하였다. 또한 세대별로는 청년두레 · 장년두레 · 노인두레가 있었으며, 농악의 유무에 따라 농악 있는 두레와 농악 없는 두레가 있었다(김진윤, 2013: 82).

두레가 이행하는 공동 노동의 형태는 모내기 · 물대기 · 김매기 · 벼베기 · 타작 등 논농사 경작 전 과정에 적용이 되었으며, 특히 많은 인력이 합심하여 일을 하여야 하는 모내기와 김매기에는 거의 반드시 두레가 동원되었다. 또한 마을의 공동 잔치로 풋굿이나 호미씻이와 같은 논농사 이후의 놀이도 함께하였다. 대체로 모내기나 추수를 마친 뒤 공동작업에 직접 참여한 사람들이 모여, 음식과 술을 먹고 농악에 맞추어 여러 가지 연희를 곁들여 뛰고 놀면서 농사로 인한 노고를 잊고 결속을 재확인하는 것이었다. 이때 토지를 소유한 주인집에서는 많은 음식을 장만하여 흥을 돋우어주었다.[3)]

품앗이는 농촌에서 서로 노동력을 교환하여 돕는 방식이다. 품(일하다)과 앗이(교환하다)가 결합된 말이다. 남의 집에 가서 농사나 사사로운 일을 거들어주면, 다른 사람도 일을 도와주는 상부상조 방식으로 대가성 없는 노동 교환 방식이다. 두레보다는 작은, 역사적으로 아주 오래된 농촌의 관행으로, 가래질, 모내기, 김매기, 추수, 풀베기, 길쌈 등에서 집중적으로 이루어졌다.[4)]

---

3) http://terms.naver.com/entry.nhn?docId=1084898&mobile&categoryId=200000209(검색일, 2016년 6월 9일).

4) http://terms.naver.com/entry.nhn?docId=922408&mobile&categoryId=737(검색일, 2016년 6월 9일).

조선 후기 실학정신은 실사구시(實事求是), 이용후생(利用厚生), 경세치용(經世致用)의 실용정신으로 대표되며 토지 개혁, 신분제 개혁을 통한 새로운 질서와 사회를 꿈꾸는 시대적 요청과 변화의 선봉에 선 혁신적 사상이다. 즉, 조선 영·정조 시대에 당시 지배계급의 학문이던 성리학의 형이상학적 공리론(空理論)에 대한 반동으로 일어난 유학의 한 분파의 학문 내지 사상, 당시 청나라에서 들어온 고증학(考證學)과 서양의 과학적 사고 방식은 공론에 치우친 정통 유교에서 벗어나 사실에 입각한 새로운 비판정신을 불러일으켰고, 그 결과 실사구시와 이용후생의 정신을 학문의 가치로 내세운 실학파가 등장하기에 이르렀다. 이들은 비판의 눈을 우선 퇴폐적 사회·경제·정치로 돌려, 실사구시의 정신으로 여러 문제를 해결함으로써 이상적인 사회를 건설할 수 있다고 믿었다.[5)]

그 뒤 조선말 개화사상(開化思想)은 개화와 개혁을 통한 새로운 시대 신문명, 서구화, 근대화. 서구 문물의 수용, 근대적 개혁의 변법개화론(變法開化論)을 주장함으로써, 개화론자는 근대로 향한 새로운 도약의 몸부림을 실천한 사상적 선각자요 정치사회 개혁의 선봉의 지도자였다. '개화(開化)'라는 용어는 본래 『주역』에서의 '개물성무 화민성속(開物成務 化民成俗)'에서 취한 용어로, 모든 사물의 지극한 곳까지 궁구(窮究), 경영하여 일신(日新)하고 또 일신해서 새로운 것으로 백성을 변하게 하여 풍속을 이룬다는 뜻이다. 즉, 개화사상은 19세기 중엽의 민족적 위기를 당하여 나라와 백성을 자주적으로 근대화하고 변혁해서 진보한다는 뜻으로 사용되었다.[6)]

근대 민족 수난의 일제 시대 독립정신과 독립사상은 민족의 자존(自存)과 자조(自助)와 자립(自立)을 위하여 온 겨레가 협동해서 독립을 주장하고 외치며 실천해온 우리 민족사에서 볼 때 가장 대표적인 변화와 혁신에 도전하여 쟁취한 표상이라고 할 수 있다. 우리 민족이 이러한 공동체 의식은 6·25라는 국난을 겪으면서 국가와 민족의 이름으로 모두 하나가 되는 다시 한 번 보여준 호국정신의 대표적인 사례라 할 것이다.

---

5) http://terms.naver.com/entry.nhn?docId=919563&mobile&categoryId=3100(검색일, 2016년 6월 9일).
6) http://terms.naver.com/entry.nhn?docId=565937&mobile&categoryId=1593(검색일, 2016년 6월 9일).

이러한 우리 민족의 삶의 발자취를 개괄적으로만 살펴보아도 그 속에 배어 나오는 문화적 · 사상적 정취들이 '가난은 나랏님도 못 구한다'는 과거 지향적이고 부정적인 정신사고를 버리고, 우리가 근면하고 자조하고 협동하면 잘살 수 있다는 미래 지향적이고 긍정적인 사고의 전환하게 한 사상적 연원이라고 할 수 있을 것이다. 그러므로 새마을운동의 3대 요소이며 행동지침이요 철학인 근면과 자조, 협동정신은 고래로 있어온 우리 민족의 슬기요 요람이었던 것이다(정종복 · 현유학, 1982: 473).

3 새마을운동의 배경 및 특성

1960년대 한국의 정치 · 경제적 상황은 이전의 미국이 취했던 무상원조를 줄이고 차관 형태의 전환이라는 변화의 갈림길에 있었다. 이러한 정부는 변화에 대응하기 위하여 좀 더 합리적이고 장기적인 경제 발전 전략이 절실히 필요하였다.

이러한 상황에서 국내의 풍부한 노동력을 기반으로 수출 지향적 경제 발전 전략을 채택하였고, 이와 맞물려 세계 전반적인 경기의 상승세로 인하여 경제 발전의 기반이 되었다고 할 수 있다.

그리고 1970년대는 새마을운동의 태동기라고 할 수 있다. 박정희 대통령의 정치사상적 실천과 강력한 국가의 등장이 주요한 정치적 배경이었으며, 당시 도시와 농촌 사이의 경제적 격차의 심화 및 농촌의 상대적 낙후성 해소 등이 경제적 배경으로 작용하였다(최인규 외, 2013: 131).

새마을운동은 "주민들이 근면 · 자조 · 협동정신을 바탕으로 공통적인 욕구를 해결함으로써 그들의 생활 향상을 도모하고, 나아가서 국가의 발전에 기여하는 범국민적인 노력의 과정"으로 지역사회 개발의 범위를 포함하는 종합적 의미로 정의하고 있다.

다른 측면에서 새마을운동은 환경개선사업으로서 지역 개발의 특성을 포함하고 있다. 즉, 주민 참여, 현실 지향적인 문제 해결을 중요시하는 지역사회 개발에 반하여 정책 지향적이고 행정 주도적 · 물리적 측면을 강조하는 지역 개발의 개념과는 그 특징이 확연히 구별된다고 하겠다(최상호, 2004).

이러한 새마을운동은 근본적인 사회 문제를 해결하고자 하는 실천운동이며, 국가적 혹은 지역사회적 차원에서 우선순위에 따라 사업이 진행되는 지역사회 개발의 개념과도 아주 유사하다고 볼 수 있다.

그러나 지역사회 개발 방식은 일반적으로 후진적 지역사회를 변화시키고자 하는 목적으로 시행되고, 지역 개발은 경제사회적 불균형을 개선하거나 국토공간을 재편성하고자 시행되나, 새마을운동은 선·후진 구별 없이 범국민운동으로 추진되었으며, 지역사회 개발 목표는 단위 지역사회의 발전에 치중하나 새마을운동은 지역사회의 발전과 더불어 국민적 총화 단결에 역점을 두고 있다. 또한 새마을운동은 일반 개념의 지역사회 개발운동보다는 더욱 광역권의 대상이며, 한국의 독자적 정신 내지 사상적 깊이를 가진 실천적 국민운동의 성격이 강하다(사공전, 2011).

새마을운동은 특질 개발과 인간 개발을 병행(소득증대사업과 사회교육적 농촌지도사업)함으로써, 종합적이고 다목적적인 발전의 측면을 보인 반면, 개발을 통한 국가사회 전체의 발전에 기여 등 물리적 향상과 증대를 목적으로 하는 지역 개발과 구분된다고 할 수 있다.

이러한 차이점에서 새마을운동은 일반적 지역사회 개발에 한국적 특수 사정이 가미된 형태로, 한국 고유의 지역사회 개발운동으로 볼 수 있다. 새마을운동과 일반적인 지역사회 개발, 지역 개발과의 차이점을 살펴보면 〈표 3-2〉와 같다.

표 3-2 지역사회 개발, 지역 개발, 새마을운동의 차이

지역사회 개발	지역 개발	새마을운동
• 생활 향상, 국가 발전 • 지역사회의 경제적·사회적·문화적 조건의 개선 • 주민·정부 공동의 노력 • 물리적·정신적 측면 추구 • 소규모 단위 사회 위주 • 사회교육이 핵심적 내용	• 경제사회적 불균형 문제 해소 • 경제활동의 형태에 대한 공간의 재편성 • 국가투자사업의 지역적 통합, 개발을 통한 국가사회 전체의 발전에 기여 • 지역 범위에서 국토 전체 범위	• 특질 개발과 인간 개발의 병행(소득증대사업과 사회교육적 농촌지도사업) • 균형 개발(격차의 시정) • 초기 사업 정부 주도 • 소지역 단위 개발(동·리 등 일상생활권) • 추종적 파급 개발

자료: 사공전(2011: 14).

4 새마을운동의 평가와 당면 과제

1) 새마을운동의 평가

기존 선행 연구들 중에서 새마을운동에 영향을 미치는 구성 요소와 변수들에 관한 것들을 살펴보면, 새마을운동의 구성 요소에 관한 연구들로 최창호(1972), 빈센트 브란트와 이만갑(1979), 김보현 등(1988), 정갑진(2009) 등이 제시하고 있는 것을 정리하면 〈표 3-3〉과 같다.

표 3-3 새마을운동 구성 요소

연구자	구성요소
최창호(1972)	주민의 정신자세, 마을 재산, 마을지도자, 행정적 지원
빈센트 브란트, 이만갑(1979)	목표와 집행, 마을 개발계획의 실행, 결과의 평가
김보현 등(1988)	이념, 추진력, 정치적·행정적 지원, 사회·문화적 환경
정갑진(2009)	3대 과제, 3대 추진 주체의 협력, 3대 추진 전략, 범국민운동

최창호(1972)는 새마을가꾸기사업의 필수 요소로 부락 주민의 자조협동의 정신 자세, 부락 재산의 확보, 마을지도자의 헌신적 노력, 적절한 행정적 지원을 언급하였고, 빈센트 브란트와 이만갑(1979)은 새마을운동과 관련한 한국의 지역사회 개발에 대하여 새마을운동 배경, 새마을운동의 목표와 집행(행정적 구조, 새마을지도자, 마을의 분류, 의사 결정과 사업 시행, 재정 등), 마을, 개발계획의 실행, 결과의 평가 등에 대하여, 정갑진(2009)은 새마을운동의 핵심 요소로 3대 과제(정신 개혁, 환경 개선, 소득 증대), 3대 추진 주체의 협력(마을 주민, 새마을지도자, 공무원), 3대 추진 전략(새마을교육, 홍보, 관리), 범국민운동으로의 추진을 들었다.

새마을운동의 영향 변수로 김보현 등(1988)은 이념, 추진력, 정치적·행정적 지원, 사회·문화적 환경을 제시하였으며, 각 변수에 대한 세부 요소는 〈표 3-4〉와 같다.

이상의 선행 연구들을 분석해 보면 새마을운동에 대한 이론적 연구들이 주로 새마을운동의 이념 및 목표, 정신, 추진 전략, 추진 주체, 추진조직, 추진사업, 재원, 평

표 3-4 새마을운동에 영향을 주는 변수와 세부 요소

변수	요소
이념	발전 지향적 목표와 부합 여부, 미래에 대한 국민들의 부푼 꿈과 기대, 이념에 대한 국민들의 호응도
추진력	추진조직, 추진사업과 새마을운동과의 관련성, 새마을지도자, 새마을지도자의 발굴과 육성・관리・지원
정치적・행정적 지원	정치지도자의 관심과 열정, 행정적 지원, 지원 방법, 정치적・행정적 여건 조성
사회・문화적 환경	국민들의 새마을운동의 이념과 당위성에 대한 이해도, 새마을운동의 추진을 저해하는 요인들의 정도, 새마을운동을 어렵게 하는 정신유산의 사회 저변 잔존 여부

표 3-5 새마을운동의 연구 세부 분야

연구 분야	세부 분야
이념 및 목표	조국 근대화(잘살기운동)
정신	근면, 자조, 협동
추진 전략	관민 협력, 공동체 중심, 경쟁 원리, 새마을교육・훈련・홍보
추진 주체	마을 주민, 새마을지도자, 공무원, 국가최고지도자
추진조직	협조 체제, 주민조직, 행정조직
추진사업	환경 개선, 소득 증대, 정신 계발
재원	마을별 사업 추진을 위한 재원
평가	사업 후 평가

가 등으로 분류하고 있다. 이를 구체적으로 정리해 보면 〈표 3-5〉와 같다.

새마을운동의 성과는 일반적으로 물질적인 측면과 정신적인 측면으로 구분한다. 정신적인 측면에서는 '우리도 할 수 있다', '하면 된다'는 자신감과 긍정적이고 합리적인 사고 방식을 고취시켰고, 물질적인 측면의 성과는 전국의 농촌 주민이 참여하여 농촌의 하부구조를 개선하고 생산 기반을 정비하였으며, 그 비용의 49%를 농촌 주민이 부담할 수 있었다는 점과 이로 인하여 농가 소득은 물론 농촌 경제가 활성화되어 도・농 간의 격차가 크게 완화되었다(황연수, 2006).

물질적 측면에서 모든 마을에 자동차가 드나들게 되었고, 모든 작은 하천의 둑이 개수되었으며, 초가지붕을 전국에서도 볼 수 없게 되었다. 또한 모든 농가에 간이 상수도 시설과 전기가 설치되었으며, 모든 법정 리동까지 전화가 가설되었다.

전국의 모든 마을에 마을회관이 세워졌다.

정신적 측면에서 보면 1971년 새마을가꾸기사업을 마친 후 평가에서 가장 큰 성과로 들 수 있는 것은 주민의 자조정신 함양이었다. 새마을운동을 통하여 주민들은 자조, 협동이 얼마나 큰 힘을 가졌는가를 실증하였으며, '스스로 하면 된다'는 주민 자조 개발에 자신을 갖게 되었으며, 새마을운동에 주민들의 참여와 주민자생 조직에 주민들의 협동 · 단합하는 모습, 검소한 생활 기풍 조성과 주민의 정신자세가 자조와 자립으로 전환되고 있었다. 마지막으로 일선지방 행정기관과 주민의 간격 없는 대화의 광장이 마련되었다.

이처럼 1970년대 새마을운동을 통하여 농촌의 생활환경이 개선되고, 농민의 의식이 개발 지향적으로 바뀌어 농민의 수행 능력이 그 이전과는 구분되는 수준으로 높아졌다(박섭 · 이행, 1997). 또한 새마을운동을 통하여 근대적 사회로 이행할 수 있는 계기가 되었고, 관심 밖이었던 농촌 사회에 대한 생활환경 개선과 소득증대사업으로 근대화를 이끌었다(장경근, 2006).

새마을운동의 성공 요인에 대해서는 많은 연구가 있는데, 이러한 연구들의 공통점을 살펴보면 정부의 전략, 국민의 자각, 농민들의 자발적 참여, 새마을지도자, 국가최고지도자의 관심 등을 지적하고 있다.

2) 우리나라의 당면 과제

국가 사이의 장벽을 허무는 '세계화'는 21세기를 대표하는 시대적 흐름이며, 21세기는 '세계화'와 더불어 IT 및 BT 그리고 정보산업이 이끄는 지역산업화와 정보화의 시대로 변모하였다. 또한 현재 국제 사회가 안고 있는 중요한 과제 중의 하나가 환경과 자원을 보호 · 보존하는 것이다.

이에 우리나라의 당면 과제를 정리해 보면, 첫째, 경제 성장의 둔화로서 1990년대 이후 우리나라 경제는 저성장의 추세가 이어지고 있고, 경제활동 인구 역시 감소되고 있기에 성장잠재력이 약화될 가능성이 높다.

둘째, 사회경제적 양극화 문제로서 교육, 의료, 문화, 주거 및 환경 등 삶의 질 개선에 직접적으로 연관된 분야에서 사회경제적으로 양극화되었고, 세대를 이어 지속된다는 점에서 더 큰 사회경제적 문제가 되고 있다.

셋째, 저출산과 고령화에 따른 인구 감소는 노동력 공급 부족을 유발하며, 국가의 성장잠재력을 저하시킬 수 있기 때문에 대책이 시급하다.

넷째, 분권과 균형 발전의 지방화로서 1995년 지방자치제도의 부활 이후 지방화의 흐름은 한국 사회에 많은 변화를 이끌고 있고, 시민의 자발적 참여를 특징으로 하는 '참여민주주의의 시대'로의 전환은 지방분권화를 가속화되고 있다.

다섯째, 농촌 사회 문제의 심화로서 FTA 체결로 인한 농산물 시장의 개방은 농촌 경제에 적지 않은 부담으로 작용할 것이며, 식량 안보에도 중대한 위협이 될 수 있기에 대책이 시급하고, 농업생산 인구의 감소, 향후 농업경쟁력 약화, 나아가 농촌 인구의 삶의 질 향상에 악영향을 미칠 가능성이 있다.

여섯째, 다문화가정 등 사회 통합과 국민 의식 선진화가 요구되고 있다. '고도 압축성장'이 남긴 과제로서 도덕성 및 윤리 의식 함양은 건강한 사회와 공동체 건설의 필수적 항목이라고 할 수 있는 만큼 이에 대한 의식 개혁이 절실하다. 민주적 시민상 확립은 21세기에 반드시 필요한 공동체적 목표이며, 민주적 시민 의식 함양은 일상생활에서의 준법 의식 및 환경 보호 의식 등과 같은 공동체 의식 함양에서 시작되어야 한다.

마지막으로 남북 협력 및 통일 시대 대비에 관한 것으로 21세기 남북 협력의 시대를 맞아 민족동질성 회복과 남북관계 개선 그리고 북한지역 주민의 경제난 극복을 위한 실천적 노력을 함으로써 민족 통일에 기여할 필요가 있다.

제 4 절 리더십

1 리더십의 의의

사전적 의미로 리더십이란 "무리의 지도자로서 갖추어야 할 자질, 일을 결정하는 능력, 무리를 통솔하는 능력, 사람들에게 존경과 신뢰를 얻는 능력 따위"가 해당되는 것으로 리더십은 지도자의 조직 운영과 관련된 정신을 말하며, 조직의 목표, 권위, 지도자의 개성의 복합적 표현이다. 유사한 단어로는 통솔력(어떤 무리를 거느리거나 다스리는 힘), 지도력(사람들을 어떤 목적이나 방향으로 이끌어갈 수 있는 힘)이 있다.

코터(Kotter, 2012)는 리더십이란 “바람직한 목표를 성취시키기 위하여 다른 사람들을 동기부여하고 지휘하며 영향력을 행사하는 능력”이라고 정의하고 있고, 플레이시맨과 해리스(Fleishman & Harris, 1962)는 리더십을 “어떤 목표나 목표의 달성을 지향하도록 의사소통 과정을 통하여 개인 간에 영향력을 행사하려는 시도”로 정의하고 있으며, 쿤츠와 와이리히(Koontz & Weihrich, 2009)는 리더십이란 “사람들로 하여금 공동 목표를 달성하는 데 따라오게끔 영향을 행사하는 것”이라고 하였다.

그런가 하면 스톡딜(Stogdill, 1974)은 리더십 연구문헌을 포괄적으로 검토한 결과 리더십을 “기대와 상호작용 속에서 조직을 주도하고 이끌어 가는 것”이라고 하였고, 배스(Bass, 1990)는 리더십의 개념 정의에 포함되는 공통 요소로 집단 과정, 퍼스낼리티, 복종을 유도하는 수단, 영향력의 행사, 설득, 목표 달성의 수단, 상호작용의 분화, 분화된 역할 등으로 요약하였다.

허시와 블랜차드(Hersey & Blanchard, 1993)는 주어진 상황에서 목표 달성을 위하여 노력하는 개인 및 집단의 활동에 영향을 주는 과정이라고 정의하였으며, 유클(Yukl, 2002)은 리더십이란 조직의 바람직한 목표를 달성하기 위하여 조직 내의 개인 및 집단이 자발적으로 적극적 행동을 하도록 유도하고 조정하며 동작하게 하는 기술 및 영향력이라고 하였다.

이와 같은 관점에서 보면 리더란 특정 조직의 목표 달성을 위하여 다른 사람들의 행동 변화에 영향을 주는 사람으로서 리더는 집단구성원을 도와 그들이 공동으로 추구하는 목표와 욕구를 성취해 나가는 사람이라고 정의할 수 있으며, 리더의 영향을 받아 이에 따르는 사람들을 추종자(follower) 또는 부하라고 지칭한다.

이에 리더십은 지도자와 추종자 간의 심리적 유대와 공감 또는 자발적·일체적 성격과 관련되어 있으며, 결국 리더십이란 조직 목표를 달성하기 위하여 구성원이 자발적·적극적으로 행동하도록 이끌어 나가는 힘 또는 영향력으로 정의할 수 있다. 영향력 행사의 과정에서, 즉 개인이나 집단행위에 동기를 부여하고 합리적인 조정을 통하여 협동적 행동을 촉진·유도하고 조직 외부로부터의 지원과 협조를 확보해 나가는 쇄신적·창의적 능력과 기술을 의미한다.

이러한 리더십 개념 속에는 지도력(통솔력)으로 공동의 목표를 효과적으로 달성하기 위하여 비전 설정, 추종자의 자극과 개별적 배려를 통하여 리더가 원하는 방향으로 추종자들을 변화시키는 리더십 개념을 포괄한다.

이와 같이 리더십에 관한 정의들이 다차원으로 정의되고 있으나 여기에서는 리더십을 특정한 위기 상황 속에서 리더가 공식적인 권한이나 혁신의 노력을 통하여 조직이나 집단의 구성원들에게 영향력을 행사하는 과정으로 정의하고자 한다.

2 리더십의 특성과 기능

리더십이란 특정한 위기 상황 속에서 리더가 공식적인 권한이나 혁신의 노력을 통하여 조직이나 집단의 구성원들에게 영향력을 행사하는 과정으로 정의하면 이러한 정의를 뒷받침하는 리더십의 고유한 성질, 즉 특징을 파악할 필요가 있는데 리더십은 대체로 다음과 같은 특징을 갖는다(김재기 외, 2013: 374-375).

첫째, 리더십은 목표와 관련된다. 목표는 조직이 추구하여야 할 근본적인 지향점이고 조직의 상부 또는 하부 구성원들이 목표를 전제로 행동이 전개되는 과정이기 때문에 조직관리에 불가결한 요소가 된다.

둘째, 리더십은 지도자가 추종자에게 일방 통행식으로 행동을 강요하거나 설득하는 것이 아니라, 그것은 지도자와 추종자 및 환경적 변수 간의 함수 관계, 즉 상호작용의 과정을 통하여 발휘된다.

셋째, 리더십을 조직 목표 달성을 위하여 조직구성원의 행동을 자극하고 영향을 미치는 과정이라고 볼 때 그것은 반드시 공식적 조직책임자로부터만 발휘되는 것이 아니기에 리더십은 조직 책임의 직권력(headership)과 구별되어야 한다. 리더십은 경우에 따라서는 동료 간에서도 발휘되며, 때때로 조직의 말단에 속하는 구성원도 리더십을 발휘하는 경우가 있다.

넷째, 리더십은 지도자의 권위를 통하여 발휘되는 기능이다. 이러한 권위는 공식적·법적 권위뿐만 아니라 전문적 능력, 기술과 여러 가지 지도자의 자질과 특성에 내재하는 것이다.

이러한 리더십의 특징을 기반으로 하여 리더십의 기능을 설명하면 다음과 같다.

첫째, 리더십은 조직이나 집단의 목표를 주된 목적으로 삼는다. 리더십은 목표 전제 하에서 발휘되는 것이므로 이러한 목표 추구 활동에 핵심적인 역할을 한다.

둘째, 리더십은 목표를 실현하기 위한 수단으로 필요한 물적·인적 자원을 동원하고 조직 내·외의 지지와 협력을 획득해 나가야 한다. 셋째, 조직의 구성원들이 목표 달성을 위하여 자발적·헌신적인 자세로 능력을 발휘할 수 있도록 동기를 부여하며, 그들을 자극 배려하고 영향력을 미치는 것이다.

3 리더십의 유형

리더십은 조직에 소속된 구성원들로 하여금 조직 목표의 바람직한 달성에 자발적으로 협조하도록 하기 위한 기술 혹은 영향력을 말한다. 리더십은 조직의 구성과 설계의 모자란 점들을 보충하며, 환경 변화에 민첩하게 대응하도록 하며, 조직 내부의 안정성을 유지하면서, 구성원들의 동기부여를 통하여 재사회화시키는 기능을 담당하고 있다. 리더십이론은 자질론, 행동유형론, 상황론의 형태로 발전되어 왔으며, 학자에 따라 여러 가지 유형으로 분류되고 있다.

화이트와 리피트(White & Lippitt, 1960)는 리더십의 유형을 의사 결정의 양태에 따라 민주적 리더십·권위적 리더십·자유방임적 리더십으로 분류하였고, 리커트(Likert, 1967)는 리더십의 유형을 두 가지로 구분하였는데, 인간과 업무에 초점을 두고 직원 중심적 리더십과 업무 중심적으로 보았다.

하우스(House, 1995)는 진로-목표이론에 입각하여 네 가지로 리더십을 유형화하였는데, 지시적 리더십·지원적 리더십·참여적 리더십·성취지향적 리더십으로 나누었다. 또한, 조직 내에 공존하고 있는 상호 모순적인 다양한 요소를 어떻게 관리할 것인가에 대한 리더십을 경쟁가치 접근에서 각각의 차원들의 조합에 따라 상이한 유형의 조직 유형으로 분류하고 있다.

경쟁가치 접근에서 퀸(Quinn, 1988)은 리더십을 수평적 측면과 수직적 측면으로 구분하였는데, 수직적 측면은 유연성과 통제의 특성을 가지고 있으며, 수평적 측면은 내부 초점과 외부 초점 혹은 장기적 안목과 단기적 안목으로 구분하였다. 이처럼 두 가지 차원의 결합 정도에 따라 지원적, 혁신적, 지시적, 보존적인 색채를 가진 네 가지 리더로 나뉜다. 즉, 지원적 리더는 부하들에게 배려적이고 인간 관계 기능을 중요시하며, 참여를 강조하는 리더 유형이다. 혁신적 리더는 위험을 감수하고 창의적이며 변화를 추구하고 자원 획득을 위하여 노력하는 리더 유형이라 할 수 있다. 지시적 리더는 목표가 명확하며, 합리적으로 설득 가능하다고 볼 수 있다. 그리고 목표나 과업 지향적인 리더 유형이다. 보존적 리더는 주의 깊고 보수적이며 현상 유지를 지향하는 리더십 유형이다.

일반적으로 분류할 수 있는 거래적 리더십, 변혁적 리더십, 서번트 리더십에 대해서만 간략하게 살펴보면 다음과 같다.

첫째, 거래적 리더십(transactional leadership)은 변혁적 리더십과는 반대되는 개념으로, 리더와 부하들의 관계는 상호간에 영향을 미치는 교환에 바탕을 두고 있다는 관점으로 부하들에게 이해관계를 호소함으로써 동기 유발을 일으키는 것이다. 교환에는 리더에 대한 충성에 대하여 부하들이 받는 임금, 명성 등이 포함된다. 거래적 리더십은 하우스(House, 1971)의 경로-목표이론(path-goal model)에 바탕을 두고 있으며, 거래적 리더는 부하의 노력이 성공하면 더 많은 보상을 받을 수 있다는 부하의 기대를 충족시키기 위하여 보상을 예시화하면서 조직화한다(최충식, 2007).

번스(Burns, 1978)의 정의에 의하면, 거래적 리더십은 구성원이 가지고 있는 욕구를 얻기 위하여 리더가 자신이 가지고 있는 노동력이나 지식, 아이디어 등을 제공하고, 구성원이 원하는 욕구를 충족시켜 주는 교환 과정에서 다른 사람과의 계약에서 주도권을 취할 때 발생하며, 리더와 부하는 서로 상대방의 힘과 태도 그리고 제공 가능한 자원을 기본적으로 인식한 상태라 하였다.

배스(Bass, 1985)는 번스(Burns, 1978)의 견해를 좀 더 광범위하게 구명하였는데, 그에 따르면 거래적 리더십은 부하들의 노력에 필요한 영향을 줄 수 있는 부하들의 행동적 요소를 격려하는 것 외에 그들이 기대하는 보상과 관련된 성과를 성공리에 실현시킬 필요성을 명확히 하는 것으로, 이를테면 득과 실(cost-benefit)을 통하여 추종자들의 현존하고 있는 물질적 심리 욕구를 채워주는 조건으로 그들의 조직 기여를 도모하는 것으로 보았다.

거래적 리더십은 '거래(transaction)'에 중점을 둔 리더십으로 다른 말로는 교환적 리더십이라고도 한다. 즉, 조직의 목표를 달성하도록 부하의 역할과 과업을 명확하게 하고 적절한 보상을 함으로써 부하의 동기를 유발하여 이끌어가는 리더십이다.

둘째, 변혁적 리더십(transformational leadership)은 개인과 조직의 변화를 위해서는 리더의 리더십이 필요하며, 장기적 발전과 개인의 의미있는 성장을 위하여 거래적 리더십뿐만 아니라 고차원의 목표 달성을 위한 변혁적 리더십의 실천도 필요하다는 이론이다.

변혁적 리더십이론은 번스(Burns, 1978)의 연구에 의하여 처음 제시되었으며, 정치적 리더십을 거래적 리더십과 변혁적 리더십 등 두 가지 형태로 나누고 변혁적 리더십의 중요성을 강조하였다. 1980년 이후 변혁적 리더십이나 카리스마적 리더십이라는 용어가 자주 등장하였는데, 이는 미국의 기업들이 다른 나라에 비하여 뒤떨어짐을 자성하는 가운데 기업의 체질 혁신을 하려면 리더십을 통해서만이 조직구성원들의 태도를 바꾸고, 조직 목표에 몰입시킬 수 있다는 신념에 따라 만들어진 용어라고 할 수 있다(Meindl, 1990).

배스(Bass, 1985)에 의하면 변혁적 리더는 카리스마적 행동을 통한 놀라운 영향력의 발휘와 영감적인 동기부여를 할 수 있고, 지적 자극을 가할 수 있으며, 부하 개개인에게 개별적 배려를 실천할 수 있는 리더라고 한다. 즉, 변혁적 리더는 부하들로 하여금 과업 수행 결과에 대한 중요성을 인식하게 하고, 부하 자신의 개인적 이득보다 조직이나 팀의 이득을 우선시하게끔 한다. 그리고 부하가 가지는 욕구보다 더 높은 수준의 고차원 욕구 충족, 자기 개발 및 학습조직을 활성화시킴으로써 예상하였던 기대보다도 훨씬 높은 성과를 올리도록 하는 것이다. 물론 이를 위하여 변혁적 리더는 부하들에게 솔선수범을 보여야 하고, 자신의 개인적 이득을 포기하고 자신을 희생하고 있다는 것을 보여야 한다. 또한 변혁적 리더십은 조직구성원들에게 더 높은 이상과 도덕적 가치를 심어줌으로써 이들이 새로운 방식으로 문제를 생각하도록 동기를 유발시키는 것이다(Hellriegel, Slocum, & Woodman, 2000).

커너트와 루이스(Kuhnert & Lewis, 1987)는 변혁적 리더십이란 리더의 개인적 가치와 리더에 대한 부하들의 확고한 믿음이나 신념을 유발시키고, 리더가 부하들에게 확실한 목표를 설정해 주고 모범을 보이며, 부하들의 욕구에 대한 세심한 고려와 적절한 자극을 통하여 조직 및 구성원들의 성과와 만족도를 제고할 수 있는 방향으로 이끌 수 있는 리더십을 뜻한다고 언급하였다.

결국, 변혁적 리더십은 부하에게 자신이 달성하여야 할 결과의 중요성을 좀 더 강하게 인식시키거나 자신의 이해관계를 초월하여 부서 또는 조직 전체의 이익을 위하여 일하고자 하는 의지를 심어주거나, 부하의 욕구 수준을 상위 수준의 욕구로 제고하는 방법을 통하여, 부하가 기대 이상의 성과를 달성하게 만드는 리더십이라고 생각한다.

셋째, 서번트 리더십(servant leadership)은 오늘날과 같이 급변하는 경영환경에 기업들이 좀 더 유연하게 대처하기 위해서는 상급자가 부하에게 명령하고 지시하는 기존의 전통적인 리더십보다는 부하에게 봉사하는 서번트 리더십이 중시된다. 그린리프(Greenleaf, 1970)의 「리더로서의 서번트(The servant as a leader)」라는 에세이에서 처음으로 등장한 개념이다. '서번트 리더십'은 하인(servant)과 리더(leader)가 결합된 개념으로 서로 반대되는 두 개의 개념이 합쳐져 균형을 유지하는 것이라고 할 수 있으며, 그는 서번트 리더십의 개념을 "타인을 위한 봉사에 초점을 두며, 종업원, 고객 및 커뮤니티를 우선으로 여기고 그들의 욕구를 만족시키기 위하여 헌신하는 리더십"이라고 정의하였다(Greenleaf, 1970; 권우덕, 2010).

그리고 그는 리더란 존중, 봉사, 정의, 정직 그리고 공동체 윤리 등의 다섯 가지 원칙에 입각하여 경청하고, 공감대를 가지고, 고쳐나가고, 깨닫고자 노력하여야 하며, 설득해 나가야 할 뿐만 아니라 자신의 능력 개발을 통하여 위대한 꿈을 실현하는데 최선을 다하고, 선견지명으로 스튜어드십(stewardship)을 발휘하며, 사람을 성장하도록 하는 데 몰입하고, 공동체 의식을 구축하도록 노력하여야 한다는 특성과 요건을 제시하였다. 이와 같은 서번트 리더의 개념은 상급자가 자신을 서번트로 인식하여 부하들에게 봉사하고 헌신함으로써 부하들의 성장과 발전 그리고 성공을 우선적으로 생각하고 있다는 점에서 종전의 이끌어 나아가는 리더의 역할과는 차이가 있다고 하겠다. 즉, 서번트 리더십은 직원들의 자발적인 헌신과 참여를 이끌어내어 주인 의식과 책임감을 고취시키는 것을 목적으로 하는 리더십이라고 할 수 있다(Greenleaf, 1977; Greenleaf, 1996).

서번트 리더십에 관하여는 1980년대 이후 등장한 다른 리더십이론들과 함께 관심이 증가하기 시작하였다. 대표적으로 드러커(Drucker, 1992)는 지식 시대에서는 중간관리자들이 줄어들고 기업 내에서 리더와 조직구성원의 구분도 엄격하지 않을 뿐더러 지시와 감독에 의한 관리가 용이하지 않을 것이라고 예측하였는데, 이와 같은 주장은 리더가 부하들보다 우월한 위치에서 이끌어야 한다는 리더 중심의 관점에서 보자면 중대한 관점의 변화이고, 21세기 조직 연구에 새로운 키워드를 제시한 것이라고 하겠다(김종번, 2010).

이 밖에도 1990년대에 들어오면서 많은 학자에 의하여 서번트 리더십에 대한 다양한 정의가 이루어졌다. 슈워르츠(Schwartz, 1991)는 새로운 리더십의 핵심으로 서번트 리더의 개념을 정의하였다. 서번트 리더는 조직과 구성원의 목표가 균형을 이루는 가운데 구성원 각자를 팀 리더의 일부로 봄으로써 자율성과 공동체 의식, 주인 의식을 갖도록 내재적인 의미를 부여한다. 이들은 지시보다는 지원과 대화를 중요한 관리 도구로 사용하기 때문에 서번트 리더십이 발휘되는 조직은 구성원의 일체화와 공감대 형성을 통하여 조직의 목표를 달성하게 된다고 하였다(최남례, 2005).

키첼(Kiechel, 1992)은 공유된 비전에 대한 개념과 성과가 서번트 리더십 모델의 중심으로 공유 비전을 제시하기 위하여 조직원의 일에 관심을 가지고 항상 경청하는 자세를 지니며 조직원들의 감정과 스트레스를 치유하고 비전 참여를 설득하는 행동을 서번트 리더의 중요한 행동으로 제시하였고, 헤이페츠(Heifetz, 1994)는 서번트 리더는 신뢰, 양육 및 공감대가 있는 지원적인 환경을 제공하여야 하며 구성원들이 변화와 자기 성장을 위하여 노력할 수 있도록 하는 것이 리더의 의무라고 하였다(김용학, 2010).

한편, 서번트 리더십을 존엄성과 가치의 존중 등 민주적인 원칙에 입각한 리더십이라고 보는 견해도 있다(Senge, 1995; Spears, 1997; Sims, 1997). 셍게(Senge, 1995)는 서번트 리더십을 모든 사람의 존엄성과 가치에 대한 믿음, 리더의 권력은 부하로부터 기인한다는 민주적인 원칙에 입각한 리더십이라고 하였다.

제 5 절 새마을운동 추진과 리더십

1 새마을운동 추진 주체의 리더십

새마을운동은 농촌 사회를 근대적 사회로 변혁시키고자 추진하였던 혁신운동으로 당시의 환경적 체제 하에서 최고정책결정자, 새마을 관련 행정조직과 새마을 지도자들 간의 상호작용 과정에서 추진되었다. 즉, 새마을운동은 사회적 환경 맥락, 새마을운동의 추진 주체인 최고정책결정자의 리더십, 중앙과 지방의 행정조직들의 새마을사업의 기획과 관리, 새마을운동의 추진 대상이면서 주체인 지역공동체들의 새마을지도자들의 리더십 그리고 각 주체들의 새마을운동의 추진 과정에서 각각의 혁신적 활동과 그들 간의 상호작용 과정을 이해하여야 한다(노화준, 2013: 13).

새마을운동에서 리더십이란 공동 목표를 향하여 움직이도록 다른 사람들을 유도하는 능력이자 과정이라고 할 수 있다. 최고정책결정자가 개인적으로 발휘하는 역량을 개인적 리더십이라고 한다면, 최고정책결정자가 보좌관들과 상호작용에 의하여 발휘하는 역량은 집단적 리더십이라 부를 수 있다.

최고정책결정자는 단시간 내에 중요한 결정을 하여야 하고, 또한 정책안을 준비하기 위하여 정보와 자료들을 수집하고 분석하며, 대안들을 작성하고 평가하며, 정책집행을 점검하는 데 많은 시간과 전문성을 요하기 때문에 보좌관들의 도움이 필요하다. 그뿐만 아니라 최고정책결정자는 또한 정치적 리더십을 구축하고 확대하며 유지하기 위해서도 보좌관들의 도움이 필요하다(이송호, 2002: 11-15).

새마을운동의 추진 과정에서 최고정책결정자는 새마을운동을 시작하고, 변혁을 위한 비전을 제시하였으며, 새마을운동이 성공적으로 추진될 수 있도록 행정제도를 정비하였고, 새마을운동을 추진하는 데 필요한 에너지로서의 예산을 지원하였으며, 새마을운동을 지역공동체인 마을 수준에서 추진할 새마을지도자들을 양성하였고, 새마을운동을 추진하는 데 장애 요인들을 파악하고 적시에 제거하기 위하여 새마을 국무회의를 주기적으로 개최하였으며, 새마을지도자들에게 동기를 부여하기 위하여 새마을 성공 사례를 발표하는 대회를 개최하는 등 새마을운동이 성공할 수 있도록 촉진하고 지원하는 변혁적·생성적 리더십을 발휘하였다.

결국, 최고정책결정자는 비전을 제시하고 추진 전략을 제시함으로써 변혁적 리더십을 발휘하였고, 새마을운동의 목적을 달성하기 위하여 영향력을 발휘하였던 것은 변혁적·생성적 리더십이었다고 할 수 있다(노화준, 2013: 18).

1970년대 중앙정부의 새마을운동과 연관된 부처들과 도, 시·군 및 면 단위에서는 새마을운동을 추진하고 지원할 행정조직이 설치되었으며, 이들 행정조직은 새마을운동을 추진하고 지원할 추진계획을 세우고 집행하며, 그 결과를 평가하고 추진계획을 발전시킴으로써 새마을운동이 성공적으로 추진될 수 있도록 하였다.

각 기관별 새마을운동을 조정하기 위하여 새마을운동중앙협의회를 설치하였는데, 여기에서는 각 부처별로 수립하여 시행하는 부처별 새마을운동을 종합 협의·조정하고 지침을 시달하였다. 그리고 각 시·도에는 시도새마을운영협의회를 설치하였고, 시·군에서는 시군새마을운영협의회를 설치하였으며, 읍·면에서는 읍면새마을추진위원회를 설치하였다.

새마을지도자들은 새마을운동을 추진하는 과정에서 사명감을 가지고 리더십을 발휘하였으며, 적극적인 역할을 수행하였다. 그리고 새마을운동을 추진하는 과정에서 새마을지도자들은 마을의 이장이나 부녀회장, 4H 그룹 지도자 등 다른 마을 지도자들과 더불어 새마을운동을 이끌어 나가기 위하여 협력하였다. 이와 같이 마을주민들과의 협력적 상호작용 과정을 통하여 새마을운동을 추진한 것이 새마을사업이 성공적으로 추진되도록 하는 데 큰 영향을 미쳤다(노화준, 2013: 25).

결국, 새마을운동과 관련된 리더십은 최고정책결정자의 리더십, 행정조직 관리자의 리더십 및 지역공동체 지도자의 리더십 등 다층적인 구조로 구성되어 있었다.

2 새마을운동과 리더십

새마을운동을 추진할 당시의 지역공동체인 마을들이 환경 변화에 잘 적응할 수 있는 환경이었다는 것이다. 이러한 환경에서 지도자의 리더십에 따라 변화하는 환경에 적응하기 위한 새로운 생각, 행태, 구조 등의 패턴이 창발할 수 있었다. 즉, 환경 변화에 적응하도록 하기 위하여 자체조직화 과정을 통하여 새로운 생각, 행태, 새로운 성질 및 새로운 구조 등이 창발하도록 하는 리더십이 생성적 리더십이다.

생성적 리더십은 올바른 상호 교환의 네트워크들을 의도적으로 축조함으로써, 그것을 통하여 상호작용 공명이 전달된 정보의 질을 확장할 수 있다. 이들 상호 교환의 네트워크들은 역량을 확장시키고, 아이디어가 워크 그룹 내에서 진동하도록 하며, 심금을 울리도록 자극함으로써, 최초에 자그마한 혁신의 씨앗을 출발한 것이 발아하여 자라며, 만일 최초의 약속이 좀 더 큰 공명에 의하여 더 증명되면, 집행되도록 한다는 것이다(Goldstein, Hazy, & Lichlenstein, 2010: 38-39).

새마을운동에서도 새로운 혁신적인 생각을 가진 새마을지도자들이 역시 새로운 혁신적인 아이디어나 생각을 가진 마을 사람들과 올바른 네트워크를 형성하고 상호작용을 통하여 공감대를 형성함으로써 이것이 전근대적인 농촌 마을을 근대적인 농촌 마을로 변혁시켜 나가는 혁신의 씨가 되고, 또 이것이 자라서 마침내는 농촌 마을이 근대적인 마을로 변혁될 수 있었다.

1950년대 후반부터 1960년대에 걸쳐 부지런하고 자발적이며 협동심이 강한 몇몇 마을의 지도자들이 청도군 청도읍 신도마을을 잘사는 마을로 만들기 위하여 공감대를 형성하고, 상호작용 공명 역량을 확대하여 마을 안길을 확장하고 지붕을 개량하며, 담장을 개수하고 전기를 가설하며, 소하천 축대를 쌓고 변소를 개량하는 등 근대적인 마을로 탈바꿈시킴으로써, 경상북도 청도군 청도읍 신도마을을 박정희 대통령이 한국의 새마을운동의 이상적인 마을로 선택하여 새마을운동의 비전으로 제시할 만큼 긍정적인 일탈자로 변혁시킨 것은 상호작용 공명의 좋은 예이다(노화준, 2013: 31-32).

새마을운동 과정에서 이와 같이 새마을지도자들이 최고정책결정자가 비전으로 제시한 농촌 마을의 변혁과 발전에 의미를 부여하고 농촌 마을을 구체적인 새마을사업의 추진계획을 작성하여 실천할 수 있도록 농촌 마을 주민들에게 권능을 부여함으로써 혁신 역량을 육성하며, 새마을사업을 추진하는 과정에서 참여적 리더십을 발휘하였던 것은 새마을지도자의 촉매자로서의 역할을 한 것으로 나타났다.

새마을지도자들은 마을의 일반 주민들이 가지고 있는 전통적인 사고 방식과는 다른 사고 방식을 가지고 있었을 뿐 아니라 더 나은 생활을 하기 위하여 열심히 일하였고, 또한 마음의 인프라를 개조하여야 한다는 생각, 생활환경을 개선하여야 한다는 생각, 그리고 새로운 농사 방법을 도입하여야 한다는 생각도 가지고 있었으며, 마을 발전을 위하여 희생할 마음의 자세도 가지고 있었다. 그러한 의미에서 새마을지도자들은 긍정적인 일탈자라고 할 수 있다.

3 새마을운동과 최고정책결정자의 리더십

조직이나 지역공동체에 혁신의 생태계를 창조해내는 것이 생성적 리더십이다.

이러한 생성적 리더십은 조직혁신의 성공 여부를 결정하는 가장 중요한 리더십 역할이다. 혁신적 생태계를 구축하는 데 생성적 리더십은 전통적인 능률성, 비용 절감 등과 같은 관리적 목적에서 벗어나는 것으로 1970년대 새마을운동 과정은 최고 정책결정자가 당시 사회를 지배하고 있던 전통적인 사고와 사회적 관습에서 벗어나 새로운 사고와 사회적 관습을 형성해 나갈 수 있도록 하는 혁신의 생태를 조성해 나가는 과정이었다.

혁신의 생태계는 여러 단계를 거쳐서 조성된다.

첫 번째 단계는 조직에 다양성을 부여하는 단계로서 지역공동체에 다양한 생각이나 새로운 관점을 가진 사람들이 공존하도록 하는 여건을 조성하는 단계이다. 새마을운동에서 대부분의 경우 새마을지도자 교육을 통하여 긍정적인 일탈자로서의 역할을 할 새마을지도자들을 양성하였다.

두 번째 단계는 상호작용 공명이 일어날 수 있는 여건을 조성하는 단계로서 공명이 혁신을 일으킬 수 있느냐 아니면 옛날에 해오던 관습대로 반복하느냐 하는 것을 결정하는 것은 공명의 질이다. 새로운 생각이나 아이디어 또는 관점을 갖는 것과 그것을 실행하는 것은 서로 별개의 일이다. 상호작용 공명은 이들 새로운 생각이나 관점들이 정교하게 만들어지고 확장되고 실행될 수 있느냐의 여부를 결정하는 핵심적인 요소이다.

세 번째 단계는 조직에 에너지를 불어넣는 단계로서 지역공동체의 상호작용 공명으로 조성된 혁신의 씨앗이 자랄 수 있도록 에너지, 즉 자원을 투입하는 것을 의미한다. 즉, 농촌 마을에서 새마을지도자가 개별적인 농촌 마을에 적합한 새마을사업을 구상하고 시행하려는 동기가 점화되었을 때 이 점화된 동기가 구체적인 사업으로 실행될 수 있도록 지원할 자원이 있어야 한다는 것이다.

1970년대의 농한기에 정부는 전국 35,000여 마을 단위에 약 335포대씩의 시멘트와 0.5톤씩의 철근을 균일하게 나누어주었다. 농가들은 배분받은 시멘트와 철근을 개별적으로 나눌 것이 아니라 반드시 마을의 사업을 일으키는 데 써야 한다는 조건이 붙었다. 결국 농촌 마을에 시멘트를 지원하였을 때 일어나는 이러한 효과는 바로 조직에 에너지를 불어넣을 때 혁신의 생태계가 활성화된다는 논리를 뒷받침하는 것이다.

그러나 혁신의 생태계를 활성화하기 위해서는 조직에 에너지를 불어넣는 것도 중요하지만 또한 어떠한 방법으로 에너지를 불어넣느냐 하는 것이 매우 중요하다. 정부는 지원 원칙을 적용하기 위하여 농촌 마을을 기초마을, 자조마을, 자립마을의 3단계로 구분하여, 마을 발전의 단계에 따라 마을 능력에 맞게 사업을 추진하도록 하였고, 마을의 능력에 따라 차등 지원하였다.

제 6 절 결론

한 사회의 비전은 명확한 목표와 원칙이 제시되어야 하고, GDP에 버금가는 계정으로 구체적으로 정의될 수 있어야 하며, 경험적 측정지표로 구체화되어 그 변화를 추적할 수 있어야 한다.

과거 요소 투입형, 고지 탈환형 돌격 작전과 같은 양적 성장 전략만으로는 불가능하며, 경제적인 성장과 더불어 문화적으로 세련된 시민 의식, 그리고 신뢰와 합의에 기반한 정치 시스템, 높은 수준의 시민 의식 등이 함께 구축되어야 한다.

결국, 발전을 이룩한 나라들의 시스템적 특징은 다양한 요소들 간의 균형이 유지되면서도 성장의 활력을 잃지 않는다는 점에서 '역동적 균형'이라고 할 수 있다. 즉, 개인의 자유와 사회의 조화로운 통합, 성장과 분배, 이상주의와 현실주의, 대기업과 중소기업, 미래 세대와 현세대, 인간과 자연, 남성과 여성 등의 대립 항들이 역동적으로 균형을 이루는 사회인 것이다.

우리나라의 경우 그 동안의 눈부신 경제 성장과 민주화 그리고 사회적 성숙과 문화적 활약에도 불구하고, 한국 사회는 급속한 성장이 야기한 문제들을 해결하여야 하는 과제를 안고 있다. 경제적 측면에서의 성숙한 발전 모델은 성장의 동력과 분배 간의 선순환과 상생을 유지하는 것이 핵심이며, 인구와 환경 문제는 인간과 자연, 그리고 경제활동 간의 생태적인 균형을 유지하는 것이 추후 발전의 절대 명제가 되어야 할 것이다. 따라서 성숙한 사회로 가기 위해서는 상이한 두 개의 집단, 항목, 가치가 상호 시너지 효과를 발휘하는 선순환의 관계로 나아가야 할 것이다.

결국 새마을운동을 통하여 사회 발전을 추구하고자 한 것은 첫째, 경제 발전 측면에서, 둘째, 이념적이고 문화적 측면에서 근면, 자조, 협동이라는 철학적 기조 아래에서, 셋째, 잘살아보자는 사회적 응집력을 결정하는 신뢰와 투명성, 그리고 차별하지 않고 관용하는 포용성 등의 중요성은 아무리 강조하여도 지나치지 않으며, 넷째, 농촌과 도시적 환경과 맺는 관련성이 있었다. 지역공동체인 개인 모두 환경과 맺는 관련성에서 자유로울 수 없음을 지각하는 생태적 패러다임 전환을 경험하였다.

새마을정신이란 '하면 된다. 할 수 있다'는 마음가짐으로, 근면 · 자조 · 협동정신을 바탕으로 지역사회 발전을 이끌고, 나아가 국가 경제 발전을 이끈 정신이라고 지적할 수 있다. 이 정신을 바탕으로 긍정적인 사고를 통하여 목표를 향하여 포기하지 않는 도전정신과 열정적인 행동을 이끌어내었으며, 업무의 성공적인 성과를 위한 강력한 의지를 북돋우는 리더십이었다. 이러한 새마을정신이 우리나라가 성공적으로 경제 성장을 이룩할 수 있도록 하는 데 큰 영향을 미쳤으며, 새마을운동의 핵심인 우리도 '할 수 있다'는 소위 '할 수 있다 정신(can do spirit)'을 국민들이 생활 속에서 공유하고 실천하게 하였다는 것이다. 결국 새마을정신은 잠자고 있던 국민들의 정신적 에너지를 '발전'이라는 목표로 연결지었다(최영출, 2011).

1970년대 가난했던 우리나라는 굶주림에서 벗어나 잘살아보자는 의지가 지역사회 구성원들 사이에서 공감대를 형성하였고, 당시에는 근면 · 자조 · 협동정신을 바탕으로 열심히 일하고 서로 돕고자 하는 지역사회 공동체 의식이 강하였으며, 이웃 간의 유대 관계가 매우 밀접하였다.

그러나 절대 빈곤을 극복한 현재의 대한민국은 계층 간 빈부 격차가 심하고, 낮은 행복지수의 높은 자살률에 직면해 있다. 또한 지역사회 구성원들 간의 소통이 부족하여 층간 소음과 집앞 쓰리기 문제, 이웃 간의 다툼도 끊이지 않고 있다.

급속한 경제 발전의 반대급부로 다가오는 다양한 사회 문제를 해결하는 데 중요한 시대정신, 요구되는 정신이 필요하게 되었고, 국제 사회에서의 의무를 이행하기 위하여 근면 · 자조 · 협동정신에서 나아가, 현 시대에 맞는 새로운 새마을정신이 필요하다. 한편으로 가난하였던 우리나라의 발전 경험을 개발도상국에 전파하여야 할 국제 사회에서의 의무도 지고 있는 실정이다.

결국 새마을정신은 국내의 운동에서 벗어나 국제 사회에서 대한민국을 성장시켰던 사회적 환경 맥락, 새마을운동의 추진 주체인 최고정책결정자의 리더십, 중앙과 지방의 행정조직들의 새마을사업의 기획과 관리, 새마을운동의 추진 대상이면서 주체인 지역공동체들의 새마을지도자들의 리더십, 그리고 각 주체들의 새마을운동의 추진 과정에서 각각의 혁신적 활동들과 그들 간의 상호작용 과정에서 발생한 변혁적 리더십과 생성적 리더십이 우리나라의 도움을 필요로 하는 개발도상국을 대상으로 우리의 발전 경험을 전수해 주고, 함께 잘살 수 있는 환경을 조성하는 데 중요한 역할을 할 것이다.

참고 문헌

강신택(1973). 새마을사업의 계획과 집행, 『행정논총』, 11(2): 84-99.

경운대학교 새마을아카데미(2008a). 『21세기 새마을운동 길라잡이』.

______(2008b). 『21세기 새마을운동의 이론 정립 및 실천과제 개발』.

권우덕(2010). 서번트 리더십이 조직시민행동에 미치는 영향에 관한 연구, 서울시립대학원 박사학위 논문.

김경동(2002). 『한국사회발전론』. 집문당.

김보현 · 김유혁 · 정세욱 · 김동일 · 김형태(1988). 『새마을운동 발전방안 연구』, 한국지방행정연구원.

김재기 · 고숙희 · 김병규 · 김성준 · 송건섭 · 정우열 · 이상철 · 정재명(2013). 『한국인사행정론』, 형설출판사.

김종번(2010). 노동조합위원장의 리더십이 노조몰입과 조직몰입에 미치는 영향 연구, 숭실대학교 대학원 박사학위 논문.

김진윤(2013). 새마을운동의 사상적 연원과 그 전개 과정, 『한국지방자치연구』, 14(4): 77-98.

______(2012). 민족의 전통사상과 정체성, 『민족사상』, 6(2): 107-137.

내무부(1975). 『새마을운동길잡이』, 내무부.

노화준(2013). 『한국의 새마을운동: 생성적 리더쉽과 사회적 가치의 창발』, 법문사.

박계홍 · 김종술(2013). 『변화와 혁신을 위한 리더십』, 학현사.

박섭 · 이행(1997). 근현대 한국의 국가와 농민: 새마을운동의 정치사회적 조건, 『한국정치학회보』, 21(3): 47-67.

빈센트 브란트 · 이만갑(1979). 『한국의 지역사회 개발: 4개 새마을부락의 사례연구』, 유네스코 한국위원회 보고서.

사공전(2011). 대학생의 새마을운동 인식에 관한 조사분석: 대구·경북지역 4개 대학을 중심으로, 영남대학교 대학원 석사학위 논문.
새마을운동중앙회(2010). 『2009 새마을교육 결과 보고』.
서울대학교 새마을운동 종합연구소(1981). 『새마을운동의 이념과 실제』, 서울대학교 새마을운동 종합연구소.
이송호(2002). 『대통령과 보좌관』, 박영사.
이재열(2008). 성장사회에서 성숙사회로: '사회의 질' 제고를 위한 비전, 『2008년 한국사회학회 건국 60주년 기념특별심포지엄 논문집(1)』, 한국사회학회.
이재열 외(2015). 『한국의 사회 동향』, 통계청 통계개발원.
장경근(2006). 정부와 국민운동과의 관계 분석을 통한 한국 시민사회의 발전 방안 모색: 새마을운동에서 제2의 건국운동까지, 서울대학교 대학원 석사학위 논문.
전상인(2008). 앵그리 시대의 사회갈등과 사회통합, 『철학과 현실』. 76.
정갑진(2009). 『1970년대 한국 새마을운동의 정책 경험과 활동』, KDI.
______(2011). 『새마을정신과 경북인의 정신문화』, 경상북도.
정종복·현유학(1982). 새마을운동의 정신사적 계보에 관한 연구, 『새마을운동 연구논총』, 7(1): 473.
최남례(2005). 유아교육기관 종사자의 복지를 위한 서번트 리더십에 관한 연구, 『인적자원관리연구』, 13(3): 193-213.
최상호(2004). 『지방시대 지역사회개발론』, 박영사.
최인규·이정훈(2013). 새마을운동의 방향성에 대한 탐색적 연구: 경상북도 새마을지도자의 인식을 중심으로, 『대한정치학회보』, 20(3): 129-153.
최창호(1972). 새마을 운동의 비전: 부락단위 개발계획의 수립과 집행, 『지방행정』, 21(219): 92-117.
최충식(2007). 변혁적 리더십과 거래적 리더십이 대학직원의 조직시민행동에 미치는 영향: 임파워먼트의 매개효과와 조절 효과 검증, 강원대학교 일반대학원 미간행 박사학위 논문.
황연수(2006). 농촌새마을운동의 재조명, 『농업사연구』, 5(2): 17-53.
Bass, B. M.(1985). *Leadership and Performance Beyond Expectations*, New York: Macmillan.
______(1990a). From Transactional to Transformational Leadership: Learning to Share The Vision, *Organizational Dynamics*, 18: 19-31.
______(1990b). *Handbook of Leadership: Theory, Research, and Managerial Applica-*

tions(3rd ed.), New York: Macmillan.

Beck, W. A., Maesen, L. J. G., Thomese, F., & Walker, A. C.(2001). *Social Quality: A Vision for Europe*, The Hague, London, Boston: Kluwer Law International.

Burns, B. M.(1978). *Leadership*, New York: Harper & Row.

Colquitt, J. A., Scott, B. A., & LePine, J. A.(2007). Trust, Trustworthiness, and Trust Prospensity: A Meta-Analytic Test of Their Unique Relationships with Risk Taking and Job Performance, *Journal of Applied Psychology*, 192(4): 909-927.

Drucker, P. F.(1992). *Managing for the Future*. Butterworth-Heinemann, Oxford.

Fleishman, E. A. & Harris, E. F.(1962). Patterns of Leadership Behavior Related to Employee Grievances and Turnover, *Personnel Psychology*, 15(1): 43-56.

Goldstein, J., Hazy, J. K., & Lichtenstein, B. B.(2010). *Complexity and the nexus of leadership: Leveraging nonlinear science to create ecologies of innovation*, New York: Palgrave Macmillan.

Greenleaf, R. K.(1970). *The servant as a leader*. Indianapolis: Greenleaf Center.

______(1977). *Servant Leader: A Journey into the Nature of Legitimate Power and Greatness*, Indianapolis: Paulist Press.

______(1996). *On becoming a servant leader*, San Francisco: Jossey-Bass.

Heifetz, R. A.(1994). *Leadership Without Easy Answers*, Harvard University Press.

Hellriegel, D., Slocum, J. W., & Woodman, R. W.(2000). *Organizational Behavior* (9th ed.), Cincinati: Ohio South Western College.

Hersey, P. & Blanchard, K. B.(1993). *Management of organization behavior utilizing human resources*(8th ed.), Englewood Cliffs. New Jersey: Prentice-Hall.

House, R. J.(1995). A Path-goal Theory of Leadership Effectiveness, *Administrative Science Quarterly*, 16: 321-339.

Kiechel, K.(1992). The leader as servant, *Fortune*, 125(9): 121-122.

Kim, Kyong-Dong(2008). Selective Modernization and Alternative Modernities: In Search of an Alternative Theory, 『대한민국 학술원 논문집』, 47(2): 150-161.

Koontz, H. & Weihrich, H.(2009). *Essentials of Management an International Perspective*, New Delhi: Tata McGraw-Hill Education Private Limited.

Kotter, J. P.(2012). *Leading Change*, Harvard Business School Press.

Kuhnert, K. W. & Lewis, P.(1987). Transactional and transformational leadership:

A constructive developmental analysis, *Academy of Management Review*, 12: 648-657.

Likert, R.(1967). *The human organization*, New York: McGraw-Hill.

Meindl, J. R.(1990). On leadership: An alternative to the conventional wisdom. In B. M. Staw & L. L. Cummings (eds). *Research in organizational behavior*, 12: 159-203.

Parsons, T.(1967). *Sociological Theory and Modern Society*, New York: Free Press.

Quinn, R. E.(1988). *Beyond Rational Management*, San Francisco: Jossey-Bass.

Schwartz, H. L.(1991). An interview study of former student leaders perceptions of an ethical conflict involving the college or university president, *Journal of College Student Development*, 32: 447-454.

Senge, P. M.(1995). Robert Greenleaf's legacy: A new foundation for twenty-firtst century institutions. In L. Spears(ed.). *Reflection on leadership: How Robert K. Greenleaf's theory of servant-leadership influenced today's top management thinkers*, New York: John Wiley & Sons, Inc.

Sims, B. J.(1997). *Servanthood: Leadership for the group effectiveness*, The Wharton School, University of Pennsylvania.

Spears, L. C.(1997). *Insights on leadership: Service, stewardship, spirit, and servant-leadership*, New York: John Wiley & Sons, Inc.

Stogdill, R. M.(1974). *Handbook of Leadership: A Survey of Theory and Research*, New York: Free Press.

White, R. K. & Lippitt, R.(1960). Leader Behavior and Member Reaction in Three 'Social Climates'. In *Autocracy and Democracy*(eds.), New York: Harper & Row.

Yukl, G.(2002). *Leadership in Organizations*(7th ed.), New Jersey: Pearson Education, Inc.

제 2 편

국내 새마을운동

제 4 장 새마을운동과 새마을금고

제 1 절 새마을금고의 태동

1 근대 협동운동의 영향

우리나라 1950년대의 시대적 상황은 한국전쟁의 영향으로 빈곤의 악순환에 빠져 대량 실업, 물가고, 불신 풍조 만연 등에 따라 농촌과 도시의 주민 모두 고리채 등으로 고통받고 있었고, 미국 등에 의한 물자 원조에도 한계가 있어 자립 외엔 다른 길이 없었다.

이러한 이유로 1957년부터 정부의 경제부흥 5개년계획이 진행되기 시작하였는데 이와 같은 한국 경제 재건을 위한 활발한 움직임은 우리나라에 와 있던 선교단체나 구호단체들에도 많은 영향을 주었다.

메리놀수녀회[1] 소속 미국인 메리 가브리엘라 뮬헤린(Mary Gabriella Mulherin)

1) 미국에 본부를 두고 있는 메리놀수녀회(Maryknoll Sisters)는 1912년 1월 6일 그리스도교의 선교 활동(그리스도의 교리 전파 및 교육·의료·사회 복지 등)을 위하여 로저스(Mary J. Rogers, 1882-1955)에 의하여 설립되었으며, 1920년 교황 베네딕투스 15세에 의하여 성도미니크 외방선교수녀회로 인가를 받았다가 1954년 교황청의 인준을 거쳐 메리놀수녀회로 이름을 고쳤다.

수녀는 한국의 어려운 현실을 극복할 수 있는 방안으로 캐나다 안티고니쉬운동[2]에 주목하고, 캐나다 노바스코시아 지방의 안티고니쉬 타운에 자리잡고 있는 세네벡스(StFX)대학에서 1957년 12월부터 2개월 동안 안티고니쉬운동에 대하여 공부하고 돌아왔다. 1962년 2월 1일, 메리놀병원 '나자렛의 집'에서 메리놀수녀회 산하에 협동조합 지도자 양성 전담기관인 협동조합교도봉사회(원장 메리 가브리엘라 수녀)를 설립하였다.

새마을금고운동은 1963년 4월 15일부터 24일까지 메리놀수녀회 산하 협동조합교도봉사회가 개최한 제3차 지도자강습회의 캐나다 안티고니쉬운동에서 영향을 받았는데, 이 강습회를 통하여 농촌을 중심으로 한 지역사회 개발사업의 추진에 협동조합 등 주민조직의 필요성을 인식한 재건국민운동본부 경남지부 요원들은 한 달 후인 1963년 5월부터 각자의 고향을 중심으로 새마을금고를 설립하였다.

2 재건국민운동본부의 영향

1961년 5월 16일 등장한 군사정부는 경제 부흥을 통하여 잘사는 국민, 풍요로운 농촌 건설이란 혁명공약을 발표하고, 이를 실현하기 위하여 종합적인 장기경제발전계획을 수립하는 동시에 범국가적 의식개혁운동인 재건국민운동을 추진하기 시작하였는데, 구체적 실천 방안은 막연하였다.

1961년 6월 11일 재건국민운동에 관한 법률을 제정, 공포하고 다음날인 6월 12일 재건국민운동본부를 발족하였는데, 당시 군사정부에서는 국가 최고통치기관으로 국가재건최고회의를 비상 조치로 설치하였으며, 재건국민운동본부는 그 직속기관으로 설치되었다.

1963년 2월, 상부상조 등을 통한 국가 발전에 비상한 관심을 가지고 있던 재건국민운동본부 경남지부는 메리놀수녀회 산하 협동조합교도봉사회의 캐나다 안티고니쉬운동 관련 교육에 주목하고, 메리 가브리엘라 수녀를 만나 재건국민운동에

2) 안티고니쉬운동은 1853년 캐나다의 동북부인 노바스코시아(Nova Scotia) 지방의 농어촌지역인 안티고니쉬에 설립된 한 작은 대학을 중심으로 전개된 농어촌 개발과 지역사회 교육사업을 말한다.

대한 요지를 설명한 후, 재건국민운동본부 관계자들을 대상으로 한 협동조합교육을 정식으로 요청하였다(새마을금고중앙회, 2013).

1963년 4월 15일부터 24일까지 메리놀수녀회 산하 협동조합교도봉사회의 제3차 지도자강습회가 개최되었고, 여기에 참석한 재건국민운동본부 관계자들이 중심이 되어 1963년 5월 25일 하둔신용조합, 5월 26일 월곡신용조합, 6월 3일 정암신용조합, 6월 9일 외시신용조합, 6월 12일 마산신용조합 등 5개 신용조합[3]을 설립하였다(서울대학교 사회과학연구소, 1994).

한편, 1964년 8월 재건국민운동본부가 해체되면서 그 본래의 기본 이념을 이어받아 조직과 사업을 계승한 순수 민간 주도의 사단법인 재건국민운동중앙회가 설립되어 민간 주도의 국민운동 조직으로 전환되었다. 이때 새마을금고가 재건학교와 더불어 재건국민운동중앙회의 역점 사업으로 채택되면서 새마을금고가 비약적으로 성장하는 일대 전환점이 되었는데, 지역사회교육사업과 협동조합 설립 등 주민조직을 수단으로 하여 지역사회 개발사업을 주요 목적으로 하였던 캐나다 안티고니쉬운동과 재건학교와 새마을금고를 수단으로 하여 지역사회 개발사업을 추진한 재건국민운동중앙회의 방향성은 상당히 일치하고 있다고 하겠다(강왈구, 2015).

당시 재건국민운동중앙회는 관리조직과 실천조직으로 이원화된 전국적인 규모의 조직이었는데, 관리조직은 209개에 3,935명으로 지방비 보조를 받아 예산을 자체 조달하는 시도위원회와 시군위원회가 있었고, 실천조직은 7만 1,904개에 2,594명으로 읍면위원회와 청년회, 부녀회, 재건학교, 새마을금고가 있었다.

재건국민운동중앙회의 주요 사업은 요원 교육, 새마을금고사업, 재건학교사업, 밝은 사회 만들기 사업, 정부시책 홍보사업 등이었는데, 사단법인으로 새롭게 전열을 정비한 재건국민운동중앙회는 역점 사업으로 새마을금고와 재건학교를 선정하고 1964년 말부터 본격적으로 업무를 추진하기 시작하였다.

재건학교사업은 형편이 어려운 중학교 미진학 청소년을 대상으로 자원봉사자들이 중등과정을 교육시킨 학교로 한때 전국에 900여 개까지 설립되기도 하였는데, 재건학교는 배우면서 일하고 일하면서 배우자는 이념에 기초해 운영되었다.

이러한 재건학교사업은 1976년 새마을청소년학교로 명칭이 변경되었으며 새마

3) 서울대학교 사회과학연구소(1994)에 의하면 이러한 5개 신용조합은 동일한 설립 배경을 가지고 있기 때문에 이 조합들 모두가 새마을금고의 기원이 되는 것이 바람직하다고 하였다.

을금고연합회가 1976년부터 1986년 7월 1일까지 지도・육성해 오다가 1985년 10월 25일 발효된 사회교육법 시행규정에 따라 새마을청소년학교 운영의 모든 사항이 문교부로 이관되었다.

1975년 12월 재건국민운동 소관 업무가 내무부로 이관되고 재건국민운동중앙회가 해체되면서 사실상 업무를 종료하였지만, 재건국민운동은 1970년대부터 본격적으로 시작된 범국가적 차원의 근대화운동인 새마을운동에 이념적 토대를 제공하였다.

3 전통적 협동운동의 영향

전통사회에서 마을은 일반 민중들의 기본적인 생활의 장으로서 조선 후기에 발달한 지방의 정기시(定期市)에 다니는 것을 제외하면, 일반 민중들의 일상적 삶은 거의 전적으로 마을 내에서 이루어졌는데, 그것은 일반 민중들의 삶이 일정 지역 내의 토지에 근거를 둔 농경생활에 기초하고 있었기 때문이다. 그리고 사람들은 마을공동체의 구성원들과 일상적으로 접촉하며 협력하는 생활을 하지 않을 수 없었는데, 두레 공동 노동이나 마을(촌락) 내에서 만들어진 다양한 계(契) 활동은 그러한 협동적 생활 양식이 조직의 형태로 제도화한 것이라고 할 수 있지만, 제도화되지 않은 형태로도 일상적 협력은 이루어졌다. 또한 마을 사람들은 공동의 신앙 대상을 갖고 공동의 의례에 참여하기도 하였는데 이러한 동제(洞祭)를 지내는 것은 마을 사람들이 공동운명체로 결속하는 정신적 근거가 되었지만 근대화 과정에서 이러한 전통적인 마을 생활의 관습이 점차 사라지게 되면서 마을 사람들의 유대도 약화되었다.

한편, 재건국민운동본부는 안티고니쉬운동의 기본 철학이 기독교 정신에 입각한 사회 정의의 실현으로서 당시 한국의 지역사회 정서와는 맞지 않는 부분도 있었으나 안티고니쉬운동이 교육사업과 협동조합 설립 등 주민조직을 수단으로 하여 지역사회 개발사업의 추진을 목적으로 하는 것에 강한 매력을 느끼고, 가톨릭을 배경 기반으로 하는 캐나다 안티고니쉬운동을 한국 지역사회에 맞는 한국적이며 독창적인 지역사회 개발운동으로 승화시킬 방법을 구상하기 시작하였다(강왈구, 2015).

따라서 우리 민족의 전통적 상조제도이자 협동조직은 계·두레·향약 등으로 볼 수 있는데, 우리 민족의 일상생활이 이루어진 공간인 한 마을에 살면서 이와 같은 전통과 관습을 지키며 서로 돕고 사는 것이 새마을금고의 정신이라고 할 때, 초창기 새마을금고운동이 본격적으로 이루어지면서 이러한 전통적인 협동조직과 상조제도의 유산이 새마을금고의 중요한 이념적 바탕[4],[5]으로 자리를 잡게 되었다(서울대학교 사회과학연구소, 1994; 강왈구, 2015).

제 2 절 새마을금고의 개념

1 새마을금고의 정의

새마을금고는 우리 민족 전래의 상부상조 정신을 바탕으로 인보 협동하며 근검·절약·저축을 통한 자금의 조성과 이의 활용으로 자기 발전 및 지역 발전과 나아가 국가 발전을 도모함으로써 자조적 복지사회를 건설하는 민족 협동의 실천체라고 정의할 수 있다(박해도, 2009).

즉, 새마을금고는 우리 고유의 자율적 협동조직인 계, 향약, 두레 및 마을생활의 공동체 정신을 계승하고, 협동조합의 원리에 의한 신용사업, 공제사업 등의 생활금융과 문화복지 후생사업, 지역사회 개발사업을 통하여 회원의 삶의 질을 향상시키고, 나아가 지역공동체의 발전과 국민 경제의 균형 발전에 기여하는 금융협동

4) 서울대학교 사회과학연구소(1994)에 의하면 계·향약·두레 등 전통적인 협동조직과 상조제도의 유산은 1964년 재건국민운동중앙회가 주체가 된 새마을금고운동의 본격화와 더불어 새마을금고의 중요한 이념적 바탕으로 자리를 잡게 되었는데, 당시 새마을금고운동의 주체들은 새마을금고 설립에도 영향을 준 신용협동조합이 갖는 외래적 성격과 종교적 색채가 일반 농민들에게 거부감을 줄 수 있다는 점에 착안하여, 새마을금고가 우리 고유의 전통을 계승한 협동조직이라는 점을 강조하게 되었던 것이라고 한다.

5) 강왈구(2015)에 의하면 재건국민운동본부는 캐나다 안티고니쉬운동에서 가톨릭 배경의 구심점과 지원 기반을 한국의 지역 정서에 맞게 우리 고유의 가치관과 관습이 살아 있는 전통적 협동운동인 계·두레·향약 등의 이념을 계승하고, 지역사회교육사업 및 새마을금고 설립(주민조직) 등을 지원 기반으로 하여 지역사회 개발사업을 추진하였다.

조합이다.

2 새마을금고의 명칭

메리놀수녀회(Maryknoll Sisters) 산하 협동조합교도봉사회의 제3차 지도자강습회에 참석한 재건국민운동본부 관계자들이 중심이 되어 1963년 5월 25일 하둔신용조합, 5월 26일 월곡신용조합, 6월 3일 정암신용조합, 6월 9일 외시신용조합, 6월 12일 마산신용조합 등 5개 신용조합을 설립하였다.

그리고 재건국민운동본부는 1963년 6월 24일부터 28일까지 5일 동안 부산수산대학교(현 부경대)에서 30여 명의 재건요원을 대상으로 신용조합 지도요원 교육과정을 개최하였는데, 이 당시 자체 교육교재 중 한집마을운동 편에서 '마을금고란 무엇인가'라는 주제로 마을금고 관련 내용을 본격적으로 다루기 시작하면서 마을금고 설립의 이론적인 토대를 마련하였고, 이를 계기로 1963년 9월 한 달 동안 경남 창녕군 도천면 토현마을금고 등 45개의 마을금고가 설립되면서 마을금고 설립이 본격화되기 시작하였다.

따라서 새마을금고의 명칭도 초기에는 신용조합, 재건금고, 마을금고 등으로 혼용되어 사용되다가, 1963년 말부터 명칭이 모두 마을금고로 대체되기 시작하였는데, 1972년 8월 17일 마을금고와 신협의 공용법인 신용협동조합법을 제정하면서 명칭이 마을금고로 명문화되었다.

한편, 1977년 2월 11일 열린 국무회의에서는 기존 새마을사업의 2대 운동인 농어촌새마을, 공장새마을에 도시새마을을 추가하여 3대 운동으로 새마을운동의 영역을 확장하면서 새마을운동의 5대 시책을 의결하였는데 중점 지원 제1순위가 마을금고 육성·지원이었다.

또한 이때부터 '새마을사업으로 설치하는 마을금고'의 약칭으로 새마을금고가 시책상 용어로 등장하여 마을금고와 함께 병용되기 시작하다가, 1982년 12월 31일 새마을금고법의 제정으로 명칭이 새마을금고로 명문화되었다.

3 새마을금고의 목적

새마을금고의 목적은 법 제1조에서 "국민의 자주적인 협동조직을 바탕으로 우리나라 고유의 상부상조 정신에 입각하여 자금의 조성과 이용, 회원의 경제적·사회적·문화적 지위의 향상, 지역사회 개발을 통한 건전한 국민 정신의 함양과 국가경제 발전에 이바지함을 목적으로 한다"고 규정하고 있다.

즉, 서로 유대를 같이하는 마을·직장·단체의 구성원들이 스스로 협동조직을 만들고 근검·절약·저축으로 자체자금을 조성하여 생활자금 내지는 소득 증대자금으로 간편하게 이용함으로써 경제적·사회적·문화적 지위 향상을 도모하고 수익금의 일부를 지역사회 발전에 투입함으로써 공동의 복리 증진과 국가 경제 발전에 기여하는 것을 목적으로 한다는 것이다(박해도, 2009).

4 새마을금고의 특성

새마을금고의 성격을 보면 조직적인 측면에서 자주적 협동조직의 성격을 갖고 있으며, 정신적인 측면에서는 민족 고유의 상부상조 정신을 기반으로 하고, 운영적인 측면에서는 자치적 운영과 자율책임을 원칙으로 한다. 그리고 사업적인 측면에서는 신용사업과 복지사업을 전개하고, 목적적인 측면에서는 회원의 발전, 지역 발전은 물론 국가 발전을 도모하는 것을 특성으로 하고 있다.

5 새마을금고의 역할

새마을금고는 낙후된 지역사회를 중심으로 육성되었으며, 목돈 마련으로 생산의욕을 증대시키고 소득 증대의 계기를 마련하였다. 또한 지역사회 발전사업을 추진함으로써 후진지역을 발전시키는 데 기여하였으며, 지역·계층 간의 균형 있는 발전을 도모하는 데 활력소로 작용하였다.

첫째, 새마을금고는 먼저 주민을 회원으로 한 조직이 됨으로써 상호간에 마음과 힘을 합쳐 살기 좋은 마을을 만들고 서로 도움을 주는 가운데 삶의 질을 높일 수 있기 때문에 주민을 조직화하는 역할을 한다.

둘째, 조직의 결속을 다지고 일원화된 힘을 발휘하기 위하여 구성원에 대한 교육이 필요하다. 새마을금고는 교육으로 시작하여 교육에 의하여 성장하며 이를 통하여 주민들이 새마을금고를 알게 될 때 새마을금고의 회원이 되고, 이러한 회원들이 새마을금고의 목적, 이념, 원리 등에 대한 이해가 성숙될 때 조직에 대한 긍지를 갖게 되고, 자발적으로 참여하게 되며 민주적인 새마을금고 운영이 가능하게 된다. 이와 같이 교육을 통하여 상부상조 정신과 협동 의식을 고취시킴은 물론 평생교육 기능의 일환으로 회원들에게 새마을금고에 대한 교육과 병행하여 각종 소양교육을 실시하여 생활인으로서 또는 민주시민으로서 자질을 높이는 데 기여하는 역할을 한다.

셋째, 향후 중요성이 커지고 있는 주민은행 기능으로서 근검한 생활을 통하여 저축을 생활화하고, 필요 시에는 가계자금으로 활용할 수 있는 것이다. 새마을금고는 협동의 원리에 의하여 이를 운영함으로써 회원 개인의 소득 증대는 물론 이 과정에서 발생한 소득이 새마을금고의 소득원이 되는 것이다.

한편, 새마을금고의 구성원인 회원은 주민으로서 주인이자 또한 고객이기도 하기 때문에 새마을금고는 명실상부한 주민들의 은행으로서 그 역할을 다하고 있다고 할 수 있다.

넷째, 주민복리 기능으로 주민의 문화 · 복지 · 후생사업을 지원하여 회원과 회원이 거주하고 있는 지역사회의 복지 증진을 도모하고 있다.

제 3 절 새마을금고의 발전 과정

1 새마을금고운동의 초기 단계(1964~72년)

새마을금고중앙회(2013)에 의하면, 1963년 경남에서 태동한 새마을금고운동은

1964년에 들어와서도 경남지역을 벗어나지는 못하였다. 이러한 사정은 1964년 8월 사단법인 재건국민운동중앙회가 발족되어 새마을금고사업을 재건국민운동중앙회의 핵심 사업으로 채택한 뒤에도 달라지지 않았다. 따라서 1964년까지 새마을금고는 경남지역에서만 설립과 해산을 거듭하면서 보급되고 있었던 것이다.

경남에 이어 새마을금고운동이 활발하게 전개되기 시작한 것은 강원도였다. 1965년 4월 1일 강원도 화천군 화천면 2리에서 강원도 최초의 새마을금고인 '화신금고'가 설립되었다. 새마을금고운동이 이처럼 확산된 데에는 1965년 3월부터 재건국민운동 중앙교육원에서 실시된 금고설립요원 교육이 밑거름이 되었다. 1966년 6월에는 강원지역의 새마을금고가 약 50개에 달하였으며, 강원도는 새마을금고 초창기에 매우 모범적으로 운동이 전개된 지역이 되었다.

한편, 강원도에 이어 경북지방에서도 1965년 6월 첫 새마을금고가 설립되었다. 경북 김천시 다수동에 세워진 '세실마을금고'가 그것이다. 1966년 12월 재건국민운동 경북도위원회가 새마을금고사업을 도위원회의 핵심 사업으로 직접 지도·육성하기로 의견을 모음으로써 본격적인 새마을금고운동이 전개되었다.

초창기의 새마을금고는 재건국민운동중앙회 및 그 지부의 지도 하에 설립되고 운영되었다. 이런 사정은 재건국민운동중앙회가 해체되는 1975년까지 이어졌다. 그러나 재건국민운동 조직이 일사불란하게 새마을금고운동을 전국적으로 전개하였던 것은 아니고, 지역 사정에 따라 상당한 편차가 있었다. 즉, 경남·북과 강원도 지역이 활발한 편이었고, 다른 지역은 출발 자체가 늦었거나 상대적으로 완만한 성장을 보였는데, 이는 민간기구화한 이후의 재건국민운동 조직의 편차와 함께 지역별로 재건국민운동 조직 및 새마을금고에 대한 정부의 관심과 지원에도 차이가 있었기 때문이다.

2 제도화와 외형적 성장 단계 (1972~80년)

새마을금고의 발전 과정에서 일어난 커다란 변화의 계기는 1972년 8월 신용협동조합법이 제정된 것이다. 이 법은 원래 신용협동조합 측이 독자적으로 제기하여 추진해 온 것인데, 입법 과정에서 유사한 위치에 있는 새마을금고 측과 여러 가지 갈등을 빚어오던 것이었다. 처음 새마을금고 측은 입법화의 필요성을 크게 인식하지 못하였으나, 신협 측이 제기해 온 법안이 재무부를 거쳐 입법화되려는 단계에 들어가자 뒤늦게 이를 반대하는 한편 독자적인 새마을금고법을 추진하게 되었다. 이 때문에 신용협동조합법은 양측의 입장 차이는 물론, 재무부와 내무부 사이의 입장 차이를 동반하면서 난항을 겪게 되었다.

이런 상태에서 1972년 8월 신용협동조합법이 통과된 것은 1972년 8월 3일에 이루어진 사채 동결을 위한 '8·3긴급조치'가 직접적인 배경을 이룬다. 즉, 1972년 8월 2일 임시국회에서는 다음 날인 '8·3긴급조치'에 앞서 사채 관련 3개 법안(상호신용금고법, 단기금융업법, 신용협동조합법)의 하나로 신용협동조합법이 전격적으로 통과되었고, 정부는 15일간의 준비 기간을 거쳐 8월 17일 이 법을 공포·시행하게 되었던 것이다.

그 동안 임의단체로 일반법의 적용을 받던 새마을금고는 이 법의 제정으로 인하여 새마을금고 발전에 커다란 변화를 맞게 되었다. 우선 새마을금고는 신용협동조합법에 따라 법인화 절차를 밟았다. 그리고 1973년 3월 22일 신용협동조합법에 따라 새마을금고연합회가 창립되었지만 새마을금고연합회는 법인화된 새마을금고가 소수였고 재건국민운동중앙회 조직을 원용(援用)한 후, 병설(竝設)한 데 불과하여 독자성을 가지지 못했다.

그러나 1975년 12월 31일 재건국민운동중앙회가 해체되고 새마을금고연합회의 시도지부가 조직을 갖추게 되면서 새로운 전기(轉機)를 맞게 된다. 예산과 인력의 절대적인 부족으로 초기 새마을금고연합회의 활동이 곤란을 겪었으나 이 시기에도 새마을금고는 외형적으로 괄목할 만한 성장을 거듭하였다. 그리고 이를 가능하게 한 것은 새마을운동과 이를 앞장서서 전개한 박정희 대통령의 적극적인 관심이었다.

1970년대 박정희 대통령의 제창으로 시작된 새마을운동은 1972년 1월에 정부가 새마을금고사업을 새마을운동 표준사업의 하나로 지정함으로써 새마을금고 성장에 중요한 동력원으로 작용해 왔지만, 재건국민운동중앙회의 해산과 더불어 새마을금고는 정부에 의하여 더욱 적극적으로 육성되었다. 특히 1977년경에는 새마을운동의 5대 시책 중 새마을금고의 육성·지원이 중점 지원 1순위가 되면서 새마을금고는 급속한 성장을 이룩하게 되었다.

그러나 이러한 정부의 지원은 여러 가지 문제점도 동시에 수반하였는데, 행정기관의 적극적인 지원은 새마을금고의 자율성 유지에 방해가 되었고, 무리한 실적 위주의 지원으로 인하여 부실 새마을금고가 양산되는 결과를 초래하기도 하였다. 이와 같이 1977년 말이 도래하면서 새마을금고는 금고 수가 최대 42,436개로 확대되는 양적으로 가장 팽창한 시기를 맞이하게 되었다.

3 시련과 극복, 내실화의 과정(1980~89년)

1980년대는 시련의 시기인 동시에 내실을 다져나간 시기였다. 이 과정에서 오늘날과 같은 새마을금고의 모습이 갖춰지게 되었다.

새마을금고의 시련은 1979년 말에서 1980년으로 이어지는 정치적 변동과 더불어 찾아왔다. 새마을운동과 더불어 새마을금고를 적극 육성해 오던 박대통령의 서거와 유신체제의 붕괴는 정치·사회·경제 전반에 혼란을 초래하였을 뿐만 아니라, 새마을금고 운영에도 적지 않은 타격을 주게 되었다.

새마을금고에서는 일시적이지만 예금 인출 사태가 발생하였고, 각종 사고도 빈발하였으므로 이러한 위기를 극복하기 위해서는 반드시 부실 새마을금고와 영세 새마을금고의 정리(통폐합)를 통한 구조조정과 규모의 경제 실현을 위한 대형화 전략 추진이 절실하게 필요함을 인식하게 되었다.

따라서 새마을금고는 1980년대 전반기에 이러한 과제를 해결하고 신협과는 다른 독자적인 법제도의 도입 요청 등에 따라 새마을금고법을 제정하였다. 이와 같이 1983년 1월부터 시행된 새마을금고법은 국민의 자주적인 협동조직을 바탕으로 우리나라 고유의 상부상조 정신에 입각하여 조직된 것임을 명시하고 새마을금고의 특징과 현실을 구체화하였다.

우선 새마을금고연합회의 지도 기능과 감독 기능이 강화되었다. 특히 종전과 크게 달라진 내용은 예금자를 보호하는 안전기금 설치 규정이었는데, 1983년 7월 1일자로 새마을금고연합회에 안전기금이 설치됨으로써 회원들이 새마을금고에 예금을 안심하고 맡길 수 있게 되었다.

이러한 과정을 거치면서 새마을금고는 새마을금고법의 제정을 전후하여 안정적 발전의 길로 들어서면서 뚜렷한 변모를 겪게 되었다. 1982년 5월에는 새마을금고연합회가 최초의 자체 건물을 확보하게 되었고, 부실 새마을금고의 정리와 영세 새마을금고의 통폐합이 급속도로 이루어져 [그림 4-1]과 같이 1977년 말에 42,436개였던 금고 수는 1980년 말에는 26,853개, 1982년 말에는 11,719개, 1984년 말에는 4,299개로 1977년 말 금고 수와 비교하면 38,137개(90%)가 정리되었다.

그림 4-1 새마을금고 금고 수 연도별 추이

(단위: 개)

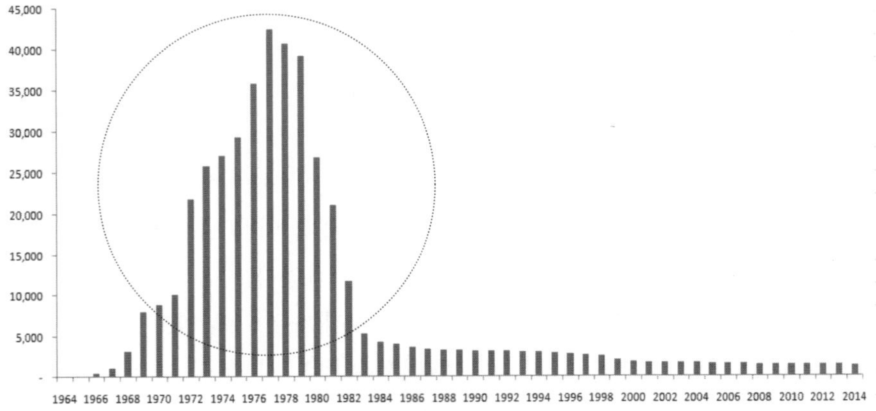

자료: 강왈구(2015).

이러한 정리 과정 속에서 새마을금고는 금고 수의 격감으로 [그림 4-2]와 같이 회원 수가 1984년 말 기준 345만 명으로, 1979년 말 회원 수와 비교하면 255만 명(43%)이 5년간 지속적으로 감소되기도 하였지만, 1984년을 시점으로 자산건전성은 물론 회원들의 신뢰를 회복하여 회원 수가 증가하기 시작하였으며, 새마을금고의 자산도 빠른 증가를 보여 1984년 7월 총자산이 1조 원을 돌파하였다.

이러한 새마을금고의 성장세와 더불어 새마을금고 운영의 효율성을 높이기 위한 방안도 꾸준히 모색되었는데, 그중의 하나가 1985년에 계획되어 1987년부터 단계적으로 가동에 들어간 업무전산화 작업이었다. 또한 새마을금고연합회의 검사기능이 대폭 강화된 것도 업무의 효율성을 높이는 데 크게 기여하였는데, 이러한 안정적 발전의 결과 1989년 말에는 새마을금고 총자산이 [그림 4-3]과 같이 5조 원을 돌파하게 되었다.

그림 4-2 새마을금고 회원 수 연도별 추이

(단위: 천 명)

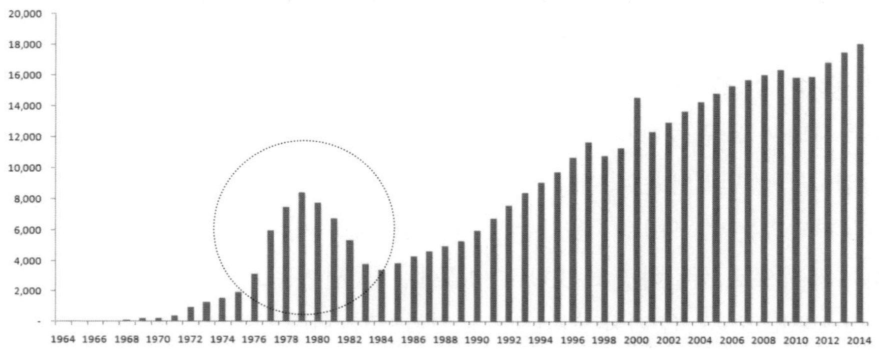

자료: 강왈구(2015).

그림 4-3 새마을금고 총자산 연도별 추이

(단위: 억 원)

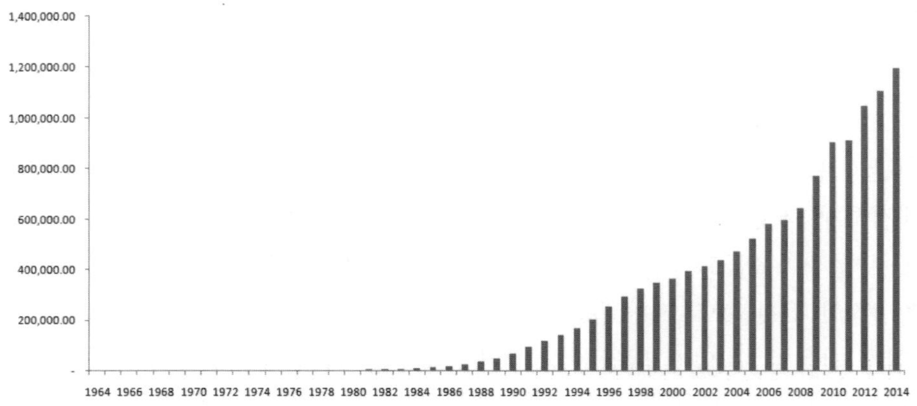

자료: 강왈구(2015).

4 비약적 성장과 새로운 도전, 구조 전환의 모색(1990년 이후)

새마을금고법의 개정과 더불어 새마을금고 운영은 더욱 견실해지고, 발전을 거듭하게 되었다. 외형적 성장의 측면에서만 보더라도, 1990년을 맞으면서 5조 원을 돌파한 새마을금고의 총자산은 겨우 2년여 만인 1992년 3월에는 10조 원을 넘어서게 되었다. 그리고 제도적 변화의 측면에서는 새마을금고법의 개정에 따라 가능하게 된 공제사업(손해공제)이 1991년 3월부터 개시되었고, 1992년 9월에는 생명공제도 개시되어 회원들에게 훨씬 다양한 서비스를 제공할 수 있게 되었다.

그리고 1990년대에는 새마을금고의 위상을 높이기 위한 여러 가지 방안이 강구되고 실천되었는데, 1991년 6월에는 '21세기를 향한 새마을금고 중장기발전 기본계획'을 자체적으로 수립하였고, 1994년 4월에는 국제협동조합연맹(International Co-operative Alliance: ICA)에 새마을금고연합회가 회원으로 가입하게 되었다. 이로써 새마을금고는 협동조합적 성격을 명확히 하게 되었을 뿐만 아니라, 협동조합기구 간의 국제적 교류에 참여가 가능해짐으로써 새마을금고의 새로운 발전을 도모할 수 있는 계기를 마련하였다.

5 21세기 선진 금융협동조합 달성을 위한 조직 역량 강화 단계(2000년 이후)

2000년대 이후에는 새마을금고가 꾸준한 성장을 거듭하여 협동조합으로서 금융기관과 동일한 금융 서비스를 제공하게 되고, 명실상부한 지역금융기관으로 자리매김하게 되었다. 1998년 5월에 새마을금고 총자산 30조 원을 달성하였으며, 2000년 5월에 새마을금고연수원을 개원(천안시 목천읍 동리 소재: 대지 82,000천 평, 건축면적 10,000평으로 9개 동)하여 새마을금고의 발전을 위한 미래 인재의 양성에 힘을 기울일 수 있게 되었다. 2002년 2월에는 금융결제원에 가입함으로써 모든 은행 업무가 가능해졌을 뿐만 아니라 확실한 서민금융으로서의 대외 신용도를 높일 수 있게 되었다. 또한 2002년 10월에는 국제적 금융환경에 대한 정보 교류 등을 위하여 일본의 신금중앙금고와 임직원 교류도 진행하였다.

2002년 12월 현재 새마을금고는 1,701개, 새마을금고에 총자산은 41조 5,377억 원이며, 회원 수는 12,977천 명으로 지역사회 개발 기여는 물론 국가 경제에도 한몫을 하고 있다. 2005년 10월 27일에는 새마을금고 자산·공제 100조 원 달성대회를 가짐으로써 명실공히 서민금융기관으로서의 위상을 드높인 바 있으며, 12월에는 CSS(신용평가 시스템) 및 CB(신용관리)를 도입하였다.

2006년 2월 10일에는 국고금 수납 업무를 시작하고 8월에는 새마을금고 체크IC 카드 발급을 실시하였으며, 9월 18일에는 새마을금고 모바일뱅킹 서비스를 개시하여 회원에게 한층 다가가는 새마을금고를 인식시키고, 10월에는 일반인 대상 여신 업무를 실시(PLUS 연계 대출)하여 대출의 범위를 확대시키는 데 주력하였다.

2007년 8월 27일 수표법 시행령이 개정된 이후 2008년 2월 29일 시범 새마을금고를 시작으로 자기앞수표 1호를 발행하여, 새마을금고의 대외적인 공신력 제고와 더불어 회원의 편익 증진에 기여하게 되었다.

오늘날 새마을금고는 2016년 5월 말 현재 금고 수 1,329개, 자산 131조 원, 회원 수 1,879만 명으로서 지역사회 발전에 크게 기여하고 있다.

제 4 절 새마을운동과 새마을금고의 역할

1 새마을사업의 추진 방식

내무부(1973) 지침에 의하면 새마을사업의 추진 방식은 크게 주민 직영과 노임 직영으로 나뉘는데, 주민 직영은 주민이 사업의 추진 주체가 되어 주민의 책임 아래 사업을 추진하는 방식이며, 노임 직영은 시·군·읍·면이 사업의 추진 주체가 되어 주민에게 노임을 주고 시·군·읍·면의 책임 아래 사업을 추진하는 방식인데, 이러한 두 방식은 다시 각 3개 유형으로 나뉘어 모두 6개의 유형(주민 직영 1-3호, 노임 직영 1-3호)이 된다.

새마을사업에서 새마을가꾸기형 사업은 다양한 새마을사업 추진 방식 가운데 하나인데, 이 지침에 따르면, 새마을가꾸기형 사업, 즉 자재만 지원해 주고 주민의 노동에 대하여 전혀 보상하지 않는 사업은 위생시설, 간이상수도, 농로 등 주민에게 직접 이익이 되는 사업(노임 직영 3호)으로 제한하고, 교량 · 소류지 등 주민들에게 간접 이익이 되는 사업(노임 직영 2호)에 대해서는 노임의 절반을 지급하고, 도로 · 하천 가꾸기 등 주민들의 직접 이익과는 거리가 있는 사업(노임 직영 1호)에 대해서는 노임의 전부를 지불하였는데, 노임 직영 1호는 새마을운동 시기, 특히 농한기에 많이 전개된 노임 살포사업이었다.

그러나 복차소득사업(複次所得事業)은 주민 직영 2호 방식을 한 단계 발전시켜 300만 원 미만의 소규모 공사를 마을 주민이 도급 계약하여 공사를 추진하게 하고, 이 공사에 참여하는 주민들에게는 노임소득의 1/2은 주민이 소비하고 나머지 1/2은 마을에 출자하여 기금으로 적립하게 하는 것이다.

이와 같이 적립한 마을기금은 주민총회의 의결에 따라 복차소득사업을 전개하되 여기서도 역시 노임의 1/2은 주민이 소비하고 1/2은 주민이 마을에 출자하여 마을기금으로 적립하게 되는데, 이러한 과정을 반복하게 되면 마을기금의 규모가 점점 커지게 되고, 이러한 마을기금을 다시 적절히 활용함으로써 주민들의 소득도 점점 증가하게 되는데, 이렇게 소득 창출의 과정이 반복되므로 '복차(複次)'라고 한다.

이 방법은 처음에는 마을기금의 적립액이 크지 않겠지만 2, 3차로 사업을 추진하게 되면 마을기금의 규모가 커지게 되므로 마을기금이 없어 주민들이 주도적으로 새로운 소득사업을 전개할 수 없을 때 주민들의 소득 증대와 마을기금 육성이라는 두 가지 목표를 동시에 달성하는 데 큰 도움을 준다.

주민 직영 3호 방식은 축산의 공동 경영, 양묘의 공동 경작에서 산출되는 이익금을 참여 노동량에 따라 분배하는 것으로, 이러한 주민 직영 3호를 복차소득사업으로 발전시키는 것도 주민 직영 2호의 복차소득사업 추진 방식과 유사하다. 이는 500평 기준의 마을양묘사업을 마을 주민이 도급하여 사업을 하거나, 다른 소득사업을 계약 생산하여 얻은 소득의 1/2은 주민이 소비하고 1/2은 마을기금으로 적립하여 마을 단위의 소득사업에 반복 투자하여 마을기금의 규모를 키우고 주민 소득을 증가시키는 사업 방식이다.

이 복차소득사업의 계약 당사자는 주민 직영 2호의 발전 형태인 도급공사에서는 지방행정부(시 · 군 · 읍 · 면)와 마을(주민대표, 개발위원회 위원장, 새마을지도자)이고, 주민 직영 3호의 발전 형태인 공동 목장과 마을 양묘에서는 지방행정부(시 · 군 · 읍 · 면)와 마을(주민대표, 새마을지도자, 산림계장)이며, 전자를 공익 복차소득사업, 후자를 소득협동사업으로 부르기도 하였다.

다만 주민 직영 2호의 발전 형태이든, 주민 직영 3호의 발전 형태이든 이러한 사업을 통하여 적립한 마을기금은 소하천이나 교량, 도로 등의 공공사업이 아니라 양묘나 유실수단지, 초지 조성, 한우 입식 등과 같은 직접 소득을 산출하는 사업에만 투자하도록 규정함으로써 새마을운동의 목적인 농민 소득 증대라는 목적에 충실하고 있다.

2 복차소득사업의 개발 배경

초기의 새마을운동은 교량 건설, 마을 안길 포장, 공동 우물 정비, 농경지 개간, 마을회관 건설 등과 같은 마을의 공동사업 추진에 중점을 두었다. 이러한 사업 추진을 위하여 정부는 시멘트와 철근 등의 자재를 지원하였고, 마을 주민들은 노동력을 제공하였다.

보통 새마을운동의 사업이라고 하면 정부의 자재 지원과 주민의 자부담(노동력, 토지, 자본)의 사업을 말하는 것으로, 자재 지원이라는 최소한의 외부 지원을 바탕으로 주민들이 자조정신을 발휘하여 자기 마을의 마을길도 고치고 농로도 확장하고 우물도 고치는 사업을 의미하는 것이다.

그중에서 새마을운동 하면 보통은 먼저 새마을가꾸기형 사업을 떠올리는데, 정부가 시멘트와 철근 등 자재를 제공하면 주민들은 자기 마을의 개발사업을 위하여 토지를 희사하고 노동력을 제공하는 모델이다. 그리고 이와 같은 새마을사업이 시작되면 자기 마을 개발사업이고 주민들에게 이익이 되는 개발사업이라 주민들 모두 주인 의식과 책임 의식으로 참여하여 사업을 대부분 성공시킨다.

새마을운동의 다양한 사업 추진 방법을 보면 참여 농민들에게 직접 이익을 주는 사업이 대단히 많다. 가장 대표적인 사업은 취로사업이다. 정부는 농한기에 농촌지역에 토목사업을 추진하여 농민들에게 겨울 일자리를 제공해 주었다. 또한 정부는 300만 원 이하의 토목공사에 대해서는 공사업자와 계약하지 않고 마을개발위원회와 계약하고 참가 농민들의 노임을 계산해 주었다.

새마을운동의 목적은 농민들의 소득 증대이므로 정부의 자재 지원과 주민의 무상 노동 제공의 매칭 형식으로는 그 목적이 달성되기 어렵다. 새마을가꾸기형 사업들이 소득 증대를 가져오는 기반이 될 때는 소득 증대사업에 기여한다고 할 수 있지만 대부분이 소득 증대와 직결되지는 않기 때문이다. 따라서 새마을운동의 지속을 위해서는 소득 증대와 직결되는 사업이 필수적이다.

1970년대 새마을사업에 참여하였던 마을에서 발굴된 자료들을 보면, 새마을운동 추진 과정에서 마을 주민들의 민주적 역량과 자주성을 증명하는 객관적 증거들이 다수 확인되고 있다. 마을 주민들은 주민 총회를 통하여 새마을사업 선정 등 주요 의사 결정에 참여하였다. 이러한 주민들의 자율적·민주적 의사 결정 과정은 주민 간 신뢰 및 공동체 의식, 그리고 주인 의식을 함양함으로써 사회적 자본(social capital)[6] 축적에 일조하였다.

또한 거버넌스 측면에서 새마을운동 추진상의 중요한 특징은 중앙정부로부터 도, 군, 읍·면 등 지방정부, 마을 단위에 이르기까지 새마을사업에 대한 점검제도가 체계적으로 운용되었다는 점이다. 이러한 확인 행정 체제는 민-관 간의 상호 이해, 상호 책임 의식을 증진시키는 데 기여하였다.

한편, 새마을운동이 사업 3차 연도에 접어들면서 마을개발사업이 주민들에게 실질적으로 혜택이 가도록 주민들의 시간과 노동만을 투입하는 단계를 넘어서는 좀 더 지속 가능한 추진 방법이 요구되었다. 즉, 농민들이 소득 증가를 직접 체험하는 것과 같은 강력한 경제적 유인이 필요하였다. 이에 정부는 농민들의 소득증대사업과 관련, 자조적인 소득 증대 창출 기회를 제공하고 고용 창출을 도모하는 복차소득사업으로 불리는 [그림 4-4]와 같은 재정 운영 프로그램을 고안하였다.

당시 내무부 재정과장이었던 김종호(1973)는 복차소득사업에 대한 아이디어가 수년간의 농촌 개발정책을 추진하면서 긍정적인 결과를 얻지 못하였기 때문에 비롯되었다고 밝히고, 복차소득사업의 설계는 외국 사례를 벤치마킹하거나 학문적 연구의 결과로 이루어진 것이 아니라 실패와 시행착오를 통하여 축적된 행정 경험

6) 퍼트남(Putnam, 1993)은 사회적 자본을 "사회적 네트워크, 규범, 신뢰와 같은 사회조직의 한 형태로서 구성원의 상호 이익 증대를 위한 조정, 협력, 협동을 촉진하는 요소"라고 정의하였다.

그림 4-4 복차소득사업의 기본 체계

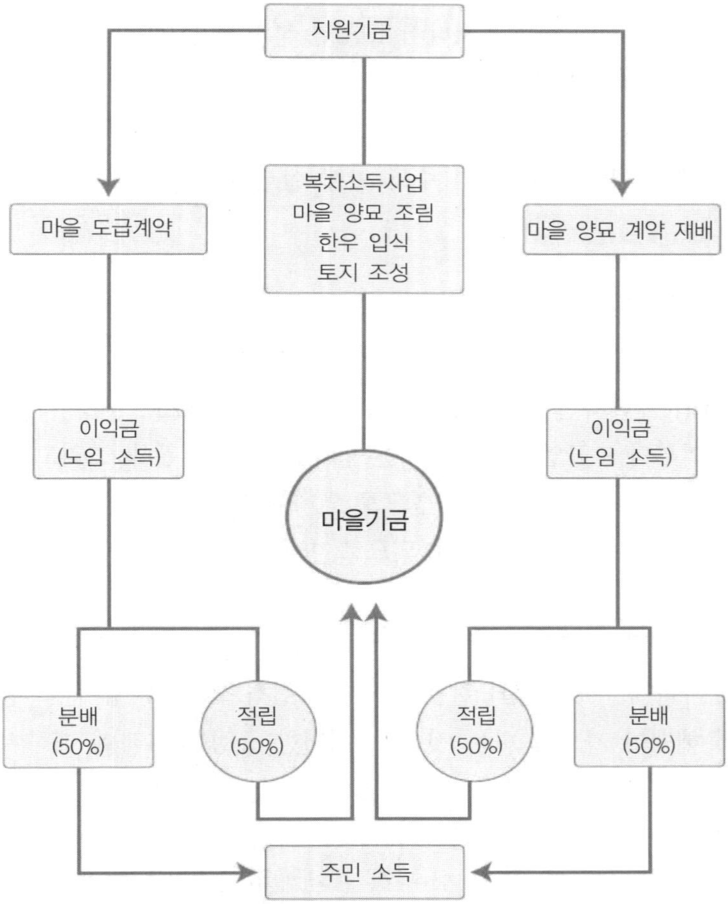

자료: 김종호(1973).

이 밑바탕이 되었다고 한다.

새마을가꾸기사업도 일부 커뮤니티 비즈니스적 측면이 있지만 복차소득사업의 커뮤니티 비즈니스적 측면이 훨씬 강하여 새마을운동의 마을 개발사업으로 복차소득사업이 널리 채택되었다.

그러나 새마을운동에서 사업의 유형은 매우 다양하다. 마을이 처한 상황, 소득단계 등에 따라 어느 한 가지만을 고집할 수 없으며, 자조와 협동의 원칙을 유지하면서 다양한 혁신적 방법으로 전개될 필요가 있었는데, 복차소득사업은 정부가 개발한 정부 주도의 혁신적 사업 방식이라고 할 수 있다.

새마을운동은 1차 실험기를 지나서 1972년 본격적인 새마을운동을 한 지 불과 1년 만에 복차소득사업이라는 독특한 재정 운영 방식을 만든 것이다. 1973년에는 새마을지도자연수원 교재인 새마을지도자교본에 등재되었고(내무부, 1973), 전국의 많은 마을에서 새마을지도자의 주도 아래 실천되었다.

3 복차소득사업의 기본 원리

과거 마을의 개발사업을 추진할 때 농민들의 노력만으로 달성할 수 없는 사업의 경우에는 외부의 도급업체에 위탁하는 방식을 취하여 왔다. 그리고 이러한 도급위탁 방식의 사업 추진은 이러한 사업으로 인하여 창출된 소득의 마을 내 낙수 효과(trickle down effect)를 제약하게 되므로 마을 주민들의 주인 의식을 일깨우기는 어려웠다.

이러한 도급위탁 방식의 사업 추진에 대응하는 복차소득사업의 가장 중요한 목표는 정부의 마을개발사업 등과 같은 정책이 직접적으로 지역경제, 즉 농민들과 그들의 마을에 혜택이 가도록 하는 것이며, 이러한 긍정적 효과에 대하여 주민들이 강한 믿음과 확신을 가지도록 하는 것이었다. 따라서 이러한 복차소득사업을 통하여 농민들의 저축이 독려되고 이를 기반으로 미래의 소득사업에 재투자함으로써 저축과 투자의 선순환 구조가 생성되어 마을 경제가 지속적으로 발전한다는 것이다.

한편, 새마을운동이 추진하는 여러 형태의 사업 중 복차소득사업은 새마을가꾸기형 사업과 달리 주민들에게 노임을 지급하는 방식으로 마을 주민들이 자기 마을 개발사업을 하면서 시장가격에 따라 노임을 받게 된다. 따라서 복차소득사업 참가는 주민들의 소득 증대와 마을 주민들의 숙원사업도 달성하고, 마을의 기금도 마련할 수 있으므로 마을의 자립 능력과 주민의 자조정신을 개발할 수 있는 사업이라고 할 것이다. 1973년 당시 정부는 총 10억 원의 예산으로 복차소득사업 계획을 세워 소하천 가꾸기에 7억 원, 마을양묘사업에 2억 원, 제주도개발사업(초지 조성)에 1억 원을 배정하였다.

그리고 정부에서는 복차소득사업의 원활한 추진을 위하여 몇 가지 중요한 기본 방침을 마련하였다. 첫째, 복차소득사업은 도급업체에 의존하지 않고 마을 경제 생활이 향상될 수 있도록 3백만 원 미만의 자본으로 추진할 수 있는 소규모 사업에 적용되었다. 둘째, 각 마을에는 소득의 얼마만큼을 적립할지 여부에 대한 재량권이 주어졌으며, 정부는 사업 추진으로 발생한 소득의 50%에 상당하는 금액을 적립할 것을 장려하였고, 각 마을에서 주민 노임으로부터 적립한 기금은 미래의 지역 개발 사업 추진을 위하여 사용하도록 독려되었다.

한편, 복차소득사업에서 주민들의 노임소득 저축분을 마을기금으로 출자하도록 하였고, 출자를 받아 모은 기금으로 새로운 소득사업을 추진하여 그 이익을 출자자들에게 주식회사의 원리로 배당을 주는 방식은 1970년대 농민들의 교육 수준으로 볼 때 이해하기가 상당히 어려운 것이었으며, 새로운 소득원을 개발하고 판매시장을 확보하는 일에는 사업가적 자질도 필요하였다.

따라서 정부-주민의 파트너십으로 주민과 마을의 자립을 목표로 하는 이 사업은 일반기업들이 추구하는 것과는 달리 커뮤니티 지향적이므로 그런 점에서 볼 때 복차소득사업을 커뮤니티 비즈니스, 이 사업을 추진해 나가는 새마을지도자들을 커뮤니티 비즈니스 사업가들이라고 말할 수 있을 것이다.

그럼에도 이러한 마을사업가들은 개인 회사를 운영하는 것과 달리 주민들의 합의를 바탕으로 사업을 진행하여야 하였는데, 주민들이 동의하지 않으면 그 사업을 추진할 수가 없었으므로 마을 주민들은 그들 스스로 자율성과 재량권을 가지고 어떻게 사업을 추진할 것인지를 결정하였다. 그리고 주민들이 동의한 다음에도 그 사업을 생산·유통에서 성공시켜 주민들에게 구체적으로 이윤 배당이 될 수 있도록 하여야만 하였다.

복차소득사업의 기본 원리를 간단하게 표현한다면 복차소득사업을 추진하면서 정부는 마을의 개발사업에 재정 지원과 기술 지원을 제공하고, 농민들은 정부가 발주하는 공동사업에 참여한 후 취득한 노임의 50%를 마을기금에 적립하며, 이 기금을 기반으로 마을 단위의 소득사업에 반복 투자하면서 계속적으로 소득을 확대해 나가는 것이라고 할 것이다.

그리고 복차소득사업의 특징은 주민들의 참여정신, 주인 의식, 주민들의 저축, 마을기금의 마련, 이윤, 출자, 배당, 정부의 재정 투자 등 여러 경제 개념이 포함되어 있으며, 이와 같은 여러 경제 개념이 복합적으로 작동하는 것이다.

당시 복차소득사업의 사업 추진 과정을 간략히 설명하면 다음과 같다. 1단계: 정부가 새마을사업 우수마을에 복차소득사업 조건 등을 제안한다. 2단계: 지원받을 마을에서 마을총회를 개최하여, 복차소득사업 조건 등을 주민 전체에 공개하고, 사업 추진 방식에 대하여 주민 의결을 받는다. 3단계: 주민들이 마을총회의 결의에 따라 복차사업 조건을 수행한다. 4단계: 복차사업 조건 수행 완료 후 마을총회에서 결산 보고(복차소득사업에 참가한 주민들은 노임 소득의 1/2을 마을에 출자하여 기금으로 적립하게 되지만, 무상기부가 아니므로 다음 소득사업의 성과에 따라 배당을 받게 됨)를 한다. 5단계: 4단계에서 조성된 마을기금으로 새로운 복차소득사업을 계속 추진한다는 것이다.

이와 같이 복차소득사업은 주민의 소득과 마을기금을 계속 성장시키는 하나의 방법으로 4단계와 5단계를 새로운 후속 복차소득사업에서 계속 반복하는 것인데, 후속사업은 반드시 주민들의 소득 향상, 즉 이익 배분을 가져올 수 있는 인삼 재배, 양식(marine farming), 양묘, 한우 사육 등 구체적인 소득증대사업만 하도록 하였기 때문에 후속사업이 계속 추진될수록 주민들의 소득은 높아지게 된다는 것이다.

따라서 처음에는 마을 주민들이 정부가 제안한 사업 내용으로 출발하였지만 마을의 발전기금 축적으로 새로운 사업을 할 수 있는 자본이 확보됨에 따라 후속 사업부터는 정부의 지원 없이 복차소득사업을 지속적으로 추진할 수 있게 된다. 그럼에도 복차소득사업에서 가장 중요하게 강조하는 것는 마을총회의 사업 결정과 마을총회에서의 결산 등 투명도(transparency)와 책임(accountability) 부분이다.

내무부(1973) 지침에 명시된 복차소득사업 추진 방법은 다음과 같다.

첫째, 마을 주민의 총의를 모으는 일이다. 복차소득사업 대상 마을로 선정된 마을은 마을총회를 개최하여 지방정부와 계약을 체결할 마을 대표와 사업위원, 감사위원을 선출하여야 하며 사업의 추진 방법에 대해서도 결의하여야 한다는 것이다.

둘째, 사업계획서 작성은 마을 여건과 실정에 맞게 하여야 한다. 사업의 설계에서 마을 주민들의 능력으로 해결할 수 없는 기술 부문은 반드시 외부 전문기술자에게 맡겨야 한다.

셋째, 안전 시공과 책임 시공에 입각한 사업 추진이다. 공사업자 대신에 주민이 정부와 계약하는 것이므로 공사업자가 시공한 사업 이상으로 튼튼한 공사, 치밀한 공사가 되어야 한다는 것이다. 공사에 하자가 발생하거나 공사를 다른 업자에게 하청을 주거나 기타 계약 조건을 어기는 경우에는 주민직영 공사를 다시 맡을 수 없게 된다.

넷째, 사업 도급금의 투명한 관리이다. 도급금으로 전달된 자금은 마을의 대표자와 공동 명의로 새마을금고 또는 은행에 예치하여야 하는데, 인장 보관은 마을 대표 또는 마을개발위원장이 하고, 통장 보관은 개발위원 가운데 1명이 한다. 현금 인출은 예금 공동 명의자 전원이 날인하여야 가능하고, 감사위원은 매주 사업비 지출을 감사한다.

다섯째, 마을총회에 결산을 보고한다. 마을대표는 매주 한 번씩 총회를 열어 사업비 지출 상황과 자재 수급 상황을 감사위원의 감사 결과에 따라 보고하고 사업비 수입·지출과 자재 수급 상황을 마을게시판에 게시하여야 한다.

여섯째, 노임 소득의 주민 분배와 기금 적립이다. 마을 주민이 함께 참여하여 일을 하고 자재비와 기술자의 기술 노임을 빼고 남은 이익금을 1/2은 기금으로 적립하고 1/2은 주민들의 노임 소득으로 하는 것이다. 적립된 기금은 주민의 사업 참여도가 주민 개인별로 다르므로 이 기금에 의한 사업이익의 배당도 개인별로 달라져야 한다는 것이다. 따라서 자기 지분에 의한 이익금 배당이 이루어지므로 기금의 활용과 관리에 주민들의 관심은 당연히 높아지게 된다는 것이다.

또한 내무부(1973) 지침에 명시된 복차소득사업의 추진상 유의 사항은 다음과 같다. ① 복차소득사업의 대상 선정에서는 주민의 협동 경영 능력이 기준이 되어야 한다. 이는 단합과 협동이 잘되고 근면한 마을이라고 해서 선정되는 것이 아니라 경영 능력이 있어야 한다는 말이며, 자립마을 등 사업 능력이 있고 확대 재투자가 가능한 지구가 우선적으로 선택되어야 한다는 것이다. ② 성공이 확실한 사업과 지구가 우선 선정되어야 한다. 이는 지역 안배가 아니라 성공이 확실한 지역을 선택하여야 한다는 것인데, 소하천인 경우 방제 효과가 크고 농업 수익 증대에 효과가 큰 지구에 우선권이 있다는 것이다. ③ 선정된 사업의 관리에서 그 실적을 계속적으로 관리한다. ④ 기금관리의 선도이다. 이는 마을기금이 소득사업 외에 환경개선사업에는 전용될 수 없고, 주민의 기여분에 비례하는 배당이 이루어져야 한다는 것이다.

다시 한 번 복차소득사업을 정리해 보면 정부는 이 사업의 권한을 협동이 잘되거나 공동체 정신이 강한 마을에 주는 것이 아니라 사업 경영 능력, 회계 능력 등을 갖춘 마을에 준다는 것인데, 즉 의욕만 앞선 마을이 아니라 성과가 있어야 한다는 것이다. 그리고 마을 주민들 입장에서는 복차소득사업이 자기 마을에 혜택이 되는 사업임에도 이 사업에 참여하여 노임을 벌어 농한기 소득사업도 되고, 이로 인하여 마을의 생산 인프라 확충도 되며, 마을기금 적립도 되니 1석 3조의 혜택인 것이다.

따라서 복차소득사업이라는 것이 새마을운동에서 협동, 공동체 정신, 역사적 책임 등을 강조한다고 해서 무상의 노동을 주민들에게 요구하는 것이 아니라 자기 마을에 혜택이 되는 마을 단위 사업으로 마을의 자립 기반을 개발하기 위하여 오히려 농민들의 농한기 취업 기회 창출 등과 같은 혁신적 방법을 시도하고 있다는 것이다.

소득사업의 이익금 중에서 복차소득사업을 위하여 마을기금으로 적립한 비율은 정부의 지침에 따르면 50%였다. 그러나 실제로 적립된 비율은 마을의 자율에 맡겨졌으며, 적게는 25%, 많게는 70%까지 다양하였다. 마을의 특성 혹은 참여한 주민들의 특수성에 맞춰 융통성 있게 주민들의 결의에 따라서 운영됨으로써 복차소득사업은 정부의 개입을 적게 받았다고 할 수 있다.

이와 같이 빈곤의 악순환(低소득→低저축→低투자→低소득)에 처하여 있던 한국의 농촌에서 소득이 급속히 증대되면서 자조·자립정신이 고양될 수 있었던 것은 자력 부담 농민에 대하여 복차소득사업이 확산되면서 저축과 재투자의 선순환구조가 실현되었기 때문에 가능하였다.

즉, 기초 주거환경 개선사업을 추진하면서 '새마을 사이클'의 원리를 활용하고 '복차소득사업'을 권장하여 계속적인 확대재생산과 선순환 원리가 작동하도록 지도하고 지원하였다. 특히 마을 간에 선의의 경쟁 의식이 일어나도록 하였으며 재정지원도 엄격한 평가를 통하여 차등화하면서 복차소득사업 등 주민 소득과 직결되는 사업에 중점을 둠으로써 주민들의 자발성을 유도하였다고 할 수 있다.

4 복차소득사업과 새마을금고

새마을금고의 기원은 5·16 군사혁명 이후 농촌개발사업 추진을 목적으로 추진하였던 재건국민운동으로 거슬러 올라가는데, 새마을금고는 1970년 새마을운동이 시작되면서 급속히 발전하기 시작하였다.

김준경·김광성(2013)의 연구에 의하면, 과거 마을의 거버넌스와 리더십 구조, 그리고 전통적인 부녀회와 협동조합 등의 조직들은 새마을운동을 뒷받침하는 매우 중요한 제도적 기반이었는데, 특히 새마을금고와 같은 마을 내의 협동조합형 금융기관은 새마을 복차소득사업이 시행되는 데 중요한 역할을 담당하였고, 새마을사업에서 취득한 소득의 일부가 새마을금고의 출자로 적립되어 마을 소득사업의 투자재원이 되었으며, 새마을금고는 주민들에게 예금과 대출 등 금융 서비스를 제공하였다고 한다.

특히 이와 같은 복차소득사업 방식은 해당 사업에 참가하는 주민들에게 자기 노임 소득의 절반을 마을기금으로 출자하도록 하였는데, 마을기금으로의 출자는 강제저축과 배당이라는 연습(practice)을 포함하고 있으며, 이러한 연습은 농민들에게 저축의 생활화, 저축의 습관을 길러주는 효과를 지니면서 농가 소득과 마을의 자립 기반인 새마을금고의 성장에 기여하였으므로 자립정신, 농가 소득, 마을의 자립 기반 구축 등 1석 3조의 효과가 발생하였다.

복차소득사업의 특징은 사업에 참가한 마을 주민들이 자기가 얻은 노임 소득의 1/2을 마을기금에 출자하여 마을의 사업기금을 마련하는 것이다. 처음 시행하는 복차소득사업은 정부의 지원금으로 사업을 개시하지만 두 번째 복차소득사업부터는 정부의 지원 없이 마을기금으로 사업을 하게 된다. 2번, 3번 연속적으로 새로운 복차소득사업이 계속될수록 주민들의 소득 수준은 높아지고 마을의 발전기금의 규모도 커지게 된다. 그러나 마을기금은 무상 기부가 아니며, 회사에 출자하듯이 출자하게 되므로 주민 각자의 마을기금 기여분에 대한 배당도 받도록 되어 있으므로 마을의 발전기금과 주민의 소득이 함께 성장하는 1석 2조의 방법이라고 하겠다.

한편, 새마을금고에서는 과거부터 현재까지 새마을 복차소득사업에서 발생하는 자기 노임 소득에 대한 마을기금 출자를 '공동 작업 출자'로 이해하고 있다. 공동작업이란 정신적으로 다져진 근면·자조·협동심을 실제 집단적 행동으로 표시하는 것을 말한다. 그러나 지난날의 공동 작업은 많은 문제점과 나쁜 습관을 남기고 있는데, 이러한 잘못된 공동 작업의 습관을 개선해 나가면서 거기에서 얻은 이익의 일부를 새마을금고에 출자하는 것을 가리켜 '공동 작업 출자'라고 하는 것이다.

사실 우리는 오래전부터 '울역'이라 해서 품앗이, 두레, 길쌈 등의 형식으로 공동 작업을 해왔으나 '울역'이란 말의 뜻을 '울면서 일하는 것'이라고 이해하거나 "울역 나가서 땀흘리는 사람은 3대 빌어 먹는다." "울역이다 하면 몸살부터 난다."는 등의 공동 작업을 부정하는 풍조가 많을 정도로 대개의 사람이 공동 작업을 싫어하였다.

그러므로 '공동 작업 출자'가 근면·자조·협동심의 배양을 통하여 이와 같은 공동 작업에 대한 부정적 의미를 개선하기 위한 목적의 '의욕 출자' 즉 '정신머리 고치기'라는 것이다. 따라서 공동 작업에 대한 새롭고 올바른 인식이 중요한데, 새마을금고에서는 공동 작업을 남을 위한 희생이 아니라 참여하는 모든 사람에게 그 이익이 골고루 돌아가는 나와 남을 위하는 소망과 의욕적 작업으로 인식되어야 한다는 것이다.

새마을금고에서는 이러한 '공동 작업 출자'에 대하여 회원들이 평소의 협동심을 발휘하여 모내기와 벼베기, 객토와 추심경(秋深耕), 보리갈이, 풀베기 등 갖가지 작업을 공동 작업으로 시행하여 일을 능률적으로 마치고, 거기에서 얻은 노임 소득의 절반을 새마을금고에 각자의 구좌별로 출자함으로써 개인의 소득이 높아지고, 자연적으로 밑천도 장만하게 되는 것을 '공동 작업 출자'라고 하였다.

한편, 새마을운동이 전개되면서 건강과 영양, 그리고 가족계획과 같은 사회적 현안을 접하게 되는 등 마을의 부녀회가 사회화 및 공론의 장으로 기능하게 되면서 이를 계기로 마을의 부녀회7)가 활성화되고, 그 동안 남성 중심의 가부장적 환경에 있었던 여성들의 사회적 지위와 역할도 크게 향상되었다.

특히, 당시 농촌 남성들에게 만연한 음주와 도박으로 가축과 곡식을 모두 날리는 일들이 매우 빈번하였던 농촌 마을에서 마을 부녀회는 농촌 남성들에게 만연한 음주와 도박 같은 사회적 병폐를 척결하는 운동을 전개하였는데, 도박 근절을 위하여 도박에 사용되는 화투의 낱장들을 수거하여 화형식을 하기도 하고, 저축 장려를 위하여 밥을 지을 때마다 한 숟갈씩 쌀을 저축하는 '좀도리운동' 등과 같은 절미(節米)운동을 전개하였다.

이에 대하여 김정호(2013)는 당시 새마을금고 지도자들 상당수가 여성들이었

7) 1977년 이들 여성조직은 새마을부녀회로 통합·발족하여 사회적 캠페인 등을 주도하게 된다. 1980년 현재 전국 새마을부녀회 회원은 도농지역을 통틀어 199,202명을 기록하였다.

는데, 이와 같은 절미운동을 통하여 마련된 재원은 새마을금고에 예치되어 부녀회의 사업에 사용되었으며, 새마을금고 수신 및 자산 축적에 이러한 여성 지도자들의 활동이 매우 긍정적인 영향을 미쳤다고 하였다.

한편, 이러한 시기에 새마을금고도 근검·저축운동의 추진 방향을 낭비와 탕진 풍조를 지양하고 세상을 살아가는 데 '적은 것을 모아 큰 것을 이루는 지혜와 착하고 부지런하면 누구나 잘살 수 있다는 신념'을 생활화하는 것으로 하고 있었다. 또한 이를 통하여 근검·절약 생활의 성과를 반드시 새마을금고의 출자금으로 연결시킴으로써 저축을 생활화하고, 새마을금고는 서민층의 생업자금과 생활안정자금에 대한 대출을 최우선적으로 지원하였다.

그리고 마을 사람들의 저축 장려를 위하여 다양한 출자자금 확보 방법을 시도하였는데, 생활 개선 잔돈 출자로서 가족당 2수저 절미를 통한 '좀도리 출자'는 물론 '폐품 출자', '술·담배 출자', '이발·미용 출자', '차비(車費) 출자' 등이 있었다. 또한 사고 방식 개혁 의욕 출자로서 복차소득사업과 관련되는 '공동 작업 출자' 외에도 '가정의례 출자', '월례회 출자', '구판장 운영 출자', '상거래 출자' 등도 있었다.

한편, 과거 생활 개선 의지의 대표적 실천 방법이었던 '좀도리운동'은 현재까지도 새마을금고로 이어져 이제는 저축 장려가 아닌 불우이웃을 돕기 위한 목적으로 〈표 4-1〉과 같이 매년 '사랑의 좀도리운동' 모금을 통하여 사회에 공헌하고 있다.

표 4-1 새마을금고 연도별 사랑의 좀도리운동 모금 현황(1998~2015)

(단위: 개, 명, 백만 원, kg)

연도	참여 금고	참여 인원	모금 수량			
			계	현금	쌀	물품
총계	26,127	2,116,130	74,273	45,021	12,859,271	1,089
2015	1,276	73,816	6,596	4,197	981,634	203
2014	1,297	69,676	5,989	3,624	917,178	221
2013	1,323	66,870	5,594	3,318	881,747	188
2012	1,351	64,587	5,782	3,584	912,777	153
2011	1,371	54,126	4,865	2,832	912,342	123
2010	1,341	50,170	4,592	2,587	886,041	201
2009	1,394	49,348	3,648	2,330	659,306	–
2008	1,331	47,241	3,074	1,962	555,821	–

2007	1,334	46,207	3,052	1,974	538,848	–
2006	1,250	46,885	3,113	1,988	535,495	–
2005	1,427	50,974	3,470	2,320	547,851	–
2004	1,472	55,360	3,325	2,159	518,279	–
2003	1,459	54,572	3,358	2,084	566,150	–
2002	1,413	65,649	3,388	2,100	572,226	–
2001	1,521	78,958	3,437	2,007	635,777	–
2000	1,521	245,558	3,306	1,953	601,278	–
1999	1,844	501,433	3,803	2,038	784,314	–
1998	2,202	494,700	3,881	1,964	852,207	–

주: 계는 전체 모금 수량의 환가금액임.
자료: MG금융경제연구소.

이와 같이 한국의 농촌 마을은 새마을금고, 부녀회 등 이미 일정한 형태의 전통적인 제도적 협업(協業) 기반이 존재하여 여타 다른 나라의 농촌 환경과는 다르게, 새마을운동과 같은 지역개발사업을 추진하기에 적합한 환경을 가지고 있었다.

한편, 1975년 당시 마을 단위에서 새마을금고는 〈표 4-2〉와 같이 주민들의 중요한 주거래 금융기관으로 기능하였음을 알 수 있는데, 마을 주민의 74%가 새마을금고에 예금을 하였고, 사금융(私金融) 의존도는 미미하였다.

표 4-2 가구당 연간 소득별 저축 수단(1975년)

구분	150만 원 이상	50~150만 원	50만 원 이하	계
농협 예금	5가구(20%)	16가구(18%)	7가구(13%)	28가구(17%)
새마을금고 예금	17가구(68%)	66가구(76%)	41가구(75%)	124가구(74%)
사채	2가구(8%)	2가구(2%)	4가구(7%)	8가구(5%)
기타	1가구(4%)	1가구(1%)	–	2가구(1%)
무응답	–	2가구(2%)	3가구(6%)	5가구(3%)
계	25가구	87가구	55가구	167가구(100%)

자료: 홍현선(1976).

또한 당시 새마을금고의 관리자는 조합원 개개인의 예금 및 대출 상환 실적, 새마을금고 출자 지분 상태와 함께 마을 내 평판과 성격 등 신상 정보에 대한 평가를 기록하였는데, 새마을금고는 이와 같이 축적된 조합원의 신용정보를 토대로 신용

표 4-3 새마을금고 대출금 사용 용도(1975년)

구분	총액(십억 원)	비율(%)
영농자금	8.7	41
사업자금	5.0	24
의료보건 및 기타	2.1	10
학자금	1.4	7
환경사업	1.4	7
고리채 상환	2.3	11
계	20.9	100

자료: 홍현선(1976).

도를 판단하고, 무담보 신용대출을 저금리로 지원할 수 있었다. 따라서 많은 농민이 〈표 4-3〉에 나타난 바와 같이 새마을금고로부터 이러한 대출을 받아 기존의 고리대금을 상환할 수 있게 된 것이다.

한편, 정부는 1970년대 중반에 '우수마을에는 새마을금고가 조직화되어 있다'는 사실에 고무되어, 각 마을마다 새마을금고를 한 개씩 설립하는 정책을 추진하기 시작하였는데, 특히 새마을운동 담당 관료들의 고과평가에 새마을금고 설립 여부가 포함되면서, 관료들은 하향(top-down) 식의 새마을금고 설립에만 급급하게 되어 새마을금고의 자치·자율적 운영 시스템이 급격히 왜곡되기 시작하였다(김준경·김광성, 2013).

이로 인하여 새마을금고의 수는 급속히 증가하였는데, 1977년에 최대 42,436개까지 확대되어 양적으로 급속한 성장을 이루었다. 그러나 정부의 무리한 실적 위주 지원정책에 따른 급속한 성장 후유증으로 새마을금고는 1970년대 말부터 각종 사고와 운영 미숙 사례가 증가하였고, 이로 인하여 신뢰도 추락과 회원들의 대량 이탈 사태를 경험하게 되었다.

이러한 문제를 해결하기 위하여 새마을금고에서는 1983년 새마을금고법을 제정하고, 새마을금고연합회의 지도 기능과 감독 기능을 강화하였으며, 1983년 7월 1일 새마을금고연합회에 예금자를 보호하는 안전기금을 설치하여 회원들이 예금을 안심하고 맡길 수 있도록 하였다.

또한 7년간 지속적으로 부실 새마을금고와 영세 새마을금고를 정리(통폐합)하여 1984년 말 기준 새마을금고 수 4,299개로 1977년 말 새마을금고 수와 비교하면 38,137개(90%)가 정리되었으며, 이러한 정리 과정 속에서 새마을금고는 자산건전성은 물론 회원들의 신뢰를 다시 회복하여 총자산이 1984년 7월 1조 원을 돌파하였고, 2016년 5월 131조 원을 달성하였다.

참고 문헌

강왈구(2015). 『새마을금고의 정체성과 미래』, MG금융경제연구소.

김정호(2013). 마을지도자 교육사업의 성과 연구, 2012 경제발전경험모듈화사업, 기획재정부.

김종호(1973). 복차소득사업의 원리와 운영체계, 『지방행정』, 22.

김준경 · 김광성 (2013). 한국의 경제사회적 변혁과 새마을운동의 역할, 2012 경제발전경험모듈화사업, 기획재정부.

내무부(1973). 새마을사업과 복차소득사업, 『새마을지도자교본』.

박해도(2009). 『새마을금고 조직문화론』, 도서출판 오성문화.

새마을금고중앙회(2013). 『새마을금고 50년사』, 새마을금고중앙회.

서울대학교 사회과학연구소(1994). 『참여와 협동을 통한 발전: 새마을금고의 이념체계와 조직문화』, 서울대학교 사회과학연구소.

홍현선(1976). 한국 농촌금융조직의 발전에 관한 연구: 전북지방 마을금고를 중심으로, 서울대학교, 행정대학원 행정학 석사학위 논문.

Putnam, R. D.(1993). The prosperous community: social capital and economic growth, *Current*, 356.

제 5 장

새마을운동에서 여성의 역할

제 1 절 서론

그 동안 발전의 개념은 주로 경제 성장을 의미하였으며, 발전 의제들은 경제 성장의 수준을 높일 수 있도록 조율되었고, 발전의 영역은 공식적 영역의 일에 초점을 맞추었다. 그러나 젠더적 관점에서 발전의 의미는 여성의 사회적 참여 확대, 경제적 지위 향상, 자유로운 의사 결정, 공적 영역에서의 대표성 확대 등과 같은 의미로 사용된다. 즉, 발전의 의미는 경제 발전만을 의미하는 것이 아니라 과학, 기술, 자본, 시장뿐 아니라 종교, 전통, 문화 등에서의 근대화를 의미한다. 이런 의미에서 매우 중립적으로 보이는 '발전'의 의미는 사실상 매우 성별화(gender)된 특성을 지닌다. 그 때문에 발전의 의미를 경제적 의미로만 파악할 경우, 발전 과정에서 여성과 남성이 다르게 위치지어진다는 것을 의미하며, 이것은 여성과 남성이 이용할 수 있는 자원이 다르고, 그들이 서로 다른 이해관계를 갖게 되며, 공통된 이해관계마저도 상이한 방식으로 표출하고 동원한다는 것을 말하게 된다(Rai, 2002; 이진옥 옮김, 2014). 결국 발전의 의미를 경제 발전이라는 제한된 의미로 사용할 때 발전 과정에서 여성의 역할은 제한적으로만 인정된다.

우리나라는 빠르게 근대화가 이루어지던 1970년대에 농촌지역은 낙후하였고,

사회문화적으로도 여전히 전통적 농촌 사회의 모습을 벗어나지 못하였다. 도시지역으로의 인구 이탈, 그로 인한 농업 노동 인력의 부족, 근대와 전통이라는 이중적 사회문화 의식의 존재 등은 농촌의 변화를 어렵게 하였지만, 이런 원인 때문에 농촌의 발전은 어느 때보다 필요한 시점이었다. 이런 점에서 농촌지역에서 추진한 새마을운동은 새로운 농촌의 발전 전략이라고 할 수 있다.

새마을운동과 국가 발전의 관계에 대한 평가가 다양하게 이루어지고 있는 것처럼 새마을운동과 여성, 혹은 국가 발전과 여성의 관계에 대해서도 관점에 따라 다양한 평가가 이루어지고 있다.

첫째, 새마을운동 추진 과정에서 여성의 참여 성격에 관한 것이다. 여성의 참여가 자발적이었는지 아니면 국가의 근대화를 위한 동원 수단이었는지 하는 것이다. 이러한 관점에서의 논의는 1970년대 이후 유신 이념과 국민 총화가 체제 유지를 위하여 더욱 강조되고 부녀 행정에서도 '정신계몽'이 중시되면서, 여성은 국가와 사회를 위하여 봉사, 희생하고 헌신하는 것으로 표상되었으며(황정미, 2001), 국가의 경제 성장과 사회적 인구학적 변화들이 가족생활의 여러 가지 측면, 즉 생활 조건의 향상과 출산율 및 가족 규모 축소 그리고 핵가족 이데올로기의 확산에 많은 영향을 미쳤고, 그 과정에서 여성이 국가에 의하여 주도되었으며(이재경, 2003), 국가와 민족의 발전에 공헌하는 '적극적인' 동원 대상이자 국가 근대화 프로젝트의 희생양으로 존재하였다고 본다(신건, 2001). 이런 연구들은 국가의 발전이 여성의 발전을 가져오지 않았으며, 여성이 국가의 발전을 위하여 희생당한 '피해자'였음을 주장한다(장미경, 2007). 여성주의자들은 발전(development)에 대한 시각이 진보의 서사이자 달성 가능한 대규모 사업으로 보는 시각에 지속적 문제 제기를 해왔다. 국가 주도의 개발 과정에서 여성의 역할은 매우 제한적이었으며, 여성의 주체적 인식의 자각과는 동떨어진 타율성에 의존하게 된다는 것이다.

둘째, 농촌 여성의 참여가 여성의 발전에 긍정적인 영향을 미쳤다고 보는 입장이다. 여성이 국가로부터 일방적으로 동원되었다는 견해에 대하여 반대 의견을 보이는 연구들은 사회 참여의 기회가 확대됨으로써 자아 개발과 사회 의식을 개발할 기회를 갖게 되었다는 입장(한정자, 1999)과 국가의 여러 가지 동원정책에 여성이 협상한 결과로 보는 경우도 있다(유정미, 2000).

셋째, 여성의 참여가 자발적이든 그렇지 않든 간에 새마을운동이 실질적으로 여성의 삶에 영향을 끼쳤다고 보는 입장이다. 농촌지역 여성들은 오랫동안 근대적 특성을 갖지 못한 채 전통적 가치관인 가부장제 하에서 삶을 영위하였고, 마을 사업의 주체로서 역할을 담당하지 못하였다는 점에서, 여성들의 역할이 매우 한정되었었다. 그러나 새마을사업 추진 과정에서 농촌지역 여성들은 지역사회 구성원으로서 중요한 역할을 담당하게 되었다는 것이다. 이는 새마을사업이 성공한 곳에는 반드시 여성 활동이 조직적이고 적극적이었으나, 여성 활동이 미비한 곳에는 새마을사업이 성공하지 못하였다는 보고(보건사회부, 1981)처럼, 농촌 여성들의 참여가 농촌의 모습뿐 아니라 여성의 삶의 모습도 변화하는 데 영향을 미쳤다고 보는 입장이다.

이하에서는 1970년대 농촌 여성이 처한 사회문화적 환경을 젠더적 관점에서 살펴보고, 농촌 여성들의 공식적 참여의 장이었던 새마을부녀회 조직을 분석한 후, 새마을운동 실시와 부녀회 조직의 참여가 농촌지역의 여성 발전에 어떤 영향을 미쳤는지를 살펴본다. 이를 위하여 1960년대와 1970년대 농촌 여성의 경제, 사회문화적·인적 특성을 살펴보고, 새마을운동 이후 여성들의 삶이 어떻게 변화되었는지를 살펴본다.

제 2 절 1970년대 농촌 환경의 젠더 특성

젠더에 관한 논의는 1970년대부터 국제기구인 UN을 중심으로 활발하게 시작되었다. 당시 여성 발전에 관한 서구의 여성들의 관점은 저발전된 제3세계 여성들과는 다르다는 점에서 좀 더 세밀한 영역에서 저발전된 국가의 여성들의 삶에 대한 논의가 이루어졌다. 이러한 논의들은 현재까지 이어지고 있는데, UN은 젠더 의미와 정책의 변화를 3단계를 거쳐 진행하고 있으며, 이러한 변화에 따라 우리나라의 젠더정책이 어떻게 변화되었는지를 살펴보고자 한다. 젠더 관점의 수용은 1970년대 우리나라 농촌 여성의 젠더 특성을 고려하고, 새마을운동 과정에 여성 참여의 특성을 분석하는 데 도움을 줄 수 있다.

1 젠더적 관점에서의 여성 발전

1) 젠더의 의미와 변화

① 발전 속의 여성

서구 근대화 과정에서 여성과 국가의 관계는 젠더 관계의 변혁 또는 존속과 관련하여 연구되었다. 젠더 관계에서 드러난 여성 억압의 근원은 가부장제(patriarchal)이며, 이러한 가부장제가 정치적 통제를 위한 성별 위계적 사회 질서를 제공한다고 한다. 그러나 서구 중심으로 이루어진 페미니즘은 개발도상국가 여성의 삶을 제대로 반영하지 못한다는 점이 지적되었다. 개발도상국에서의 여성은 발전 과정에 참여하지 못하여, 오히려 '발전'이 기존의 남녀 불평등을 더욱 심화시키며 여성과 아동들에게 부정적인 결과를 초래했다는 것이다. 그 때문에 개도국에서의 여성 문제는 서구의 것과 다르다는 인식에 따라 1975년 UN이 여성 지위 향상을 위하여 제시한 전략이 '발전 속의 여성(Women in Development: WID)'이다.

WID는 수혜자인 동시에 변화의 동인인 여성에 대하여 발전 속에서 여성문제를 고려하고 여성의 참여를 유인하는 여성 중심의 접근이다. WID는 여성이 사회 발전의 주요 행위자임에도 불구하고 발전 과정에서 소외되어 왔다는 문제 의식 아래, 발전 과정에서 여성을 위한 정책 이행을 강조하였다. 이 접근의 여성정책은 발전의 주류에서 배제된 여성의 문제를 여성을 대상으로 하는 정책이나 사업을 통하여 해결할 수 있을 것이라는 가정에서 출발한다. 그리하여 WID는 여성이 처한 차별적 상황에 초점을 두고 그것을 시정하기 위하여 특별 프로그램을 추진하는 형태를 띠었다(김양희, 2001). 여성의 불평등한 지위는 여성들에 대한 훈련, 교육, 신용 등의 부족 때문에 여성들이 발전 과정에 통합되지 못한 것에서 비롯되었다고 보고, 지배적인 사회경제 구조 안에 여성들의 참여 기회를 제공하는 것에 정책적 초점을 맞춘다(Moser, 1993). 모저(Caroline O. N. Moser)의 범주화에 따르면 여성을 겨냥한 국제개발기구, 특히 세계은행이 실행하였던 초기의 계획은 본질적으로 복지주의적이었다. 복지주의적 접근은 "여성을 자녀 양육의 의무를 수행하는 '타자'로 가정하며, 그 전에 위에서 여성을 단지 재생산의 역할로 국한시켰다"(Chowdhy, 1995).

산아제한사업, 모자 영양사업, 임산부와 수유모를 위한 사업 등이 원조 프로그램이 중심을 이루었다(Rai, 2002). 여성은 "발전 과정에 적극적인 참여할 수 있는 주체가 아니라 원조를 필요로 하는 대상"으로 간주되었다(Chowdhry, 1995).

그 때문에 WID전략은 근본적으로 남성과 여성 간의 불평등한 성별 관계를 개선하기보다는 여성의 전통적인 성역할을 수용하고 이 역할을 통하여 좀 더 효과적인 성과를 이루려는 접근법이기 때문에 여성 발전에 한계를 가지고 있었다. 내용도 근본적으로 보수적이며 여성의 전통적인 성역할에 초점을 두고, 여성들이 여성으로서의 역할(어머니, 아내)에서 비롯된 요구를 충족시키는 데 관심을 기울였다. 무엇보다 이 접근은 여성들의 삶이 남성과의 관계에 의하여 형성되는 것임에도 불구하고 여성에 대해서만 초점을 두었으며, 남녀 간의 불평등한 권력 관계가 사회의 공·사 영역에서 어떻게 작용하고 있는지를 간과하였다는 비판을 받았다. 여성은 발전 과정에서 적극적인 행위자로서 인지하기보다는 발전 과정의 수혜자로 인지하게 된다.

② 젠더와 발전

WID 전략은 젠더적 관점에 대한 고려보다는 여성을 발전 전략에 편입시키려는 노력들로 이루어진다. 젠더 관점을 고려한 여성 발전이라는 의미는 사회적 관계 속에서 남성과 여성의 실질적 차이를 살펴보는 것이고 불평등 구조가 발생하는 원인이 무엇인지를 살펴보는 것이라는 점에서 제한적으로 인식하게 된다. 젠더 관점은 여성뿐 아니라 남성과 여성의 상대적 지위에 관심을 두고 사회조직이나 현상에 대한 분석에서 젠더 관계의 역동성과 구조를 중시하며, 생산적 활동뿐 아니라 재생산 활동도 분석의 대상으로 삼는다. 즉, 젠더와 발전(Gender and Development: GAD) 접근의 정책 영역은 여성과 남성 모두의 역할 변화를 통하여 정책과 프로그램에 젠더적 요구를 반영시키는 데 초점을 두는 것이다.

GAD적 여성정책은 여성과 남성과의 관계에 초점을 두고 여성과 남성 모두의 역할 변화를 통하여 젠더 관계를 재편하고 여성의 지위를 향상시키기 위한 전략적 요구(strategic needs)를 증진시키는 데 중점을 둔다. 이런 점에서 WID가 발전의 틀 안에서 여성을 위한 자원의 재분배에 관심을 가진 반면, GAD는 자원 배분 틀의 변화를 요구하였다. WID는 가부장적 발전이 초래한 남녀 불평등의 시정을 요구하는 반면, GAD는 정책 결정 과정과 결과의 탈가부장주의를 요구하게 된다. 그러나 젠더 문제를 기존의 정책설계 원리에 덧붙이는 것은 매우 어렵다는 인식에 따라 성 주류화정책이 등장한다.

③ 성 주류화

성 주류화(Gender Mainstreaming: GM)는 1995년 베이징(北京)세계대회에서 "체계적인 절차와 메커니즘을 향한 도약을 의미하며 젠더 이슈를 정부와 공공기관의 모든 의사 결정과 정책 실행에 고려하여야 하는 것"이라고 정의하였다. 유엔경제사회이사회(United Nations Economic and Social Council)에서는 주류화를 "모든 정치적·경제적·사회적 영역의 정책과 프로그램에 대한 디자인, 실행, 모니터와 평가에서 여성과 남성의 관심과 경험을 통합함으로써 여성과 남성이 동등하게

그림 5-1 젠더 관점의 변화

국제 여성정책	1975 UN 세계 여성의 해 공표	1985 나이로비 제3차 세계여성대회	1995 베이징 제4차 세계여성대회
국내 동향	1984 UN 여성차별철폐협약 가입 여성정책심의위원회 설치	1987 UN 한국 여성고용차별 가족법 문제 지적 남녀고용평등법 제정 1988 정무장관(제2)실 설치	1995 여성발전기본법 제정 성 주류화 패러다임 도입 2001 여성부 설립
주요 내용	WID(발전 속의 여성) (Women In Development) 가족계획, 요보호여성복지 건강, 영양관리, 소득 증대	WID(발전 속의 여성) (Women In Development) 가족계획, 요보호여성복지 건강, 영양관리, 소득 증대	WID(발전 속의 여성) (Women In Development) 가족계획, 요보호여성복지 건강, 영양관리, 소득 증대 →
		GAD(젠더와 발전) (Gender And Development) 남녀불평등한 권력 관계 성별 역할 분리 제거 여성 지위 향상	GAD(젠더와 발전) (Gender And Development) 남녀불평등한 권력 관계 성별 역할 분리 제거 여성 지위 향상 →
			GM(성 주류화) (Gender Mainstreaming) 메타정책으로서 여성정책 제도적 장치와 전략 개발 안전, 편리, 지속 가능, 경제적 평등, 지역공동체 →

혜택받고 불평등이 조장되지 않도록 하기 위한 전략이며, 그 궁극적인 목적은 성 평등을 이루는 것"으로 정의하고 있다(UN/DAW/ECLAC, 1998). 성 주류화는 정책 결정에 관여하는 행위자들에 의하여 모든 수준, 모든 단계의 모든 정책에 성평등 시각이 적용될 수 있도록 정책 과정을 평가, 개발, 개선, 재조직하는 것이다. 성 주류화를 위해서는 남녀가 사회 각 분야에 충분한 참여와 세력화를 이루기 위한 조직의 재구조화, 인력과 재정자원의 재분배, 제도와 문화의 변화 등 전반적이고 장기적인 변화 과정을 의미한다. 주류화의 과정은 여성의 주류화(mainstreaming women),[1] 성 관점의 주류화(mainstreaming gender,[2] 주류의 전환(transforming the mainstreaming)[3] 등 세 가지 과정을 포함한다. 국제적 수준에서의 젠더 관점의 변화와 우리나라 여성정책의 변화 내용을 정리하면 [그림 5-1]과 같다.

2) 젠더 관점과 여성 발전의 의미

1960~70년대 한국의 발전 전략은 근대적 발전 모델에 상당히 의존하였다. 여성의 발전 역시 근대화 발전 모델에 의존함으로써, '조국의 근대화' 없이는 여성의 삶이 개선될 수 없다는 전제가 당연시되고, 새마을운동 및 다양한 부녀회 조직을 통하여 여성들을 이러한 발전 전략의 전망 속으로 조직화, 동원하고자 하였다(황정미, 2001). 젠더적 관점을 고려할 때, 1970년대를 관통하였던 발전의 개념은 WID적 시각이었으며, 이러한 시각에서 보여주는 것처럼 여성정책은 발전정책의 주류에 속하지 못하고 주변에 머물며, "남성=발전 과정의 행위자", "여성=발전 과정의 수혜자"로 인식하게 된다. 여성은 사회가 보호하여야 할 사회적 약자의 개념에서 점차 동등한 사회구성원일 수 있으나 사회적 배제에 노출됨으로써 평등한 기회를 누리기 어려운 주체로 인식되기 시작하였고, 이러한 현상은 산업의 발전을 근간으로 한 국민소득의 증대와 더불어 지속적으로 일어난 교육 수준의 상승과 함께

1) 정치적인 문제로 사회의 모든 분야에서 여성이 동등하게 참여하여 의사결정권을 갖는 것을 의미한다.

2) 좀 더 기술적인 측면으로, 정책이나 프로그램이 어떻게 여성과 남성에게 다르게 영향을 미치는가를 검토하고 성 관점을 통합하도록 하는 것을 의미한다.

3) 일부의 여성이 토큰으로 정책에 참여하는 것이 아니라 여성이 정책의 모든 과정에 동등하게 참여하고, 그 결과로 주류가 전환되는 것을 의미한다. 즉, 이는 남성 중심으로 조직된 사회의 주류 영역이 재편되는 것을 의미한다.

가속화되어 왔다.

1970년대 농촌 여성 발전을 어떻게 정의할 것인가 하는 문제는 성 주류화 관점에서 접근하기보다는 WID의 틀을 적용하는 것이 바람직하다고 생각된다. 사실상 1970년대 우리나라에서 새마을운동을 추진하던 당시에는 전 세계적으로 WID 전략이 적용되었던 시기일 뿐 아니라 여성 발전을 위한 기초 인프라가 부족하였던 당시 여성의 삶의 변화를 살펴볼 수 있기 때문이다. 농촌 여성들은 새마을부녀회와 같은 조직활동을 통하여 여성의 사회적 참여가 증대하기 시작하였고, 여성의 건강 증진, 산아제한과 여성의 경제활동 참여, 소득 증대와 같은 정책이 중심을 이루게 된다. 그러나 WID가 농촌 사회에 만연하였던 가부장제적 틀과 불평등을 해소하기 위한 전략으로 활용되었다기보다는 발전의 틀과 개념을 그대로 둔 채 여성을 기존의 발전 과정에 통합시키고자 하였다.

표 5-1 WID와 GAD의 비교

	WID	GAD
접근	발전계획과 정책에서 여성의 부재를 주된 문제로 인식	남성과 여성 사이의 불평등한 사회적 관계와 그 불평등을 자연스럽게 보이게 하는 것을 주된 문제로 인식
초점	여성	특히 여성의 예속에 대한 관심을 바탕으로 사회적으로 구성되고 승인되며 존속되는 여성과 남성의 관계
문제	발전 과정에서 여성의 배제 발전자원의 절반 인구의 손실을 이 배제의 결과로 강조	공평한 발전과 여성의 완전한 참여를 가로막는 불평등한 권력 관계
목표	여성을 포함하는 좀 더 효율적이고 효과적인 발전	여성과 남성 모두를 결정 과정에서 완전한 참여자로 포함하는 공평한 발전
해결책	여성을 기존의 발전 과정에 통합	취약집단과 여성의 세력화 및 불평등한 관계의 변혁
전략	– 여성 사업과 여성의 요소가 통합된 사업 주목 – 여성의 생산성과 소득 증대 – 여성의 가계관리 능력 증진	– 젠더 불평등과 지구적 불평등을 고려한 발전 과정의 재개념화 – 여성과 남성이 결정한 실질적인 욕구를 확인하고 제시함으로써 그들이 처한 조건의 개선과 동시에 여성의 전략적 이해 제시 – 사람 중심의 발전을 통한 빈민의 전략적 이해 제시

자료: Parpart, Connelly, & Barriteau(2000: 141), Rai(2002), 이진옥 옮김(2014: 139) 재인용.

2 젠더 관점에서 본 농촌 여성의 삶

1) 농촌 여성의 인적 특성

우리나라 농촌 가족집단의 성격은 전통성과 현대성이 혼재한다. 이러한 혼재성은 여성의 가족과 일이라는 측면에서 분명히 드러난다. 농촌 여성은 전통적으로 여성의 일로 여겨졌던 가사노동과 육아를 전담하면서 그에 더하여 농업 생산 활동도 해야만 하는 이중 부담의 고충 속에 놓이게 된다.

그러나 여성 농업인들은 농업 생산 주체로서의 지위를 확보하지 못한 것이 현실이었고, 지위 변화를 위해서는 농업 인력으로서 능력을 개발시킬 수 있는 각종 교육 훈련을 제공받아야 하였다. 당시 여성 농업인의 학력은 한국 사회 전반적인 고학력화 추세에 미치지 못하고 있다. 전국 여성의 초등학교 졸업자 이하의 비율은 1970년도에 84.7%였다가 1995년도에는 36.2%로 감소하였다. 고등학교와 대학 졸업자의 비율은 동기간 중에 각각 5.5%, 1.6%에서 33.1%, 12.8%로 증가한 것으로 나타난다. 그러나 농가 여성의 초등학교 졸업자 비율은 1970년도에 94.7%에서 1995년도에 71.9%로 감소하여 전국 평균보다 적게 감소하였고, 고등학교와 대학 졸업자의 비율은 1.2%, 0.1%에서 13.7%, 2.4%로 전국 평균보다 적게 증가하였다.

표 5-2 성별 농가 여부별 학력 분포의 추이

(단위: %)

구분		남성		여성	
		전국	농가	전국	농가
1970	초졸 이하	61.2	83.2	84.7	94.7
	중졸	15.1	9.8	8.2	4.0
	고졸	15.2	5.9	5.5	1.2
	대졸 이상	8.5	1.1	1.6	0.1
1995	초졸 이하	18.6	50.3	36.2	71.9
	중졸	14.5	17.4	16.9	12.0
	고졸	41.2	26.4	34.1	13.7
	대졸 이상	25.7	5.9	12.8	2.4

자료: 농림부, 『농업총조사』, 각 연도; 통계청, 『한국의 사회지표』, 각 연도.

1995년 현재 30세 미만의 농촌 여성의 평균 교육 연수는 12년 전후로서 고졸 정도의 학력이며, 30~40대는 중퇴 수준이고 50대 여성의 경우는 국졸 수준이다. 이는 농가 남성의 학력보다 평균 2.4년 정도가 낮은 수치이다(한국여성개발원, 1999a: 34-35).

2) 농촌 여성의 경제적 지위와 특징

우리나라는 1960년대 이후 산업화·도시화가 빠르게 진행되면서, 도시와 농촌의 인구 및 경제구조의 변화가 이루어졌다. 1960년부터 1980년대까지의 경제활동 비율을 살펴보면 도시에서의 여성 경제활동 인구는 완만한 상승을 보이는 반면, 농촌지역에서의 여성 경제활동 참가 비율은 매우 높게 상승하고 있음을 알 수 있다. 1960년 시 지역의 여성 경제활동참가율은 19.4%인 반면, 남성은 65.9%이고 1980년에는 여성이 29.8%로 10%p가 증가하였으나, 남성의 경우 5% 정도 증가하여 도시지역에서의 여성의 경제활동참가율이 남성에 비하여 2배 정도 증가하였다. 이는 1960, 70년대 농촌의 인구는 급격히 감소하였는데, 이는 산업화로 인하여 도시로 이동한 결과라고 해석할 수 있다. 또한 군 지역에서는 1960년에 여성의 경제활동참가율은 29.8%, 남성은 76.5%인 반면, 1980년에는 여성이 50.6%, 남성은 75.0%로 여성의 경제활동참가율이 20.8%p 증가하였음을 알 수 있다. 이는 남성의 경제활동참가율이 증가하지 않은 것을 비추어볼 때, 농촌지역에서 부족한 인력을 여성으로 대체하였음을 알 수 있다.

표 5-3 지역 및 성별 경제활동참가율의 추이

(단위: %(명))

	시부		군부	
	여성	남성	여성	남성
1960	19.4(452,815)	65.9(1,390,125)	29.8(1,703,335)	76.5(3,996,785)
1966	24.5(745,900)	77.6(2,087,560)	35.4(1,993,720)	79.1(3,887,170)
1970	26.0(1,101,333)	68.6(2,821,594)	46.8(2,523,585)	75.6(3,931,001)
1975	30.9(1,781,571)	74.4(3,900,659)	61.1(3,393,189)	81.2(4,275,185)
1980	29.8(2,255,444)	70.6(4,882,094)	50.6(2,717,837)	75.0(3,739,757)

자료: 경제기획원, 『인구 및 주택총조사 보고』 각 연도.

1960년대 이후 농촌지역의 여성과 남성의 연령별 취업률을 살펴보면 남성의 경우 1966년과 1980년대 시점을 기준으로 완만한 증가세를 보이고 있는 반면, 여성의 경우 32.9%에서 51.0%로 급격한 증가를 보이고 있다. 또한 도시지역의 여성과 비교할 경우에 1980년 기준으로 살펴보면 여성의 취업률이 2배 정도에 해당함으로써 그 차이가 현격하게 나타나고 있다. 즉, 취업률이 급격히 증가하고 있음을 알 수 있다. 농촌지역의 여성 취업률의 증가는 가족 문화의 특성상 장남이나 아들에게는 교육 기회를 주고, 딸은 가정경제를 돕거나 책임지는 활동이 다수 이루어졌기 때문이다.

표 5-4 연령별 성별 취업률 추이

	남자				여자			
	1966	1970	1975	1980	1966	1970	1975	1980
시부	55.6	67.9	66.5	62.3	20.0	26.0	29.2	26.9
14~24	24.4	36.5	34.0	28.7	5.6	36.9	40.5	38.7
25~44	79.5	89.4	91.2	87.6	18.2	19.8	22.9	22.3
45~59	79.1	85.1	82.8	77.2	19.5	22.9	26.0	22.4
60 이상	31.5	35.2	32.4	29.6	4.4	5.5	5.9	4.7
군부	65.2	78.3	78.8	70.5	32.9	48.5	63.3	51.0
14~24	39.1	53.0	54.4	36.6	24.5	44.6	55.7	38.2
25~44	85.0	93.0	96.0	92.2	41.7	54.1	71.3	59.3
45~59	86.5	93.7	95.5	94.0	41.6	56.4	78.2	69.2
60 이상	44.3	53.6	55.0	62.0	11.6	20.9	26.9	27.9

주: 취업률: 14세 이상 연령별 남·녀 인구 중 취업자 비율.
자료: 경제기획원, 『인구 및 주택총조사 보고』 각 연도 보고서.

주요 산업 내 또한 농업과 비농업 부문의 여성 경제활동 인구는 연령별로 큰 차이를 보인다. 1960년대 이전의 농촌 여성들은 생활 범위가 주로 가정 및 살림살이에 한정되어 있었고, 농촌 여성들은 철저한 성별 분업의 원칙에 따라 가사노동과 베짜기 노동을 전담하였다. 연령별로 여성 취업자의 경우 시부에서는 25세 미만에서 뚜렷한 증가를 보이고 있으나, 군부에서는 25세 이상의 기혼 여성 취업자가 급증하였는데 이들 대부분은 주로 농림어업축산업에 종사하고 있다. 최재석(1975)은

1960년대 중엽의 농촌 가족에 대한 조사를 통하여, 여전히 남편은 바깥일을 부인은 집안일을 한다는 전통적 규범이 강하게 남아 있으나, 농사에서 여성의 참여를 정식적으로 거론하면서 '밭매기' 일은 오히려 여성의 일에 속하였고, '모내기, 벼베기, 타작, 논매기'까지도 여성들의 참여가 컸음을 지적한다. 여성의 노동시장 참여는 특정 부문, 특정 직종에 집중되어 있다.

표 5-5 주요 산업 내 여성 취업자의 연령 분포 추이

구분		농림수렵업 및 채석업	제조업	도소매 음식 숙박업	사회 및 개인 서비스업
14세 이상 전 연령		100	100	100	100
1966	14~24	20.7	55.5	11.5	55.7
	25~44	50.8	32.5	61.1	34.1
	45~59	24.0	10.1	24.8	8.9
	60세 이상	4.4	1.9	2.6	1.3
1970	14~24	20.1	69.8	21.1	66.8
	25~44	47.3	9.0	54.1	25.7
	45~59	25.9	0.9	22.5	6.3
	60세 이상	6.7	0.1	2.3	1.2
1975	14~24	21.7	76.4	22.9	60.9
	25~44	43.5	18.6	53.1	29.8
	45~59	28.0	4.6	21.7	7.9
	60세 이상	6.8	0.3	2.3	1.4

주: 각 산업별 14세 이상 여성 취업자 중 각 연령 취업자 비율.
자료: 경제기획원, 『인구 및 주택총조사 보고』 각 연도 보고서.

3) 가부장제적 특성과 사회적 지위

서구 여성주의자들의 국가 연구는 가부장제 국가(patriarchal state) 연구를 중심으로 발전하였다. 가부장제 국가란 "국가기구의 압도적 다수를 남성이 차지하는 국가 형태, 주로 남성의 이해에 부응하여 기능하는 국가 혹은 상부 구조, 여성에 대한 억압을 유지 혹은 적극적으로 지지하는 국가"로 정의한다(Dahlerup, 1987). 대부분의 제3세계 국가 농촌지역을 대표하는 특성이 가부장제이며, 우리나라의 경우

도 예외는 아니었다. 성별 위계가 농촌만의 문제는 아니지만 농촌은 폐쇄적인 지역 공동체라는 특수성으로 유교적 전통이 상대적으로 도시에 비해서는 크다고 할 수 있다. 그 때문에 농촌 여성들은 가부장제 문화 속에서 생활해야 하였다.

농촌에서 여성의 삶은 이중적이다. 가사일과 농사라는 과중한 노동 부담을 지고 있었지만, 농사보조자로 인식되어 사회적·경제적 지위는 매우 약하였다. 여성들의 노동 비중에도 불구하고 생산물은 주로 남성들이 관리하기 때문에 여성들은 공동으로 일을 하고서도 그 몫에 대한 권리를 행사하기 어려웠다. 그뿐만 아니라 여성은 소득의 몫을 분배받지 못하였고, 남편들이 술과 도박으로 돈을 날리는 일 때문에 자녀 양육과 생계 유지 부담을 고스란히 떠안아야 하였다(유정미, 2000).

농촌 여성들의 사회적 지위가 낮아 의사 결정에서 가계를 대표하거나 마을을 대표할 수 없었다. 또한 농촌 여성들은 농업 교육의 기회나 농업의 변화로부터도 소외되어 여성이 농업에서 차지하는 생산자로서의 지위가 상당히 낮았던 것으로 평가된다(조희금, 2002). 농촌 여성은 정식 농민이 아닌 농민의 보조자로 머물렀다. 농업협동조합의 가입 자격도 '1가구 1조합원'의 규칙에 따라 남자에게만 주어졌다. 여성의 경제적 활동도 가족에 대한 봉사나 허드렛일, 또는 보조적인 노동으로만 취급되었다. 이처럼 여성들은 가부장적인 인습과 남성에 의한 재산권 독점으로 경제적 권한과 지위는 약한 반면에 가사 관리와 가계 운영에 대한 책임과 함께 농사노동이 점차 과중해지는 현실을 맞게 된다. 사회적 지위는 취약한 반면 여성들의 이중노동에 대한 부담이 증가하게 되었다. 1966년에 농번기에 농촌 여성·여성 농업인이 농사일에 투하한 노동 시간은 3시간 25분이었다. 70년대 이전까지는 여성이

표 5-6 농촌 여성의 농번기 노동 시간의 변화 추이

(단위: 시간 : 분)

구분	1966[1)]	1973[1)]	1975[1)]	1979[2)]	1983[2)]
농업노동	3:25	4:39	5:31	9:46	8:54
가사노동	8:29	6:40	5:15	4:28	4:28
계	11:54	11:19	10:46	14:14	13:22

주: 1) 전승규(1982).
　　2) 농촌진흥청, 『농가주부의 생활시간 분석』, 1980, 1984, 1988.
자료: 한국여성개발원(1999b: 37)에서 재인용.

농업 생산에서 주로 보조적인 역할을 하였음을 알 수 있다. 그러나 1979년에는 무려 9시간 46분으로 나타나 농업노동 시간이 3배 가까이 증가하였으며 1986년에는 11시간 21분을 농업노동에 투하한 것으로 나타나고 있어 농촌 여성·여성 농업인의 노동이 엄청나게 늘어났음을 알 수 있다.

4) 농촌 여성의 교육

농촌은 도시에 비하여 사회교육기관과 시설이 적고 농촌 주민들이 원하는 사회교육을 받을 수 있는 기회가 훨씬 적다. 당시 농업 교육은 농촌진흥청의 농촌지도사업, 각 도 농민교육원, 가나안농군학교 및 새마을 교육기관, 학교에서의 사회교육, 농촌협동조합의 사회교육, 각종 농민단체의 사회교육, 대중매체를 통한 농촌사회교육 등이 이루어졌다. 그러나 이러한 사회교육의 유형과 실태는 여성을 교육 대상에서 제외시키고 있는 것은 아니지만, 여성보다는 남성 농민을 대상으로 하는 경우가 많기 때문에 농촌 여성의 사회교육 기회는 도시의 여성은 물론 농촌 남성과 비교할 때 훨씬 적어 사회교육에서 가장 소외되었다(한국여성개발원, 1990).

전통적으로 농촌 여성은 가족 돌봄을 행사하거나 의식주를 책임지는 가정주부로서 인식되었기 때문에 농촌 여성들을 위한 교육 내용도 재생산자의 역할에 국한되었다. 농촌 여성 교육을 담당한 교육기관인 농업기술원이나 농협에서 이루어진 여성 교육은 여성 농업인을 생산자로서 인식하고 그에 걸맞은 역할 수행을 전문적으로 지도하는 데는 한계가 있었다. 농촌 여성 교육에서 영농기술 교육과 경영교육을 하고 있으나 그 수가 제한적이고 이 역시 농가의 보조 노동력을 전제로 하는 교육이었다. 즉, 농촌 여성을 여성 농업인으로 교육하는 과정이라기보다는 농민의 아내를 교육하는 과정에 치우쳤다고 할 수 있다. 또한 여성 농업인에 대한 교육이나 훈련이 농업 문제에 대한 과학적 인식과는 동떨어지고, 나아가 성별에 의한 역할 분담을 고정시킴으로써 여성 농업인이 더욱 주변적 위치에 머무르게 하는 교육이었다고 할 수 있다.

농촌 여성들은 실질적으로 교육에 대한 참여가 어려웠다. 가정에서 아이 돌봄과 가사일을 담당하는 인력인 여성의 경우 교육 기간 중 탁아시설의 미비, 가사전담자로서 숙박교육에 대한 부담 등이 미해결된 채로 남아 있어 농촌 여성·여성 농업인의 교육 접근도는 낮을 수밖에 없었다. 여성 농업인의 교육 참여도와 효과를 높이기 위해서는 농업·농촌의 현실과 특수성이 고려된 교육 조건과 환경이 뒷받침되지 않은 한계가 있었다는 점을 알 수 있다(한국여성개발원, 1990).

5) 농촌 여성의 사회 참여

코헨과 업홀트(Cohen & Upholt, 1977)는 농촌 여성의 사회 참여(social participation)를 의사 결정 참여, 수행 참여, 혜택 참여, 평가 참여로 구분한다(한국여성개발원, 1990). ① 의사 결정 참여는 개인이나 주민이 그에게 관련되는 모든 사업의 계획이나 방향 결정에서 직접 혹은 간접으로 참여하는 것을 말한다. 이는 사회 참여에 기초적이며 핵심적인 형태로서 농촌 여성의 사회 참여 시 반드시 고려하여야 할 사항이다. ② 수행 참여는 어떤 사업이 수행될 때 개인이 그에 필요한 자원을 제공한다든가 혹은 그 사업이 효과적으로 수행되도록 직접적으로 도와주는 행동적인 참여를 뜻한다. ③ 혜택 참여는 어떤 사업이나 활동의 결과로서 이루어진 성과에 대한 혜택을 개인이나 주민이 받는 것을 뜻한다. 물질적인 혜택, 교육적 혜택, 공공봉사를 통한 사회적 혜택, 자기 만족, 존경심, 사회적 안정 등을 통한 개인적 혜택 등이다. ④ 평가 참여는 어떤 사업이나 활동에 대한 평가가 개인이나 주민에 의하여 직접 행하여지거나, 간접적으로 의견이나 정보가 제공됨으로써 이루어진다. 사회 참여는 의사 결정, 수행, 혜택, 평가의 순서로 단계적으로 나타나며, 상호 역동적으로 영향을 미치고 환류의 효과가 수반된다.

그림 5-2 사회 참여 유형의 상호 연관성

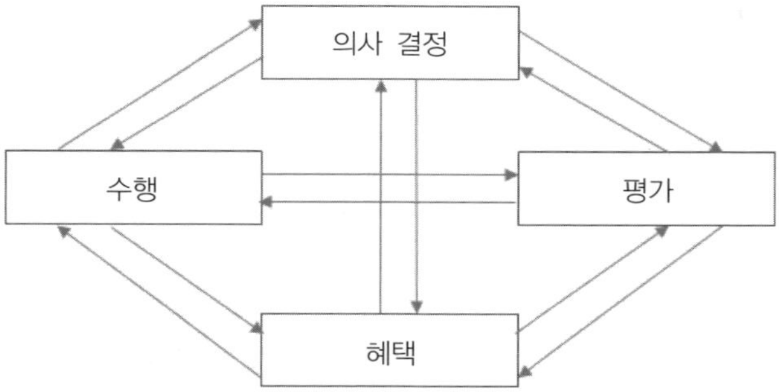

자료: 한국여성개발원(1990) 재인용.

코헨과 업홀트(Cohen & Upholt, 1977)에 의하면 사회 참여는 네 측면에서 계속적으로 이루어질 때 그 의의가 크고, 어느 한 측면에서만 한정된 참여는 완전한 의미의 참여로 보기 어렵다고 한다. 수행에서의 참여가 폭넓게 이루어지는 반면 혜택에의 참여가 제약을 받는다면 정상적인 과정의 참여로 볼 수 없음을 지적한다.

1970년대 농촌 지역사회 개발을 위한 새마을운동이 국가적 수준의 정책으로 강력히 추진되는 과정에서 농촌 여성들의 사회 참여에 기여하고자 부락 내외의 여러 가지 사회조직이 확대 강화되었으며, 여성 참여가 적극 장려되었다. 그 동안 여성들은 주로 비공식조직을 통한 자발적 참여가 주를 이루었던 반면, 1970년대는 공식조직의 활동이 주를 이루었다. 이순전(1977)의 경기도 5개 부락 209명의 부녀자를 대상으로 실시한 조사에 의하면 농촌 부녀자들의 마을 내 사회 참여 정도는 단체 참여가 73.2%, 친목계 참여는 7%이며, 마을 밖 사회 참여는 13.4%로 부녀회 관련 모임에 참여하고 있다. 부녀회 관련을 제외한 사회 참여는 9.6%이며, 교회・동창회・자모회・면 농업 관계 모임 등으로 조사되었다. 이 연구 결과에서 농촌 여성들의 사회 참여의 대부분은 공식적인 조직활동을 통하여 이루어지고 있음을 알 수 있다.

제 3 절 농촌 여성의 사회 참여 과정[4]

1 농촌지역의 여성 조직

1) 전통적 농촌 여성조직

여성조직을 구분할 때 전통적 여성조직과 현대적 의미의 여성조직은 공식적 규범의 존재, 회원 등의 관리, 사업, 의사 결정의 구조성 등을 중심으로 구분할 수 있다. 랜달(Randall, 1998)은 여성조직을 자율성의 정도에 따라 세 가지로 유형화하

4) 이 부분은 2015 동계행정학회 학술대회에서 발표한 논문을 요약한 것임.

는데, 첫째, 독립적 운동조직으로 여성들이 자율적으로 결성하고 자기 조직의 목표를 스스로 설정하는 경우, 둘째, 연합적 여성조직으로 자율적 여성조직이 목표를 공유하는 정치조직과 동맹하는 경우, 셋째, 지시된 동원조직으로 권위와 주도권이 보위에서 생겨나고 목표에 대한 협상의 여지가 없어 여성의 이익보다는 일반적 목적 달성을 위하여 국가주의적 운동으로 여성이 동원되는 경우이다(신현옥, 1999 재인용). 우리나라의 전통적 의미의 농촌 여성조직들로는 비공식적이면서 자발적으로 이루어진 친목 형태의 조직으로 두레, 품앗이, 계, 향약 등이 존재하였었다. 당시 전통사회에서 농촌 여성들은 사회활동을 제약하는 문화적 규범으로 적극적인 사회 참여를 하기 어려웠지만 이러한 조직에 자연스럽게 참여하면서 자조적 활동을 하였다.

그러나 1970년대 농촌지역 사회개발을 위한 새마을운동이 국가적 수준의 정책으로 강력히 추진되는 과정에서 전통적 농촌 여성조직은 약화되거나 사라지게 되고, 새마을부녀회와 같은 공적 조직이 생성되면서, 부락 내외의 여러 조직이 확대 · 강화됨에 따라 여성 참여의 모습도 변화하게 된다.

표 5-7 농촌 여성조직의 유형

구분	공식조직	비공식조직
자발적	– 지역여성농민회(한여농, 전여농)	– 계, 품앗이, 친목모임, 취미모임
비자발적	– 새마을부녀회, 생활개선회, 농가주부모임	– 학교 자모회, 농협주부대학 등

2) 농촌 여성조직의 다양화

농촌 여성조직은 "농촌지역을 기반으로 비자발적이든 자발적이든 공통의 문제 해결이나 지역사회 발전을 위하여 여성들이 중심이 되어 일정한 조직적 틀을 가지고 정기적인 활동을 하는 집단"을 의미한다.

우리나라는 1960년대에 공식적인 여성조직이 나타나기 시작하면서, 농촌지역에서도 여성조직이 만들어졌다. 우리나라 농촌조직의 특성은 일차적으로 마을을 단위로 하는 경우가 많고, 대체로 규모가 작으며 일차적 관계에 바탕을 두고 있어서 공식적인 규정이나 절차보다 관행을 중시하고 비공식적 성격을 갖는 경우가 많다(홍동식, 1987). 농촌 여성조직이 처음 창립된 것은 1958년에 농촌진흥청에서 농촌생활의 과학화를 지도하기 위한 학습단체로서 '생활개선구락부'를 조직한 것이다. 생활개선구락부는 의식주 가정관리, 육아, 보건위생, 부업 등의 생활개선과제 지도와 UNICEF의 지원을 받아서 농촌영양재건사업을 중점적으로 추진한 것이다. 또한 1967년 보건사회부가 여성들의 정신 계발과 자질 향상을 도모하고 여가 선용으로 가족복지 향상에 기여하기 위하여 마을 단위에 '부녀교실'을 설치 운영하도록 하고 부녀자 자질 향상 교육, 새생활운동, 새마을운동, 소비생활의 합리화(절미, 저축), 건전가정 육성(가족계획), 소득증대사업(부업, 구판, 공동작업), 가정의례준칙 생활화 등을 추진하였다. 1968년에는 대한가족계획협회가 가족계획사업을 국민에게 뿌리박은 범대중 운동으로 전환하여 전가임 여성이 가족계획사업을 생활화해 나가도록 유도하고자 전국적으로 '가족계획어머니회'를 조직하고 보건사회부와 함께 가족계획을 홍보하고 권하며 약제 · 기구를 공급하는 등 가족계획사업을 위주로 운영하였다. 1973년에는 농업협동조합중앙회가 조합사업의 신장과 농가의 경제적 · 사회적 생활 향상을 기하기 위하여 '새마을부녀회'를 조직하고 마을구판장 설치 운영, 어린이 공부방 운영, 부녀 저축 지도와 생활개선사업시설 보조 및 자금 지원 등을 추진하였다. 여기서 새마을부녀회는 관 주도의 농촌 여성조직으로 농촌지역에서 관과 지역사회와 영향을 주고받은 농촌 여성조직이라고 할 수 있다. 농촌지역에서 새마을부녀회의 특징은 토지에 기반하고 있는 것으로, 농촌 경관과 관련된 인간 상호작용과 직접적으로 연관된 윤리적 · 정치적 · 취미오락적 · 사회적 활동에 초점을 두고 있다. 농업 관련 조직은 농업, 영농, 가축과 연관된 자발적인 사람이나 조직들로 구성된 자발적인 결사체이다. 이러한 조직은 농민들의 정치적인 목적을 주장하고 실현하기 위한 것이지만 영농과 연관된 사회활동과 관련되어 있다(박덕병 외, 2005).

그러나 1960년대 당시 시민사회 영역이 미발달된 상태에서 한국의 여성조직은 교육받은 소수의 엘리트 여성을 중심으로 대개 소규모로 서울에 조직 기반을 둔 단체들에 의하여 이루어졌으며, 농촌 사회에 기반한 여성조직은 거의 없었다. 또한 1960~70년대 여성단체들의 활동 내용은 주로 중상류층 여성을 대상으로 한 교양 프로그램 및 교양교육이 주를 이룬다. 그러나 1970년대 초반에 만들어진 새마을부녀회는 빠른 시간 내에 많은 여성을 국가 개발 과정으로 동원하기 위하여 조직되었다. 빠른 조직화를 통하여 농촌 여성들은 짧은 기간 동안 행정 단위에 기반하여 관 주도로 조직화되었으며, 지역사회 발전 과정에 참여하게 되었다. 이런 점에서 1960년대와 70년대에 농촌지역에서의 여성 조직은 랜달(Vicky Randall)이 제시한 지시된 동원조직이라고 할 수 있다.

농촌 시책을 맡은 정부기관마다 여성조직을 필요로 하여 마을에서는 여러 개의 여성조직이 있었다. 새마을운동이 시작되면서 지역에 따라서는 가족계획을 위하여 조직된 어머니회가 저축 및 기금조성사업을 실시하고, 생활개선회도 농업지도소 차원의 지원과 독려로 활발하게 참여하였다. 농협에서는 1971년부터 새마을운동을 효과적으로 수행하기 위하여 부녀회를 조직하기 시작하였다. 마을부녀회는 생활물자 구입 편의를 제공하기 위하여 마을구판장을 운영하며 당시 '농협 1조 금고'사업의 저축운동에 적극 참여하였다. 정부는 각종 자생적 주민조직과 마을 공식조직들로 하여금 새마을운동의 참여 수단이 되게 하였다. 그러나 새마을운동이 활발하게 전개되면서 농촌지도사업과 농협지원사업이 꾸준히 발전되었다. 그 때문에 리·동과 마을 단위에서는 더 많은 농촌 여성조직이 결성되었고, 그 결과 한 사람이 다수

표 5-8 1977년 이전 농촌지역 조직 현황

	관장 기관	회원 자격	조직 수 (리, 동)	회원 수(명)	조직 구성	조직 목적
부녀교실	보건사회부 (부녀과)	20~60세 여성	44,049	2,150,000	도시군읍면 연합회	여성 능력 개발 건전 가정 육성
가족계획 어머니회	보건사회부 (가족계획담당)	20~47세 가임여성	29,984	749,819	시군읍면 연합회	가족계획의 생활화 모자보건 및 국민건강 증진
생활개선 구락부	농촌진흥청 (생활지도국)	20~60세 여성	29,099	561,646	시군읍면 연합회	농촌생활의 과학화 생활기술의 조장
새마을 부녀회	농업협동조합 중앙회 (내무부)	18-50세 여성	12,500	420,000	중앙본부, 시도, 시군, 읍면, 부락 새마을회	조합사업 신장, 농가의 경제, 사회적 생활 향상 도모
계			115,632	3,881,465		

자료: 보건사회부(1981:47), 한국여성개발원(1985:386) 정리.

의 조직에 중복 가입하게 되었고, 조직의 장을 겸직하는 경우도 적지 않았다. 각급 조직이 추진하고 있는 사업들을 새마을운동의 사업구조에 맞추어서 표준화하도록 하여 새마을사업과의 충돌이나 중복을 피하도록 노력하였다(정갑진, 2009).

이에 따라 관계 기관의 중복적인 지원과 지도 등으로 혼란과 부작용이 발생하게 됨에 따라 '새마을부녀회'로 통폐합된다.

2 새마을부녀회 기능과 역할

1) 새마을부녀회 탄생

새마을운동이 심화되어 갈수록 여성조직의 다원화는 주민들에게 혼란을 주고 빈번한 정책의 상충을 일으켰다. 이에 정부는 1977년 7월 8일 국무총리령 제141호에 의거하여 마을 단위로 여성조직을 정비하였다. '동일 대상인 부녀자를 지도함에 있어서 지도의 상충, 중복 등 여러 가지 혼란과 부작용인 발생됨'을 이유로 국무총리 훈령 제141호를 제정하고 이를 근거로 하여 새마을부녀회의 조직을 확대하게 된다(한국여성개발원, 1977; 심순자, 1996). 이에 따라 부녀교실, 생활개선구락부, 가족계획어머니회, 새마을부녀회를 정부가 새마을부녀회로 통폐합한 것이다. 농촌 부녀자를 대상으로 하는 모든 계몽 및 지도사업은 새마을부녀회를 통하여 추진하도록 되었다. 그러나 각 단체의 고유 기능을 살리기 위하여 새마을부녀회는 산하에 저축부, 환경생활개선부, 가족계획부, 교양활동부, 소득증대부를 두었으며, 관계 기관의 지원을 받아 활동하게 되는데, 20세 이상 60세 까지의 모든 농촌 여성이 의무적으로 가입하도록 하였다(정갑진 외, 2013).

새마을운동 과정에서 농촌의 부녀층은 "마을 개발의 잠재적 저력에서 현재적 저력으로, 생산 소득의 실질적 주역으로서, 총화 협동의 핵심적 주축으로서, 근검 절약의 실천적 주체로서 새마을운동에 앞장서고" 있었기 때문에 농촌을 대상으로 한 지도기관이나 단체 등이 이들 부녀층을 조직화하여 지역사회 개발에 이용하였으며, 이는 농촌 새마을운동의 사업 내용들이 거의 비슷한데서 기인한다(내무부, 1975; 함태홍, 1986 재인용).

2) 새마을부녀회의 역할

① 조직 목표

새마을부녀회로 통합 전에 운영되었던 농협의 부녀회 조직은 처음 2~3년간은 조직 고유의 목적 달성을 위한 사업활동이 거의 없었으며, 1973년 부녀 지도 인력을 확보하면서 조직 수의 증가와 함께 각종 경제사업 기능을 전개하였다. 농협 부녀회 조직의 목적은 저축 증진과 농가의 경제적・사회적 생활 향상이었으나, 1973년 이후 구판장 운영과 저축 증진, 어린이 공부방 운영 등이 추가되었다(함태홍, 1986). 즉, 1970년대 초기의 새마을부녀회 조직 목적은 '부녀자가 아니면 할 수 없는 일'로 한정되었으며, 가정의례 간소화, 이웃돕기, 마을 안길 청소 등에 국한되었다(내무부, 1973; 함태홍, 1986 재인용).

그러나 1977년 통합 이후 새마을부녀회는 각종 조직이 가지고 있던 조직별 주요 활동을 그대로 계승함에 따라 조직의 목적이 다원화되기에 이른다. 통합되기 이전의 조직의 목표를 일정 정도 계승함에 따라 일부 목표의 계승과 전환, 대치 현상이 발생하게 된다. 또한 새마을부녀회의 목표도 변화되는데, 이는 새마을사업이 성과가 나타나고, 여성들의 역할이 증대되면서, 지역사회에서의 소득 증대 활동으로 확대되어 갔다.

② 조직구조

새마을부녀회는 농협에서 만든 부녀회가 전신이며, 부녀회의 목표를 계승하였다. 1967년 농촌진흥청(당시 농사원)이 발족되어 생활개선과가 설치되고, 각 도 농촌진흥원과 시・군 농촌지도소에 생활개선기구가 설립되면서 농촌생활 개선사업이 적극 추진되기 시작하였다. 이를 계기로 농촌 부녀자들의 생활 개선을 위한 자발적 조직체로서 생활개선구락부가 처음으로 조직되었다. 1967년에는 보건사회부 주도 아래 마을 단위로 여성의 능력 개발을 목적으로 한 부녀교실이 조직되었고, 1968년에는 가족계획의 생활화를 목적으로 한 가족계획어머니회가 결성되었다.

1971년부터 새마을운동이 전개되면서 가족계획사업이 전국적으로 실시되었고, 농촌지도사업과 농협지원사업도 발전됨에 따라 리・동과 마을 단위에서는 더 많은 농촌 여성조직이 결성되었다. 농협이 18~50세의 비교적 젊은 층의 농촌 부녀자를 대상으로 부녀회를 조직하기 시작하여 읍・면 단위로 합병이 완료된 조합에서

4,833개의 부녀회를 조직하였다. 그 후 1976년까지 매년 2,000여 개의 조직을 자연부락 단위로 조직하여 1976년에는 13,608개에 달했다(함태홍, 1986). 초기 새마을부녀회는 농협의 부녀회를 계승하였기 때문에 회원 자격이 18~50세로 제한되었음을 알 수 있다.

1973년 새마을운동이 전국적인 체계화가 이루어질 무렵 새마을운동에 '부녀층의 폭넓은 참여와 부녀 지도자의 육성'에 대한 논의가 시작되었다(내무부, 1980). 당시 농촌진흥청과 농협 등 전통적 농업기관의 여성조직을 대상으로 새마을운동이 추진되었으며, 여성들은 운동이 진행되면서 좀 더 적극적으로 동원되었다(신현옥, 1999). 1977년 7월 8일자 국무총리 훈령 제141호에 의하여 리·동 또는 자연마을에 이미 조직되어 있던 여러 단체를 통폐합하여 '새마을부녀회'로 명칭을 바꾸어 재조직하게 된다. 이후 각 기관별로 운영되던 부녀회는 해체되어 새로운 단일조직인 '새마을부녀회'로 조직을 바꾸게 된다. 새마을부녀회는 총무부, 생활개선부, 가족

표 5-9 새마을부녀회 조직 구조

조직명	조직 구성		주요 기능	운영
	위원장	위원 구성		
중앙 부녀지도 협의회	보건사회부 차관	내무부 지방개발국장, 보건사회부 가정복지국장 및 보건국장, 농촌진흥청 지도국장, 농협중앙회 영농지도부장, 한국여성개발원자원개발실장	부녀사업의 효율적 활용과 운영을 위한 단일지침 마련 부처 간 사업 조정 공동 추진사업 건의 및 평가 관계 기관 상호간의 업무 분담 조정 기타 업무	연 4회 정기회 개최 및 소집
시도 부녀지도 협의회	시도 가정복지 국장	시도새마을지도과장·부녀복지과장·보건과장 또는 보건사회과장/농촌진흥원 농촌사회과장·지도과장, 농협시도지회 지도과장	–중앙부녀지도 협의 조정에 따른 실천계획 수립 –시도 특수사업의 공동 추진 –중요 추진 업무 처리 확인 평가 –관계 기관 상호 업무 분담 및 조정 –위원장, 위원이 제의하는 업무 담당	연 4회 정기회 개최 및 소집
시군구 부녀지도 협의회	시군구 가정복지 과장, 사회과장	시군구가정복지계장·새마을지도계장·가족보건계장 시군농촌지도소 지역개발계장 농협시군지부 지도과장 위원장이 추천하는 자	협의회와 조정한 사업의 공동 추진 관계 기관 업무 분담 효율적 인적 자원 활용 방안 위원장 또는 위원이 제안하는 사업 기타 세부 운영 사항	연 4회 정기회 개최 및 소집

자료: 심순자(1996); 한정자(1999).

계획부, 교양활동부, 가정경제부(저축부 및 소득개발부) 등의 5개 부서를 두고 관계 기관이 '부녀지도협의회'를 구성한다.

새마을부녀지도협의회는 내무부, 보건사회부, 농촌진흥청, 농협중앙회의 4개 기관이 지속적으로 새마을부녀회를 지도 · 지원하되, 지도 내용 및 행사의 중복과 지원의 불균형을 시정하고 효율적인 협조 체제 하에 기관과의 업무 협의 및 조정의 기능을 수행하기 위하여 각 행정 단위별로 구성하였다.

이와 같이 다원적인 마을 단위 부녀조직의 통합은 정부의 지시에 따라 일시에 정비되었다(함태홍, 1986). 당시 국무총리 훈령에 의거 작성된 '새마을부녀회 통합운영지침'에서와 같이 리 · 동 단위 말단 부녀조직의 다원화로 말미암아 효율적인 부녀지도행정이 어려웠고, 다원조직에 부녀자들의 참여 과다로 가정생활에 많은 지장을 가져왔기 때문이다. 그 때문에 농촌지역의 조직들이 새마을부녀회로 통합되었고, 통합 이후 새마을부녀회 회원 자격이 20세 이상 60세 이하로 목적에 찬동하는 자로 규정이 변경되었다(보건사회부, 1981).

새마을부녀회는 중앙정부와 지방자치단체, 농촌지역으로 연계되어 운영되었다. 특히 단위 농촌 새마을부녀회는 그 동안 농촌지역에 존재하였던 여러 단체를 통합하여 일원화하는 과정에서 기존 농촌 여성조직의 조직 목적을 계승하게 된다.

그림 5-3 부녀지도협의회 구성 및 지도 체계

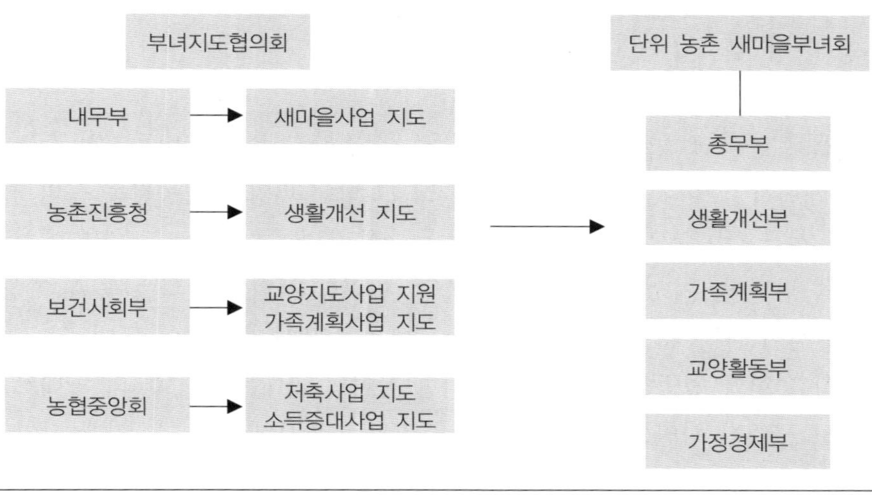

③ 주요 사업

초창기에 새마을부녀회는 저축 증진, 소비생활의 합리화, 부녀교실 운영, 환경 개선사업을 추진하였다. 여성들의 역할이 소비와 저축, 부녀회 운영 등에 국한되고, 마을 개발이나 경제활동 등에 적극적인 참여는 이루어지지 않았다. 이는 오랫동안 전통문화의 굴레 속에서 집안에만 머물러 있던 여성 인력이 새마을운동의 주축으로 역할을 담당하게 되어간 과정에서 초기 단계 여성들이 할 수 있는 역할은 많았기 때문이다.

1976년 이후 새마을부녀회 사업은 생활개선사업과 인보사업, 소득증대사업이 추가되었다. 또한 부녀회별로 사업 추진의 목표 확대와 다양화가 이루어졌다. 예를 들어 1979년도 경북새마을부인회의 사업 추진의 목표는 독서운동이고, 전북에서는 여성 의식을 높이는 교양운동으로 보았다. 지역사회 개발 추진에서 점차 소외되는 중요 원인을 여성 교육의 부족에서 찾아 이를 극복하려는 것이다(보건사회부, 1981). 1970년대 후반에 들어와 좀 더 적극적으로 여성들의 잠재 능력을 활용하려는 프로그램이 확대되었으나(내무부, 1975), 이러한 변화는 일부 예외적인 새마을 사업의 성공 마을에서 여성들이 도로 건설, 교량과 석축 쌓기, 간척사업에까지 활동을 확대시킨 데에서 여성들의 능력을 재평가받게 된 것에 불과하다(함태홍, 1986). 소액, 여유자금의 저축, 공동 구판장, 공동 취사장, 농번기 탁아소, 부엌 개량 등은 전통적인 여자의 생활공간에 속하는 일과 관계되는 것들이다. 1976년에는 농협중앙회에 생활지도과를 신설하고 새마을부녀회의 4대 사업으로 부녀 저축, 마을구판장 운영, 공동 취사장 및 부녀교실 운영을 중점 추진하였다(농협협동조합중앙회, 1976).

여성들은 근검 절약, 저축의 생활화 등을 실천하고 운동의 비물리적 측면은 물론 농로 개설사업 및 저수지의 건설, 그리고 그 밖의 다양한 영농활동 등의 경제적 측면에도 적극 참여함으로써 남성들과 동등하게 새마을운동의 여러 영역에서 주도적 역할을 담당할 수 있었다(최상호, 1996). 이러한 사업의 변화는 농촌 여성들의 역할과 관심이 가정 밖의 소득 창출 활동, 즉 농업 생산에의 참여 확대로 나타나는 등의 역할 변화가 있었다는 것이며, 이러한 참여의 확대는 곧 지위의 확대로 이어져 여성도 근대적 시민으로서 경제사회적 지위를 확보해 나갈 수 있게 되었다(이정화 · 정용교, 2013).

표 5-10 연도별 농촌 새마을부녀회의 주요 사업 변화

	1973	1974	1975	1976	1977	1978	1979	1980
구판장(개)	–	2,941	8,721	11,913	14,799	20,000	22,937	22,321
공동 취사장(개)	8	253	1,333	2,643	3472	6,082	5,815	5,049
어린이 공부방(개)	40	100	138	591	1,578	2,175	2,241	2,870
저축(억 원)	8	16	18	41	91	231	671	839
부녀교실(개)	30	90	138	11,333	15,152	34,853	34,178	32,145
탁아소(개)				977	1,828	3,496	5,704	4,363
영농기술교육(천 명)							46	52
농기계교육(천 명)			1	1	4	11	13	14
소득사업(개)					18	136	198	419
공동기금(억 원)			11	24	51	118	182	180

자료: 농협중앙회, 함태홍(1986).

그러나 농촌 부녀회 조직이 회원 스스로의 자주 역량에 따라 사업이 개발되고 참여가 이루어져 왔다기보다는 같은 시기에 시작된 새마을사업의 효과적인 수행을 위하여 조직되고 활동을 전개해 왔다. 또한 주요 사업은 마을 단위 부녀회에서 결정하는 것이 보편적이었으나, 때로는 리 개발위원회에서 결정된 사항을 추진하고 몇몇 간부가 결정한 사항에 따르기도 하였다. 즉, 사업은 자발적으로 추진된 경우도 많았으나 반면 초기에는 관 주도로 추진된 경우도 많았다(보건사회부, 1981).5)

④ 새마을부녀회 참여자

새마을부녀회는 지도자와 회원으로 구성되는데, 새마을부녀회마다 1인의 지도자를 두는 것을 원칙으로 했다. 본격적으로 새마을운동이 시작됨에 따라 새마을 부녀회 수가 비약적으로 증가하는 것을 알 수 있다. 1977년 농촌지역의 여성조직이 통합됨에 따라 여러 조직에 분산되어 있던 회원들이 새마을부녀회로 통합된다. 그러나 회원 수의 비약적 증가가 나타나지 않은 이유는 이미 농촌지역의 여성들이 여러 조직에 중복적으로 참여하고 있었기 때문으로 짐작된다.

5) 이효재·김주숙(1977: 353)의 연구에 의하면 부녀회 조직 운영에서 사업 결정은 부녀회장(44.1%), 부녀회원(40.8%), 상부의 지시(8.7%), 부락 어른(2.1%) 그리고 이장이 정해 준다고 응답하고 있다.

표 5-11 연도별 새마을부녀회 참여 인원 추이

구분	지도자 수(명)	새마을부녀회 수(개)	회원(명)
1970	2,572	2,572	82,193
1971	9,472	9,472	311,998
1972	28,313	28,313	1,633,052
1973	36,320	36,320	1,964,957
1974	41,672	41,672	2,089,647
1975	43,210	34,210	2,160,862
1976	45,545	45,545	2,254,310
1977	61,113	60,352	2,423,663
1978	78,521	68,194	2,552,385
1979	80,908	80,115	2,678,074
1980	101,955	94,072	3,175,030

자료: 보건사회부(1981: 59).

제 4 절 새마을부녀회를 통한 농촌 여성의 변화와 성장

1 여성 리더

1) 리더십 발휘

1970년대 당시 한국 여성들은 교육, 고용, 사회 참여 기회가 제한되어 있었다(Choi, 2015). 다만 당시에 조직된 몇 개의 단체에서 여성 지도자들이 배출되었다.6) 새마을 부녀 지도의 역할은 두 가지로 구분된다. 하나는 마을 내 사업의 주관이다.

6) 4H 구락부와 생활개선구락부, 농사개량구락부나 농업협동조합도 협동조합운동의 원활한 추진을 위하여 마을에 부녀회를 조직하고 작목반을 조직하여 부녀회장과 작목반장이라는 지도자를 탄생시켰다. 이후 새마을운동이 전국적으로 추진되면서 1970년대 농촌 지역사회의 지도자는 이장과 새마을지도자라는 두 체제로 대표된다. 1971년부터 영농부장을 채용하였고, 1973년부터 부녀부장을 채용하여 사업을 전담케 함으로써 농협새마을사업의 추진 체계를 정비하였다.

이 역할은 마을가꾸기와 같은 전체 사업에서 여성들을 조직화하고, 좀도리, 폐품 수집, 공동 경작, 부녀회 관광, 마을잔치, 구판장과 같은 부녀회 사업을 결의하고 관리하는 것이다. 다른 하나는 대외적인 활동으로 마을 부녀회장은 읍・면 단위 부녀회 연합회의 회원이기도 하다. 따라서 이들은 상부 단위인 연합회 사업에 참석하여 국가와 마을 부녀회 사이의 중간 매개 역할을 하였다(유정미, 2001; 신현옥, 1999).

새마을부녀회 지도자는 마을마다 남녀 각 1명씩을 선발한다는 기준에 따라 마을마다 1명씩 선발되었다(내무부, 1974). 남자 지도자는 마을 총회에서 선출 또는 추인되었으나, 부녀 지도자는 통상 마을부녀회 총회에서 선출된 부녀회장이 위촉되었다. 즉, 부녀회장이 새마을부녀회장이 되었다. 임기는 원칙적으로 없으나 마을 형편에 따라 달랐다. 새마을부녀회장은 초기에는 이장이나 남성 새마을지도자의 부인, 또는 청년회의 부인들로 이루어졌다(신현옥, 1999).

1974년 조사에 의하면 새마을부녀회 지도자로 참여하게 된 동기는 자원하여 지도자로 선발된 경우(24%), 총회 또는 마을 유지나 읍면 공무원의 추천과 권유에 의한 경우(76%)로 나타났다. 당시 여성 지도자들은 자발적으로 참여하기보다는 외부의 권유에 따라 사회적 역할을 수행하기 시작한 것으로 보인다(내무부, 1980). 자발적 참여가 어려웠던 이유 중 하나는 여성들의 사회활동에 대한 주변의 시선이 곱지 않았기 때문이고, 전통적 성역할 의식을 갖고 있던 마을 사람들에 의하여 수많은 반대와 멸시에 직면하였기 때문이다. 남성들이 여성들의 사회활동을 반대하는 경우도 많았고, 여성들 자신 또한 인습에 함몰되어 새로운 변화를 적극적으로 수용하지 못하고 저항하는 경우도 많았다. 그러나 새마을 부녀 지도자들은 지도자로 선정된 이후에 헌신하거나 지도력을 발휘한 경우도 있지만 지도자가 되기 전부터 살고 있는 마을에 대한 각별한 관심과 문제 의식을 가지고 있는 사람들이 대부분이었다.

그러나 새마을운동을 통하여 한국의 농촌 여성들은 리더십을 발휘할 기회를 갖게 되며, 리더로서 성장하게 된다. 새마을 부녀 지도자들은 역경을 이겨내는 강한 자아 정체성을 가지고 있으며, 높은 자존감과 성취 의식, 집단 중심적 사고 등 지도자적 자질을 형성해 왔고, 새마을정신을 습득하는 가운데 새마을지도자로서의 정체성을 형성해 가는 모습을 보여준다(장미경, 2007). 여현덕(2015)에 의하면 새마을운동이 여성의 리더십 변화를 촉발하게 되었는데, 처음에는 도박 퇴출, 술집 철폐, 금주운동 등 마을 생활환경 개선과 고질적인 악습 철폐와 같은 생활개선 과정에서의 소극적 행동 단계에서, 농촌마을 소득증대사업이나 새마을부녀회 조직활동을 통한 새로운 가치관 교육과 새마을지도자 교육을 받으면서 지도자로 성장하였다는 것이다. 특히 여성들이 정치적 역량이 강화되었는데 여성 지도자들은 마을총회에 참석하여 의결권을 행사하면서 마을 주민의 설득과 협동을 독려하였다. 또한 지역 여론과 의견을 행정기관에 전달하는 등 정치적 역할도 담당하면서(신현옥, 1999), 사적 존재가 공적 존재로 전환되는 것을 체험하였다는 것이다. 농촌 여성들은 마을 단위의 정치・경제・사회적 활동에 참여하면서 가부장의 부속물에서 독립적 지위를 체험하게 되었으며, 여성들이 신용협동조합장이 되기도 하여 여성의 정치사회적 지위는 크게 향상되었다(Do Hyun Han, 2012: 32-33; 보건사회부, 1981; 신현옥, 1999; Eun Mee Kim, 2014).

그러나 새마을 여성 지도자들은 국가 중심적 새마을운동을 통하여 여성의 사회활동 참여 욕구를 촉진시켰으나, 다른 한편 유교 가부장제의 영향 아래 전통적 여성상을 모델로 하여 여성을 가정 내 존재로 국한시키는 모순적 측면을 보여준다. 부녀 지도자들은 사회활동은 물론 가사노동까지 홀로 감당하여야 하였고, 가족과 지역사회, 국가 전체에 퍼져 있는 가부장적 대응들에 홀로 싸워야 하였다(장미경, 2007). 부녀 지도자들은 자신들을 가정 내 존재로 제한하는 기존 가부장적 규범에 저항하면서 사회적 존재로서의 욕망을 인정받고자 하였지만, 이들의 여성주의적 도전이 완전히 여성주의적 인식과 행위로 형성되었다고는 볼 수 없다(장미경, 2007).

2) 여성 리더의 제한적 역할

농촌에서 부녀 지도자는 크게 세 가지 형태가 있었다. 첫째는 부녀지도원이다. 고등학교를 졸업한 여성으로 시・군별로 1명씩 선발되어 1~2주 정도의 교육과정 이수 후 채용되었다. 둘째는 생활지도사이다. 1950년대 후반 농사원의 발족과 함께 가정교도원으로 시작하여 이후 명칭을 바꾸었다. 이들은 농촌의 의식주 생활 및 보건위생 등의 생활 합리화를 위하여 농촌 주부를 대상으로 한 계몽과 지도에 주력하였다. 초기에는 2개 군에 1명씩 배치하였다가 1964년에는 1개 군에 1명씩 배치하였다. 셋째는 가족계획 계몽원이다. 이들은 55세 미만의 조산사 또는 간호사, 40세

미만은 간호조무사로서 가족계획연구원에서 소정의 교육을 받은 고졸 이상의 여성들이었다. 그러나 실제로는 이들 중 상당수가 자격증이 없었기 때문에 고졸 이상의 여성이 2주 정도의 교육을 받은 후 읍면으로 배치되는 상황이었다. 이들은 주로 가족계획에 대한 계몽과 교육, 피임약 및 기구의 보급과 알선, 사후관리, 통계보고, 어머니회 운영 등의 활동을 수행하였다(장미경, 2007).

새마을부녀회장이 된 이후에는 교육이 이루어졌는데, 새마을운동 추진에서 특히 강조된 것이 지도자 교육이다. 대통령이 새마을지도자 교육의 내용과 방법을 직접 결정하고 청와대의 새마을담당관실이 교육을 직접 관장할 정도였다(김일철, 1991). 1973년부터 여성들은 매년 1천 명씩 1980년까지 9,139명의 새마을 여성 지도자를 배출하였다(보건사회부, 1987). 새마을연수원에서 5박 6일의 교육 외에 도, 시, 군, 읍면은 각각 자체적인 프로그램을 가지고 교육을 실시하였다. 여기에서는 지도자 교육을 위하여 회의법과 토의 방법을 교육시켰다. 새마을 교재(부녀지도자 과정)에는 분임토의의 목적과 과정을 명기하였고, 지역사회에서 지도력을 발휘하도록 하였다. 교육은 중앙교육과 지방교육 그리고 자체적인 교육이 이루어졌다. 이러한 전문적인 교육 이외에 읍면 단위 행정기관 주관의 월례회의가 있었다. 그러나 주로 행정지시나 부녀 지도에 따른 연락 기능이 중심이 되고 있어 교육의 장으로서는 미약하였다. 또한 각종 회의, 평가회, 연찬회 등이 있으나 교육 기능을 도외시한 행사 중심의 모임이 대부분이었다고 한다. 이후 농촌 새마을부녀회에 대한 전문적인 리더 교육을 실시하고 있는 곳은 1983년 말 개원한 농협지도자교육원이다(함태홍, 1986).

교육을 받은 새마을부녀회 지도자들은 마을에서 중요한 역할을 수행하게 된다. 지역여성 지도자들은 마을 여성들을 모으고, 회의를 주재하고 의견을 수렴하는 역할을 하였으며, 동시에 마을 여성들의 의견과 여론을 지역여성개발요원들에게 전달하고 조정하는 정치적 역할을 담당하였다(신현옥, 1999). 그뿐만 아니라 마을 내 사업을 주관하였다. 이 역할은 마을가꾸기와 같은 전체 사업에서 여성들을 조직화하고, 좀도리, 폐품 수집, 공동 경작, 부녀회 관광, 마을잔치, 구판장과 같은 부녀회 사업을 결의하고 관리하는 것이다. 그 밖에 대외적인 활동으로 마을 부녀회장은 읍·면 단위 부녀회 연합회의 회원으로 이들은 상부 단위의 연합회 사업에 참석하여 국가와 새마을부녀회 사이의 중간 매개 역할을 한다(유정미, 2001).

2 농촌 여성의 교육훈련

1) 교육 참여 확대

1960년대 혹은 1970년대 초반과 비교하여 농촌지역에서 여성 교육 기회가 확대되었다. 새마을교육, 교양교육, 인보사업을 위한 교육이 이루어졌다. 특히 교양교육과 인보사업에의 교육 참여자가 증가하였음을 알 수 있다. 또한 1976년 이후 부녀회 조직이 어느 정도 체계화가 이루어지면서 새마을부녀회의 역할은 점점 강화되었는데, 조직 강화를 위하여 필수적인 것이 여성 새마을지도자 양성과 교육이라고 할 수 있다. 여성 새마을지도자는 지도자 교육을 받게 되었는데, 중앙교육뿐 아니라 1976년에는 지방교육도 추진되었다. 특히 지방교육은 참여자 수가 단기간임에도 불구하고 중앙교육 참여자에 비하여 훨씬 많을 뿐 아니라, 부녀 회원까지 확대되었다.

표 5-12 새마을교육 및 인보사업 현황

구분	새마을교육		교양교육		인보사업		
	중앙교육(명)	지방교육(명)	회수(명)	참가 인원(명)	인원(명)	현금(천 원)	물건(천 원)
1973	1,203						
1974	1,000						
1975	2,793						
1976	3,099	32,514			320,297	379	133
1977	4,271	24,955	68,769	3,526,508	544,281	728,521	354,970
1978	3,873	13,521	70,090	3,083,654	514,927	844,010	225,452
1979	3,516	18,440	99,402	4,022,463	1,266,277	1,750,435	341,465
1980	1,495	16,429	109,971	4,081,167	1,458,831	1,458,831	513,196

자료: 보건사회부(1981: 58-59).

2) 성별화된 교육 내용

제한적이긴 하나 농촌 여성들의 교육 기회는 확대된 반면, 여성 농업인들이 농업 생산 주체로서의 지위를 확보하기 위해서는 농업 인력으로서 능력을 개발시킬 수 있는 각종 교육 훈련을 제공받아야 한다는 측면에서 교육 내용은 여전히 성별화되어 있었다. 새마을부녀회를 통한 교육 내용은 부녀자의 정신 계발 및 소득과 직결되는 생활 개선의 측면에서 계몽교육을 실시하거나 가족계획사업, 교양사업, 생활개선사업, 저축사업 등 마을 단위사업을 실시하였다. 이것은 농촌 여성을 전통적으로 의식주를 책임지는 가정의 주부로서 인식하여 왔고, 여성 농업인을 생산자로서 인식하고 그에 걸맞은 역할 수행을 전문적으로 지도하는 데는 부족하였다고 할 수 있다. 농업기술원이나 농협의 여성교육에서 영농기술 교육과 경영교육을 하고 있으나 그 수가 제한적이고 이 역시 농가의 보조 노동력을 전제로 하는 교육으로 제한되어 있었다. 즉, 농촌 여성을 여성 농업인으로 교육하는 과정이라기보다는 농민의 아내를 교육한 것으로 볼 수 있다.

여성 농업인에 대한 교육이나 훈련이 농업 문제에 대한 과학적 인식과는 동떨어지고, 나아가 성별에 의한 역할 분담을 고정시킴으로써 여성 농업인이 더욱 주변적 위치에 머무르게 하는 교육이었다고 할 수 있다. 이 당시 여성들의 교육은 노동재생산의 일차적인 담당자로서 여성이 인구 조절을 둘러싼 내용을 중심으로 이루어졌으며, 여성 건강의 필요나 여성 교육도 인구 조절의 맥락에서 다루어졌다. 농촌지역에서 남성을 농부로, 여성을 아내와 어머니로 취급하는 성별화된 고정관념은 정부에서 남성 농부들에게만 농업 교육과 신용 대출을 제공하는 등 젠더 불평등은 더욱 악화되었다. 이는 당시 대부분의 가구주는 남성이었고, 남성이 대표되는 농촌 사회에서 실질적 교육 대상자는 남자였기 때문이다.

3 전통적 가사담당자 역할과 농업 생산자의 이중적 사회적 지위

사회경제적 지위로 보면 전근대 사회에서 농촌 여성의 사회적 지위는 상당히 낮았고, 의사 결정에서 가계를 대표하거나 마을을 대표할 수 없었다. 또한 농촌 여성들은 농업 교육의 기회나 농업의 변화로부터도 소외되어 여성이 농업에서 차지하는 생산자로서의 지위가 상당히 낮았던 것으로 평가된다(한국여성개발원, 1977; 이정화 · 정용교, 2013 재인용). 의사 결정에서 가계를 대표하거나 마을을 대표할 수 없었다. 농촌 여성의 일은 가구를 중심으로 가사노동을 수행하고 마을 내에서 사회적 관계도 비공식적 관계라고 할 수 있다. 여성들은 대부분 가사일, 자녀 양육, 농사일, 농외 취업 등을 수행하였다. 농촌에서 여성들의 역할은 다중적, 다층적이면서도 가부장적 이념 때문에 경제적 주도권은 갖지 못하는 피해자로 묘사되곤 하였다(김주희, 2011). 가사일에만 머물던 여성들의 역할은 새마을운동 이후에 변화되기 시작하였다.

새마을사업 추진 이후 마을 사업이 지속되면서 여성들도 마을일에 직·간접적으로 참여할 수밖에 없었고 이는 여성의 사회적 관계 확대로 이어졌다. 부녀회장의 경우 전국 단위의 부녀회장들과 관계를 형성하며 중앙의 새마을연수원, 지역의 유관 기관과의 관계를 형성하게 되었다. 부녀회장은 부녀회를 공적 조직화하고 여성회원들의 교류를 추진하며 조직적으로 마을일에 참여함으로써 여성의 사회 참여가 확대되기 시작하였다. 새마을부녀회 활동은 공식적 조직활동으로 사적인 영역에만 머물러 왔던 과거와는 달리 스스로 조직을 정비하여 공적 영역으로 진출할 수 있었으며, 이것을 통하여 공적 조직의 일원으로서 주변과의 관계를 형성하였다. 새마을운동은 근대 시민사회로 나아가는 과정에서 시대에 적합한 새로운 인간상을 만들어내는 사회적 기제로서 작용할 수 있었다(이정화·정용교, 2013). 또한 개별 농가에서 수행하던 여성들이 부락일에도 참여하게 됨으로써 사회적 관계에 변화가 있었던 것이다.

또한 새마을운동은 여성의 사회적 진출과 사회적 관계의 획기적 확장에 의한 지역사회 네트워킹 구축에 기여한 것으로 볼 수 있다. 1960년대까지만 하더라도 마을 주민들의 사회적 관계는 일반적인 사랑방모임의 사적 만남 정도에서 그쳤다. 1970년대에 새마을운동이 본격화되면서 부녀회도 점차 조직화되었다. 전근대적 농촌 사회에서 여성들의 사회적 관계는 마을 안에서 소규모로 행하여졌고 또 사적인 관계로 이루어졌으나, 새마을운동 이후 마을 단위 전체로 관계망을 확장할 수 있었고, 나아가 마을 밖으로의 관계를 확대할 수 있었다(이정화·정용교, 2013). 새마을운동을 통하여 정신 계발과 생산 소득 운동이 확산되면서 더불어 농촌 여성들도 그 이전의 전통적 사적 재생산 영역인 가사노동을 전담하고 있는 상태에서 농업생산이라는 공적 영역의 농업노동에 참여함으로써 참여의 양적 증가와 농업의 전 영역, 농사의 전 과정에 주도적으로 참여하게 되었다(조희금, 2002; 이정화·정용교, 2013 재인용).

그러나 전통적인 가사담당자로서 한정된 역할에서 벗어나 농업 생산자로서, 나아가 지역사회의 주민으로서의 참여와 의사 결정 수준에 대한 역할의 변화는 높지 않은 편이었다. 한국여성정책개발원(1987)에 의하면 영농과 관련된 의사 결정 권한을 살펴보면, 남편이 결정한다는 비율이 70~80% 이상에 해당되며, 가사 결정 권한도 사안별로 차이가 있기는 하나 사소한 사안은 부인이 결정하는 경우도 있지만, 대부분은 남편과 상의하여 결정하는 비율이 높은 것으로 조사되었다. 또한 지역사회나 마을일에 대해서도 남성들이 주로 참여하여 남편이 가구를 대표한다는 의식이 강한 것으로 조사되었다.

그 때문에 새마을운동을 통한 부녀회 활동이 여성들의 사회적 참여 기회를 제공하는 데 상당한 기여를 하였음에도 불구하고 여전히 가정 내에서 여성의 역할은 생계 보조자, 재생산 담당자로서의 역할에 한정되어 있다는 점을 부인하기 어렵다.

4 경제적 활동의 다원화와 경제적 지위 변화

새마을부녀회에서는 공동기금 조성과 소득 증대를 위하여 다양한 활동을 전개하였다. 1970년대 후반 농촌 인구의 감소로 부녀자들의 영농 참여율이 급격히 상승함에 따라 부녀회 공동소득사업은 지역의 특색에 맞게 자율적으로 선정되었다. 새마을부녀회를 통하여 공동 노동, 공동 저축이 이루어졌는데, 이것은 농촌 여성의 경제적 자원 확보를 가능하게 하였다. 농가노동 중 고용노동에 대한 여성 비중이 1970년도 이후 증가하였다. 고용노동의 증가는 여성들의 직접적 현금 소득에 영향을 주게 되고, 경제적인 자원 확보를 가능하게 하였다.

1970년대 가족노동에 종사하던 여성의 비율이 33.8%, 고용노동은 26.0%였던 반면, 1980년대에는 가족노동의 비율 증가에 비하여 고용노동의 비율이 상당히 높아졌다. 임금을 받지 못하는 가족노동에 비하여 고용노동이나 품앗이, 계 등을 통하여 여성들의 경제활동의 다원화가 이루어졌으며, 이를 통하여 여성들의 경제적 지위를 확보하는 계기가 되었을 것으로 짐작된다. 또한 여성들에게 직접 현금 소득을 주었던 홀치기와 같은 부업, 새마을공장에의 취업, 그리고 부녀회를 통한 사업 등도 경제적 자원 획득에 긍정적 영향을 미쳤다. 이것은 새마을사업의 성공과도 연결되는데, 새마을부녀회가 성공한 마을의 경우, 부녀회 사업이 개별 여성의 소득 보장과 직결되는 경우가 많았는데, 이것은 여성들의 가장 중요한 참여 동기가 경제적 이유, 현금의 필요에 있기 때문이다(유정미, 2001).

표 5-13 농가노동 투하량

(단위: %)

	가족노동		고용노동		품앗이		계	
	남	여	남	여	남	여	남	여
1970	66.2	33.8	74.0	26.0	15.2	34.8	37.4	32.6
1980	58.3	41.7	57.4	42.6	49.5	50.5	57.4	42.6

자료: 농수산부(1970, 1980). 『농림통계연보』. 유정미(2001)에서 재구성.

1970년대 이전에 농촌에서는 여성 노동력이 농업 생산에 상당한 비중을 차지하고 있었다. 농촌에서 공적 영역과 사적 영역에 대한 구분은 집안일과 마을일을 나누는 것이다. 여성들은 가구 내의 가사노동을 비롯하여 농사일에도 참여하고 있지만, 이것은 사적 영역으로 간주되는 것이다. 새마을사업에서는 여성들이 지역사회 사업을 진행하기 위하여 필요한 대상으로 인식되었다. 그러나 마을가꾸기사업과 같은 마을 전체 사업에서는 여성들이 노동력을 제공하는 수준의 참여였으며, 사업의 결정과 진행에 영향력을 끼쳤다고 보기는 어렵다(유정미, 2000).

5 사적 참여에서 공적 참여로의 변화

새마을운동에서 여성들은 개별적인 과정에 참여하기보다 새마을부녀회를 통하여 이루어졌다. 당시 새마을운동에서 여성들은 주체로서보다는 국가의 부름을 받은 객체로서의 역할로 제한되어 있었다. 물론 이런 과정에서도 리더로서의 여성은 존재하였으며, 여성의 사회적 의식도 형성되었다.

여성의 참여는 정치학습의 장이 되었다. 당시만 하여도 여성들은 정부조직과의 연계나 거버넌스 차원에서의 역할에 대한 경험이 없었기 때문에 새마을부녀회가 농촌지역에서 조직화되는 과정에서 여러 경험을 하게 된다. 1960~70년대 한국의 산업화 과정은 그 자체가 농가, 농촌, 농업 중심의 전통적인 사회, 경제, 문화, 가치 질서의 해체와 산업사회 질서에 의한 새로운 재통합 과정이라고 할 수 있다(최양부, 1986). 이러한 산업화는 여성들에게는 국가, 지역사회, 가족, 개인이라는 다층적 주체들이 집합된 장으로서의 일-가족 관계를 극명하게 드러내는 시기이다(이순미, 2006).

사회적으로 소외되고 억압받던 여성들이 새마을운동에서 운동의 주체로서 큰 역할을 담당하였다는 사실은 운동의 근대성을 보여주는 일면이다. 여성들은 근검 절약, 저축 등 운동의 비물리적 측면은 물론 농로 및 저수지의 건설과 영농활동에 이르기까지 남성들과 동등하게 모든 새마을운동 영역에 참여하였다(최상호, 1996). 그러나 이에 대해서는 두 가지 해석이 가능하다(김흥순, 2000).

첫째는 술과 도박 등의 퇴행적 행태에 침윤되어 있던 남성들을 대신하여 가계를 꾸려가던 여성들이 발전의 주체로 나선 것이라 볼 수 있다. 이러한 여성들의 참여는 정부의 동기부여에 의하여 강화된 측면이 큰데, 사업 초기 단계에서 이루어졌던 정부의 건자재 지원이 부엌 개량, 공동 세탁장, 공동 우물의 개선 등에 사용되면서 여성들이 생활과 긴밀하게 연결된 운동의 성격을 자각하고 남성들보다 우선하여 근대화 의식을 갖게 된 것으로 평가할 수 있다. 이는 피억압 계층이던 여성들이 새마을운동이라는 기제를 통하여 근대화의 실현에 좀 더 적극적으로 나섰음을 의미하는 것이다.

둘째는 농촌에서의 젊은 층의 이농으로 이들을 대신할 노동력이 필요하게 된 상황에서 여성의 노동력 활용을 극대화하려는 전략이 결과적으로 여성의 참여를 가속화시켰다는 해석이다. 이러한 두 가지 해석은 시각의 편차에도 불구하고 결과적으로 새마을운동이 농촌 노동력의 총동원과 여성의 고양된 근대 의식으로 연결되었다는 지점에서 수렴된다. 운동을 통하여 신장된 여성들의 근대 의식은 여성의 참여와 사회적 지위에 대한 실증적 조사를 통하여 확인되었다. 유훈(1980)은 8개 부락 821인에 대한 조사를 통하여 여성이 남성에 비하여 과거보다 공동 의사 결정에 대한 참여도가 늘었으며, 여성의 지위가 향상되었다는 응답이 90%에 달한다는 조사 결과를 보고한다.

부녀회 활동은 당시 여성들에게는 돌출적인 사건이었다. 여성들은 '새마을부녀회가 없었으면 나는 꿈도 못 꿔요'라고 인터뷰를 한다.7) 여성들은 새마을운동 이전 삶의 상황을 '억압'으로 규정하고 새마을운동을 성별 관계에 대한 해방의 기대로 전유한다. 여성들에게 주어진 새로운 역할이 해방의 계기로 각인되었다(유정미, 2001). 부녀회가 동원 조직의 성격을 갖고는 있지만, 이는 여성들에게 바깥 활동의 기회를 보장하고 잠재된 능력을 실현시킬 수 있는 제도화된 장으로 수용되었음을 의미한다(유정미, 2001). 그러나 젠더 관점에서 농업 근대화가 오히려 경제적·사회적 측면에서 남성과 여성의 격차를 넓히는 결과를 낳았다고 한다(Tinker, 1997).

제 5 절 결론

1970년대 농촌 새마을운동 과정에서 여성의 참여를 어떤 관점으로 볼 것인가에 따라 평가와 공과도 다르게 나타날 수 있다. 여성의 사회 참여가 활발하지 않았던 1970년대 시기, 새마을조직인 부녀회가 사회 참여의 공적 창구로서 역할과 기능을 수행하였는지, 아니면 마을을 중심으로 자발적으로 이루어지던 농촌 여성의 비공식적인 공동체 조직을 약화시켰을 뿐 아니라 공동체 정신을 붕괴시켰는지는 간단히 설명하기는 어렵다. 다만 새마을운동이 여성의 사회 참여와 성장에 긍정적인 역할을 하였다는 입장과 그와는 달리 새마을운동은 여성에게 오히려 부정적인 역할을 하였다는 입장이 상존하는 가운데, 이 연구의 시각은 새마을운동이 실제 농촌 여성의 삶을 어떻게 변화시켰는지를 살펴보고자 하였다. 특히 농촌지역에서 여성의 공적인 삶의 변화를 분석하기 위하여 새마을부녀회를 중심으로 살펴보았다.

새마을부녀회는 비공식적·자발적 성격으로 이루어진 계나 두레와는 달리 현대적 의미의 조직적 특성을 반영하였을 뿐 아니라, 오랫동안 공적 영역에서의 활동이 어려웠던 농촌지역의 여성들이 가정이라는 사적 공간을 벗어나 주체로서 기능을 할 수 있었던 공적 공간이기도 하였다. 이런 의미에서 새마을부녀회는 새마을사업 추진을 위한 과정(process)으로서뿐 아니라 여성들 자신의 삶을 새롭게 조직화할 수 있었다. 그러나 새마을부녀회는 출발이 농촌 여성들의 자발성에 근거하기보

7) 유정미(2001)의 연구에서 당시 새마을부녀회 참여자들은 새마을운동에 참여하는 것을 자아성취와 해방의 창구로 인식한다는 점을 제시하고 있다.

다는 지역사회 개발의 필요를 위하여 만들어진, 국가의 동원적 성격을 띤 조직이었다는 점과, 1977년에 국가에 의하여 다른 공적 조직을 통폐합시키는 국가 중심적 성격을 띠면서 농촌 여성들의 자율적 의사가 반영되지 못하였다는 조직적 한계도 지닌다.

이러한 조직적 한계에도 불구하고 새마을부녀회는 농촌 여성들의 조직 참여, 경제적 지위의 변화, 리더의 탄생 등 농촌 여성의 삶의 변화를 촉진하는 촉매제 역할을 하였다. 가부장적 특성이 존재하던 농촌지역에서 농촌 여성들은 사회활동을 제약하는 문화적 규범으로 인하여 사회에 대한 적극적인 참여가 제한적이었으며, 부분적으로 농촌의 협동조직인 두레, 품앗이, 계 등에 참여가 허용되었지만 이러한 참여는 비공식조직에의 자발적 참여로 주로 인보적 성격을 띠었다. 그러나 새마을운동은 새마을부녀회 조직을 만들고, 여성들의 참여를 유도하였으며, 일률적으로 리더를 양성하고 사업을 추진하고, 목표를 설정하는 과정을 통하여 여성들의 삶의 모습을 변화시킨다. 사회 참여의 기회가 부족한 부녀자들이 새마을운동을 통하여 참여의 기회도 증가하였을 뿐 아니라 지도력과 자질을 향상시키게 되었다. 이 과정에서 농촌 여성의 참여는 스스로의 역량에 의하여 자발적으로 이루어졌다기보다는 기관이나 단체의 주도 하에 농촌 여성 동원의 일환으로 추진되어 온 사례가 많았다(함태홍, 1986: 8)는 점을 부인하기 어려우나, 농촌 여성들의 지역사회의 참여는 자의든 타의든 삶에 상당한 변화를 겪게 되었다.

그러나 새마을운동이 실시됨에 따라 과거 농촌 여성의 역할은 가정적 역할과 보조적인 농업 생산자의 역할에 한정된 상황으로부터 농업 생산 및 농업의 소득활동의 주체로 변화되었고, 지역사회 활동에도 참여하게 되었다. 하지만 우리나라 농촌의 대부분의 친족 조직이나 연령별 조직은 남성 중심적이거나 남성들만의 조직으로서 남성 중심적으로 운영되고 왔고, 마을의 지배적 질서 역시 남성 중심으로 형성되었기 때문에 가부장적 질서 하에 놓여 있었다고 할 수 있다. 이처럼 새마을운동이 여성들의 삶에 어떤 영향을 미쳤는지에 관한 견해는 다양하다. 더 나아가 오히려 새마을부녀회 활동에 여성이 활발하게 참여하였음에도 불구하고 여성 지위 향상에 기여하지 못하였다고 주장하는 견해도 있다. 즉, 새마을운동 과정에서 여성 역할의 중요성은 인정되었다 하더라도 실제로 활동에 대한 대가나 보상이 사회적으로 주어지지 못한 상태라는 것이다(한국여성정책개발원, 1987). 이러한 평가가 있음에도 불구하고 앞서 제시한 것처럼 당시 농촌지역 여성들을 대상으로 한 설문 조사에서는 새마을부녀회의 필요성을 강하게 인정하고 있고, 새마을운동이 자신들의 삶을 변화시켰음을 제시하고 있다.

새마을운동 과정에서 젠더 관점을 고려할 때 농촌 여성들의 변화는 크게 네 가지로 구분할 수 있다. 첫째, 농촌지역에서 여성들의 인적 자본의 형성에 영향을 주었다는 것이다. 사회적 역할이나 리더로서 조직 경험이 부족한 여성들에게 새마을운동 조직에 참여하는 것은 리더십을 향상시킬 수 있고, 사회적 삶을 살 수 있도록 하는 계기가 되었다. 둘째, 가사담당자로서뿐 아니라 농업 생산자로서 역할을 확대하고, 이러한 역할을 수행하기 위한 교육 기회가 제공되었다는 것이다. 셋째, 가계 보조자의 역할에서 생산자로서의 역할 변화는 여성들의 가계소득에 대한 기여와 이를 통한 경제권 확보에 영향을 미치게 되었다는 점이다. 넷째, 여성들의 새마을부녀회 활동을 통한 공적 참여가 증대되었다.

그러나 새마을운동과 여성들의 삶의 변화의 상관 관계와 인과 관계를 파악하는 데는 한계가 있다. 사회에서 어느 한 부문의 성장이나 퇴보는 하나의 원인에 의해서만 이루어지지 않는 것처럼, 농촌 여성들의 삶의 변화가 새마을운동에 의해서만 영향을 받은 것으로 보기에는 무리가 있다는 것이다. 특히 자료의 대부분이 성공사례나 정부 홍보물들을 중심으로 구축되어 있고, 당시 여성들의 삶의 모습에 대한 세세한 기록이 없기 때문에, 당시에 여성들의 다양한 삶의 기록을 전달하기에는 어려움이 있다는 것이다. 또한 새마을부녀회 운영에 관한 기록도 많지 않아 몇 번 회의가 이루어졌는지, 의사 결정 구조는 어떠하였는지, 사업의 결정과 변경, 외부 조직과의 관계는 어떠하였는지 등에 대한 기록은 찾기 어렵다. 이런 기록물의 한계, 역사의 한계는 역시 새마을부녀회가 당시에도 주류 조직이라기보다는 보조 조직으로서의 기능을 담당한 것으로 볼 수 있는 대목이다. 그 때문에 다양한 기록의 해석에서도 유의하여야 할 부분이 상당 부분 존재하므로, 새마을운동이 농촌 여성의 사회적 참여와 삶에 어느 정도 영향을 미친 것은 사실이나, 이에 대한 판단은 더 많은 자료의 활용과 연구를 통하여 보완되어야 한다.

참고 문헌

김동일 외(1982). 『한국 농촌주민의 삶과 질』, 한국농촌경제연구원.

김양희(2001). 여성정책 주류화를 위한 이론 및 방법론 쟁점, 『여성정책 주류화를 위한 세미나』, 한국여성개발원.

김은미(2014). 농촌개발과 여성 참여(Rural Development and Women's Participation: Lessons from the Saemaulundong of Korea), KOICA.

김일철(1991). 『70년대 새마을운동의 전개 과정과 농촌사회의 변화: 해방 후 도시 성장과 지역사회의 변화』, 한국정신문화연구원.

김주희(2011). 농촌 여성의 사회적 관계의 변화: 사회적 자본 관점에서의 이해, 『농촌사회』, 21(2): 7-48.

김흥순(2000). 근대화 프로젝트로서의 새마을운동에 대한 비판적 고찰, 『한국지역개발학회지』, 12(2): 21-38.

내무부(1973, 1974, 1975). 『새마을운동: 시작에서 오늘까지』.

______(1980). 『새마을운동 10년사』.

박덕병 · 조영숙 · 이혜현(2005). 농촌여성들의 지역사회조직 참여 결정 요인, 『한국지역사회생활과학회』, 16(3): 97-107.

박진도 · 한도현(1999). 새마을운동과 유신체제: 박정희 정권의 농촌 새마을운동을 중심으로, 『역사비평』, 47: 37-80.

박혜영(2015). 『2025 충청북도 여성가족정책 비전과 전망』, 충청북도여성발전센터.

변화순 · 윤영숙 · 강선혜(1990). 한국 가족정책에 관한 연구: 여성 · 아동복지 서비스를 중심으로, 한국여성개발원.

보건사회부(1981). 『여성과 새마을운동』.

______(1987). 『부녀행정 40년사』.

신건(2001). 1960~70년대 근대화 프로젝트와 여성 담론에 관한 연구: 여성단체협의회의〈여성〉지 분석을 중심으로, 연세대학교 석사학위 논문.

신현옥(1999). 국가개발정책과 농촌지역 여성조직에 관한 연구: 1960~70년대 마을 부녀조직의 역할과 활동을 중심으로, 연세대학교 박사학위 논문.

심순자(1996). 한국 농촌여성조직의 발전 방안에 관한 연구, 충남대 석사학위 논문.

여현덕(2015). 한국 개발 초기 여성 참여와 리더쉽 발전 과정 분석: 1970년대 농촌의 새마을 여성 지도자들의 활동을 중심으로, 『국가정책연구』, 29(3): 49-75.

유정미(2000). 국가 주도 발전에 참여한 여성들의 경험에 관한 연구: 새마을부녀지도자들의 사례를 중심으로, 이화여자대학교 석사학위 논문.
유훈(1980). 농촌주민의 의식과 새마을사업의 평가, 『행정논총』, 18(2): 251-280.
이순미(2006). 국가주도 산업화 과정의 농촌 여성의 일-가족: 이중체계, 갈등구조, 적응전략, 전북대학교 석사학위 논문.
이재경(2003). 『가족의 이름으로』, 또하나의 문화.
이정화 · 정용교(2013). 사회적 자본의 측면에서 바라본 농촌 여성 새마을운동의 전개와 의의: 1970년대 동암 2리 여성 새마을운동을 중심으로, 『민족문화논총』, 54: 339-379.
장미경(2007). 개발국가 시기, 새마을운동 부녀 지도자의 정체성의 정치: 부녀 지도자의 성공 사례, 수기를 중심으로, 『한국사회학회』, 2007.6.: 175-190.
전승규(1982). 농촌여성의 가사노동 실태와 개선 방향, 『농촌경제』, 5(2): 23-33.
정갑진(2009). 『1970년대 한국 새마을운동의 정책 경험과 활동』, KDI.
정갑진 · 신승문 · 이종희(2013). 새마을운동과 의식개혁 양성평등을 중심으로, Knowledge Sharing Program: 경제발전경험 모듈화 사업 2012.
조희금(2002). 여성의 농업노동 및 의사결정 참여 변화, 1960년대부터 1990년대까지의 변화를 중심으로, 『한국가정관리학회지』, 20(1).
최상호(1996). 『지방시대 지역사회개발론』. 박영사.
최양부(1986). 산업사회 과정에서 한국 농가의 성격 변화와 과제, 현대사회와 가족, 제7회 복지사회 심포지엄, 아산사회복지사업재단.
한국여성개발원(1987). 『농촌여성의 노동실태에 관한 연구』.
______(1977). 『개방농정체제에서 여성농업 참여에 관한 연구』.
______(1985). 『여성백서』.
______(1999a). 『21C 여성농업인의 전문 인력화를 위한 정책연구』.
______(1999b). 『농촌여성의 조직활동 활성화 방안에 관한 연구』.
한정자(1999). 농촌여성의 조직활동 활성화 방안에 관한 연구』, 한국여성정책연구원.
함태홍(1986). 한국 농촌에 있어서 여성조직과 그 활동에 관한 연구: 해제면 새마을부녀회 활동의 문제점을 중심으로, 중앙대학교 사회복지대학원 석사학위 논문.
홍동식(1987). 한국의 도시화와 농촌의 저발전, 『현대사회』, 113-115.
황정미(2001). 1960~70년대 여성정책 연구: 1960~70년대 한국 부녀행정을 중심으로, 서울대학교 박사학위 논문.
Choi, O. C.(2015). The Role of Community Based Organizations in Poverty Reduction

and Improving Community Well-Being: The Case of the Saemaul Woman's Club in Korea, Working Paper.

Chowdhry, Geeta(1995). Engendering Development? Women in Development(WID) in International Development Regimes. In Marianne Marchand & Jane L. Parpart(eds). *Feminism/Postmodernism/Development*, London: Routledge.

Cohen, John M. & Upholt, Norman T. (1977). *Rural Development Participation: Concepts and Measures for Project Design, and Implementation and Evaluation*, Ithaca, New York: Cornell University Press. 홍동식 외(1982). 『농촌사회학』.

Dahlerup, D.(1987). *Confusing concepts-confusing reality: a theoretical discussion of the patriarchal state.*

Han, Do Hyun(2012). The Successful Cases of the Korea's Saemaulundong, Korea Saemaeulundong Center, KDI.

Hoggs, M. A.(2001). A Social Identity Theory of Leadership, *Personal and Social Psychology Review*, 5(3): 184-200.

Moser, Caroline O. N.(1993). *Gender, Planning and Development: Theory, Practice and Trainning*, London: Routledge. 『여성정책의 이론과 실천』, 장미경 옮김, 문원출판, 2000.

Parpart, Jane L., Connelly, Partricia M., & Barriteau, V. Eudine(eds.)(2000). *Theoretical Perspectives On Gender and Development*, Ottawa: IDRC.

Rai, Shirin M. (2002). *Gender and the Political Economy of Development*. 『젠더와 발전의 정치경제: 페미니즘 관점에서 본 민족주의와 지구화』, 이진옥 옮김(2014), 후마니타스.

Randall, Vicky(1998). Gender and Power. Women Engage the State. In Vicky Randall & Georgia Waylen(eds). *Gender, Politics and the State*, London: Routledge

Rogers, B.(1982). *The Domestication of Women*, London: Tavistock Publications.

Tinker, Irene(1997). The Making of a Field: Advocates, Practitioners & Scholars. In Nalini Visvanathan, Lynn Duggan, Laurie Nisonoff and Nan Wiegersma(eds). *The Womem, Gender and Development Reader*, London: Zed Books.

UN/DAW/ECLAC(1998). National Machineries for Gender Equality United Nations Division for Advancement of Women. Expert Group Meeting Report, Economic Commission for Latin America and Caribbean.

제 6 장 새마을소득증대사업

제 1 절 서론

최근 들어 한국의 새마을운동에 대한 관심이 전 세계적으로 고조되고 있다. 특히 제3세계 개발도상국가들을 중심으로 한국의 새마을운동을 배우려는 열기가 크게 퍼져가고 있다. 짧은 기간에 농촌을 근대화한 우리의 경험을 놀라운 눈으로 바라보고, 또 그 비결이 뭔지 알고 싶어하기 때문이다.

한국은 1970년대 초반 전국 방방곡곡으로 열화처럼 번져나간 새마을운동을 통하여 불과 10년이라는 짧은 시간에 농촌 근대화를 성공적으로 달성하게 된다. 새마을운동이 시작되기 이전인 1970년 이전 우리 농촌은 그야말로 전근대적인 전형적 농경사회의 모습을 그대로 보여주고 있었다. 많은 농가가 봄이 되면 가을에 수확한 얼마 되지 않는 쌀이 떨어지면서 굶주림에 시달려야 하였다. 보리가 수확되는 6월까지 주린 배를 움켜쥐고 마치 고개를 넘어가는 것처럼 힘들게 견뎌내야 하였다고 해서 소위 '보릿고개'라 부르곤 하였다. 생활환경 또한 열악하기 짝이 없었다. 전기가 없어 호롱불로 겨우 밤을 밝혔으며, 볏짚으로 지붕을 이은 초가집에서 비바람을 겨우 피하는 정도로 근근이 하루하루를 이어가고 있었다.

1970년대 들어 새마을운동이 전개되면서 우리 농촌의 모습은 빠른 속도로 몰라

보게 변모하게 된다. 무엇보다 식량 생산이 크게 늘어나 이제 굶주림의 공포로부터 벗어나게 되었으며, 나아가 모든 농어촌지역에 전기와 전화가 보급되면서 생활 패턴에 혁명적인 변화가 일어난다. 주택도 새로 단장하고, TV를 시청하면서 문화생활을 누리게 되었음은 물론, 전화망 개통과 교통망 확충으로 외부 지역과 소통이 잦아지면서 생활권이 크게 확대되는 전기를 마련하게 된다. 이와 함께 전적으로 육체노동력에만 의존하던 농업 활동 패턴도 바뀌어 기계화가 크게 진척되는 변화 모습을 선명하게 보여주고 있다. 대부분의 농가가 소형 다목적 농기계인 경운기를 보유하는가 하면 콤바인 같은 대형 농기계를 갖춘 농가들도 나타나고 있었다.

이러한 극적인 농촌 근대화의 성공, 다시 말해 농촌 주민들의 획기적인 삶의 질 개선은 결국 소득의 뒷받침이 있었기 때문에 가능하였던 일이다. 당시 농촌 경제는 빈곤이 악순환되는 굴레 속에서 생계 유지에 급급한 한계선상에서 허덕이고 있었다. 이러한 농촌 경제 상황에서는 농가들 스스로 성장과 소득 증대를 꾀하는 어떤 시도도 기대할 수 없다. 정부 주도의 강력한 농가 소득 정책의 개입이 있었음을 엿보게 하는 대목이다.

더군다나 새마을운동이 추진되던 1970년대는 공업화 우선 불균형 성장 전략을 채택하고 강력하게 수출 드라이브를 걸면서 우리 경제가 빠르게 성장하던 시기였다. 이러한 공업화 우선 불균형 전략 속에서 농업 농촌 부문은 빠른 공업화를 위하여 희생하고 지원하여야 하는 역할을 감당해야 하였으며, 그 때문에 공업 부문과의 성장 격차가 점차적으로 크게 벌어질 수밖에 없었던 그런 시절이었다. 그럼에도 1970년대 당시를 돌아보면 도시와 농촌 간 소득이 균형을 이루고 있었던 사실이 눈에 띈다. 농가 소득 증대를 위한 정부의 특별한 정책적 노력이 있었음을 강하게 시사하고 있다. 새마을운동 당시 농가 소득 증대를 위하여 시도한 다양한 형태의 정부 노력을 총체적으로 일컬어 여기서는 새마을소득증대사업이라고 부른다.

소득의 원천은 실로 다양하다. 또한 많은 국가적 노력의 궁극적 지향점이 소득 증대에 있다고 보면 당연히 농어촌 소득 증대 정책의 갈래 또한 다양하게 나타날 수밖에 없다. 정책의 주체도 다양하고, 그래서 서로 다른 관점에서 각기 다른 다양한 정책을 추진하다 보니 농가 소득 증대 정책이라는 이름으로 묶어서 부르지만 내부적으로는 다분히 산발적이고 산만한 모습을 띤다.

나아가 소득증대사업과 새마을운동과의 관계성 또한 명확하게 설정하기도 어렵다. 물론 새마을사업의 범주 속에서 일부 소득사업이 전개되기도 하였다. 그러나 농어가 소득에 크게 기여한 많은 정책사업은 새마을운동과는 별개로 나름대로 문제 의식에서 도입되고 추진되어 왔다. 그렇다고 이들 농어촌 소득 관련 정책들을 새마을운동과는 별개의 사업으로만 볼 수도 없는 실정이다. 이들 여러 농어촌 소득 관련 정책이 보여준 강력한 추진력의 배경에 새마을운동의 탄력이 크게 작용하고 있었음을 또한 부인할 수 없기 때문이다. 새마을운동이 열화처럼 전국적으로 번져 나가던 시기라 새마을운동을 빼고는 모든 국가적 정책의 입안과 추진 과정을 설명하기 어려운 시기였다.

새마을소득증대사업에 대한 논의가 어려운 이유가 여기에 있다. 각기 독자적인 안목에서 도입되고 추진된 다양한 형태의 정책들이 현상적으로 단지 나열되어 있기 때문이라는 것이다. 새마을운동의 궁극적 목표를 '잘살기', 즉 소득 증대에 두고 있는 만큼 새마을운동 논의에서 '소득 증대' 분야에 대한 논의의 필요성은 크게 제기되고 있으나, 정작 소득 문제에 대한 논의는 그렇기 때문에 극히 제한적이다.

여기서는 이러한 논의 수요에 대응하여 이 시기 획기적인 농어촌 소득 증대를 가져오는 데 실질적으로 기여한 다양한 정부의 노력들, 즉 정책들을 종합적으로 조망하고, 체계적으로 이해하고자 하는 시도를 하고자 한다. 또한 이들 소득증대사업을 논의하는 과정에 그 속에 녹아 있는 새마을운동의 맥락을 같이 드러내고자 한다.

제 2 절 새마을소득증대사업의 의의

1 시대적 상황

한번 잘살아보는 것은 5천 년 가난의 역사를 이어오면서 새겨진 우리 민족의 뿌리 깊은 염원이었다. 특히, 가난을 숙명처럼 여기고 체념과 좌절 속에 무기력하게 살아오던 농촌 주민들에게 소득 증대에 대한 염원이 더욱 절실하였던 것은 사실이다.

새마을운동이 착수되었던 1970년대 초반은 1, 2차 경제개발 5개년계획의 성공적 추진으로 우리 경제에 약간의 온기가 돌기 시작하는 그러한 시기였다. 그렇지만 여전히 절대 빈곤 상태에서 허덕이면서 경제적으로 많은 어려움을 겪고 있기는 매한가지였다. 1971년 우리의 1인당 국민소득(GNP per capita)은 289달러였다. 1차 경제개발 5개년계획이 착수되던 1962년 당시의 87달러에 비해서는 나아졌다고 하더라도 마찬가지로 궁핍함을 면치 못하고 있었음을 보여준다.

한편 공업화를 통한 경제 개발에 역점을 둔 1, 2차 경제개발 5개년계획의 추진으로 도시 공업 부문과 농업 농촌 부문 간의 소득 격차가 크게 벌어지게 된다. 그 결과 도시와 농촌 간 소득 격차가 해마다 누적되면서 농가 소득 증대의 필요성이 사회적으로 크게 대두되기에 이른다. 제2차 경제개발 5개년계획 기간 중(1967~71년) 국민총생산은 연평균 10.3%, 또 광공업은 20.3%의 고도 성장을 이룬 것으로 기록되고 있으나 농림수산업은 겨우 2.2% 성장하는 데 머무르고 있다. 그 연장선에서 1965~69년 기간 중 도시근로자가구 소득은 평균 14.6% 증가한 것으로 나타나고 있다. 반면에 농가 소득은 3.5% 증가하는 데 그치고 있다. 따라서 농가 소득의 증대 필요성에 대한 목소리가 점차 커져갈 수밖에 없는 상황이 빠르게 전개되고 있었다.

또한 도시 공업 부문이 빠르게 성장하고 있던 1970년경에도 우리 농촌의 전근대성은 여전하였다. 농촌 주민의 80%가 초가지붕과 등잔불 밑에서 살았고, 자동차가 진입할 수 있는 마을은 50%에 불과하였다. 더욱이 가뭄과 홍수로 인한 흉작이 잇달아 식량마저 절대 부족하였던 때였다. 아직도 '보릿고개'라는 처절한 굶주림의 고통이 남아 있던 터라 누구에게나 참으로 힘든 시절이었다. 거기다가 공업화 중심 경제 성장 과정에서 나타난 성장 과실 분배를 두고 농민들의 소외감, 불만, 좌절감 등이 커져가면서 사회 통합의 필요성 또한 증대되던 그러한 시기였다.

이렇듯 농촌의 어려움이 가중되면서 더 높은 소득을 좇아 도시로의 인구 유출이 큰 폭으로 지속적으로 일어나고 있었다. 그 결과 농촌은 농촌대로 개발잠재력이 고갈되면서 활력을 잃어갔으며, 도시는 도시대로 유입되는 많은 농촌 인구를 수용하는 데 한계를 보임으로써 도시 문제 또한 심화되고 있었다.

2 새마을운동의 궁극적 목표: 잘살기운동

새마을운동은 '잘살아보자'는 오랜 세월 응축된 민족적 염원을 운동 에너지로 삼아 일시에 요원의 불길처럼 타오르면서 전국적으로 번져나간 국민운동이다. 새마을운동은 한마디로 '잘살기운동'으로 규정하고 있다. '우리도 한번 잘살아보세'라는 국민들의 공통된 욕구를 수렴하여 그것을 운동의 목표로 삼고, 근면·자조·협동의 정신으로 땀 흘려 일하면 반드시 잘살 수 있다는 믿음을 제시하여 국민적 공감을 얻으면서 엄청난 추진력을 분출한 운동이다.

새마을운동은 근면·자조·협동 등 새마을정신을 고취하는 의식 개혁 측면에 중점을 두고 전개되었다. 그것은 '나도 땀 흘려 일하면 잘살 수 있다'라는 신념과 자신감이 잘살기 위한 노력을 실제 시도해 가는 전제 조건을 이루기 때문이다. 가난을 극복하기 위해서는 먼저 정신과 생활 태도를 바꾸어야 함을 말해주고 있다. 잘살고 못사는 것은 운명이 아니고 궁극적으로 정신에 달려 있음을 먼저 깨달아야 한다는 것이다.

새마을운동 점화 단계에서는 전략적으로 소득증대사업보다는 우선 생활환경을 개선하는 공동사업에 치중하였다. '스스로 할 수 있다'는 자신감을 배양해 가는 데 생활환경 개선사업이 효과적인 방법이라는 생각이 저변에 깔려 있었다. 마을 주민 모두를 협동적인 자조사업에 자발적으로 참여하게 하는 데에는 가시적인 마을 주변 환경을 개선하는 일이 다른 사업보다 더 효과적이었기 때문으로 이해한다. 이러한 과정을 통하여 자조정신이 무엇인가를 배우게 되었으며, 숙명적이고 체념적인 심리가 바뀌기 시작한다. 나아가 '우리 스스로의 힘으로 가난에서 벗어날 수 있다'는 자신감 또한 갖추게 된다.

정부에서 제시하고 있는 새마을운동 장기 발전계획에서도 새마을운동의 궁극적 목표가 소득 증대에 있음을 분명히 하고 있다. 새마을운동 장기 발전계획을 보면 1971~73년까지는 기반 조성 단계로 제시하고 있는데, 이 기간에는 마을 안길 정비, 지붕 개량 등 마을의 기초환경사업과 농로, 도수로 등 손쉬운 생산 기반사업 정비에 역점을 두었다. 가시적 효과를 보여줌으로써 마을 주민들로 하여금 '할 수 있다'는 새마을정신을 효과적으로 점화하고 가열하자는 의도로 읽힌다. 1974~76년까지는 자조 발전 단계로 설정하고, 보, 저수지, 경지 정리 등 생산 기반사업을 추진하였으며, 또 마을 숙원사업 해결, 노임소득사업 등의 이름으로 여러 사업, 예컨대 소하천 정비, 마을 진입로 정비 등과 같은 사업을 추진하였다. 1977~81년까지는 새마을운동 자립 완성의 단계로 제시하고, 목표 연도인 1981년에는 농가소득 140만 원을 달성한다는 기본 방향을 제시하고 있다. 이 기간에는 농업 생산에 박차를 가하는 동시에 농외소득원을 확충하는 등 소득 증대에 전력을 기울이겠다는 의지를 표명하고 있다.

더욱이 새마을운동의 내용을 돌아보면 새마을운동 시작부터 다분히 소득 증대 문제를 의식하고 겨냥하고 있음을 알게 한다. 새마을운동 초기 기반 조성 단계부터 역점을 두고 추진한 생활환경 개선사업도 농업용수 확보와 농기계 출입이 용이하도록 마을 안길을 확장하는 등과 같은 농업 생산 기반 관련 사업이 많은 부분을 차지하고 있다. 생활환경 개선이라는 이름으로 주로 마을 진입로 및 안길 넓히기, 소하천 정비 및 교량 건설, 배수시설, 보 설치 등과 같은 사업들에 관심을 집중하고 있는데, 이러한 사업들 모두 직·간접적으로 농업 생산 활동과 관련된 사업임을 알 수 있다. 본격적인 다양한 구체적인 소득증대사업을 시도하기에 앞서 선행적으로 이루어져야 하는 생산 기반을 갖추는 노력이 점화 단계부터 시도되었음을 잘 보여주고 있다.

요컨대, 새마을운동이 전개되는 일련의 과정 속에 실로 다양한 활동이 일어나지만 그 모두가 또한 궁극적으로 소득 증대라는 지향점을 추구하고 있음을 지적하고 있다. 새마을운동의 핵심이 소득 증대 활동 시도의 전제 조건을 이루는 자신감과 도전정신을 함양하는 데에 있으며, 나아가 점화 단계에서조차도 손쉬운 생활환경 개선사업을 추진하면서 그 세부 사업으로 다분히 소득 증대와 관련 있는 사업을 중점적으로 선정하고 있다. 새마을운동의 궁극적 목표를 소득 증대에 두고 있음을 분명히 인식하게 해주는 사실들이다.

제 3 절 새마을소득증대사업의 접근 전략

1 농촌 경제의 실상

새마을운동이 태동하던 1970년대 초반 우리 농촌의 경제 사정은 그야말로 어려움 그 자체였다. 소득을 창출할 수 있는 어떤 희망도 가질 수 없는 저개발의 균형[1]에 빠져 있는 암울한 상황이었다. 농가 소득 증대를 위한 어떤 시도도 해보기 어려운 구조적인 문제에 빠져 헤어나지 못하고 있던 그러한 실정이었음을 여실히 보여주었다.

첫 번째 문제는 무엇보다도 영세 소농이 지배하는 구조를 들 수 있다. 당시 농가 경제 기반은 취약하기 이를 데 없었다. 1970년 당시 농가당 평균 경지면적은 0.9 ha에 불과한 것으로 나타나고 있다. 농사를 애써서 지어도 자기 먹을 양식도 충당하기 어려운 영세농이 대부분을 차지하고 있었다는 것이다. 농가 소득 증대에 원초적으로 한계가 주어진 그런 상황이었음을 말해주고 있다.

그리고 설사 잉여 생산을 하더라도 생산물을 판매할 수 있는 시장이 없다는 것이 또 하나의 문제로 지적되고 있다. 만성적 저소득과 수요 부족에 따라 시장이 발달하지 못하고 크게 위축되어 있다는 것이다. 이러한 전근대적 시장 상황으로 말미암아 다양한 농업 생산 유인 체계가 작동하지 않고, 그럼으로써 농가 소득 창출이 원천적으로 가로막혀 있던 그러한 상황이었다.

이와 함께 당시의 농촌 경제 구조 또한 농업 일변도의 단순 경제 구조를 띠고 있었다. 비농업 부문 일자리가 전무하다시피 하여 농업 활동 외에 소득을 창출할 수 있는 여지가 원천적으로 봉쇄되고 있었다. 농가 소득 증대 문제를 어렵게 하는 또 한 요인이 여기에 있다.

농가 소득 증대 문제가 결코 쉽지 않은 구조적인 문제임을 말해주고 있다. 자기

---

1) 균형성장론을 주장하는 넉시(R. Nurkse)는 후진국 경제 성장 저해 요인으로 '저개발의 균형'을 지적하였다. 저소득은 시장 위축을 낳고, 생산해도 팔 시장이 없으니 투자 유인이 생겨나지 않고, 따라서 투자가 일어나지 않으니 생산성이 낮을 수밖에 없고, 생산성이 낮으니 원점으로 돌아가 소득이 낮을 수밖에 없는 순환구조에 빠져 있다는 것이다.

먹을 양식도 얻기 어려운 단순 생계농업이 지배하는 가운데 소득 창출의 여지는 봉쇄되어 있으며, 설사 생산을 한다 하더라도 그것을 팔 수 있는 시장 또한 없는 실정이다. 농업을 둘러싼 시스템 자체가 빈곤할 수밖에 없도록 그렇게 짜여 있어 어떻게 해볼 도리가 정작 마땅치 않다는 것이다. "가난은 나랏님도 못 막는다"는 우리 옛말도 소득을 올리는 문제는 구조적 문제라서 어떻게 해보기 어렵다는 것을 빗대서 말해주고 있다.

2 소득 증대 문제의 본질

'잘살기', 즉 소득 증대를 새마을운동의 궁극적 목표로 제시하고 있는 만큼 새마을 소득 증대 노력 또한 매우 광범위하게 시도되었다. 현실적으로 다양한 주체에 의하여, 그리고 다양한 방식과 형태를 보이면서 전개되어 왔다. 서로 다른 문제 의식과 안목에서 도입된 많은 소득증대사업을 좀 더 심도있게 이해하기 위해서는 종합적이고 체계화하여야 하고, 그러기 위해서는 합리적인 분석적 시각이 먼저 요구된다. 다양한 소득증대사업들을 단순히 산발적이고 나열적으로 조망해서는 소득증대사업 전체를 아우르는 일관된 설명이 어렵기 때문이다. 새마을운동에 포섭되어 추진된 다양한 농가 소득정책들을 이론적인 관점 속에서 종합하고 체계화해서 이해하여야 할 것임을 지적하고 있다.

소득의 경제적 의미를 원점에서 되짚어보면 "무엇을 만들어서 다른 사람에게 팔 때 창출되는 경제적 이득"을 의미한다. 결국 농가 소득 창출 문제는 농산물 생산과 판매 문제로 귀결된다. 먼저 생산 문제를 짚어보면 생산은 이론적으로 자본축적, 즉 투자 문제에 다름 아니다. 신고전학파 경제학자들은 주로 생산함수로 생산 문제를 설명하고 있다. 즉, 생산은 자본투입량과 노동투입량의 함수라고 하면서 일반형으로 다음과 같은 함수 형태를 제시하고 있다.

$$Q = F(K, L)$$

단, Q: 생산량, K: 자본투입량, L: 노동투입량 여기서 생산을 늘리려면 자본투입량과 노동투입량을 증가시켜야 하는데, 문제는 당시 우리 농가들의 경우 자본 투입을 증대시킬 수 있는 투자여력이 원천적으로 고갈되어 있는 한계를 보이고 있다는 것이다.

나아가 설사 생산이 이루어지더라도 판매가 일어나야 소득 창출로 이어질 것인데, 문제는 시장이 발달하지 않아 생산을 하여도 판매할 데가 없다는 것이다. 판매가 이루어지려면 구매력을 동반한 유효 수요가 전제되어야 한다. 당시는 저소득과 식량 부족으로 먹는 문제에 급급하던 때라 쌀 이외 농산물 시장 수요는 거의 봉쇄되고 있던 시절이었다.

한편, 소득 또는 이윤은 이론적으로 위험 부담의 대가라고 본다. 개별 농가들이 실제로 생산 활동을 영위하기 위해서는 무엇을 얼마만큼 생산하여 어떻게 판매할 것인가 하는 문제를 두고 기꺼이 위험을 부담하고 도전하는 기업가 정신이 뒤따라야 한다.

결국 농가 소득 증대 문제는 시장 수요 창출 문제와 투자가 관건이며, 나아가 적극적으로 도전하는 기업가 정신을 배양하는 문제 또한 하나의 핵심 과제임을 말해 주고 있다.

3 접근 전략의 이해

농가 소득의 증대 필요성은 절실한데, 반면에 소득 문제는 구조적인 문제여서 해결 방안 마련이 쉽지 않은 것이 사실이다. 많은 고민과 논의가 뒤를 이었고, 여러 소득증대사업이 이러한 절실한 필요성에 대응하여 도입되고 추진되었다. 그러나 이들 개개 소득증대사업은 어디까지나 단편적이고 산발적이어서 그 배후에 깔려 있는 큰 틀의 접근 전략을 읽어내기가 쉽지 않다. 농가 소득증대사업을 종합적이고 체계적으로 이해하기 위해서는 이론적 관점에서 다양한 소득증대사업의 이면에 녹아 있는 전략적 사고를 드러내는 데서부터 출발하여야 한다.

새마을운동이 도입되던 1970년대 초반 농촌 경제구조는 쌀 농업이 지배적인 논농사 중심의 전형적인 단순 경제구조를 띠고 있었다. 당시 우리 농촌은 여전히 만성적인 식량 부족으로 어려움을 겪고 있었으며, 거기다가 크게 늘어난 도시민들의 먹거리를 공급하여야 하는 식량 생산 기지로서의 역할 또한 크게 요구받고 있었다.

한편 1970년대에 접어들면서 1, 2차 경제개발 5개년계획의 성공적 추진으로 우리 경제가 빠르게 회복되는 국면을 보이고 있었다. 그 결과 국민소득이 향상되면서 농산물 시장 또한 살아나 과실 및 고등 채소 등 과채류에 대한 시장 수요가 생겨나기 시작한다. 이러한 수요 증가에 대응하여 농업 내부적으로 시장 판매 목적의 농업 생산 활동이 이루어지는 본격적인 상업농 시대가 열리는 전환기적 상황이 도래하고 있었다.2)

정부는 이러한 시장 변화를 포착하고, 농가들로 하여금 적극적인 생산 활동이 일어나도록 유도하고 조장하는 정책을 적극적으로 펼치기로 한다. 소득 향상에 따라 새로운 농산물 수요가 창출되는 이러한 시장 변화에 대응하여 활발하게 생산 활동이 이루어지도록 하는 것이 농가 소득 증대의 첩경임을 분명 인식하고 있었음을 말해 주고 있다. 문제는 투자였다. 생계 유지에 급급한 당시 농가 경제 상황에서 볼 때 농가 스스로에게 이러한 투자가 일어나게끔 기대할 수는 없었다. 따라서 정부는 정부 주도로 과감한 농업 투자를 전개하기로 결심하고, 다양한 분야를 대상으로 막대한 농업 생산 관련 투자를 시도하게 된다.

투자 대상과 방식, 주체를 둘러싸고는 여러 가지 형태를 띠지만, 그 내용은 궁극적으로 자본 축적으로 나타나고 있다. 한편, 정부 투자는 개별 경제 주체인 농가들의 적극적인 농업 생산 활동이 유도되도록 새로운 도전에 따른 위험 부담을 덜어주고자 하는 의도를 동시에 띠고 있다. 주로 생산 기반 조성을 위한 경지 정리, 농업용수 개발, 농업 기계화 등 사업을 지원하는가 하면 생산 활동 지원을 위하여 비료·농약 등 자재 지원과 작목 입식을 지원하기도 하고, 또 유통 활동 지원을 위하여 창고·집하장 등 시설과 차량 등을 지원하는 데 역점을 두기도 하였다.

농가 소득의 원천이 매우 다기화되어 나타나고 있는 관계로 농가 소득 증대 정책 또한 다양한 갈래에서 접근되었다. 크게 2개 축을 중심으로 접근하고 있는데, 하나는 거시적 산업정책 관점에서 주요 농가 소득 원천을 확충하고 개발하는 데 역점을 두고 있다. 다분히 정부 주도의 하향식 접근 방식을 취하고 있음을 동시에

2) 이 시기 농가 소득 구성을 보면 전환기적 특징을 잘 보여주고 있다. 여전히 쌀 생산 소득이 대부분을 차지하고 있는 가운데 과수 및 채소농업, 축산 활동 등을 통한 소득이 조금씩 늘어나기 시작하는 모습을 보인다.

보여주고 있다. 다른 하나는 마을 차원에서 주민들로 하여금 자발적인 소득사업 도전 기회를 증진하기 위한 여러 가지 시도를 하고 있다. 마을 주민 스스로의 동기에 의하여 소득사업에 도전하게 하는 전형적인 상향식 접근 방식에 의지하고 있는 모습을 보인다.

농가 소득 원천별로 접근하는 산업정책적 접근은 농가 소득구조에 비추어볼 때 먼저 쌀 증산을 통한 소득 증대에 역점을 두어야 할 것임을 지적하고 있다. 더하여 새로이 창출되는 과수, 채소 및 축산물 등 수요에도 적극적으로 대응하는 방향에서 소득정책의 접근이 있어야 할 것임을 동시에 일러주고 있다. 만성적 식량 부족 현상을 겪던 당시로서는 주곡인 쌀 증산 문제는 가장 절박한 국가적 당면 과제가 분명하며, 새롭게 수요가 창출되는 과수, 채소 등 원예작물과 축산물 등의 생산 확대를 위한 기반 조성과 동기부여 역시 국가적 차원의 당면 과제로 부상하고 있었다.

이러한 배경에서 정부는 "한 치의 땅도 놀리지 말고 식량을 증산하자"는 구호를 내걸고 식량 증산에 모든 역량을 다 쏟아부어 '녹색혁명'을 실현하기에 이른다. 농가 소득의 대종을 이루는 쌀 생산이 크게 늘어남에 따라 농가 소득 또한 큰 폭으로 늘어나는 경험을 하게 된다. 한편, 1960년대 후반기 들어 도·농 간 소득 격차가 크게 벌어지면서 농가 소득 증대 문제에 사회적 관심이 집중되기에 이른다. 이러한 사회적 관심에 대응하여 그 당시 마침 소득 향상에 따라 수요가 창출되고 있는 원예작물과 축산물 생산을 새로운 소득 기회로 삼고자 하는 생각에서 1968년에 '농어민소득증대특별사업'을 도입하게 된다.

그리고 농업 소득만으로는 농가 소득 증대에 한계가 있을 수밖에 없다는 생각에 농업 이외 활동을 통한 농외 소득 증대 대책도 강구하게 된다. 정부에서는 잠재실업 상태에 놓여 있는 많은 유휴 노동력에게 일자리를 제공하고자 하는 취지에서 부업 활동을 조장하는가 하면 농촌지역에 공장을 조성하는 새마을공장 건설사업을 전국적으로 추진하게 된다. 더하여 겨울철 농한기에 어떡하든지 놀지 말고 일하는 기회를 제공하기 위한 차원에서 농한기생산화사업을 대대적으로 전개하기도 하였다.

이러한 큰 틀에서의 소득증대사업에 더하여 마을 차원에서도 새마을소득사업이란 이름으로 몇 가지 소득 관련 사업을 시도하고 있다. 농가 소득 증대 정책의 또 다른 한 축을 여기서 읽는다. 주로 소규모적이고 개인적인 소득 증대 활동을 촉진하기 위하여 필요한 자금을 지원하는 형태로 이루어졌다. 주민들에게 필요한 자금을 저리로 빌려주는 '새마을소득금고'를 운영하는가 하면, 새마을운동에 대한 높은 참여 열기와 실천 노력을 보이는 우수마을과 자립마을을 대상으로 소득 활동 자금을 종합적으로 지원해 주는 '우수새마을 특별지원사업'과 '자립마을 지원사업'을 추진하였다. 또한 새마을운동 주관부서가 아닌 타부처에서도 '소득 증대 자립마을 육성사업'과 '새마을 소득증대 시범마을 육성사업'과 같은 소득 증대 정책 프로그램들이 앞의 '자립마을 지원사업'과 연계하여 나타나고 있다.

나아가 1970년대 후반에 접어들면서는 그 동안 해오던 마을 단위 지원 방식에서 벗어나 좀 더 광역화되는 새로운 모습의 소득증대사업이 시도되기도 하였다. 여기서는 주로 개별 농가의 생산 활동 중심으로 지원해 오던 마을 단위 소득증대사업과 달리 생산과 함께 가공, 유통을 포함하는 종합적 접근이 강조되었다. 한편 기존에 해오던 마을 단위 사업으로 유통 및 가공사업에서는 규모의 경제를 확보하기 어려워 이러한 종합적 지원이 효율적으로 이루어지기 어려운 한계를 보인다. 이러한 배경에서 1977년부터 읍, 면 지역을 대상으로 단위농협이 주관하는 '새마을소득종합개발사업'이 도입되었다.

요컨대, 전국적으로 강력하게 전개된 새마을운동을 배경으로 이렇듯 다양한 차원의 농가 소득증대사업들[3]이 의욕적으로 도입되고 활발하게 추진되면서 농가 소득 증대에 획기적인 전기를 가져온다. 농가 소득의 대종을 이루는 쌀 생산량이 획기적으로 늘어나면서 농가 소득이 크게 증대되는 결정적 계기를 마련하게 되었으며, 또한 원예작물 및 축산물 생산을 통한 소득 증대와 함께 다양한 농업 외 소득 기회도 크게 늘어났다. 동시에 마을 단위 차원에서도 좀 더 직접적인 소득 증대 활동을 지원하는 여러 새마을소득증대사업 등이 경쟁적으로 추진되면서 소득 증대에 크게 기여하게 된다. 이렇듯 국가적 역량을 총동원한 새마을소득증대사업의 성공적 추진에 힘입어 이제 우리 민족의 숙명으로 여겼던 가난의 한을 벗어던지게 되는 결정적 계기가 도래하고 있었다.

3) 그 사업들을 여기서는 새마을소득증대사업이라고 부른다.

그림 6-1 새마을소득사업의 체계

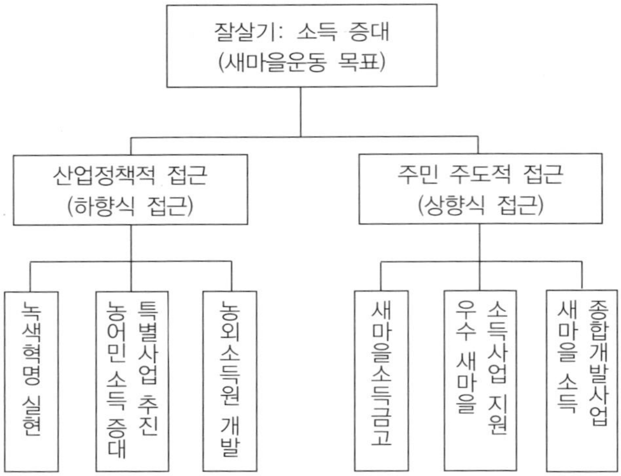

제 4 절 산업정책적 접근: 품목별 새마을소득증대사업 추진

1 녹색혁명의 실현

1) 시대적 배경

불과 수십 년 전인 1960년대만 하더라도 식량의 절대 부족으로 인한 어려움은 계속되었다. 1960년대에 들어와서는 미국 잉여 농산물 도입이 감소되고, 더불어 잦은 흉작이 겹침으로써 식량 사정은 더욱 악화되었다. 당시 대다수 농가는 봄이 되면 먹을 식량이 없는 절량 농가였다. 그 때문에 그 당시 한국의 시급한 과제는 국민의 절대 다수인 농촌 인구를 보릿고개 고통으로부터 벗어나게 하는 것이었다.

정부는 이러한 식량 위기를 타개하기 위하여 외국 곡물 도입을 서둘렀으며, 1962년 11월부터 1963년 10월까지 1년 동안 수입된 양곡은 약 800만 톤으로 역사상 최고 수준을 기록하였다. 1960년대 후반에 이르러서는 인구 증가와 소득 수준의 향상으로 식량 수요가 급증한 데 반하여 국내 식량 생산은 이에 따르지 못하여 식량 자급률은 계속 하락 추세에 있었다.

한편, 식량 부족 문제를 해결하기 위하여 쌀과 보리의 증산에 많은 노력을 기울여 상당한 성과를 올리기도 하였지만, 1968년 이전까지는 저곡가정책에 따른 낮은 소득으로 인하여 농가 경제 또한 매우 어려운 상황이었다. 정부 수립 이후 계속적으로 추진한 저곡가정책으로 말미암아 도시와 농촌 간 소득 격차가 심화되었으며, 나아가 저곡가로 말미암은 쌀 소비 촉진으로 외국 쌀 도입이 늘어남에 따라 국내 곡물의 자립 기반이 더욱 약화되는 결과를 초래하였다. 1970년대에 들어오면서 식량자급도의 제고가 가장 중대한 정책 과제의 하나로 대두하게 되는 주된 배경을 여기서 읽는다.

2) 추진 전략

1970년대에 들면서 정부는 쌀 증산을 위한 다각적인 노력을 집중적이고 강도 높게 추진하는 전략을 구사하게 된다. 먼저 농민들의 생산 의욕을 고취하기 위하여 높은 곡가정책으로 전환하고, 비료·농약·농기계 등 영농자재 공급을 원활히 하는 데 힘을 쏟았다. 그리고 다수확 신품종인 통일벼가 출시되었으며, 그것의 빠른 보급과 함께 이에 수반되는 기술 개발 또한 뒤따랐다. 아울러 경지 정리와 함께 저수지 축조, 하천 개수, 관정 개발 등 농업 기반을 현대적으로 정비하는 노력 또한 함께 경주하게 된다.

녹색혁명은 이렇듯 쌀 생산을 결정짓는 다양한 조건들이 충족되고 어우러져 빚어낸 결과이다. 생산 의욕 고취와 비료·농약 등 자재 투입량 증대, 농업용수 개발, 경지 정리를 비롯한 생산 기반 정비 등 농업 인프라 조건이 잘 갖추어진 토대 위에 다수확 품종 개발 및 기술 혁신이 접목되어 이루어낸 성과라는 것이다.

녹색혁명 추진 과정에 이렇듯 전방위적으로 전략적 노력이 시도되는데, 그 가운데 몇 가지 중요한 정책 노력을 부연하면 다음과 같다. 우선 1968년을 기점으로 그 동안 물가 안정을 위하여 유지해 오던 낮은 곡가정책을 버리고 농민의 증산 의욕을 고취하기 위하여 높은 쌀값 정책으로 전환하게 된다.[4] 그리고 1960년대 들어서는 영농자재 공급 여력도 크게 개선되기에 이른다. 수출 주도의 공업화가 급속도로 진행됨에 따라 비료, 농약, 농기계 등 영농자재들의 생산이 늘어나게 된다. 이러한 여건 변화에 힘입어 정부는 이들 생산자재가 농가에 원활히 공급될 수 있도록 관련 정부부서를 만들고 여러 가지 정책 지원 방안을 강구하였다.

또한 용수 개발 등 농업 기반을 정비하는 데도 박차를 가하게 된다. 1960년대는 농업 기반 정비에 대한 기존 질서에 일대 개혁이 가해진 시기이다. 저수지나 보 위주의 농업용수 개발은 양수장이나 지하수 개발로 전환되었고, 범국민운동 차원에서 계단식 개간이 강행되고 경지정리사업이 시도되었다. 1967~68년의 큰 가뭄을 계기로 1968년 지하수개발단이 발족되고, 1969년에는 IBRD와 차관 협정을 체결하여 경지 정리 및 기계화, 농업용수 개발, 유휴 산지 개발 등을 포괄하는 대단위농업개발사업 시범사업을 추진하게 된다.[5)]

녹색혁명은 이러한 농업 인프라가 구축된 위에 무엇보다 다수확 신품종인 통일벼의 보급 및 영농기술 개발과 농가 보급이 뒷받침되었기 때문에 가능하였다. 녹색혁명의 실현은 강한 의지로 추진된 주도면밀한 정부의 증산 시책에 힘입은 바 컸음을 지적하지 않을 수 없다. 정부는 1970년대에 영농 준비기부터 수확까지 주요 단계별로 작전을 수행하듯 영농 활동을 독려하고 유도하는 데 혼신의 노력을 다하였다. 한 예로서, 모내기와 보리베기, 벼베기에 연인원 600여만 명을 동원하여 농촌 일손돕기를 대대적으로 전개하는 등 영농 시한을 넘기지 않도록 강력한 행정력을 동원하였다.

3) 추진 실적 및 성과

식량 자급을 위한 이러한 노력에 힘입어 1974년에는 대망의 쌀 3,000만 석 시대를 열면서 주곡의 자급 달성이라는 우리 민족의 숙원을 이루게 된다. 불과 4년 뒤인 1977년에는 4,000만 석을 돌파하게 된다.

---

4) 정부는 전격적으로 고미가정책(高米價政策)을 표방하면서, 1969년산 매입가격을 전년 대비 22.6%, 1970년산은 35.9%를 각각 인상하는 획기적인 조치를 단행하였다. 또한, 맥류에 대해서는 정부 방출가격을 매입가격보다 낮게 책정하는 이중맥가제(二重麥價制)를 처음 실시하였다. 이 제도는 미곡 소비를 억제시키는 동시에 대체 효과가 큰 맥류의 증산과 소비를 촉진시키기 위한 것이었다.

5) 1990년까지 우리나라 논 면적의 20%에 해당하는 23만ha를 전천후 농지로 개발하기 위하여 총 19개 지구가 착공되었다. 이 대단위농업종합개발사업에 도입된 차관액은 3억 1,200만 달러와 185억 7,900만 엔에 이른다.

녹색혁명은 직접적으로는 다수확 신품종 통일벼의 개발과 보급의 결과이다. 통일벼 보급 첫해인 1971년에 5ha 규모의 시범단지 550개소를 전국 주요 지역에 설치하였으며, 여기에 8,451농가가 참여하였다. 평균적으로 10a당 500kg의 쌀을 생산하는 기록을 세우게 되는데, 이는 10a당 330kg 수준을 넘지 못하던 당시로서는 기적과 같은 경이로운 다수확이었다.

다수확 신품종의 도입으로 ha당 수량이 단기간에 2배 이상으로 높아지자 통일벼 보급이 빠르게 확산되었으며, 이는 곧 농가 소득 증대로 나타났다. 1972년 새마을운동이 점화되던 그 시기 통일벼의 보급률은 15.9%에 불과하였으나 1977년에는 54.6%로 크게 늘어났다.

정부는 농민들의 사기를 드높이기 위하여 정부미의 수매가격을 해마다 물가 상승률보다 더 높임으로써 이른바 고미가정책을 쓰게 된다. 그뿐만 아니라 1970년대에는 축산물과 원예농산물에 대한 수요가 늘어나면서 농가 수입을 한층 더 올릴 수 있는 기회 또한 증가하였다.

그 결과 농가 소득은 큰 폭으로 증가하게 되는데, 미국 달러 기준으로 1970년대 농가 소득을 보면 1971년에는 1,025달러이던 것이 1977년에는 2,961달러로 2.8배나 높아졌다. 7년 만에 농가 소득이 3배 가까이 증가하였으며, 이는 연평균 23%라는

그림 6-2 한국의 쌀 수량 및 농가 소득 증가 추이(1970년대)

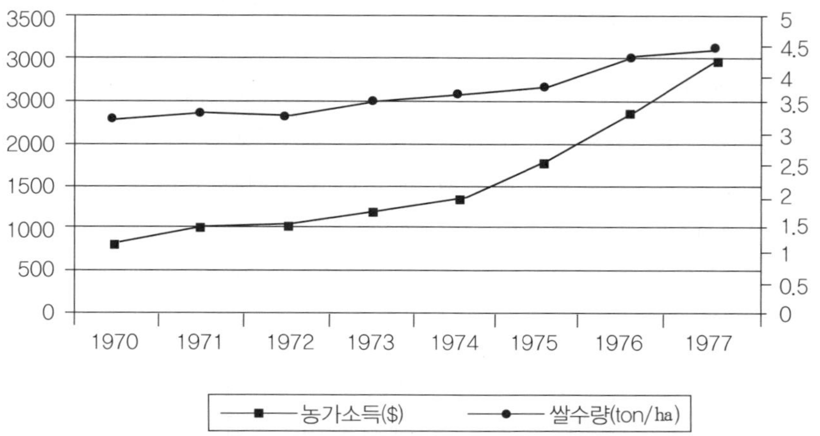

높은 증가율을 보여주는 기록이다(박진환, 2005: 88).

4) 성공 요인 분석

주곡의 자급 달성을 이룬 녹색혁명의 성취는 그 배경에 다수확 신품종 개발과 함께 식량 증산에 요구되는 여러 가지 필요 조건이 갖추어지고, 그리고 이들 조건을 아우르는 제반 역량이 체계적이고 효과적으로 작용하였기 때문에 가능하였다.

녹색혁명의 주체는 어디까지나 변화담당자인 '농민'인 까닭에 농민들의 사기와 의욕을 북돋우는 것이 무엇보다 중요하다. 이에 더하여 실제 수확량이 증대되도록 다수확 품종 보급과 기술 지도, 기반 정비와 제반 투입 생산자재의 공급 등 여러 가지 생산 지원 활동이 또한 원활하게 이루어져야 한다. 녹색혁명의 실현은 이러한 제반 조건이 그 시기에 조화롭게 잘 갖추어지고 작용하였음을 말해 준다.

1970년대에 접어들면서 1, 2차 경제개발계획의 성공적 추진으로 각 분야의 산업이 발달하면서 농업 분야 투자와 지원 여력을 비축하게 된다. 더불어 때마침 다른 품종보다 30% 이상 수량이 높은 신품종이 개발되어 보급 단계에 들어가게 된다. 농업 지원 여력을 어느 정도 갖춘 상황에서 이러한 획기적인 다수확 품종이 개발되자 정부는 민족의 숙원인 주곡 자급의 가능성에 대하여 확실한 믿음을 갖게 되었다.

더욱이 1970년대 초반에 불어닥친 세계적인 식량 파동은 우리에게 주곡만큼은 자급하여야 한다는 의지를 갖게 하였다. 특히, 박정희 대통령의 식량 증산에 대한 높은 관심을 배경으로 주곡 자급이 국정의 주요 과제가 되면서 범정부 차원에서 식량 증산 정책을 강력히 추진하게 된다. 그 일환으로 과감한 고미가정책으로 전환하여 농민들의 증산 의욕을 크게 북돋아주었으며, 이와 함께 중앙과 지방의 모든 행정력을 동원하여 군사작전을 방불케 할 정도의 치밀한 계획과 강도로 농사 지원 총력전을 전개하였다.

통일벼의 성공적인 농가 보급은 또한 한마디로 시련을 극복하고 얻은 기적이라고 할 만하다. 농촌지도공무원들의 투철한 사명감과 헌신적인 현장 기술지도 없이는 불가능한 일이었다. 그리고 농촌지도사를 믿고 따라준 농민의 정성어린 농작업이 따라주었기에 가능한 일이었다. 농민과 농촌지도사들 모두가 함께 이룩한 땀의 결실이었다.

5) 새마을운동의 맥락 재조명

새마을운동은 농촌의 생활환경뿐 아니라 농민 의식을 근본적으로 변화시켜 근면, 자조, 협동의 정신과 함께 자신감을 불어넣어 주었다. 그 결과로 선진 농사법에 대한 관심이 고조되어 행정지도기관의 각종 지도를 수용할 태세를 농민들 스스로 갖추게 되었다. 새마을운동으로 함양된 도전 의식과 자신감이 녹색혁명을 실현하는 데 가장 원초적인 동력이었다.

새마을운동의 일환으로 강력하게 전개된 생활환경 개선사업 또한 농작업로를 개설하고 농업용수를 개발하는 등 농업 생산 기반을 정비하고 구축하는 데도 많은 힘을 쏟았다. 새마을운동이 녹색혁명을 실현하는 데 직접적인 관련을 맺으면서 많은 기여가 있었음을 말해 주고 있다.

그리고 새마을운동을 통하여 함양된 도전 의식과 합리적 의식은 다수확 신품종인 통일벼 보급과 새로운 과학적 재배 기술이 빠르게 확산되고 수용되는 데도 중요한 배경으로 작용하였다. 새마을운동이 점화되기 시작한 1972년에 통일벼의 보급률이 16%에 그치던 것이 1977년에는 55%까지 늘어나게 된다.

한편 통일벼의 획기적인 증산 가능성은 역으로 새마을운동을 성공적으로 이끈 한 요인으로 평가되고 있다. 통일벼를 일찍이 선택한 농가는 물론이고 통일벼 보급 초기에 선택하지 않은 농가들 역시 예상을 넘는 통일벼의 높은 수량을 목격하면서 당시 녹색혁명과 맞물려 전국적으로 열화와 같이 전개되던 새마을운동을 다시금 생각하는 계기를 마련한다. '의식 개혁과 스스로의 변화'를 운동의 모티브로 삼는 새마을운동 정신을 다시 일깨우고 북돋우는 한 요인이 되었다는 것이다.

2 농어민소득증대특별사업의 추진

1) 농어민소득증대특별사업의 도입

1960년대 후반기에 들어와서는 이른바 도·농 간 소득 격차가 크게 심화되고, 급기야 농가 소득 문제가 정치적 쟁점으로 부각되었다. 쌀이 농가 소득의 대종을 이루는 까닭에 쌀 가격을 높여야 한다는 정치적 압력이 거세게 일어나게 된다. 그러나 그 당시의 경제 실정으로는 그러한 여력을 기대할 수 없는 형편이었다. 1967년 우리 경제의 1인당 국민소득은 142달러에 지나지 않았으며, 아직도 농민들의 85%가 호롱불 밑에서 생활하고 있는 그러한 시절이었다(박진환, 2005: 89).

당시 경제 사정이 이렇듯 허약하였지만 농가의 빈곤 문제 또한 그대로 둘 수 없는 사정으로 나름대로 고미가정책을 쓰고 있었다. 그럼에도 불구하고 쌀값 상승을 요구하는 정치적 압력은 높아만 가고 있었다. 이러한 딜레마적 상황에 당면하게 된 당시 박정희 대통령은 쌀 이외의 경제 작물이나 축산 개발을 통하여 소득을 증대시켜야겠다는 생각으로 1968년 '농어민소득증대특별사업'을 실시하게 된다. 이 사업은 수출 작목 또는 소득 증대에 따라 시장 수요가 증가하고 있는 작목을 대상으로 시장 판매를 목적으로 생산하는 상업농 발전을 유도하여 소득 증대와 농업의 근대화를 동시에 추구하고자 하였다.

2) 추진 전략

농어민소득증대특별사업은 전국 각지에 비닐하우스, 양잠, 양송이, 과수, 담배, 비육우, 양계, 양돈, 연안 양식 등 농수산물의 재배 및 사육 주산단지(主產團地)를 조성하는 데 정부가 적극적으로 참여하는 방식으로 추진되었다.

이 특별사업은 다음과 같은 전략적 특징을 드러내고 있다. 첫째는 적지적작(適地適作)의 주산단지 농업으로의 전환을 꾀하는 것이다. 둘째는 수요가 급증하는 경제 작물과 수출 증대에 기여할 수 있는 품목을 우선적으로 선정하였다. 셋째는 전통적인 미맥 생산 위주의 생계형 영농으로부터 농산품을 상품화하는 상업농으로의 순조로운 전환을 목적으로 하고 있다.

농어민소득증대특별사업의 추진 동력은 기본적으로 최고지도자의 관심을 배경으로 구축된 범정부적 지원 체제에 두고 있다. 다른 한편으로는 이러한 노력의 결과 변화된 농민들의 자조적이고 자주적인 의식 향상에도 크게 의존하였다.

박정희 당시 대통령은 주산단지마다 조성 단계부터 이어지는 모든 과정에 걸쳐 하나하나 세심하게 점검하는 등 각별한 관심을 보였다. 또한 주산단지로부터 생산되는 농산물의 가공처리시설이 마련되어야만 농민들이 안심하고 생산에 전념할 수 있다는 생각에서 농산물 가공산업 육성에 대하여도 특별한 관심을 나타내었다.[6]

한편 이 사업의 성패 여하는 기본적으로 농어민의 의식과 자세에 달려 있다는 인식에 따라 새마을운동의 근면, 자조, 자립정신을 고취하고 함양하는 데도 전략적 관심을 크게 두었다. 박대통령은 농촌 개발에 관한 정책 입안을 하는 데 언제나 농민들의 근면, 자조, 협동의 생활 자세를 선행 조건으로 강조하였다. 그는 평소 "자조정신이 없으면 하늘도 가난을 도울 수는 없다", "하늘은 스스로 돕는 자를 돕는다", "이 세상에서 가장 선한 것은 부지런함이요 가장 악한 것은 게으름이다"라는 말을 자주 인용하곤 하였다.

3) 추진 실적 및 성과

농어민소득증대특별사업은 총 3차에 걸쳐 추진하게 된다. 1968~71년 기간 중 추진된 1차 농어민소득증대특별사업 기간 중에는 총 43개 품목을 대상으로 90개의 주산단지가 조성되었다. 이 기간 투융자된 총금액은 452억 원으로 나타나며(농림부, 1999: 1615),[7] 참여 농가는 410천 호로서 총농가 수의 15%에 달한다(박진환, 1980: 163).

2차 농어민소득증대특별사업은 1972~76년을 계획 기간으로 하여 추진하였는데, 이 기간 중에는 21개 품목을 대상으로 137개 주산단지에 716억 원의 투융자 지원이 이루어졌다.[8] 2차 농어민소득증대특별사업 기간이 끝나는 1976년까지 누적 참여 농가 수는 총 873천 호에 이르며, 1978년에는 참여 농가가 1,530천 호로 크게 늘어나고 있다(농수산부, 1979).[9]

그리고 1977~81년을 계획 기간으로 하는 3차 농어민소득증대특별사업 계획 기간에는 채소류 생산이 연중 이루어지는 비닐혁명이 일어나는가 하면 한편으로 가격안정사업과 원예 주산단지 용수개발사업에도 높은 관심을 집중하고 있다.

농어민소득증대특별사업의 성과는 무엇보다 전통적 자급농 체제에서 상업농 체제로 전환하는 데 크게 기여하였다는 것에서 찾는다. 이 사업에 참여한 농가 중에는 상업영농으로 전환하여 고소득을 올리는 농가들이 다수 생겨났다. 이들 농가

6) 이러한 관심을 배경으로 농축수산물의 가공산업을 적극적으로 육성하기 위한 목적으로 정부 산하에 '농어촌개발공사'를 발족하게 된다.
7) 이러한 지원 금액 규모는 1970년 당시 농업의 총부가가치 6,315억 원의 7.2%에 해당하는 금액이다.
8) 2차 농어민소득증대특별사업부터 새마을사업에 편입되면서 사업 명칭도 새마을소득증대사업으로 변경된다.
9) 1978년 당시 총농가 수 2,224천 호의 69%에 해당하는 수치이다.

표 6-1 농어민소득증대특별사업 추진 실적 요약

구분	1차 농특사업 (1968~71년)	2차 농특사업 (1972~76년)	3차 농특사업 (1977~81년)
총괄	• 90개 주산단지 조성 – 43개 품목, 452억 원 지원 –참여 농가: 41만 호	• 137개소 주산단지 조성 – 타작목과 복합하여 지역별 주산단지 조성 – 21개 품목, 716억 원 지원	• 채소 생산의 비닐혁명 달성 – 가격안정 지원과 원예작물 용수 개발 지원 중점
원예작물	• 채소: 토마토, 오이, 고추, 마늘, 딸기, 생강, 결구배추단지 조성 • 과수: 사과, 배, 포도, 복숭아, 단감, 감귤, 딸기단지 조성	• 1974년: 새마을사업과 연계 • 안정적 생산 기반 조성에 주안점	• 산지 개간 과실단지 조성 확대 – 산지저장시설 확충 • 시군 단위 채소 주산단지 92개소 지정 • 자금 지원은 기반, 유통 등 간접 지원 방식으로 전환
특용작물	• 호프, 유채, 아마, 저마, 인초, 양송이단지 조성 • 양송이: 최우수단지 – 저마단지: 부진	• 양송이, 인초, 담배, 호프, 차, 인삼 등 약용작물 등 • 실폐 사례: 사탕무우, 해바라기	• 호프단지 조성, 전통차 다원단지 조성 지원 • 참깨, 땅콩 국내 증산 지원
잠업	• 총투자액 452억 원 중 20%인 92억 원 잠업 부문 투자	• 3차 잠업증산5개년계획 수용 – 식상, 잠견 생산, 생사 수출량 실적 계획 대비 74~88% – 생사 수출 금액: 계획 대비 200% 달성	• 잠업 기반이 크게 위축되고 생산도 크게 감소 – 감산 권장

주: 소규모 축산지원사업은 제외되었음.

의 성공 사례는 1970년대 새마을교육에 가장 소중한 교재로 활용되었으며, 새마을운동이 국민운동으로 확산되게 하는 데 커다란 역할을 하게 된다.

4) 성공 요인 분석

최고지도자의 열의와 일사불란한 범정부적 지원 시스템의 작동이 가장 중요한 성공 요인으로 꼽히고 있다. 박대통령은 주산단지마다 일련번호를 매기고, 일련번호별로 주산단지사업을 하나하나 점검하였으며, 해당 지역 방문 시 군수로 하여금 직접 진행 사항을 보고하도록 하였다. 이러한 시스템이 중앙부처에서부터 지방의 말단 공무원들에 이르기까지 모든 관계 공무원으로 하여금 농어민소득증대특별사업의 성공적 추진을 위하여 헌신적으로 봉사하고 지원하는 역할을 능동적으로 감당하게 하는 기본 틀로서 작용하였다는 것이다.

농어민소득증대특별사업의 성공적 추진을 지탱하고 있는 또 하나의 요인은 역시 주산단지 농민들의 영농 자세를 꼽지 않을 수 없다. 이 사업에 참여한 농민들 중 근면, 자조, 협동정신이 왕성했던 사람들은 이 특별사업을 계기로 자급자족적인 전통적 영농으로부터 상업적 영농으로 탈바꿈할 수 있었다. 그렇지만 그와 같은 생활윤리가 없는 농민들에게는 이 특별사업이 큰 공헌을 하지 못하였을 뿐 아니라 정부에 대한 의타심만 조장하는 결과를 가져오기도 하였다.

그리고 농어민소득증대특별사업을 둘러싼 외부적 환경 요인, 즉 그 시대적 상황 조건 또한 이 특별사업의 성공적 추진을 뒷받침해 주는 기본적 배경으로 작용하였음을 지적하지 않을 수 없다. 1, 2차 경제개발계획의 성공적 추진으로 빠르게 경제 성장이 이루어지면서 국민소득이 증가하고, 나아가 농산물 소비 패턴도 미맥 중심에서 채소·과일 및 축산물 수요가 점진적으로 늘어나는 패턴으로 변화하게 된다. 이 농어민소득증대특별사업이 이러한 농산물 시장 수요 변화에 대응하여 상업농으로 본격적으로 전환되는 계기를 제공하였으며, 그리고 역으로 경제 발전에 따른 이러한 시장 수요 변화라는 시대적 상황 조건이 이 사업의 성공적 정착에 크게 기여하는 한 요인으로 작용하였다는 것이다.

5) 새마을운동의 맥락 재조명

농어민소득증대특별사업 추진 초기에는 비록 일부 농가가 참여한 데 지나지 않았지만 곧 이어 시도하게 되는 새마을운동의 발상에 귀중한 경험적 자산을 제공해 주었다. 하나는 군이나 면 행정공무원들이 농촌개발사업을 주도할 수 있게 훈련되었다는 것이며, 다른 하나는 농촌개발사업에서 선행적으로 요구되는 농민들의 근면, 자조, 협동의 생활윤리가 농어민소득증대특별사업 추진 과정에서 크게 함양되었다는 것이다.

이 특별사업의 실시로 한국의 전통적인 자급농 영농이 상업영농으로 바뀌는 계기를 제공하면서 많은 농가에서 성공 사례가 속출하였다. 이들 성공 사례를 직접 목격하면서 박대통령은 새마을운동을 일으켜야 할 때를 느꼈고, 이어서 본격적인 새마을운동을 시작하게 되는 계기를 마련한다. 1970년 11월 11일 개최된 제2회 농어민소득증대특별사업 경진대회에서 발표된 감동적인 성공 사례와 박대통령의 연설이 전 국민에게 방영되었으며, 그것은 이어서 착수된 새마을운동 첫해에 새마을운동의 정신적인 분위기를 조성해 가는 배경이 되었다. 바로 이듬해인 1971년 4월 시·도지사회의에서 대통령이 '새마을가꾸기사업'을 제안하게 되고, 그해 11월부터 이듬해 3월까지 전국의 3만 5,000여 개의 마을에 300여 포대의 시멘트를 일률적으로 나누어주면서 마을에서 필요한 사업을 스스로 정해서 하게 하는데, 이것이 새마을운동의 제1차 연도가 되었다.

농어민소득증대특별사업에 대한 박대통령의 지대한 관심을 보여주는 또 하나의 사례로서 경제 동향 보고에 반드시 이 특별사업 성공 사례를 발표하도록 한 사실을 지나칠 수 없다. 경제 동향 보고는 당시 매월 1회 당과 정부의 모든 최고 간부들이 참석하여 거시경제 동향을 대통령에게 보고하는 자리였는데, 이 회의 맨 끝 순서에 반드시 이 특별사업의 성공 사례를 발표하게 하였다. 국가 고위지도자들로 하여금 새마을운동에 대한 관심과 열의를 잃지 않게 하려는 의도와 함께 국민들에게 '하면 된다'는 신념을 심어주기 위한 의도를 읽을 수 있다.

농어민소득증대특별사업의 경험이 국민운동 차원에서 새마을운동을 점화시키고 확산시켜 가는 데 귀중한 살아 있는 교재이자 모델 사례로서 그 역할을 다하였음을 잘 보여주고 있다.

3 농외소득원 개발

1) 새마을공장의 건설

(1) 새마을공장 건설사업 도입

당시 농촌지역은 여전히 절대 빈곤과 수많은 잠재실업이 존재하는 전근대적인 농경사회적 특성을 그대로 보여주고 있었다. 미맥 위주의 농업 소득에 편중된 영세소농 구조가 유지되는 가운데 막대한 유휴 노동력이 생산적으로 활용되지 못하면서 농가 소득은 지극히 낮은 수준에 머물러 있었다.

농촌 공업 개발은 농촌지역에 비농업 취업 기회를 제공함으로써 농외소득 제고를 통한 농가 소득 증대를 꾀하고, 나아가 도·농 간 균형 개발을 실현하는 정책 수단이 될 수 있다는 점에서 오랫동안 정책 입안가들의 관심을 모아왔다.

이러한 배경에서 정부는 농가공산품개발규정(상공부고시 10416호; 1973. 3. 20)을 제정하고, 상공부 장관이 새마을공장을 지정하고 건설하기에 이른다. 새마을공장 건설은 본격적인 농촌 공업화를 통하여 농외소득 개발을 시도한 최초의 정책이란 점에서 중요한 의미를 가진다.

(2) 추진 전략

새마을공장 건설사업은 공업의 지방 분산화를 도모하고, 나아가 '농공병진'을 통한 농촌의 잠재실업 해소로 도·농 간 성장 격차 완화와 함께 농촌 발전을 촉진하는 데 그 목적을 두고 있다.

이러한 정책 의도를 실현하기 위하여 정부는 다음과 같은 새마을공장 건설 방향을 제시하였다. ① 1981년까지 '1개 면 1개 이상 새마을공장 건설'을 목표로 입지 조건이 갖추어진 지역부터 연차적으로 추진하고, ② 지역 내에서 원료 조달이 가능하고, 노동집약적이며 계열화가 가능한 업종의 공장을 우선적으로 지정하며, ③ 경영과 기술 및 판로면에서 경쟁력을 구비한 건실한 업체를 대상으로 지정한다는 것이 그것이다.

한편 농촌지역은 공업 입지 조건이 상대적으로 도시지역에 비하여 크게 불리한 것이 사실이다. 그 때문에 적극적으로 공장을 유치하기 위한 적절한 정책적 지원 방안 마련이 전제되어야 하였다. 이러한 요구에 부응하여 정부에서는 새마을공장 유치를 위한 다양한 지원 시책을 제시하고 있다.

먼저 고도의 전문성을 발휘하여야 할 필요에 대응하여 '농가공산품개발본부'를 정부조직에서 분리하여 재단법인 형태로 설립하고, 여기서 새마을공장 육성을 위한 다양한 정책 지원을 하도록 하였다. 또 새마을공장 건설 및 운영에 소요되는 자금을 상대적으로 유리한 조건으로 지원하였으며, 지방세를 감면하는 세제 혜택도 부여하였다. 그리고 새마을공장 건설 과정에서 야기되는 농지 전용이나 건축 허가 등과 같은 다양한 인·허가 절차를 밟는 데 편의를 제공하였다. 이와 함께 새마을공장 운영 애로를 덜어주기 위한 기반 시설, 즉 도로·전기·통신시설 설치에도 우선적인 배려를 하고 있다.

(3) 추진 실적 및 성과

1972년 시범사업으로 24개의 새마을공장을 지정한 것이 이 사업의 시작이었다. 그 이후 매년 100여 개씩 추가하여 1983년까지 총 1,357개의 새마을공장을 지정하였다. 그러나 1983년 현재 가동되고 있는 새마을공장은 675개소에 불과한 것으로 나타났다.

새마을공장 건설사업의 성과에 대해서는 의견이 분분하지만, 아무튼 농촌지역에 고용 기회를 창출하였고, 수출 증대와 주민 소득 증대에도 크게 기여한 것은 사실이다. 1984년 기준으로 528개의 새마을공장이 연간 6만 4,419명을 고용하여 1조 2,437억 원의 생산과 5억 8,400만 달러의 수출을 달성하였으며, 또 1,261억 원의 농가 소득을 올린 것으로 나타나고 있다.

새마을공장이 꾸준히 늘어남으로써 국민 경제에서 차지하는 비중도 점차 증가하였다. 농수산 부문 생산액에서 차지하는 새마을공장 생산액 비중은 1973년 0.8%에서 1977년 5.9%로 높아졌으며, 국민총생산액에 대한 비중은 1973년 0.2%에서 1977년에는 1.4%로 증가하였다.

새마을공장 수출액 역시 빠른 속도로 증가하였음을 또한 보여준다. 국가 전체 수출액에서 차지하는 새마을공장 수출액 비중을 보면 1973년 0.7%에서 1977년에는 3.1%로 증가하였다.

(4) 새마을공장 건설사업의 평가

1983년까지 총 1,357개소의 새마을공장이 지정되었는데, 이 중 약 50.3%에 해당하는 682개 업체가 경영 부실 등의 이유로 지정이 취소되었다. 새마을공장 건설사업이 이렇듯 어려움을 겪다가 1983년에 남은 675개의 새마을공장을 상공부가 당시 해오던 '중소기업육성사업'으로 흡수하게 되고, 이로써 마침내 새마을공장 건설사업은 막을 내리게 된다.

새마을공장 건설사업이 이렇게 막을 내리는 배경에 여러 가지 문제점이 지적되고 있었다. 무엇보다 농촌지역에 공장을 분산 입지시키는 방식으로 추진하게 된 것이 가장 큰 문제로 강조되고 있다. 새마을공장은 '1개 읍 · 면당 1개 공장 조성 원칙'을 고수하게 되는데, 이러한 조성 원칙은 결과적으로 개별 업체들로 하여금 교통, 통신, 상하수도, 동력 인입 등 간접자본 설치에 필요한 비용 부담을 증가시키게 되고, 이것이 궁극적으로 개별 업체의 생산비를 인상케 하는 경영 압박 요인으로 나타나게 되면서 한계를 드러내었다고 한다.

그럼에도 새마을공장 건설사업은 영세 소농 구조에서 불가피하게 겪는 저소득 문제에 대응하기 위하여 도입한 최초의 본격적인 농촌공업화정책이라는 의미는 과소평가되어서는 안 될 것이다.

(5) 새마을운동의 맥락 재조명

새마을운동은 궁극적으로 '잘살아보자'라는 경제적 목표를 지향하는 운동으로 그 성격을 설정하고 있다. 이러한 측면에서 볼 때 농가 소득 증대를 추구하는 새마을공장 건설사업 역시 새마을운동의 중요한 한 갈래를 이루고 있음은 분명하다.

어떻든 새마을공장은 좀 더 직접적으로는 침체된 농촌 지역사회에 일자리를 제공함으로써 많은 주민으로 하여금 농외소득 증대를 실현할 수 있는 하나의 계기를 마련해 주었다. 동시에 지역에서 생산되는 농산물을 원료로 사용하여 가공하고 상품화하는 데도 역점을 두었는데, 이것 역시 결과적으로 지역 농업의 활력을 돋우어 가는 하나의 계기 또한 제공하였음도 부인할 수 없는 사실이다.

이러한 경험은 다시 근면, 자조, 협동 원리에 입각하여 '잘살기'를 추구하는 새마을운동의 실천 원리를 도출하고 검증하는 또 하나의 기회를 제공하였다. 이러한 상호 피드백 과정을 통해 궁극적으로 새마을운동을 한 단계 발전시키는 하나의 모티브가 되었을 것임을 짐작해 본다.

2) 농한기생산화사업 추진[10)]

(1) 농가 부업 지원

당시 우리나라의 농가 소득은 지극히 낮은 수준에 머물러 있었다. 농촌에는 일

10) 여기서는 농한기생산화사업이란 용어를 좀 더 넓은 차원에서 겨울철 농한기에 직접적으로 농가 소득 증대를 위하여 시도한 사업을 의미하는 것으로 사용하고 있다. 한편, 농한기생산화사업은 좀 더 구체적으로는 당시 농정의 주무부처인 농수산부에서 시도한 겨울철 농가 소득 증대 및 영농 준비 차원의 여러 가지 지원사업을 지칭하는 용어로 사용되고 있다. 예컨대, 농한기생산화사업이라는 이름으로 ① 가마니, 새끼, 죽세품, 싸리제품, 초경제품 등과 같이 적은 자금으로 특별한 기술 없이도 쉽게 생산할 수 있는 겨울철 부업장려소득증대사업과 ② 객토, 심경, 보리밟기, 퇴비

거리가 없어 막대한 노동력이 생산적으로 활용되지 못하고 놀고 있는 실정이었다. 더하여 미맥(米麥) 위주의 농업 소득에 편중된 영세소농 경영 구조로 말미암아 겨울철에는 할 일이 없는 수많은 계절적 잠재실업자가 존재하였다. 이러한 농촌 경제 여건에서 농가 부업에 대한 정부 당국과 농민들의 관심은 자연스레 고조되고 있었다.

1968년 정부는 농외소득 증대정책의 일환으로 농어촌부업단지육성사업을 도입하고 농가 부업에 대한 체계적인 지원 활동을 전개하였다. 농어촌부업단지육성사업에서는 개별 농가의 가내 부업으로 이루어지던 고공품, 완초 제품, 죽세품 등[11] 전통 농가 부업 중 유망 품목을 중심으로 부락 단위의 단지 형태로 집단화하고 이들에게 자금과 경영지도를 하였다.

여기서 '부업'이란 '주곡' 농사 외에 농가의 소득을 획득할 목적으로 농촌지역의 유휴자원을 생산적으로 활용한다는 데 기본 취지를 두고 있었다. 농산물의 부산물을 이용한 가공 생산, 또는 유휴지를 활용한 소규모 약초, 과수, 화훼 재배, 임산물이나 농산 부산물을 이용한 생활필수품의 제작, 양봉이나 중·소가축의 사육 등을 포함하는 것으로 이해하고 있었다.[12]

새마을운동이 활발하게 전개되던 1970년대에는 농한기생산화사업 차원에서 농축산물생산단지를 중심으로 농외소득을 증대하는 데 목적을 두고 추진되었다. 이어서 1973년에 '농가공산품개발규정' 제정을 계기로 중소기업형 부업단지는 새로이 추진되기 시작한 '새마을공장 건설사업'으로 전환하고, 부업 축산 및 농업 부산물을 활용한 생필품 제작 등을 중심으로 농한기생산화사업을 중점적으로 추진하게 된다.

증산, 관정 손보기 등과 같이 겨울철에 농사를 준비하는 작업을 착실히 하여 농업생산성을 향상시키려는 생산성 증대사업, 그리고 ③ 과학영농의 조기 실현을 위한 동계 영농교육 등으로 나누어 실시하였다.

11) 고공품은 짚을 원료로 만드는 새끼, 가마니 등을 일컬으며, 완초 제품은 완초를 찌고 말리는 등 가공해서 엮어 만든 돗자리·방석 등을 지칭한다. 그리고 죽세품은 대나무를 원료로 해서 만든 바구니·베개 등 다양한 생활용품을 말하고 있다.

12) 소규모 약초, 과수, 화훼 재배, 양봉이나 중·소가축의 사육 등은 1978년 농가 부업 지원을 본격적인 정책사업으로 추진하게 되면서 농업 활동으로 분류하여 부업 활동 지원 대상에서 제외하게 된다.

(2) 새마을노임소득사업 추진

새마을노임소득사업은 다양한 취지에서 도입되었다. 영세민과 서민의 생활 안정을 위한 종합 취로 대책 사업의 일환으로 도입되었으며, 또한 농한기 주민 고용기회 확대를 통하여 노임소득 제고와 함께 농업 생산 기반 또한 조성하고자 하는 취지에서 새마을사업의 일환으로도 도입하였다.

새마을노임소득사업은 세 가지로 구분하여 실시하였는데, 이 중 노임소득 3호 사업의 마을도급사업이 전형적인 농한기생산화사업 범주에 속한다. 여기서 마을도급사업이란 농한기(1~3월)에 시공할 수 있는 소규모 사업으로서 생산 기반 조성 사업 및 주민이 열망하는 숙원사업을 일컫는다. 숙원사업의 사례로서는 ① 마을 앞 홍수 방지를 위한 소하천 정비, ② 소류지, 보, 양수장, 관정 등 소규모 농업용수사업, ③ 도로확장사업 등을 제시하고 있다.[13)]

새마을노임소득사업은 이들 다양한 노임소득사업으로 구성되어 있는 관계로 농촌지역 소득 증대 효과를 구분하여 구체적으로 파악하기는 쉽지 않다. 다만 노임소득사업 전체 실적 자료를 통하여 윤곽을 나름대로 짐작할 수밖에 없는 실정이다. 1974년부터 1979년까지 6년 동안 실적을 보면 연 평균 538천 세대, 총 3,226천 세대가 참여하였으며, 연취로 인원은 연평균 11,520명, 총 69,121천 명으로 나타나고 있다. 가구당 취로일수는 연평균 28.3일, 6년 동안 139.9일 취로에 참여하였다. 이러한 취로사업으로 얻은 가구당 노임소득은 연평균 약 25천 원, 총 184천 원에 이른다(내무부, 1980: 472).

새마을노임소득사업은 그 효율적인 집행 및 관리를 위하여 범정부적인 추진 체제를 갖추고 있다. 각 직영사업장에는 현장지도 공무원을 배치하여 노임소득사업이 원활하게 진행되도록 필요한 조치가 즉시 강구되도록 하였다. 또 감사원, 경제기획원 및 관계 부처로 구성되는 새마을노임소득사업 합동감사반을 구성하여 사업 추진 상황, 사업 성과, 취로 효과 등을 확인하게 하였다. 나아가 지방 장관, 시장, 군수, 구청장 등 지방정부의 최고책임자를 새마을노임소득사업의 1차적인 책임관으로 지정함으로써 사업 목표 달성을 위하여 지방정부의 총력을 경주하도록 하였다.

---

13) 노임사업 2호는 1976년부터, 노임사업 3호는 1977년부터 중단되었으며, 1호 사업만이 지속적으로 추진되었다.

표 6-2 새마을노임소득사업의 구분

구분	노임소득 1호 사업	노임소득 2호 사업	노임소득 3호 사업
재원	보건사회부 예산에 계상	농수산부 및 건설부 예산 계상	지방자치단체 예산에 계상
대상 사업	• 영세민 취로사업 – 도시 토목, 소하천 정비, 농로 및 도로, 농업용수, 개간 및 사방사업, 환경·위생사업 기타	• 식량증산사업 – 농업용수, 배수 개선, 경지 정리, 농지 조성, 수리시설 등 • 건설사업 – 상하수도, 치수, 도로사업 등	• 직영사업 – 식량증산사업, 건설사업, 하천, 제방, 사방 및 조림사업 등 • 마을도급사업 – 농한기에 시공할 수 있는 소규모 사업으로서 생산 기반 조성사업 및 주민이 열망하는 숙원사업

자료: 내무부(1975: 557–558).

3) 새마을양묘사업 전개

(1) 새마을양묘사업의 도입

1973년 시작된 제1차 치산녹화 10개년계획은 10년 동안 전국 100만ha에 21억 본의 나무를 심는 계획이었다. 정부는 이러한 야심찬 녹화계획에 따라 늘어난 양묘 수요를 감당하기 위하여 농촌 마을에 양묘사업을 위탁하는 새마을양묘사업을 도입하게 된다. 그 당시까지 산림 녹화에 필요한 양묘는 산림조합과 민간 양묘업자들의 연합체인 양묘협회로부터 대부분 조달하였으며, 일부는 산림청에서도 직접 생산하는 체제를 갖추고 있었다.

새마을양묘사업은 정부가 농민들에게 소득을 올려주면서 1973년부터 늘어난 조림 면적에 상응한 묘목을 생산하는 체제를 갖추려고 시도한 사업이다. 따라서 정부는 양묘로 수익이 보장되도록 전폭적인 지원을 아끼지 않았다. 대체로 인건비를 제외한 나머지 경비, 예컨대 농약·비료대금은 물론이고 농지 임차료까지 지원하였다.[14] 또한 정부에서는 생산된 묘목을 전량 시장가격으로 구매해 줌으로써 참여 주민들의 소득을 보장받을 수 있게 하였다.

(2) 새마을운동 접목

정부는 제1차 치산녹화계획으로 크게 늘어난 양묘 수요에 대처하기 위하여 새

14) 농약과 비료는 무상으로 공급했으며, 나머지 자재대금과 차지료 등은 무이자로 융자해 주었다.

마을운동의 동력을 활용하고자 하는 전략을 구사하게 된다. 당시 농촌 근대화를 부르짖으면서 큰 국민적 에너지를 발산하고 있던 새마을운동에의 접목을 통하여 양묘사업이 크게 탄력을 받을 수 있을 것으로 기대하였다. 이러한 배경에서 양묘사업을 새마을사업의 일환인 새마을소득증대사업으로 포섭하여 새마을운동 맥락에서 추진하게 된다.

임업양묘사업은 기술과 경험을 필요로 하는 까다로운 사업이다. 그럼에도 전국적으로 과감히 도전하여 양묘사업을 성공적으로 해내게 된다. 양묘 경험이 부족하였던 그 당시 상황을 돌아보면 이러한 과감한 도전을 하게 되는 배경에 새마을운동으로 확산되고 있는 자신감과 도전 의식 또한 자리하고 있었음을 짚어볼 수 있다.

한편, 새마을양묘사업은 결과적으로 새마을운동의 궁극적 동력인 소득 증대 기회를 제공함으로써 역으로 새마을운동을 활성화하는 하나의 계기로 또한 작용하였다. 당시 국가적 당면 과제인 이들 산림녹화사업과 새마을운동이 서로 맞물려 긍정적인 시너지 효과를 창출하였음을 잘 보여주고 있다.

(3) 성과

새마을양묘사업은 제1차 치산녹화계획 기간인 1973년부터 1978년까지 전체 묘목 생산량 27억 본의 34.8%에 해당하는 묘목을 생산하는 큰 성과를 보여주었다. 마을 양묘가 가장 활발하게 전개되었던 1976년에는 연간 묘목 수요의 절반에 가까운 43.4%에 해당하는 656백만 본의 묘목을 공급하였다.

이어지는 제2차 치산녹화계획(1979~87년)에서는 새마을양묘사업 규모가 크게 축소되고 있다. 시작 연도인 1979년에는 전체 묘목 생산량의 23.7%에 해당하는 73백만 본을 생산하였으나 동 계획 기간 전체를 두고 보면 평균적으로 전체 생산량의 8.3%를 공급하는 데 그쳤다.[15)]

이렇듯 정부의 전폭적인 재정 지원을 받으면서 시작한 새마을양묘사업은 농촌 마을 주민들에게 많은 소득을 안겨줌으로써 생계 문제를 해결하는 데 크게 도움이 되었다. 1973년부터 1979년까지 총 123억 원의 소득을 올렸으며, 1977년에는 3,011개 마을이 참여하여 총 331억 원의 소득을 올려 마을당 683,000원의 소득을 올린

15) 2차 치산녹화계획의 조림 목표를 조기 달성하고, 산림녹화의 중점이 육림 중심으로 전환되면서 묘목 수요가 크게 줄어들었기 때문이다.

표 6-3 치산녹화계획 기간 중 새마을양묘사업에 의한 묘목 생산량

구분	총생산량 (%)	산림조합 · 양묘협회 (%)	새마을양묘사업 (%)
제1차 치산녹화계획 (1973~78년)	2,709백만 본 (100.0)	1,784.5 (65.9)	943 (34.8)
제2차 치산녹화계획 (1979~87년)	1,851백만 본 (100.0)	1,523.4 (82.3)	152.8 (8.3)

것으로 집계되고 있다(이경준, 2013: 278).16)

마을 양묘는 또한 장차 나무를 심을 장소의 인근에서 양묘를 하면 묘목을 멀리 운반하지도 않고 조림할 수 있어 생존율도 높아지고, 묘목이 그곳의 기후와 토양에 잘 적응할 수 있는 장점도 살릴 수 있었다.

그뿐만 아니라 자신들이 키운 묘목을 자신들이 살고 있는 마을 주변에 심고 가꾸어 주변 산이 우거지는 모습을 목격함으로써 새마을운동의 활력을 누적적으로 키워가는 계기를 이룬 것도 또 하나의 성과로 지목되고 있다.

제 5 절 주민 주도적 접근: 마을 단위 새마을소득사업 지원

1 새마을소득금고 운영

1) 새마을소득금고의 설치 목적

전국 각 시 · 군 단위로 새마을소득사업을 특별히 지원할 수 있는 기금을 마련

16) 1977년도 쌀 정부수매가격이 80kg 정곡 가마당 2만 6천 원으로 책정되었는데(한국농촌경제연구원, 1999: 1424), 이를 기준으로 하면 새마을양묘사업으로 인하여 벌어들인 소득이 마을당 쌀 약 30가마니를 구매할 수 있는 구매력으로 평가된다. 또한 사립대학 등록금이 당시에 학기당 약 10만 원 정도였는데 지금은 대개 400만 원 정도라고 보면 현재 가치는 당시 가치의 약 40배로 환산할 수 있다. 그러면 대개 마을당 현재 가치로 약 3,000만 원에 가까운 소득을 올린 것으로 짐작할 수 있다.

하여 '새마을소득금고'라고 이름지어 불렀다. 새마을소득금고는 소득 증대에 대한 의욕은 높지만 자금이 없어 뜻을 이루지 못하는 마을에 대하여 필요한 자금을 간편한 수속과 저리로 융자 지원하고자 설립한 제도이다.

당시는 일시적으로 정부 수매 자금이 풀리는 쌀, 보리 등 수확기가 아니면 농촌지역에 전혀 돈이 돌지 않는 그러한 시절이었다. 금융 경색으로 최소한의 종잣돈조차 마련할 길이 없어 소득을 창출하기 위한 어떤 시도도 봉쇄된 상황이었다.

새마을소득금고사업은 소득사업 도입에 소요되는 자금을 융통할 수 있는 돌파구를 마련해 주기 위한 의도에서 도입되었다. 이러한 의도에 따라서 이 사업은 기본적으로 소득사업 추진에 필요한 자금을 저리로 제공하였으며, 나아가 물적 담보 제공 없이 대부신청서 제출만으로 마을에 쉽게 융자를 실행할 수 있도록 하였다. 더 많은 농촌 주민이 더 적극적으로 소득사업에 참여하도록 유도하고 촉진하는 효과를 기대하여 시도하였던 사업이다.

기금은 종래 농촌지역을 대상으로 지원하고 있던 여러 재원을 통합하여 조성하였다. 시・군의 농가대여양곡특별회계, 복지자금특별회계, 농촌진흥특별회계, 비육우특별회계, 가내공업육성특별회계, 농촌부흥자금특별회계 등이 그것이다.

이렇게 조성된 기금을 토대로 수입과 지출을 독립적으로 관리하는 '특별회계'를 설치하여 운영하였는데, 1974년부터 부산시를 필두로 전국 각 시・군에 '새마을소득금고 운영특별회계'를 설치하였다. 이 특별회계의 세입은 일반회계의 전입금, 기부금(새마을성금 포함) 등 자금의 운영에 의한 이자 및 기타 수입으로 조성하였다. 한편, 세출은 새마을소득사업을 위한 융자금만을 계상하고, 사업 운영에 따른 관리비는 일반회계에 계상하였다. 한정된 재원으로 더 많은 소득사업을 지원하고자 하는 의도를 쉽게 읽을 수 있다.

2) 융자 대상 사업 및 융자 대상 마을 선정

융자 대상 사업은 경제 작물, 잠업, 축산, 수산 관련 생산과 생산 기반 조성 등 소득증대사업 전반에 걸쳐 포괄적으로 지원하되, 주로 마을 단위에서 추진 가능한 소규모 단기성 생산소득사업을 대상으로 하고 있다.

새마을소득사업은 마을의 여건, 기술적 조건, 시장성, 경제성 및 마을 주민의 공동 이익 등 소득사업 관련 제반 조건을 충분히 검토하는 것이 사업의 성패를 가

름하는 관건이다. 따라서 사업 선정은 이러한 사전 검토가 충실히 이루어질 수 있도록 '마을개발위원회'에서 충분히 검토한 후 '마을총회'에서 결정하도록 하였다. 또 이러한 검토 과정이 제대로 이루어질 수 있도록 '마을담당 공무원'을 지정하고, 이들로 하여금 세심한 주의를 기울여 지도하고 지원하도록 하고 있다.

한편, 근면·자조·협동 등 새마을정신으로 충만된 주민들의 열의가 마을공동소득사업을 성공으로 이끄는 전제 조건을 이룬다. 따라서 융자 대상 마을은 기본적으로 새마을정신으로 잘 무장되어 있는 우수새마을을 대상으로 하고 있다. 예컨대, 마을 주민이 지도자를 중심으로 단합되어 있는 마을, 또는 주민 부담액이 적립되어 있거나 부담 능력이 있는 마을로서 지원을 받을 태세 및 여건이 갖추어진 마을을 대상으로 선정하는 것을 원칙으로 하고 있다.

3) 새마을소득금고 운영

새마을소득금고의 기금 규모가 한정되어 있는 까닭에 마을당 융자 한도액은 100만 원 이내로 하되, 상환 능력을 고려하여 총사업비의 70%를 초과하지 않도록 하고 있다. 다만 사업의 성질상 그 목적을 달성하기 위하여 불가피하다고 인정될 때에는 융자 금액이나 지원 비율을 조정하여 지원할 수 있도록 하는 여지는 두고 있다.

또한 이 사업은 필요한 자금을 그냥 주지 않고 빌려주는 융자금 형태로 지원하고 있다. 주민의 의타심을 불식시키고, 나아가 자조개발 원칙을 실현하고자 하는 의지가 실려 있음을 알 수 있다. 그리고 많은 사람이 소득사업에 관심을 갖게끔 유도하고, 또 사업에 열중하여 성공할 수 있도록 융자금의 이율을 파격적으로 연 3%의 저리로 지원하였다. 당시 제1금융권의 통상 대출 이율은 연 20% 가까운 수준으로 나타나고 있다. 새마을금고를 통하여 농어촌의 소득사업 소요자금을 특혜에 가까운 상당한 저리로 지원하고 있었음을 알 수 있다.

또 융자금 대부 기간은 사업의 성질에 따라 단기성 자금과 중기성 자금으로 구분하여 운영하였다. 단기성 자금은 1년 거치 2년 균분 조건으로 상환하도록 하고 있으며, 농산물생산자금과 축산자금 등 당년도에 투자 효과가 나타나는 사업이 여기에 해당한다. 중기성 자금은 2년 거치 3년 균분 조건으로 상환하도록 하고 있다. 농어구 구입, 양묘·잠업·농수산 관련 시설자금, 농어촌 개발 및 생산기반사업자금 등 소득 효과가 차년도 이후에 나타나는 사업이 여기에 해당한다.

그리고 융자금은 새마을지도자와 마을개발위원의 연대보증 하에 융자하고 있다. 융자금을 물적 담보 없이 사업대표자와 연대보증인이 책임을 지도록 하는 인적 담보만으로 융자를 실행하도록 하였다는 것이다. 담보물 제약으로 융자가 지체되는 경우를 사전에 차단하여 소득사업에 활발하게 참여하게 하고자 하는 의도를 담고 있다.

2 우수새마을 · 자립마을 소득사업 지원

1) 우수새마을특별지원사업 추진

(1) 우수새마을특별지원사업의 도입

'우수새마을특별지원사업'은 '우수마을 우선 지원 원칙'에 의하여 추진하는 사업이다. 새마을운동을 부지런하게 꾸준히 실천하고 노력하는 우수새마을에 대하여 마을 주민의 숙원사업을 새마을사업 방식에 의하여 추진할 수 있도록 지원하고자 하는 취지에서 도입하였다.

정부는 자조, 자립, 협동의 새마을정신이 왕성한 농민과 농촌을 가장 우선적으로 지원한다는 원칙을 천명하고, 1973년 11월 22일 개최한 광주 새마을지도자대회에서 우수새마을로 선정된 1,645개 마을에 마을당 100만 원씩 총 1,645백만 원을 지원하였다. 이어서 1974년도에도 마을당 평균 100만 원씩 소득사업 자금을 지원하기로 하고 1차로 1,993개 마을에 1,993백만 원을, 2차로 2,131개 마을에 2,131백만 원을 지원하였다.

우수새마을특별지원사업 도입 초기인 1973~74년 추진 실적을 보면 그 성과가 예상외로 높은 것으로 나타나고 있다. 이 사업을 통하여 지원된 자금과 주민들의 노력이 합하여져 농업용수 개발, 농경지 조성, 경제작물, 축산 등 생산소득사업과 문화복지사업 등 분야에서 총 5,956건의 마을 숙원사업을 수행하였다. 우수새마을특별지원사업은 1979년까지 추진하게 되는데, 이 기간 중에 전체 33,742개 마을 중 66.6%에 해당하는 22,456개 마을이 이 사업 지원 대상 마을로 선정되었으며, 총 지원 금액은 44,050.5백만 원으로 나타나고 있다(내무부, 1980).

이러한 사업 성과에 힘입어 이 사업은 새마을운동의 중요한 동력으로 삼고 확대 추진하게 된다. 마을 주민들로 하여금 일하고자 하는 마음을 더욱 고취시키는 계기를 제공하기 위하여 경쟁 원리를 실현하는 차원에서 도입하고 있음을 강조하였다. 열심히 하면 더 많은 지원을 받고, 더 빨리 발전할 수 있다는 자각에 힘입어 새마을운동에 적극적으로 참여하게 하자는 것이 이 사업의 배경이다.

(2) 우수새마을의 선정 기준

우수새마을의 선정 기준은 다음과 같이 제시하고 있다. 우선 주민이 스스로 협동 단합하여 새마을운동을 열성적으로 추진하고 있는 마을로서 다른 마을에 모범이 되는 마을이 여기에 해당한다. 실제 선정은 몇 가지 갈래를 통하여 이루어지고 있다.

대부분은 시장, 군수, 구청장이 특별지원 대상마을 심사 평정을 실시하고, 그 결과에 따라 선정하도록 하고 있다. 그리고 중앙정부에서도 심사를 통하여 우수새마을을 선정하였다. 그 기준 역시 마찬가지여서 똑같이 새마을운동을 통하여 마을을 잘 가꾸어 나가며, 새마을정신으로 단합하여 부지런히 일하고 있는 마을이 그 선정 대상이다.

그리고 '월간 경제동향 보고'에서 우수새마을로 보고되어 사업비를 지원받았거나 대통령으로부터 직접 우수새마을로 인정되어 선정된 마을, 끝으로 시·도로부터 우수새마을로 선정되어 지원사업비를 받은 마을도 우수새마을특별지원사업 대상 마을로 선정하도록 하고 있다.

(3) 지원 대상 사업

이 사업의 지원 대상은 생산기반사업, 생산소득사업과 문화복지사업 등 다양한 분야의 사업을 포괄하고 있으며, 마을 총의에 따라 마을 숙원사업이나 소득증대사업을 추진하되 생산소득사업을 가장 우선적으로 추진하도록 하고 있다.

구체적으로 지원 대상 사업을 예시하고 있는데, 여기에 의하면 생산기반사업에는 소하천 정비, 보, 양수장, 저수지 등 농업용수 개발사업, 개간 등 농경지 조성사업, 양어, 양식 등 수산 증식 및 시설 정비사업, 공동작업장, 공동창고 등 공동이용시설조성사업 등을 제시하고 있다.

그리고 생산소득사업에는 경제 작물, 축산, 잠업, 녹화사업, 전, 답 등 마을농장 정비 등 사업이 포함되어 있다. 기초환경 정비사업의 예시로 도로, 하수도, 소교량 정비 등을 들고 있으며, 또한 간이급수시설 사업, 공동 취사장, 목욕탕 등을 문화복지사업의 사례로 꼽고 있다.

(4) 추진 전략

이 사업은 마을 주민이 추진 주체임을 분명히 하고 있다. 우수새마을특별지원사업은 마을의 숙원사업을 대상으로 하되 '주민총회' 결의에 따라 선정하도록 하고 있으며, 사업 추진은 '이동개발위원회'가 주관하여 '마을주민 협동작업'으로 하도록 하고 있다. 그러면서 전문적인 기술을 필요로 하는 사항은 시・군・읍・면의 지원을 받아 추진하도록 하는 종합적 지원 시스템을 갖추고 있다.

사업 추진 시기는 생산소득사업 이외 사업의 경우 영농에 지장이 없는 기간을 택하여 추진하게 하고 있다. 전체 주민의 협동에 의하여 추진하여야 하는 관계로 생업이나 영농에 지장이 없는 기간을 이용하여 실시하기 위함이다. 또 구조물 설치가 필요한 사업은 부실공사가 되지 않도록 추운 겨울이나 한여름을 피하도록 하고 있다.

시장, 군수, 구청장은 우수새마을특별지원사업을 우선적으로 지원하도록 하고 있다. 그 일환으로 시장, 군수, 구청장은 우수새마을특별지원사업의 추진 현황을 상시 점검하도록 하고, 사업 추진에 애로가 없도록 사전에 문제를 발굴하여 적극적인 지원을 하도록 하였다. 예컨대, 부족한 자재・사료 등의 공급에 차질이 없도록 알선하고, 나아가 생산된 농산물의 판로 확보 문제 등과 같이 관계 기관과 협의가 요구되는 제반 사항에 대하여도 능동적으로 대응하도록 하였다.

(5) 특별지원사업에 대한 상시 모니터링 실시

우수새마을특별지원사업의 성공적 추진을 위하여 추진 상황을 점검하고 사업 성과를 평가하는 상시 모니터링 및 평가 시스템을 구축하고 있다. 잘된 점은 널리 홍보하고, 잘못된 점은 바로 시정하도록 함으로써 시기를 놓쳐 사업이 실패되는 경우가 없도록 주의를 기울였다.

그 시스템의 골격은 다음과 같이 요약할 수 있다. 첫째, 시장, 군수, 구청장은 이 사업을 지원하기 위하여 시, 군, 구의 과장급을 반장으로 하는 확인평가반을 편성하여 사업 추진 상황과 지원금 관리 상황을 수시 조사하도록 하였다. 둘째, 사업 추진 현황과 기타 관리 상황을 기록한 '우수새마을 특별지원 카드'를 작성하여 읍, 면, 동 및 시, 군, 구에 각 1부씩 비치하게 하였다. 셋째, 시장, 군수, 구청장은 사업 추진 상황을 기록으로 보존하되, 사업 착수 전, 진행 중, 완료 후의 상황을 사진 또는 슬라이드로 제작하여 보존하도록 하였다. 넷째, 시 · 도지사는 사업을 효율적으로 추진하기 위하여 정기적으로 사업 추진 현황을 확인 평가하고, 평가 결과 나타난 문제점은 즉시 대책을 세워 해결하도록 하였다. 그리고 시 · 도지사가 해결할 수 없는 사항은 중앙부처와 협의하여 처리하도록 하였다.

2) 자립마을 지원

(1) 자립마을 소득증대사업 지원

'열심히 일하고자 하는 마을은 정부에서 조금만 밀어주어도 잘살 수 있다'는 최고지도자의 생각에 따라 정부에서는 이런 마을들에 적극적인 지원을 약속하였다. 그 일환으로 정부는 마을의 발전 여건에 따라 기초마을, 자조마을, 자립마을 등 단계별로 구분하여 마을 지원 방법을 달리 제시하고 있는데, 그 구체적인 구분 기준과 지원 방안은 〈표 6-4〉와 같다.

'자립마을'이 되면 특별히 소득 증대에 초점을 맞추어 다양한 지원 방안을 강구하고 있다. 이러한 '자립마을 지원' 역시 새마을운동 전략의 하나인 '우수마을 우선 지원' 방침을 실현하는 차원에서 도입하고 있다. '자립마을'은 마을 주민의 신망을 받는 지도자가 있고 주민 소득도 높으며, 마을기금도 많고 소득 증대를 위한 사업도 열심히 추진하고 있는 우수마을이 여기에 해당한다. 그리고 '우선 지원 방침'은 생활환경을 위생적이고 편리하게 하고, 여러 가지 소득사업도 실시하도록 우선적으로 지원해 주어 자립마을로 육성하도록 한다는 것이다. 이러한 지원을 통하여 자립마을이 더욱더 앞서 발전하도록 유도함으로써 이웃에 있는 부진 마을들로 하여금 보게 하고, 자극을 받게 하여 더욱 열심히 노력하도록 하게 하려는 취지도 동시에 담고 있다.

정부에서는 이 방침에 따라 자립마을을 대상으로 영농자금을 지원해 주고, 전기 · 통신시설을 갖추어 주었으며, 또 부업도 알선해 주고, 새로운 영농기술도 소개해 주는 등 여러 가지 지원을 해 주고 있다.

표 6-4 발전 단계별 마을 지원 방안

구분	기초마을	자조마을	자립마을
발전 단계	• 주민들의 새마을정신이 불붙지 못하고 있음 • 마을기금도 없고, 기초환경마저 정비되지 못한 부진한 마을	• 새마을정신이 점화되어 지도자도 생기고 • 마을환경도 많이 정비되어 • 소득을 높이기 위한 사업을 착수하려는 마을	• 마을 주민의 신망을 받는 지도자가 있고 • 주민 소득도 높고 • 마을기금도 많고 • 소득 증대를 위한 사업을 열심히 추진하고 있는 마을
지원 방안	• 공동작업을 통하여 자신감을 얻도록 • 시멘트와 철근을 주어 생산기반시설과 환경개선사업을 실시하도록 함	• 철근과 시멘트를 지원하는 외에 • 소득 기반 조성을 위한 자재나 기술도 지원	• 우선적으로 지원 • 생활환경 지원과 함께 • 여러 가지 소득사업도 실시하도록 하여 • 부진 마을들에 대하여 자극을 주도록 함

(2) 자립마을 선정

정부는 재정 여력에 맞춰 연차별로 지원 대상 마을의 규모를 늘려나가며, 종국에는 모든 마을을 자립마을로 만들어 지원하도록 하는 목표를 설정하고 있다.

새마을운동 첫해인 1972년 말에는 전체 마을 34,665개의 7%인 2,307개 마을만이 자립마을로 선정되었다. 그러나 해를 거듭할수록 자립마을 선정이 늘어나면서 1979년에는 전체 34,871개 마을의 97%에 해당하는 대부분의 마을, 즉 33,893개 마을이 자립마을로 선정되었다(내무부, 1980: 22).

(3) 선정 기준

필수적으로 다음과 같은 요건을 갖춘 마을을 대상으로 자립마을을 선정하도록 하고 있다. 마을의 간선도로가 완전히 정비된 마을, 마을금고의 운영 실적이 우수한 마을, 헌신적인 지도자가 있는 마을, 그리고 생산 활동과 소득사업 실적이 우수한 마을 등이 그것이다.

반면에 다음과 같은 마을은 선정에서 배제하도록 하고 있다. 주민 총의에 어긋난 사업을 한 마을, 주민 시공이 가능한 사업을 업자에게 맡겨 실시한 마을, 그리고 지원자재를 낭비한 마을 등이 여기에 해당한다.

(4) 지원 내용

자립마을에 대한 지원은 기본적으로 중앙부처, 시・도, 시・군 등에서 지원하는 다양한 형태의 사업이 이들 자립마을에 유도되도록 하는 종합 지원 시스템을 구축하고 있다. 예컨대, 농가공산품 개발사업 자금은 상공부에서, 농가표준주택 건축자금은 건설부에서, 간이급수시설 설치자금은 보건사회부에서, 마을통신시설 설치자금은 체신부에서, 그리고 메탄가스시설 설치자금은 농촌진흥청에서 각각 지원하도록 하고 있다.

그림 6-3 자립마을 지원 시스템 예시

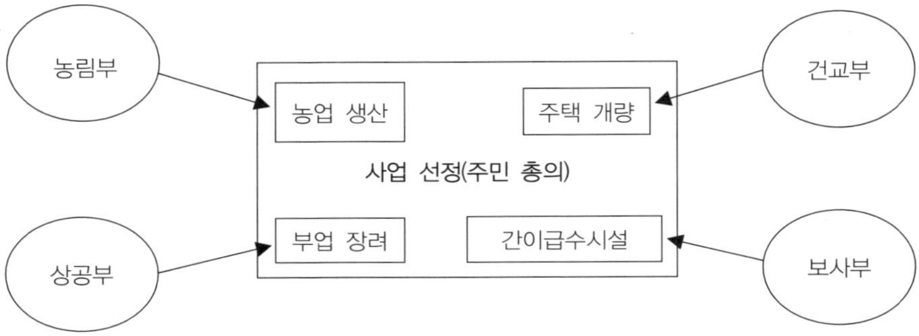

실제로 정부는 자립마을 육성을 위하여 더 많은 관심과 함께 지원을 한 것으로 나타나고 있다. 1973년 새마을운동 지원 실적을 보면 마을당 평균적 494천 원의 정부자금이 지원되었는데, 마을 발전 수준에 따라 정부 지원 규모에 차이를 보이고 있다. 기초마을은 414천 원, 자조마을은 277천 원이 각각 지원되었으나 자립마을은 전국 마을당 평균 지원액의 5배에 가까운 2,446천 원을 지원한 것으로 나타나고 있다(내무부, 1980: 433).

3) 자립마을 지원 연계 소득증대사업 추진

(1) 자립마을별 소득증대계획 수립

자립마을에 대한 정부 지원은 상대적으로 크게 이루어졌으나 그 성과는 기대한 수준에 미치지 못한 것으로 나타났다. 정부 지원 규모가 늘어난 만큼 주민의 자발적인 참여가 높지 않은 것으로 분석되었다는 것이다. 주민의 자부담 비율을 보면 전체 마을당 자부담 비율은 82%에 달하고 있는데 반하여 자립마을의 경우는 60%에도 미달하는 것으로 나타나고 있다(내무부, 1980: 433).

정부는 그 원인을 소득 증대를 위한 계획성 있는 방향 제시가 결여되어 있는 데서 찾았다. 그래서 1974년부터 마을의 입지 여건과 특수성, 그리고 부존자원의 종류와 양을 감안하여 마을 유형별로 소득사업의 개발 방향을 제시하게 된다.[17] 지역별 입지 특성에 따라 기본적으로 5개의 기본 유형을 소득사업의 개발 방향으로 제시하고 있다(〈표 6-5〉).

표 6-5 마을 유형별 소득사업 개발 방향

마을 입지 유형		평야 마을	준산간 마을	산간 마을	어촌 마을	근교 마을
소득개발 방향	공통	식량증산사업	식량증산사업	식량증산사업	식량증산사업	식량증산사업
	역점	특작, 축산, 과수, 채소의 순으로	축산, 임업, 과수, 특작의 순으로	임업, 축산, 특작, 과수의 순으로	양식, 축산, 특작, 채소의 순으로	채소, 과수, 축산, 특작의 순으로

1975년에는 자립마을 7,000개(1974년 말 지정) 중 4,000개의 마을을 선정하여 이들 마을의 주민들로 하여금 1981년을 목표 연도로 하는 마을별 소득증대 7개년 계획(1975~81년)을 이러한 마을 유형별 개발 방향에 따라 수립하도록 하였다.

이렇게 수립된 마을별 소득증대계획은 단기간 동안에 주민의 의사만을 모아 작성된 것이기 때문에 실천적인 측면에서 문제가 적지 않았다. 충분한 사전조사, 자료 수집, 경제성 및 타당성 분석 등과 같은 합리적 계획 수립에 필요한 과정을 거치지 못하였다는 것이다. 계획 자체의 문제와 함께 자금 조달상의 제약 등으로 말미암아 이 계획은 실천으로 옮겨지지는 못했다(내무부, 1980: 436).

그렇더라도 마을 단위에서 장기계획을 주민의 손으로 직접 수립해 본 경험은 교

17) 정부는 마을 유형별 소득사업 개발 방향 설정을 위하여 500개의 표본 마을 총 4만 가구를 대상으로 소득조사를 실시하였다. 조사 결과 입지 유형별로 호당 소득 수준에 많은 차이가 있는 것으로 나타났고, 그리고 입지 유형별로 소득원의 내용이 다른 것으로 밝혀졌다. 이러한 사실은 농가 소득 증대는 마을의 입지 여건에 적합한 농업 생산의 지역적 특화에 중점을 두는 방향으로 추구되어야 한다는 것을 의미하는 것으로 이해되었다.

육적인 측면에서 그 의의를 높게 평가할 만하다. 특히, '개발을 자기교육 과정'으로 보는 실용주의적 입장에서 보면 그 자체가 하나의 소득 개발 과정이라는 의미를 띤다.

(2) 소득증대 자립마을 육성

당시 내무부에서 주관하여 추진한 자립마을 지원 시책과 연계하여 농수산부에서도 이들 자립마을을 대상으로 소득증대사업을 추진하였다. 농수산부에서는 농업구조 개선사업[18]의 일환으로 1단계에 우선 자립마을 육성을 위한 소득증대 시범사업을 실시하게 된다.

농수산부에서는 1973년에 내무부에서 선정한 2,307개 자립마을 중에서 특별히 자발적 개발 의욕이 왕성한 1,862개 마을을 선정하여, 이를 '일반 자립마을'로 육성하기로 하였다. 그리고 다시 이 중에서 1개 군(郡)당 1개 마을씩 선정하여 총 138개 마을을 '소득증대 자립마을'로 육성하였다.[19]

우선 일반 자립마을 육성을 위하여 1973년부터 1975년까지 3년에 걸쳐 마을당 8.7백만 원을 투입하였으며, 전체적으로는 총 162억 원이 지원되었다. 지원 내용을 보면 총자금의 53%가 축산, 경제 작물, 잠업 등 생산소득사업 분야에 지원되었고, 그 다음으로 농지 기반 정비사업과 농업기계화 사업 분야에 각각 24.7%와 13.4%를 지원하였다(내무부, 1980: 439). 일반 자립마을육성사업은 농업 소득 증대에 역점을 두어 성장하는 경제 작물 생산 및 축산 진흥과 생산성 향상을 위한 기반 정비에 많은 노력을 기울였다.

소득증대 자립마을에 대해서는 1973년부터 1975년까지 3년 동안에 마을당 10.6백만 원을, 전체적으로는 총 14.6억 원의 자금을 지원하였다(내무부, 1980: 439). 특히, 소득증대 자립마을의 경우에는 농촌진흥청의 지도사 중에서 우수한 자를 선정하여 마을에 상주하면서 밀착 영농기술 지도를 하도록 주재 지도사로 지정하여 고정 배치하였다. 소득증대 자립마을의 경우에는 일반 자립마을의 경우와는 달리 지원자금 거의 전액이 성장하는 경제 작물 및 축산 분야에 투입되었다. 이들 소득

18) 당시 우리나라 농업 생산의 취약점으로 규모의 영세성, 낮은 자본장비율 그리고 미맥 위주의 생계농업 등과 같은 구조적 측면이 강조되었다. 따라서 농업생산성의 향상과 농가 소득의 지속적 증대를 위해서는 이러한 취약한 농업 구조의 개선이 당면 과제로 대두되고 있었다.

19) 소득증대 자립마을 중에서 또 1개 도(道)에 1개 마을씩 선정하여 총 8개 마을을 구조개선 시범마을로 육성하였다.

증대 자립마을의 경우 생산기반 정비사업은 거의 대부분 완료되었기 때문이다.

(3) 새마을소득증대 시범마을의 육성

새마을운동이 농가 소득 증대에 역점을 두는 방향으로 전환됨과 때를 같이하여 농촌진흥청에서도 1973년부터 1979년까지 '새마을소득증대 시범마을 육성사업'을 추진하였다. 대상 마을은 당초 내무부에서 선정한 자립마을 중에서 1개 군(郡)당 1개 마을씩 총 138개 마을을 선정하였으나 1974년도에 제주도를 제외한 8개 도에서 자조마을과 기초마을 각 1개 마을씩 16개 마을이 추가되어 총 154개 마을을 대상으로 실시하였다.

시범마을에 대해서는 훈련받은 농촌지도사를 마을에 상주하도록 배치하여 농가의 경영 실태와 마을 자원을 조사하도록 하고, 이를 바탕으로 마을 주민과 함께 농가별 영농개선계획과 마을종합개발계획을 수립하게 함과 동시에 이 계획이 잘 실천될 수 있도록 지도, 지원하도록 하였다. 특히, 새로운 품종과 기술을 우선적으로 도입하고 보급하며, 마을 주변의 유휴자원을 활용하여 소득화하는 방안을 만드는 데 힘썼다.

이 사업 추진을 위하여 1973년부터 1978년까지 6개년 동안에 마을당 1,276천원을 투입하였으며, 전체적으로는 총 196백만 원의 자금을 지원하였다. 자금은 주로 축산과 원예 등 성장농업 개발 및 확대를 비롯하여 농업기계화, 저장 가공시설의 확충 등 농업 근대화를 지원하는 데 역점을 두었다(내무부, 1980: 440).

이 사업은 다음에 설명하는 새마을소득종합개발사업이 1977년부터 단위농협이 주관하는 방식으로 도입됨에 따라 당초 계획보다 1년 앞당겨 1978년도에 완료하게 된다. 그러고는 1979년부터 이 사업 대상 마을은 새마을소득종합개발사업 지구에 전면적으로 포함되어 이 사업의 틀 속에서 계속 추진하게 된다.

3 새마을소득종합개발사업 도입

1) 추진 배경

'새마을소득종합개발사업'은 1977년부터 착수되었다. 새마을운동이 그 동안 이룩한 정신 계발과 환경 개선의 업적을 토대로 더욱 내실화하고 영속화하기 위해서는 소득 증대가 뒷받침되어야 하였다. 한편, 소득이 증대되기 위해서는 생산뿐만 아니라 유통, 가공 부문까지 포함하는 종합적인 지원이 이루어져야 한다. 그러나 지금까지 해오던 마을 중심 접근으로는 이러한 종합적인 지원이 원천적으로 어렵다. 마을 단위로 접근해서는 유통, 가공 등 사업 추진상 규모의 경제를 추구할 수가 없어 효율성을 기하기 어렵기 때문이다.

또한 품목별 증산과 전국 평균 개념의 농가 소득 증대 시책으로는 개개 지역이 가진 지역농업 특성을 충분히 반영하는 데 한계가 있을 수밖에 없었다. 농어민소득증대특별사업으로 대변되는 하향식 접근으로는 경제 주체인 개별 농민의 의사 반영은 물론이고 지역 부존자원 조건에 부응하는 지역농업을 효과적으로 개발하는 데 한계가 있다는 것이다. 개개 지역 농민의 능력과 지역 실정에 바탕을 둔 상향식의 소득증대사업 접근이 한편으로 크게 요청되고 있음을 대변한다.

이러한 배경에서 읍 또는 면 지역을 개발 단위로 하여 단위농협 주관 아래 주민 의사를 파악하고, 이를 바탕으로 5개년을 계획기간으로 하는 지역농업종합개발계획을 수립하여 추진하는 새마을소득종합개발사업을 도입하게 된다. 새마을소득종합개발사업은 마을 단위의 협동생산 기능과 읍면 단위의 생산, 유통 지원 기능을 종합적으로 결합시켜 개발 효과를 극대화하고자 하는 의도를 보여주고 있다.

2) 특성

이 사업은 당초 읍 또는 면 지역을 대상으로 고소득 복지농촌 건설을 목표로 하는 '농촌종합개발사업(Integrated Rural Development Project)'[20]으로 출범하였다. 그래서 사업 종목도 농업 생산 기반, 생산시설, 유통시설, 농업 기계화, 작목 입식은 물론이고 문화, 복지시설까지 포함되어 있었다. 그러나 착수 이듬해인 1978년부터는 문화, 복지사업은 제외시키고 농업 관련 지원 사업에 한정하여 '지역농업종합개발사업'으로 추진하게 된다.[21]

---

20) 'Integrated Rural Development Project'는 1970년대 들어 개발이론의 패러다임이 상향식 방식으로 변화하면서 등장한 하나의 개발모형으로 이해한다. 상향식 방식으로 일컬어지는 개발이론에서는 '지역 주민 주도로 지역의 인적, 물적 부존자원을 총동원해 가는' 밑으로부터의 개발 원리를 강조하고 있다.

21) 아마도 이 사업의 추진 주체가 당시 농업을 전담하여 다루는 '농수산부'이다 보니 농업 이외 농촌

이 사업은 주민 의사와 지역 실정에 따른 생산권을 설정하고 '주(主)+부(副)+종(從)'작목의 복합 입식으로 농업 생산의 지역별 특화를 유도하여 농가 소득의 안정화와 자원 이용의 극대화에 역점을 두도록 하였다. 그리고 사업 추진은 단위농협이 주관하여 주민 의사를 바탕으로 사업계획을 수립하고, 자금, 자재 유통을 아우르는 종합적 지원을 하도록 하였으며, 나아가 사후관리까지 맡도록 하였다.

새마을소득종합개발사업은 기존의 농어민소득증대특별사업과 비교해 보면 농업 활동을 통한 소득 증대라는 목표는 같으나 접근 방식을 둘러싸고 다른 모습을 보인다. 농어민소득증대특별사업은 군(郡)지역을 대상으로 가장 입지 경쟁력을 갖는 단일 작목을 입식시켜 종합적인 지원을 해왔다. 이에 반하여 새마을소득종합개발사업은 읍, 면 지역을 사업지구로 하여 '주(主)+부(副)+종(從)'작목을 복합 입식하고 있다. 또한 입식 과정에서도 정부 의사보다는 농민 개개인의 의사를 중시하는 상향식 방식에 의존하고 있다.

3) 추진 실적 및 성과

새마을소득종합개발사업은 1977년부터 1980년까지 총 250개 지구에서 추진되었다. 사업지구로 선정된 읍, 면 단위농협은 5개년을 계획 기간으로 하는 사업계획을 수립하게 된다. 초기 3개년은 정부와 농협 지원자금 5억 원을 중심으로 계획을 수립하고, 이후 2개년은 단위농협 자체자금을 토대로 수립하게 하였다. 이렇게 해서 1977~79년 3개년에 걸쳐 200개 지구를 대상으로 총 634.6억 원을 투자하여 각종 사업을 전개해 왔다(내무부, 1980: 455).

새마을소득증대종합개발사업의 소득 증대 효과는 컸던 것으로 나타나고 있다. 농촌진흥청에서 실시한 '1978년도 농가 소득 조사 결과' 의하면 새마을소득종합개발사업 지구 내 시범마을의 농가 소득이 여타 마을에 비하여 30만 원 정도 높게 나타나고 있다. 소득 구조를 보면 이러한 소득 증대 효과가 더 뚜렷이 드러난다. 새마을소득종합개발사업 지구 시범마을의 경우 농외소득은 다른 마을에 비하여 낮게 나타나고 있다. 그럼에도 이들 시범마을의 소득이 더 높은 것은 농업 소득이 1,861천 원으로 월등히 높게 나타나고 있기 때문으로 분석되고 있다(내무부, 1980: 457).

의 기초생활환경 복지시설 등 지원을 통한 종합 개발에 대한 이해가 부족하였던 데에 그 주요한 원인이 있었던 것으로 짐작한다.

제 6 절 결론: 새마을소득증대사업의 평가

녹색혁명에 더하여 소득 증대를 향한 합리적인 전략을 구사하고, 여기에 새마을운동의 강력한 동력을 실어 추진한 결과 농가 소득이 획기적으로 늘어나게 된다. 그 결과 당시 주요 정치적 쟁점으로 부상한 도·농 간 소득 격차 문제 또한 해소하게 된다. 1970년에 농가 소득은 도시근로자가구 소득의 87.6%에 머물고 있었으나 1975년에는 농가 소득이 도시근로자가구 소득의 111.1%로 나타나고 있어 도시근로자가구 소득을 상회하고 있다(〈표 6-6〉).

표 6-6 농가 소득 및 도시근로자가구 소득 비교(1970년 및 1975년)

연도	농가 소득(A)	도시근로자가구 소득(B)	농가 소득 비율(A/B)
1970	256 천원	292 천원	87.6%
1975	873 천원	786 천원	111.1%

이렇듯 새마을운동의 성공적 추진으로 '잘살아보자'는 우리 민족의 오랜 염원을 이루게 되는 역사적 감격을 맛보게 되었다. 생활 수준은 크게 향상되어 농촌 주민들의 삶의 모습을 일신하였다. 농어촌전화사업(農漁村電化事業)을 통한 전기 공급으로 TV를 보면서 안방에서 세상 돌아가는 이야기를 생생하게 목격하고, 전화(電話) 보급으로 공간거리가 단축되어 세상과의 소통이 활발하게 이루어졌다. 연탄과 기름으로의 연료혁명에 따라 보일러가 가정 내에 설치되어 24시간 난방과 온수 이용이 가능해지고, 더하여 입식 부엌으로 가옥 구조가 개량되면서 생활의 질이 혁명적으로 개선되었다.

이러한 전면적인 삶의 질 개조는 나라 경제가 발전하고, 농어촌 소득사업이 실효를 발휘하였기 때문에 가능한 것이었으며, 그것은 본질적으로 새마을운동의 성과에 다름 아니다. 새마을운동에서 1차적으로 관심을 기울인 의식 및 정신 개혁운동이 궁극적 목적인 소득사업과 운동 내부적으로 상호 보완적 관계를 맺으면서 운동 에너지가 크게 분출되고 팽창되는 상승작용을 일으킨 결과라는 것이다.

소득은 경제 발전의 과실을 의미하고, 경제 발전은 객관적인 조건과 주관적인 조건이 충족될 때 비로소 그 단초가 열린다. 객관적 조건이라 함은 경제 발전의 일반적 요인인 생산 요소, 즉 인적 자원, 자연자원, 자본 축적, 기술 진보 등의 요소 투입이 늘어나는 것을 의미하며, 주관적 조건이라 함은 경제 주체의 정신적 자세, 즉 발전 지향적이고 도전적인 의지의 작용을 일컫는다.

이러한 시각에서 조망하면 새마을운동과 함께 강력히 추진한 일련의 소득증대 사업들을 통하여 소득 기반 조성과 기술 진보를 위한 많은 투자가 이루어졌음을 알 수 있다. 농어민소득증대사업 및 녹색혁명, 농촌공업화정책을 비롯한 농외소득원 개발 정책, 그리고 마을 단위에서 시도한 몇 가지 새마을소득증대사업 등 다양한 소득증대사업 추진 과정에서 생산 기반 투자, 생산 활동 지원, 기술 보급 등 활동이 활발하게 이루어졌다는 것이다. 이러한 사실은 객관적 조건을 구성하는 본원적 생산 요소 투입이 이들 사업을 통하여 나름대로 이 기간 중에 크게 증가하였다는 것을 의미한다.

나아가 위험 부담을 기꺼이 감수하면서 도전하는 적극성과 열의 등과 같은 정신적인 요소 또한 경제 발전의 한 조건을 이룬다. 새마을운동의 중요한 역할과 의미를 이러한 주관적 발전 조건 측면에서 읽는다. 당시에는 자본 축적이 빈약하고 노동력은 과잉된 나머지 빈곤이 악순환되는 어렵고 힘든 경제 조건을 안고 있었음은 다 아는 사실이다. 그럼에도 불구하고 최소한의 투자로 단기간에 괄목할 만한 발전을 이룩하게 되는데, 그 배경에 새마을운동의 강력한 추진으로 적극적이고 도전적인 의식 변화가 크게 뒷받침하고 있었다는 것이다. 새마을운동으로 형성된 근면, 자조, 협동의 정신혁명과 '할 수 있다'라는 자신감으로 충만된 발전 지향적인 강력한 의지가 주관적 조건을 이루면서 크게 자리하고 있었다는 의미이다.

1970년대에 다양한 형태로 전개된 농어촌 소득 증대 노력이 새마을운동을 한 단계 더 발전된 차원으로 승화시켜 나가는 기폭제가 되었다. 농어민소득증대특별사업과 녹색혁명, 새마을공장 건설, 부업 및 농한기생산화사업 장려, 그리고 마을 단위 새마을소득사업 지원 등으로 상징되는 새마을소득증대사업을 통하여 소득 증대 효과를 실질적으로 느끼고 체험하면서 새마을운동에 대한 무한한 신뢰를 쌓게 되고, 그것이 운동의 원동력을 크게 증폭시키는 결과를 가져왔다. 소득 증대가 새마을운동의 목표이면서 또 한편으로 새마을운동의 핵심 수단으로 역할하였음을 지적하고 있다.

새마을운동의 많은 관심이 정신혁명과 생활환경 개선에 두고 있는 현실 또한 하나의 과정이라는 이러한 시각에서 이해되어야 할 것임을 말해 주고 있다. 새마을운동은 본래 그 궁극적 목표를 소득 증대에 두고 있다고 천명하고 있으며, 다만 전략상 이렇게 시작하여 단계적으로 접근한다고 밝히고 있다. 새마을운동의 초기에는 의식 개혁을 우선적으로 시도하면서, 동시에 이러한 의식 개혁과 효과적인 보완 관계를 보이는 공동의 생활환경을 개선하는 사업을 주로 추진하였다. 눈에 보이는 물리적 변화를 추구하는 사업에 역점을 두어 새마을정신의 상징인 '할 수 있다'라는 신념을 피부로 느끼고 객관적으로 확인케 함으로써 새마을운동의 근면, 자조, 협동정신 혁명을 유발하게 하고 새마을운동의 활력을 내재화하는 효과를 기대하고 있다.

새마을운동은 초기 기반 조성 단계를 지나면서 도·농 간 소득 격차가 크게 확대되기에 이르고, 이러한 상황을 배경으로 소득증대사업에 대한 요구와 필요성이 제기되면서 본격적으로 소득증대사업이 도입되는 자조 발전 단계로 들어서게 된다. 새마을운동의 자조 발전 단계에 이르러서는 농어촌소득사업이 운동의 핵심 내용으로 자리 잡게 되고, 그러면서 다양한 소득증대사업을 통하여 생산 요소 투입 증가라는 객관적 경제 발전 조건을 갖추는 계기를 마련하게 된다.

이렇듯 새마을운동 발전 단계에 조응하여 합리적인 소득 증대 노력이 강도 높게 이루어지면서 상호 상승작용을 일으키게 되고, 그것은 결과적으로 새마을운동을 한 차원 더 발전시켜가는 토대로 작용하고 있음을 일련의 새마을소득증대사업 전개 과정은 잘 보여주고 있다.

참고 문헌

내무부(1975). 『새마을운동 길라잡이』, 대한지방행정공제회.

______(1980). 『새마을운동 10년사 및 자료편』.

농림부(1999). 『한국농정 50년사』, Ⅰ권, Ⅱ권.

______(2003). 『한국농업·농촌 100년사』, 상, 하.

농수산부(1979). 『농업 동향에 관한 연차보고서』.

박진환(1980). 『새마을운동의 이념과 실제』 새마을운동 국제학술회의 논문집(1980. 12.8~13), 서울대학교 새마을운동 종합연구소.

______(1999). 1970년대의 새마을운동, 『농정 반세기 증언』, 농림부.

______(2005). 『한국경제 근대화와 새마을운동』, (사)박정희대통령기념사업회.

이경준(2013). 『새마을운동과 산림녹화: 새마을소득증대사업과 산림계의 역할: 새마을운동 경험 전수사업 교재개발 연구』, 새마을운동중앙회.

정갑진(2008). 『한국의 새마을운동』, 도서출판 케이빌더.

______(2009). 『1970년대 한국 새마을운동의 정책 경험과 활용』, KDI.

한국농촌경제연구원(1989). 『한국농정40년사』.

______(1999). 『한국농정50년사』.

허문회(1999). 통일벼 품종 개발, 『농정 반세기 증언』, 농림부.

Park Jin-Hwan(1998). *The Saemaul Movement*, Korea Rural Economic Institute.

제 7 장

공장새마을운동에 대한 인류학적 고찰: 여성 노동자의 몸을 통해 본 구로공단의 과거와 현재*

제 1 절 서론: 방법으로서의 현상학적 인류학

이 글은 구로공단, 현재는 서울디지털산업단지로 불리는 지역에서 시행한 1년간의 '인류학적' 연구를 기반으로 한다. 1964년 국가 정책('한국수출산업공단개발조성법')에 의하여 형성된 구로공단에서, 1997년 아시아 경제위기 이후 새로운 정책('구로단지 첨단화계획')에 의하여 '디지털' 산업단지로 변모한 곳에서 여성 노동자, 특히 콜센터 상담사의 노동과 건강에 대한 연구를 통하여 얻은 결과물이다. 이러한 인류학 연구 결과를 통하여 1977년부터 본격적으로 추진된 공장새마을운동에 대하여 고찰해 보려 하는 것이 이 글의 목적이다. 구체적으로, '공순이'(1970 · 80년대 여공)에서 '콜순이'(2010년대 콜센터 여성 상담사)로 대변되는 산업단지 내 대표적 저임금 여성 노동자의 삶의 경험을 비교함으로써 국가정책('공장새마을운동') 아래에서의 삶을 보여주고자 한다. 따라서, 위로부터의 학문적 · 정책적 분석이라기

* 본고는 인류학 현지조사(2014년 9월 말~2015년 8월 말)를 바탕으로 작성 중인 필자의 박사논문 –"Phenomenology of Female Call Centre Workers' Labour and Health in Korea"(가제) –을 바탕으로 한다. 또한 내용의 일부는 당시 의료인류학 세미나를 중심으로 한 『의료, 아시아 근대를 읽는 창: 인류학적 접근』 초고 작업 중 필자의 글 "공순이에서 콜순이로: 여성 노동자의 몸을 통해 본 한국의 '근대'"에서 발췌했음을 밝혀둔다.

보다는 아래로부터의 접근이라 하겠다.

여기서 '인류학적' 연구라 함은 좁게는 현지조사를 시행한다는 의미이다. 이것은 현지에서 연구자가 직접 보고, 듣고, 느낀 경험과 연구 대상자와의 공식적·비공식적 인터뷰를 중심으로 이루어진다. 이때 중요한 점은 연구자 자신이 현지조사의 중요한 도구라는 사실, 그리고 그 과정이 단순한 사실의 '측정'을 넘어 사실 뒤에 놓인 맥락들의 복잡한 '의미의 그물망'을 해석한다는 것이다(Geertz, 1973). 따라서 그 결과물인 민족지 혹은 문화기술지(ethnography)는 본질적으로 "부분적 진실(partial truth)"일 수밖에 없다(Glifford & Marcus, 1986). 그렇지만, 아무리 완벽할지라도 외부자의 시선으로 측정된 것은 결국 '사실'에 그칠 뿐 내부자들이 경험하는 '진실'일 수는 없다. 따라서, 연구 대상자의 삶을 그들과 동일한 장소에서 호흡하고 경험하는 인류학적 현지조사는 비록 '부분적'일지라도 그들의 생생한 경험에서 배어 있는 '진실'에 좀 더 가까워질 수 있다는 점에서 의의가 있다.

한편, '현상학적' 인류학이라 함은 연구자가 현지조사를 통하여 연구 대상자들의 '생생한 경험(lived experience)'과 여기서 우러나온 '은유(lived metaphor)'를 중심으로 기술한다는 의미이다. 이것은 기본적으로 연구 대상자의 경험을 '지적으로 해석(intellectual reflection)'하거나 '사회과학적 이론으로 재단(theoretical elaboration)'하는 것을 지양하고, '즉각적인 삶의 경험들(lived immediacy)'을 기술하는 접근법이다(Jackson, 1989; 1996). 따라서, 연구자는 여성 노동자에 대한 공장새마을운동 정책을 어떤 이론적 기준에 따라 평가하기보다는 여성 노동자가 그러한 정책이 시행되는 환경에서 몸으로 직접 보고 들었던 것들, 나아가 몸으로 보여주고 들려줘야만 하였던 것들을 기록하고 보여주려 한다.

요약하면, 이 글은 구로공단에서 공장새마을운동의 정신기조 — '국가와 기업에 대한 충효사상' — 아래에서 여성 노동자가 몸으로 인식하고 표현한 것들에 대한 기록이며 이후 '첨단화'된 공단에서의 여성 노동자의 그것과 비교한 결과물이다. 다시 말해, 이 글의 목적은 새마을운동의 기치 아래 1970·80년대 구로공단의 여공들에게 시행된 '정신개조운동'의 의미를 이론적으로 분석하는 것이 아니라, 그러한 훈육의 소란 속에서 여공들이 끊임없이 몸으로 느껴야만 하였던 일상의 구체적 상황들을 그들의 '언어'로 접근한다. 그 내용의 핵심은 여성 노동자들의 '보이는 몸(seen body)'에 대한 지속적 긴장이었다(Luna, 2015). 여공들은 '성실해 보이고',

'순종적으로 보이고', '문란하지 않게 보이고', 그리고 공장 밖에서 '공순이처럼 보이지 않기' 위하여 노력하였다. 타인의 시선은 그녀들에게 가장 직접적인 피부였다. 첨단화된 현재의 디지털산업단지에서도 이것은 크게 변하지 않았다. 대표적 여성 서비스직 노동자인 콜센터 여성 상담사는 직장 안과 밖에서 타인의 시선을 의식하는 삶에 노출되어 있다. 그녀들 역시 거대한 산업단지 속 곳곳에 존재하지만, 그 어디에서도 쉽게 찾아보기 어렵다. 현대판 여공이 느끼는 시선은 여전히 차갑다.

제 2 절 공장새마을운동의 재등장

그럼, 공장새마을운동이란 무엇인가? 우선 무엇 때문에 왜 약 40년 전에 기획되었던 정책[1)]이 오늘날 재등장하게 되었는지를 살펴보자.

> "현재 우리나라는 2008년 9월 시작된 미국발 금융위기와 최근 그리스로부터 시작된 유럽의 재정위기로, 세계 경제가 침체 국면에 직면하여 국내 경기 또한 침체에 빠졌으며 기업들이 난항을 겪고 있다 … 공장새마을운동을 통해 우리는 70·80년대 두 차례의 석유 파동으로 인한 경제위기를 극복한 경험이 있다. 급변하는 국내외적인 환경에 대응하고, 글로벌 경제위기에 따른 저성장 극복, 제조업 강화를 위해서 새마을운동이 재조명받고 있는 이 시점에서 공장새마을운동을 새롭게 추진하는 것을 제안하고자 한다."(권령민, 2012)

위 인용글은 공장새마을운동을 재조명하고 부활시켜야 하는 이유를 명확히 제시한다. 그것은 "경제위기를 극복"하기 위함이다. 그렇다면, 어떻게 위기를 극복할

1) 1970년 4월 22일 박정희 대통령이 '새마을가꾸기운동'을 언급하면서 새마을운동이 태동하였다. 이후 1972년 5월에 새마을소득증대추진대회가 개최되고 '새마을운동은 모든 국민이 참여하는 민족의 일대 약진운동'이라 규정되었다. 이어서 근면, 자조, 협동정신을 바탕으로 한 농촌근대화사업이 추진되었다. 이를 바탕으로 하여 1973년 10월 수출진흥확대회의에서 비로소 공장새마을운동에 대한 논의가 시작되었다. 그 결과 1974년 2월에 공장새마을 중앙위원회가 설치되고, 곧이어 1975년에 공장새마을 서울연수원이 개원되었다. 1977년 3월에는 대한상공회의소에 관련 추진본부가 발족되면서 독자적인 체계를 확립하였다.

수 있다는 것일까? '공장새마을운동 추진지침'(1983년)에는 경제활성화를 위한 기본 이념과 구체적 실천 목표들2)이 제시되어 있는데, 이것은 "노동자를 가족처럼, 공장 일을 내 일처럼"이라는 구호로 집약될 수 있다(이동우 외, 1983: 75). 국가기록원(theme.archives.go.kr)은 이 같은 구호와 세부적 추진지침들이 갖는 성격에 대하여 다음과 같이 소개하고 있다.

> "공장새마을운동은 '한국적 노사관계의 형성'을 목표로 삼았던 정부가 노동자 계층을 국가정책에 적극적으로 동참토록 하는 동원의 기제로 활용되었다. 따라서 공장새마을운동은 가시적이며 물질적인 성격이 아니라 지극히 정신적이며 의식적인 성격의 운동으로 작동되었다."
>
> –'공장새마을운동', 『새마을운동 기록과 현장』(국가기록원 홈페이지)

이처럼, 공장새마을운동은 기본적으로 '정신적이며 의식적인 성격'의 운동이었다. 여기서 노동자를 국가정책—'수출 증대'—에 적극적으로 동참하게 만드는 정신적 '가치'는 전통적 유교사상인 '충효정신'이었다. 이것은 새마을운동이 추진될 당시 공장, 학교, 여러 단체에 유교적 담론을 전파시키려 했던 '새마음운동'에 명확히 드러나 있다. 이 새마음운동의 핵심 기조는 당시 '구국여성봉사단'의 단장이었던 박근혜[그림 1]가 1979년에 발간한 『새마음의 길』에 뚜렷이 소개되어 있다.

> "충효정신은 조상이 물려준 가장 소중한 자산
> 구슬이 서 말이라도 꿰어야 보배
> 충은 자기 정성을 다해 자신이 해야 할 일을 하는 것
> 진정한 의미의 선진국이 되려면 최선의 노력 속에 충은 존재
> 종업원을 내 가족같이, 공장을 내 집같이
> 깊은 뜻에서 충은 관용성을 의미

2) '1983년 공장새마을운동 추진지침'에 따르면 공장새마을운동의 기본 이념은 ① 주인 의식 고취로 새로운 생산적 가치관 확립, ② 노사 협조를 통한 공동 운영체 확립, ③ 한국적 기업 풍토 조성으로 경영합리화 촉진, ④ 경제부국을 위한 산업운동으로서의 행동철학 개발 등이었다. 이를 위한 구체적인 실천 목표는 ① 노사 협동을 통한 생산성 향상, 품질 개선, 원가 절감 및 경영 성과의 극대화, ② 한국적 경영 합리화를 통한 기업 체질 강화, ③ 사원의 복리 증진과 기업의 영속적 발전, ④ 기업 경영을 통한 국가산업 경제 발전의 주역으로서 복지사회 구현 등이 제시되었다.

국가가 있고 나서 나도 있을 수 있다
민족의 선척적 예지를 모아 도의 사회를 재건"

－(박근혜 1979, 『새마음의 길』, 구국여성봉사단; 김원, 2006: 329에서 재인용)

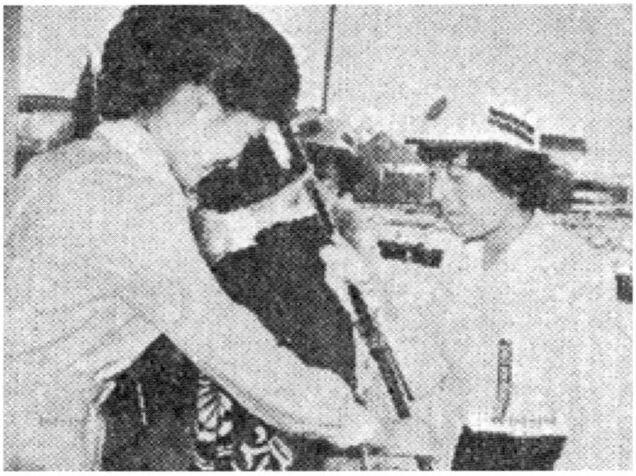

[그림 1] 구로공단에서 여공에게 새마음직장봉사대기를 수여하고 있는 박근혜
(자료: 동아일보)

새마음운동의 구체적 방식은 다음과 같았다. 각 회사별로 배치된 새마음직장봉사대에서 모범적인 여성 노동자를 선발하여 새마을교육연수원으로 4일간의 세미나에 참석시킨다. 이곳에서 충효사상을 중심으로 한 '새마을정신'을 교육한다. 참가자들은 세미나에서 정부가 원하는 전형적인 여공의 모습 — 검소하며 연장근무까지 적극적으로 참여함으로써 경제적 안정을 찾은 여공 — 을 닮은 홍보 영상을 시청한다. 이후 각자의 회사로 돌아가 '헌신'과 '자기희생'이라는 새마을정신을 전파하길 기대한다. 또한 회사에 일찍 출근하여 자발적으로 공장은 물론 공장 앞 도로를 청소하고, 작업 오류와 자원 낭비를 최소화하며, 추가 수당에 대한 요청 없이 휴식 시간과 점심 시간에도 선뜻 일을 할 수 있도록 교육받는다(Fuentes & Ehrenreich, 1983).

당시 새마음운동의 근본적 논리는 "충과 효가 한국 사회 모든 문제, 특히 노동문제의 진정한 해결책"이라는 인식이었다. 이것의 근거는 바로 '민족의 지혜'인 전통적 유교 담론에서 찾았다(김원, 2006: 331). 더 나아가 이 같은 새마을정신은 구체적인 일상적 의례, 특히 '군대식 질서'를 공장 내부에서 반복적으로 시행 및 학습

(국민체조, 구보, 아침 청소, 건전가요 보급, 바자회 개최, 식기 자율 반납, 부모님 생신에 소액환 부치기, 하절기에 묘목에 물주기, 군것질 안 하기 운동 등)시킴으로써 여공들을 공동체의 한 일원으로 만들기 위한 일종의 '정치적 기획의 일환'으로 분석되기도 한다(김원, 2006: 335). 이것은 당시의 여공들을 '산업전사', '산업역군', '수출역군' 등으로 호명한 것과 맥을 같이한다. 한편, 새마음운동은 충효사상을 바탕으로 국가의 논리가 곧 가족과 공장의 논리와 동등한 것으로 담론화하는 데 역점을 두었다. 이것은 여성 노동자의 기업의 고용주의 관계를 '계약 관계'에 근거한 것으로 보지 않고, 가족 내 가부장의 위치처럼 '은혜'에 기초한 것으로 전환시킨다. 즉, 여공은 고용주에게 '은혜를 입은' 노동자이고 그 은혜에 맞게 대가 없는 헌신과 자기희생을 제공하여야만 한다(김원, 2006: 342).

공장새마을운동은 이외에도 구체적으로 노동조합을 관리하는 역할까지 수행하였다. 다음과 같이 노동조합의 간부들을 위한 정신교육 기구로서 실제 활용되기도 하였다.

> "서울통상 지부장직을 강제 사퇴한 배옥병 씨는 1980년에 발표된 노동계 정화 조치 때문에 12월 계엄사에 끌려갔다. 20일 만에 석방이 되었고, 이후 일주일 동안 부천 새마을연수원에 입소하여 하루 세 차례씩 정신교육을 받아야 했다."
> (구로구 · 금천구, 2013: 70).

제 3 절 새 옷을 입은 '수출의 여인상': 공장새마을운동 잇기

오늘날 서울디지털산업단지에서 과거 공장새마을운동의 흔적을 찾기란 쉽지 않다. 구로공단 시절 공장새마을운동의 일환으로 1975년에 설립된 공장새마을지도자 양성기관이었던 새마을연수원([그림 2])은 현재 대형마트로 바뀌었으며, 당시 구로 제3공단에 노사 한마음 전진대회, 공장새마을운동 집체교육, 그리고 합동결혼식 등으로 활용되었던 공단운동장은 현재 인조 잔디가 깔린 '서울디지털산업단지 운동장'([그림 3])으로 변해버렸다. 이제는 높게 올라선 아파트형 공장들로 둘러싸

[그림 2] 옛 새마을연수원 전경. 1975년 한국수출산업공단 부설기관으로 구로공단에 설립된 연수원 모습
(자료: 『구로공단 1966~2013』)

[그림 3] 현재 서울디지털산업단지 운동장(좌) 및 맞은편 길거리 현수막("각종 근로기준법 위반 신고하세요-노동자의 미래")(우)
(저자 촬영)

여 있으며, 동호회 회원들의 유료운동장이 되어버린 채 그 어디에도 새마을운동의 흔적을 찾을 수 없었다. 대신 연구자의 시선은 운동장 맞은편 거리에 걸린 현수막으로 향하였다. 현수막은 과거 '은혜로운' 고용주에 대한 헌신과 자기희생을 강조하였던 '공장새마을운동'의 정신과 배척되는 고용주에 대한 '신고' 연락처를 알려주고 있었다.

디지털단지에서 과거 공장새마을운동의 흔적을 찾을 수 있었던 것은 새 옷을 입은 하나의 동상이었다. 2호선 구로디지털단지역에 내려 골목들을 지나 한국산업단지공단 앞에 오면 '수출의 여인상'([그림 4])을 마주할 수 있다. 2014년 새로이 도색을 하고 한국산업단지공단 앞 마당으로 옮겨진 철의 여인은 횃불과 둥근 실타래(섬유산업을 상징)를 들고 있다. 그 옆에는 "신산업의 터전, 꿈 · 기술 · 미래"라 적힌 기념비가 세워져 있다. 구로공단이 설립된 50주년을 기념하여 새로운 옷과 장소로 옮겨진 수출의 여인상은 옛 구로공단의 성공을 이어 디지털단지가 한국의 '신산업'의 터전이 되기를 기원하고 있는 듯하였다. 수출의 여인상 밑에는 과거 여공의 '희생'을 칭송하며 한국산업근대화의 '주인공'으로 선언하는 기록이 새겨져 있다.

> "이곳이 '한강의 기적'으로 대변되는 고도 성장과 수출 성과를 열기까지는 수많은 여성 근로자들의 헌신적인 땀과 노력이 있었기에 가능했습니다. 여인상은 1970년대 당시 산업화와 수출의 역군이자 구로공단의 주인공이었던 수많은 여성 근로자의 열정과 헌신 그리고 미래를 향해 나아가는 진취적인 기상을 형상화하였습니다"(한국산업단지공단).

[그림 4] 수출의 여인상(좌)과 그 옆에 세워진 '신산업의 터전' 기념비(우)

수출의 여인상이 새로이 공개되며 축하기념식이 열렸다. 2014년 9월 14일 구로공단 50주년을 축하하기 위해서이다. 그런데 이 날짜에서 노동계와 차이가 있었다. 정부 및 자치단체는 구로공단 조성 근거법인 '한국수출산업공단개발조성법' 제정일인 1964년 9월 14일을 기준으로 50주년을 계산하였지만, 노동계는 실제 기업이 입주하여 노동이 시작된 시점인 1965년 5월을 구로공단 50주년으로 보았다. 이 같은 차이에는 또 다른 중요한 이유가 있다. 정부 및 자치단체가 칭송한 여성 근로자에는 기준이 있었기 때문이다. 수출의 여인상이 새로 공개되는 행사에서 '주인공'으로 칭송하는 여공은 정작 제대로 초대받지 못하였다. 연구자는 당시 현장을 촬영하였던 관계자를 통하여 구청 담당자가 "순수하게 올 수 있는 분들(당시 여공들)"이 있는지 문의한 사실을 알게 되었다. 이로 인하여 2014년 9월 17일 행사 당일 거리 맞은편에서는 또 다른 절규의 목소리가 구로공단 50주년을 축하하고 있었다. 이들은 행사 주최측이 '순수하지' 않게 여긴 바로 그 여공분들이었다.

노동계는 다음 해 2015년 6월 25일에 구로공단 50주년 행사를 공식적으로 개최하였다. 이것은 또 하나의 중요한 의미가 있었다. '순수하지' 못한 여공들이 해방 이후 최초의 동맹파업 ―'구로동맹파업'[3] ― 을 시행한 지 30주년이 되는 해였기 때문이다([그림 5, 6]). 즉, 당시 온몸으로 저항하였던 여공들은 2015년 6월 25일이

3) 구로동맹파업은 지금의 디지털 2단지 사거리(일반적으로 '마리오사거리'로 더 많이 알려져 있다)에 위치하였던 기업들이 1985년 6월 24일에 연대파업을 진행한 것을 가리킨다. 이 사거리의 한 귀퉁이를 차지하던 대규모 봉제공장이었던 대우어패럴에서 갑작스럽게 경찰에 노조간부가 연행(6월 22일 오전 11시)되면서 동맹파업이 발발하였다. 이때 대우어패럴, 가리봉전자, 선일섬유, 효성물산, 부흥사 등이 파업에 동참하였다. 지금은 아파트형 공장의 유입과 대형 아울렛 매장에 묻혀 당시의 기억을 찾아보기 어렵다.

[그림 5] '구로동맹파업 30주년' 기념전시물 중 1985년 구로동맹파업 당시 현장 모습 (저자 촬영)

[그림 6] 구로동맹파업 30주년 기념행사 전시물 (저자 촬영)

되어서야 '구로동맹파업 30주년' 행사를 통하여 주인공으로 나설 수 있었다. 그녀들은 정말로 '수출의 여인상'으로 상징되는 수출역군, 산업역군, 산업전사였을까? 이러한 상징 뒤에 가려진 현실은 무엇이었을까? 연구자는 구로동맹파업 당시 대우어패럴에서 노조 사무국장을 하였던 여공 A씨와의 인터뷰를 통하여 진실에 좀 더 다가갈 수 있었다.

"그네들이 (수출의 여인상 기념) 행사할 때 난 맞은편에서 데모했다. 자, 50년 전에 우리는 '공순이'였다. 그런데 지금은 '비정규직'이 되었다. 그 당시에는 정규직이었다. 그래도. 지금은 불안정한 비정규직이다. 무슨 수출역군이냐. 개뿔!… 난 초졸이다. 그래서 이 나이에 학력도 없고 해서 할 수 있는 게 기능, 청소, 주방일밖에 없다. 그래서 기능 쪽 일 중 미싱을 하고 있는 것이다. 정말 그때 우리를 산업역군이라고 불렀는데 정말 '개지랄'이다 … 당시 우리 여공의 목숨은 파리만도 못했다. 인권이고 뭐고 없었다. 성폭행 같은 것은 정말 비일비재했다. 실제로 대우에서 여공 한 명이 사망했는데도 쉬쉬했다. 남한산성에서 변사체로 발견됐었다. 고아 출신에 예쁘장하게 생긴 언니였는데, 나이 많은 공장장하고 연관된 일이라고 알려졌었다 … 당시에 우리는 '기계, 촌년, 촌닭, 공순이, 소매다리…' 등으로 불렸다. 그러면서 손가락으로 기분나쁘게 이마를 툭툭 밀면서 치고는 했다. 정말.

당시에 같이 일하던 남자 미싱 기사(미싱 고치는 일 하던)는 여공 알기를 정말 노리개로 알았다. 미싱 고치는 척 하면서 치마를 들치고 … 당시에 이런 남자 기사가 드물다 보니 정말 특권을 누렸다. 완전히 여공을 개밥의 도토리마냥 취급했다."

실제 여공이었던 A씨는 스스로를 전혀 산업역군으로 보지 않았다. 이것은 당시 수출 중심의 산업이 구로공단의 저임금 장시간 노동을 기틀로 하였던 역사적 사실에 대한 외부인들의 후한 평가일 뿐이었다. 또한 새마음운동에서 강조한 '충효정신', 즉 국가와 기업에 대한 무조건인 헌신을 정당화하기 위한 미사여구일 뿐이었다. 그녀가 겪은 여공의 삶은 '파리 목숨', '개밥의 도토리', '노리개'에 불과하였다. 그녀의 이 같은 생생한 삶의 은유(lived metaphor)는 그 어떤 이론적 분석보다 명료하다. 그녀가 기억 속에 '그려낸' 여공의 모습은 인간이 아닌 하찮은 동물과 도구에 지나지 않았다. 그리고 그 산업역군이라 칭송받았던 여공이 사회로부터 받은 영광이란 겨우 '공순이'에서 불안정한 '비정규직'으로의 전환일 뿐이었다.

제 4 절 구로공단 노동자 생활체험관: 포장되고 판매되는 여공의 희생정신

연구자는 구로공단의 50년 역사를 재현해 놓은 '구로공단 노동자 생활체험관'을 통하여 산업전사로 불렸던 당시 여공들의 흔적을 찾아보았다. 구로공단 노동자 생활체험관은 지하철 7호선 가산디지털단지역 2번 출구를 나와 역에서 그리 멀지 않은 다세대 연립주택 밀집지역에 위치해 있었다. 이곳은 당시의 모습을 재현해 놓은 모형과 신문기사, 실물 크기의 닭장집들이 전시되어 있었다. 체험관은 앞서 소개한 '수출의 여인상'에 적힌 내용을 그대로 구현해 놓은 듯하였다. 즉, 과거의 노고를 치하하고, 그들의 희생을 잊지 말자는 것처럼 보였다. 한 가지 다른 점이 있다면 이곳에는 조금 더 객관적으로 당시 여공들의 노동항쟁의 모습을 보여주려 했다는 점과 실제로 얼마나 열악한 생활환경에서 살았는지를 사실적으로 재현하려 하였다는 점이다([그림 7]).

[그림 7] 체험관 외부 전경 및 내부에 전시되어 있는 사진들과 모형. 당시 여공들의 노동 현장은 물론 일상의 모습(기숙사 및 닭장집)과 노조활동 모습도 전시되어 있었다(저자 촬영).

이곳은 지역 학생들의 단체 방문이 잦은 곳이었다. 체험관 외벽 곳곳에는 학생들의 그림들이 전시되어 있었다. 초·중·고등학생들의 그림들은 노동자의 헌신과 자기희생을 통하여 오늘날의 발전이 있었다고 말하는 듯하였다. [그림 8]에서 보듯 상처로 얼룩진 옛 구로공단 노동자의 거친 두 손은 미래의 고층 빌딩로 향하는 디지털단지의 도로를 떠받치고 있다. 상처는 곧 영광이며, 그 미래는 찬란하였다. 하지만, 그림 어디에도 공순이에서 비정규직 노동자로 전환된 여성 노동자의 현실은 보이지 않았다. 다른 그림들 속에서도 산업 근대화의 과정 중에 인권 유린에 항거한 여공들의 고통의 역사는 존재하지 않았던 것처럼 느껴졌다. 구로공단 노동자 생활체험관을 통하여 정부와 자치단체가 원하는 역사 세우기의 방향은 청소년들의 그림을 통하여 간접적으로나마 느낄 수 있었다. 즉, 당위의 '희생'만 있을 뿐, 저항도 욕망도 삭제되어 있었다.

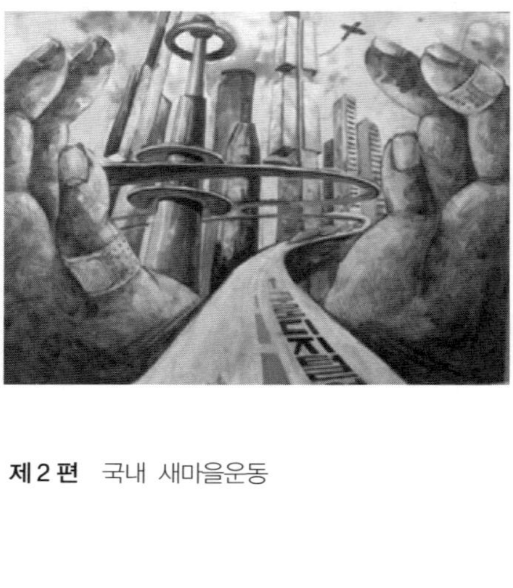

[그림 8] 체험관에 전시된 중학생의 그림 (저자 촬영)

뜻밖에도 같은 날 동남아시아 여성 관료들이 체험관에 견학을 왔다. 체험관 관리자가 한국어로 설명하면 동행한 여성 통역자가 설명해 주는 식으로 견학이 진행되었다. 이 모습을 보며 필자는 과연 이 타국의 여성 관료들이 이곳에서 무엇을 보고 느꼈을지 궁금하였다. 과거 여공의 고달픈 삶이었을까, 아니면 이들의 희생이 바탕이 된 오늘날 근대화된 한국의 겉모습일까. 설명을 듣는 타국의 여성 관료들의 얼굴에 가끔씩 미소가 번지는 것을 보고 필자는 간접적으로나마 이들이 현재와 과거 중 어디에 방점을 두는지 어렵지 않게 예측할 수 있었다. 더욱이 저항의 목소리는 그나마 제대로 통역조차 되지 않았고 여러 장의 흑백사진 중 하나로 감상될 뿐이었다. 이들에게 몇 장 되지 않는 흑백사진 속 여공의 저항의 모습은 산업 근대화로 가는 여정 중 하나의 통과의례로 비춰졌을지 모른다. 이렇게 여공의 삶은 오늘날 '산업역군'이라는 이름으로 또다시 포장되어 해외로 판매되고 있었다.

이 같은 만남은 필자에게 어딘가 모르게 불편하였다. 그것은 1970·80년대 한국에서 벌어졌던 외국계 기업의 후진국 여성 노동자 착취의 역사(예: 미국 콘트롤데이터 회사)(유경순, 2011; 구로구·금천구, 2013: 120-121)가 지금 한국 기업들에 의하여 동남아시아의 여러 국가(인도네시아, 방글라데시, 캄보디아, 베트남 등)에서 똑같이 반복되고 있다는 사실 때문이었다("기업의 앙탈에 총알이 발사되었다"-한겨레21(2014년 1월 제996호)). 연구자는 동남아시아의 여성 관료들이 시급히 하여야 할 일은 한국이 어떻게 여성 노동력을 통하여 오늘날의 산업 근대화를 이룩했는지보다는 왜 한국의 기업들, 특히 여성노동 집약적인 섬유회사들이 자신들의 나라에서 여성 노동력을 착취하는지에 대한 문제 제기가 아닐까 싶었다. 이 같은 불편함은 2014년 캄보디아 봉제공단에서 울린 총성에 대한 기억이 필자의 몸을 더욱 예민하게 만든 탓이기도 하였다.

2014년 1월 3일 캄보디아 카나디아 봉제공단 지역에서 총성이 울렸다. 임금 인상에 대한 현지 여공들의 외침에 사측이 인근 공수부대를 앞세운 무력 진압으로 대응한 결과였다. 그 결과 노동자 4명이 사망하였다. 그저 합리적인 임금을 요구한 것 뿐인데 목숨까지 내놓아야 하였다. 이것이 연구자의 이목을 집중시킨 데는 크게 두 가지 이유 때문이다. 첫째, 이 사건에 현지 한국 기업이 개입되어 있었기 때문이며, 둘째, 캄보디아 현지 여공들이 일하는 장면이 한국의 1970·80년대 봉제공장의 풍경을 연상시켰기 때문이다. 일렬로 늘어선 재봉틀과 머리에 스카프를 쓴 모습들이 한국의 산업 근대화 풍경을 그대로 이식해 놓은 듯하였다([그림 9]). 그뿐만 아니라, 저임금, 장시간 노동, 열악한 근무환경, 벌집 같은 숙소, 그리고 앳되 보이는 여공들의 모습까지도 너무나 한국의 과거와 닮아 있었다.

[그림 9] 과거 구로공단 여공의 모습(위)과 오늘날 캄보디아의 한국계 봉제공장에서 일하는 여공의 모습(아래)
(자료: 2015년 상영된 임흥순 감독의 다큐멘터리 영화 「위로공단」 속 장면들)

제 5 절 국가 발전 논리 속 삭제된 여공의 욕망

이제 남는 의문은 이렇다. 그렇다면, 왜 여공들은 구로공단과 같은 곳에서 A씨의 표현처럼 '노리개'와 '개밥의 도토리'와 같은 삶을 견디었을까? 그녀의 대답을 통하여 미루어 짐작컨대 공장새마을운동이 선전하였던 산업역군의 충효정신은 아닐 것이다. 사실 새마을운동 등을 통하여 정형화된 당시의 여공의 삶이란, 가난한 시골 가족의 생계를 책임지고 장자와 남동생을 위하여 스스로를 희생하는 모습일 것이다. 하지만, 김원은 이 같은 소위 '희생양담론'과 달리 여공들이 농촌의 가부장적인 환경에서 벗어나 도시의 공장으로 떠나고 싶은 동경심이 있었고, 누구나 그렇듯 젊은 여성이 원하는 일상적 욕망들을 추구하였다고 주장한다. 즉, 김원은 당시 여공들이 가족에 대한 경제적 지원이란 가치에 앞서 "개인으로서의 자립이나 독립"이 분명 존재하였다고 강조한다(김원, 2006: 199). 그는 여공들이 농촌의 가부장적인 억압 속에서 탈출하여 도시의 공장에서 생활하고픈 동경심이 공장에 취직한 큰 동기 중 하나로 보았다. 그가 제시한 사례들은 이렇다.

> "서울에 올라와서 이제 저는 제가 시골에서 선망하던 그런 서울 생활, 그 다음에 그 회사에 대한 이미지, 이런 것들이 정말 컸던 것 같아요."
>
> －배옥병, (주)서통 노동자(김원, 2006: 212)

> "저는 공장에 가서 굉장히 좋았어요. 어쨌든 돈을 버니까. 제가 5학년 때 어머니가 돌아가셔서, 굉장히 산동네에서 너무 어렵게 사는데 제 손으로 돈을 벌 수 있다는 기쁨이 사실 있었어요."
>
> －김지선, 삼원섬유 노동자(김원, 2006: 213)

> "맨날 억눌려만 살았잖아. 주인집에서도 집에 가도 억눌리죠. 그때 주인집 눈치를 엄청 봤기 때문에, 억눌리지. 공장에서도 억눌리지. 부모님 밑에서도 억눌리잖아요. 그 억눌림을 벗어나서, 서울에 와서 가장 좋은 게, 내가 자유로워졌다 이게 제일 신났어요. 그렇게, 이렇게 고생스러워도 집에 가고 싶은 마음이 없었다니까."
>
> －김연자, (주)서통 노동자
>
> (자료: 성공회대학교 노동사연구소 구술아카이브 2003년)

앞에 소개된 사례들처럼 여공들은 도시와 공장에 대한 동경, 그리고 억눌리던 삶으로부터의 자유를 위하여 집을 떠나온 것이었다. 필자 역시 A씨와의 인터뷰를 통하여 이를 재차 확인할 수 있었다.

> "그때는 진짜 가난하니깐 엄마 아빠 입 하나 덜어주려고 서울로 온 거죠. 내가 뭐 그때 어떤 목적이 있어서 온 건 아니었지. 그냥 먹고 살기 위해 온 거예요. 왜? 집이 가난하니깐. 부모가 가르쳐줄 능력이 없었으니깐. 내 밥벌이는 내가 할 입장이었지. 동생들도 가르쳐야 되고 이러니까. 그냥 으레 받아들였던 거죠. 그리고 그냥 집에서 뭐합니까? 그리고 그때 당시 언니가 서울 여기서 있었을 땐데, 나보고 야간학교라도 가라고 해서 온 거죠. 내가 대우어패럴에 언니 면회를 가면, 그 공장 가운 입고 명찰 달고 스카프를 쓰고 나오잖아요. 그리고 점심 때 잔디밭에서 그 작업복 입고 앉아 있는 모습들이 너무너무 평화로워 보이는 거예요. 난 사실 초졸이고 해서 교복도 안 입어 봤는데, 그 작업복들마저도 너무너무 멋져

보이고. 그래서 나도 꼭 입어보고 싶다, 이랬죠. 뭐, 물론 그렇게 해서 22살에 들어갔는데, 들어가서 일을 해 보니 그 잔디밭의 평화로운 생활이 아니라 완전히 생지옥이었어요. 진짜."

A씨 역시 어떤 특별한 의지를 가지고 구로공단에 취직한 것이 아니었다. 그저 가난한 시골집에서 '입 하나 덜어주려고' 서울로 상경한 것이었다. 더욱 직접적인 계기는 대기업공장 여공들이 입는 '작업복'에 대한 동경이었다. 작업복을 입는 순간 그녀 역시 국가와 기업체가 원하는 저임금의 순종적인 산업역군이 된 사실은 변하지 않지만, 실제 그녀의 시선을 이끈 것은 가난한 시골 마을에서 볼 수 없었던 근대화된 도시공장의 작업복이었다. 물론, 그녀의 진술에서도 나왔듯 그 작업복이 산업전사의 명예로운 전투복이 아니라 감옥과 같은 '생지옥'의 죄수복과 같음을 깨닫는 데 그리 오랜 시간이 걸리진 않았다.

A씨가 다니던 대우어패럴의 노동 강도는 살인적이었다. 대우어패럴을 '대우어 퍼져라'고 외칠 만큼 고통스러웠다. A씨의 설명을 따라 도착한 당시 대우어패럴공장과 기숙사가 자리잡았었던 옛 공단사거리는 이제 대형 쇼핑몰들로 둘러싸인 '마리오사거리'로 바뀌었다. 하지만 A씨가 이곳을 거닐자마자 그녀의 '몸'이 기억해낸 것은 구수한 옥수수빵 냄새였다. 1980년대 대우어패럴 뒤에 있었던 삼립빵공장에서 나오던 그 빵냄새였다. 너무나도 배고프고 먹고 싶었던 빵, 그 빵을 실컷 먹을 수 있었다던 그곳 여공들을 마냥 부러워하였던 그 시절. 그녀에게 마리오사거리는 생지옥과 같았던 공장과 처절하였던 구로동맹파업의 현장이기도 했지만, 그녀의 몸이 기억해낸 것은 20대 초반의 '꽃다운 또래의 아가씨들'과 함께 고생하며 맡았던 옆 건물의 빵냄새였다. 이와 함께 그녀의 기억을 붙잡은 곳은 옛 공단사거리 바로 위에 위치한 가리봉오거리였다. 그곳에 있었던 '가리봉', '나포리', '다빈치' 음악다방들과 '팽대팽대', '도라도라' 디스코텍들, 그리고 순대와 떡볶이 가게들로 북적거렸던 가리봉 먹자골목이야말로 지옥과도 같았던 공장의 현실을 잊고 버틸 수 있게 해주었던 곳일지 모른다. 외출이 허용된 수요일 저녁과 외박이 가능하였던 토요일 밤, 사람에 쓸려갈 정도로 붐볐다던 가리봉오거리는 A씨를 비롯한 수많은 여공의 낙원이었다. A씨는 한 달 월급이 8만 원하던 시절 팽대팽대 디스코텍에서 천원짜리 쿨피스를 시켜놓고 밤새 춤을 추었던 시간들을 떠올리며 여전히 함박웃음

을 짓는다. 그 웃음 속에서 구로동맹파업으로 10개월 간 구속되었던 여공의 모습은 잠시 잊혀지는 듯하였다.

김원(2006)은 '희생양 담론'과 함께 전통적인 '현모양처' 담론에 의하여 당시 젊은 여공들이 지녔던 일상적 욕망과 이성애 등이 간과되었다고 지적한다. 그는 여공들이 지녔던 일상적 욕망들이 '부차적인 현상'으로 간과되며, 자유분방한 이성애 역시 침묵되어야 할 '익명적 지식'이었다고 강조한다(김원, 2006: 559, 581). 이 같은 김원의 주장은 앞서 언급한 A씨의 사례 이외에도 다양한 증언들을 통하여 뒷받침된다.

> "수요일에 나오는 남자들은 대체로 작업 잠바를 입었죠. 나이트를 가거나 데이트가 있으면 꾸미고 나오거나 오거리에서 사 입어요. 월급날이 5일이랑 20일이에요. 난리가 나는 거예요. 가게가 24시간 해야 해요. 월급날에 수요일이나 주말 끼면 게임 끝나는 거예요. 번화가잖아요. 완전 유흥업소, 나이트클럽, 술집, 다방, 쪽지 쓰는 다방 커피숍. 정말 많았어요."
>
> -강영희, 가리봉동 상인
>
> (자료: 서울역사박물관, 2013: 172)

> "고고장은 시장 안에 9개가 있었다. 그래도 저녁에는 고고장마다 발 디딜 틈이 없을 정도로 북적거렸다. 나 역시 친구를 사귀기 위해 고고장에 다녔다. 1차로 가리봉 튀김 골목에서 술 한잔을 하고 2차로 고고장에 자리를 잡고 밤새 '발바닥에 땀 날' 정도로 열나게 비벼대다가, 새벽 4시 즈음 나와 다방에서 첫 버스가 올 때까지 앉아 있었다. 그것이 우리의 주말 생활이었다."
>
> -서태원, 대우어패럴 여성 노동자
>
> (자료: 유경순 편, 2007: 110)

작업복을 입고 공장에 들어선 순간, 여공의 몸은 충효정신, 새마음정신, 현모양처와 같은 담론을 떠올리기보다는 자신의 주어진 작업 공정에 맞는 '몸틀(body scheme)'에 따라 움직였일 것이다(Merleau-Ponty, 2012; 1962)). 즉, 주변 여공들의 움직임과 기계소리, 그리고 남성 관리자들의 감시를 몸으로 지각하고 이미 길들여진 몸의 '길'을 따라 움직이는 것이다. 하지만, 외출 및 외박 시간이 되면, 유행하

[그림 10] 1973년 7월 21일 구로공단 퇴근길 풍경
(자료: http://news.chosun.com/site/data/html_dir/2015/03/13/2015031300328.html)

는 옷으로 갈아입고 자연히 몸이 이끄는 가리봉오거리로 향하였을 것이다. 몸 자체가 지각의 주체이고, 세상을 바라보는 시각을 대변한다는 메를로-퐁티의 주장을 받아들인다면("my body, which is my point of view upon the world)"(Merleau-Ponty 2012: 73), 20대 여공들의 일상적 욕망은 공단의 피폐한 삶을 견디게 해주는 그들만의 세계관일 수 있다. 여대생 못지않은 옷으로 꾸며 입은 퇴근길 여공의 모습([그림 10]) 속에서 작업복을 입은 여공의 모습([그림 8])과 또 다른 얼굴을 읽을 수 있다. 그렇지만, 결국 그녀들의 몸은 가난이라는 절대적 현실을 극복할 수 없었으며, 아무리 성적 노리개가 되고 개밥의 도토리처럼 무시당해도 또다시 공장으로 회귀해야만 하였다. 이제부터 다룰 당시 여공들의 몸에 남겨진 상처들이 바로 그 증거들이다.

제 6 절 여공과 산업재해

공단에서의 삶이 여공의 몸에 남긴 상처란 무엇이었을까? 이와 관련하여 필자의 시선을 사로잡은 기사는 바로 구로동단 노동자 생활체험관에서 마주친 신문기사였다([그림 11]). "잠 안 오는 藥 먹여 일 시키는 業主도." 그 약은 바로 '타이밍'이라는 고농도의 카페인이 함유된 각성제였다. 타이밍이라는 약물은 여공들 사이에서는 일종의 '드럭푸드(drug foods)'[4]처럼 이용되었다. 실제로 타이밍은 여공의 삶

人間回復

低賃과酷使의365日

시달리는工員生活

쪼들리다못해脫線한工員도 많아

잠안오는藥먹여 일시키는業主도

[그림 11] '잠 안 오는 약 먹이며 일 시키는 업주도' 신문 기사
(구로공단 노동자생활체험관에서 필자가 촬영한 사진)

을 다룬 기사와 영상물 등에서 빠지지 않고 등장하는 단골 소재였다.

> "노동자들이 자꾸 조니까, 타이밍이라는 각성제가 있잖아요. 그걸 먹이는 거예요. 타이밍을 작업장 안에 수북하게 쌓아놓고 비타민인 양 먹이는 겁니다. 여성 노동자들이 무슨 약인지, 어느 정도 부작용이 있는지 모르고 먹었던 거죠. 각성제를 습관적으로 장기 복용한 여성 노동자들이 나중에 타이밍 중독이 돼서 몸을 덜덜 떨면서 다니고 그랬어요."
>
> -인명진 목사, 영등포산업선교회(경향신문, 2014년 12월 19일)

> "사장님네 강아지는 감기 걸려서 / 포니 타고 병원까지 가신다는데 / 우리들은 타이밍 약 사다 먹고요 / 시다 신세 면할 날만 기다리누나"
>
> (김민기의 민중가요「야근」가사 일부)

당시에 여공들은 근무 중에 졸면 안 됐다. 왜냐하면 장시간 노동[5]은 한국의 노동집약적 산업의 핵심 경쟁력이었기 때문이었다. 잔업은 물론이고 철야작업까지

---

4) 카페인을 함유한 커피는 19세기 산업혁명 시절부터 설탕, 초콜릿, 홍차, 담배와 함께 노동자 계급이 주로 사용하던 '드럭푸드(drug foods)'로 알려져 왔다. 인류학자 민츠(Sidney Mintz)는 드럭푸드가 "현실을 잠시 잊도록 만들어 주고, 배고픔의 고통을 잠시 마비시켜" "영양분 공급 없이 더 큰 노동력을 불러일으킨다"고 설명하였다(Mintz, 1985: 186).

5) 1984년 구로공단 대우어패럴에서 일했던 A씨는 필자와의 인터뷰에서 당시의 장시간 노동에 대해 이렇게 기술하였다. "한 달에 2번만 쉬고 일했다. 야근은 기본이었는데 밤 10시까지였다. 철야를 할 때는 새벽 2시까지 했다. 그리고 토요일에는 무조건 일요일 아침 6시까지 철야를 했다."

자주 이어지다보니 졸음을 쫓아내는 일은 노동력 유지를 위하여 필수였다. 위의 기사 내용처럼 여공들은 타이밍을 비타민인 양 먹으면서 일을 하였고, 타이밍마저 없을 때는 쓴 커피 가루를 그냥 숟가락으로 퍼서 먹었다고 한다. 이렇게 해서라도 졸음을 쫓아내려 한 이유는 잠깐 조는 사이 재봉틀 바늘에 손톱이 찔린다든지, 프레스에 눌려 손이 '오징어'가 된다든지, 심지어 업무에 따라서는 '꾸벅' 하는 사이에 기계에 말려들어가 죽을 수도 있었기 때문이다. '각성된 여공의 몸'이란 밤새 쉬지 않고 돌아가는 기계의 부속품과 다를 바 없었다. 이름이 아닌 번호(예를 들면, '평화시장 7번 시다'(유경순, 2011: 66))로 불렸던 여공의 현실이 바로 그 증거이다. 그것도 사고로 부서지면 버리고 새것으로 갈아 끼우면 그만인 저렴한 일회용 부속품이었다. 이처럼 당시 산업재해는 그녀들에게 벗어날 수 없는 굴레였다.

> "1주일에 평균 2~5명 정도 산재 환자를 치료했다. 그런데 대개 다친 환자들은 산재라고 생각하지 못했어요. 자기가 잘못해서 다쳤다고 생각해서 오히려 동료들에게 다친 것을 미안해하고 죄스러워했어요 … 그때 사람들은 일하다 다친 것을 산재라고 생각하지 못했고, 또 대부분 산재로 인정받지도 못했어요. 흔히 자기 개인 돈으로 치료를 했죠 … 그때 약 10%만 공상으로 처리했던 것으로 보고 되었어요. 산재가 엄청나게 많은데 전혀 알려져 있지 않았고, 노동자 스스로도 산재라고 자각하지 못했던 게 가장 안타깝죠."
>
> – 의사 양길승

위의 증언은 실제 가리봉오거리에서 '우리의원'(1985~86년)을 운영하였던 양길승 의사의 것이다(안치용 외, 2014). 타이밍을 밥 먹듯 먹어도 과도한 장시간 업무에 의한 산업재해는 피할 길이 없었다. 더욱이 당시에는 '산재'라는 개념조차 잘 알려져 있지 않았다. 양길승은 당시에 많은 노동자가 프레스에 손가락이 잘려서 왔으며, 도금공장에서 크롬에 중독되어 코 안에 구멍이 뚫린 환자도 있을 정도였다고 진술한다. 1981년에 노동자의 '안전과 건강을 확보하고 쾌적한 작업환경의 형성'을 촉진할 목적으로 산업안전보건법이 제정되었지만, 노동환경은 양길승의 진술처럼 열악하기만 하였다. 특히, 1980년대 들어 중공업이 집중 육성되면서 여공들의 중금속 중독 사례가 지속적으로 발생하였다. 그 중 전자업체의 톨루엔 중독, 오리

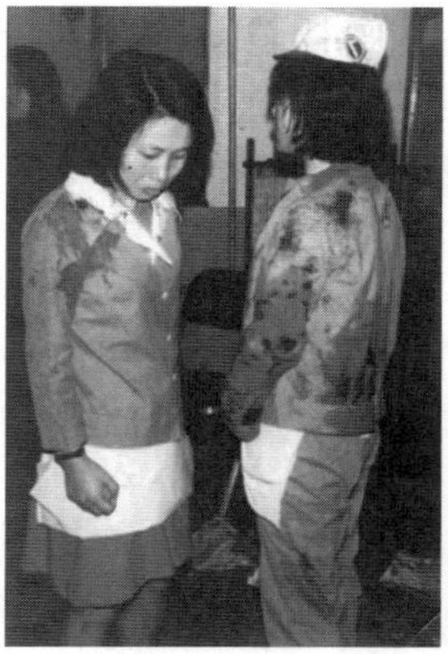

[그림 12] 동일방직 여성노동조합원 똥물투척사건 현장 모습
(자료: http://m.khan.co.kr/view.html?med_id=khan&artid=201501162153585&code=210100)

엔트 전자의 집단 수은 중독 사례가 대표적이다(구로의원 외, 1991: 139-141, 162-164).

그렇지만, 당시에는 아무리 산업재해가 발생하더라도, 심지어 사망에 이르더라도 사회에서는 관심을 갖지 않았다. 달리 표현하면, 노동자는 사회에서 '보이는' 것이 허락되지 않았다. 여공들이 사회에 목소리를 내는 순간 이들은 사회를 '더럽히는' 존재로 인식되었다. 그들에게 허락된 공간은 공장 안뿐이었다. 당시 여공들은 "장소를 더럽히는 존재로서만 사회 안에 현상"할 수 있었다. 즉, '깨끗한' 여성이란 "보이지 않는 여성"이었다(김현경, 2015: 78). 그런데 이것이 지나친 일반화일까? 역사적 사진 한 장은 이것이 전혀 허황된 가정이 아님을 명확하게 보여준다([그림 12]). 그것은 바로 1978년 2월 21일에 동일방직 여성노동조합 조합원에게 벌어진 '똥물투척사건'[6]이었다. 저임금과 고질적인 산업재해에서 벗어나려 하였던 1970년대 여공들의 노동조합 활동은 사회의 질서를 어지럽히는 '더러운' 행위였고, 결국 온몸이 오물로 더럽혀졌다.

당시 여공의 몸을 고통스럽게 만든 또 다른 질병은 바로 결핵이었다. 봉제공장에서 일하던 수많은 여공은 결핵이라는 질병 앞에 무력하기만 하였다. 당시 널리

6) 동일방직 똥물투척사건은 1978년에 회사 측이 노동조합의 대의원 선거를 무력화시키기 위하여 사측 편에 선 남성 노동자 행동대원들이 재래식 화장실에서 방화수 통에 똥을 담아와 여성 조합 간부들에게 마구 뿌려댄 사건이다. 당시 도망가던 여성 조합원들을 끝까지 쫓아가 얼굴과 입, 그리고 젖가슴에 똥을 집어넣고 통째로 뒤집어씌우기도 했다. 이 모든 행위가 경찰이 앞에 있는 상황에서 벌어졌다.

불렸던 민중가요 가사에도 '폐병 3기', '폐병쟁이'라는 표현이 명시되어 있을 정도였다. 심지어 결핵에 걸린 여공들 중 그 사실을 감추기 위하여 얼굴에 짙은 화장을 하기도 했다고 하니 1970·80년대 여공의 현실이 어떠하였는지를 가늠해볼 수 있다. 당시에 봉제공장은 먼지가 많은 곳에서 장시간 업무가 많아 코를 풀면 시커먼 코가 나오기 일쑤였고, 그래서 3년만 봉제공장에서 일하면 몸이 망가진다는 속설이 있을 정도였다. 그리고 결핵에 걸린 것이 알려질 경우 당연히 책임은 회사가 아닌 개인이 책임져야 하였고, 그 책임이란 바로 퇴사였다.

> "돈 벌어 대는 것도 좋긴 하지만 / 무슨 통뼈 깡다구로 맨날 철야유? / "누구든 하고 싶어 하느냐"면서 / 힘없이 하는 말이 폐병 3기래 / 남녀 모두 남 좋은 일 해 봐야 헛거지 / 고생하는 사람들만 손해야 / 삼 년만 지내보면 알게 될 거다! / 귀머거리 폐병쟁이 누구 누군지"(김민기의 민중가요 「야근」의 가사 일부)

> "봉제공장과 결핵, 이 둘은 떼려야 뗄 수 없는 함수관계를 지니고 있었다. 처음엔 한 움큼의 알약을 동료들 몰래 삼키던 여공도 차차 시간이 지나면 창백한 얼굴을 가려보고자 안간힘을 쓰곤 했다. 입술에 루즈를 바르고, 양 볼에 분화장을 하는 모습은 경숙도 여러 차례 보아온 터였다. 또한 그것은 연민을 넘어 같은 여자로서 참담한 아침이 아닐 수 없었다. 저기 저만큼에 죽음의 사선을 그어놓고, 가난이라는 이름 때문에 미싱을 밟아야 한다는 것! 그것은 직접 겪어보지 않은 사람이면 그 심정을 헤아리기가 어려웠다"(박영희, 2003: 125).

제 7 절 구로공단에서 서울디지털단지로의 전환: 건물 속 묻혀버린 여성 노동자

2014년 12월 26일 금천구청을 찾았다. 그곳에는 구로공단 50주년 기념 그림공모전에 출품된 작품들이 전시되어 있었다. 필자는 우수작으로 '선발'된 그림들 속에 과거와 현재가 어떻게 재현되어 있는지가 궁금했다. 그중 가장 인상적이었던 그림은 시대별로 구로공단의 산업 변화를 표현한 작품이었다([그림 13]). 가발과 옷을 만드는 '여공'에서 시작해 컴퓨터를 사용하는 '남성', 그리고 인간을 대신한 '로

봇'의 모습. 아이의 시선 속에서도 여성 노동자는 과거 육체노동의 주인공일 뿐 이후 첨단화된 곳에서는 설 자리를 잃은 듯하였다. 그림을 감상하며 문득 이런 의문이 들었다. 그럼, 그 많던 여공은 지금 어디에 있는 것일까? 공장새마을운동 정신에 따라 성실히 일하고 저축하여 이제는 안정적인 삶을 누리고 있을까? 그들의 자녀들은 이제 재봉틀이 아닌 컴퓨터 앞에서 편안한 직장생활을 하고 있을까? 아이의 시선대로라면 그래야 마땅할 것이다.

[그림 13] 금천구청 내 구로공단 50주년 기념 그림공모전 전시관

[그림 14] 서울디지털산업단지의 전형적인 아파트형 공장들(좌)과 디지털사거리(옛 공단사거리)에 자리잡은 대형 쇼핑몰(우)

구로공단은 시대에 따라 주요 산업 분야가 달랐다. 1960 · 70년대 섬유 · 봉제, 1980년대 전기 · 전자, 1990년대 종이 · 인쇄, 2000년 이후 IT로 그 모습이 변해 왔다. 특히, 한국산업단지공단은 1997년에 '구로단지 첨단화계획'을 수립하고 10년간

고도기술, 벤처, 패션디자인, 지식산업 등의 첨단 4개 업종을 주력산업으로 배치하였다.[7] 이에 따라 2000년에 들어서면서 공단지역의 정식 명칭은 '서울디지털산업단지'로 변경되었다. 필자가 압도당한 수많은 고층의 아파트형 공장은 이 같은 계획에 맞추어 아파트형 공장 입주 및 건축 시 자금 지원과 세제 혜택이 주어졌기 때문이다. 그 결과 2010년에 공단 내 거대한 아파트형 공장이 무려 100곳을 넘게 되었다([그림 14]). 이러한 공장들은 비제조업 노동자들을 흡수하여 2001년 비제조업 노동자가 1,000명에 그쳤던 것이 2011년에 이르러선 무려 8만 8천 명으로 약 66배가 증가하게 되었다(서울역사박물관, 2015).

산업구조의 변화는 자연스럽게 단지 내 여성 노동자의 일자리 또한 변화시켰다. 필자는 그 변화된 일자리로 인하여 여성 노동자가 경험하는 몸의 고통에 어떠한 변화가 생겼는지 우선적으로 확인하여 보았다. 2012년 가산디지털단지를 중심으로 7개 업종(전자산업, 의류제조업, 콜센터 보유업종, 정보통신업, 의류판매업, 건물청소업, 음식업 등)의 여성 노동자에 대한 건강실태조사가 이루어졌다(금천구청, 2013). 그 결과 콜센터 상담사는 모든 질병 — 확실 우울증 유병률 27.1%, 근골격계 질환 의심 유병률 31.3%, 흡연율 26.0% — 에서 가장 높은 유병률을 보였다. 이러한 조사 결과에 따라 필자는 우선적으로 콜센터 여성 상담사를 찾아보기로 하였다. 그들을 통하여 무엇이 이들의 몸에 과거의 여공과 다른 질병의 고통을 유발하였는지를 확인해 보려 하였다. 하지만, 2012년 연구를 진행하였던 당사자분들은 물론 서울근로자건강센터, 금천구청, 구로근로자복지센터 등을 찾아가 보아도 대답은 "콜센터 상담사가 어디에 있는지 정확히 모른다"였다. 정말 이상하게도 그녀들은 서울디지털산업단지 어디에나 존재하였지만, 그 어디에도 존재하지 않았다.

이제 한국에서 콜센터가 진출하지 않은 분야가 없고,[8] 인터넷 구직 사이트를 통하여 접속하면 언제든 일자리가 있었다. 그리고 서울디지털산업단지 역시 끊임

7) 구체적으로 과거 조립금속(43%), 섬유(29%), 종이인쇄(16%), 1차 금속(2%), 석유화학(6%), 기타(4%)로 구성되었던 산업구조에서 오늘날 고도기술산업(49%), 벤처산업(17%), 패션디자인산업(28%), 기타 지식산업(6%)으로 변경되었다.

8) 콜센터가 하청을 받아 활동하는 분야는 "제조업/전기, 가스, 증기 및 수도사업/건설업/도매 및 소매업/운수업/숙박 및 음식점업/출판, 영상, 방송통신 및 정보서비스업/금융 및 보험업/부동산업 및 임대업/사업시설관리 및 사업지원서비스업/교육서비스업/보건업 및 사회복지서비스업/예술, 스포츠 및 여가 관련 서비스업/협회 및 단체, 수리 및 기타 개인서비스업/중앙 및 지자체/공공기관"에 이른다. 콜센터는 전 산업 분야에 걸쳐 정말 어디에나 존재하였다(송민지, 2014).

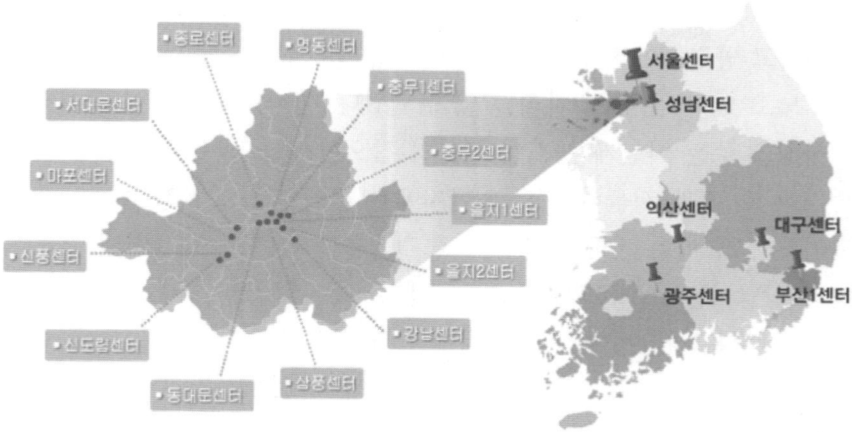

[그림 15] 한 컨택트 회사의 홈페이지에 소개된 전국 센터 지도

없이 상담사 구직광고에 등장하였다. 하지만 대부분의 콜센터 업체들이 원내 혹은 원외 하청업체였기 때문에 간판만 보고는 그곳이 콜센터인지를 쉽게 파악할 수 없었다. 하청에 의하여 업무가 진행되다 보니 결국 도급을 받고 콜센터 업무를 대행해 주는 회사들(이런 회사들을 '컨택트 회사'라고도 부른다)이 증가하였고 이들 중 몇몇 업체는 몸집을 불려 전국 곳곳에서 콜센터를 운영하고 있었다([그림 15]). 이렇게 콜센터는 정말로 어디에나 존재하였지만, 아이러니하게도 (하청으로 이루어져) 직접 찾아내기가 쉽지 않았다.

콜센터 상담사와 접촉하기 위한 필자의 노력은 결국 노동조합을 찾기에 이르렀다. 분명 도움을 받을 수 있는 노동조합이 서울디지털산업단지 내에 있을 거라고 막연한 확신을 가졌다. 이 같은 확신은 한국전쟁 이후에 최초의 동맹파업 — 구로동맹파업 — 이 발생하였던 과거 구로에 대한 지나친 기대감 때문이었는지도 모르겠다. 하지만 이러한 확신이 무너지는데는 그리 오래 걸리지 않았다. 그리고 이러한 경험은 서울디지털산업단지에 근무하는 여성 노동자가 현재 어떠한 상황에 처해 있는지 간접적으로나마 이해하게 해주었다. 노조란 이미 이곳에서는 사라진 단어였다. 구로공단 시절 '구로에서 거제까지'라는 말이 있었다. 구로의 노조가 임금협상에 성공하면, 전국의 임금이 뒤따라 오른다는 이야기가 있을 정도였다. 그만큼 한국의 노동운동에서 구로는 공단의 규모만큼이나 중요한 위치를 차지하였다. 이곳의 노조 결성률은 1990년대에 25%에 달해 전국 최고를 자랑하였다. 그런데 제조업이 쇠퇴하고 공장들이 지방과 동남아시아 등으로 싼 노동력을 찾아 이주하기 시작하면서 노조 역시 점차 설 자리를 잃게 되었다. 아파트형 공장이 들어선 후에는 하청에 하청을 주는 다단계 시스템이 자리 잡으면서 노조는 더더욱 설 자리를 잃게 되었다.[9] 그 결과 서울디지털산업단지에는 콜센터 노조[10]란 존재하지 않았다. 이곳은 어느새 2%라는 전국 최하의 노조 결성률을 지닌 곳으로 변해 있었다. 이렇게 콜센터 상담사는 스스로의 목소리를 낼 수 있는 중요한 통로 하나를 가져보지도 못한 채 대부분 불안정한 고용 상태에서 파견직 근무자로 일을 해야 하였다. 게다가 상담사를 도와주고자 하는 외부의 손길 역시 중요한 접근 통로 하나를 상실한 셈이었다.

---

9) 서울디지털산업단지 3단지에는 구로공단 시절부터 약 45년간 운영되어 온 '한국메디칼사푸라이' 회사가 있다. 일본 기업으로 일회용 의료기기(주사기 등)를 생산하는 기업이다. 이곳은 청소노동자와 촉탁직 4명을 제외하고는 156명 직원 모두 정규직이다. 월급이 많지는 않지만 상여금 및 휴가가 안정적으로 운영되고 있어 이직률이 매우 적은 곳이다. 이곳은 2%에 그치는 낮은 노조 결성률을 보이는 서울디지털산업단지에서 여전히 노조를 유지하고 있는 곳이다. 1990년대에는 가장 작은 규모의 노조에 열악한 노동환경이었지만, 이제는 가장 안정적인 정규직 사업장이 되었다(박점규, "첨단 구로공단의 굴뚝시대 근로조건," 주간경향 1089호, 2014년 8월 19일). 필자가 실제 사업장을 찾아가 확인한 결과 노조의 안정적 운영에는 사업주의 영향도 컸다. 한국메디칼사푸라이는 1970년대 박정희 정권 시절 일본 기업에 의하여 설립된 회사였다. 일본인 사장은 약 18년간 직접 회사를 운영한 뒤 본국으로 떠났고 현재는 한국인 사장에게 맡긴 상태라고 하였다. 그렇지만 지분의 80%를 여전히 일본인 사장이 소유하고 있으며 아직도 회사일에 참여하고 있었다. 또한 아시아 다른 국가에도 여러 개의 지부를 소유하고 있다고 하였다. 여기서 중요한 것은 1990년 후반 구로공단 첨단화계획에 의하여 다른 공장들이 땅을 팔고 새로이 아파트형 공장을 지으며 엄청난 이익을 남기고 떠날 때 이곳 사장은 그러한 이득을 추구하지 않고 지금의 회사를 그대로 운영하였다고 한다. 만일 이 회사 역시 직원을 모두 정리하고 첨단화계획에 동참하였다면, 지금의 안정적인 직장은 없을 것이다. 현재 한국메디칼사푸라이 건물은 주변의 높다란 아파트형 공장들로 에워싸여 그 위치를 쉽게 찾기 어려울 정도이다. 가산디지털단지의 중심 지역이기에 땅을 팔아 임대업을 할 경우 훨씬 큰 이익을 얻을 것이라는 것은 자명해 보였다. 서울디지털산업단지에서 한국메디칼사푸라이의 존재는 아파트형 공장의 진입, 다단계 하청 시스템, 그리고 비정규직화에 의하여 얼마나 노동자의 삶이 열악해졌는지를 보여주는 훌륭한 대조군이다.

10) 이것은 물론 서울디지털산업단지만의 현실은 아니다. 전국 콜센터업체 중에 노조를 지닌 곳은 단 2곳밖에 없다. 2012년 9월 12일에 민주노총 서울본부 희망연대노조 다산콜센터지부가 전국 최초로 설립되었다. 서울120다산콜센터에 노동조합이 생긴 이후 씨앤앰(케이블방송회사)의 콜센터업체인 텔레웍스에 노동조합이 2013년 2월 13일에 설립되었다. 다산콜센터지부는 2015년 10월 기준으로 노조 가입률이 80%에 도달하였으며, 텔레웍스의 경우 30%에 달한다.

제 8 절 "전화기로 미싱하는 줄 알았다": 공순이에서 콜순이로의 전환

2014년 9월 14일 구로공단 50주년을 축하하는 자리에 '순수하지' 못한 참가자로 분류된 구로공단 시절 여공 A씨는 피켓을 들고 마이크를 들었다. 그녀의 피켓에는 이런 문구가 적혀 있었다. "50년 전에는 공순이 인생, 50년 후에는 비정규 인생." 50대 중반의 그녀는 구로공단 여공으로 시작하여 지금은 비정규직으로 살아가고 있다. A씨를 비롯해 당시 봉제공장에서 일하였던 많은 여성은 이제 서울디지털단지의 중심에서 밀려나 외곽의 소규모 하청 봉제공장 거리 — '독산로 107길 봉제거리'— 에 머물고 있다(구로구 · 금천구, 2013). 그렇다면, 이제 '첨단화'된 서울디지털단지의 여성 노동자의 삶은 어떨까? 어머니 세대의 딸들은 좋은 교육을 받고 안정된 직장에서 지내고 있을까? 불행히도 이들의 삶은 '비정규직'이라는 새로운 환경에 노출되고 있다.

> "저도 독산동에서 일을 합니다. 처녀 때 구로공단 봉제공장에서 일했었고, 애 키운다고 일 안하다가 어느 정도 키우고 나서 삶이 쪼들려서 다시 이곳에서 일을 합니다. 그때나 지금이나 별반 달라진 건 없습니다. 그래도 나는 그냥 조금이라도 살림에 보탬이 되려니 해서 일하는 거니 4대 보험도 없고, 보너스도 없고, 공장 사정에 따라서 어떤 때는 일 나오라고 하고 어떤 때는 기약도 없이 갑자기 쉬라고 해도 참고 일할 수 있습니다. 한 달에 80만 원 받을 때도 있고, 야근도 하고 그러면 100만 원 받을 때도 있고 해도 참고 일할 수 있습니다. 그런데 대학도 졸업하고 이제 꿈과 자기 계획도 갖고 일하려는 애들한테까지 이렇게 하는 건 절대 아니죠. 그렇지 않나요? … 그게 말이 됩니까? 그럼 차라리 2년 안 넘도록 일 시키겠다고 말하고, 정규직화 안 시키겠다고 말하는 게 당연한 거지 계속 일하게 할 것처럼 이야기해 놓고, 일 열심히 하면 정규직 시켜준다고 말해놓고 이렇게 사람을 바보 취급, 쓰고 버리는 물건 취급 하는 게 말이 됩니까?"
>
> – 김희서(노동자의 미래 사무국장), 2012년 12월24일 프레시안에 소개된 [2012 비정규노동 수기 공모전 수상작] 중 "'현대판 여공'들이 월 100만 원에 밤샘하는 구로공단"에서 발췌
>
> (자료: http://www.pressian.com/news/article.html?no=40208)

위에 소개된 사례는 구로공단 여공의 삶이 그녀의 딸에게 비정규직 노동자의 삶으로 연장되었다는 것을 보여준다. 과거 여공의 삶이 여전히 나아지지 않았다는 것은 받아들인다 하더라도 대학교까지 졸업한 젊은 여성이 정규직 고용이라는 희망 고문에 농락당하는 현실은 이해하기 어려운 현실이었다. 콜센터 여성 상담사의 경우를 보더라도, 비정규직 비율은 무려 73%(2012년 기준)에 달한다(한국노동연구원 2012). 필자가 만난 콜센터 상담사들은 스스로를 과거 여공을 부르던 '공순이'에 빗대어 아예 '콜순이'로 부르고 있었다. 하지만, 이것은 단순한 비유를 넘어선다.

> "나는 콜센터가 이런 곳인 줄 몰랐다. 정말로 난 "전화로 미싱하는 줄 알았다." 사람을 상담하는 것을 마치 공장처럼 만든 현실 때문에 이런 표현을 써보았다. 전화기를 들고 끊고 들고 끊고 하는 것이 외형상 미싱으로 동일한 동작을 반복하는 것과 유사해 보였다. 전화를 받고 끊고, 받고 끊고 … 상담으로도 단순노동이 될 수 있다는 것을 알았다. 여기에 상담 업무라는 게 업무도 많고, 파악해야 할 정보량도 너무 많았다. 6주 교육으로도 안 된다. 그냥 6주 후에 바로 투입하고 나머지는 상담사 스스로가 '알아서 버텨'야 한다."
>
> -H씨, 30대 초반 경력 5년 콜센터 여성 상담사

"전화로 미싱하는 줄 알았다"라는 H씨의 표현은 비정규직을 넘어 콜센터 상담 업무 자체가 과거 여공의 노동과 그 성격면에서 크게 다르지 않음을 보여주고 있다. 상담사는 누군가의 감시와 명령 속에 쉼틈 없이 전화를 받고 상담을 하여야만 한다. 지체없이 받은 전화를 해결하고, 또다시 다른 상담으로 넘어간다. 여유란 찾기 어렵고 몸은 항상 시간에 쫓기는 노동을 반복한다. 처음 인터뷰를 시행한 서울디지털산업단지 콜센터 여성 상담사 J의 사례는 좀 더 자세하게 오늘날 여공의 후예들이 어떤 노동환경에 노출되어 있는지 보여준다.

> "왠지 텔레마케터는 현대식이라 느껴진다. 컴퓨터가 있고, 전화가 있고. 공장 같은 데는 화학약품 있고 막 그렇지 않나. 그리고 콜센터가 현대식인 이유는 알바 빼고, 공장 빼고 그러면 남는 게 콜센터 밖에 없어서다. 인터넷에서 알**, 알*** 들어가면 공장은 올라오지도 않는다. 올라와도 사람들이 젊은 여성들은 그걸 찾지도 않는다. 알바 자리는 커피숍 빼면 콜센터밖에 안 남는다. 나도 알** 들어

가서 거기서 콜센터 3군데 원서 넣어서 바로 연락이 왔다. 사실 젊은 여자들은 힘들어 보이는 데는 돈을 많이 줘도 가질 않는다. 몸 쓰는 건 안한다 … 공장 일은 옛날 공장노동으로 이미지되는 것이 있다. 그래서 육체노동은 '옛날식'이라는 생각이 든다. 공장이 TV나 역사에서 보니깐 옛날로 여겨진다. 콜센터는 딱 생각해 보면 내 책상, 컴퓨터가 있으니깐 현대식이라고 생각하는 것 같다. 그리고 이름도 잘 지었다. 텔레마케터라고. 뭔가 좀 하는 것처럼 느껴지게 … 내가 벌어먹고 살아야 되는, 생계를 책임져야 하는 젊은 여성들이 콜센터에 많이 몰리는 것 같다 … 옛날 한 70년대의 저임금 봉제공장이 이제는 콜센터인 것 같다."

-J씨, 20대 중반 콜센터 여성 상담사

그녀의 표현대로 옛 봉제공장은 지금의 '현대식' 콜센터로 전환된 것일 뿐이었다. 그녀의 일터는 창문도, 가습기도, 정수기도 제대로 구비되어 있지 않았다. 몸을 쓰는 옛날식 공장은 아니었지만, 결국 J가 목 디스크 재발로 2개월 만에 퇴사를 결정할 만큼 콜센터 일은 육체적 — "8시간 동안 같은 자세로 같은 자리에 앉아서 일을 하니 어깨하고 목이 저리고, 손도 저렸다." — 으로도 고된 노동이었다. 그렇다고 감정노동이 용이한 것은 절대 아니었다. 고객에 따라서는 속칭 '감정의 쓰레기통'이 되기 일쑤였다. 하지만 J의 경우에는 콜센터를 잠시 지나가는 직장으로 여겼고, 부양하여야 할 가족도 없었기에 상대적으로 절박한 상황은 아니었다. 반면에, 그녀의 주변 동료들은 결혼을 한 30대 주부가 대다수였는데, 이들은 가사노동을 위하여 특정 시간대에만 일을 할 수 있다는 점과 경력 단절로 인한 구직의 어려움이 겹쳐 콜센터가 대부분 마지막 선택지 — "너무 힘들어서 다시는 안 오려고 해도 결국에는 다시 오게 된다." — 였다. 이들이 느끼는 감정노동의 강도는 이직의 어려움과 겹치면서 더욱 극명하게 표현 — "차라리 식당 일을 할까? 거기는 욕이라도 안 먹지." — 되었다.

감정노동과 관련해서 또 다른 사례를 들어보자. 30대 중반의 K씨는 콜센터 상담사 사이에서 속칭 외인부대로 여겨지는 C/S팀(주로 전날 접수된 고객 불만 사항들을 일일이 전화를 걸어 해결하는 업무를 담당하는 팀)에서 3년간 일을 했다. K는 불만 가득한 고객들을 연일 상대하는 "거지 같은" 일을 하다 하루는 극심한 업무 스트레스로 테라스로 뛰쳐나가 7층 높이에서 뛰어내리고 싶은 충동이 들었다고 말하였다. 이때 K는 자살보다는 10년간 끊었던 담배를 선택하였다. 왜냐하면 그녀가 근무하던 인터넷쇼핑몰에는 선택이 두 가지로 제한되었기 때문이다. "여기서 흡연하느냐 아니면 7층에서 뛰어내리느냐?" 감정노동이 그녀의 몸에 남긴 변화는 재흡연이었다. 한국 사회에서 지극히 금기시되는 여성의 흡연은 콜센터라는 공간 안에서는 더 많은 콜 수를 위하여 용인되고 어느 면에서는 권장되기까지 — "가서 담배 한 대 피우고 와!" — 하였다(김관욱, 2013; 2015). [그림 16]에서 보듯 콜센터에 여성 직원들을 위한 환기시설과 방향시설을 구비한 '하늘정원 흡연실'이 존재한다는 사실은 디지털산업화 시대에 여성 노동자가 새로이 마주하고 있는 노동의 한 단면일지 모른다. 즉, 당장 죽음을 초래하였던 과거 구로공단의 중금속은 아니지만, 이제는 서서히 몸에 해로움을 축적시키는 담배연기에 노출 — 그것도 온전히 '자발적 선택'인 양 여겨지는 — 되어 있는 것이다.

[그림 16] 한 콜센터의 외부 흡연실 전경

감정노동의 극단적 상태는 자주 '감정 탈진'으로 표현된다. 실제로 필자가 현지조사 기간 만난 상담사들은 업무가 끝나고 퇴근할 때가 되면 '진이 빠진다'고 자주 표현하였다. 심한 경우 집 밖으로 외출하는 것조차 싫어져서 주말에는 집 밖을 나가지 않게 된다고 말하는 상담사도 있었다. 대다수의 상담사는 장시간의 상담이 끝나면 무언가 몸 속에서 바닥까지 소진된 듯한 느낌이 들어 술이든, 음식이든, 수다든, 혹은 쇼핑이든 무엇으로든 다시 몸 속을 '채워' 넣으려 하였다. 그런데 필자가 만난 A의 경우는 조금 특별하였다. 카드회사에서 발급을 담당하던 그녀는 상담사로 근무한 지 채 1년이 안 되어 체중이 10㎏나 늘었다. 퇴근 후 먹지 못해 버려야 할 만큼 병적으로 음식을 사들인 결과였다. 이후 음식 대신 매니큐어를 사들이기 시작하여 지금은 그 숫자가 100개를 넘는다고 하였다. 하지만 A가 필자에게 특별하게 다가온 것은 체중 증가도, 매니큐어 구입도, 또한 근무 중 안면마비에 걸렸던 과거 병력도 아니었다. 그녀는 감정노동이 여성의 몸에 남긴 상처가 단순히 감정 탈진을 넘어 감정의 '오염'에까지 이를 수 있음을 알게 해 주었다. 그녀의 표현을 그대로 옮기면, 상담사가 된 후 그녀는 "입이 더러워졌다"고 표현하였다. 쉽게 화를 내는 건 물론이고 말끝마다 욕을 하는 자신을 발견하였다. 그녀는 "어 내가 왜 이러지", "나 원래 안 그랬는데"라는 말을 되뇌면서 스스로 "미개한 사람"이 되는 것 같아 자존감이 많이 떨어진 상태였다.

콜센터 상담사의 하루 일과를 들여다보면, 이들의 노동이 왜 과거 여공과 닮았는지를 좀 더 이해할 수 있다. 가산디지털단지에 위치한 손해보험회사의 '하청의 하청' 회사에 근무한 J의 일상은 다음과 같았다.

> "출근하면 9시 반에 전화목록을 준다. 즉, 아웃바운드[11) 거리를 준다. 이것을 30분마다 준다. 그 전화목록을 따라 일일이 전화를 하는 것이다. 그러면서 그 사이 사이에 인바운드 콜이 밀리면 받고 그런다. 콜 받다 보면 금방 시간이 지나가서 목록 전화가 밀리고. 진짜 정신이 없다. 그래서 어디 갈 수가 없다 … 오전에는 너무 바빠서 한 번도 화장실에 못 가는 경우가 많다. 정신없이 걸고 받고 해서 업무 중간에는 담배도 못 핀다."

J가 말하듯 상담사의 업무는 화장실 갈 틈조차 없다. 전화를 걸어야 하는 명단은 매니저가 정기적으로(30분마다) 제공하고, 걸려오는 전화 상담은 그저 정신없이 밀려온다. 여기서 일반인들이 쉽게 오해할 수 있는 부분은 전화목록을 주는 것도 '사람'(매니저)이고, 전화를 거는 것도 '사람'(고객)이라고 생각한다는 점이다. 이로 인하여 콜센터 상담사가 과거 공단의 여공들이 덜컹거리는 컨베이어 벨트 위 전자제품에 쉼 없이 부속품을 끼우는 것과 다른 환경 속에서 일을 한다고 생각할지 모른다. 하지만, 콜센터로 걸려오는 고객 전화는 전부 중앙집중형 시스템

11) '아웃바운드(outbound)' 업무는 '고객에게 정보를 제공하거나 상품 판매를 목적으로 고객 정보를 이용하여 전화를 거는 업무'를 뜻한다. 반대로 '인바운드(inbound)' 업무는 '외부(고객)로부터 걸려오는 전화에 대한 응대 업무'를 뜻한다.

(Computer Telephony Integration system)을 거쳐 착신호 자동 분배장치(Automatic Call Distribution)를 통하여 대기 상태의 상담사에게 개별적으로 분산된다(박종태 · 이진수 · 이정훈 외, 2009). 따라서 상담사는 칸막이 안에 홀로 앉아 있지만 스스로 노동 강도와 속도를 조절하지 못하고 '화장실 갈 틈도 없이' 전화를 받아야 한다. 전화를 밖으로 거는 아웃바운드 업무의 경우는 그래도 사정이 나을 수 있지만, 정해진 실적의 압박과 매니저가 끊임없이 밀어넣는 전화목록은 마치 자동응답기 기계처럼 "안녕하십니까? **카드 TM을 담당하는 상담사○○○입니다. 실례지만, ○○○고객님 되십니까? 잠시 통화 가능하십니까? 전화 드린 건 다름이 아니라~"를 반복하게 만든다. 이렇듯 상담사의 업무 과정을 조금만 들여다봐도 상담사의 업무는 이처럼 자율보다는 기계부속품처럼 — 과거 제조공장의 여공들처럼 — 중앙의 통제를 받고 있다는 것을 어렵지 않게 이해할 수 있다.

콜센터에 대한 여러 연구를 통하여 상담사가 매월 통화 품질에 대한 개인별 평가를 받는다는 사실은 익히 잘 알려져 있다(윤세준 · 김상표 · 김은민, 2000; 정형옥, 2005; 신경아, 2009; 김관욱, 2013). 하지만, 그 평가로 인하여 상담사가 받는 결과는 단순히 인센티브 십 몇 만 원에 그치지 않는다. 고객으로부터, 매니저로부터 유아적 취급을 받아야만 하는, 그럼에도 이직을 할 수도 없는 상담사의 처지는 음주, 흡연, 폭식 등과 같은 생활 습관에서부터 만성피로, 두통, 각종 근육통, 청력 손실, 인후염, 안구 통증, 손목터널증후군, 월경주기 불순, 심한 월경통, 비만 등과 같은 신체적 질환, 그리고 우울증, 불면증, 공황장애 등과 같은 신경정신과적 질환까지 유발하기도 한다(금천구청, 2013). 이외에도 질병명으로 분류되지 않는 고객과 매니저로부터 받는 모멸감, 그에 따른 자존감 상실 또한 상담사를 고통스럽게 만드는 요소들이다.

제 9 절 결론

구로공단은 공장새마을운동의 모범지역이었다. 박정희 대통령의 글씨가 담긴 '수출의 여인상'이 세워진 곳 역시 이곳이니 반론의 여지가 없다. 구로공단 50주년을 맞아 동상은 새 옷을 입고, 당시 수출역군으로 '칭송'되던 젊은 여공들의 삶은 다양한 방식으로 재조명되고 있었다. 특히, 공장새마을운동이 재조명되면서 여공들의 헌신과 자기희생은 가장 중요한 덕목으로 부각되고 있었다. 하지만, 실제 여공이 경험한 당시의 삶은 철저한 '충효정신'으로 무장한 것도, 자신의 일상적 욕망을 버리고 오로지 가족을 위하여 헌신을 한 것도 아니었다. 여공들은 기계부속품 혹은 그보다도 못한 짐승으로 취급받으면서도 희망이 없는 가난한 시골집을 벗어났다는 사실에, 또래의 친구들과 어울리며 향유할 수 있었던 일상적 욕망에 의지하며 고된 시간들을 살아낸 것이었다. 그렇지만, 각성제에 중독되고, 결핵균에 감염되고, 각종 산업재해의 위험에 노출되어 몸이 망가져도 책임은 개인에게 돌아갈 뿐이었다. 결국 새마을운동 기조 위에 독려된 여공의 충효정신이란 일방적인 노동자의 헌신만을 뜻할 뿐이었다.

이제 구로공단은 겉과 속이 모두 화려하게 변해버렸다. 그 많던 여공은 사라지고 이제 일부만 외곽의 영세한 봉제거리에 남아 있을 뿐이다. 오늘날 여공의 자리는 비정규직 여성 노동자로 채워졌다. 1997년 외환위기 이후 국가의 존립을 위하여 또다시 여성 노동자들은 저임금의 비정규직 노동시장으로 내몰려 '헌신'을 강요받아 왔다. 그중 옛 공순이와 비교될 만큼 열악한 노동환경과 임금에 노출된 '콜순이', 즉 콜센터 여성 상담사들은 과거와 구체적 질병의 종류는 변했지만, 몸에 크고 작은 상처를 받으며 일하고 있다. 물론, 그 책임은 과거 여공과 같이 개인에게 떠넘겨지고 있는 실정이다.

과거 여공의 경우에도 그랬듯, 서울디지털산업단지에서 퇴근한 여성 노동자들 중 콜센터 상담사를 겉모습만으로만 찾아내는 것은 쉽지 않다. 낮은 임금에 고강도의 노동을 강요받는 콜센터 상담사는 산업단지 안에 수없이 존재하지만 이들은 겉으로 드러나지 않는다. 이들의 목소리를 대변하는 제대로 된 창구 또한 존재하지 않는다. 연구자가 1년여 간의 인류학 현지조사를 통하여 확인한 것은 바로 이러한 현실이었다. 요컨대, 저임금 여성 노동자의 몸은 시대를 초월하여 항상 고통을 감내하며, 저항 없이 성실히 주어진 업무에만 열중해야 하였다. 어찌보면, 오늘날 공장새마을운동을 새로이 부활시킬 필요가 없을지도 모른다. 왜냐하면 대다수 여성 노동자가 이미 비정규직 '파리 목숨'이며, 생존을 위해서라도 성실해질 수밖에 없기 때문이다. 따라서, 국가와 기업주가 먼저 '종업원을 내 가족같이' 생각하지 않는

한 과거 새마을운동 정신을 부활시켜 얻을 수 있는 추가적 이득이란 기대하기 어렵다. 여성 노동자의 몸을 통하여 본 구로공단의 과거와 현재의 모습은 이를 명확히 보여주고 있다.

참고 문헌

구로구・금천구(2013). 『구로공단 1966~2013. 노동 생산 이주 그리고 꿈』.

구로의원・인천의원・평화의원 상담실(1991). 『당신의 직업이 병을 만든다』, 돌베개.

국가기록원, 『새마을운동 기록과 현장: 공장새마을운동』, Retrieved from http://theme.archives.go.kr/next/semaul/field02.do

권령민(2012). 공장새마을운동의 재조명과 구미시의 시범 추진 방안, 『새마을운동과 지역사회 개발연구』, 8, 경운대학교 새마을연구소.

금천구청(2013). 『금천 디지털산업단지 여성건강관리사업 위탁 운영 사업보고서』, 사업기관: 단국대학교병원.

김관욱(2013). 콜센터 여성의 노동과 흡연, 그리고 주체성, 서울대학교 인류학과 석사논문.

______(2015) '오염'된 공간과 몸 만들기: 콜센터의 노동통제 및 여성 흡연자의 낙인 형성 과정, 『한국문화인류학』, 48(2): 45-87.

김원(2006). 『잊혀진 것들에 대한 기억』, 이후.

김현경(2015). 『사람, 장소, 환대』, 문학과지성사.

박영희(2003). 『김경숙』, 민주화운동기념사업회.

박종태・이진수・이정훈 외(2009). 『The Call Center Book: 효율적인 한국형 콜센터 구축과 운영을 위한 실무 지침서』, 럭스미디어.

서울역사박물관(2013). 『가리봉동』.

______(2015). 『가리봉오거리(구로공단 반세기 기념 특별전)』.

성공회대학교(2003). 『노동사연구소 구술아카이브』.

송민지(2014). 콜센터 여성노동자들의 노동 경험에 관한 연구, 중앙대학교 사회학과 석사논문.

신경아(2009). 감정노동의 구조적 원인과 결과의 개인화: 콜센터 여성노동자의 사례연구, 『산업노동연구』, 15(2): 223-254.

안치용 외(2014). 『구로공단에서 G밸리로: 서울디지털산업단지 50년 50인의 사람들』, 한스컨텐츠.

유경순 편(2007). 『같은 시대 다른 이야기』, 메이데이.

______(2011). 『나, 여성노동자1. 1970~80년대 민주노조와 함께한 삶을 말하다』, 그린비.

윤세준·김상표·김은민(2000). 감정노동: 조직의 감정표현 규범에 관한 질적 연구, 『산업노동연구』, 6(1): 215-254.

이동우 외(1983). 『 공장새마을운동: 이론과 실제』, 새마을운동중앙본부 공장새마을운동 추진.

정형옥(2005). 텔레마케터(Telemarketer)로 일하는 여성 노동자의 노동 경험, 『성평등연구』, 9: 167-212.

한겨레21, "기업의 앙탈에 총알이 발사되었다", (2014년 1월 20일 제996호). Retrieved from http://h21.hani.co.kr/arti/cover/cover__general/36252.html)

한국노동연구원(2012). 『서비스산업의 감정노동 연구』

Dolezal, L.(2015). *The Body and Shame: Phenomenology, Feminism, and the Socially Shaped Body*, Lexington Books.

Fuentes, A. & Ehrenreich, B.(1983). *Women in the global factory*, 160(1), South End Press.

Jackson, M.(1989). *Paths Toward a Clearing Radical Empiricism and Ethnographic Inquiry*, Bloomington: Indiana University Press.

______(1996). *Things as They Are: New Directions in Phenomenological Anthropology*, Georgetown University Press.

Merleau-Ponty, Maurice(2012; 1962). *Phenomenology of Perception*(Trans: Donald A. Landes), London: Routledge.

Mintz, Sidney W.(1985). *Sweetness and Power*, Penguin Books.

제 3 편

새마을운동의 국제화

제 8 장 새마을운동의 세계화

제 1 절 서론

현재 중앙정부는 물론 지방정부가 새마을운동 세계화를 위하여 다양한 프로그램을 마련하여 참여하고 있다. 정부 차원에서는 국무총리실이 주체가 되어 2011년 '새마을운동 ODA(Official Development Assistance) T/F(Task Force)팀'을 구성하여 새마을운동 개발협력모델 수립에 착수하였고, 시범국가를 대상으로 초청 연수, 소규모 시범사업, 프로젝트사업을 관계 기관 간 협업을 통하여 추진하고 있다(경향신문, 2013.5.15). 특히 박근혜 정부 들어 국정과제에 'ODA 지속 확대 및 모범적 · 통합적 개발협력 추진'이 포함되어 한국 ODA의 양적 · 질적 제고를 예고하였고, 농업 분야 ODA에는 새마을운동 전수사업이 더해지면서 시범국가의 농촌종합개발 ODA 모델의 비중이 점차 확대되고 있는 실정이다.[1)]

지방정부 차원에서는 새마을운동의 종주도를 자처하는 경상북도가 대표적인데, 새마을운동 세계화의 효율적 추진을 위하여 2012년 새마을세계화재단을 설립하였으며, 도내 시 · 군과 협업 체계를 구성, 해외 새마을리더 해외봉사단 파견을 비롯

1) 2015년 한국의 ODA 예산은 대략 1,911백만 달러이며, 국민총소득(GNI) 대비 0.14%를 차지한다.

하여, 시범마을 만들기, 시범마을의 관계자 초청 연수, 여름방학 동안의 대학생 새마을 해외봉사단, 전문 직업인 양성을 위한 특성화 고등학교 중심의 글로벌 새마을 청년봉사단 사업, 해외 거점지역별 새마을연수센터 건립 등을 꾸준하게 추진하고 있다.

새마을운동중앙회 역시 시범국가 공무원 및 지도자를 대상으로 한 새마을 연수 및 시범사업을 꾸준히 전개하고 있고, 한국의 공적개발 원조총괄기관이라 할 수 있는 한국국제협력단(Korea International Cooperation Agency: KOICA)은 새마을 운동을 접목한 대규모 농촌 개발 프로젝트 사업을 추진하고 있다. 대학에서도 새마을운동 세계화사업을 활발하게 전개하고 있는데 경상북도에 연고를 두고 있는 영남대학교는 해외 유학생을 유치하여 새마을대학원 과정을 개설, 세계 각국의 청년들에게 새마을운동의 근면, 자조, 협동정신을 고양시켜 졸업 후 자국의 지역 발전과 국가 성장에 주도적인 역할을 할 수 있는 힘을 가르치고 있다.

이처럼 한국의 새마을운동 세계화는 개발도상국의 지역 개발 및 경제발전모델로 평가받으면서 앞다퉈 새마을운동을 벤치마킹하기 위하여 세계 각지의 정책결정자 및 지도자급들이 한국을 방문하고 있다. 새마을운동의 탄생 배경과 추진 체계, 새마을운동의 단계별 전개 과정, 새마을운동의 효과와 영향 등을 직접 배워가고 있고, 최근 해외에서 주목받고 있는 새마을운동 세계화의 실태를 직접 확인하여 한국의 새마을운동 개발 경험을 자국에도 도입시키기 위한 방법들을 다각도로 모색하고 있는 실정이다.

따라서 이 장에서는 2000년대 이후 국제 사회 및 개발도상국으로부터 빈곤퇴치 모델로 주목받고 있는 새마을운동 세계화에 대하여 고찰해 보고자 한다. 구체적으로 새마을운동 세계화의 개념 및 필요성을 살펴보고, 다음으로 새마을운동 세계화의 추진 체계를 알아본 뒤 현재 새마을운동 세계화 현황들을 살펴본다.

제 2 절 새마을운동 세계화의 개념 및 필요성

1 새마을운동 세계화의 개념

새마을운동 세계화라는 용어는 국제화라는 용어와 혼용되어 사용되는 경우가 많다(하재훈, 2008: 64-67). 이러한 경향들은 새마을운동 세계화와 관련한 선행 연구에서 잘 나타나고 있다. 정우열(2008; 2014)의 연구에서는 국제화라는 용어를 사용하고, 전해황(2006)과 하재훈(2008)은 세계화라는 용어를 사용하고 있다.

정우열(2008: 32)은 새마을운동의 국제화 추진 방안 연구에서 한국 근대화를 촉발시킨 새마을운동을 통하여 새로운 국제 관계를 모색해 볼 필요성을 언급하면서, 지구촌이 다 함께 공존하고 발전하기 위하여는 한국의 새마을운동을 적극화할 수 있는 방안 마련과 새마을사업을 통한 국위 선양 등 다양한 측면에서 새마을운동 국제화 방법이 모색되어야 함을 시사하였다.

또한 정우열(2014: 5)은 국제화에 대하여 전 지구적 차원에서 전통적인 지역적 가치를 넘어섬으로써 외국과의 상호의존성이 증대되는 현상으로 이해하였고, 새마을운동 국제화에 대하여는 시대적 흐름 속에서 새마을운동에 내재된 독창적인 문화적 가치(새마을정신, 새마을 방식, 주민참여형 지역 개발)를 국제 사회의 보편적 가치로 전환시키려는 의지적 실천이라고 정의하였다.

전해황(2006: 128)은 새마을운동 세계화에 대하여 한국이 세계에서 위상이 높아진 만큼 한국의 새마을운동을 세계의 새마을운동으로 발전시켜 세계적인 지역사회 개발과 지역사회복지의 모델로 전파시킴으로써 우리 민족의 자존심과 새마을운동의 브랜드 가치를 높여야 한다고 강조하였다.

하재훈(2008: 67)은 새마을운동 세계화 방안 연구에서 새마을운동 세계화란 21세기 시대적 조류 속에서 새마을운동의 주체적 대응과 대처를 통하여 한국만이 갖는 고유한 새마을의 정신과 문화를 체계적인 새로운 가치로 격상시킴으로써 궁극적으로 무형의 한국적 자산을 구축하려는 의지적 실천이라고 정의내리고 있다.

이러한 연구들을 종합하여 볼 때 새마을운동 세계화라는 것은 국제 사회 및 개발도상국들의 주민의 삶의 질 향상과 빈곤 퇴치의 실천모델로서 한층 발전시켜, 한국의 국가 이미지 제고는 물론 인류 공동 발전을 위한 보편적 인류애를 구현하려는 실천적 노력이라고 정의할 수 있다.

2 새마을운동 세계화의 필요성

1) 개발도상국의 농촌

국제 사회에서 개발도상국 농촌 문제의 해결 방안으로 또는 개발도상국의 빈곤 퇴치와 지역 발전을 위한 핵심적 가치로 새마을운동 세계화가 부상하고 있다. 개발도상국 빈곤 인구의 대부분은 농촌지역에 거주하고 있다. OECD가 분류한 ODA 수혜국 인구는 약 51억 명이고, 이 중 약 58%가 농촌지역에 거주하고 있다. 특히 하루 1달러 미만으로 생활하는 빈곤 인구는 약 10억~12억 명으로 이 중 75%가 농촌지역 거주자이다(임한성, 2011: 145-147).

표 8-1 해외 농업 인구

구분		농업 부문 종사자 비율		
		경제활동인구 (억 명)	농업 종사자	
			억 명	%
합계		29.9	13.3	44.3
선진국		6.4	0.4	7.0
개도국		23.5	12.8	54.5
개도국	아시아	16.7	10.0	59.9
	중남미	2.3	0.5	19.3
	극동아시아/북아프리카	1.5	0.5	32.8
	사하라 이남 아프리카	3.0	1.8	62.0

자료: 임한성(2011: 146).

개발도상국이 빈곤 상태에서 벗어나지 못하는 가장 큰 이유로는 낮은 수준의 농업생산성 때문이라 할 수 있다. 개도국 인구 중 50%가 넘게 농업 부문에 종사하고 있으나 낙후된 기반시설과 낙후된 영농기술, 그리고 전문인력 부족 등으로 농업 생산성은 매우 낮은 수준에 머물러 있다. 소득의 대부분이 농업 분야에서 유발된다는 점을 고려하면 농촌지역의 빈곤 현상은 심각한 수준임을 알 수 있다. 또한 개발도상국은 낮은 농업생산성 외에도 주민 상호간에 신뢰성, 협동심, 사회적 규범, 소통 등과 같은 사회적 자본 형성이 미흡하고 교육 여건이나 교육환경이 열악하며, 교육열 역시 낮은 수준이다.

개발도상국의 이 같은 문제점이 장기간 이어짐에 따라 다양한 시각에서 이들의 고질적인 빈곤 문제를 근본적으로 해결하기 위한 대책 마련의 필요성을 강조하고 있는데, 그 방안의 하나로 우리나라의 새마을운동이 소개되고 있다. 예로서 미국 오바마 대통령은 2009년 7월 케냐를 방문하여 우리나라의 놀라운 지역 발전을 거론하면서, 케냐가 빈곤을 탈피하기 위하여는 한국의 새마을운동을 표본으로 삼아야 한다고 하였다(조선일보, 2010). 반기문 UN 사무총장 역시 개발도상국의 빈곤 문제 해법으로 새마을운동의 필요성을 강조하였다. 그는 "개발도상국의 빈곤 문제가 실질적으로 개선되지 않는 건 자조·협동정신에 원인이 있을 수 있다"면서 한국의 새마을운동의 경험이 큰 도움을 줄 수 있을 것이라고 언급하였다.

이처럼 우리나라가 경험한 새마을운동 세계화에 관한 논의와 경험 전수에 대한 필요성을 언급하는 것은 새마을운동을 둘러싼 대외적 환경 변화로부터 기인한 것이라고 할 수 있다. 1990년대 후반부터 지금까지 일부 개발도상국들이 새마을운동을 자국에 적극적으로 도입하기를 희망하고, 다양한 국제기구에서도 우리나라의 새마을운동을 국제 빈곤 문제 탈피의 대안적 방법론으로 검토하거나 '아프리카 주도그룹 회의' 등을 통하여 지속적으로 새마을운동 적용의 필요성을 제기함으로써 새마을운동 세계화에 대한 관심이 한층 높아지고 있다.

2) 국제 농촌개발 협력 수단으로서의 새마을운동

UN은 '새천년 개발 목표(Millenium Development Goals: MDGs)'를 설정하고 개발 협력과 범지구적 빈곤 문제 해결을 위한 공동의 노력을 기울이고 있다(임한성, 2015: 128-129). 한국도 이러한 국제적 추세에 발맞춰 개발도상국에 대한 인도적 책무, 글로벌 이슈에 대한 대처, 개발 협력의 수혜적 측면 제고, 개발도상국과 개발 경험의 공유라는 취지에서 적극적으로 움직이고 있지만 그 효과성에 관해서는 많은 의문이 있다. 이러한 상황에서 새마을운동은 UN이 제시하는 MDGs 중 최고 우선순위인 빈곤 문제 해결을 위한 실용적인 정책 수단이 될 수 있다는 점에서 중요한 의미를 갖는다(정기환 외, 2014: 207).

국제개발 협력에서 왜 새마을운동의 경험과 방식의 활용이 필요한가? 그것은 새마을운동이 국제 사회 및 개발도상국의 빈곤 퇴치를 위한 국제개발기구나 전문가들이 제반 원리와 전략적 개념을 포괄하고 있기 때문이다. 즉, 새마을운동은 이미 오래전부터 주민 참여적 개발, 역량 강화, 주인 의식 제고 등 실용적인 방안들을 강구하여 왔다. 이러한 개념을 포함한 한국의 새마을운동은 개발도상국에서 매우 효과적인 농촌 개발 수단이 될 수 있기 때문이다(정갑진, 2010: 83-84).

한국의 새마을운동은 수원국의 수요에 부응할 뿐만 아니라 상대적으로 적은 비용으로 실질적인 효과를 거둘 수 있는 비교 우위가 높은 농촌 개발 협력 수단이 될 수 있다는 것이다. 특히 오늘날 일부 아시아 및 아프리카 국가에서 가장 절실하게 필요한 것은 '물적 자본'보다는 주민들의 의식 개혁과 자생적 또는 내재적 발전의 원천이 되는 '사회적 자본'이기 때문에 이들 국가에 대한 성공적인 새마을운동 세계화사업은 개발도상국 농촌 개발에 결정적 역할을 할 수 있을 것이다.

새마을운동 경험의 공유를 통하여 개발도상국은 다음과 같은 효과를 기대할 수 있다.

첫째, 주민 참여에 의한 농촌 생산 기반의 구축이다. 둘째, 성공적인 빈곤 퇴치이다. 농업 인프라 개선으로 농업생산성 향상을 통하여 빈곤을 퇴치한 한국의 사례는 새마을운동이 실용적인 빈곤 퇴치의 수단이 될 수 있음을 보여준다. 셋째, 새마을운동은 물질적 성장뿐만 아니라 의식 개혁을 통하여 농촌 주민들의 생활 태도와 가치관의 변화를 이끌어낼 수 있다. 새마을운동은 과거 한국에서도 주민들에게 빈곤과 무기력에서 벗어날 수 있는 자신감을 심어주었던 사례이기 때문이다. 넷째, 새마을운동은 성공적인 거버넌스의 모델을 공유한다. 새마을운동은 주민들이 마을 개발에 대한 장기 비전을 세우면 정부가 예산을 지원하여 정부와 주민이 함께 지역사회 문제를 해결해 나가는 거버넌스형 발전모델이기 때문이다(소진광, 2007: 94). 다섯째, 주민의 역량 강화이다. 새마을운동을 통하여 주민들이 자신들의 문제에 대하여 스스로 해결 방안을 강구하고 이를 실행하는 능력을 배양할 수 있다.

제 3 절 새마을운동 세계화의 추진 전략

1 추진 목적

새마을운동 세계화는 지역 개발을 할 때 한국의 성공 경험을 세계화와 공유한다는 취지 아래 다양한 지역과 사업을 통하여 추진되고 있는데, 이러한 새마을운동 세계화가 표방하는 목적은 크게 네 가지로 설정할 수 있다.

첫째, 개발도상국가에 새마을운동 개발 경험·노하우 전수를 통하여 국제 사회의 빈곤 퇴치에 기여하는 것이다. 둘째, 새마을운동 종주국으로서의 위상 제고 및 새마을운동 활동 영역을 확대하기 위하여 추진하는 것이다. 셋째, 한국의 주요한 무형자산인 새마을운동 수출을 통한 브랜드 가치를 상승시키는 것이다. 넷째, 국제 사회 속에서 국가 이미지 개선, 국가 브랜드 가치 향상, 국제적 영향력 강화 등 한국의 국격을 향상시키는 데 있다.

2 추진 방식

새마을운동 추진 방식은 새마을운동을 절실히 요구하는 개발도상국가를 대상으로 우선 추진하며, 동남아시아 지역을 추진 후 동북아·중앙아·서남아·중동 등으로 확대하고 새마을의 자본·경험과 현지의 토지·인력을 투자하는 협력사업으로 추진하며, 새마을지도자·행정요원·자원봉사자들이 현장에 상주하여 상호 협동으로 추진한다. 그리고 효과적 재원 조달을 위하여 정부·기업·단체 등의 협조를 얻어 추진하며, 국가별로 시범마을을 발굴·집중 지원하여 모델화하고 이를 전 지역에 확산 보급한다.

구체적으로 살펴보면 첫째, 주민 숙원사업이나 농촌지역을 중심으로 손쉽고 가시적인 성과가 큰 사업을 중심으로 전개한다. 둘째, 사업 선정과 추진에서는 주민의 합의에 의한 민주적이며 자주적인 과정을 중시한다. 셋째, 사업의 성과와 파급력을 높이기 위하여 마을별·지역별 경쟁을 원칙으로 '우수마을 우선 지원의 원칙' 등 새마을사업의 원리와 특성을 적용하도록 하고 있다. 넷째, 주민 참여와 관련하여 필요 자재를 최소한 지원하되 노력 동원 등 반드시 자력 부담을 시행하고 실질적인 소득 증대를 통한 주민의 자발적 참여를 유도한다. 다섯째 사업의 파급을 위하여 우수마을과 우수지도자 포상을 통한 성취 욕구 충족과 우수 사례 발표 및 토론을 통하여 분위기 확산을 꾀하고 한국과의 지속적인 교류·협력을 이루도록 한다.

3 추진 절차

1) 새마을운동 세계화 추진 절차

새마을운동중앙회에서 추진하고 있는 세계화 사업의 추진 절차는 크게 다섯 가지 단계로 이루어지고 있다. 즉, 예비 타당성조사, 개발사업 단계, 해외 현지와의 인적 교류사업 단계, 교육사업 단계, 협력사업 단계로 사업의 성격과 성과에 따라 점차 높은 단계로 구성되어 있다(하재훈, 2008: 72-73).

제1단계에서는 각계 전문가들의 경험과 노하우를 활용하여 새마을운동의 세계화사업에 관한 현지 타당성조사, 각종 자료 수집, 사업계획 수립, 예산 등 기타 사항에 관한 논의 등 추진 사업의 전체적인 틀을 잡는 단계이다. 여기서는 특히 해외 현지의 자연환경, 인적 자원, 물적 자원, 역사 및 문화 등에 대한 면밀한 검토와 연구가 필요하다. 이러한 사전조사 과정을 거치면서 사업의 성공 및 성과 극대화가 가능하기 때문이다.

제2단계에서는 현지 주민과 행정기관의 협력을 통하여 개발사업을 수행하는 단계이다. 이들 사업은 현지 주민의 생활환경 개선 및 소득 증대에 직접적인 영향력을 미침으로써 파급 효과를 높이는 데 유효하다. 이 단계에서 실시되는 사업은 시설 지원사업, 생활환경 개선사업, 소득 지원사업, 시범마을 육성사업, 물자 지원사업 등이 이루어진다. 이 단계에서 해외 현지 행정기관과의 협조 체계 구축은 상당히 중요한 부분이라고 할 수 있다. 이들 기관과의 협조는 단순히 새마을사업의 추진에만 한정되는 것이 아니라 새마을사업을 넘어서 다양한 부분과 분야에서의 상호 이익 증진을 마련하는 데 중요한 단초가 될 수가 있기 때문이다.

제3단계에서는 해외 현지와의 인적 교류, 자매 결연 등이 이루어지는 교류사업

표 8-2 새마을운동 세계화 추진 절차

새마을운동 세계화
(더불어 잘사는 지구촌 만들기)

사업 단계 구분		사업 내용	사업 특징
제1단계 (현지 타당성조사)	자연환경 인적 자원 물적 자원 역사문화	• 자연환경: 기후, 지형, 토양, 특산물 등 • 인적 자원: 주민 구성, 지도자, 교육시설 등 • 물적 자원: 기반시설, 산업구조 등 • 주민 의식: 의식주, 주민 의식, 생활 수준 등 • 문화 수준: 역사, 종교, 체제, 습관 등	관련 기관, 단체 자료 활용
▼			
제2단계 (개발사업)	시설 지원 개발 사업 소득 사업 물자 지원	• 공공시설사업: 도로, 교량, 공동건물 개보수 등 • 생활개선사업: 상하수도, 화장실 개보수 등 • 소득지원사업: 카우뱅크, 종자 지원 등 • 시범마을 육성: 지도자 선발, 주민숙원사업 등 • 물자 지원: 농자재, 의류, 생필품 등	주민, 행정기관 (현지 활동단체 협조 요청)
▼			
제3단계 (교류사업)	문화센터 인적 교류 자매 결연	• 새마을센터 운영(한글, 컴퓨터, 태권도 등) • 한국 대학생 현지봉사 • 현지 시찰단 운영(자매 결연, 상호교류 등) • 자원봉사자 현지 파견	행정인력 파견 (중앙회 또는 자원봉사자)
▼			
제4단계 (교육사업)	정신교육 기술교육	• 새마을교육 • 영농기술교육 • 자립기술교육(목공, 정비, 용접, 운전 등) • 현지 지도자 초청 연수원 교육 • 국내 강사 현지 파견 주민교육	전문인력 파견 (유관기관 협조) 현지 인력 활용
▼			
제5단계 (협력사업)	공장 운영 공동 경작	• 새마을공장 운영 • 공동 경작(현지 가능 작물, 고부가가치 작물) • 취업 알선, 취업정보 뱅크, 컨설팅 등	전문기업체 주선 (투자 유치, 교량 적 역할)

자료: 새마을운동중앙회(2007).

단계이다. 자원봉사자나 행정인력을 통하여 해외 현지에 새마을연구센터를 운영하거나 봉사활동을 펼침으로써 양 국가 사이의 문화적 교류를 증진하는 사업들이 주로 이루어지는 단계이다.

제4단계에서는 물적・인적 교류를 뛰어넘어 해외 현지 주민들을 대상으로 실시되는 각종 교육사업의 단계이다. 각계 전문가를 파견하고 현지 인력을 활용하여 새마을교육, 영농기술 교육, 자립기술 교육 등 정신 및 기술교육을 시행함으로써 해외 현지의 인적 자원을 적극적으로 개발하는 사업이 이루어지는 단계이다.

마지막으로 제5단계에서는 사업 추진 효과를 극대화하고 지속시킬 수 있는 양 국가 사이의 협력사업 단계이다. 전문기업체와의 투자 유치 등을 통하여 해외 현지의 새마을공장 운영, 공동 경작 등의 사업이 주로 이루어지는 단계이다. 이 단계에서는 주체로서 새마을단체가 직접적인 사업을 시행한다기보다는 다양한 주체들 사이에서 교량적 역할을 수행하는 단계라고 할 수 있다.

2) 새마을 시범마을 추진 절차

새마을 시범마을 추진 절차는 먼저 새마을 시범사업 대상 국가 및 마을을 선정하고 다음으로 예비 타당성조사 과정을 거쳐 시범마을에 대한 지역연구(기초조사), 숙원사업 선정, 사업 실행계획 수립, 사업 시행, 사업평가 및 사후관리 과정을 거쳐 이루어진다. 이하에서는 경상북도가 현재 아시아 및 아프리카 지역에 추진 중인 새마을 시범마을 조성사업에 대한 추진 절차에 대한 설명이다(임한성, 2015: 147-155).

(1) 새마을 시범사업 대상 국가 및 마을 선정

현재 정부와 지자체가 시행하고 있는 새마을 시범사업의 대상국으로는 아시아와 아프리카의 개발도상국들이 대부분이지만, 이들 국가의 사회경제적 상황을 분석하면 공통점을 발견하기가 어렵다. 이것은 새마을 시범사업 대상 국가를 선정할 때 이들 국가의 특성이나 수요가 반영되었다기보다는 관련 기관의 정치적 목적이 강하게 반영되었음을 나타낸다. 즉, 시범국가 선정에 통일된 기준이나 공통적인 기준이 존재하지 않는다는 것을 의미한다(임한성, 2015: 147).

새마을 시범사업을 위한 최적의 시범마을을 선정하기 위하여는 다음과 같은 몇 가지를 충족시킬 수 있어야 할 것이다. 먼저 입지 조건으로서 마을의 접근성이 양호하여야 하며, 마을의 규모가 적정하여야 하며(가구 수가 500가구를 넘지 않아야 함), 하나의 시범마을이 공간적으로 너무 넓지 않아야 한다. 그리고 한국 새마을운동 추진 전략에서 중요한 위치를 차지하고 있는 마을 간 경쟁을 적용하기 위하여는 시범마을을 일정 지역(한국의 군 단위) 내에 2~3개 선정하여야 할 것이다.

이러한 외형적 조건 이외에도 실질적으로 시범사업을 추진할 사업 시행 주체에 필요한 조건들을 제시하면 다음과 같다. 역량 있는 마을지도자의 존재, 상위 지방정부 책임자의 개발 의지, 마을조직 등이다. 또한 시범사업을 성공적으로 이끌 수 있는 자연적·사회경제적 조건이 어느 정도 구비되어 있어야 한다. 즉, 마을이 너무 가난할 경우 주어진 기간 동안 마을 개발이 용이하지 않으며, 너무 잘사는 마을의 경우도 시범사업 시행에 주민 참여의 어려움이 있다. 따라서 다음과 같은 조건이 충족된 마을일 경우 시범사업의 효과가 잘 나타날 수 있을 것이다. 시범사업을 받아들일 수 있는 흡수 능력과 추진할 수 있는 경제적 능력, 개발 가능한 자원(토지, 수자원 등), 변화에 대한 주민 의지 등이 이 조건에 해당될 것이다.

표 8-3 대상 국가 선정 시 고려 요소

고려 요소	세부 내용
수원국의 농촌(농업) 부문 수요	낮은 소득이나 식량 부족 등으로 많은 농촌 인구가 기아에 시달리고 있어, 농촌 개발의 필요성이 높은 국가를 우선적으로 지원하여야 한다.
수원국의 발전가능성 및 역량	새마을 시범사업이 수원국 농촌의 장기적 발전을 목적으로 하고 있기 때문에 행정 및 제도적 측면에서 농촌 발전가능성과 행정기관의 의지와 능력도 고려되어야 한다.
한국과의 관계	국제개발 협력에는 공여국의 이해관계도 부분적으로 반영될 수밖에 없으므로 양자 간 관계 역시 고려되어야 한다.
전체 원조정책과의 일관성	농촌개발 협력 부문도 우리나라 전체 국제개발 협력의 일부분이므로 전체 원조의 중점 대상국과 가능한 한 일관성을 유지하는 것이 바람직하다.

(2) 새마을 시범사업 대상 마을 선정 예비 타당성조사

일반적으로 개발도상국들의 상황은 국가마다 매우 상이하며 또한 복잡하다. 정치적·문화적·사회경제적 환경이 빠르게 변화하는 상황에서 개발 과정은 그만큼 더 어려워지고 복잡해지고 있다. 이러한 환경을 기반으로 이루어지는 새마을 시범사업 성공의 기본 전제는 사전에 명확한 타당성조사가 실시되어야 한다는 것이다(임한성, 2015: 150).

새마을 시범사업은 경제적 측면뿐만 아니라 의식 개혁을 중요시하고 있는 특성상 인간 요소의 영향을 많이 받고 또 영향을 주는 정도가 크다. 그리고 시범사업의 결과에 문제가 있다고 판단되는 경우 수정이나 재개발이 거의 불가능하다는 점도 큰 특성 중 하나인데, 바로 이러한 점들이 시범사업의 초기 단계로 타당성 분석이 꼭 필요한 이유 중 하나이다. 즉, 초기 단계에서 문제가 발생하거나 발견될 경우 수정이나 대안 마련은 가능하지만 시범사업의 시행이 진행될수록 그 수정에 많은 시간과 노력 및 예산이 필요하며, 그 결과에 대한 주민만족도가 떨어지게 된다.

타당성조사는 사업 구상을 위한 계획 및 기초조사, 현지 체류를 통하여 이해관계자와의 면담과 인터뷰를 실시하는 현지조사,[2] 사업을 실행하기 위한 구체적인 활동을 제시하는 종합분석[3]으로 구성된다(한국국제협력단, 2008; 한국수출입은행 대외협력기금, 2010). 사전적 측면에서 사업을 진단하고 이에 대한 성공 가능성 또는 실현성을 높이며, 계획의 비전과 목표에 부합하는 합리적 의사 결정 과정을 종합하는 구조적 접근으로서의 사전 타당성평가를 실시하는 것이 중요하다.

(3) 시범마을 지역연구(기초조사)

시범마을이 선정된 후 가장 먼저 추진하여야 할 부분은 시범마을의 문제점을 파악하고 그 문제점을 해결할 수 있는 방안을 마련하는 것과 새마을 시범사업의 비전과 목표를 명확하게 설정하는 것이다. 정확한 비전과 목표 하에서 이 목표를 달성할 수 있는 장기적인 추진 전략과 수단을 찾아낼 수 있기 때문이다. 이러한 큰 그림(grand design)을 마련하고 이에 기초하여 개별 사업에 대한 세부계획을 작성하고 시범사업을 시행하는 것이 일반적인 농촌개발사업의 절차이다. 이러한 과정의 출발점이 바로 지역연구(기초조사)라고 할 수 있다(임한성, 2015: 151).

---

2) 해외주재 공관 및 대상국 정부 관계자와 협의하여 조사 일정을 확정하고 사전 체크리스트에 따라 현장 방문과 이해관계자 면담, 대상국과 협의 사항을 확인하는 공식회의록 작성, 조사 완료 후 보고서 작성 등을 수행한다.

3) 다양한 기준에 의한 종합분석을 실시한다. 대상국의 발전에 미치는 영향과 사업의 지속가능성 여부 등을 고려하며, 한국의 발전에 기여할 수 있는 구체적인 활동 및 역할 제시, 새마을운동의 현지 적용가능성 분석 및 향후 협력 증진을 위한 방안 마련 등이 포함된다.

지역연구는 시범사업의 시행을 바람직한 방향으로 유도하는 적극적인 방향 제시적 기능이 중요하다. 지역연구가 시범사업의 효과적인 추진 방향과 내용을 발전적으로 제시하는 적극적인 역할을 수행하기 위해서는 지역연구의 주요 기능이 부적절한 사업을 걸러내는 것(negative strategy)이 아니라 성공적인 추진을 위하여 올바른 방향을 제시하는 것(positive strategy)으로 해석하여야 한다.

지역연구 중에서 이러한 기초조사가 중요한 또 다른 이유는 시범사업 추진 과정의 변화를 모니터링하고 결과를 평가하기 위하여는 비교 기준이 되는 시작점이 필요하기 때문이다. 즉, 시범사업의 시작 이전 또는 시작 당시의 상황에 대한 정보가 필요하다.

시범국가와 마을이 결정되면 시범사업은 더욱 구체화된다. 기본적으로는 자연적·지리적 입지 조건, 자연재해의 정도, 취락 및 가옥 구조, 가구 및 인구, 가구별 소득 및 경제 활동, 교육 수준, 시범마을의 문화적 특성 등에 대한 분석을 통하여 시범마을에 대한 전반적인 이해가 이루어져야 한다. 특히 시범마을의 문제점과 개발 잠재력에 대한 분석이 필요하고, 그 결과를 바탕으로 새마을 시범사업을 구성하는 개별 사업 요소들을 중심으로 사업목록을 작성하여야 한다. 이 목록을 중심으로 주민 욕구와 예산 등을 반영하여 시범사업의 우선순위를 결정한다.

(4) 사업 선정

사업 선정은 타당성조사에서 분석된 자료, 기초조사 및 현장조사 및 주민 요구사항 등을 종합적으로 분석하여 도출한다. 즉, 시범마을의 자연적 조건에 의하여 발생하는 문제점, 사회경제적 여건에 의한 문제점 및 문화적 요인에 의한 문제점 등을 종합하여 시범마을이 지니고 있는 문제점들을 전문가 분석을 통하여 찾아내고 이 문제점들을 극복할 수 있는 방안을 도출하여야 한다. 그러나 여기서 나타날 수 있는 문제로는 전문가 분석에 의하여 나타난 문제점들이 주민들이 인식하고 있는 문제점과 꼭 일치하지는 않는다는 점이다.

일반적으로 개발도상국 농촌 주민들은 경제적 문제에 민감하고, 단기적 시각에 의하여 의사 결정을 내리는 경향이 강하다. 그러나 새마을 시범사업은 중장기 계획에 의하여 추진되는 사업이기 때문에 시범 사업 초기에 추진하고자 하는 사업의 선정이 매우 중요하다(임한성, 2015: 152).

시범마을의 개발 수요를 파악하는 방법으로는 시범마을의 가구조사, 마을지도자 면담 그리고 해당 지역 행정기관 관계자 면담 및 외부 전문가의 조언 등이 있다. 그러나 주민과 마을지도자의 욕구는 그들이 마을 생활에서 느끼는 불편한 문제점을 중심으로 표현하기 때문에 마을 개발을 위한 장기계획 수립에는 걸림돌이 될 수 있다.[4] 장기계획 수립을 위하여는 주민 욕구뿐만 아니라 관계 행정기관의 개발계획과 외부 전문가의 의견 등을 종합적으로 분석할 필요가 있다.

개발 수요의 파악 다음에 해결하여야 할 문제는 시범사업의 우선순위를 결정하는 것이다. 우선순위의 결정은 경제적 측면을 우선시하는 경향이 강하지만 새마을운동 자체가 종합적 개발의 성격을 강하게 지니고 있기 때문에 고려하여야 할 부분이 매우 다양하다.

첫째, 우선순위를 결정할 때 모든 수원국(또는 시범마을)에 공통적으로 적용되는 가장 기본적인 사항은 해당 수원국에 특유한 사회경제적 개발 수요를 고려하여야 한다는 것이다.

둘째, 시범마을의 사회경제적 상황에 적합하게 시범사업의 우선순위를 결정하여야 한다. 한 시범국가 내에서도 지역에 따라 소득 수준과 생활환경의 편차는 매우 크기 때문에 이에 적합한 시범사업을 설계하여야 한다.

셋째, 한국의 새마을운동 경험을 잘 활용할 수 있는 분야를 선택하여야 한다. 최빈국에서 세계경제 10대 대국으로 성장한 한국의 경험은 중소득국을 지향하고 있는 많은 아시아 국가에 유용하게 적용될 수 있을 것이다.

넷째, 이해관계자 분석을 통하여 시범사업과 관련된 서로 다른 집단 간의 이해관계를 확인하고, 그들이 갖고 있는 문제 해결에 도움이 되는 역량을 점검하여 시범사업이 지역사회와 주민의 역량, 분배 문제, 사회 문제 등을 적절히 고려하여 기획되어야 한다.

다섯째, 시범사업의 우선순위 결정에는 다음과 같은 요인들도 당연히 고려되어야 한다. 시범사업의 효과성, 다수 주민에 대한 수혜 가능성, 파급 효과, 시급성(주민 숙원사업), 사업 효과의 지속성 등이다.

4) 예로서 전기, 상수도, 트랙터, 농기계, 교량 건설과 같은 사업들을 최우선적으로 요구할 수도 있다는 것이다.

(5) 사업계획 수립

사업계획 수립은 시범사업의 목표 설정에서부터 출발한다(임한성, 2015: 153). 시범사업의 목표는 마을 전체를 대상으로 하는 것과 개별 사업 목표로 하는 것으로 구분할 수 있다. 먼저 마을 전체를 대상으로 하는 것은 마을 개발의 종합 목표라고 할 수 있으며, 개별 사업들이 원활하게 추진될 경우 도달할 수 있는 상태를 의미하는 것으로서 일반적으로 마을의 사회경제적 여건 개선(소득 증대, 빈곤율 감소, 농업생산성 향상 등), 주거환경 개선(상하수도 시설, 마을 진입로, 마을 안길 보수 등), 역량 강화(주민 의식 개선, 여성 지위 향상) 등으로 표현되고 있다. 세부 사업 목표는 부엌 개량, 저수지 개보수 등과 같이 개별 시범사업에 대한 개발 목표를 뜻한다.

시범사업의 목표가 결정되면 다음에는 이 목표를 어떻게 달성할 것인가에 관한 구체적인 사업 추진 전략과 수단을 개발하여야 한다. 특정의 목표를 달성할 수 있는 수단은 여러 가지가 있다. 예를 들면 소득 증대를 위하여는 농업 소득 증대와 농외소득 증대를 생각할 수 있으며, 또한 농업 소득 증대를 위하여는 농업생산성 향상이 이루어져야 하고, 생산성 향상을 위하여는 관개수로 정비, 우수 종자 도입, 농촌지도사업을 통한 기술 개선, 협동작업 등 여러 가지를 생각할 수 있다. 이 중에서 어떤 수단을 선택하느냐의 문제는 예산, 적절성, 시급성 등을 기준으로 분석을 통하여 가능한 사업들에 대하여 순위 또는 점수를 부과하여 최종적으로 결정하여야 한다.

이렇게 개별 사업이 선정되면 개별 사업을 수행할 최적의 전략을 수립하기 위하여 사업계획서를 작성한다. 전략이란 목표 달성을 위하여 활용될 수 있는 방법을 의미한다. 농업생산성 향상을 통한 농업 소득 증대를 추구하기 위하여 농민들의 농업기술 지도를 최우선 수단으로 선택한다면 농업기술연구소나 농과대학과 연계하여 농업기술 교육을 실시할 수 있을 것이다. 이것이 목표를 달성하기 위한 전략이다. 따라서 사업계획서에는 이러한 전략이 모든 개별 사업에 명기되어야 한다.

(6) 사업 시행

현재의 사업 시행 단계는 본격적으로 새마을 시범사업을 집행하는 단계를 의미한다(임한성, 2015: 154). 지금까지의 경험에 비추어보면 시범사업의 추진 주체를 어떻게 설정하느냐에 대한 고민이 필요하다. 이론적으로 설명하면 새마을 시범사업의 추진 주체는 수원국 정부와 시범마을 주민이다. 새마을 시범사업과 관련된 모든 사항을 주민총회에서 결정한다는 것은 현실적으로 불가능하기 때문에, 대부분의 시범마을에서는 '새마을위원회'를 구성하여 새마을 시범사업에 대한 최종 결정을 하고 있다. 그리고 세부 시범사업의 추진은 마을의 다양한 조직을 활용하여야 한다. 필요한 경우에는 새로운 조직을 육성하기도 한다. 한국에서 필요한 경우 전문가를 파견하여 조언해 줄 수도 있을 것이다.

(7) 사업평가 및 사후관리

모니터링과 사업평가가 중요한 것은 평가 자체로 끝나는 것이 아니라, 이를 통하여 시범사업 전체의 장단점을 분석하여 질적으로 발전된 시범사업을 추진할 수 있는 자료를 제공한다는 것이다(임한성, 2015: 155). 효율적인 평가 작업 수행을 위하여 모니터링 및 사업관리 강화는 필수적이다. 모니터링으로 수집된 정보는 평가 수행의 기초가 될 뿐만 아니라, 모니터링과 평가가 유기적으로 연결되어 사업목표의 달성 여부와 효과성이 객관적으로 측정되면 다른 시범사업 설계에 중요한 정보를 제공하여 체계적이고 효율적인 의사 결정에 기여하게 된다.

현재 대부분의 ODA 사업에서는 성과 지향적인 프로젝트 관리를 지향하고 있기 때문에 우선 시범사업의 성과를 측정할 수 있는 지표를 개발하여야 한다. 성과지표는 시범사업의 산출물을 모니터링하고 목적의 달성 정도를 평가하도록 하여 프로젝트의 질적 수준을 정의해 준다. 여기에서 가장 중요한 것은 지표 설정과 그 지표를 확인할 수 있는 수단을 결정하는 것이다. 시범사업 시행과 마찬가지로 평가 작업도 평가의 준비, 기획, 실행, 종료의 단계로 구분할 수 있다.

현재 현지 마을에서 시행되고 있는 새마을 시범사업이 마을의 필요성과 주민 숙원성에 따라 매우 다양하기 때문에 동일한 정량적 평가지표를 사용한다는 것은 큰 의미가 없다. 따라서 모든 시범마을에 동일하게 적용될 수 있는 공통 평가지표인 정성적 지표에 의존할 수밖에 없는 실정이다. 정성적 평가는 일반적으로 평가자의 주관 및 응답자의 주관이 개입될 수밖에 없지만, 평가자는 최대한의 객관성을 확보하기 위하여 노력하여야 한다. 그렇기 때문에 평가는 반드시 전문가에 의하여 실시되어야 하며, 이렇게 작성된 평가는 수차에 걸친 검토 과정을 거쳐 최종 결론을 유도하여야 한다.

사후관리 단계는 시범사업의 지속가능성을 증대시키기 위하여 시범지역 행정기관과 사후관리 방안을 협의하고 추가 예산 및 인력 지원, 행정기관에 사후관리에 대한 예산 지원 권고, 해당 분야 전문가 파견 등을 통하여 실질적인 관리를 수행하는 것이다. 그러나 새마을 시범사업에서 사후관리보다 더욱 중요한 부분이 출구 전략을 마련하는 것이다. 시범사업이 종료되는 시점에 대비한 사전 준비 및 이에 대한 전략적 접근이 필요한 사항이다.

제 4 절 기관별 새마을운동 세계화 현황

새마을운동 세계화는 한국국제협력단(KOICA)이 무상 협력으로 개발도상국에 대하여 농촌 개발 프로젝트를 수행하면서 본격적으로 시작되었다고 할 수 있다. 이 사업은 특히 2000년대 들어와서부터는 정부의 ODA 확대정책과 맞물려 새마을운동 전수에 대한 개발도상국가의 수요 요청이 증가하면서 한국국제협력단은 물론이고 새마을운동중앙회, 경상북도, 대외경제협력기금(EDCF), 농림부, 농업진흥청 등 다양한 기관에서 활발하게 추진하고 있는 실정이다(정기환 외, 2014: 82). 이하에서는 한국국제협력단, 새마을운동중앙회, 경상북도의 새마을운동 세계화 현황을 소개한다.

1 한국국제협력단

한국국제협력단(KOICA)은 우리나라 ODA 대표기관으로서, 개발도상국의 농촌 종합개발과 관련하여 종합적인 ODA사업을 추진하고 있고, 그 일환으로 새마을운동 세계화사업을 추진하고 있다. 공식적인 ODA사업으로 2001~2002년에 수행된 베트남 새마을운동 세계화사업이 최초인 것으로 기록되고 있다(정기환 외, 2014: 82). 베트남 새마을운동이 ODA사업으로 시작될 수 있었던 것은 한국국제협력단의 초청연수 프로그램에 베트남의 고위 공직자들을 초청하여 새마을운동의 성과를 시찰하도록 하였고, 한국의 학자들이 베트남을 방문하여 워크숍 등을 개최하면서 베트남이 당면한 농촌 문제를 해결하기 위하여는 새마을운동을 도입하는 것이 중요하다는 것을 알렸기 때문에 가능하였던 것으로 평가된다.

한국국제협력단은 새마을운동이 2011년도에 국가 ODA사업으로 지정되고, 1,2단계를 거쳐 2014년부터 3단계 사업을 시작하게 됨에 따라서 새마을운동 ODA사업을 국가 단위의 새마을운동으로 추진하고 있다. 한국국제협력단은 2014년부터 미얀마, 캄보디아, 베트남, 르완다에서 새마을운동을 국가 또는 주 단위로 추진하게 되었으며, 2015년부터는 라오스를 비롯하여 동남아시아와 아프리카 지역에서 중앙정부 단위의 사업으로 확대하고 있다.

2 새마을운동중앙회

새마을운동중앙회는 새마을운동의 세계화를 위하여 2009년부터 2013년까지 39개국으로부터 996명의 외국인을 초청하여 새마을교육을 실시하여 왔다. 2011년 정부가 새마을운동을 국가 ODA사업으로 지정하게 되자 2012년부터 안전행정부의 지원을 받아 새마을운동 세계화사업을 본격적으로 착수하게 되었다(정기환 외, 2014: 97).

외국인 초청 새마을교육사업은 새마을운동을 전수하고자 하는 국가에 시범마을을 지정하고 그 마을에서 새마을운동 시범사업을 추진하기 위한 새마을지도자를 육성하기 위하여 추진한다. 한국에 초청되어 연수를 마친 지도자는 귀국 후에 시범마을에 주민조직 육성 등 새마을운동 추진에 필요한 지원 체제를 구축하고 새마을운동 지도자로서의 역할을 수행함은 물론 현지에서 새마을운동을 전파할 수 있는 강사로서의 역할을 할 수 있도록 국내에서 새마을 심화 교육을 받게 된다.

초청교육은 정규과정, 심화과정, 통합과정으로 구성된다. 정규과정은 새마을교육 기초과정으로 새마을운동의 기초이론 교육, 생활 실천교육, 성공 사례 발표 등으로 구성되고, 심화교육 과정은 새마을운동의 이론과 리더십 교육, 새마을지도자의 역할, 주민 대화 및 강의 기법, 조직관리 기법, 홍보 기법 등으로 구성된다. 통합

과정은 국제 새마을운동 포럼을 통하여 각국의 새마을운동 시범사업과 우수 새마을지도자 사례를 공유하고 새마을운동을 자국에 적용하는 방안을 토의하는 과정이다.

또한 새마을운동중앙회는 2011년 정부가 새마을운동을 국가 ODA사업으로 지정한 이후 라오스와 미얀마에 새마을운동 시범마을을 지정하고 시범마을 육성을 위한 지도자 초청 연수와 시범사업을 실시해 오고 있으며, 새마을운동중앙회 자체적으로 2009년부터 새마을운동 세계화사업을 위하여 아시아와 아프리카의 7개국에 시범마을을 조성하고 있다. 따라서 새마을운동중앙회는 2013년 현재 8개국 16개 마을에 시범마을을 육성하기 위한 재정적 지원과 컨설팅 자문을 수행하고 있다.

3 경상북도

경상북도는 새마을운동 발상지로서의 긍지를 살려 새마을운동 경험을 국제 사회와 공유함으로써 인류 공동 번영의 인류애를 실천하고자 새마을리더 해외봉사단 파견 및 시범마을 조성사업을 2010년부터 수행해 오고 있다. 2013년 현재 아시아 2개국과 아프리카 4개국에서 이 사업을 추진하고 있다(정기환 외, 2014: 109).

경상북도가 추진하는 새마을리더 해외봉사단 파견과 시범마을 조성, 현지로 찾아가는 새마을 연수사업은 새마을운동을 통하여 차별화된 개발 콘텐츠를 제공하고 사업지구 주민 및 지도자에게 주인 의식과 자립 역량을 강화하며 국제 사회에 부합하는 지속 가능한 개발 협력 모델을 제시하는 것을 추진 전략으로 삼고 있다.

2010년도에 아프리카의 에티오피아, 르완다, 탄자니아의 3개국을 시작으로 2011년도에는 아프리카 3개국 이외에 카메룬을 추가하였다. 2012년에도 아프리카 4개국에서 카메룬을 제외한 3개국과 아시아의 인도와 필리핀을 추가하여 도합 5개 국가에 새마을운동 시범마을 조성사업을 추진하고 있다.

경상북도가 새마을리더 해외봉사단을 파견할 국가는 정부의 ODA 집중 지원국 중 봉사단 파견 협정이 체결된 국가 중에서 선정하되 지방정부 또는 마을지도자의 리더십이 강하고 치안 상태가 양호하며 봉사단의 안전이 확보된 지역, 그리고 새마을운동 보급을 희망하는 지역을 선정한다.

경상북도가 한국국제협력단의 협조를 얻어 파견하는 봉사단은 다음과 같은 자격을 갖춘 사람 중에서 공개 선발한다. 만 20세 이상으로 대한민국 국적을 가진 자, 국가관이 뚜렷하고 봉사정신이 투철하며 심신이 건강한 자, 지방공무원법 결격 사유에 해당되지 않는 자, 영어 회화 가능자 및 지역 개발, 새마을 관련 경력자 등이

표 8-4 경상북도의 시범마을 개발을 위한 단계별 추진 전략

단계	역점 사업	추진 방법
1. 현지 적응	• 현지 적응훈련 • 마을 주민과 의사 교류 및 이해	• 문화에 대한 상호 교류 및 이해
2. 기반 조성	• 의식 개혁(새마을조직 육성) – 지도자 및 주축집단 세우기 – 주민 중심의 협업 체계 구축 – 모자보건, 에이즈 예방 등 • 환경 개선 – 공동 급수 및 빨래터 마련 – 지붕, 부엌, 화장실 개보수 • 소득 증대 – 재활용품, 물자 절약 – 저수시설의 안정화 – 퇴비 증산, 병충해 예방 등	• 운동의 출범과 점화 – 공감대 형성을 위한 노래 – 깃발 등 공통의 상징물 마련 • 생활환경 개선 우선 – 마을 주민이 가장 염원하는 숙원 사업 및 생활환경 개선사업부터 • 시범사업을 통하여 종잣돈 마련 – 단기간에 소득을 올릴 수 있는 사업을 선정하고 수익금 일부를 마을기금으로 조성
3. 사업 정착	• 의시 개혁 – 새마을운동 대중홍보 – 일하는 분위기 조성 – 모자보건, 풍토병 예방교육 등 • 환경 개선 – 급수시설, 마을 진입로 정비 등 • 소득 증대 – 복합영농(가축) – 공동 경작 및 판매작업장 마련 등	• 소득 증대, 의식 개혁 비중 확대 – 생산 기반 다지기, 작목 다양화, 업종 다각화 등 • 환경 개선 – 이웃 마을까지 이익을 줄 수 있는 다소 규모가 큰 사업으로 확대
4. 사업 확산 및 심화	• 의식 개혁 – 마을가게, 탁아소시설, 진료소, 신협 운동 등 • 생활환경 – 마을 단위 취락구조 개선 – 내고장 가꾸기 • 새마을운동의 광역적 연계화 • 마을별 지역 내 특산품 개발	• 새마을센터 활용 – 정보 교류, 교육, 회의장 활용 • 자율자립 기반 강화 • 소득 증대 – 농외소득 발굴 – 특화사업 전개 – 유통구조 개선 등

자료: 경상북도(2008) 내부자료.

이에 해당된다. 봉사단원 선발은 서류전형, 면접, 신체검사, 인성검사를 통하여 선발된다. 봉사단원 중에서 연령이 만 50세 이상이고 새마을운동 관련 분야 경력이 10년 이상인 자는 시니어봉사단으로 선발하고 우대한다.

선발된 봉사단원들은 경상북도의 위탁을 받은 경운대학교 새마을아카데미에 입소하여 3주간의 새마을 전문교육을 이수한다. 이 교육에서는 새마을운동의 이해, 성공 사례, 현장 학습 등을 이수하게 된다. 한편 파견 대상지에서 초청된 지도자도 이 교육에 참여하고 공동으로 합동 교육을 받게 되며 현지의 여건을 바탕으로 실행 프로젝트를 공동으로 개발하고 이 계획은 심사위원의 심의를 거쳐 확정된다. 심사위원은 경상북도, 새마을세계화재단, 새마을아카데미, 한국국제협력단의 관계관들로 구성된다.

새마을리더 해외봉사단이 현지에 파견되면 해당 국가의 문화에 대한 이해를 돕기 위하여 현지적응 훈련의 시간을 가지게 되며, 시범마을에 들어가서는 새마을조직을 육성하여 마을 환경개선사업은 물론 의식 개혁, 소득증대사업을 중점적으로 추진한다. 경상북도의 새마을운동 시범마을 조성사업은 현지 적응 단계를 거쳐 기반 조성 단계, 사업 정착 단계, 사업 확산 및 심화 단계 등 4단계로 추진된다.

현지로 찾아가는 새마을 연수사업은 국내에서 이루어지는 초청 연수, 즉 몇십여 명으로 구성된 새마을연수단 교육에 비하여 몇백 명을 대상으로 교육할 수 있다는 점이 특징적이며, 무엇보다 연수교육에 지역의 많은 주민을 참여시킬 수 있다는 점이다. 연수교육의 주요 내용으로는 새마을운동의 이해, 새마을운동 성공 요인, 새마을 협력의 성공 사례, 새마을 세계화사업 현황, 현지 주민이 바라본 새마을 시범마을의 새마을운동, 한국 농업기술 발전과 새마을운동의 관련성 등을 들 수 있다.

제 5 절 결론

지금까지 새마을운동 세계화에 대한 개괄적인 내용들을 중심으로 전개해 보았다. 구체적으로 새마을운동 세계화에 대한 개념, 필요성, 추진 전략, 기관별 새마을운동 세계화 현황들을 살펴보았다.

새마을운동 세계화는 최근 국제개발 협력 분야를 중심으로 활발하게 전개되고 있는데, 이는 새마을운동에 대한 국제 사회의 수요 증가, 한국 사회의 긍정적 인식의 확산, 새로운 질적 전환을 위한 새마을운동의 내적 요구 등이 응축된 결과라 할 수 있다(정우열, 2014: 2).

새마을운동 세계화의 관건은 "물고기를 주는 것이 아니라 물고기 잡는 법을 가르쳐 주겠다"는 것이다. 이는 결국 해당 지역 주민의 자립 역량을 어떻게 키워주고 참여 의지를 어떻게 이끌어낼 것인가에 달려 있는 것이다(채영택, 2011: 10). 무엇보다 주민의 자립 의지가 없으면 새마을운동 세계화사업이 현지에서 제대로 진가를 발휘하는 데는 한계가 있다.

이처럼 새마을운동 세계화사업을 펼치고 있는 다양한 주체들이 구상하는 방안도 해당 지역 주민들의 역량과 참여 의지를 높이는 데에 초점을 맞추고 있다. 국내외 새마을 연수과정 운영, 새마을지도자 육성, 새마을연수센터 건립, 새마을의 학문화 등은 대한민국의 개발 경험을 공유하고 이를 통하여 해당 지역 주민 스스로가 자기 지역에 적합한 새마을운동을 전개하고 숙원사업에 대한 세부계획을 직접 수립하여 해결해 나가도록 하는 것이다.

한국국제협력단 및 새마을운동중앙회, 경상북도가 추진 중인 새마을봉사단 파견 및 전문가집단 파견, 중장기자문단 파견, 농업, 보건 분야의 지원과 기술 협력, 대규모 프로젝트, 시범마을 조성사업 역시 해당 마을의 역량과 지역 주민들의 자립 역량을 키우는 데 있다.

자립 역량 강화라는 것은 결국 정신 개혁, 즉 의식 개혁을 의미한다. 의식 개혁만 잘 이루어져도 적은 비용으로 할 수 있는 농촌 개발 및 경제 개발은 무수히 많기 때문이다. 개발도상국의 빈곤 퇴치, 지역 발전, 경제 발전을 위해서는 최고통치자에서부터 지역민에게 이르기까지 잘살아보겠다는 의식 개혁이 선행되어야 한다. 다시 말해서 자본과 기술의 도입보다 의식의 개혁이 더욱 중요하다는 의미이다. 따라서 주민들의 자조적인 참여로 시작하여 경제 발전을 이룬 대한민국의 개발 경험에서 알 수 있듯이, 새마을운동 세계화는 해당 국가 및 해당 지역의 자립 역량을 강화하는 데에 전략적인 노력이 필요하다.

참고 문헌

경상북도(2008). 2008 새마을운동 세계화 추진계획.

경향신문(2013). 함께 잘사는 대외 원조(5): 새마을운동 개도국 보급, 2013.5.15. 보도자료.

새마을운동중앙회(2007). 국제새마을협력사업 결과보고서.

소진광(2007). 지역사회 거버넌스와 한국의 새마을운동, 『한국지방자치학회보』, 19(3): 93-112.

임한성(2011). 경상북도 아프리카 새마을운동 시범사업의 성과 분석, 『새마을운동과 지역사회개발연구』, 7: 143-173.

______(2015). 경상북도 새마을 시범마을 조성사업의 효과성 제고를 위한 추진방안 연구, 『새마을운동과 지역사회개발연구』, 11: 125-162.

전해황(2006). 한국 지역사회복지의 세계화: 새마을운동 해외추진 사례연구, 『한국토지행정학회』, 13(2): 127-151.

정갑진(2010). 새마을교육을 바탕으로 한 국제개발협력 방안, 『새마을운동과 지역사회개발연구』, 6: 81-122.

정기환 외(2014). 국제 새마을운동 ODA사업 표준모형 구축과 컨텐츠 개발, 연구보고서.

정우열(2008). 새마을운동의 국제화 추진 방안, 한국정부학회 동계학술대회발표 논문.

______(2014). 새마을운동의 국제화 추진 실태와 정책과제, 『한국균형발전연구』, 5(1): 1-18.

조선일보(2010). 한국인도 놀란 콩고의 새마을운동, 2010.1.21. 보도자료.

채영택(2011). 새마을운동 세계화와 과제, 『KSGOS』, 23(1): 6-9.

하재훈(2008). 새마을운동의 세계화 방안, 『새마을운동과 지역사회개발연구』, 4: 59-91.

한국국제협력단(2008). 개발협력사업평가 가이드라인.

한국수출입은행대외협력기금(2010). EDCF 타당성조사 작성 지침.

제 9 장 개발도상국에서의 새마을운동: 아시아 · 아프리카

제 1 절 서론

UN 보고서에 의하면 1일 1달러 미만의 소득으로 살아가고 있는 인구가 전세계적으로 11억 명에 달하며 그 대부분이 개발도상국의 국민들이다. 개발도상국 전체 인구의 약 70~80%가 농촌에 거주하고 있고, 빈곤 인구의 90% 이상이 농촌에 거주하고 있는 것으로 알려져 있다. 따라서 빈곤 퇴치를 위해서는 개발도상국 농촌지역의 개발이 핵심 요소라 할 수 있다. 이를 위해서는 일방적 원조가 아니라, 그들 스스로 빈곤에서 탈출할 수 있는 역량을 만들어주는 접근 방법이 필요하다. 이를 위하여 UN은 지구상의 빈곤과 기아의 극복, 보편적인 교육의 확대, 보건 · 위생의 향상, 지구환경 등의 문제를 해결하기 위하여 2000년도에 새천년 개발 목표(Millenium Development Goals: MDGs)를 발표하였다. 이 목표 아래 국제 사회는 많은 노력을 보여주었고, 실제로 많은 성과가 달성되었다. 그러나 여전히 교육, 성평등 환경 등 많은 분야에서 한계점을 보였으며 점점 심각해지고 복잡해지는 전반적인 지구촌의 위기를 해결하기에는 어려움이 많았다. 따라서 국제 사회는 이러한 MDGs의 성과와 한계를 바탕으로 '지속 가능 개발 목표(Sustainable Development Goals: SDGs)'를 수립하게 되었다. SDGs는 미래 세대의 필요를 충족시킬 수 있으면서 또한 오늘날의 필요도 충족시킬 수 있는 개발이라는 개념을 기반으로, 경제·사회·환경을 아우르는 17개의 기본 목표와 169개의 세부 목표로 구성되어 있다.

한국의 새마을운동은 이러한 개발도상국의 농촌 개발과 빈곤 문제 해결을 위한 훌륭한 대안이 될 수 있으며 동시에 MDGs 및 SDGs가 추구하는 목표 및 그 추진 수단에 유사한 측면이 매우 많다. 특히 UN을 비롯한 많은 국제기구는 고질적인 빈곤과 식량 부족 문제를 성공적으로 극복한 한국의 새마을운동을 통한 농촌 개발 경험이 빈곤과 기아로 어려움을 겪고 있는 개발도상국들에 소중한 교훈이 될 수 있다고 판단하고 있으며, 최근에는 실질적으로 새마을운동을 자국의 농촌 개발 모델로 벤치마킹하고자 하는 개발도상국들의 움직임도 증가하고 있다.

이러한 개발도상국의 기대에 부응하여 행정자치부·외교부·기획재정부·농림수산식품부·농촌진흥청 등 중앙부처와 경상북도를 비롯한 지방자치단체 등 많은 기관에서 자체적으로 다양한 형태와 방식으로 새마을운동 방식을 적용하여 개발도상국의 농촌 개발에 기여하고자 노력하고 있다. 그러나 아직도 어떤 새마을운동 ODA사업 추진 방법이 가장 바람직한 결과를 창출할 수 있는지에 관한 확정된 표준 모델은 없는 실정이다. 즉, 외국에 소개하려는 새마을운동의 핵심이 학문적으로 정리되어 있지 않은 상황에서, 새마을운동 세계화사업의 추진 전략이나 방식에 대하여 의견의 일치도 되지 않은, 검증되지 않은 방법으로 개별 기관들이 상이한 방법으로 새마을운동 세계화사업을 추진하고 있다. 이로 인하여 사업의 분절화 현상, 사업 내용의 중복, 일회성·단기적 추진, 전문 인력의 부족, 모니터링 및 평가 미흡 등 사업의 추진 전략과 사업관리에 많은 문제점이 나타나고 있다. 자립적인 공동체 발전을 지향하는 새마을운동의 핵심 정신이 개발도상국에서 효과적으로 적용될 수 있도록 국제개발협력사업 모델을 설계하고 새마을운동이 수원국 정부의 농촌 개발 전략과 최대한 연계될 수 있도록 추진한다는 기본 방향은 있지만, 많은 부분에서는 아직도 실험, 모색 단계에 있다. 따라서 각 기관별로 추진하고 있는 새마을운동 세계화사업 가운데 어떤 방식이 ODA 사업효과성을 가장 극대화할 수 있는 방안인지 그 장·단점을 면밀히 검토할 필요가 있다.

이 장에서는 지금까지 추진해 온 각 기관의 사업 방식 중 '새마을운동 세계화사업'의 범주에 속하는 사업을 추진하고 있다고 판단되는 대표적 기관인 경상북도,

한국국제협력단(Korea International Cooperation Agency: KOICA) 그리고 새마을운동중앙회 3개 기관의 새마을운동 세계화사업 추진 전략과 대표적인 시범사업을 간략하게 소개하고 그 시범사업의 내용 및 추진 방식상의 차이점을 비교하고자 한다.

제 2 절 새마을운동 ODA사업 개요

새마을운동의 해외 전수는 1991년부터 주로 개발도상국을 위한 KOICA의 무상협력 농촌개발사업의 일환으로 추진되었다. 2000년대 중반부터 새마을운동에 대한 아시아·아프리카 개발도상국의 전수 요청이 증가하면서 다양한 정부기관들이 참여하여 새마을운동 전수 희망국의 중앙·지방 공무원, 마을 주민과 마을지도자 등을 대상으로 한 초청 새마을 연수, 전문가 및 봉사단의 현지 파견, 환경 개선과 소득 증대를 위한 시범사업(가축은행, 작물 재배 등), 보건·의료·위생 등의 프로젝트사업과 기술 협력, 컨설팅 등 다양한 형태와 방식으로 새마을운동 세계화사업을 추진하고 있다. 이에 따라 새마을운동 세계화사업은 새마을운동 ODA사업(KOICA), 새마을운동 세계화사업(새마을운동중앙회, 경상북도), 해외 새마을운동사업, 국제 새마을운동사업(새마을운동중앙회), 지구촌 새마을운동사업, 새마을운동 국제화사업, 새마을운동 해외전수사업, 국제농촌개발협력사업, 국제농촌개발시범마을 컨설팅사업 등 다양하게 불리고 있고, 그 사업의 내용도 단순한 초청 연수에서부터 농업 기술 전수, 마을 단위 시범 프로젝트, 대규모 농촌 개발 협력사업에 이르기까지 매우 다양하다.[1)]

그러나 2010년 한국이 OECD/DAC 회원국이 되고 2011년 새마을운동이 국가차원의 ODA사업으로 지정됨에 따라 개별적인 새마을운동 세계화사업 추진으로 인하여 나타날 수 있는 문제점을 방지하고, 더욱 체계적인 추진을 위한 범정부적인

1) 사업의 내용은 단순한 초청 연수에서부터 농업 기술 전수, 마을 단위 시범 프로젝트, 대규모 농촌 개발 협력사업에 이르기까지 매우 다양하지만 여기에서는 필요에 따라 '새마을운동 세계화' 또는 '새마을운동 ODA'라는 용어를 혼용하여 사용한다.

노력을 기울이게 되었다. 2011년 1월 관련 10개 기관[2]이 참여하는 '새마을운동 ODA T/F'를 구성하여 범부처 협업 기반을 마련하였고, 2011년 5월 관계 부처 합동으로 '새마을운동 ODA 사업 기본계획'을 수립하여 1단계(초청 연수), 2단계(소규모 프로젝트, 전문가 · 봉사단 파견), 3단계(통합형 프로젝트 추진)의 단계적 사업 추진 내용의 새마을운동 개발 협력의 모델을 제시하였다. 이 모델을 기반으로 하여 미얀마, 라오스, 르완다 3개 국가에 시범마을을 선정하여 새마을교육, 자립 역량 배양을 위한 협의체 구성 및 소규모 시범사업을 추진하고 있다.

이외에도 최근 외교부(KOICA), 농식품부 등 기관에서 기존 농촌개발사업에 새마을운동 방식을 접목한 다양한 형태의 국제개발협력사업을 지속적으로 추진하고 있다. 그리고 2014년 3월 제18차 국제개발협력위원회에서 확정된 '지구촌 새마을운동 종합추진 계획'에 따르면 앞으로 지구촌 새마을운동은 파급 효과 확산을 위하여 통합 및 개별 사업의 이원적(two-track) 모델에 따라 추진할 것을 계획하였다. 즉, 통합사업모델은 선택과 집중 전략에 따라 시범국가를 선정하고 해당 국가에는 범정부적 패키지형 종합 농촌개발사업을 추진하는 것이고,[3] 개별사업모델은 그 밖의 국가 중 새마을운동 전수를 요청, 한국의 예산 사정 등을 종합적으로 고려하여 개별적 단위사업을[4] 추진하는 방식이다.

여기에서 중요한 것은 새마을정신 배양 여부를 개별사업모델의 추진 성과 평가의 주요 기준으로 설정하여 통합사업모델로의 발전 여부를 결정한다는 것이다. 다시 말해서 자립적인 지역공동체 발전을 지향하는 새마을운동의 핵심 정신이 전수될 수 있도록 사업모델을 설계하고 단위 사업별로 주민 참여를 통한 자생적 공동체의 지속적인 발전을 유도할 수 있도록 '새마을' 요소를 중점적으로 반영하여야 한다는 것이다. 그리고 고위급 정책협의회 등을 통하여 새마을운동이 수원국 정부

---

2) 국무조정실(주관), 외교부, 기재부, 안전행정부, 농림식품수산부, 농업진흥청, KOICA, EDCF, 경상북도, 새마을운동중앙회가 참여하여 기관 간 의견 조율과 정보 공유를 추진하고자 하였다.

3) 이를 위하여 각 기관별 초청 연수, 전문가 · 봉사단 파견 및 프로젝트 사업 등을 통합하여 추진하고 사업 규모 · 지역 등도 광역화하여 새마을운동의 파급 효과를 제고한다. 통합사업모델의 시범국가의 선정 기준은 다음과 같다: 우리 정부 중점 협력국에 해당하는지 여부, 새마을운동에 대한 해당 수원국 지도층의 관심 및 중앙정부 리더십, 국가 발전 전략 중 농촌 발전 분야 포함 여부, 기존 ODA 지원사업과 연계 가능성, 빈곤 수준 등.

4) 고위급 및 지방 단위 공무원 초청 연수와 현지 교육 실시, 마을 안길 포장과 작물 재배 등의 소규모 시범사업 시행.

의 농촌 개발 전략과 최대한 연계될 수 있도록 추진하는 것도 새마을운동의 전국적 확산을 위하여 매우 중요하다.

표 9-1 새마을운동 ODA 단계별 발전 방안

추진 단계	1단계 (지도자 양성)	2단계 (자립 역량 배양)	3단계 (지역 발전 기여)
사업 취지	• 새마을운동 ODA의 중추적 역할을 담당할 개도국의 마을지도자 및 주민대표(여성 포함), 중앙/지방 공무원, 사회지도층 인사 등을 국내로 초청하여 새마을운동 연수 실시	• 국내 초청 새마을 연수 참여자를 중심으로 자발적 협의체 구성을 통한 자립 역량 배양 • 마을별로 소규모 ODA 자금을 지원하고, 협의체를 중심으로 지역 주민의 토론을 거쳐 사업 발굴부터 완료 시까지 스스로 결정·관리	• 1·2단계 사업의 성공적 시행을 통한 마을로 확산. 마을 단위에서 지역 단위로 새마을운동을 파급시켜 개발협력의 성공 모델 구축 • 이를 위하여 ODA 자원과 역량을 결집하여 자립적으로 지역 발전을 이룰 수 있도록 비교적 큰 규모의 통합형 개발협력 사업 추진
사업 요소	• 초청 연수 • 개발 경험을 통한 정책 컨설팅	• 소규모 프로젝트 – 소득증대사업, 환경개선사업, 교육/보건사업 • 전문가 및 봉사단 파견 • 평가	• 통합형 프로젝트 사업 – 타당성 조사 – 통합형 설계 – 평가/모니터링
사업 예시	• 새마을운동 이해 기초교육 • 새마을 리더 양성교육	• 가축은행, 유기농 채소 재배 • 마을 안길·진입로 확장, 부엌·화장실 개량 • 마을회관 건립 • 식수사업, 기생충 및 말라리아 퇴치 사업	• 관개수로, 농지 개량 등 농업 인프라 구축 • 농산물 가공시설, 시범농장 건립 • 보건소, 도서관, 학교 건립

이러한 정부의 노력에도 불구하고 아직 많은 기관에서 개별적으로 새마을운동 세계화사업을 추진하고 있다. KOICA는 농촌 종합 개발이라는 명칭으로 정책 컨설팅, 프로젝트, 초청 연수, 전문가 및 봉사단 파견 등 다양한 형태의 사업을 추진하고 있으며, 기획재정부는 KSP 사업의 일환인 경제 발전 경험 모듈화사업을 통하여 새마을운동 경험을 정리하였고 초청 연수도 실시하였다. 행정자치부(새마을운동중앙회)는 새마을운동 세계화사업으로 시범마을 사업, 초청 연수를 실시하고 있으며, 농식품부는 농촌 개발 시범마을 컨설팅사업, 초청 연수, 물자 지원, 기술 전

수 등의 사업을 지원하고 있다. 경상북도는 새마을운동 세계화사업으로 2010년부터 기존의 프로젝트식 전수 방식을 탈피하여 마을지도자 초청 새마을 연수, 새마을리더 해외봉사단 파견사업, 시범마을 조성사업 등을 포함하는 소위 '새마을 시범마을 조성사업'에 주력하고 있다. 주요 기관별로 새마을운동 세계화사업을 정리하면 〈표 9-2〉와 같다.

표 9-2 기관별 새마을운동 세계화사업

사업 형태	기관	사업명
초청 연수	행정자치부(새마을운동중앙회)	지구촌 새마을운동
	외교부(KOICA)	새마을운동 및 농촌 개발 초청 연수
	기재부	KSP(고위공무원 초청)
	경상북도	외국인 지도자 초청 새마을 연수, (새마을 시범사업을 위한) 마을지도자 초청 연수
프로젝트	행정자치부(새마을운동중앙회)	지구촌 새마을운동
	외교부(KOICA)	농촌 종합 개발 및 농촌소득증대사업
	농식품부	농촌 종합 개발
	경상북도	새마을 시범마을 조성사업
봉사단 파견	외교부(KOICA)	새마을 및 농림수산 분야 봉사단
	경상북도	새마을리더 해외봉사단
전문가 파견	외교부(KOICA)	농업 및 농촌 개발 전문가
국제기구 지원	외교부(KOICA)	밀레니엄 빌리지, Food for Village
	경상북도	밀레니엄 빌리지
NGO 지원	외교부(KOICA)	굿네이버스 등 14개 단체

자료: 국무조정실 개발협력정책관실(2013).

이처럼 새마을운동 세계화사업 추진 기관들이 자신의 고유한 특성과 전문성을 바탕으로 개별적인 모델과 프로그램에 의하여 새마을운동 시범사업을 시행하고 있어 어떤 새마을운동 전수 방안이 효과성, 효율성, 지속가능성 등의 부분에서 바람직한 결과를 창출할 수 있는지에 관한 검증된 모델이 없을 뿐만 아니라 그에 대한 논의조차도 거의 없는 실정이다.[5] 즉, 새마을운동을 세계화하려는 한국의 입장에

5) 자립적인 공동체 발전을 지향하는 새마을운동의 핵심 정신이 전수될 수 있도록 사업모델을 설계하고 새마을운동이 수원국 정부의 농촌개발정책과 최대한 연계될 수 있도록 추진한다는 기본 방

서 '개발도상국에 전수하려는 새마을운동은 과연 무엇인가?' 그리고 '이 새마을운동을 어떻게 전수할 것인가?'에 대한 합의점을 찾지 못하고 있는 실정이다.

개별 기관별로 추진되었던 새마을운동 세계화사업 분석에서 몇 가지 특징이 나타났다. 첫째, 전수기관들은 기관 특성에 맞는 사업에만 주로 집중해서 수행하는 경향이 강하다. 둘째, 진행된 사업이 특정 지역을 대상으로 장기적, 입체적, 유기적으로 수행되지 못하였다. 셋째, 새마을운동 전수사업에서 지속적인 모니터링과 사후 평가작업 등의 작업이 제대로 수행되지 못하였다. 다만 KOICA의 경우 이러한 작업을 상대적으로 충실하게 이행하였다. 넷째, 새마을운동 전수사업을 수행하는 기관은 다수 있으나, 관련 부처 간, 기관 간 협의나 공동 전략 형성은 거의 없다는 점 등이다.

국제농촌개발협력 모델로서 새마을운동이 갖는 장점은 개발도상국에 새마을운동 방법론을 적용할 때 나타나는 한계성을 분석하고 이를 보완·극복하는 과정이 성공적일 경우 나타날 것이다. 왜냐하면 새마을운동 방법론이 개발도상국에 그대로 적용, 성공한다는 보장은 절대로 없기 때문이다. 즉, 한국 경험의 과도한 강조는 오히려 새마을운동의 효과성과 지속가능성을 현저히 저하시키는 결과를 초래할 위험이 크다. 따라서 한국의 새마을운동 시범사업 모델 자체로 강점과 단점을 논하는 것은 국제 농촌개발 협력의 맥락에서는 별다른 의미를 가질 수 없다. 오히려 개발도상국의 농촌 개발에 기여하는 개발방법론으로서의 새마을운동 의미성을 강조하는 것이 더욱 효과적일 것이다. 이러한 사실들이 의미하는 것은 새마을운동이라는 이름으로 그 동안 많은 개발도상국에서 시행된 농촌 개발사업에 대한 분석을 통하여 한국을 대표할 수 있는 새마을운동 ODA 모델을 개발할 필요가 있다는 것이다.

이에 이 장에서는 그 동안 아시아와 아프리카 개발도상국에서 추진된 대표적인 새마을운동 세계화사업을 대상으로 사업의 추진 전략, 추진 과정, 시범사업의 성과 등을 살펴본다. 그러나 새마을운동중앙회와 경상북도를 제외하면 새마을운동이라는 이름으로 시행된 농촌개발협력사업은 KOICA의 '베트남 농촌개발(새마을운동) 시범사업'(2001~03)이 처음이며, 이후 UNESCAP를 통하여 2002~08년 사이에

향은 있다. 그럼에도 불구하고 새마을운동을 통하여 수원국에 '무엇을', '어떻게 도와줄 것인가?'에 대한 한국 자체의 공통된 합의가 이루어지지 않고 있어 새마을운동 ODA는 여전히 실험·모색 단계에 있다고 할 수 있다.

두 차례에 걸쳐 시행한 '캄보디아, 라오스, 네팔의 농촌공동체 개발에 대한 최선 사례의 적용' 그리고 2012년 국무조정실이 행정자치부를 통하여 르완다, 라오스에서 실시하고 있는 새마을운동 시범사업 이외에는 찾아보기 힘든 실정이다. 이러한 제약이 있음에도 불구하고 여기에서는 순수하게 새마을운동이라는 이름으로 실시된 국제개발협력사업을 다루고자 한다.

제 3 절 새마을운동 세계화사업 추진 현황

1 KOICA의 새마을운동 ODA

1) 기본 방향

KOICA는 새마을운동 ODA를 MDGs 달성을 위하여(2015년 이후 Post MDGs 포함) 수원국 정부와 마을 주민의 참여를 기반으로 하여 영농·축산기술 및 적정기술을 도입하여 소득 증대를 도모하고 농업, 임업, ICT, 환경, 교육, 보건, 여성 등 모든 분야에서 섹터 통합적 프로그램을 추진하는 종합적 지역 개발 프로그램으로 정의하고 있다. 이러한 정의에 따라 KOICA 새마을운동 ODA 추진 전략의 특성은 다음과 같다(KOICA, 2014: 3). ① 수원국 정부가 새마을운동을 국가 개발 전략으로 채택하고 한국은 수원국에 적합한 프로그램 및 기술 지원, 전문가 파견 등을 실시, ② 수원국 주민들은 참여와 자기 부담 원칙을 통하여 주인 의식, Can do spirit, Community empowerment 도모, ③ 기존의 새마을운동 정신인 근면·자조·협동이라는 본연적 가치에 더하여 나눔·봉사·창조라는 시대적 가치를 추가하여 확산, ④ 농업, 축산, 임업, ICT, 에너지, 환경, 교육, 보건, 위생, 여성 등의 다양한 섹터 통합적 프로그램을 동시에 추진, ⑤ 영농·축산기술, ICT, 에너지, 미디어 등 적정 기술 도입으로 생산성을 높여 소득 증대 도모. KOICA가 시행하고자 하는 새마을운동 ODA의 기본 개념을 도식화하면 [그림 9-1]과 같다. 여기에서 나타나는 가

장 큰 특징은 KOICA가 직접 개발도상국에 새마을운동을 전수하는 것이 아니라 개발도상국의 수요와 국내 전문가(전문기관)과의 네트워크를 위한 플랫폼의 역할에 한정되어 있다는 것이다.

그림 9-1 KOICA 새마을운동 ODA 개념

추진 주체	KOICA 플랫폼 – 국내의 새마을운동에 대한 다양한 이해관계자가 KOICA사업 추진 체계와 국제기구 및 개도국 내 네트워크를 활용하여 새마을운동 ODA사업 협업 추진 – 국제기구, HGO, 기업 등과의 혁신적 파트너십을 통하여 새마을 아웃리치 달성			
추진 전략	섹터 통합 프로그램	적정 기술 활용	가치사슬 형성	국제원조 규범 준수
추진 기반	국가정책화 – 개도국 정부의 국가 지역개발정책에 새마을운동을 내재화하여 새마을운동 확산의 기반 마련		사회적 자본 확립 – 마을 주민의 새마을정신 고취 – 주민이 주체가 되어 주민 총의에 따라 사업을 수행하고 마을 거버넌스 구축	

2) 시범사업

KOICA는 한국을 대표하는 무상원조기관이기 때문에 개별 개발도상국이 지니고 있는 문제점, 개발 잠재력, 주민 수요 등의 차이에 따라 다양한 형태의 농촌개발사업을 추진하고 있다(농촌 인프라 구축, 농업생산성 향상, 농외소득원 개발 등). 그리고 그 접근 방법도 정부 주도형(탄자니아 모로고로 주 개발사업), 주민 참여형(미얀마 흘레구 농촌개발사업), 절충형(베트남 새마을운동 시범사업), 지역 맞춤형(에티오피아 아르시존 개발) 등 매우 다양하다.

그러나 기본적으로 종합 농촌 개발의 성격을 강하게 지니고 있는 KOICA의 새마을운동 ODA사업은 '캄보디아 바테이군 농촌지역개발사업(2006~2008)', '미얀마 흘레구 농촌개발사업(2008~2010)', '에티오피아 아르시존 농촌개발사업(2010~2012)', '탄자니아 모로고로 주 농촌종합개발사업(2010~2013)' 등 다양한 국가에서 다양한 형태로 추진되었다. 하지만 KOICA에서 '새마을운동'이라는 이름으로 추진한 농촌 종합개발사업은 '베트남 시범사업'과 UNESCAP 요청에 의한 '농촌새마을운동 시범사업' 등 극소수였다. 그러나 새마을운동이 2011년에 국가 ODA 사업으로 지정되고, 1~2 단계를 거쳐 2014년부터 3단계에 진입함에 따라 KOICA는 새마을운동 ODA사업을 개발도상국 국가 단위의 새마을운동으로 추진하고 있으며, 그 연장선상에서 2015년부터 캄보디아, 라오스, 미얀마, 베트남에서 새마을운동을 국가 단위의 사업으로 추진하고 있다. 아래에서는 KOICA의 새마을운동 시범사업 몇 가지 사례를 소개한다.

(1) 베트남 새마을운동 시범사업(2001~02)

KOICA가 베트남에서 시행한 새마을운동 시범사업은 마을 단위에서 농업생산성 향상, 농촌 생활환경 개선, 농민 역량 강화 등을 목표로 한 새마을운동 방식을 적용한 최초의 사업이다. 더욱이 직접적인 수혜자인 마을 주민은 물론 베트남 정부와 공여 주체(KOICA)로부터 성공적인 사업으로 평가받았고, 객관적인 평가지표에서도 매우 성공적인 사례임이 입증되었다.[6)]

1986년 자조・자립의 사회주의 시장경제를 추구하는 개혁개방정책인 '도이모이(刷新)' 정책을 채택한 이후, 베트남은 빠르게 경제 성장을 이룩하였지만 동시에 다양한 사회경제적 문제에 직면하게 되었다. 그중에서 가장 심각하였던 도・농 간 발전 격차의 심화를[7)] 해결하기 위한 소득 증대, 고용 창출, 생활환경 개선 등 농촌개발은 국가정책의 우선 과제였다. 이 목적을 달성하기 위한 효과적인 농촌개발모델로 베트남 정부는 새마을운동을 벤치마킹한 신농촌운동을 실시하게 되었다. 이러한 새마을운동 선택의 배경에는 도농 격차가 도시와 공업 중심의 경제정책에 기인한 것이며, 당시 베트남의 상황이 새마을운동을 추진하던 1970년대의 한국의 사회경제적 상황이 유사하고, 새마을운동이 농촌지역 빈곤 퇴치, 소득 증대 및 생활여건 개선을 목표로 하였고, 양국 농촌의 사회구조와 전통문화가 매우 유사하다는

---

6) 이 사업은 한국의 새마을운동 방법론으로 추진되어 시범마을의 생산 기반 정비, 교육과 문화, 보건・위생 관련 기반 조성, 주민조직의 활성화 등 다양한 분야를 종합적으로 개발하는 것이었는데, 베트남 (중앙 및 지방) 정부의 지원과 주민들의 적극적인 참여를 바탕으로 시범사업이 시행되어 목표 달성뿐만 아니라 주민 만족도가 매우 높은 것으로 평가되었다.

7) 산업은 연평균 성장률이 7~8%인데 반하여, 전 인구의 78%를 차지하고 있는 농업은 GDP의 45%에 불과하며, 그 성장률은 약 4%에 그쳤다. 이 과정에서 나타난 문제는 농가 소득이 도시가구원 1인당 월평균 소득의 27% 정도 수준에 머물고 있어 도시와 농촌 간의 심각한 소득불균형이 나타난 것이었다.

점도 크게 작용하였다. 결국, 농촌개발사업의 일환으로 베트남 정부는 2001년부터 중앙경제위원회를 필두로 하여 농업 및 농촌개발부, 관련 부처와 기관이 모두 참여한 가운데 중앙정부의 재정을 받아 14개 코뮌(Commune, 한국의 면에 해당) 단위에서[8] 소위 말하는 '신농촌 개발'이 추진되었다. KOICA에서 추진한 '베트남 새마을운동 시범사업'(이하 '베트남 시범사업')은 이러한 베트남 정부의 농촌개발사업 전략의 틀 안에서 한국의 새마을운동을 접목하여 추진되었다.

이 시범사업의 첫째 목표는 한국 새마을운동 경험을 전수하여 시범지역 주민들의 생활환경 개선과 소득 증대를 꾀하는 것이다. 즉, 한국 새마을운동의 목표와 유사하게 시범마을 주민들의 의식을 개선하고, 농업 생산 기반 확충과 농업금융의 시범적 운영을 통하여 농가 소득을 증대시키고, 마을회관 건설, 부엌과 화장실 개량 등 주거환경 개선사업을 통하여 주민들의 삶의 질을 향상시키는 것이다. 둘째 목표는 시범마을에서의 성과를 바탕으로 이 모델을 전국적으로 확산, 즉 베트남 정부의 농촌 근대화 노력에 기여하는 것이다.

시범사업 대상지역으로는 한국과 베트남 전문가들이 베트남 정부에서 제안한 4개 성 7개 군 7개 코뮌에 대한 예비조사를 공동으로 실시하여 2개 지역 7개 마을을 선정하였다.[9] 시범사업의 내용은 주민들의 욕구에 대응하여 생산 기반 정비, 지역사회 건설, 새마을운동 추진조직 정비, 생활환경 개선, 농업 개발, 농업신용금고 운영, 농업신용사업, 교육환경 개선, 보건·위생 및 문화 활동 지원 등의 매우 다양한 세부 프로그램들로 구성되었다. 이들 시범사업을 추진하기 위하여 공무원 및 마을지도자들에 대한 초청 연수를 실시하였고, 또한 주민 역량 강화 차원에서 전문가를 현지에 파견하여 주민들을 대상으로 새마을교육을 실시하였다.

이 시범사업의 추진 방향은 살펴보면 다음과 같다: ① 물질적인 측면보다는 시범마을 주민의 정신적인 자조 노력 육성에 중점을 두고, ② 국립농업계획연구소의

8) 베트남의 경우 신농촌개발운동의 기본 단위는 한국의 면에 해당하는 코뮌을 기본 단위로 사업을 기획하고 추진하였다는 점에서 한국과는 차이가 있다. 코뮌의 평균 인구 규모는 1,000~5,000명이고, 7~10개 정도의 마을로 구성되어 있으며, 마을과 마을은 매우 넓은 면적에 지리적으로 멀리 떨어져 분산되어 있다.

9) 타이응우웬(Thai Nguyen)성 다이뚜(Dai Tu)현 코이키(Khoi Ky)면 나팍(Na Phac)의 3개 마을과 선매(Son Me)의 3개 마을 등 총 6개 마을, 광찌(Quang Tri)성 빈링(Vin Linh)현 빈찬(Vihn Thanh)면의 현릉(Hien Lung)마을.

사업 책임자와 전문가 집단이 이 사업을 총괄적으로 관리하도록 하는 행정 체계를 수립하며,[10] ③ 새마을운동을 추진할 남・여 마을지도자를 선출하고(한국 초청 새마을 연수를 실시) 마을에서 이 운동을 추진할 실체인 마을개발위원회 구성하고, ④ 한국 측은 운영기술(연수생 초청・ 전문가 파견 및 현지 교육) 전수 및 기자재 및 건축 지원을 분담하며 베트남측은 건축공사에 부지, 인력 동원, 기본 자재(모래, 자갈) 등을 부담하는 방식으로 추진하였다.

표 9-3 베트남 새마을운동 시범사업 개요

사업 대상지	- Thai Nguyen성 Khoi Ky(하노이 북부 150㎞) - Quang Tri성 Vihn Tranh Commune(베트남 중부 하노이 남쪽 600㎞)
사업 목적	- 새마을운동 모델 전수로 지역 주민의 생활 여건 개선 및 소득 증대
사업 목표	- 대상 지역 주민의 농업생산량 증대
시범사업 내용	- 전문가 파견, 연수생 초청 - 교육기자재, 농업신용, 행정비 지원 - 건축 지원: 관개시설 보수, 마을회관 건설, 부엌・화장실・목욕탕 개선 - 실시 협의, 세미나 개최
특징	- 베트남 자체 농촌개발사업과 동일한 틀 속에서 통합적으로 추진 - 한국 '새마을운동' 경험에 입각한 정형화된 농촌 종합 개발 - 다수의 사업 후보지 가운데 사업 대상지 선정
성과	- 대상 지역의 관개시설・도로 개보수 등을 통한 농업 여건 개선 - 농업생산량 증대로 농가 소득 증대 - 새마을지도자 육성 및 교육을 통한 주민의 자조정신 함양
성공 요인	- 사업 대상지 선정의 타당성 - 초청 연수 및 현지 교육훈련을 통한 주민 역량 강화 - 베트남 정부와 지역 주민의 의견 수렴 - 자조 협동에 의한 현지 주민의 자발적 참여 - 베트남 정부의 농촌 개발 지원 정책 등

자료: KOICA(2006); 지성태(2013).

KOICA가 베트남에서 시행한 새마을운동 시범사업은 직접적인 수혜자인 마을 주민은 물론 베트남 정부와 공여 주체인 KOICA로부터 성공적인 사업으로 평가를 받았다. 시범사업의 성공 요인 중 중요한 몇 가지를 설명하면 다음과 같다.

10) 중앙정부에서 시범마을까지 새마을운동협의회(Council)를 구성하고 정부 차원에서 각 농촌지역을 근대화하는 데 필요한 자금, 훈련 및 지도를 통하여 지속적으로 동기부여를 유도하였다.

첫째, 철저한 사전 타당성조사를 통하여 시범마을을 선정하였다. 한국과 베트남 양측의 전문가들이 다수의 후보지역을 대상으로 사회·경제·문화적 측면에서 사업타당성을 종합적으로 판단하여 시범마을을 선정하고, 마을 기초조사를 바탕으로 사업의 우선순위를 결정하여 시범사업의 효과성을 높일 수 있었다.

둘째, 현지 여론 주도층과 마을지도자의 한국 초청 연수와 전문가 파견을 통한 현지 교육훈련을 실시하였다. 여론 주도층 초청 연수를 통하여 베트남의 새마을운동 도입 필요성을 강조하였고, 마을지도자들에게는 이론, 실무교육을 통하여 시범사업의 운영 능력 강화 및 역량 강화를 꾀하였다.

셋째, 전통적인 사회조직을 잘 활용하였다. 자조·협동정신과 같은 베트남 농촌의 전통문화가 주민들이 시범사업에 자발적으로 참여하는 데 도움이 되었다.

넷째, 마을지도자의 헌신적 노력이다. 시범마을의 이장은 공식적인 지도자로 마을 개발사업 추진에 중추적 역할을 하였고, 농촌지역에 존재하고 있었던 자조의 전통과 마을조직, 리더십을 활용하기 위하여 선발된 새마을지도자(마을당 남녀 각 1명)도 시범사업 추진에서 헌신적인 역할을 수행하였다.

다섯째, 베트남 정부의 농촌 개발 지원 정책이다. 베트남 정부는 농업과 농촌 개발을 긴급한 정책과제로 인식하고 있어 정부의 농촌개발사업의 큰 틀 속에서 새마을운동이 지향하는 농촌 인프라 개선사업을 적극 지원하였다.

(2) KOICA-UNESCAP 새마을운동 시범사업(KOICA, 2008)

한편 UN 아시아태평양지역 경제사회이사회(UNESCAP)는 2000년 제57차 총회에서 새마을운동을 개발도상국의 농촌지역 개발모델로 채택하고 한국 정부에 도움을 요청하였다. ESCAP는 인간개발지수(Human Development Index: HDI)를 기준으로 아시아 최빈국에 속하는 네팔, 라오스, 캄보디아 3개국을 선택하여 한국의 새마을운동을 시범적으로 실시하기로 결정하였다. 이 사업은 ESCAP가 아시아·태평양지역 빈농의 자조 노력 지원을 통한 농업생산성 향상 및 소득 증대를 목적으로 ESCAP 프로젝트를 한국 정부에 제출하고 지원을 요청함에 따라 시행하게 되었다. 이들 3개국에 대한 새마을운동 시범사업은 교육·훈련, 자문 및 지역사회 자산 창출에 초점을 두었다. 사업 기간은 2004년 1월부터 2005년 6월까지로 계획되었으며 네팔의 2개 마을, 라오스 4개 마을 그리고 캄보디아의 6개 마을을 시범

마을로 선정하였다.[11)]

2003년에 네팔을 신규 사업 대상으로 포함시켰으나 네팔에서의 시범사업은 사업 기간 동안의 지속적인 정정(政情) 불안으로 미완료 상태로 종결되었다. 따라서 아래에서는 라오스와 캄보디아를 중심으로 살펴본다.

이 시범사업의 상위 목표는 새마을운동 시범사업을 통하여 이들 3개국의 농촌 빈곤 완화에 기여하는 것이다. 이의 달성을 위하여 ① 농촌 주민들의 역량 강화를

표 9-4 ESCAP 새마을운동 1차 시범사업 개요

<table>
<tr><td>사업 지역</td><td colspan="2">• 라오스, 캄보디아, 네팔의 농촌 마을
– 라오스: 2개 사업 단위 4개 마을(1개 단위=2개 마을)
– 캄보디아: 3개 사업 단위 6개 마을(1개 단위=2개 마을)
– 네팔: 2개 사업 단위 2개 마을(1개 단위=1개 마을) – 미종결</td></tr>
<tr><td>개발 목표</td><td colspan="2">• 새마을운동 방법론을 기반으로 수원국 정부의 빈곤 완화</td></tr>
<tr><td>사업 목표</td><td colspan="2">• 새마을운동 방법론 적용을 위한 수원국 역량 배양 및 환경 조성</td></tr>
<tr><td>수혜 대상자</td><td colspan="2">• 수원국 농촌 마을 주민</td></tr>
<tr><td rowspan="2">투입</td><td>수원국측</td><td>KOICA 및 ESCAP</td></tr>
<tr><td>• 주민 참여 및 주민들의 사업비 일부 추가 기여</td><td>• KOICA: 615,800 USD
• ESCAP: 인력 및 35만 달러 예산 투입</td></tr>
<tr><td>자원계획</td><td colspan="2">• 전문가 파견: 사전조사 전문가, 중간평가 전문가, 종료평가 전문가, 종료평가 및 워크숍 참가 전문가 파견
• 초청 연수: 새마을운동 방법론 연수(참가자: 11명, 기간: 2주)</td></tr>
<tr><td>새마을운동 시행</td><td colspan="2">• 전문가 자문 용역 및 국별 새마을운동 시범사업
– ESCAP, 한국농촌경제연구원과 자문 용역 계약 체결
– 수원국의 새마을운동 시범사업 Action Plan 실행 지원
– 현지 연수: 1 단계: 중앙 단위 새마을운동 방법론 연수
2 단계: 마을 단위 새마을운동 방법론 연수
(지방공무원, 지역 주민)</td></tr>
<tr><td>성과</td><td colspan="2">• 농촌지역 소득 향상 및 환경 개선을 위한 새마을운동을 기반으로 한 농촌지역 개발 모델 정립</td></tr>
<tr><td>사업 실시기관(수원국)</td><td colspan="2">• 캄보디아 농촌개발부
• 라오스 기획・투자위원회 및 비엔티안 시청
• 네팔 국가계획위원회</td></tr>
</table>

11) 시범마을의 선정 기준은 마을 규모(인구), 빈곤층 비율, 자연적・경제적 여건, 통신 수단, 주민 호응도, 지도 역량, 마을의 결속력, 경제자원의 접근도 및 발전 잠재력 등이었다.

통하여 마을 부존자원, 정부 서비스, NGO나 민간의 서비스를 효과적으로 운영하여 농촌 주민의 삶의 질을 향상시키며, ② 농업생산성 향상 및 농외 활동을 통하여 고용 기회의 확대 및 소득 증대를 도모하고, ③ 가난한 농촌 주민들의 생활 개선을 위하여 중앙정부와 지방정부의 자원 동원과 정책의 전달 체계를 개선시키는 것이다.

이러한 목표를 달성하기 위한 시범사업의 구체적인 추진 내용은 준비→교육훈련→사업 실시→평가 및 환류의 4단계로 나누어 구성되었다. 첫째 준비 단계는 ESCAP와 수원국 시범사업 주관 부처 간의 합의서를 작성하고 조정위원회를 구성하는 것, 두 번째 단계는 해당국 주관부서 사업 책임자, 마을지도자, 주민조직 지도자들을 대상으로 새마을운동에 관한 교육을 실시하는 것, 세 번째 단계에서는 새마을운동 방법론을 시범마을에 적용하는 것이다. 즉, 시범마을 주민들은 자문단의 조언을 바탕으로 마을에서 가구 단위 기초 자료를 수집하고, 이를 바탕으로 주관부서와 주민조직이 합동으로 액션 플랜(Action Plan)을 작성하였다. 이 액션 플랜은 주민들에 의하여, 주민들을 위하여 집행하도록 하였다. 마지막 단계는 현지 실정에 맞는 새마을운동 방법론을 구축하는 작업이다. 이 단계에서는 최종평가를 실시하고 새마을운동 접근 방법을 검토·조정하며 시범사업 파급 효과를 측정하기 위한 국가 단위의 워크숍을 개최하는 것이다.

이 시범사업은 연수생 초청 연수, 전문가 파견, 새마을운동 시범사업, 기타(ESCAP 부대활동) 등 4개 분야로 구성되어 있다.

라오스 새마을운동 시범사업은 비엔티안 주의 박늠 군(Pak Ngum District)에 속한 두 개의 면(community)에서 실시되었다.[12] 시범사업 추진을 위하여 각 시범마을에서는 주민들에 의하여 새마을위원회가 구성되고, 새마을지도자와 새마을위원회 위원들을 상대로 새마을운동, 액션 플랜 작성 기법 등에 대한 연수를 실시하였다. 그리고 마을 기초조사 자료를 근거로 하여 시범사업의 우선순위를 결정하였다.

새마을운동 시범사업은 크게 소득증대사업과 환경개선사업으로 구분된다. 환경

---

12) 시범마을은 나베른 면(Navern Community)의 반 브엔까바오(Baan Veunkabao)과 반 시엥레나(Baan Xienglaena) 마을, 논시엥레 면(Nonexienglae Community)의 반 시엥레타(Baan Xieng-laetha) 마을과 반 논(Baan None) 마을이며, 이 마을들은 서로 인접해 있어 사회경제적 환경은 비슷하다.

개선사업은 농촌 도로 확충 및 정지사업, 포장사업 등의 시설 확충사업, 화단 조성, 쓰레기 수거 및 처리 체계 구축 및 농촌 도로 정비 등을 포함하는 마을가꾸기사업, 공동우물 및 개별 화장실을 건설하는 보건·위생사업 그리고 학교시설 확충을 중심으로 하는 사회·문화사업 등이 포함되어 있다. 소득증대사업은 가축 사육, 양식 등 농업 소득과 직조와 건축자재 생산 등 비농업 소득 창출에 초점을 두었다.

캄보디아의 시범마을은 모두 6개 마을로 2개 마을을 하나의 지역사회 단위로 묶어 시범사업을 시행하였다.13)

캄보디아 시범사업의 내용도 한국 새마을사업과 비슷하게 소득 증대, 시설 확충, 마을가꾸기, 보건·위생 개선, 지역사회 개발 등으로 구성되어 있다. 소득증대사업은 마을의 상황에 적합하게 가축은행, 소액 순환대출기금(revolving credit fund)이 계획되었다. 시설확충사업은 농수로 보수, 농수로 옆 도로 개보수가 계획되어 있다. 보건·위생사업으로는 마을 공용 화장실과 개별 화장실 건설, 부엌 개량, 우물 만들기 등이 포함되어 있으며, 지역사회 개발사업은 주로 거주지 미화를 위주로 계획되었다.

성과 측면에서 살펴본다면 여러 요인으로 인하여 10개 시범마을 사이의 사업 성과가 상당히 다르게 나타났다. 「KOICA-ESCAP 새마을운동 1차 시범사업 평가보고서」(2008)에 의하면 라오스나 캄보디아에서 시범사업은 주민들에게 실질적 도움을 줄 수 있는 소득 기회 증대나 삶의 질 개선에 효과가 있다고 보았다. 특히 시범사업이 공통적으로 소규모 생활환경 개선사업 중심에서 출발하여 소득증대사업으로 이루어져 시범사업 실시 후 생활환경이 크게 개선되었다. 그리고 성공적인 시범마을에서는 주민 태도와 가치관 변화(협동과 자조 노력의 중요성 인식)가 나타났다. 아울러 시범사업 시행 결과 정부 서비스의 전달 체계 개선 등의 효과도 나타났다.

이러한 전반적인 성과에도 불구하고 사업 규모에 비하여 다수의 소규모 사업을 시행함으로써 효과성이 감소하였고, 수원국의 낮은 지원 수준으로 인하여 사업 추

13) 톰눕 면(Tom Nup community)의 프라삼(Pra Sam)과 트라팽스노르(Trapaing Snor) 마을, 트롭 면(Trop community)의 롱담 리(Rongdam Rei)와 품트메이(Phum Thmey) 마을, 그리고 캄퐁 실라 면(Kampong Seila community)의 트메이(Thmey) 마을과 오박로테쉬 면(O'bak Rotesh community)의 프레이프라셀(Prey Praseth) 마을.

진의 효율성이 감소하였으며, 농번기인 우기에 사업 시행 등 문제점이 있었다. 그리고 특히 짧은 현지 교육 기간으로 인한 새마을운동에 대한 주민의 이해가 부족하였다는 점이 새마을운동의 지속가능성 확보에 걸림돌로 작용하였다. 그리고 공산주의 체제의 특성으로 인하여 의사 결정에 많은 시간이 소요되고, 주민들의 적극성도 낮은 편이다. 무엇보다 인적 자본이 취약하다는 점이 시범사업의 효과성 제고에 큰 장애 요인이었다.

3) 장단점

KOICA는 한국의 무상원조를 담당하는 기관으로서 대규모 재원과 국내외 조직을 보유하고 있기 때문에 수원국 행정기관과의 네트워크를 이용하여 행정적 지원 유도가 매우 용이하다. 그리고 시범사업 수행의 장점으로는 다음과 같은 점들이 지적되고 있다. ① 해외사무소를 통한 현지에 대한 높은 이해도와 신속 대응이 가능하다는 점, ② 수원국 중앙 및 지방정부 단위의 농촌 종합 개발에 장점을 지님, ③ 상대적으로 철저한 (전문가에 의한) 사전조사와 그에 따른 계획 수립(전략 수립 단계, 사업계획 및 심의 단계, 사업 진행 단계, 평가 및 사후관리 단계), ④ 시범사업을 관리, 통제, 평가할 수 있는 현지 조직, ⑤ 필요한 분야(영농, 축산 등)에 대한 전문가 파견이 상대적으로 수월하다는 점. 결국 KOICA는 ODA 주관기관으로서 오랜 ODA 관리 경험과 전문성, 방대한 해외 조직과 대규모 투자가 가능하다는 점이 최대의 장점이다.

이러한 장점에도 불구하고 새마을운동 ODA와 관련하여 다음과 같은 문제점들도 동시에 지니고 있다. 첫째 가장 중요한 점은 대부분의 KOICA 농촌개발사업은 새마을운동의 적용이 아니라 새마을운동의 중요 요소 중 몇 가지 도입이라고 간주되고 있다는 것이다. 대표적인 예로는 KOICA에서 성공적인 새마을운동 ODA사업이라고 홍보하고 있는 '에티오피아 아르시 농촌종합개발사업'을 들 수 있다. 이 사업은 '주민에 의한 주민의 사업'이 아니라 대부분의 개발사업이 외부 전문 사업시행 업체에 의한, 즉 외주에 의하여 실행되었으며 주민들은 일용·임금노동자로서 시범사업에 참여하였을 뿐이다. 특히 일부 사업비에 대한 주민 부담으로 주민 참여를 유도하지만 자발적인 주민 참여가 동반되지 않음으로써 목적 달성에 실패하였다는 평가가 일반적이다. 두 번째로는 주민에 대한 지속적인 정신교육 및 주민 역량강화사업이 미비하다는 점이다. 대부분의 개발도상국의 경우 물질적 향상뿐만 아니라 주민 의식의 변화가 지속적인 농촌 개발을 위한 필수 조건임을 감안한다면 KOICA의 접근 방법은 상당한 아쉬움을 남기고 있다.

이러한 문제점들이 발생하는 근본적인 원인은 해외에서의 농촌개발사업을 KOICA가 자체적으로 추진하는 것이 아니라 위의 추진 방법에서 알 수 있듯이 국내 전문기관을 통하여 실시하는 플랫폼의 역할에 치중하고 있기 때문에 KOICA의 새마을 ODA 목적을 현장에서 구현하는 데 한계가 있다고 판단된다.

2 경상북도의 새마을운동 시범마을 조성사업

1) 기본 방향

경상북도는 새마을운동 종주도로서의 위치를 주장하면서 새마을운동에 대한 개발도상국의 관심이 높아지기 시작한 2005년부터 '인류 공존과 번영을 위한 아름다운 동행'이란 슬로건 아래 새마을운동의 성공 경험과 축적된 노하우를 국제 사회와 공유, 개발도상국의 빈곤 퇴치와 지속 가능한 발전에 기여하고자 적극적으로 노력하고 있다.

경상북도는 지난 2005년 베트남 타이응우웬성 룽반 마을 및 2009년 인도네시아 족자카르타 주 바뚜사리 마을에 대한 새마을운동 시범사업을 비롯하여 외국인 지도자 초청 새마을 연수 등 다양한 사업을 추진하였다. 특히 2010년부터 경상북도는 이전의 새마을운동 세계화 추진 방향을 획기적으로 변화시켜, 새마을운동을 개발도상국의 농촌 개발 및 빈곤 극복에 적극적으로 기여할 수 있는 방안으로 활용할 수 있는 '새마을운동 시범마을 조성사업'(이하 새마을 시범사업)을 추진하고 있다. 이 새마을 시범사업은 단순한 인적·물적 협력을 넘어 개발도상국 주민들의 자립 의지와 역량 강화를 통하여 빈곤 문제의 근원적 해결에 기여하는 것을 목적으로 하고 있다. 시범사업을 현지에서 추진하기 위하여 현지 공무원, 마을지도자 및 마을 주민들은 한국에서 현지에 파견되어 활동할 '새마을리더 해외봉사단'(이하 새마을 리더)과 함께 합숙하면서 새마을 연수를 받는다. 새마을 리더는 현지 시범마을에 직접 체류하면서 단순한 물질적인 원조사업이 아닌 새마을운동을 통한 자립 의지의 조성에 집중하는 소프트웨어적 지원에 역점을 두며 현지의 자생적・전통적 마을지도자를 새마을지도자로 육성함으로써 새마을운동의 지속성과 정착 능력을 배양하고, 지역 주민의 의식 변화를 통한 자발적 참여를 유도함으로써 아래로부터의 개발, 참여적 개발을 지향하는 한편, 새마을운동의 원형을 고집하기보다는 현지 사정을 감안한 탄력적 접근을 도모하는 방법으로 수원국에 시범사업을 단계적으로 실시하고 있다.[14)]

시범사업은 5년의 중장기계획으로 추진되는데, 사업 시행에 따른 경비는 경상북도와 KOICA가 분담함을 원칙으로 한다. 즉, 새마을 리더 파견을 위한 제반 비용 및 현지에서의 생활을 위한 체제비 등 경상경비는 전적으로 KOICA에서, 그리고 이 비용을 제외한 시범사업을 위한 모든 비용은 경상북도에서 부담하고 있다. 새마을 시범사업은 지난 2010년 에티오피아, 탄자니아, 르완다 등 3개국 5개 마을로 시작되어 2016년 현재 아시아 6개국 13개 마을(필리핀 3개, 베트남 3개, 우즈베키스탄 1개, 스리랑카 2개, 인도네시아 3개, 인도 1개)과 아프리카 5개국 17개 마을(에티오피아 5개, 탄자니아 4개, 르완다 4개, 세네갈 2개, 카메룬 2개) 등 총 11개국 24개 마을에서 사업이 종료되었거나 진행 중에 있다.[15)] 특히 새마을 리더의 파견을 통한 한국의 농촌 개발 경험 전수, 현지 마을지도자의 리더십, 경상북도의 재정적 지원, KOICA의 새마을 리더 관리를 결합한 추진 전략은 다른 기관에서 추진하고 있는 새마을운동 세계화사업 추진 전략과는 다른, 매우 독특하면서도 실험적인 새마을운동 전수 방식이다. 이러한 경상북도의 추진 전략이 기대한 성과를 달성한다면 한국을 대표하는 새마을운동 ODA모델로 각광받을 수 있을 것이다.

이러한 새마을 시범사업의 기본 방향과 추진 방법을 종합한 것이 [그림 9-2]이다. 그리고 마을 현장에서 새마을 시범사업을 위한 역할을 구분한 것이 〈표 9-5〉이다.

---

14) 새마을 시범사업은 기반 조성 단계, 발전 단계, 활성화 및 확산 단계의 3단계로 구성되어 있으며 단계별 시행 내용은 국가별, 시범마을별로 약간의 차이가 있지만 1970년대 한국의 농촌새마을운동과 같이 기본적으로 환경개선사업, 생산 및 소득증대사업, 복지 및 역량강화사업으로 구성되어 있다.

15) 이 중 새마을 시범사업이 종료된 마을은 인도(1), 카메룬(2), 에티오피아(2), 탄자니아(2), 르완다(1)에서 나타나 총 8개 마을이다.

그림 9-2 경상북도 새마을 시범마을 조성사업의 기본 방향 및 추진 방법

협력국 요청		사업계획 수립		사업 주체		사업 시행(5년)		자립 마을 육성		인접 마을 확산
	⇒	전문가 현지조사 + 마을 선정 + 초청 연수 (공무원 · 주민) + 새마을리더 해외봉사단	⇒	• 경상북도 • KOICA • 기업(POSCO, 농협, 대구은행 등) • 협력국 중앙 및 지방정부 • 시범마을	⇒	협력국 정부 행정 · 재정 · 기술 지원 (거버넌스 형성) ↓ **마을 단위** – 새마을 리더, 마을지도자, 주민 참여, 숙원사업 시행 ↓ 자립 역량 강화 • 새마을리더 해외봉사단 – 노하우 전수 • 현지 새마을연구소 – 새마을운동 현지화 – 마을지도자 발굴 · 육성 – 거버넌스 구축	⇒		⇒	

표 9-5 사업 주체의 역할 구분

활동 주체	주요 역할
봉사단	사업계획 수립 지원, 지역주민 조직 육성, 의견 수렴, 실행 프로그램에 의거 단계별 사업 추진 ※ 초기 주도적 활동 ⇒(정착) 보조적 역할(지역 주민 주도)
지역 주민	지역공동체 형성, 자발적 참여 및 의견 제시, 자체 조달 가능한 재료 및 노동력 제공 등
관련 기관 (KOICA, 수원국 관련 기관 등)	거버넌스 구축, 공무원 파견, 인력 제공 등 역할 분담, 시범사업 활동 재료 구입비 면세, 부지 및 행정 편의 등 제공

이러한 방식의 새마을 시범사업은 국제 개발 협력에서 처음으로 시도되는 획기적인 방법으로서, 새마을 리더의 활동은 지역사회 개발과 사회복지모델의 상호 보완적이고 통합적인 프로그램으로서 양자의 시너지 효과를 살릴 수 있는 실험적인 대안 모델로 평가받고 있다. 특히 새마을 리더의 파견을 통한 한국의 농촌 개발 경

험 전수, 현지 마을지도자의 리더십, 경상북도의 재정적 지원, KOICA의 새마을 리더 관리를 결합한 추진 전략은 다른 기관에서 추진하고 있는 새마을운동 세계화사업 추진 전략과는 다른, 매우 독특하면서도 실험적인 새마을운동 전수 방식이다. 이러한 추진 전략이 기대한 성과를 달성할 수 있다면 한국을 대표하는 새마을운동 ODA모델로 각광받을 수 있을 것이다.

2) 시범사업

경상북도의 새마을운동 세계화사업은 위에서 언급되었듯이 2016년 현재 아시아와 아프리카의 9개 국가에서 진행 중에 있다. 따라서 모든 시범사업을 상세하게 설명한다는 것은 어려울 뿐만 아니라 그렇게 할 필요성도 없기 때문에 여기에서는 르완다의 3개 마을에서 추진되고 있는 시범사업을 중심으로 설명한다.

르완다에서의 새마을 시범사업은 2010년 키가라마(Kigarama) 마을부터 시작하여 2011년에는 기호궤(Gihogwe)와 무심바(Mushimba) 마을이 그리고 2012년에는 가샤루-라로(Gasharu-Raro) 마을이 시범사업 대상 마을로 추가되었다. 2015년 7월에 키기라마 마을에서의 새마을 시범사업이 종료되어 2016년 3월 현재 3개 마을에서 시범사업이 진행되고 있다.[16] 시범마을마다 약간의 차이는 있지만 보통 시범사업은 크게 세 부분, 즉 소득 증대, 생활환경 개선, 복지 및 역량 강화사업으로 구성되어 있어 마을별로 차이가 없는 것처럼 보이지만 세부 내용에서는 시범마을의 사회경제적 격차에 따라 큰 차이를 나타내고 있다. 아래 〈표 9-6〉에서 알 수 있듯이 각 시범마을에서는 20여개 내외에 이르는 다양한 사업이 추진되고 있다. 이 가운데는 추진이 종료된 사업도 있고 2016년 현재 진행 중에 있는 사업도 있다. 그리고 3년 이상 장기적으로 지속 추진되는 사업도 있고, 1~2년에 완료되었거나 중단된 사업도 있다. 마을 및 생활환경 개선을 위한 사업으로 주택 개량(지붕, 화장실)사업이 모든 시범마을에서 실시되어 사업비가 적게 들면서 가시적인 효과가 큰 사업이 우선적으로 추진되었음을 알 수 있다. 그리고 유치원 건립을 통하여 어린이들의 교육환경 개선을 위한 사업도 모든 마을에서 추진되었다. 소득증대사업으로는 시범농장 운영, 특용작물 재배, 가축은행사업 등이 추진되었다. 역량 강화 부문

16) 2016년 7월에는 기호궤와 무심바 마을에서의 새마을 시범사업도 종료된다.

표 9-6 새마을 시범사업 종류

마을 인프라 구축	• 새마을회관 건립(보수) • 새마을조직 육성(새마을지도자 위원회, 청년회, 부녀회, 관련 위원회)
생활환경 개선	• 마을 진입로, 마을 안길 정비 • 유치원 건립(정비 · 보수) • 초등학교 건물 보수 • 주택 개량(지붕, 화장실 등) • 부엌 개량(화덕, 연통) • 공동상수도 설치 • 저수지 정비, 보강
주민 소득 증대	• 가축은행 • 양계 · 양봉사업 • 공동농장 운영 • 시범농장 운영 • 특용작물 재배 • 재봉, 염색사업
의식 개혁 교육	• 새마을(의식)교육 • 영농교육 • 보건위생 교육 • 유치원 영 · 유아교육 • 보건소 운영 • 문해교육 • 태권도 교육 • 기타

에서는 모든 마을에서 새마을정신 교육, 보건위생 교육, 유치원 영유아 교육 등이 실시되었고, 영농기술 습득을 위한 영농교육과 성인을 대상으로 하는 문해교육도 큰 인기를 끌었다. 개별 시범마을에서 5년 동안 추진된 모든 시범사업을 설명하는 것은 어렵고 또 큰 의미가 없기 때문에 여기서는 소득 증대와 역량 강화의 관점에서 사업 성과가 컸다고 판단되는 주요 사업 몇 가지를 선정하여 소개한다.

(1) 부녀회 공동조합사업: 키가라마 마을

르완다 농촌 마을은 1994년에 발생한 인종 분쟁으로 인하여 과부와 고아가 많은 특이한 인구구조를 가지고 있다. 키가라마 마을도 예외가 아니어서 경제 활동 가능 연령대에서 여성이 남성보다 훨씬 많다.[17] 그러나 실질적으로 경제 활동에 참여하는 숫자는 오히려 여성이 적다. 2010년에 파견된 제1기 새마을 리더는 마을 부녀자들의 주체적인 삶을 영위하기 위해서는 여성의 사회 활동 기회 제공, 사회 활동을 통한 자립심 향상, 여성 노동력을 이용한 농업 외 소득 창출 기회를 제공하는 것이 시급한 과제라고 인식하였다. 이에 마을 주민들과 논의하여 재봉교실(50명, 6개월 과정)과 염색교실(100명, 4개월 과정)을 열었다. 재봉교실에 참여하는 학생은 매달 1,000 르완다 프랑(한화 약 2,000원)을 내어 부녀회를 위한 공동기금을 조성하였다.

17) 2013년 현지 조사 자료에 의하면 키기라마 마을의 경우 18세 이상의 성인 중 남성이 428명, 여성이 502명이다.

제2기 새마을 리더들은 창업 지원 프로그램으로 1기 재봉 교육 및 염색 교육 수료자 중 우수 교육생들을 선정하여 재봉 공동조합을 결성하고 아틀리에를 마련하였다. 공동조합의 경우, 정부의 협조를 얻을 수 있으며 관련 전시회에도 참가하여 소득 증대에 도움을 줄 수 있을 것으로 기대하고 출발한 사업이다. 이를 위하여 공동작업장도 마을회관 옆 부지에 건설하여 훨씬 안락한 환경에서 시설을 갖추고 교육과 작업을 계속할 수 있게 되었다.

3기 새마을 리더 시기에는 지금까지의 경험과 축적된 기술을 바탕으로 부녀회 사업을 좀 더 실질적인 소득증대사업으로 발전시키기 위하여 공동조합 조직 운영 체계를 확립하고 수익 배분에 관한 기준도 전체 공동체 50%, 마을 공동기금 25%, 개인 배분 25%로 명확히 하였다. 4기 새마을 리더 활동 기간에는 재봉과 염색 작업공간을 분리하였고, 그 동안의 수익금을 모아 마을의 극빈층 가정을 위한 바자회를 개최하는 등 마을 발전에 기여하는 조합으로 성장 발전하고 있다.

이처럼 부녀회 사업은 2010년부터 꾸준히 진행되어온 사업이지만 공동조합으로 구성되면서 초기에는 낮은 기술 수준, 수익 배분에 관한 주민 대립 등 위기와 문제점도 많았다. 다행히 주민들 간 대화를 통하여 문제점들을 찾아 해결하고, 또한 재교육 등을 통하여 조합원들의 기술 수준이 매우 상향되어 현재는 실질적인 소득 향상으로 연결되고 있다. 특히 이 시범사업이 마을 부녀자들에게 미친 영향을 보면 사업을 통하여 부녀자들의 의식이나 태도에서 많은 변화가 나타나기 시작하였다. 먼저 조직에 대한 인식 변화이다. 조직 운영에 대한 지식이 전혀 없던 부녀자들이 이 사업을 통하여 공동체 운영의 필요성과 중요성을 인식하게 되었으며, 공동체 내에서 개인들이 어떻게 행동하여야 한다는 것을 배우게 되었다. 다음으로는 작업 및 관리 체계에 관한 이해이다. 대부분 개인적인 경제 활동에 치중하고 있었기 때문에 조직적 관리를 통한 생산성 향상에 대한 지식이 부족하였던 부녀자들이 조직 활동을 함으로써 분업과 협동의 의미를 깨닫게 되었다. 마지막으로 수익 분배에 대한 이해이다. 이전에 불평불만이 가장 많았던 부분이 바로 수익 분배 문제였는데, 정확한 작업 시간 및 작업 태도 관리로 수익을 투명하게 관리하여 참가자 모두 수긍할 수 있는 토대를 마련하였다. 이러한 모든 경험은 향후 주민들의 의식 변화와 마을 개발에 큰 보탬이 될 것이다.

(2) 시범농장 사업(벼농사): 무심바 마을[18)]

르완다의 농업 구조는 전형적인 자급자족 형태의 영세 가족농이다. 즉 콩, 감자, 옥수수, 당근, 카사바 같은 농작물들이 자가 소비를 위하여 경작되고 있다. 가끔 잉여농산물이 시장에서 거래되지만 그 양이 많지 않을 뿐만 아니라 낮은 가격으로 인하여 소득 증대에는 큰 도움이 되지 못하고 있다. 특히 르완다는 쌀이 매우 중요한 식품이지만 낙후된 재배 기술로 인하여 소비량의 90% 정도를 수입에 의존하고 있어 가격이 매우 비싸다. 이러한 문제점을 해소하기 위하여 새마을 리더는 무심바 마을 저지대에 개간이 가능한 넓은 면적의 습지가 있고, 마을이 계곡 상류지대에 위치하여 이웃 마을로 확산이 가능하다는 점에 착안하여 벼농사 시범농장을 추진하기로 결정하였다.

마을 주민들의 동의를 얻고 지방정부와 협의를 거쳐 국유지를 50년간 무상으로 임대받아 총 4차례에 걸쳐 22ha의 논을 개간하였다. 참여 가구 수도 크게 늘어 1차 49가구, 2차 54가구, 3차 180가구, 4차 185가구 등 2015년 9월 현재 총 575가구가 참여하고 있다. 당초 목표가 2015년까지 180가구 14.3ha였는데 2014년 8월에 벌써 목표를 훌쩍 뛰어넘어 달성하였다. 이들 참여 가구를 회원으로 하는 공동미작조합(Cooperative des Riziculteurs de Mushimba: CORIMU)도 설립하였다. 이들은 생산으로 인한 수입 중 20%는 각자 분배를 하고 나머지 80%는 조합공동기금으로 적립한다.[19)] 벼농사를 위한 부속시설로 창고(3동), 돈사(1동), 퇴비장도 만들었고, 탈곡을 위하여 한국의 홀태기와 수동식 탈곡기도 도입하여 사용하고 있다. 새마을 리더는 1차 개간 시 벼농사 전문 인부 3명에 마을 주민 5명씩을 붙여 기술을 습득하도록 하였고, 2차 개간 시 마을 주민들의 응용력을 향상시키고, 3차 개간 시에는 이들이 직접 설계, 감독하도록 하여 전문인력으로 양성하였고, 4차 벼 재배부터는

---

18) 벼농사는 무심바 마을보다는 기호궤 마을에서 먼저 추진되었지만 그 효과나 규모가 무심바 마을이 더 크기 때문에 여기에서는 무심바 마을의 벼농사 사업을 소개한다.

19) 르완다에서는 한국과 같이 정미소에서 주인이 직접 벼를 도정하여 소비하는 것이 아니라 모든 농부는 생산한 벼를 일단 정미소에 팔고, 쌀을 다시 시장에서 구입하는 시스템이다. 이에 새마을 리더는 기호궤와 무심바 인근에 정미소 설치를 강력하게 카모니 디스트릭트에 건의하였지만 성사되지 않았다. 이에 타협점으로 현지 농부들이 모든 쌀 생산량을 정미소에 판매하지 않고 필요한 소비량만큼은 도정 후 직접 갖고 가고 나머지는 정미소에 판매하는 것으로 합의하였다. 이러한 합의에 따라 총생산량의 20%는 도정 후 벼농사 사업 참여가구에 배분하고 나머지 80%는 판매하여 그 판매액의 일부를 조합기금으로 적립하고 나머지는 참여 가구에 분배한다.

자립 1단계 조치로 자체 기술 인력을 이용하고 있다.

이러한 과정을 거쳐 2013년 4,268㎏이었던 벼 생산량이 2015년의 경우 62,607㎏으로 증가하였다. 가구당 연평균 소득이 2010년 45,000원, 2011년 50,000원에 불과하였던 것이 쌀 생산만으로 인한 소득 증대 효과가 가구당 2015년 312,000원(연간 2모작)으로 나타난 것은 놀랄 만한 성과를 달성하고 있다.

벼농사 시범사업의 가장 두드러진 성과는 다음과 같다. ① 주민 벼농사 기술 습득이다. 즉, 논 개간·논둑 정비·수로 설치 전문 인력 양성, 물 관리 전문 인력 확보, 볍씨 소독에서부터 수확까지 농사 전반에 대한 기술력이 향상되었다. ② 주민 화합을 이룩하였다는 점이다, 세부적으로는 조합 자립 기반 확충, 조합 리더(8명) 능력 향상, 조합원 공동 참여 정신 함양. 이러한 성과는 전체 331가구 중 283가구 주민들이 논 개간 공동 작업을 통하여 1994년 인종 분쟁으로 인하여 극도로 불신감이 팽배하여 있던 마을에 주민 화합을 이루는 기초가 되었다. ③ 주민들의 자립 의지 향상이다. 이전에는 새마을봉사단원들이 먼저 제안하고 주민들과 합의하는 방식이었지만 현재는 주민들이 먼저 제안하고 새마을봉사단원들과 문제점 해결 방안을 모색하고 있다.

(3) 주거환경 개선사업: 기호궤 마을

기호궤 마을은 무심바 마을 못지않게 벼농사로 높은 소득 창출 효과를 얻고 있는 마을이지만[20] 여기서는 모던 스토브 제작 등 주거환경 개선사업을 소개하기로 한다. 르완다의 농촌 가옥은 도둑 등을 우려하여 집에 창문을 잘 내지 않고 굴뚝도 없는 집안에서 요리하기 때문에 대단히 비위생적이고 주민들의 건강에도 악영향을 미쳐왔다. 주방시설도 일부 '임아브라'라고 불리는 전통 화덕을 사용하는 가구도 있지만 돌멩이를 이용한 원시적인 방법을 사용하는 가구가 대부분이었다. 제2기 새마을 리더는 2011년 9월부터 11월까지 기호궤 전체 4지역을 순회하면서 기초조사를 실시하고 새마을위원회와 보건위원회를 열어 주민 동의를 얻어 모던 스토브를 제작, 보급하기로 하였다. 그리고 이를 전담할 주방관리위원회를 조직하여 스토브 제작 및 설치 방법을 교육시키고, 이 위원회 주도로 주민교육을 실시하였다. 즉,

---

20) 벼농사를 통하여 2012년 처음으로 1인당 평균 21,000 르완다 프랑, 2014년에는 275,000 르완다 프랑의 소득을 창출하여 이 시범사업은 주민들의 소득 증대와 자립 의지 고취에 크게 기여하고 있다.

매달 선정된 가구들이 주방관리위원회로부터 기술을 습득하고 다음 달 선정된 가구들을 교육시켜 노동력을 상호 제공하여 공동으로 설치하는 방식으로 추진하였다. 첫 해 총 107가구에 보급을 하였는데, 스토브에서 균열이 나타나는 등의 문제점이 있었지만 주민들의 의견을 모아 제작 방법을 개선함으로써 균열 문제를 해결하였다. 이 사업은 이후에도 계속 이어져서 2014년 8월 말 현재 총 245가구 중 201가구(82%)가 설치를 완료하였으며, 부엌 없는 가구를 제외할 경우 98.5%의 설치율을 기록하여 조리 시간을 단축하고 연료를 절감하였으며, 무엇보다 연기 문제를 해결하는 등 부녀자들의 주방환경을 획기적으로 개선하였다. 이와 함께 모든 스토브에서 더 나아가 사업 영역의 확장이 가능하다고 판단되어 아주 가난한 주민들의 주택을 마을 주민들이 힘을 모아 신축 또는 보수해 주는 주거환경 개선사업도 추진하였다.

한편 르완다 정부에서 적극 홍보 중인 '키친 가든(Kitchen Garden) 사업'을 문해교육과 결합하여 시행함으로써 부녀 회원들의 출석률을 제고하고, 다양한 채소 섭취로 영양을 개선하고 농업 지식을 습득할 수 있는 기회를 제공하고 있다.[21] 이 외에도 대안생리대 제작사업, 공동육아사업 등 부녀회 활성화를 위한 여러 사업이 병행 추진되어 부녀자들의 삶의 질을 개선하는 데 크게 기여하고 있다.

르완다에서 행해지고 있는 새마을 시범사업의 가장 특징적인 것은 모든 시범사업의 결정과 시행 방법 등에서 항상 새마을 리더, 르완다 행정기관, 시범마을 주민들이 서로 토의·협력하여 진행하였다는 것과 현지 주민들이 잘할 수 있고, 또한 꼭 필요한 사업을 우선적으로 선정하여 교육을 실시하였다는 점이다. 예를 들면 부녀자들과 청년들을 위한 교육에서는 딱딱한 의식교육이나 보건·위생교육만 실시하는 것이 아니라 주민들과 협의하여 그들이 잘할 수 있으며 또한 흥미를 지니고 있는 분야(전통 춤 또는 축구교실)에 관한 교육을 동시에 실시함으로써 주민들이 자발적으로 참여할 수 있는 여지를 만들어 주었다. 이처럼 전통 춤 과정과 축구교실 과정에 약간의 의식교육을 부가하고 있어 주민들도 지루하지 않으며, 적극적으로 교육에 참여하고 있어 대단히 좋은 효과를 나타내고 있다. 전체적으로 볼 때 새

21) 키친 가든은 르완다 정부가 농촌 주민들의 영양 개선을 위하여 집안의 유휴 토지에 조그마한 텃밭을 만들어 각종 채소를 키우도록 권장하는 사업으로서 기호궤 마을에 2014년 8월 말 현재 총 87개의 키친 가든이 조성되었으며 부녀회 리더 10명을 포함 총 60명의 부녀 회원이 참여하고 있다.

마을 리더가 마을 주민 그리고 지방자치단체와 의견을 조율 하는 등 교육환경을 조성하면, 강사는 섹터(sector)에서 지원하고 교육 내용은 부녀회(또는 청년회)에서 결정하는 방식을 선택하였다.

초기에는 새마을 리더들이 마을 주민들을 가정에서 마을로 끌어내는 것이 사업의 목적이었다면, 이제는 주민들이 공동으로 할 수 있는 소득증대사업을 진행하여 이를 통하여 공동체 활동을 더욱 강화하고 이를 이웃 마을로 전파하는 것으로 새마을 시범사업을 지속하고 있다.

3) 장단점

이상에서 살펴보았듯이 경상북도 새마을 시범사업의 가장 큰 장점은 새마을운동 방법론을 이용한 개발도상국의 농촌 개발을 통한 빈곤 극복에 기여하고 있다는 점이다. 즉, 새마을운동의 핵심 사업인 주민 의식 개혁, 생활환경 개선, 소득증대사업을 중심으로 시범사업을 추진하되 새마을운동의 핵심 요소들을[22] 응용하여 단계적으로 추진하여 시범사업 참요를 통하여 주민들의 역량 강화가 이루어지고 있다는 점이다. 두 번째로는 프로젝트 위주가 아니라 프로그램 위주의 시범사업을 시행하고 있다는 점이다. 단순한 물질적 도움을 넘어서 주민과 지역사회의 역량 강화를 추구하는 주민들의 자립 의지와 자립 역량 향상에 중점을 둠으로써 새마을 시범사업은 시범국가에서 주민 의식 개혁을 위한 국민운동의 아주 성공적인 본보기로서 개발도상국의 주목 대상이 되고 있다. 세 번째는 새마을리더 해외봉사단을 파견하고 있다는 점이다. 봉사단 파견을 통하여 한국의 농촌 개발 경험의 전수가 가능하고, 팀제 봉사단으로 활동함으로써 시범사업에 시너지 효과를 기대할 수 있다. 마지막으로 현지에서의 네트워킹을 강화하여 시범사업의 효과성 제고뿐만 아니라 지속성을 확보하기 위하여 노력하고 있다는 점도 경상북도 새마을 시범사업의 큰 특징 중 하나이다.

그러나 이러한 장점들이 극대화되기 위해서는 시범사업 추진 과정에서 나타나고 있는 문제점(단점)들을 극복할 수 있는 방안을 마련하여야 할 것이다. 이 단점에서 가장 먼저 언급되어야 할 것은 바로 새마을 리더의 역량 부족이다. 특히 주니

22) 주민의 자조정신 및 적극적인 참여 의지, 마을지도자의 리더십, 민주적 절차에 의한 사업 추진(마을총회 등), 지속적인 의식 개혁 교육 등.

어 봉사단원들의 경험 부족은 결코 짧은 연수 기간으로는 극복하기 어렵다. 그리고 시니어 단원들의 개인적 성향(자질, 역량)이 팀워크 형성 및 효과성 제고에 결정적인 영향을 미친다는 점도 큰 문제이다. 마지막으로 봉사 활동을 위한 파견 기간 14개월이라는 것도 중요한 문제점으로 지적되고 있다. 주어진 기간에 시범사업을 달성하려는 봉사단원의 개인적 욕심으로 인하여 시범사업 진행 과정에서 무리하는 경우가 많다. 이러한 경우 봉사단원이 개인적으로 시범사업을 주도하고 있어 시범마을 주민들이 자발적으로 시범사업에 참여할 수 있는 기회가 대단히 제한된다.

3 새마을운동중앙회의 새마을운동 세계화사업

1) 기본 방향

1970년 새마을운동이 시작된 이래 새마을운동의 성공적 결과를 국제 사회에 알리고자 하는 다양한 노력이 새마을운동중앙회에 의하여 전개되었다. 새마을운동중앙회의 국제새마을운동 추진 과정은 크게 1980년대까지의 새마을운동의 성과 홍보 중심, 1990년대의 성공 사례 교류, 2000년대 이후의 다차원적 국제 개발 협력의 흐름으로 전개되었다(경운대학교 새마을아카데미, 2009: 15-18). 새마을운동중앙회는 특히 외국인에 대한 연수교육을 중심으로 새마을운동의 정신과 방법론을 알리는 데 주력하여 왔는데,[23] 2009년부터 새마을운동 개발 경험 전수를 통한 개발도상국 빈곤 퇴치를 위하여 새마을운동 세계화사업의 거점 역할을 할 시범마을 조성에 적극 나서고 있다. 2014년 말 현재 총 14개국 16개 마을을 현지 여건에 맞추어 새마을 협력사업 시범마을로 육성하고 있는데, 이 중 ODA로 추진되고 있는 마을

23) 1973년부터 2013년까지 새마을교육을 이수한 외국인은 모두 109개국 4,974명이며, 외국인 내방(1일 교육)은 모두 130개국 20,945명에 이른다(새마을운동중앙회, 2013: 57). 그 숫자는 2000년대 중반 이후 급증하고 있는데 2005~12년간 합숙교육생은 88개국 2,974명, 1일 교육생은 8,936명이나 된다. 이들 연수생 가운데 일부는 자국에 돌아가 새마을운동협의회 같은 NGO 단체를 조직하고 자발적으로 현지 새마을운동을 주도하고 있다. 그 대표적인 사례가 몽골로서 2004년 11월 울란바토르에서 현지 새마을법인을 설립하였는데 회원 수가 2,785명에 이르고 있으며, 현재 전국 22개 도에 지부를 구성하고 자체적인 새마을교육뿐 아니라 매년 전국 새마을지도자대회를 열고 있다. 이 밖에도 네팔(2009년), 라오스(2009년), 우간다(2010년)도 자체 새마을회를 조직, 설립하고 다양한 활동을 전개하고 있다(새마을중앙회, 2014: 356).

은 라오스의 링산, 팍텝 2개 마을과 미얀마의 따낫핀, 동파운지 2개 마을 등 2개국 4개 마을로 2012년부터 안전행정부의 지원을 받아 본격적으로 사업을 진행하고 있다. 새마을시범마을 육성은 사업대상 후보지역 선정, 현지 조사, 시범마을 선정, 교육 대상자 선정, 초청 새마을교육, 현지사업 설명회 및 주민교육, 시범사업비 지원, 시범사업 수행, 현지 모니터링 및 중간 평가, 사업 결과 보고 및 정산, 사업 평가 등 10단계의 절차를 거쳐 진행된다. 시범사업 대상 마을은 수원국으로부터 추천받은 후보 마을(3~5개)에 대하여 농지・인구・소득・생활환경・보건・의료 등에 대한 현지 기초조사를 바탕으로 객관적인 마을 선정 기준에[24] 의거 선정되고 양해각서(MOU)를 체결한다.

새마을시범마을로 지정되면 남・여 지도자를 초청하여 새마을교육을 실시하는데 새마을운동중앙연수원에 입소하여 9박 10일간 기본교육 및 단계별 교육을 받고 자국에서 실행할 액션 플랜(Action Plan)을 작성・발표하게 된다. 새마을운동중앙회는 이들 지도자가 자국에 돌아가 자신의 마을에서 새마을운동을 추진할 수 있도록 약간의 재정적 지원과 함께 전문가 파견을 통하여 지원을 해 준다. 시범사업은 1970년대 초기의 한국 새마을운동 내용과 매우 유사한데 환경개선사업(마을 안길 개선, 마을회관 건립), 인프라 개선사업 중심으로 추진되며 부분적으로 소득증대사업이 추가되기도 한다.

한 가지 특기할 사항은 안행부의 지원 하에 새마을협력관 제도가 운영된다는 점이다. 새마을협력관은 KOICA의 중장기 자문단, 시니어봉사단 등의 직책으로 활동하면서 현지에서 새마을중앙회의 시범사업을 도와주고 있다(캄보디아, 우간다, 탄자니아 등 6개국). 경우에 따라서는 현지 교민이나 선교사를 협력관으로 활용하는 경우도 있다(라오스, 탄자니아, 우간다). 때로는 현지 교민이나 선교사를 협력관으로 활용하는 경우도 있다(라오스, 탄자니아, 우간다).

---

24) - 국가 선정 기준: 한국 정부가 선정한 중점협력국가, UN이 정한 개발도상국, 이미 새마을운동을 추진하고 있는 국가, 새마을운동 전수를 희망하는 국가
- 지역 선정 기준: 군 단위 지방정부, 지방자치단체장이 새마을운동을 이해하고 추진 열의가 있는 지역, 수도에서 2시간 이내 주요 도로변에 위치한 지역, 다른 지역에 비하여 비교적 낙후 지역
- 대상 마을 선정 기준: 군청 인근 대로변에 위치하여 가시적 효과가 예상되는 마을, 500명 내외의 인구를 가진 농촌 마을, 주민들이 잘살고자 하는 의지가 강한 마을, 마을자치조직이 있는 마을, 새마을운동을 추진해 본 경험이 있는 마을

그림 9-3 새마을운동중앙회 새마을운동 시범마을 육성사업의 기본 방향

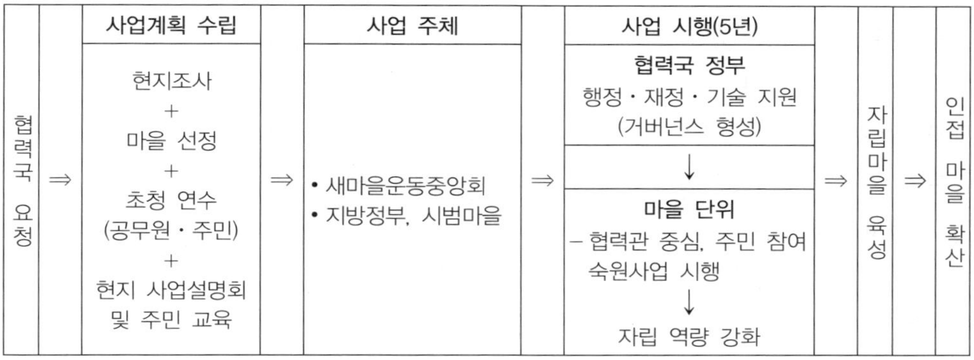

표 9-7 새마을운동중앙회 새마을운동 시범사업 단계별 추진 방안

구분	사업 목표	비고
제1단계	• 기반 조성 단계(참여 분위기 조성) – 제1~2차 연도 · 초청 새마을교육을 통하여 현지 새마을지도자 육성 · 생활환경 개선, 소득 증대 등 시범사업을 통한 경험 체득 – 제3차 연도 · 마을별 1~2차 연도 시범사업 평가 및 3차 연도 시범사업 지도 · 새마을교육 수료생 활동 실태 평가 및 재교육 여부 판단 · 마을별 3개년 종합개발계획 수립 지도	마을 단위 소규모 사업 위주
제2단계	• 육성 성장 단계(자율 추진 기반 조성) – 마을 환경과 능력을 고려한 소득증대사업 중점 추진 · 농촌진흥청 등 전문요원에 의한 현장 지도 – 현지 강사 및 지도요원 양성을 위한 초청 및 현지 새마을교육 · 핵심 마을 지도자 및 담당 공무원 등 선발 · 농업기술 및 보건위생 등 관련 전문교육 병행 – 주민 스스로 지속 추진 가능한 조직 결성 및 활동 지도 · 부녀회, 청년회, 작목반 등 · 마을기금 조성 및 운영 방안 지도 – 현지 지도를 위한 새마을운동 관계자 중 · 단기 파견	소득 증대 및 자립 기반 준비
제3단계	• 자율 추진 단계(성공 사례 확산) – 마을기금 등 자체 역량으로 사업 추진 – 성공 사례 보급, 확산을 위한 홍보 강화 – 성공 사례 전수를 위한 교육장 기능 • 국가별 현지 새마을연수원 설립, 운영 지원	현지인에 의한 자율 추진

시범사업의 추진 원칙은 다음과 같다. 첫째, 주민숙원사업을 우선적으로 추진한다. 즉, 환경 개선, 소득증대사업을 중심으로 주민총회에서 선정된 사업을 먼저 추진한다는 것이다. 둘째, 손쉽고 가시적인 사업부터 시작한다. 시범마을 주민들이 '해냈다'는 성취감과 '하면 된다'는 자신감을 얻을 수 있는 기회를 부여하고 이를 통하여 주민들의 적극적인 참여를 유도한다. 이때 중요한 것은 반드시 주민 모두의 참여가 가능한 사업을 선정하여야 한다는 것이다. 셋째, 새마을운동중앙회 측에서는 시범사업 시행을 위한 필요한 최소한의 자재만을 지원한다. 특히 노동력은 반드시 주민 부담으로 하여 적극적인 협력자로 주민들을 유도할 수 있어야 한다. 마지막으로 '우수마을 우선 지원'의 경쟁 방식을 적용한다. 즉, 시범마을의 추진 성과에 대한 평가 결과에 따라 사업비를 차등적으로 지원한다는 것이다.

2) 시범사업

(1) 탄자니아 새마을시범마을 사업(2009~14)[25]

이 사업은 탄자니아의 자라모(Zaramo)족 지역 음쿠랑가 군수였던 클레멘스(Henry Clemens)가 2009년 한국 새마을교육에 참여하여 새마을운동에 공감하고 이를 자국에 적극 도입하고자 추진한 데서 시작되었다.[26] 이들은 한국 새마을교육 참여 후 은지아 은네 마을 주민들에게 한국의 새마을운동의 도입 필요성 등을 설명하였고 마을 주민들은 마을 전체회의를 통하여 새마을운동에 참여를 결정하였다. 이 사업은 2009년도부터 2개 마을[27]에서 시범 추진 중인데, 새마을운동 경험 전수를 통한 빈곤 퇴치 및 새마을운동 세계화사업의 거점 육성과 주민 의식 개혁 및 농촌 개발을 통한 삶의 질 향상을 목적으로 하고 있다. 두 마을의 시범사업 추진 내용은 〈표 9-8〉과 같다.

이 사업의 특징은 한국에서의 전문가 또는 봉사단 파견 없이 현지인에 의하여 추진하고 있다는 점이다. 그리고 한국의 새마을운동처럼 인접한 두 마을에 동일한 액수를 지원하여 자율과 경쟁 원리를 적용하고 있으며, 실행하기 쉬우며 가시적 효

25) 새마을운동중앙회(2014). 새마을운동 세계화사업 결과보고서 참조
26) 실질적인 활동은 한국 새마을교육 참여자인 국회의원인 카욤보 가우덴스(Kayombo Gaudence)를 정점으로 군의원인 돌러(Mr. Dollah) 및 기자, 현지 마을지도자들 10명으로 시작되었다.
27) 탄자니아의 가장 큰 도시인 다르 에스 살렘 인근에 위치한 음쿠랑가군 소재 음푸루 음왐바오(Mfuru Mwambao)와 은지아 은네(Njia Nne) 마을

표 9-9 탄자니아 새마을운동 추진 사업 실적(종합)

마을명	환경 개선	소득 증대	역량 개발
음푸루 음왐바오	• 도로 건설, 진입로 언덕 보수 계속 사업으로 추진 중 • 주택 개량(30가구) • 마을 공동구판장 • 소금융저축 및 협동조합(SACOA) • 태양열 개발	• 농업 생산 증대 효과 카사바(3 → 47에이커) 벼농사(5 → 30에이커) 수박(5 → 60에이커) 오이(6 → 20에이커) 고추, 과일, 양배추, 버섯 겸작 • 양계 및 염소은행(닭 2,000마리, 염소 60마리) • 농가 소득 증대: 가구당(5만 실링 → 30만 실링/월)	• 젊은 지도자 참여 유도 및 조직의 활력화 • 마을금고를 통한 사업 지원 및 저축운동 전개 • 마을구판장을 통한 주민 참여 유도
은지아 은네	• 도로 건설 및 보수, 마을 안길 정비, 버스 운행(3km) • 마을공동구판장 • 공동시장 • 물탱크 설치 • 주택 개량(10가구) • 태양열 개발	• 농업 생산 증대 효과 캐슈넛(50톤 → 150톤) 카사바(10톤 이하 → 300톤) 옥수수(아주 약간 → 20톤) 파인애플(20에이크) 파파야(120톤) 쌀(200kg/50명 공동 생산) • 염소은행(100마리) • 농가 소득 증대: 마을경제력(150 → 600달러)	• 마을의 변화와 새마을에 대한 기대 커짐 • 마을금고를 통한 사업 지원 및 저축운동 전개 • 마을구판장을 통한 주민 참여 유도 • 새마을운동 추진 조직력, 운영면에 취약점도 있음

과가 큰 사업 위주로 시행하고 있다. 다만 일정한 장기 계획에 의한 사업 추진이 아니라, 현지 주민들의 수요에 따라 시범사업이 결정되고 있기 때문에 연도별 사업에 큰 차이가 있으며, 시범사업에 참여하는 일부 주민들에게만 혜택이 주어지고 있다는 비판도 있다.

(2) 라오스 학사이 마을 시범사업

학사이 마을은 새마을운동중앙회가 라오스에서 추진하고 있는 새마을운동 세계화사업 대상 4개 마을 중 하나이다.[28] 239세대에 인구는 1,167명이며 이 중 65명

28) 2014년 현재 라오스에서는 톨라콤 군(Thoulakhom District)에 있는 학사이(Haksai), 링산(Lingxan), 폰헤Phonhae), 상통군(Sangthong District)의 팍텝(Paktep) 등 4개 마을에서 새마을운동 시범사업이 추진되었다. 이 중에서 학사이와 폰헤 마을은 2009년부터 새마을운동중앙회 자체적으로 시행하는 시범사업이며, 링산과 팍텝 마을은 2012년부터 새마을운동 ODA사업의 일환으로 시범사업이 추진되고 있다. 새마을운동중앙회의 내부 자료에 의하면 각 마을의 시범사업은 학사

이 새마을 회원이며 15명이 새마을교육 이수자이다. 전체 세대 중 약 60%가 농업에 종사하고 있으며, 쌀 · 옥수수 · 수박 · 오이 등이 주 농업소득원이다.

주민선거로 선출된 한국의 이장에 해당하는 '라이반'을 중심으로 주민조직이 결성, 운영되고 있으며 새마을운동을 추진하는 중추적인 역할을 수행하고 있다. 새마을지도자 선정은 마을 이장이 결정하고, 마을회의는 마을 이장 주관으로 한 달에 2회(동네운영회의, 새마을회의) 실시하고 있다. 학사이 마을에서 실시한 대표적인 시범사업은 〈표 9-10〉과 같다.

표 9-10 학사이 마을 시범사업 추진 실적

연도	시범사업
2009	마을 안길 포장(500m), 가축은행
2010	마을 진입로 포장(200m), 마을공동농장 운영(옥수수: 20㏊, 수박 5㏊)
2011	마을회관 건립, 농업용수 개발
2012	마을회관 건립, 식수 개선(공동우물), 가축은행·양어장 · 옥수수, 수박농장
2013	마을 안길 확포장 430m, 화훼 특작물
2014	비닐하우스 부지에 관리실 및 채소 판매장 설치, 마을 안길 시멘트 포장(150m×3m), 버섯 재배 하우스(포자 설치)

학사이 마을은 마을지도자와 주민들의 지속적인 열정과 강한 자율성으로 시범사업을 매우 성공적으로 수행하였다. 이러한 결과로 나타난 주요 성과 몇 가지를 나열하면 다음과 같다.

① 라오스 정부의 공식적인 모범마을 인정

새마을운동 도입 후 급격한 소득 증대로 인하여[29] 라오스 정부로부터 모범마을로 지정되어 대통령이 현장을 방문하였으며, 새마을지도자들의 자신감과 적극적인 행동 등을 통한 새마을운동 활성화로 인근 마을에서도 새마을운동을 희망하는 등 주변 마을로 새마을운동을 확산시키는 데 중요한 교두보 역할을 수행하고 있다.

이 마을은 95점, 폰헤 마을은 81점, 링산 마을은 92점 그리고 팍텝 마을은 84점으로 평가되었다.

29) 현지 군청의 공식 집계에 의하면 학사이 마을의 경우 마을 가구당 평균소득이 2009년 400달러 수준에서 2013년 2,500달러로 6배 이상 향상된 것으로 나타났다. 2009년(400달러)-2010년(650달러)-2011년(950달러)-2012년(2,200달러)-2013년(2,500달러).

② 마을개발사업의 주민 주도 분위기 정착과 주민 의식 개혁

전형적인 새마을가꾸기사업 방식으로 기초 환경개선사업(특히 마을 안길 포장사업에 주력)을 추진함으로써 주민들의 자발적 참여를 통하여 자조·협동정신을 크게 고취하게 되었다. 더구나 도로 포장을 위하여 마을 이장 중심으로 가구당 일정 금액을 모금(총 3,000 USD)하여 총 4㎞ 구간 중 800m 자율적인 진입로 포장공사를 시작한 후, 군청으로부터 그 필요성과 우수성을 평가받아 나머지 구간은 군 사업비를 지원받아 포장하였다. 이 마을도로의 확포장은 원활한 농산물 수송, 주택 신개축 촉진 등의 유발 효과를 가져와 주민들의 삶의 질 개선에 크게 기여하였다.

③ 새마을추진위원회 결성 및 작목반 활성화

한국 초청 새마을교육 이수자를 중심으로 새마을추진위원회를 구성하여 정기적으로 회의를 개최하고 있어 새마을운동 현지화에 기여하고 있다. 그리고 새마을 작목반을 조직하고, 이 조직을 통하여 소액 금융사업을 추진하여 주민 조직화와 소득 증대에 기여하였다.

④ 라오스 특유의 사회제도(이장: 라이반제도)를 활용한 새마을운동 추진

마을 이장은 과거 한국의 새마을운동에서 중추적 역할을 담당하였던 새마을지도자들과 유사한 역할을 수행하였다. 즉, 사회주의 체제에서 유일하게 주민선거를 통하여 선출된 이장은 군수의 임명장으로 그 직을 보장받고 있다. 또한 일정한 사법권을 행사하고 있으며 경찰의 범죄 신병 확보 시 이장의 동의가 반드시 필요하고, 배심원의 역할 등 라오스 행정의 중추적 역할을 수행한다. 이들을 적절하게 활용함으로써 주민 참여와 행정기관과의 협력이 원활하게 이루어질 수 있었다.

위에서 언급한 것과 같은 사업 효과가 있었지만 시범사업의 효과성을 제고하기 위해서는 다음과 같은 몇 가지 문제점이 해결되어야 할 것이다.

첫째, 소득 증대를 위한 구체적인 방안이 미흡하다.

그 동안의 실험적인 시범농장이나 축산사업은 대부분 소득 증대에 큰 도움이 되지 못하였다. 이러한 문제점을 해결하기 위해서는 단순히 시범적 사업을 벗어나 실질적으로 소득을 증대시킬 수 있는 사업을 구상하여야 한다. 최근 시행 중인 비가림하우스 공동농장의 건립사업의 경우 매우 획기적인 대안이 될 수 있겠으나, 경험 부족으로 인하여 실질적인 소득 증대로 연결될 수 있을지는 정확하게 판단하기 어렵다.

둘째, 시범마을을 전적으로 공무원이 없었다는 점이다.

사업예산의 자금 전달 체계가 현지 협력관과 마을공동체로 직결되어 있기 때문에 마을별로 새마을사업을 담당할 공무원은 없어 보이며, 군청 원조 담당 부서에서 총괄적으로 창구 수행 역할을 담당하였다. 따라서 마을 개발을 위한 공무원들의 역량을 강화할 수 있는 기회를 활용하지 못하였다는 문제점을 노출하였다. 달리 표현하면 현지 공무원들이 직접 시범사업에 참여할 수 있는 기회를 확대하였다면, 시범사업이 종료된 이후에도 주민들과 같이 마을개발사업을 추진하는 데 큰 도움이 되었을 것이며, 또한 시범사업의 지속가능성 확보에도 큰 도움이 되었을 것이다.

3) 장단점

새마을운동중앙회의 시범마을 육성사업의 가장 큰 특징은 마을개발사업을 "주민의, 주민을 위한, 주민에 의하여" 추진한다는 새마을운동의 기본 원리를 잘 적용하고 있다는 점이다.[30] 이 측면에서는 KOICA와 경상북도의 시범사업 운용 방법보다는 훨씬 새마을운동 원형이 가깝다고 할 수 있을 것이다. 두 번째는 지속적인 초청 새마을 연수와 현지 새마을교육을 실시함으로써 현지에서 새마을운동이 연착륙할 수 있는 토대 마련의 기회를 제공하고 있다는 점이다. 마지막으로 시범사업에 대한 평가 결과에 따라 우수 지역에 대해서는 추가지원 방식으로 주민들의 자발적 개발 의지의 강화를 추구하고 있다는 점도 매우 특징적이다. 결국 새마을운동중앙회는 새마을교육에 대한 오랜 경험과 노하우를 바탕으로 하여 해외 현지 지도자들에 의한 자발적인 새마을운동 추진과 확산 노력을 조장하고 있으며, 새마을운동 원형에 가장 충실하다고 할 수 있다.

그러나 새마을운동중앙회는 조직 자체의 재정적 취약성으로 인하여 시범사업의 규모가 상대적으로 작으며, 봉사단의 파견이 없이 현지 새마을 협력관에 의하여 시범사업이 관리되고 있지만 대부분의 협력관이 새마을운동에 대한 지식이 없다는 문제점을 지니고 있다. 마지막으로 장기적 및 단계별 발전 전략이 미비하다는 점이다.

30) 주민 욕구를 반영한 액션 플랜(Action Plan), 주민에 의한 사업 시행.

3개 기관의 새마을운동 ODA 추진 방법과 추진 과정을 간단하게 〈표 9-11〉에 요약하였다.

표 9-11 기관별 추진 현황 비교

구분	경상북도	KOICA	새마을운동중앙회
특징	- 종합 농촌 개발 - 의식 개혁 강조	- 대규모 인프라 개발	- 소규모 숙원사업 중심
사전조사	- 단기간의 현지조사 - 현지 환경 파악에 한계	- 현지 사무소 중심의 전문가 조사 - 조사자와 사업 시행자가 분리됨으로써 연속성에 문제 발생 가능	- 단순 절차에 따른 조사 - 현지 파악에 한계
사업 추진	- 새마을리더 해외봉사단과 마을 주민	- PM	- 협력관과 마을 주민
봉사단 운영	- 개별 선발, 팀제 운영	- 팀제 선발, 운영	- 없음
주민 교육	- 국내 초청 연수, 현지 교육, 찾아가는 연수	- 국내 초청 연수	- 국내 초청 연수, 현지 교육
사업 내용	- 프로그램형, 주민 자립형 마을 종합 개발 추구	- 프로젝트형, 대규모 인프라 및 소득사업	- 프로그램형, 소규모 마을 숙원사업
현지 관리	- 직원 파견(현지 사무소 운영), KOICA 현지 사무소	- 해외사무소	- 현지 (한국인) 협력관 위촉
사업 평가	- 전문가 평가 부족	- 전문적·객관적 평가	- 전문가 평가 부족
사후 관리	- 현지 거버넌스에 의한 운영 추진 중	- 프로젝트 종료에 따른 사업 완료가 많음	- 프로젝트 종료에 따른 사업 완료
장점	- 현지 주민 역량 강화, 자립 및 지속가능성 높음	- 대규모 인프라 및 현대적 소득증대사업에 적합	- 소규모 프로젝트에 의한 주민 숙원사업 해결에 적합
단점	- 새마을봉사단 및 현지 주민 역량에 따라 사업 성과 좌우	- 새마을운동 방법론 적용 부족 - 일회적 원조사업 성격	- 소규모 예산사업 - 마을 개발환경 변화에 따른 단편적 사업 추진
적용 가능 사업 형태	- 중장기계획사업 - 주민 의식 변화를 중심으로 하는 사업	- 중장기계획사업 - 대규모 인프라 및 생산 기반 조성사업	- 단기계획사업 - 소규모 마을 숙원사업 - 마을지도자 육성사업

제 4 절 발전 방향

지금까지 각 기관별로 추진된 개발도상국에 대한 새마을운동 ODA사업 현황을 통하여 다음과 같은 몇 가지 특징을 도출할 수 있다. 첫째, 경상북도는 새마을운동을 통한 개발도상국의 농촌 개발과 빈곤 극복을 위하여 몇 가지 프로그램을 연계한 방법으로 새마을운동 ODA를 추진하고 있지만, 그 외 기관은 기관 특성에 맞는 사업에 주로 집중해서 수행하는 경향을 보여왔다. 둘째, 진행된 시범사업이 특정 시범국가를 대상으로 장기적, 입체적, 유기적으로 수행되지 못하고 있다. 셋째, 새마을운동 ODA는 그 성격상 지속적인 모니터링과 사후 평가 작업 등이 매우 중요한데, KOICA를 제외하곤 이러한 작업이 제대로 수행되지 못하였다. 넷째, 새마을운동 ODA를 추진하고 있는 관련 부처 간, 기관 간 협의나 공동 전략 형성은 매우 미흡하였다.

이러한 기관별 사업 추진, 추진 방법과 체계의 불일치 등 몇 가지 문제점이 있음에도 불구하고 그 동안에 이루어진 새마을운동 세계화사업은 다음과 같은 두 가지 측면에서 긍정적인 성과를 가져왔다.

첫째, 수원국에 나타난 효과이다. 2011년 이후 소규모 시범사업을 추진하고 있는 미얀마, 라오스, 르완다 3개국에서 시범마을의 생활환경 개선과 소득 증대 효과가 크게 나타나고 있다. 특히 르완다에서는 새마을운동 시범사업의 일환으로 추진된 농지 개간과 벼농사 실시를 통하여 농가 소득이 7배 이상 증가하는 큰 효과를 나타내고 있다. 그리고 우간다, 탄자니아 등 다수의 국가에서도 자립정신의 함양 등 주민 의식 변화와 주거환경 개선의 효과가 나타났다.

두 번째는 새마을운동에 대한 국제 사회의 관심 증대이다. 특히 유엔개발계획(United Nations Development Programme: UNDP), 경제협력개발기구(Organization for Economic Cooperation and Development: OECD), 유엔식량농업기구(Food and Agriculture Organization of the United Nations: FAO) 등 많은 국제기구뿐만 아니라 많은 개발도상국의 정치가와 학자들이[31] 개발도상국의 농촌 개발과 식

31) 세욤 메스핀 에티오피아 외교부 장관: "한국의 새마을운동은 많은 아프리카 국가들에게 영감을 주었고, 한국이 어떻게 빈곤에서 탈출했는지를 보여주는 유용한 모델"(2009.11), 제프리 삭스 컬

량 문제 해결 및 빈곤 퇴치의 도구로서 새마을운동의 유용성에 대하여 높은 관심을 보이고 있다. 이러한 현상은 UN의 Millennium Village Projects(MVP),[32] 유엔 세계식량계획(World Food Programme: WFP)과의 협력 사업인 '지구촌 새마을운동' 사업 추진을 통하여 새마을운동의 국제화 경험이 축적되었으며 또한 새마을운동의 유용성도 검증되었기 때문일 것이다.

그러나 새마을운동 ODA의 효과성을 더욱 높이기 위한 방안들, 특히 사업 추진 전략 형성과 관련된 시사점을 정리하면 다음과 같다.

첫째, 새마을운동의 글로벌 사업 표준 모델 형성과 이를 바탕으로 한 현지화 작업이 필요하다. 사업 대상지의 기후, 문화, 관습과 제도 등을 고려한 사전 사업 설계가 중요하며, 수원국의 소득 수준과 발전 지표에 맞는 지원이 이루어져야 한다. 예를 들어 르완다 등 개발사업의 성과가 있는 국가에 대해서는 역량 개발과 컨설팅 위주의 사업을 적용하는 등 국별 차별화 전략이 필요하다.

둘째, 장기적 관점을 가지고 새마을운동 ODA의 표준화된 단계 설정이 필요하며, 표준화된 단계는 다시 현지의 상황과 발전 정도에 맞게 유연하게 조정되어야 한다. 표준화된 단계 설정을 위해서는 사전 가이드라인 설정과 매뉴얼화가 필수적인데, 이를 위하여 수행된 사업의 분석을 통한 기관과 사업을 아우르는 통합 매뉴얼 작성, ODA의 성과 지향적 관리 시스템 구축, 사업 전·후방 연관 효과까지 고려한 지표의 개발 등이 필요하다. 단계 설정 관련 아래 표는 원조의 형식·성격과 무관하게 참고 지표로 제시될 수 있으며, 1972년 한국 정부가 새마을운동을 확대하면서 농촌지역 발전 단계를 기초, 자조, 자립마을 등 3단계로 구분하여 차별 지원한 것과 그 맥을 같이한다.

셋째, 관련 지원사업의 유기적 연계, 입체적, 맞춤형 지원이 필요하다. 예를 들

럼비아대 교수: "한국의 새마을운동에서 아프리카 빈곤퇴치 운동의 영감을 얻고 있다.", "한국의 새마을운동은 가난한 나라의 빈곤 문제를 해결할 수 있는 좋은 본보기여서 이를 아프리카에 반영하고 싶다."(2013.10)

32) 미국 컬럼비아대 제프리 삭스(Jeffrey Sachs) 교수가 설립한 'Millennium Promise'라는 기구가 2006년 시작된 MVP 사업은 그 역사가 짧지만 UN 차원의 빈곤 개선·지역개발 모델로 주목받고 있어 국제적 지명도가 높다. 2013년 현재 아프리카 10개국 80여개 마을에서 사업이 진행 중이다. 르완다 정부는 2013년 이 프로젝트를 국가 빈곤 퇴치 프로그램의 하나로 선언했다. 이슬람개발은행(IDB) 등 전 세계 금융기관이 자금을 대고 있다. KOICA도 2009년부터 이 사업을 지원하였다.

어 개도국 농촌개발사업은 도시화(마을 만들기), 거버넌스 형성 지원사업과 연계될 수 있으며, 내용적으로 교육, 직업훈련, 젠더, 보건, 환경 등 관련 사업의 요소를 결합시킬 수 있다. 지역공동체 개발사업이 개발 협력에서 중요한 부분을 차지하고 또한 강점을 가질 수 있는 것도 이러한 사업 연계성과 포괄성에 있다 하겠다. 또한 연계성과 포괄성은 사업의 지속가능성에 중요한 전제이며, 지역공동체의 지속 가능하며 포괄적인 발전에 기여한다.

넷째, 지역 주민, 특히 빈곤층의 참여를 극대화시킬 수 있는 초기 수익사업 형성, 지원이 필요하다. 이는 개도국 빈곤층 주민들이 생존을 위한 단기적 경제 활동 등으로 공동체사업에 참여할 수 없는 현실적 상황에서 기인한다. 그런데 농업이 해당 개도국의 주력 산업이라 해도 수익사업의 내용이 반드시 농업과 관련될 필요는 없다. 즉, 마을 공동 수익사업은 농업, 임업, 축산업, 가내 수공업 부문뿐만 아니라, 현지 공동체의 상황과 변화된 시대에 맞게 ICT, 유통, 금융 부문에도 형성될 수 있다.

다섯째, 사업 예산 낭비, 사업 대상 마을과 연수생의 중복 등을 막고 생산적 정보와 노하우를 공유하기 위해서는 사업 수행 관련 기관, 부처 간 연계와 포괄적 조정이 필요하다. 연계와 조정을 위한 한시적인 독립 태스크포스(TF)나 기구 구성도 고려할 수 있다. 기구는 먼저 각 기관에서 시행하고 있는 사업의 정보를 파악하고, 조정을 통하여 중복 투자를 피하고, 선택과 집중으로 더 높은 사업의 효율성과 지속가능성을 추구해 나가야 할 것이다.

여섯째, 상시적인 모니터링과 사후 평가, 관리작업은 새마을운동 사업 성공과 노하우 축적에 매우 중요하기 때문에 반드시 이를 강화하여야 한다. 현재 KOICA와 EDCF 등을 제외하면 해당 사업 모니터링 및 사후 평가 부문은 제대로 이루어지고 있다고 보기 어려우며, 이는 사업의 부실과 예산 낭비로 이어질 우려가 있다. 따라서 이러한 문제점을 해결하기 위해서는 각 공여기관, 관계 부처가 전문 인력과 예산 확보를 통하여 이를 강화하는 방법과 독립적인 사업별 상시 모니터링 시스템, 사후 평가 프로그램의 가동도 추진할 만하다.

참고 문헌

경상북도(2010). 『경상북도 새마을운동 세계화사업』, 내부보고서.

경상북도 · KOICA · 경운대학교 새마을아카데미(2011~2015). 『(제1기~제5기) 새마을리더 해외봉사단 최종활동보고서』.

경운대학교 새마을아카데미(2009). 『국제새마을운동 자료집(1970~2008)』.

관계부처합동(2014. 3.). 『지구촌 새마을운동 종합추진계획』, 국제개발협력위원회.

국무조정실 개발협력정책관실(2013). 『제12차 새마을운동 ODA T/F 회의 안건』(2013년 2월).

국제개발협력 평가소위원회(2010. 12.). 『새마을운동 ODA사업 평가 결과』.

김성규(2013). 개도국 지역공동체개발사업 사례연구: 새마을운동 ODA 확대 가능성을 중심으로, 『개발과 이슈』, 13: 1-23.

박세나 · 고길곤(2013). 해외 새마을운동의 정책 이전에 따른 정책변형분석: 라오스와 캄보디아의 사례를 중심으로, 『행정논총』, 51(4): 127-166, 서울대학교 행정대학원.

새마을운동중앙회(2008~2014). 『새마을운동 세계화사업 결과보고서』.

소진광(2007). 아시아 개발도상국에서의 새마을운동 시범사업 성과평가: 라오스와 캄보디아를 중심으로, 『한국지역사회개발학회지』, 19(4): 179-201.

소진광 · 정갑진 · 임형백(2011). 『새마을운동 ODA 시범사업의 추진 방안 연구』, 사단법인 환경과 문명, 행정안전부.

임한성(2011). 『새마을운동 시범마을 조성사업 중간평가 보고서』, 경운대학교 새마을아카데미.

______(2015). 『경상북도 새마을 시범마을 조성사업 추진 방안』, 경운대학교 새마을아카데미.

임한성 · 노은주 · 권령민(2015). 경상북도 새마을 시범마을 조성사업의 효과적 추진 방안: 아프리카 시범마을 중심으로, 『경운대학교 새마을아카데미 연구논총』, 7(2): 176-351.

임한성 · 전기우 · 최인규(2014). 새마을 시범사업의 현황과 개선 방안: 경상북도의 르완다 사례를 중심으로, 『한국지방자치연구』, 16(1): 1-33.

정기환 외(2014). 『국제 새마을운동 ODA사업 표준모형 구축과 컨텐츠 개발』, 한국국제협력단.

지성태(2013). 농촌종합개발 ODA모델의 효과적 추진 방안 연구: 베트남 새마을운동 시범사업 사례를 중심으로, 『아시아연구』, 16(3): 217-246.

홍기용 외(2013). 『KOICA-경상북도 새마을리더봉사단 평가방안 연구』, KOICA, World Friends Korea.

KOICA(2006). 『베트남 농촌개발(새마을운동) 시범사업 종료보고서, 2001~2002』.

______(2008). 『KOICA-ESCAP 새마을운동 1차 시범사업 사후평가보고서』.

______(2014). 『KOICA 새마을운동 ODA 추진 안내서』(ver.1).

제 10 장 우리나라와 몽골 새마을운동 거버넌스
- ODA와 새마을운동의 거버넌스 접근 -

제 1 절 서론

근래 국제 사회는 우리의 경제력 · 기술력 부문의 높은 평가에 비하여 문화 · 국제 위상 등의 부문이 상대적으로 취약한 것으로 평가한다.[1] 따라서 국격을 높이기 위하여 국제 개발 협력의 확대 · 강화를 위한 국제 개발 협력 체계화, 우리 경제 발전(새마을운동과 경제개발계획 등) 경험 공유, ODA 확대 · 발전 등을 예로 들 수 있다.

ODA는 이러한 노력의 가장 적극적인 움직임의 하나로 기술과 물자의 지원과 발전 경험(예컨대 빈곤 퇴치 방안으로서의 새마을운동 등) 공유를 지원하는 활동이다. 또한 최근 우리나라는 최빈곤국들에 대한 새마을운동[2]의 보급으로 국가 브랜드와 국격 향상 등에도 도움이 되고자 하고 있으며(새마을운동중앙회 홈페이지, 2010. 4), 구체적으로는 '나라품격 높이기(Smart Korea)'로 나타나고 있다. 경북의 경우 새마을운동의 해외 보급과 함께 2008년 UNDP, UNWTO STEP, KOICA 등

1) 한국의 ODA는 DAC 회원국 중 최하위인 30위권이다(경향신문, 2010.10.19).
2) 새마을운동은 건국 60주년 동안 우리 민족의 가장 큰 업적(40.2%)으로 조사되었다(조선일보, 한국갤럽, 2008).

과 협력사업을 전개 중이다.[3)]

지원의 기저는 자력 국가, 자조 등을 유도할 수 있는 방향으로 정책 기조가 변화되어야 할 것이다(동아일보, 2010.3.29). 예컨대 원조 수혜국의 발전 계획과 부합될 수 있어야 한다. 경제개발 5개년계획이나 새마을운동의 경험 등이 그것들이다. 왜냐하면 ODA란 빈곤의 '유지'밖에 안 되고 있다(세계일보, 2010.3.20).[4)] 빈곤국의 민간산업으로 원조금을 돌려 중산층을 늘려야 한다. 특히 국민의 자립, 자조정신이 중요하며, 이 점에서 한국의 ODA(물자)와 새마을운동(정신) 경험을 연계하여 지원할 필요성이 높아졌다.

개도국이나 빈곤국 지원과 관련 랜달 호그(Randhall Hoag) 전 국제기아대책기구(Food for the Hungry International) 총재는 새마을운동과 같은 의식개혁운동이 국제 사회의 개발 원조보다 빈곤 퇴치에 좀 더 효과적이며, 자기 변화적 발전으로 전환하여야 할 필요성을 강조한다(임상종, 2010.6: 52). 특히 개도국에서는 농촌 개발을 위한 프로젝트가 다양하게 이루어지고 있으나, 농촌 개발을 위해서는 새마을운동을 주요 수단으로 활용할 필요가 높다(전운성, 2009). 즉, 개도국의 농촌 개발은 국민적 운동 분위기를 조장하는 것이 효과적이다.

근래 활성화되고 있는 새마을운동 '전수(傳授)'는 개도국의 농업 등을 지원하고 있으나 아직까지 별개로 이루어지고 있어 거버넌스 구조로 지원 체제를 구축할 경우 그 효율이 높아질 것으로 기대된다. 특히 국민의 근면(부지런함), 자조(스스로 해결), 협동(협력하여 문제 해결)을 중시하는 새마을운동이 정부의 농촌 근대화, 지역 균형개발 전략, 의식개혁운동이라는 점에서 개도국 발전 모델의 하나가 될 수 있으며, 따라서 한국의 ODA(물자)와 새마을운동(정신) 경험을 연계(정기환, 2007; 최영출, 2008; 정갑진, 2008; 전운성, 2009.9; 김용택, 2009.9; 김용택·박경철, 2007; 장태평, 2010)하여 지원할 필요성이 높아짐에 따라 이 장에서는 개도국 중 한국의 대(對)몽골[5)] 지원 프로그램 중 기존의 ODA와 새마을운동 연계 거

3) UN은 '새천년 개발 목표(Millennium Development Goals: MDGs)'를 설정하고 개발 협력과 범지구적 과제 해결을 위한 공동의 노력을 기울이고 있다. 개도국 지원의 필요성은 인도적 책무, 무한경쟁과 상호 의존, 글로벌 이슈에의 대처, 개발 협력의 수혜자, 한국 개발 경험의 개도국에의 적절성 등 다섯 가지이다.

4) 부유국의 자원을 이용하여 정치, 행정관료들의 배를 불린다는 비판도 있음을 유의하여야 한다(Hayter & Watson, 1985).

버넌스 체제와 관리 방안 등을 제시하고자 한다. 대몽골 ODA와 새마을운동에 주목하는 이유는 아시아 빈국 중의 하나이면서, 지리적 근접성과 문화적 동질성 및 무한한 자원을 보유한 국가라는 점에서 양 국가 간 지원 관계의 재설정은 아시아에서의 우리나라의 위상 확립과 세계적인 국가 이미지 제고에 도움이 될 것으로 전망되기 때문이다. 여기에서는 한국과 몽골의 새마을운동의 제도적·민간적 교류 실태와 새마을운동본부, 학술문헌을 분석하고, 중앙, 지방 일간지와 전문가의 견해를 참조하였다.

제 2 절 몽골 새마을운동의 이론적 기초

1 새마을운동의 의의와 효과 평가

1) 새마을운동의 의의와 전개

지난 1970년대의 새마을운동은 우리 사회의 변화와 발전의 원동력이었다고 평가된다(노화준·노유진, 2010.10.15: 3). 새마을운동의 의의는 정부의 농촌 근대화, 지역 균형개발 전략, 의식개혁운동이라는 점이다. 박정희 대통령은 제2차 경제개발 5개년계획이 1967~71년까지 마무리되면 어느 정도 경제적 토대가 조성되리라고 보았다. 문제는 국가 발전을 위한 국민들의 생활 태도와 정신운동이 중요하다고 판단하여 1970년도에 새마을운동을 제창하였다(새마을운동중앙연수원, 2007: 120-133). 1971년 9월에는 새마을정신을 '근면, 자조, 협동'으로 규정하였다(〈표 10-1〉 참조)(새마을운동중앙연수원, 2008: 116).

새마을운동의 평가적 측면은 ① 거버넌스 차원의 민간 협력형 농촌 개발의 세

---

5) 몽골(Mongolia)은 '용감함'이란 뜻이며, 수도는 울란바토르(Ulaanbaater, 붉은 영웅) 시이다. 1921년 중국으로부터 독립하였으며, 문자는 키릴문자(러시아문자 차용)를 쓴다. 행정 단위는 아이막(Aimag: 도), 솜(Som: 군), 박(Bagh: 면)으로 21개 아이막과 348개 솜, 박이 있다(새마을운동중앙회, 2005: 27-35). 2010년 현재 인구는 300만 명이다(한국수출입은행, 2010: 60).

표 10-1 새마을운동의 3대 기본 정신

구분	목적	현대적 의미
근면	실천력 제고	도전, 청렴(개척정신)
자조	사명감 고취	자율, 책임(주인정신)
협동	생산성 향상	화합, 상생(공동체정신)

자료: 새마을운동중앙연수원(2007: 11).

계적 모델로서 정부의 동기부여 정책과 주민 부담의 재원화, ② 성공적인 농공 병행 경제발전 정책의 모형으로 도농 간 소득 격차 해소, 농촌의 저축과 구매력 증대로 산업 발전에 기여, ③ 범국민적 참여형의 경제 발전 전략으로 사회 통합과 국민들의 에너지 결집으로 경제 성장의 동력화 창출 등이다(정갑진, 2008.12: 31).[6]

정책 평가 내용으로는 새마을운동이 각종 여론조사에서 '해방 후 가장 성공적인 정책'으로 선정되었다. 즉, 60년 민족 업적 중 1위는 새마을운동으로 평가되었다(46%)(새마을운동중앙회 홈페이지; 임재강·하재훈, 2009: 235). 그래서 국제기구와 저개발 국가로부터도 지역사회 개발운동의 '성공 모델'로 각광받고 있다(행정안전부, 보도자료, 2009.2.25).

2) 새마을운동의 효과 평가와 교훈

새마을운동의 성공 요인은 정신적 측면(의식 개혁)과 경제적 측면(정부 지원)을 통합 추진시켰다는 점이다(고건, 2010: 17-19). 그리고 새마을운동의 프로세스는 정부와 농촌 주민 간의 긴밀한 상호 협력으로 조직화된 민과 관의 협력사업이었다. 새마을운동의 참여 동기는 첫째, 자기 마을 개발과 둘째, 이웃 마을보다 앞서려는 욕구였다(고건, 2010: 25). 이러한 새마을운동의 효과는 농촌환경 개선, 기초마을의 자립마을 전환, 농가 소득 증대, 관 주도 하향식 농촌 개발 등으로 회자된다.

그러나 부정적 평가로서는 권위주의적 지배 체제의 통치 도구(임제강·하재훈, 2009: 234), 강압적 총동원 체제(박진도·한도현, 1999: 39), 관 주도 하향식 모델

6) 일반적으로 새마을운동의 성공 요인으로는 마을 단위 개발, 상·하향식 개발의 조화, 종합 개발 방식, 인센티브와 벤치마킹 방식, 새마을지도자 육성, 범정부적 추진 체계, 정신 계발 강조 등을 든다(김용택 외, 2007: 164-165).

(새마을운동중앙회, 2006: 21)이었다는 비판적 시각도 존재한다.

새마을운동의 몇 가지 교훈을 제시하면(정갑진, 2008.4: 53), 사회운동의 시작과 끝은 의식 개혁이다. 계몽성만으로는 안 된다. 정부의 적절한 지원이 동기를 유발한다. 과도한 지원은 역기능을 낳는다. 이념보다 실천이 중요하다. 주민 참여적 · 주민 주도적 운동이어야 한다. 지도자가 솔선수범하여야 한다. 성공 사례의 보급과 지도자 양성(교육)이 중요하다. 여성 참여가 확산되어야 한다는 점 등이, 지도자에 대한 동기부여가 되어야 한다(오무근, 1990) 등을 들 수 있다.

2 새마을운동의 국제화

1) 국제화

새마을운동은 국제 사회에서 가장 성공적인 지역사회 개발모델로 평가받는다(경상북도, 2008: 132). 또한 대다수의 개도국과 사회주의 국가들로부터 많은 관심을 이끌어내고 있다. 따라서 구체적인 국제화 전략 마련이 요구되는 것이다. 첫째, 새마을운동 국제화의 필요성은 국가적 자산으로서 해외 전파, 국익의 제고, 조직의 생존과 발전의 측면에서 접근할 수 있다(최재송, 2003: 47-56). 국가적 자산으로서 해외 전파는 새마을운동의 정신문화적 가치의 전수이다. 새마을운동을 통하여 국가의 이미지를 제고하고, 그 결과로서 국제 정치와 경제적 이득을 얻을 수 있다. 조직의 생존과 발전 측면이다. 국내에서의 새마을운동 위기를 해외 진출을 통하여 새로운 시장 개척으로 극복하는 것이다. 둘째, 새마을운동 국제화 방향은 새마을운동의 개방화, 세계화, 현지화 전략이 요청된다.

2) 국제 협력의 목적

새마을운동 국제화의 목적은 첫째, 우리의 발전 경험을 나누는 지구촌 가족으로서의 의무를 다하기 위함이며, 둘째, 글로벌 세계에 새마을운동의 가치와 위상을 제고하기 위함이고, 셋째, 국격 향상, 자원외교 촉진 및 해외 진출 기업의 현지화에 기여하기 위함이다(새마을운동중앙회, 2009: 137).

국제협력사업 역점 국가들의 경우 아시아는 몽골 · 캄보디아 · 네팔 · 미얀마 · 라오스 등이며, 아프리카는 콩고 · 코트디부아르 · 탄자니아 · 우간다 등이다(새마을운동중앙회, 2009: 141). 개도국들에 대한 주요 사업 내용은 환경 개선(마을공동사업과 개별가구사업), 소득 증대(마을 공동 기반시설, 가구소득증대사업), 의식 개혁(정신교육과 문화 의식, 교류와 인보) 등을 주로 한다.

3) 개도국이 배울 점

첫째, 주민 참여에 의한 농촌 생산 기반 구축이라는 사실이다. 한국은 농촌 빈곤 문제를 새마을운동을 통하여 해소하였다(정기환, 2007: 38).

둘째, 성공적인 빈곤 퇴치이다. 개도국들은 UN이 제시한 MDGs의 달성을 위하여 노력하나 적절한 수단을 찾지 못하고 있는데, 우리의 새마을운동은 빈곤을 해소할 수 있는 실용적 수단이 될 수 있다.

셋째, 새마을운동은 물적 성장뿐만 아니라 농촌 주민들의 태도와 가치관의 변화를 촉발시킨 의식 개혁이라는 점이다. 새마을운동은 빈곤과 무기력에서 벗어날 수 있는 자신감을 심어주었다.

넷째, 성공적인 거버넌스 모델이다. 새마을운동은 주민들이 마을 개발에 대한 장기 비전을 세우면 정부가 예산을 지원하여 정부와 주민이 함께 지역사회 문제를 해결해 나가는 거버넌스형 발전 모델이었다(정기환, 2007: 37).

다섯째, 주민의 관리 능력 향상이다. 주민들은 자신들의 문제에 대하여 스스로 해결 방안을 강구하는 능력을 배양하게 되었다.

4) 해외 전수의 주요 내용

첫째, 한국의 새마을운동은 1980년대에 멈춘 상태이다. 따라서 주민 주도의 참여적 농촌 개발, 임파워먼트, 거버넌스 체제 등을 활용한 21세기형 농촌 개발과 지역 활성화 모델로 연계 발전시키지 못할 경우 새마을운동의 성공은 기약하기 어렵다(정기환, 2007: 54). 현대적 새마을운동의 전개 방향(경상북도, 2008: 128-133)은 ① 경제 살리기, ② 봉사 활동, ③ 국민 의식 개혁을 위한 정신문화운동, ④ 친환경운동, ⑤ 삶의 질 향상, ⑥ 새마을운동의 국제화, ⑦ 내부 역량 강화 등으로 발전될 필요가 있다. 새마을운동중앙회 '뉴새마을운동'(4대 중점운동)은 녹색새마을운동(Green Korea)으로서 녹색생활운동, 나라품격 높이기 운동(Smart Korea)으로서 선진 문화 창조, 살맛나는 공동체 윤리(Happy Korea)로서 어려운 가정 돕기, 세계화 새마을운동(Global Korea)으로서 외국인 새마을운동 교육, 저개발국 새마을협력사업 등을 전개 중이다(새마을운동중앙회 홈피 참조, 2010.5.10).

둘째, 국제화 모델 정립 과제이다. KOICA는 UN을 통하여 한국의 새마을운동 방법론에 입각한 세계의 빈곤 문제 해결 방안을 제시할 수 있다. 또한 KOICA가 제공하는 무상원조 사업에 개도국의 빈곤 퇴치와 농촌 개발 모델로 한국의 새마을운동을 우선 지원할 수 있도록 정책 전환이 요구된다(정기환, 2007: 57-58). 농촌 개발모델의 체계화로서 강원도 새농어촌건설사업이나 경북의 새마을운동은 21세기형 새마을운동으로 체계화하여 새마을운동의 현장을 복원하여야 하며, 새마을 발전모델을 정립하여야 한다.

셋째, 전수 방법 개선이다. 먼저 새마을운동에 대한 교육은 국내에서 새마을운동이 발생한 배경, 이론적 틀, 수원국의 고려 사항, 실행과 평가 방법 등이 구체적이고 체계적으로 전달되어야 한다.

넷째, 새마을운동이 훈련을 통하여 체계적으로 전달되기 위해서는 교육 목적에 맞는 교과목과 교재가 개발되어야 한다.

다섯째, 새마을운동을 체계적으로 강의하고 계획을 수립, 자문하고 수립된 계획을 실천하는 현장에서 활동할 국제적 수준의 전문가가 육성되어야 한다. 여기에서 새마을운동 전문기관이 그 임무를 맡아 수행하는 것이 요구된다.

3 몽골 새마을운동 지원 성과

1) 사업 내용

새마을사업의 주요 내용은 환경 개선, 소득 증대, 의식 개혁 등으로 살기 좋은 우리 동네를 만드는 것이다(새마을운동중앙회, 2005: 141). 1997년부터 개도국에 대한 본격적인 협력사업을 추진한 이후, 2007년 현재 13개국 64개 지역에서 다양한 현장 지도 및 지원사업을 전개 중이다. 주요 실적과 성과로는 몽골·콩고 등에 새마을회가 활동 중에 있으며, 자체 새마을지도자대회도 개최한다(정갑진, 2008.12: 32). 국가별 국제 협력사업의 경우 몽골은 지역 개발, 소득 증대, 문화 교류, 묘목 식재, 대학생 봉사활동 등을 수행하며(정갑진, 2008.12: 37-38), 몽골 새마을회와 울란바토르 나랄이흐구(제1,3,4동) 등 8개구(郡, 道 포함)가 현지인 법인체와 협력하고 있다.

2) 성과

새마을운동중앙회는 지난 2004년부터 몽골과의 새마을 협력사업을 8개 시군 지역에서 마을 안길 포장, 공동 우물·새마을센터·새마을문고 설치, 시범목장 설립, 목욕탕 건립, 게르(몽골식 주택) 지원, 재활용 공장, 묘목장 등 농촌지역의 환경 개선과 소득증대사업을 지속적으로 추진하여 왔다. 특히 2010년도에는 '그린 몽골리아, 그린 새마을운동'을 중점사업으로 추진하며, 현지 새마을지도자 육성을 위하여 자체 새마을연수원 건립을 계획하고 있다. 현재 몽골은 2004년 11월 정부로부터 법인으로 등록된 자체 새마을회가 구성되어 20개 지부 2,800여 명의 회원을 확보하여 새마을정신을 바탕으로 농촌 정착을 위한 자립 의지를 키워 나가고 있다. 구체적으로는 2004년 한국의 비정부기구(NGO)로서 몽골새마을회(경기도지부)를 설립하여 공동 우물, 가내수공업 등(새마을운동중앙회, 2005)의 주요 추진 사업을 〈표 10-2〉에 제시한다(엥흐바야르 오랑거, 2009: 40-43).

경기도 새마을부녀회는 2010년 8월 25일 울란바토르시 나랄이후구 알타익 마을과 새마을운동 공동협력사업 추진을 위한 협약을 체결하였다(경제투데이, 2010. 8.31). 이어 나랄이흐구 1동 'KHUL 나랄이후공원'에서 '경기도 녹색공원조성사업 준공식과 현판 제막식을 가졌다. 그 동안 경기도는 공동 우물 조성, 새마을회관 건립, 공동 채소밭 조성, 젖소목장 운영, 양모 생산, 쓰레기 재활용공장 설치 등과 '근면, 자조, 협동'의 새마을정신을 전파하였다. 올해부터 '녹색사업'으로 외연을 넓히고 있다.

국민들은 점차 공동 우물, 공동 채소밭으로 가계 소득이 증가하자 "자주사상이 싹트게 되었다"며 새마을정신을 높이 산다고 한다(마리나, 2019 참조). 대구 구미시도 수하바트라 바룬시에 '구미새마을 거리(Gumi Saemaul Street)'를 건립하여 새마을운동을 전파하고 있다(대구신문, 2010.7.7).

표 10-2 2004~08년 몽골 추진 새마을사업

(단위: 만 원)

주관	기간	지역	내용	예산
계				67,900
새마을운동 중앙회	2004~08	UB-날라이흐	- 사업조사 및 지방사업 지도 지원 - 봉사자 파견, 대학 봉사활동 - 몽골 지도자 초청, 새마을센터 개소, 도서 지원, 진입로 포장, 공동 우물, 중고사무기 지원	7,800
경기도지부	2004~08	UB-날라이흐	- 공동 우물, 마을회관, 교량, 지붕 개량 - 기계은행, 농장, 하우스, 젖소 목장, 양모 공장, 폐자원 재생공장	13,000
서울지역	2007~08	투브도-바양찬	- 공동 우물	1,000
강원도지부	2006~08	옵스도-울란곰	- 정보센터, 컴퓨터 등	2,000
인천지역	2008	셀렝게도	- 마을 안길 포장	1,350
용산구, 영등포, 광진구지회	2007~08	UB-바양주르흐 셀렝게도-만달 UB-항올	- 미싱, 게르, 학습도구 - 마을 안길 포장 - 게르	9,500 1,000 13,000
정선군지회	2006	UB-바양주르흐	- 보건소 보수	1,000
춘천시지회	2005~08	옵스도, 투브도	- 양목장, 도서, 공동 우물	3,100
구미시지회	2006~08	수흐바타르도	- 마을 진입로 포장(시멘트), 가로수, 생필품, 목욕탕, 가축은행	10,650
고양시지회	2008	셀렝게도-쭝하라	- 고교생 봉사활동	4,500
제주도지부	2007		- UB-날라이흐구 현장 견학	

자료: 엥흐바야르 오랑거(2009: 43).

4 주요 효과

1) 몽골 새마을교육 효과

콜케이 마리나(몽골 새마을회장) 회장은 "2009년 몽골 새마을교육"을 근래 발

제하였다(경운대 새마을아카데미, 2010.9.29). 교육 주제는 새 아침-'새로운 아침이 밝아온다'로서, 교육을 받아 무지와 아집에서 눈을 뜨고 다 함께 잘살아보자는 것으로, 주요 내용은 새마을교육을 왜 하여야 하는가? 몽골에서 많은 NGO가 수십 년간 몽골에 지원을 해주고 있지만, 스스로 자립이 이루어지지 않는 것은 도움을 주기만 하였을 뿐 생각을 바꾸는 교육은 시키지 않았기 때문이다. 60년 이상을 러시아로부터 그렇게 지원을 받았고, 러시아가 떠나고 난 후 20년 동안 해외 NGO로부터 도움을 받았다. 하지만 새마을운동은 이전의 원조 방식과 다른 점이 있다. 그것은 그저 지원만을 하는 방식이 아니라 스스로 일어서게 하는 방법을 가르친다는 점이다. 새마을운동에서 가장 배울 만한 점은 바로 '근면, 자조, 협동'의 기본 이념을 통하여 사람들을 교육시키는 것이다. 그 점이 중요하다고 생각되었기에 처음으로 몽골 자체에서 새마을교육을 몽골 새마을회에 의하여 시행하게 된 것이다.

첫날에는 교육생들이 쉬러 온 줄 알고 여유를 갖고 하였지만, 이튿날부터 시작된 빡빡한 일정에 모든 사람이 긴장하여 다들 진지해지고 열심히 교육을 받았다. 그리고 내년에도 새마을교육에 참가하기를 바란다는 사람들이 많았을 정도로 첫 번째 교육은 성공리에 잘 마무리될 수 있었다. 교육을 받고 난 후의 효과들은 교육을 받지 않은 다른 도, 시, 군, 구에서 교육에 대한 문의가 많이 들어오고, 일반인들도 많이 연락한다. 몽골새마을회 스스로 교육도 시킬 수 있고, 교육 프로그램을 만들어 갈 수 있다는 것을 증명하였다.

2) 몽골 지도자의 견해

이재창 새마을운동중앙회장은 17일 오전 신라호텔에서 한국을 방문한 남바린 엥흐바야르(Nambaryn Enkhbayar) 몽골 전 대통령을 접견하고 새마을운동 등의 상호 관심사에 대해 의견을 나누었다(새마을운동중앙회, 보도자료, 2010. 3. 17). 2005년부터 2009년까지 몽골 대통령을 역임한 남바린 엥흐바야르 전 대통령은 재임 때부터 자국에서 추진하고 있는 새마을사업 현장을 수시로 방문하는 등 한국의 새마을운동에 깊은 관심을 표명하여 왔다. 새마을운동중앙회는 2004년부터 몽골 15개 지역에서 환경 개선 및 소득 증대 등의 새마을사업을 펼쳐오고 있다. 몽골은 현재 자체 정부에서 NGO로 승인한 몽골새마을회가 조직되어 2,750여 명의 회원이 활동하고 있다.

23일 오후 새마을운동중앙회를 방문한 담딘 뎀베렐 몽골 국회의장 일행은 이재창 새마을운동중앙회장과의 환담을 통하여 한국의 새마을운동은 몽골에 꼭 필요한 운동인 만큼 몽골 정부 차원에서 추진해 나갈 뜻을 밝혔다(새마을운동중앙회, 보도자료, 2010. 2. 23). 김형오 국회의장의 초청으로 방한한 담딘 뎀베렐 국회의장 내외와 국회의원 등 16명의 방문단은 새마을운동에 깊은 관심을 내비치면서 지금까지 새마을운동중앙회가 몽골에서 추진하여 왔던 협력 방식이 정부와 공식적으로 이루어지기를 희망한다고 말하였다. 담딘 뎀베렐 국회의장은 "그 동안 몽골 농촌 지역에 새마을운동을 보급하여 농촌 현대화에 도움을 준데 대하여 감사드린다"고 말하고, 앞으로 몽골 국회나 정부 차원에서 새마을운동 협력 방안을 강조하였다. 특히 테르비 쓰닥바 몽골 국회의원은 "몽골은 갈수록 농촌 인구가 도시로 집중되고 있고 최근에는 한파로 인하여 많은 가축이 죽는 등 농촌의 어려움이 가중되고 있어 한국의 새마을운동이 매우 필요하다"고 전제하고, 새마을운동의 몽골 내 활동을 정부와 협력하여 추진하면 더 큰 효과를 기대할 수 있다고 말하였다. 그러면서 새마을운동 협력사업을 정부에서 공식적으로 출범할 수 있도록 국회에서 적극 지지해 나갈 것이라고 밝혔다.

3) 제도적 한계와 과제

첫째, 그 동안 정부의 새마을운동 보급은 매우 소극적이었다. 한국국제협력단(KOICA)의 경우 외통부 산하로 새마을운동은 지도기관인 행정안전부와 업무 연계성이 낮았다(정갑진, 2008.12: 34). 한국국제협력단의 경우 각국 개도국 대상 농촌 개발 관련 연수는 많은 기관 단체에서 나누어 실시하고 있으나, 새마을교육에 관한 표준화・전문화 미비로 통일성이 없다는 점이다. 참고로 KOICA의 주요 연수과정 프로그램별 연구기관을 〈표 10-3〉에 제시한다.

둘째, 저개발국에서는 새마을운동에 관심이 많으나 교육비 부담 등의 문제가 있다.

셋째, 새마을운동 체험시설이나 견학 대상 마을이나 농촌이 없다(김용택・박경철, 2007: 165).

넷째, 개도국 특성에 맞는 새마을사업 모델 개발이 요구된다.

다섯째, 전문 인력의 부족이다(정갑진, 2008).

표 10-3 KOICA의 주요 연수 과정

연수 과정	주연수기관	연수 기간
미곡 생산 기술	농촌진흥청	8주
원예 재배 기술	경북대 국제농업훈련원	4주
가축 인공수정과 수정란 이식 수술	농촌진흥청 축산연구소	4주
잠업기술	농촌진흥청 농업과학기술원	5주
관개 개발 및 농업용수 관리	한국농촌공사	2주
농업금융과 협동조합	농협대학	2주
농업발전정책	한국농촌경제연구원 농촌진흥청	2주
새마을운동	새마을운동 중앙연수원	2주

자료: 김용택 · 박경철(2007: 157).

여섯째, 개도국에 적용할 매뉴얼이 부족하다는 점이다(김용택 · 박경철, 2007: 164-165).

일곱째, 기타 과제로 ODA의 효율성과 지속성 결여도 문제이다. 주인 의식과 안정적 재원의 결핍이다. 따라서 이 둘을 결속시킬 수 있는 방안의 하나가 ODA와 새마을운동의 거버넌스 체제 구축이다.

국제 협력과 관련된 정부기관 사이의 유기적 협조나 조정이 없다(허장, 2009.9: 4). 즉, KOICA의 ODA 등의 해외 지원사업에 농업이나 새마을운동 관련 기관의 공식적 참여가 없어서 동일한 국가에 개별적으로 원조나 투자가 이루어져 시너지 효과가 떨어지고 공공 부문의 공적 원조가 민간 부문의 해외 농업 진출의 기반을 제공하지 못하고 있다(허장, 2009.9: 8). 개도국에 ODA와 새마을운동을 접목하면 성공 가능성이 높기 때문에(전운성, 2009.9), ODA의 한국적 모델을 새마을운동과 접목하여 전개할 필요성이 제기되는 것이다.

4) 분석의 틀

한국의 ODA(물자)와 새마을운동(정신) 경험을 연계(정기환, 2007; 최영출, 2008; 정갑진, 2008; 전운성, 2009.9; 김용택, 2009.9; 김용택 · 박경철, 2007; 장태평, 2010)하여 지원할 필요성은 여러 연구자에 의하여 제안되고 있다. 최영출(중앙일보, 2008.11.10)은 한국의 ODA와 새마을운동을 접목할 필요가 있다고 주장하고,

정갑진(2008: 35)도 ODA 프로그램과 새마을운동의 연계 추진이 효과적임을 주장한다. 예시하면 우리나라 농촌 개발의 경험과 새마을운동 경험, 개발 모델의 교훈과 적용, 공동체 중심 경쟁 원리와 리더십 등에 대한 효과성 등이 그것들이다. 따라서 여기에서는 이어서 개도국에 적합한 새마을운동 모델 개발과 ODA와 새마을운동 성공을 위한 거버넌스 구축, 재원과 관리기구 구축 방안 등을 중심으로 분석하고 대안을 제시하고자 한다.

제 3 절 몽골 새마을운동의 지원 방향

1 모델 개발과 수출 방향

1) 모델 개발

한국이 빈곤을 극복한 주요 방안의 하나가 새마을운동이다(김용택 · 박경철, 2007: 64-65; 정갑진, 2008: 49). 르완기 키메니 미국 브루킹스연구소(Brookings Institute) 국장은 "아프리카 개발모델은 한국의 새마을운동"이라면서, 1960년대 한국과 아프리카는 개발 수준이 비슷하였으나 오늘날은 여러 면에서 격차가 크다면서, "한국은 안정적 정부, 선택적 투자, 훌륭한 기반 시설, 높은 교육열 등으로 성장한 반면 아프리카는 그렇지 못하다"고 밝혔다(연합뉴스, 2010.10.14). 따라서 국제 농촌개발 협력의 기본 모형으로서는 새마을운동을 채택하는 것이 바람직하다. 개도국들의 여건은 우리나라의 1970년대와 유사하다. 이 운동의 성과로 도농 간 격차 해소, 마을 환경 개선 등을 이루었음을 보았을 때 개도국의 문화에 적합한 방식을 개발하여 적용시켜야 할 것이다.

2) 새마을운동 수출의 기본 방향

한국형 국제 농촌개발 협력의 비전은 한국의 경제 성장 과정에서 축적된 한국 농업 발전과 농촌 개발 경험을 개도국에 전수함으로써 국제 사회의 빈곤 해소에 기여하고자 함이다. 한국형 국제 농촌개발 협력의 사명은 지속 가능한 농업 성장과 농촌 개발을 통하여 국가 소득을 향상시키고 고용 기회를 높여 개도국의 기아 해결에 기여하는 것이다(김용택·박경철, 2007: 159). 기본 방향은 ① 국제 보급 업무 기구 설치, ② ODA사업의 새마을 방식 적용, ③ 정부 각 부처와 연계 추진, ④ 전문요원 양성 및 현지지도 지원 업무의 체계화이다(정갑진, 2008.12: 32). 새마을운동의 적용상 검토 사항으로는 농촌 근대화에 대한 절박성, 주민 문화적 동질성, 상부상조 전통, 말단행정의 읍면동 구조, 농가 소득과 이득 발생 시 자력갱생운동이 촉발된다는 점이다(정갑진, 2008.4: 45).

2 구체화 방안

1) 물질적인 지원과 정신 개혁 측면의 동시적 접근

개도국에 대한 새마을운동 전수와 관련 개도국에서의 농촌 개발을 위한 다양한 프로젝트가 수행되고 있으나 농촌 개발을 위한 새마을운동을 주요 수단으로 활용하여야 할 것이다. 즉, 개도국의 사회 개혁에 있어 적극적인 국민적 운동 분위기 조성이 요구된다(전운성, 2009). 농촌 개발은 사회 개발 캠페인을 통하여 전개할 필요가 있다. 따라서 농촌 ODA자원을 새마을운동의 농업, IT 등 어떤 부문에, 어떻게 확대할 것인가라는 문제와 한국 정부의 대몽골 ODA 규모, 몽골 정부의 개발수요 다양화에 대비, 기타 분야 우수사업 추진이 동시적으로 요구된다(엥흐바야르 오랑거, 2009: 51).

2) 잠정적 대안

따라서 첫째, 잠정적 대안 모색으로는 ① 농촌의 환경 개선 등 근대화 접근, ② 다민족 국가인에게 한국적 단합정신 접맥, ③ 2009년 현재 몽골은 유엔의 새천년 개발 목표(MDGs)에 의하여 국가개발 장기전략을 추진 중이므로 이에 부합할 수 있는 ODA와 새마을운동사업의 접점을 구축할 필요가 있다. 둘째, 새마을운동 성공 요인으로는 자조정신이 중시되어야 한다(엥흐바야르 오랑거, 2009: 36-52). 한국의 새마을운동은 국제화를 통한 국가 브랜드 가치 향상 및 국익 창출에 기여할 목적으로 농촌지역 숙원사업 해결을 통한 주민 삶의 질 향상, 빈곤 퇴치, 민간 교류 협력을 통한 한·몽골 우호 증진을 목적으로 한다(새마을운동중앙회, 2004: 85). 셋째, 새마을운동의 스토리텔링으로서의 '새마을 노래' 보급이다. 새마을 노래, 안길 포장, 지붕 개량, 가내수공업 활성화의 유인 체계를 노래를 통하여 의식 속에 주입함으로써 아이덴티티를 구축할 수 있으며, 21세기 감성사회에 양념이 될 수 있다. 끝으로, 지역협동조합 등 공동체 조성이 필요하다. 즉, 공동체 개발, 시민사회, 민간 부문의 개발 측면으로 수요자의 필요와 우선순위에 반응하기 위함이다. 공동체 구성원들의 협력 개념이 도입되어야 한다. 새마을사업 성공 사례를 보면 먼저 마을공동체 중심의 접근이었다는 점이다. 공동체 거버넌스는 특정 지역 공동체와 파트너십을 중심으로 성공하였다. 예컨대 협동조합, 청년회, 부녀회 등의 공동체적 접근이 그것이다.

제 4 절 몽골 새마을운동 거버넌스 추진 방안

1 과제

1) 새마을운동 거버넌스

새마을운동은 1970년에 시작된 주민 중심형 민·관협력운동이다. 농촌 근대화에 기여한 내용으로는 ① 농촌 계몽(의식 개혁), ② 농촌 생활환경 개선(주택 개량과 전기 보급 등), ③ 농촌 경제 발전(소득 증대) 등이다. 1972년 마을 단위 새마을사업은 32만 건이었는데 1978년에는 260만 건으로 8배 이상 증가하였다(정갑진, 2008: 51).

세계적으로 주목받고 있는 우리나라의 새마을운동은 단기간의 '한강의 기적'을 이룬 핵심적 가치로 알려지면서 저개발국들로부터 끊임없이 개발 경험 전수를 요청받고 있다. 최근 몽골·캄보디아·네팔 등이 그러하며, 새마을운동 보급 효과는 ODA의 보완과 국가 브랜드 가치 제고를 통한 국격 향상에도 도움이 된다.

국제협력사업의 거버넌스 구축 요소는 공공과 민간, 협력, 네트워크, 파트너십으로 구성된다. 이러한 거버넌스 구축을 토대로 지역 개발이나 마케팅을 위한 협력적 파트너십과 네트워크 구축이 요구된다. 국제 사회에 거버넌스를 구성할 때 지역사회 내에 자발적인 협력 체계를 구축하는 일과 지역 실정에 맞는 기획을 하는 것이 중요하다. 장소 자산 운영 거버넌스 구축을 위한 지역사회 거버넌스 체계를 주체적 관점에서 대응 방안을 예시한다(최영준 외: 131-140). 로컬 거버넌스의 구성요소는 대체로 네 가지, 곧 공공, 민간, 파트너십, 네트워크 파트너십으로 구성된다.

첫째, 공공정부 측면의 제도적 정비 방안을 예시하면 ① 행정 재정 지원, ② 홍보, ③ 문화재 보호, ④ 정보 제공 등을 들 수 있다. 다만 과거처럼 수직적 관리나 통제를 지양하고, 민관 파트너십을 전제로 한 지원이 이루어져야 한다.

둘째, 민간 부문 측면으로 로컬 거버넌스의 핵심적인 주체는 지역민과 지역공동체이며, 이들이 지역 현안에 대하여 자율적으로 참여한다. 특히 지역적 문제 인식이나 그 해결을 위한 자발적 참여가 어떤 면에서는 정책 참여, 행사 참여 및 감시와 독려가 되기도 한다.

셋째, 파트너십이란 공공과 민간의 제휴, 협력, 협조, 조정 등을 말한다. 주요 특징은 ① 공공정책 공동 산출, ② 산출에 대한 신뢰, 규칙, 투명성 등을 구성 요소로 한다. 이와 같은 파트너십이 성공하기 위해서는 이질적 구성원들의 이익 활동 배제와 상호 신뢰가 핵심적 요인이다. 예컨대 공익적 사명감, 지역 관심사에 대한 참여 자긍심 등을 들 수 있다.

넷째, 네트워크란 행위자들 간에 이루어지는 상호작용에 의하여 발생된 관계 패턴이다. 즉, 유기적 시스템의 조직 간 조정 형태이다. 이는 상호 의사 소통 연결의 수평적 패턴이기도 하다. 이는 상호 의사 소통 연결의 수평적 패턴으로서 민·관의 거버넌스 구조를 연계해 주는 연결체이다(이종수, 2009.10).

2) 거버넌스 교류 실태

2008년 현재 한·몽 거버넌스 교류 현황을 〈표 10-4〉에 제시한다.

2008년 현재 한·몽 간 인적 교류 형태를 〈표 10-5〉에 제시한다.

표 10-4 한, 몽골 사회단체 교류 현황

구분	단체명	허가일	설립 목적	주요 사업
사단	한국몽골협력협회	1997.11	한, 몽골 양국간 교류, 협력을 통하여 양국의 교류, 협력 증진	관심 사항 공동연구, 자료 수집관리, 연구발표회 등
〃	동북아과학기술 협력재단	1999.12	동북아지역 국가 간 인적·물적 교류 및 협력, 인도적 지원	한·중, 한·몽골 간 경제, 사회 발전을 위한 인적·물적 교류
〃	몽골울란바토르 문화진흥원	2001.10	한·몽골 양국 간 문화 교류 증진	출판, 번역사업, 청소년 교류 사업
〃	한몽교류진흥협회	2004.2	한·몽골 양국 간 민간 차원 상호 협력 도모	양국 간 교류, 협력, 방송문화 정보 교류
〃	유라시아교육문화 후원회	2004.7	몽골과 중앙아시아 등제이서의 해외 교육교류사업 지원, 학교 운영 지원	교육교류사업, 학술 및 인사 교류
〃	한몽교류국제협회	2007.1	양국 간 민간 차원의 상호 협력과 우호 증진	각종 조사 및 연구 간행물 발간, 세미나, 간담회 개최
〃	WELL International	2008.4	기아·질병 등 몽골지역 의료	

자료: 외교통상부(2008.8).

표 10-5 인적 교류

(단위: 명)

연도	2002	2003	2004	2005	2006	2007	2008
방몽	13,347	16,861	25,918	31,227	32,246	38,959	43,751
방한	8,840	12,111	17,290	22,626	32,580	39,860	43,133

자료: 외교통상부(2009: 109).

정부 고위 인사 교류는 1991년 오치르바트 대통령 방한, 1999년 김대중 대통령 방몽, 2001년 바가반디 공식 방한, 2006년 노무현 대통령 국빈 방몽, 2007년 엥흐바야르 대통령 국빈 방한, 2008년 엥흐바야르 대통령 방한 등을 들 수 있다(외교통상부, 2008: 119). 주요 교역 실태는 2008년 현재 대몽골 투자액은 185.3백만 달러이며, EDCF에서는 수교 이후 총 8,390만 달러를 지원하였다. 무상원조 지원은 2009년 말까지 총 44백만 달러 지원 예정이다. 한국은 몽골의 제3위 교역 대상국이다(외교통상부, 2008: 119).

3) 새마을운동 정착 방안과 과제

새마을운동의 몽골 정착 방안으로는 첫째, 개도국의 경우 경제적 저발전과 빈곤, 대륙적 나태 문제 등이 해소되어야 한다. 개도국의 경우 경제적 저발전과 빈곤, 대륙적 나태 문제 등을 해소하기 위해서는 아무래도 지원 초기에는 NGO보다 양국의 정부 차원에서 추진하여야 할 필요가 있다(엥흐바야르 오랑거, 2009: 52; 담딘 국회의장, 2009). 즉, 정부 차원에서 새마을운동 적용의 중요성을 강조하여 국가와 행정기관 중심으로 효과를 홍보하여야 할 것이다. 둘째, 새마을교육, 지도자 교육, 공무원의 교육적 접근이다(오무근, 1990: 214). 새마을지도자의 책임감, 설득력, 박력, 결단력 등이 높을수록 새마을사업에 효과적이었음이 입증되었다. 특히 지도자의 태도와 관심, 인간 관계, 역할에서는 상담자와 조정자 역할이 효과적이었다. 구미시는 2010년 6월 15일~25일까지 몽골 지도층에 대한 새마을운동 국제화 교육을 실시하였다(경북 TV 뉴스, 2010.6.16). 새마을운동의 이념, 추진 과정, 경험담, 체험 등의 내용으로 이루어졌다. 셋째, 몽골새마을중앙연수원 건립의 필요성이다(엥흐바야르, 2009: 53; 마리나, 2010.9.29). 우물 파고 다리 놓는 것도 중요하지만 새마을운동 적용을 좀 더 전략적으로 확대하기 위해서는 몽골새마을운동중앙연수원(가칭)을 건립하여 좀 더 체계적으로 접근하는 것이 효율적이다. 넷째, 새마을 해외봉사단 파견(경상북도, 2008), 다섯째, 새마을 해외 자매 결연 활성화이다.

2 거버넌스 구조 구축

1) 협력 거버넌스 필요성

새마을운동 협력 거버넌스의 구축 필요성은 지역 문제의 지역적 이해 반영과 실질적 참여, 이해관계자의 참여와 협력 유도, 분권을 통한 지역의 자율성 증진과 지역 발전의 견인 및 지역 갈등 문제의 당사자 간 해결 유도 등을 위하여 필요하다. 지역 활성화와 홍보의 특성상 민간 부문의 정책 참여가 그 성과에 지대한 영향을 미치며, 특히 근래는 지역 문제들에 대한 지역 주민의 관심이 증대된다는 점에서 지역 개발 거버넌스 구축이 필요하다. 지역 개발 활성화와 네트워크 구축은 새마을운동 관계자, 지자체, 관련 NGO(협치, 시민단체)와 교류 협력이 필수적이기 때문이다.

거버넌스는 상호 조절 기제로서의 성격을 띠며, 문제 대응의 활성화 요인은 자발적 협력의 도출과 정부 없는 거버넌스 구축 등이다. 거버넌스 접근은 협력과 공조 중심 거버넌스 접근이 효과적이다. 민·관 거버넌스 추진 체제의 필요성을 예시하면 21세기 세계화, 정보화, 분권화, 지방화 시대의 특성을 감안하였을 때, 기존의 국가 역할은 협치 구조(governance)의 제도적 반영, 수평적·분산적 구조 정립, 연결 기능 중심으로 그 기능을 변화시켜야 할 것이다.

2) 거버넌스 시스템과 구축 요소

좋은 사회를 구현하기 위해서는 효과적인 거버넌스가 필수적이며, 거버넌스란 공사 간의 광범위에 걸친 사회경제적인 참여자들이 참여하여 정책을 결정하고, 프로그램을 집행하는 네트워크 과정이다(Peters, 2010). 새마을운동이 집합적 목표를 설정하고, 설정된 목적들을 성취할 우선순위를 설정하며, 효과적인 수단을 발전시키고 집행하기 위해서는 효과적인 거버넌스 시스템이 요구되었다. 새마을 거버넌스 시스템은 정부기관, 새마을지도자, 이장 등과 농민, 4H그룹 등 각종 집단의 네트워크들이 광범위하게 참여하는 데 유용한 시스템이 되었다(노화준 외, 2010: 15).

국제협력사업의 거버넌스 구축 요소는 공공과 민간, 협력, 네트워크, 파트너십으로 구성된다. 이러한 거버넌스 구축을 토대로 지역 개발이나 마케팅을 위한 협력적 파트너십과 네트워크 구축이 요구된다. 국제 사회에 거버넌스를 구성할 때 지역사회 내에 자발적인 협력 체계를 구축하는 일과 지역 실정에 맞는 기획을 하는 것이 중요하다. 장소·자산·운영 거버넌스 구축을 위한 지역사회 거버넌스 체계를 주체적 관점에서 대응 방안을 예시한다. 로컬 거버넌스의 구성 요소는 대체로 네 가지, 곧 공공, 민간, 파트너십, 네트워크 파트너십으로 구성된다. 첫째, 공공정부 측면의 제도적 정비 방안을 예시하면 ① 행정 재정 지원, ② 홍보, ③ 문화재 보호, ④ 정보 제공 등을 들 수 있다. 다만 과거처럼 수직적 관리나 통제를 지양하고, 민관 파트너십을 전제로 한 지원이 이루어져야 한다. 둘째, 민간 부문 측면으로 로컬 거버넌스의 핵심 주체는 지역민과 지역공동체이며, 이들이 지역 현안에 대하여 자율적으로 참여한다. 특히 지역적 문제 인식이나 그 해결을 위한 자발적 참여가 어떤 면에서는 정책 참여, 행사 참여 및 감시와 독려가 되기도 한다. 셋째, 파트너십이란 공공과 민간의 제휴, 협력, 협조, 조정 등을 말한다. 주요 특징은 ① 공공정책 공동 산출, ② 산출에 대한 신뢰, 규칙, 투명성 등을 구성 요소로 한다. 이와 같은 파트너십이 성공하기 위해서는 이질적 구성원들의 이익 활동 배제와 상호 신뢰가 핵심적 요인이다. 예컨대 공익적 사명감, 지역 관심사에 대한 참여 자긍심 등을 들 수 있다. 넷째, 네트워크란 행위자들 간에 이루어지는 상호작용에 의하여 발생된 관계 패턴이다. 즉, 유기적 시스템의 조직 간 조정 형태이다. 이는 상호 의사 소통 연결의 수평적 패턴이기도 하다. 이는 상호 의사 소통 연결의 수평적 패턴으로서 민·관의 거버넌스 구조를 연계해 주는 연결체이다(이종수, 2009.10). 거버넌스가 부각되는 이유는 정부의 위기와 통치 능력의 위기, 중앙집권적 권위의 상실, 정부 정책의 효과성, 효율성의 저하 및 공·사 부문의 파트너십 네트워크의 중시 등을 들 수 있다.

3 몽골 새마을운동 거버넌스 추진 방안

1) 공·사 간 거버넌스 추진 방안

민관 협의체로 "국제새마을운동협의회"(가칭)를 조직할 필요가 있다(장태평, 2010: 5-6). 기존의 패키지형 ODA에 더하여 새마을운동 전수를 가미시켜 접근할 수 있다. 즉, ODA와 농촌 개발에 더하여 새마을운동 노하우를 접목시켜 구체화하는 접근이다.

이러한 공·사 간 거버넌스는 예컨대 국내외 NGO 등과 공사기관, 전문가 등이 망라된 상설기구로서의 협의회 구축을 통하여 접근한다. 2010년 현재 한·몽 간 거버넌스를 예시하면, 예컨대 아시아농식품기술협력협의체(AFACI)가 2009년 11월 출범하였는데 회원국은 몽골, 방글라데시, 캄보디아, 라오스, 네팔 등이다(농촌진흥청, 2010). 또한 농업연수생 연합체 결성 및 시범사업 확대로 몽골, 필리핀, 인도네시아, 태국, 베트남, 스리랑카, 캄보디아, 미얀마 등과 거버넌스가 형성되어 있다(임상종, 2010.6: 57).

2) 추진 주체

첫째, 주체 간 역할 분담이다(김용택・박경철, 2007: 166). 한국형 국제 농촌개발 협력사업의 추진 주체로는 '국제 농촌개발 협력을 시행한 기관'들 간의 새마을운동 거버넌스를 구성하여 접근할 필요가 있다. 유관 기관으로는 외교통상부, 지식경제부, 행정안전부, 농촌연구원, 농촌공사, 농촌진흥청, 유통공사, 자치단체, 새마을운동중앙회 등이 있다.

국내・외 중앙・지방조직과 NGO 등의 연계 조직화로 '협의회'의 의결 사항을 집행 관리하는 하부기구로 사무국을 둘 필요가 있다. 거버넌스 관리 주체는 새마을운동중앙회 국제본부, 한국국제협력단(KOICA), 경운대 새마을 아카데미 기능을 확대시켜 접근하도록 하는 방안을 강구한다. '협의회'의 구체화 방향과 내용으로는 예컨대 정부, 민간, 유관 기관, 경제단체 등을 조율하며 새마을운동 세계화 업무를 총괄하고 조정하는 것이다. 이 기구(협의회와 사무국)에서 외국인 새마을 연수의 창구 일원화에 의한 새마을교육의 품질 제고 및 프로그램 개발, 강사 풀(pool)의 운영 등을 통한 지원 체제도 확립한다.

3) 재원과 사무국

주요 재원 확보 방안으로는 새마을운동 국제화 기금을 구축하여 접근한다(정갑진, 2008: 40). 정부와 기업의 출자, 독지가의 성금 등으로 규모있는 펀드를 조성, 체계적인 해외 보급 활동으로 이어져야 할 것이다. 추진 방식으로는 PPP(Public Private Partership)를 모색한다. 단기적으로는 공공, 민간의 네트워크 및 해외봉사단의 파견을, 중기적으로는 공공, 민간의 공동 개발 협력사업, 예컨대 농업 등의 사업을, 장기적으로는 공공・민간의 공동기금 설립, 예를 들어 PPP 특별기금 설립 등을 들 수 있다. 권율 외(2006.12: 206-211)는 민간 부문과 연계한 PPP 프로그램 강화를 제안한다. PPP는 기업의 기금, 기술, 전문성을 공적 원조에 결합시켜 원조 규모 확대와 효율성 증진에 기여와 동시에 수원국에서 파트너십 참여 기업의 이미지 향상과 안정적 성장에 도움을 준다. 공공・민간 공동기금 설립 등, 예를 들면 미국의 GDA, 독일의 특별기금, 영국의 도전기금 등을 들 수 있다(외교통상부 개발협력과, 2008.11: 1). 특히 민간 부문과 적극 협력하여야 한다. 미국의 경우 2005년 개도국으로 유입된 자금 중 공공 부문은 16.8%, 민간은 83.2%로 민간의 영향력이 막대하다. 이처럼 민간 부문과의 협력을 통한 지원 체제(governance)를 개발하여야 한다.

4) 기대 효과와 과제

새마을운동의 공·사 거버넌스 구축으로 새마을운동 수출의 안정화와 공신력을 증대시킬 수 있음과 동시에 새마을운동의 체계적 추진, 국가 이미지 제고, 국제 리더십 확대, 개도국 자력갱생 유도 등에 효과적이다. 새마을운동에 대한 체계적인 연구와 국제적으로 새마을운동을 교육, 전파하여 새마을운동의 글로벌화를 추진하기 위한 과제로서 첫째, 새마을체험관을 조성한다(최외출, 2008; 정갑진, 2008: 34; 대구경북연구원). 즉, 새마을교육의 역사적 의미를 재조명하여 새마을운동을 학습, 체험할 수 있는 공간 조성이 요구된다(대구경북연구원, 2010: 8). 외국에서는 새마을운동 수요가 증가하고 있으나, 국내에서는 새마을 성공 현장마저도 보여줄 곳이 없는 아이러니가 일어나고 있다(정기환, 2007: 55). 둘째, 해외 수출을 위한 전문 인력 양성이다(정갑진, 2008: 40). 셋째, 새마을교육 연수 프로그램의 다양화와 표준화 필요성이다(최외출, 2008). 농업 관련 주요 내용으로서 빈곤 퇴치 등을 위한 농촌 개발 공유 콘텐츠 및 기술 지원, 교육훈련사업을 추진할 필요가 있다(허장, 2009). 넷째, 기타 몽골 관련 과제로서는 ① 안정적이면서 편리한 교육 장소 필요성, ② 안정적인 교육을 위해 역량 있는 교수진과 직원 확보, ③ 몽골만의 특이한 문화(외국 것은 배척)와 유목민족의 문화가 있어 그것에 대한 연구 필요 및 ④ 지속적인 교육을 받을 체계를 갖출 필요가 있다(마리나, 2010.9.29).

제 5 절 결론

이 연구의 의의는 국제화 시대 국제 새마을운동의 효과성 제고를 위한 ODA와 새마을운동 연계 거버넌스와 주체를 제시하였다는 점에 있다. 즉, 이 글에서는 근래 활성화되고 있는 기존의 ODA와 새마을운동을 연계한 거버넌스 구조로 접근할 것을 제안하였다. 주요 내용과 논리 전개 구조는 새마을운동의 의의, ODA와 새마을운동 연계, 새마을운동의 세계화와 거버넌스 접근 등으로 제시하였다. 이렇듯 대(對) 몽골 지원에 주목하는 이유는 아시아 빈국 중의 하나이면서, 지리적 근접성과 문화적 동질성 및 무한한 자원을 보유한 국가라는 점에서 양 국가 간 지원 활성화는 아시아에서의 우리나라의 위상 확립과 '국격' 제고 및 세계적인 국가 이미지 제고에 많은 도움이 될 것으로 전망되기 때문이다.

요약하면, 이 글에서는 몽골 새마을운동의 의의와 효과, 새마을운동의 국제화와 지원 성과, 한계와 과제를 제시하고, 몽골 새마을운동의 모델 개발 필요성과 지원 방향 및 지원의 성공을 위한 거버넌스 추진 방안을 제시하고, 관리 주체 등을 제안하였다.

이 연구의 한계와 후속 연구 과제로는 이론적 연구에 한정되다 보니 현지 사례 분석적 연구의 필요성의 미비를 지적하지 않을 수 없다. 따라서 현지, 현장 중심의 수원기구, 수혜민의 요청 사항 수렴 등을 중심으로 자생력 신장에 도움이 되는 분야에 대한 지원 방향 등을 현지조사와 분석을 토대로 한 후속 연구가 수행될 필요가 있다. 특히 새마을운동 모델의 정립, ODA와 새마을사업의 연계 효과성 검증 등을 토대로 한 개도국 수출 모델의 타당성과 효과성 관련 연구가 현지와 관련시켜 수행되어야 할 것이다.

참고 문헌

경상북도(2008). 『21세기 새마을운동의 이론 정립 및 실천과제 개발』, 경상북도 새마을회.

경제정의실천시민연합(2008). 『공적개발원조(ODA)의 중앙부처 예산집행에 대한 조사 결과 발표』.

고 건(2010.9). 한국의 새마을운동: 그 성공 요인과 이전 가능성, 『새마을운동, 지난 40년과 앞으로 40년』, 새마을운동중앙회.

고경민 · 이희진(2008. 겨울). 한국 공적개발원조(ODA)의 문제점과 혁신 방향: 적극적 평화론의 관점에서, 『국가전략』, 14(4), 세종연구소.

김완배(2009.9). 국제농림수산 ODA사업 관련 전문가 세미나 개최 결과, 농림수 산식품부 농어업, 농어촌 특별대책위원회.

김용택(2009.10). 국제농림수산 ODA사업 관련 전문가 세미나 개최 결과, 농림수 산식품부 농어업, 농어촌 특별대책위원회.

김용택 · 박경철(2007). 우리나라의 국제농촌개발협력체제의 강화 방안, 『농촌경제』, 30(4), 한국농촌경제연구원.

김호 · 허승욱(2006). 친환경농업정책 분야의 거버넌스 체계 구축 방안, 『한국유기농업학회지』, 14(2): 6, 한국유기농업학회.

노화준 · 노유진(2010.10.15). 새마을운동의 추진 논리와 발전전략의 재음미: 사회, 테크놀로지, 생활환경 시스템의 통합모형과 복잡 적응적 시스템의 관점에서, 『한국정책학회 추계학술대회논문집』, 한국정책학회.

대구경북연구원(2010.1.18). 새마을운동, 새로운 발전모델 찾아야, 『대경 CEO Briefing』.

마리나(2008). 『몽골의 새마을운동』, 동양정보문화사.

______(2010.9.29). 2009년 새마을교육과 그린 몽골리아, 『경운대 세미나 논문집』, 새마을운동중앙회.

새마을운동중앙연수원(2008). 『2007년도 새마을국민교육교재』.

새마을운동중앙회(2004.12). 『2004 국제새마을협력사업 결과보고서(1997-2003)』.

______(2005.6). 『몽골(Mongolia) 가이드 북』.

______(2009.2). 『2008 국제협력사업 결과보고서(1997-2007)』.

오무근(1990). 『농촌 발전을 위한 리더십 연구』, 글길.

외교통상부(2009.4). 『외교백서』.

______(2009.9). 『몽골 개황』.

______(2009). 우리나라 양자간 ODA의 분야별 지원 규모.

엥흐바야르 오랑거(2009.6). 한국과 몽골의 협력관계의 재정립: '새마을운동'의 몽골 적용 사례를 중심으로, 숭실대학교 정치학 석사학위 논문.

이종수(2009.8.26). 국가 위상 걸맞은 공적개발 원조를, 『세계일보』(칼럼).

______(2009.12). 녹색성장과 대외협력 활성화 방안: 몽골 ODA를 중심으로, 『동계 학술대회논문집』, 한국공공관리학회.

임상종(2010.6.25). 농업 R&D 보급 선진화 사례: 농업 녹색기술 개발을 통한 신시장 창출과 국격 제고, 『2010 행정학 공동학술대회』, 한국공공관리학회 · 한국행정학회.

임재강 · 하재훈(2009.2). 새마을운동 활성화 방향에 대한 국민의 인식, 『한국사회와 행정연구』, 19(4), 서울행정학회.

장태평(2010.2). 농업 분야 공적개발원조(ODA) 강화, 『통상법률』.
장현식(2001 봄). OECD/DAC 회원국의 개발원조사업과 NGO와의 협력, 『국제지역연구』, 5(2), 한국외대 외국학종합연구센터.
전운성(2009.9.10). 국제농림수산 ODA사업 관련 전문가 세미나 개최 결과, 농림수산식품부 농어업, 농어촌 특별대책위원회.
______(2009.9). 국제농업 ODA사업 참여 사례로 본 사업 방향 검토, 농어업, 농어촌특별대책위원회.
정갑진(2008). 『한국의 새마을운동』, 도서출판 케이빌더.
______(2009). 새마을운동의 세계화의 성과와 과제, 미래도시포럼, 『녹색희망운동과 새마을운동』.
정기환(2007.7). 개도국의 농촌 개발과 KOICA의 역할, 『국제개발협력』, 2, 한국국제협력단.
최영출(2008.11.20). 새마을운동 발전과 평가, 『새마을신문』.
최외출(2008.11.20). 세계화시대 새마을학 과제, 『새마을신문』.
최재송(2003). 새마을운동의 국제화, 『상농업경영』, 182, (사)국제농업개발원.
한국수출입은행(2007). 『몽골 국가 현황 및 진출 방안』.
______해외경제연구소(2009.2). 『몽골의 국가신용도 평가리포트』.
______(2010). 『2010 세계국가편람』.
허장(2009.9). 『국제농업 ODA사업의 평가와 과제』, 한국농촌경제연구원.
Hayter, Theresa & Watson, Catherine(1985). *Aid: Rhetoric or Reality*, London: Pluto Press.
Peters, B. Guy(2010). Bringing the state back. In *2010 International Conference: Good Governance for National Development*, 17 June 2010, Seoul, Republic of Korea.

제 11 장 새마을교육과 지도자 양성: 몽골녹색 ODA와 새마을운동 활성화 방안을 중심으로

제 1 절 서론

근래 활성화되고 있는 새마을운동 '전수(傳授)'는 개도국의 농업 등을 지원하고 있으나 아직까지 별개로 이루어지고 있어 거버넌스 구조로 지원 체제를 구축할 경우 그 효율이 높아질 것으로 기대된다. 특히 국민의 근면(부지런함), 자조(스스로 해결), 협동(협력하여 문제 해결)을 중시하는 새마을운동이 정부의 농촌 근대화, 지역 균형개발 전략, 의식개혁운동이라는 점에서 개도국 발전 모델의 하나가 될 수 있으며, 따라서 한국의 ODA(물자)와 새마을운동(정신) 경험을 연계(정기환, 2007; 최영출, 2008; 정갑진, 2008; 전운성, 2009.9; 김용택, 2009.9; 김용택 · 박경철, 2007; 장태평, 2010; 김완배 · 김관수, 2010)하여 지원할 필요성이 높아짐에 따라 이 연구는 개도국 중 한국의 대(對)몽골[1] 지원 프로그램 중 기존의 ODA와 새마을운동 연계 거버넌스 체제와 관리 방안 등을 제시하고자 한다.

개도국이나 빈곤국 지원과 관련 랜달 호그(Randhall Hoag) 전 국제기아대책기

1) 몽골은 1921년 중국으로부터 독립하였으며, 문자는 키릴문자(러시아문자 차용)를 쓴다. 행정 단위는 아이막(Aimag: 도), 솜(Som: 군), 박(Bagh: 면)으로 21개 아이막과 348개 솜, 박이 있다(새마을운동중앙회, 2005: 27-35). 2010년 현재 인구는 300만 명이다(한국수출입은행, 2010: 60).

구 총재는 새마을운동과 같은 의식개혁운동이 국제 사회의 개발 원조보다 빈곤 퇴치에 더 효과적이며, 자기 변화적 발전으로 전환하여야 할 필요성을 강조한다(임상종, 2010.6: 52). 특히 개도국에서는 농촌 개발을 위한 프로젝트가 다양하게 이루어지고 있으나, 농촌 개발을 위해서는 새마을운동을 주요 수단으로 활용할 필요가 높다(전운성, 2009). 즉, 개도국의 농촌 개발은 국민적 운동 분위기를 조장하는 것이 효과적이다.

대(對)몽골 ODA와 새마을운동에 주목하는 이유는 아시아 빈국 중의 하나이면서, 지리적 근접성과 문화적 동질성 및 무한한 자원을 보유한 국가라는 점에서 양국가 간 지원 관계의 재설정은 아시아에서의 우리나라의 위상 확립과 세계적인 국가 이미지 제고에 도움이 될 것으로 전망되기 때문이다. 여기에서는 한국과 몽골 새마을운동의 제도적 · 민간적 교류 실태와 전문학술지 및 새마을운동본부 등의 학술 문헌과 기록물들을 분석하고, 중앙, 지방 일간지와 전문가의 견해를 반영하였다.

제 2 절 녹색 ODA의 이론적 접근

1 녹색성장과 녹색농업

1) 녹색성장의 개념과 3대 전략

녹색성장이란 에너지와 자원을 절약하고 효율적으로 사용하여 기후 변화와 환경 훼손을 줄이고 청정 에너지와 녹색기술의 연구 개발을 통하여 신성장 동력을 확보하며 새로운 일자리를 창출해 나가는 등 경제와 환경의 조화를 이루는 성장을 말한다(저탄소녹색성장기본법 제2조 2항 참조). 녹색성장이란 용어는 2000년 『이코노미스트(*Economist*)』지에서 언급된 이후 다보스포럼을 통하여 널리 사용되었는데 UN 아 · 태 경제사회위원회(UN ESCAP)가 주최한 2005년 '아 · 태 환경과 개발 관련 장관회의'에서 "녹색성장을 위한 서울 이니셔티브(SI)"가 채택된 이후 국제 사회에서 논의가 본격화되었다.

녹색성장(green growth)의 일반적 개념은 첫째, 환경과 경제의 선순환이다. 성장 패턴을 전환, 환경과 경제 양축의 시너지(synergy)를 유도하고, 핵심 주력산업의 녹색화, 저탄소형 녹색산업 육성 접근이다. 둘째, 삶의 질 개선 및 생활의 녹색혁명이다. 녹색생활 실천 및 녹색산업 소비 기반을 마련하고, 녹색 교통 이용 활성화 및 교통 효율 개선을 추진한다. 셋째, 국제 기대에 부합하는 국가 위상 정립이다. 국제적 기후 변화 논의에 적극 대응함으로써, 녹색성장을 국가 발전의 새로운 모멘텀(추진력)으로 활용하고, 녹색 가교 국가로서 글로벌 리더십을 발휘하게 한다.

세계적으로는 기후 변화와 에너지 위기가 동시에 진행되면서 선진국 중심으로 탄소배출권 시장, 신재생 에너지 등 녹색시장・녹색산업[2]을 국가 신성장 동력으로 활용하려는 움직임이 증가되고 있다. 2006년 영국의 『스턴보고서(*Stern's Reports*)』에 의하면 화석연료 의존형 경제 개발에 따른 자연 파괴가 그 상쇄 및 복구비용 등으로 경제적인 문제로 확산이 가능하며 이 경우 경제 손실은 세계 GDP의 약 5~20%에 해당된다고 하였다.

현 정부는 저탄소녹색성장정책의 국가 전략으로 3대 전략과 10대 정책 방향을 설정하였다. 3대 전략이란 기후 변화 적응 및 에너지 자립, 신성장 동력 창출, 삶의 질 개선과 국가 위상 강화 등이다. 이 3대 전략에 따라 설정된 10대 정책 방향은 효율적 온실가스[3] 감축, 탈석유 에너지 자립 강화 그리고 기후 변화 적응 역량 강화, 녹색기술 개발 및 성장동력화, 산업의 녹색화 및 녹색산업 육성, 자원순환형 경제산업구조 구축, 산업구조의 고도화, 녹색경제 기반 조성이다.

녹색성장의 출발점이자 귀결점은 기후 변화이다. 따라서 기후 변화 현상 자체를 어떻게 볼 것인가에 관한 과학적 논쟁은 녹색성장정책 자체를 논란의 한가운데로 끌어들일 수 있다. 현재까지 주류 과학자들은 지구온난화가 기후 변화의 주된 요인이라고 간주하고, 유엔도 이러한 주장을 근거로 기후 변화를 대처하는 새로운 국제협약을 이끌어내고자 한다.

---

2) 이 글에서는 녹색성장, 녹색산업, 녹색농업, 녹색기술 등의 개념을 녹색(농업) ODA로 용어를 통일한다.

3) 지구온난화는 인간의 활동 때문에 발생한 이산화탄소 등의 온실가스, 즉 온실 효과를 일으키는 기체의 농도 증가 때문에 나타나는 지구의 온도 상승이라는 기후 변화 현상이다(마쓰시타 가즈오, 2010: 122).

2) 친환경 녹색농업 형태

녹색성장을 위한 농업 형태는 자원순환형 농업과 지역농업 형태로 구분할 수 있다. 첫째, 자원순환형 농업과 지속 가능한 성장과 관련하여 농업 부문에서 녹색성장의 기초인 물질·양분의 순환은 경종(과수, 채소, 화훼 및 수도작)의 크기를 지역에 맞게 결정하고 이들 경종(耕種)에 충분하게 공급할 수 있는 축산 규모(적정 사육 두수)나 미생물 및 액비 등의 지역 내 양분을 결정하여 양분 공급이 과부족 없도록 설계하여야 한다. 이러한 양분의 순환 체계는 다양한 케이스가 존재한다. 어떠한 경우라도 토양의 환경건전성과 충분한 양분의 공급이 가능하고 이를 바탕으로 작물 생산이 이루어질 수 있도록 양분과 물질의 지역적 균형 체계를 구축해 나가는 것이 농업 부문에서 녹색성장의 기초가 된다. 이러한 기초를 바탕으로 농업과 농촌지역에서 발생하는 각종 바이오매스 자원의 활용 방안을 잘 구축하고 시스템화하여 산업으로 성장시켜 나가야 한다. 이 산업은 녹색성장으로서 지역을 견인할 것이고 도시를 지탱하는 중요한 버팀목 역할을 할 것이다. 결국 농업 부문의 녹색성장을 통하여 양분의 순환 체계를 기초로 물질이 순환되고 이를 바탕으로 경제적 부가가치를 창출하는 산업으로 발전하여 안정되고 행복한 삶을 영위할 수 있겠다. 이를 위한 기초가 양분과 물질의 순환구조가 완성된 농업이다.

둘째, 녹색성장을 위한 지역농업 형태이다. '지역순환형 농업'이라 함은 지역(시/군, 마을, 농장) 단위에서 물질과 양분이 지역 자체 내에서 해결하여 균형을 유지하는 농업을 의미한다. 순환을 위해서는 환경적으로 건전하고 소득이 유지가 가능할 정도로 생산량이 고정되어야 하며 기술적으로는 유기농업 이상의 농업 형태가 이루어지는 양분과 물질의 순환 체계가 요구된다. 이렇게 지역에서 화학비료·화학합성 농약의 제로화를 실현하고 친환경농업을 주체로 환경건전성을 이루며 일자리 창출 및 농가 소득 향상을 극대화할 수 있도록 지역 내 자원이 순환되는 지속가능한 농업을 녹색성장을 위한 지역순환형 농업으로 정의한다. 또 자원순환형 농업지역을 하나의 유기적 복합체로 보아 다양한 농업·농촌 활동과 공간구조가 생태계의 속성인 다양성·자립성·안정성 등을 포함하는 인간과 자연이 공존할 수 있는 환경적·생태적 영농의 지속 가능한 농업을 녹색성장을 위한 '지역순환형 농업'이라고 정의할 수 있으며, 녹색성장의 사회를 논의함도 농업 부문에서는 최소한 이러한 형태가 기초로 시작되어야 한다.

3) 녹색성장과 녹색기술

저탄소 녹색성장 추진의 기본 원칙을 다루고 있는 동법 제3조 3항은 "녹색기술과 녹색산업을 경제 성장의 핵심 동력으로 삼고 새로운 일자리를 창출·확대할 수 있는 새로운 경제정책을 구축한다"고 규정하고 있다. 제4항은 "국가의 자원을 효율적으로 사용하기 위하여 성장잠재력과 경쟁력이 높은 녹색기술 및 녹색산업 분야에 대한 중점 투자 및 지원을 강화한다"고 적시함으로써 녹색성장정책이 정부의 신산업 육성 의지를 반영하고 있음을 분명히 하고 있다.

녹색성장이란 에너지와 자원을 절약하고 효율적으로 사용하여 기후 변화와 환경 훼손을 줄이고 청정 에너지와 녹색기술을 통한 경제와 환경의 조화로운 성장을 말한다. 녹색기술은 온실가스 및 오염물질의 배출을 최소화하는 기술이다(농촌진흥청, 2010.2: 12). 녹색성장은 온실가스 감축, 기후 변화 적응과 에너지 자립, 산업의 녹색화 등을 포괄한다. 기후 변화 대응과 온실가스 감축 및 국제 기후 변화에 대한 적극적 대응 방안이라는 점에서 맥을 같이한다.

국민 소득 증대를 위한 녹색기술 개발과 활용 등은 선진 농업기술 전수와 그 성공 확산을 위한 '국민운동'이 요구된다. 녹색 ODA를 정의하면, "녹색 ODA는 환경을 고려한 개발 협력, 개도국의 기후 변화 대응을 위한 감축과 적응을 지원하는 개별 협력"으로 정의된다. 녹색 ODA가 농업기술 지원을 통한 국격 제고와 해외 농업 진출(임상종, 2010), 첨단 녹색기술, 해외 농업기술 개발 등으로 접근할 수 있다.

한국 농업의 비교 우위 분야는 품종 육성과 작물 재배 기술, R&D, 미곡 증산 등 농업 개발 분야(허장·정기환, 2009: 81)이며, 농촌 개발 분야는 새마을운동, 정주생활권과 농어촌지역 종합개발, 농촌공업화, 농식품산업 육성 등에 있다.

2008년 현재 몽골은 채소 소비량의 30%를 자급자족하고 있으며, 시설 채소 재배는 0.5%에 불과하다(이현우·손정익, 2008.2). 몽골 정부는 2005년부터 2012년까지 2차 녹색혁명(green revolution national program)[4]의 일환으로 온실을 이용한 시설 채소 재배 전략을 추진 중이다.[5]

---

4) 몽골의 '녹색혁명' 국책사업은 가족 단위의 삶의 질을 높이며, 소득 증대, 빈곤 퇴치, 고용 창출을 목표로 한 사업으로 1997년부터 2004년까지 1차로 진행되었다(이해식, 2005: 58).

4) 녹색성장과 농업 ODA

농업 부문의 녹색성장은 지역별·수계별 환경용량을 고려한 재배 기술과 농법 전환, 환경친화적 저탄소 농업을 통한 성장을 말한다. 농업 부문 녹색성장은 친환경농업, 저탄소 농업 확대 및 지속 가능한 농업 체제로의 전환, 환경친화적 농업 기반 정비 등을 통하여 이룰 수 있다(김창길 외, 2010: 20).

농업의 녹색성장은 녹색농업(green agriculture)이다. 농업의 녹색성장은 3P, 즉 사람(people), 환경(planet), 이윤(profit)의 관점에서 접근 가능하다. 사람은 농업생산자·소비자·정책담당자 등을, 환경은 토양·물·공기 등의 관리를, 이윤은 녹색기술을 통한 경쟁력 제고 및 수익성 유지이다. 녹색농업의 지향점은 온실가스 감축, 녹색기술을 통한 환경 문제 대처 및 지속적 경제 성장이다(김창길 외, 2010: 21).

녹색성장 협력의 국제적 중요성은 녹색 ODA를 통한 협력, 경제발전 공유사업 등(기획재정부 대외경제국, 2009.10)을 전개할 수 있다는 점이다. 녹색 ODA는 2009년 14%, 2012년 18%, 2020년 30%로 증가할 것으로 예정되어 있다. 녹색성장과 ODA는 개도국 농업 개발 전수와 새마을운동 패키지를 동시적으로 활용한 접근의 유용성과 필요성을 국제 사회는 요청하고 있다.

개도국의 생산 분야 농업 ODA는 농업정책 및 행정관리, 농업 개발, 농지 개발, 농업용수원, 농업 관련 기자재, 식량 생산, 경제작물, 축산, 농지제도 개혁, 농업 관련 마약 대체 소득원 개발, 비정규 농업훈련, 농업 관련 교육 등으로 구성된다(한국수출입은행, 2009.10: 122).

2 몽골 ODA 지원 현황과 평가, 과제와 전망

1) 몽골 농업 SWOT와 사례

첫째, 몽골 농업을 SWOT 분석하면 강점은 광대한 토지와 풍부한 축산물, 러

5) 정부는 세계적 수준의 녹색기술 개발을 견인하기 위한 '글로벌 녹색기술상(global green technology award)'을 제정하였다. 녹색기술 개발에 앞장선 개인이나 기업 등이 수상할 수 있다(아시아경제, 2011.6.20).

시아 · 중국 · 중앙아시아 등 잠재시장 인접, 투자 인센티브에 내 · 외국인 차별이 없다는 점이다. 약점은 불리한 기후 여건, 철도 등 인프라 부족, 인구 과소화, 내수시장 협소, 농업기술 낙후, 대규모 농지 확보 곤란 등이다(허장, 2009.7: 66). 기회요인은 인프라 개선 추진, 곡류와 채소류 소비 확대 전망, 한국과 농업협력협정 체결 등을, 위협 요인은 중국의 진출로 전반적인 산업 장악력 확대, 2009년 러시아와도 농업협정 체결 등을 들 수 있다(이판용, 2010: 25).

둘째, 몽골 '할흐골' 사례이다. KOICA의 '할흐골' 지역 농촌 마스터플랜 지원사업은 2008년 5월 개발협력 차원에서 착수하여 2009년 11월 보고서를 몽골측에 전달하였다(이판용, 2010: 26). 이 사업은 동몽골 도르노드 아미막 할흐골 솜 지역의 27만ha 초원을 농업단지로 조성할 것을 권유하였다. 주로 밀, 감자, 옥수수, 채소류, 과일 재배가 가능하다. 철도 등 수송 체계를 계획 중이다. 강원도 농업기술원의 강원도 농업타운은 2004년부터 울란바토르에서 1시간 거리인 터브 아이막의 좀 모트 솜에 7ha의 농지를 60년 간 임대하여 토마토, 오이, 무, 배추 등 채소의 시범 재배에 성공하였다.

2) 몽골 ODA 지원사업과 부처별 프로그램 평가

한국의 ODA 지원은 외교부(KOICA)와 수출입은행이 주가 되지만, 그 이외 중앙부처와 지방자치단체들이 개별적으로 사업을 시행하고 있다(경실련 국제위원회, 2008.6). 예컨대 서울시는 강유역 개발을, 경기도는 교육을, 강원도는 새마을운동 경험 등을 지원하고 있다.

정부의 부처별 지원 내역을 몽골을 중심으로 살펴보면, 과기부의 개도국 과학기술 지원사업, 교육부의 개도국 교육정보화 지원, 해외 한국학 지원, 외국인 장학생 지원, 국세청의 국세청 공무원 교육 훈련, 노동부의 산업안전보건공무원 초청연수, 농림부의 축산물 개발 컨설팅, 문화재청의 문화재 보존과학, 보건복지부의 한방해외의료 봉사활동 지원, 산림청의 사막화 방지사업, 산업자원부의 아시아중소기업 경영인 연수, 외교통상부의 해외 한국전공 대학원생 장학제도, 한국어 펠로십 등이다(경실련, 2008: 19-26). 따라서 몽골 새마을운동의 성공을 위해서는 통합 매뉴얼 구축, 창구의 단일화, 전국 조직화, 지역 특성 반영, 빈곤 퇴치와 소득증대사업, NGO와의 협력 강화 등이 요구된다.

2010년 현재 몽골은 광산, 농업, 축산지역으로 구분하여 국가 발전을 주도할 계획이다(주동주, 2010: 8). 농업 ODA 활성화는 기후 변화 대응, 해외 식량기지 확보, 녹색소비시장 확대 효과와 농업의 해외 진출, 국격 제고, 국제 기여(농림수산부, 2010.6.3) 측면 및 자국의 녹색성장과 그 파트너로서의 몽골 지원에 따른 우호관계 구축과 식량자원의 확보, 비축 등을 견인할 수 있다.

특히 지원조직들의 구조적인 분화의 문제를 어떻게 체계적으로 구조화하여 거버넌스 구조화할 것인가가 당면 과제이다(김완배 · 김관수, 2010; 허장, 2009; 전운성, 2009).

3) 전망

KOICA의 농촌 개발 지원은 지속적으로 확대될 전망이다. 특히 한국의 새마을운동 성과에 힘입어 각 국제기구 및 개도국들로부터 새마을운동 사업 수요가 증가하고 있으며, 요청 분야도 기존 관개수로나 농촌 개발, 인프라에서 벗어나 농산물 가공, 소득 증대, 농업 기술 전수, 태양광 에너지 등 점차 다양해지고 있다. 따라서 농업 관련 기관 및 전문가와 KOICA 간의 네트워크 구축이 절실하다(박숙현, 2008: 8).

3 선행 연구와 분석의 틀

1) 선행 연구 분석

한국의 ODA(물자)와 새마을운동(정신) 경험을 연계(정기환, 2007; 최영출, 2008; 정갑진, 2008; 전운성, 2009.9; 김용택, 2009.9; 김용택 · 박경철, 2007; 장태평, 2010)하여 지원할 필요성은 여러 연구자에 의하여 제안되고 있다. 최영출(중앙일보, 2008.11.10)은 한국의 ODA와 새마을운동을 접목할 필요가 있다고 주장하며, 정갑진(2008: 35)도 ODA와 새마을운동의 연계 추진이 효과적임을 주장한다.

먼저 녹색 ODA 분야는 김완배 · 김관수(2010), 김창길 외(2010), 박종국(2010), 임상종(2010), 한국행정학회(2009), 정기환(2007) 등을, 둘째, 몽골 새마을운동 관련 연구물은 전운성(2009), 주동주(2010), 허장(2009.3), 이종수(2009; 2010a,b), 이종수(2011.6), 김형수(2008.12) 등을 들 수 있다. 이상의 주요 연구 내용을 〈표 11-1〉에 정리한다.

표 11-1 녹색 ODA와 새마을운동 선행 연구 분석

구분	선행 연구 분석과 차별성		
	연구 목적	연구 방법	주요 연구 내용
주요 선행 연구	김완배 · 김관수(2010), 한국과 몽골 간 해외 협력 사례	질적 접근	한국과 몽골 농업 ODA 활성화 방안
	김창길 외(2010), 농업 부문 녹색성장	〃	한국 농업의 녹색성장 전략
	임상종(2010), 농업 R&D 보급 사례	사례분석	해외 농업 R&D 보급 방안
	한국행정학회(2009), 한국의 치산녹화 성공 사례	〃	새마을운동과 치산녹화 사례
	정기환(2007), 개도국의 농촌 개발과 새마을 운동 분석	사례연구	베트남지역 사례분석과 KOICA 역할 정립
	최영출(2008), ODA와 새마을운동 연계	질적 분석	ODA와 새마을운동의 연계화
	정갑진(2008), ODA와 새마을운동 연계	〃	ODA와 새마을운동 연계
	전운성(2009), 국제농업 ODA사업 방향	〃	농업ODA 확산 방안
	주동주(2010), 몽골 새마을운동 전수사업조사	현지조사	해외 출장보고서
	허장(2009.3), 국제농업 협력 추진	질적 분석	국제농업협력 추진 전략
	이종수(2010a,b, 2011), 몽골 ODA와 새마을 운동 연계화	〃	몽골ODA, 농업 ODA, 새마을 거버넌스
	김형수(2008), 한 · 몽골 간 사회문화 거버넌스 구축	〃	한 · 몽골 간 거버넌스 형성 방안 제안
이 연구의 차별성	몽골 녹색 ODA와 새마을운동 연계화 전략을 통한 녹색성장과 새마을운동 발전 방안 제시	질적 접근	녹색농업 활성화와 새마을운동의 주민 참여, 소득 증대 유도를 통한 지역 개발 해법 제시

2) 분석의 틀

우리나라 농촌 개발의 경험과 새마을운동 경험, 개발 모델의 교훈과 적용, 공동체 중심 경쟁 원리와 리더십 등에 대한 효과성 등이 그것들이다. 개도국 몽골 녹색 ODA와 그 효과적 실행을 위한 새마을운동 연계 전략을 분석한다. 먼저 몽골 녹색 ODA 실태와 효과를 분석하여 녹색 ODA의 전환 과제를 찾고, 그 성공적 접근 대안으로 국내 새마을운동의 산림녹화 사례와 몽골 적용 및 연계 방안을 제시한다. 따라서 이 분석에서는 개도국에 적합한 새마을운동 모델 개발과 ODA와 새마을운동 성공을 위한 거버넌스 구축, 새마을운동중앙회의 역할 등을 중심으로 분석하고 대안을 제시하고자 한다.

제 3 절 몽골 녹색 ODA와 새마을운동 지원 성과

1 몽골 녹색 ODA 지원의 기조와 과제

1) 몽골 농업 ODA 전환의 기본 방향

농업 ODA 지원의 기본 방향은 첫째, ODA 지원사업에 대한 중장기적 종합대책 수립으로서 법 제정을 통한 농업 분야 지원 체제 조정이 요구된다. 둘째, 우리나라의 농촌 개발 경험의 적극적 전수로서 새마을운동을 통한 농촌 종합개발 방안을 전수한다. 셋째, 개도국에 대한 농촌 개발 전수의 조건 검토 등이다. 예컨대 수원국의 사회적 수용성, 경제적 수익성, 기술적 실행 가능성, 생산 활동 안정성 등이다(전운성, 2009).

개도국들이 새마을운동을 도입하고자 하는 목적은 주민 참여에 의한 생산 구조, 빈곤 퇴치, 의식 개혁, 성공적인 거버넌스 및 농촌 주민의 관리 능력 향상 등에 있다(정기환, 2007: 35-39).

2) 주요 과제

첫째, 국제 농업 ODA사업의 과제이다. 농업 분야 국제협력사업은 정부기관 사이의 협조, 조정이 이루어지지 못하고, 중복 투자로 비효율을 초래하고 있다. 따라서 농업 지원의 경우 농식품부와 연계한 협력 방안이 구체화될 필요가 있다(허장, 2009.9; 서울경제, 2011.7.20). 이 점에서 농업 분야 ODA 지원 시스템을 정비할 필요가 있다(장태평, 2012: 7). 특히 농업 개발과 ODA를 패키지로 추진해 해당국과의 파트너십을 강화하여야 한다. 2010년 현재 농업 개발, 자원 개발, ODA가 부처별로 각각 운용되고 있어 농업 개발을 담당할 컨트롤 타워를 구축해 시너지 효과를 높여야 한다(서울경제, 2011.7.20). 농업 분야 ODA 강화는 아프리카 개도국들에 대한 농업 ODA가 '한국형 원조모델'로 지원된다(MBN 뉴스, 2010.4.8). 콩고공화국은 '새마을 시범사업마을'로 추진 중이다.

둘째, 농업 ODA와 농촌새마을운동의 연계화 전략이다. 몽골새마을회는 비정부기구(NGO)로서 몽골지역의 몽골새마을회, 한국 파트너와 삼자 계약을 맺어 사업을 진행한다. 그러나 비정부기구라는 한계로 인한 애로가 많다(엥흐바야르 오랑거, 2009: 53). NGO보다 정부 차원에서 지원하여야 하며, 새마을교육의 지원 체제 구축이 요구된다.

셋째, 2009년 현재 우리나라 ODA사업은 각 기관별 경쟁적·독자적인 비통합 지원 성격을 띠고 있다. 따라서 농업 분야 ODA 지원 기조는 ① 수원국의 농업정책 참여, ② 개도국에서의 새마을운동 전수를 들 수 있다. 특히 개도국에서 농촌 개발을 위한 주요 수단으로 새마을운동을 통한 농촌 종합개발 역량의 제고 수단으로 개도국의 사회 개혁적 국민운동 분위기 조성이 요청된다. 농촌 개발은 경제적 측면뿐만 아니라 사회운동 차원에서 접근하여야 성공 가능하다.

2 몽골 새마을운동 지원 성과

1) 사업 내용

새마을사업의 주요 내용은 환경 개선, 소득 증대, 의식 개혁 등으로 살기 좋은 우리 동네를 만드는 것이다(새마을운동중앙회, 2000: 141). 1997년부터 개도국에 대한 본격적인 협력사업을 추진한 이후, 2007년 현재 13개국 64개 지역에서 다양한 현장 지도 및 지원사업을 전개 중이다. 주요 실적과 성과로는 몽골·콩고 등에 새마을회가 활동 중에 있으며, 자체 새마을지도자대회도 개최한다(정갑진, 2008.12: 32). 국가별 국제협력사업의 경우 몽골은 지역 개발, 소득 증대, 문화 교류, 묘목 식재, 대학생 봉사활동 등을 수행하며(정갑진, 2008.12: 37-38), 몽골 새마을회와 울란바토르 나랄이흐구(제1,3,4동) 등 8개구(郡, 道 포함)가 현지인 법인체와 협력하고 있다.

2) 사업 성과

새마을운동중앙회는 지난 2004년부터 몽골과의 새마을 협력사업을 8개 시군 지역에서 마을 안길 포장, 공동 우물·새마을센터·새마을문고 설치, 시범목장 운영, 목욕탕 건립, 게르(몽골식 주택) 지원, 재활용 공장, 묘목장 등 농촌지역의 환경 개선과 소득증대사업을 지속적으로 추진해 왔다. 특히 2010년도에는 '그린 몽골리아, 그린 새마을운동'을 중점 사업으로 추진하며, 현지 새마을지도자 육성을 위하여 자체 새마을연수원 건립을 계획하고 있다. 현재 몽골은 2004년 11월 정부로부터 법인으로 등록된 자체 새마을회가 구성되어 20개 지부 2800여 명의 회원을 확보하여 새마을정신을 바탕으로 농촌 정착을 위한 자립 의지를 키워 나가고 있다. 구체적으로는 2004년 한국의 비정부기구(NGO)로서 몽골새마을회(경기도지부)를 설립하여 공동 우물, 가내수공업 등(새마을운동중앙회, 2005)의 주요 추진사업을 수행하였다(엥흐바야르 오랑거, 2009: 40-43).

경기도 새마을부녀회는 2010년 8월 25일 울란바토르시 나랄이후구 알타익 마을과 새마을운동 공동협력사업 추진을 위한 협약을 체결하였다(경제투데이, 2010. 8.31). 이어 나랄이흐구 1동 'KHUL 나랄이후공원'에서 '경기도 녹색공원 조성사업 준공식과 현판 제막식을 가졌다. 그 동안 경기도는 공동 우물 조성, 새마을회관 건립, 공동 채소밭 조성, 젖소목장 운영, 양모 생산, 쓰레기 재활용 공장 설치 등과 '근면, 자조, 협동'의 새마을정신을 전파하였다. 올해부터 '녹색사업'으로 외연을 넓히고 있다.

국민들은 점차 공동 우물, 공동 채소밭으로 가계소득이 증가하자 "자주사상이 싹트게 되었다"며 새마을정신을 높이 산다고 한다(마리나, 2010 참조). 대구 구미시도 수하바트라 바룬시에 '구미새마을 거리(Gumi Saemaul Street)'를 건립하여 새마을운동을 전파하고 있다(대구신문, 2010.7.7).

3) 몽골 새마을교육 효과

콜케이 마리나(몽골 새마을회장) 회장은 "2009년 몽골 새마을교육"을 근래 발제하였다(경운대 새마을아카데미, 2010.9.29). 교육 주제는 새 아침-'새로운 아침이 밝아온다'로서, 교육을 받아 무지와 아집에서 눈을 뜨고 다 함께 잘살아보자는 것으로, 주요 내용은 새마을교육을 왜 하여야 하는가? 몽골에서 많은 NGO가 수십 년간 몽골에 지원을 해 주고 있지만, 스스로 자립이 이루어지지 않는 것은 도움을 주기만 하였을 뿐 생각을 바꾸는 교육은 시키지 않았기 때문이다. 60년 이상을 러시아로부터 지원을 받았고, 러시아가 떠나고 난 후 20년 동안을 해외 NGO로부터 도움을 받았다. 하지만 새마을운동은 이전의 원조 방식과 다른 점이 있다. 그것은 그저 지원만을 하는 방식이 아니라 스스로 일어서게 하는 방법을 가르친다는 점이다. 새마을운동에서 가장 배울 만한 점은 바로 '근면, 자조, 협동'의 기본 이념을 통하여 사람들을 교육시키는 것이다. 그 점이 중요하다고 생각되었기에 처음으로 몽골 자체에서 새마을교육을 몽골 새마을회에 의하여 시행하게 된 것이다.

첫날에는 교육생들이 쉬러 온 줄 알고 여유를 갖고 하였지만, 이튿날부터 시작된 빡빡한 일정에 모든 사람이 긴장하여 다들 진지해지고 열심히 교육을 받았다. 그리고 내년에도 새마을교육에 참가하기를 바란다는 사람들이 많았을 정도로 첫 번째 교육은 성공리에 잘 마무리될 수 있었다. 교육을 받고 난 후의 효과들은 교육을 받지 않은 다른 도, 시, 군, 구에서 교육에 대한 문의가 많이 들어오고, 일반인들도 많이 연락한다. 몽골새마을회 스스로 교육도 시킬 수 있고, 교육 프로그램을 만들어 갈 수 있다는 것을 증명하였다.

4) 몽골 지도자의 견해

새마을운동중앙회는 2004년부터 몽골 15개 지역에서 환경 개선 및 소득 증대 등의 새마을사업을 펼쳐오고 있다. 몽골은 현재 자체 정부에서 NGO로 승인한 몽골새마을회가 조직되어 2,750여 명의 회원이 활동하고 있다.

2010년 2월 새마을운동중앙회를 방문한 담딘 뎀베렐 몽골 국회의장 일행은 이재창 새마을운동중앙회장과의 환담을 통하여 한국의 새마을운동은 몽골에 꼭 필요한 운동인 만큼 몽골 정부 차원에서 추진해 나갈 뜻을 밝혔다(새마을운동중앙회, 보도자료, 2010. 2. 23). 김형오 국회의장의 초청으로 방한한 담딘 뎀베렐 국회의장 내외와 국회의원 등 16명의 방문단은 새마을운동에 깊은 관심을 내비치면서 지금까지 새마을운동중앙회가 몽골에서 추진해 왔던 협력 방식이 정부와 공식적으로 이루어지기를 희망한다고 말하였다. 테르비 쓰닥바 몽골 국회의원은 "몽골은 갈수록 농촌 인구가 도시로 집중되고 있고 최근에는 한파로 인하여 많은 가축이 죽는 등 농촌의 어려움이 가중되고 있어 한국의 새마을운동이 매우 필요하다"고 전제하고 새마을운동의 몽골 내 활동을 정부와 협력하여 추진하면 더 큰 효과를 기대할 수 있다고 말하였다. 그러면서 새마을운동 협력사업을 정부에서 공식적으로 출범할 수 있도록 국회에서 적극 지지해 나갈 것이라고 밝혔다(이종수, 2010.12a).

5) 새마을운동의 성공 요인 평가와 교훈

새마을운동의 성공 요인은 정신적 측면(의식 개혁)과 경제적 측면(정부 지원)을 통합 추진시켰다는 점이다. 그리고 새마을운동의 프로세스는 정부와 농촌 주민 간의 긴밀한 상호 협력으로 조직화된 민과 관의 협력사업이었다. 새마을운동의 참여 동기는 자기 마을 개발과 이웃 마을보다 앞서려는 욕구였다. 이러한 새마을운동의 효과는 농촌 환경 개선, 기초마을의 자립마을 전환, 농가 소득 증대, 관 주도 하향식 농촌 개발 등으로 회자된다.

새마을운동의 몇 가지 교훈을 제시하면(정갑진, 2008.4: 53), 사회운동의 시작과 끝은 의식개혁운동이라는 점이다. 계몽성만으로는 안 된다. 정부의 적절한 지원이 동기를 유발한다. 과도한 지원은 역기능을 낳는다. 이념보다 실천이 중요하다. 주민 참여적·주민 주도적 운동이어야 한다. 지도자가 솔선수범하여야 한다. 성공사례의 보급과 지도자 양성(교육)이 중요하다. 여성 참여가 확산되어야 한다는 점과 지도자에 대한 동기부여가 되어야 한다(오무근, 1990) 등을 들 수 있다.

6) 제도적 한계와 과제

첫째, 그 동안 정부의 새마을운동 보급은 매우 소극적이었다. 한국국제협력단(KOICA)의 경우 외통부 산하로 새마을운동은 지도기관인 행정안전부와 업무 연계성이 낮았다(정갑진, 2008.12: 34). 국제협력단의 경우 각국 개도국 대상 농촌 개발 관련 연수는 많은 기관, 단체에서 나누어 실시하고 있으나, 새마을교육에 관한 표준화, 전문화 미비로 통일성이 없다는 점이다. 참고로 KOICA의 주요 연수 과정 프로그램별 연구기관을 〈표 11-2〉에 제시한다.

둘째, 저개발국에서는 새마을운동에 관심이 많으나 교육비 부담 등의 문제가

표 11-2 KOICA의 주요 연수 과정

연수 과정	주연수기관	연수 기간
미곡 생산 기술	농촌진흥청	8주
원예 재배 기술	경북대 국제농업훈련원	4주
가축 인공수정과 수정란 이식수술	농촌진흥청 축산연구소	4주
잠업기술	농촌진흥청 농업과학기술원	5주
관개 개발 및 농업용수 관리	한국농촌공사	2주
농업금융과 협동조합	농협대학	2주
농업발전정책	한국농촌경제연구원 농촌진흥청	2주
새마을운동	새마을운동 중앙연수원	2주

자료: 김용택 · 박경철(2007: 157).

있다.

셋째, 새마을운동 체험시설이나 견학 대상 마을이나 농촌이 없다(김용택 · 박경철, 2007: 165).

넷째, 개도국 특성에 맞는 새마을사업 모델 개발이 요구된다.

다섯째, 전문 인력의 부족이다(정갑진, 2008).

여섯째, 개도국에 적용할 매뉴얼이 부족하다는 점이다(김용택 · 박경철, 2007: 164-165).

일곱째, 기타 과제로 ODA의 효율성과 지속성 결여도 문제이다. 주인 의식과 안정적 재원의 결핍이다.

따라서 이 둘을 결속시킬 수 있는 방안의 하나가 ODA와 새마을운동의 거버넌스 체제 구축이다. 국제 협력과 관련된 정부기관 사이의 유기적 협조나 조정이 없다는 것도 큰 문제이다(허장, 2009.9.4). 즉, KOICA의 ODA 등의 해외 지원사업에 농업이나 새마을운동 관련 기관의 공식적 참여가 없어서 동일한 국가에 개별적으로 원조나 투자가 이루어져 시너지 효과가 떨어지고 공공 부문의 공적 원조가 민간 부문의 해외 농업 진출의 기반을 제공하지 못하고 있다(허장, 2009: 8). 개도국에 ODA와 새마을운동을 접목하면 성공 가능성이 높기 때문에(전운성, 2009.9) ODA의 한국적 모델을 새마을운동과 접목해서 전개할 필요성이 제기되는 것이다.

제 4 절 몽골 녹색 ODA와 새마을운동 전수 전략

1 모델 개발과 수출 방향

1) 모델 개발

한국이 빈곤을 극복한 주요 방안의 하나가 새마을운동이다(김용택・박경철, 2007: 64-65; 정갑진, 2008: 49). 르완기 키메니 미국 브루킹스연구소 국장은 "아프리카 개발모델은 한국의 새마을운동"이라면서, 1960년대 한국과 아프리카는 개발 수준이 비슷하였으나 오늘날은 여러 면에서 격차가 크다면서, "한국은 안정적 정부, 선택적 투자, 훌륭한 기반시설, 높은 교육열 등으로 성장한 반면 아프리카는 그렇지 못하다"고 밝혔다(연합뉴스, 2010.10.14). 따라서 국제 농촌개발 협력의 기본 모형으로서는 첫째, 새마을운동을 채택하는 것이 바람직하다. 개도국들의 여건은 우리나라의 1970년대와 유사하다. 이 운동의 성과로 도・농 간 격차 해소, 마을 환경 개선 등을 이루었음을 보았을 때 개도국의 문화에 적합한 방식을 개발하여 적용시켜야 할 것이다. 둘째, 한국형 지원 모델로서의 새마을운동의 전파 활성화이다. 2007년 현재 몽골을 포함한 전 세계의 개도국들은 1970년대 우리나라가 새마을운동을 시작할 때와 여건이 유사하다. 새마을운동의 성과는 도・농 간의 소득 격차가 해소되고 마을 환경이 개선되는 등 많은 성과를 얻었으며, 개도국들도 이와 같은 성과를 기대하고 있기 때문이다. 따라서 수원국(몽골)에 적합한 농촌 개발계획을 수립하여야 할 것이다.

2) 새마을운동 수출의 기본 방향

기본 방향으로는 한국형 모형의 우수성 천명, 차별화, 개도국과 통상・외교 수단 활용, 식량 수급 안정화 유도 등이다(김용택・박경철, 2007: 161). 또한 중점 지원 대상 국가를 지정하고 협력 가능 분야 지원, 협력사업 발굴과 사업자 선성의 투명화, 사업 지원 방식의 개선, 추진 체계의 정비 및 사업 효과성 평가와 홍보가 요구된다(허장・정기환, 2009.3).

한국형 국제 농촌개발 협력의 비전은 한국의 경제 성장 과정에서 축적된 한국 농업 발전과 농촌 개발 경험을 개도국에 전수함으로써 국제 사회의 빈곤 해소에 기여하고자 함이다. 한국형 국제 농촌개발 협력의 사명은 지속 가능한 농업 성장과 농촌 개발을 통하여 국가 소득을 향상시키고 고용 기회를 높여 개도국의 기아 해결에 기여하는 것이다(김용택 · 박경철, 2007: 159). 기본 방향은 ① 국제 보급 업무 기구 설치, ② ODA사업의 새마을 방식 적용, ③ 정부 각 부처와 연계 추진, ④ 전문요원 양성 및 현지지도 지원 업무의 체계화이다(정갑진, 2008.12: 32).

3) 물질적인 지원과 정신 개혁 측면의 동시적 접근

개도국에 대한 새마을운동 전수와 관련 개도국에서의 농촌 개발을 위한 다양한 프로젝트가 수행되고 있으나 농촌 개발을 위한 새마을운동을 주요 수단으로 활용하여야 할 것이다. 즉, 개도국의 사회 개혁에서 적극적인 국민적 운동 분위기 조성이 요구된다(전운성, 2009). 농촌 개발은 사회 개발 캠페인을 통하여 전개할 필요가 있다. 따라서 농촌 ODA자원을 새마을운동의 농업, IT 등 어떤 부문에, 어떻게 확대할 것인가라는 문제와 한국 정부의 대몽골 ODA 규모, 몽골 정부의 개발 수요 다양화에 대비, 기타 분야 우수사업 추진이 동시적으로 요구된다(엥흐바야르 오랑거, 2009: 51).

4) 해외 전수의 주요 내용

KOICA는 UN을 통하여 한국의 새마을운동 방법론에 입각한 세계의 빈곤 문제 해결 방안을 제시할 수 있다. 또한 KOICA가 제공하는 무상원조 사업에 개도국의 빈곤 퇴치와 농촌 개발 모델로 한국의 새마을운동을 우선 지원할 수 있도록 정책 전환이 요구된다(정기환, 2007: 57-58).

첫째, 농촌 개발 모델의 체계화로서 강원도 새농어촌건설사업이나 경상북도의 새마을운동은 21세기형 새마을운동으로 체계화하여 새마을운동의 현장을 복원하여야 하며, 새마을 발전 모델을 정립하여야 한다. 둘째, 전수 방법 개선이다. 먼저 새마을운동에 대한 교육은 국내에서 새마을운동이 발생한 배경, 이론적 틀, 수원국의 고려 사항, 실행과 평가 방법 등이 구체적이고 체계적으로 전달되어야 한다. 셋째, 새마을운동이 훈련을 통하여 체계적으로 전달되기 위해서는 교육 목적에 맞는 교과목과 교재가 개발되어야 한다. 넷째, 새마을운동을 체계적으로 강의하고 계획을 수립, 자문하고 수립된 계획을 실천하는 현장에서 활동할 국제적 수준의 전문가가 육성되어야 한다. 여기에서 새마을운동 전문기관이 그 임무를 맡아 수행하는 것이 요구되는 것이다.

2 새마을운동의 국제화

1) 국제화

새마을운동은 국제 사회에서 가장 성공적인 지역사회 개발 모델로 평가받는다(경상북도, 2008: 132). 또한 대다수의 개도국과 사회주의 국가들로부터 많은 관심을 이끌어내고 있다. 따라서 구체적인 국제화 전략 마련이 요구되는 것이다. 첫째, 새마을운동 국제화의 필요성은 국가적 자산으로서 해외 전파, 국익의 제고, 조직의 생존과 발전의 측면에서 접근할 수 있다. 국가적 자산으로서 해외 전파는 새마을운동의 정신문화적 가치의 전수이다. 새마을운동을 통하여 국가의 이미지를 제고하고, 그 결과로서 국제정치와 경제적 이득을 얻을 수 있다. 국내에서의 새마을운동 위기를 해외 진출을 통하여 새로운 시장 개척으로 극복하는 것이다. 둘째, 새마을운동 국제화 방향은 새마을운동의 개방화, 세계화, 현지화 전략이 요청된다.

새마을운동중앙회(2000: 550)의 조사는 새마을운동 경험의 후진국 지원에 관하여 일반인(81.8%), 새마을 관계자(89.1%)가 공감한다고 응답한다.

2) 국제 협력의 목적

새마을운동 국제화의 목적은 첫째, 우리의 발전 경험을 나누는 지구촌 가족으로서의 의무를 다하기 위함이며, 둘째, 글로벌 세계에 새마을운동의 가치와 위상을 제고하기 위함이고, 셋째, 국격 향상, 자원외교 촉진 및 해외 진출 기업의 현지화에 기여하기 위함이다(새마을운동중앙회, 2009: 137).

국제협력사업 역점 국가들의 경우 아시아는 몽골 · 캄보디아 · 네팔 · 미얀마 · 라오스 등이며, 아프리카는 콩고 · 코트디부아르 · 탄자니아 · 우간다 등이다(새마을운동중앙회, 2009: 141). 개도국들에 대한 주요 사업 내용은 환경 개선(마을공동사업과 개별가구사업), 소득 증대(마을 공동기반시설, 가구소득증대사업), 의식 개혁(정신교육과 문화 의식, 교류와 인보) 등을 주로 한다.

3) 개도국에의 시사점

첫째, 주민 참여에 의한 농촌 생산 기반 구축이라는 사실이다. 한국은 농촌 빈곤 문제를 새마을운동을 통하여 해소하였다(정기환, 2007: 38). 둘째, 성공적인 빈곤 퇴치이다. 개도국들은 UN이 제시한 MDGs의 달성을 위하여 노력하나 적절한 수단을 찾지 못하고 있는데, 우리의 새마을운동은 빈곤을 해소할 수 있는 실용적 수단이 될 수 있다. 셋째, 새마을운동은 물적 성장뿐만 아니라 농촌 주민들의 태도와 가치관의 변화를 촉발시킨 의식 개혁이라는 점이다. 새마을운동은 빈곤과 무기력에서 벗어날 수 있는 자신감을 심어주었다. 넷째, 성공적인 거버넌스 모델이다. 새마을운동은 주민들이 마을 개발에 대한 장기 비전을 세우면 정부가 예산을 지원하여 정부와 주민이 함께 지역사회 문제를 해결해 나가는 거버넌스형 발전 모델이었다(정기환, 2007: 37). 다섯째, 주민의 관리 능력 향상이다. 주민들은 자신들의 문제에 대하여 스스로 해결 방안을 강구하는 능력을 배양하게 되었다.

3 녹색 ODA와 새마을운동 연계화 방안

1) 녹색농업 ODA와 새마을운동 연계 거버넌스

개도국에서는 농촌 개발을 위한 다양한 프로젝트가 이루어지고 있으나, 농촌 개발을 위해서는 새마을운동을 주요 수단으로 활용할 필요가 있다(전운성, 2009). 개도국의 경우 사회 개혁을 위한 적극적인 국민적 운동 분위기가 미진하다. 한국의 새마을운동은 성과 입증에 따라 국제기구 및 개도국으로부터 사업 수요가 지속적으로 증가하고 있다. 따라서 농업, 전문가, KOICA 간에 네트워크 구축이 요구된다(박숙현, 2008: 9).

협력 수단은 ODA 사업 간 연계 강화를 위한 거버넌스 접근이다(장태평, 2010:

8). ODA 지원을 위하여 국내외 비정부기구(NGO)들과 정례적인 협의와 홍보, 사업부서와 유기적인 관계 활성화가 요구된다. 기타 국제 사회와 공동 프로젝트 개발(장태평, 2010: 8) 등을 들 수 있다. 2009년 11월 19일 국무조정실은 미국의 국제개발처(USAID)와 공동국제개발원조 프로젝트를 추진하기로 하였다(매일경제, 2009. 11.21). 한국은 미국과 공동으로 개도국에 무엇이 필요하며, 어떻게 하면 빈곤을 해결할 수 있는지 등에 대한 경험과 노하우를 모델화한 협력 모델을 개발하기로 하였다.

공동체 거버넌스는 특정 지역 공동체와 파트너십을 중심으로 성공하였다. 예컨대 협동조합, 청년회, 부녀회 등의 공동체적 접근이 그것이다. 2008년 현재 외교부에 등록된 NGO는 사단, 재단, 공익법인 모두 384개 법인이며, 자치단체별 몽골 교류 대상은 모두 286곳이다(한국국제보건의료재단, 2011: 110; 김형수, 2008: 113-114).

새마을운동의 공·사 거버넌스 구축으로 새마을운동 수출의 안정화와 공신력을 증대시킬 수 있음과 동시에 새마을운동의 체계적 추진, 국가 이미지 제고, 국제리더십 확대, 개도국 자력갱생 유도 등에 효과적이다.

2) 녹색 ODA와 새마을운동 성공 요인

새마을운동의 성공 요인으로는 마을 단위 개발, 상향식과 하향식 개발의 조화, 종합 개발 방식, 인센티브 방식, 벤치마킹 방식의 도입, 새마을지도자 육성, 범정부적 추진 체계, 정신 계발 등이다. 새마을운동이 집합적 목표를 설정하고, 설정된 목적들을 성취할 우선순위를 설정하며, 효과적인 수단을 발전시키고 집행하기 위해서는 효과적인 거버넌스 시스템이 요구되었다. 새마을 거버넌스 시스템은 정부기관, 새마을지도자, 이장 등과 농민, 4H그룹 등 각종 집단의 네트워크들이 광범위하게 참여하는 데 유용한 시스템이 되었다.

따라서 첫째, 잠정적 대안 모색으로는 ① 농촌의 환경 개선 등 근대화 접근, ② 다민족 국가인에게 한국적 단합정신 접목, ③ 2009년 현재 몽골은 유엔의 새천년개발 목표(MDGs)에 의하여 국가 개발 장기전략을 추진 중이므로 이에 부합할 수 있는 ODA와 새마을운동사업의 접점을 구축할 필요가 있다. 둘째, 새마을운동 성공 요인으로는 자조정신이 중시되어야 한다(엥흐바야르 오랑거, 2009: 36-52). 한국의 새마을운동은 국제화를 통한 국가 브랜드 가치 향상 및 국익 창출에 기여할 목적으로 농촌지역 숙원사업 해결을 통한 주민 삶의 질 향상, 빈곤 퇴치, 민간 교류 협력을 통한 한·몽골 우호 증진을 목적으로 한다(새마을운동중앙회, 2004: 85). 셋째, 새마을운동의 스토리텔링으로서의 '새마을 노래' 보급이다. 새마을 노래, 안길 포장, 지붕 개량, 가내수공업 활성화의 유인 체계를 노래를 통하여 의식 속에 주입함으로써 아이덴티티를 구축할 수 있으며, 21세기 감성사회에 양념이 될 수 있다. 끝으로, 지역협동조합 등 공동체 조성이 필요하다. 즉, 공동체 개발, 시민사회, 민간 부문의 개발 측면으로 수요자의 필요와 우선순위에 반응하기 위함이다. 공동체 구성원들의 협력 개념이 도입되어야 한다. 새마을사업 성공 사례를 보면 먼저 마을공동체 중심의 접근이었다는 점이다. 공동체 거버넌스는 특정 지역 공동체와 파트너십을 중심으로 성공하였다.

4 지원 체제 정비와 과제

세계적으로 주목받고 있는 우리나라의 새마을운동은 단기간의 '한강의 기적'을 이룬 핵심적 가치로 알려지면서 저개발국들로부터 끊임없이 개발 경험 전수를 요청받고 있다. 최근 몽골·캄보디아·네팔 등이 그들이며, 새마을운동 보급 효과는 ODA의 보완과 국가 브랜드 가치 제고를 통한 국격 향상에도 도움이 된다. 농업 개발과 ODA를 패키지로 추진하여 해당국과의 파트너십을 강화하여야 한다. 특히 농업 개발, 자원 개발, ODA가 부처별로 각각 운용되고 있어 농업 개발을 담당할 컨트롤 타워를 구축해 시너지 효과를 높여야 한다(서울경제, 2011.7.20).

UN ESCAP(유엔 아시아태평양지역 경제사회이사회)는 녹색성장과 녹색 ODA가 성공적이려면 정부, 민간, 시민사회의 적절한 역할 분담을 통한 거버넌스 구조가 이루어져야 한다고 강조한다(김창길 외, 2010: 126-127).

정부는 녹색 체제로의 시스템 변화 유도, 민간은 환경과 경제의 통합과 시너지 창출을 위한 기술 혁신 제공을, 시민사회는 생태효율성에 대응할 수 있는 라이프스타일로의 편입을 촉진하여야 한다.

1) 지원조직별 역할 분담

첫째, 주체 간 역할 분담이다(김용택 · 박경철, 2007: 166; 정갑진, 2010: 96).[6] 한국형 국제농촌개발협력사업의 추진 주체로는 '국제 농촌개발 협력을 시행한 기관'들 간의 새마을운동 거버넌스를 구성하여 접근할 필요가 있다. 2009년 현재 농촌 진흥이나 새마을운동 등 농촌개발 시범사업은 농촌경제연구원 산하 아시아농업연구센터(AARC)가 담당하고 있다. 따라서 농업 ODA와 농업기술 인프라 등과 자조, 자립적 농촌 개발 철학 등을 연계한 접근과 독립기구가 요구된다(정갑진, 2008).

유관 기관으로는 외교통상부, 지식경제부, 행정안전부, 농촌연구원, 농촌공사, 농촌진흥청, 유통공사, 자치단체, 새마을운동중앙회 등으로 이들을 민관협의체, "국제새마을운동협의회"(가칭)를 조직할 필요가 있다(장태평, 2010: 5-6). 기존의 패키지형 ODA에 더하여 새마을운동 전수를 가미시켜 접근할 수 있다. 즉, ODA와 농촌 개발에 더하여 새마을운동 노하우를 접목시켜 구체화하는 접근이다.

국내 · 외 중앙 · 지방조직과 NGO 등의 연계 조직화로 '협의회'의 의결 사항을 집행 관리하는 하부기구로 사무국을 둘 필요가 있다. 거버넌스 관리 주체는 새마을운동중앙회 국제본부 기능을 확대시켜 접근하도록 하는 방안을 강구한다. '협의회'의 구체화 방향과 내용으로는 예컨대 정부, 민간, 유관 기관, 경제단체 등을 조율하며 새마을운동 세계화 업무를 총괄하고 조정하는 것이다. 이 기구(협의회와 사무국)에서 외국인 새마을 연수의 창구 일원화에 의한 새마을교육의 품질 제고 및 프로그램 개발, 강사 풀의 운영 등을 통한 지원 체제도 확립한다(이종수, 2010.12a).

특히 녹색 ODA 지원 방향과 프로그램 결정 시 '협의회'의 의견을 제도적으로 반영하는 장치가 구비되어야 할 것이다.

이러한 공 · 사 간 거버넌스는 예컨대 국내외 NGO 등과 공사기관, 전문가 등이 망라된 상설기구로서의 협의회 구축을 통하여 접근한다. 2010년 현재 한 · 몽 간 거버넌스를 예시하면, 예컨대 아시아농식품기술협력협의체(AFACI)가 2009년 11월 출범하였다. 회원국은 몽골, 방글라데시, 캄보디아, 라오스, 네팔 등이다(농촌진흥

---

6) 감사원은 ODA 자금 집행의 효율화를 위하여 중 · 장기적으로 원조기관의 정책, 집행 단일화 방안을 주문하였다(서울신문, 2011.5.27). 2010년 기준 우리나라 ODA 사업 규모액은 1조 2,000억원이다.

청, 2010). 또한 농업연수생 연합체 결성 및 시범사업 확대로 몽골, 필리핀, 인도네시아, 태국, 베트남, 스리랑카, 캄보디아, 미얀마 등과 거버넌스가 형성되어 있다(임상종, 2010.6: 57).

구체적인 사업 협력 사례를 예시하면, 몽골의 '녹색혁명'사업 총괄기관은 식량농업부(정책 시행 및 조정국)이며, 기술적으로 작물 생산 및 농업기술팀이 지원하고, 울란바토르 지역온실은 식량농업부에서 관리하며, 다르항 지역온실은 다르항 식량농업청이 관리하며, PSARTI에서 기술 지원한다(이현우·손정익, 2008: 35). KOICA에서 선정한 사업 시행자는 KOICA를 창구로 하여 몽골 식량농업부, 다르항 식량농업청, PSARTI와 협의하여야 한다. 원활한 사업 운영관리를 위하여 다르항 지역은 몽골농업대학 소속인 PSARTI의 전문가들이, 울란바토르 지역은 몽골농업대학 전문가들이 운영 및 기술 지원에 참여한다(이현우·손정익, 2008: 34-35). 한국은 정부간 협의는 주몽골 KOICA 사업소가, 시행기관 간 협의는 KOICA 지역개발팀이, 사업 시행자 간 협의는 사업 시행자가 담당하고 있다.

2) 새마을운동중앙회 사업 추진 방향

첫째, 정부와 NGO의 역할 분담이다(정갑진, 2010: 96). 정부는 투자 프로젝트와 기술 훈련 등을, NGO는 현지 주민 정신교육, 소규모 지역개발사업, 지역인재육성 업무를 위임받는다. 둘째, 시범지역과 마을의 선정은 상호 경쟁과 평가에 의한 선별 지원을 한다. 셋째, 새마을운동 보급 국가에는 반드시 1개소 정도의 '새마을연수원'을 건립하여 지원종합센터로 활용하여야 한다. 끝으로, 새마을운동의 보급은 단계별로 육성하되 중점사업은 철저하게 교육 지원과 연계하여야 한다는 점이다.

새마을운동 지원사업의 경우 새마을운동중앙회는 새마을지도자 양성, 농촌진흥청은 농업기술 접목을, 기획재정부는 대규모 인프라 지원 등으로 특성화할 필요가 있다(서울신문, 2010.12.22). 특히 중앙회는 그 동안의 경험 축적을 토대로 ODA 수원국의 기초조사, 새마을 현지 교육, 국내 교육, 기타 사업 평가 등을 미션으로 한다. 2009년 현재 농수산식품 분야 국제 협력 업무는 농수산식품부가 농업 ODA 총괄 기획과 집행을, 기타 산하기구와 민간기관이 분담하고 있다(허장·정기환, 2009.3: 107). 따라서 농업 ODA 강화 방안으로 최빈국을 대상으로 농업 ODA를 먼저 지원하여야 하며, 사업 간·부처 간 연계가 강화되어야 한다(장태평, 2010: 6-8).

특히 몽골 새마을운동의 성공을 위해서는 통합 매뉴얼 구축, 창구의 단일화, 전국조직화, 지역 특성 반영, 빈곤 퇴치와 소득증대사업, NGO와의 협력 강화 등이 요구된다(주동주, 2010.7: 2).

(1) 새마을운동 교육 지원 특성화

새마을운동중앙회의 미션을 다음과 같이 몇 가지로 제시한다. 첫째, 무엇보다도 새마을교육, 지도자 교육, 공무원의 교육적 접근의 필요성이다(오무근, 1990: 214). 새마을지도자의 책임감, 설득력, 박력, 결단력 등이 높을수록 새마을사업에 효과적이었음이 입증되었다. 특히 지도자의 태도와 관심, 인간 관계, 역할에서는 상담자와 조정자 역할이 효과적이었다. 구미시는 2010년 6월 15일~25일까지 몽골 지도층에 대한 새마을운동 국제화교육을 실시하였다(경북 TV뉴스, 2010.6.16). 새마을운동의 이념, 추진 과정, 경험담, 체험 등의 내용으로 이루어졌다. 둘째, 몽골 새마을중앙연수원 건립의 필요성이다(마리나, 2010.9.29; 정갑진, 2010). 우물 파고 다리 놓는 것도 중요하지만 새마을운동 적용을 좀 더 전략적으로 확대하기 위해서는 몽골 새마을운동중앙연수원(가칭)을 건립하여 좀 더 체계적으로 접근하는 것이 효율적이다. 셋째, 새마을 해외봉사단 파견(경상북도, 2008), 넷째, 새마을 해외 자매 결연 활성화도 효과적이다.

(2) 시범마을 육성 사례

먼저 시범마을을 육성하여 점차로 확산시킨다(정갑진, 2010: 93). 주체는 국내의 컨설팅, 해당 마을과 자치단체의 거버넌스 구조를 통하여 접근한다. 현지문화 중심적 접근을 도모한다. 동기부여와 종잣돈이 지원되어야 한다. 주요 성공 요인으로는 '새마을연수원' 건립을 통하여 접근한다(정갑진, 2010: 96). 또한 단계별 사업 지원과 교육이 병행되어야 한다(정갑진, 2010: 97). 아프리카 개도국들에 대한 농업 ODA가 '한국형 원조 모델'로 지원된다(MBN뉴스, 2010.4.8). 콩고공화국은 '새마을 시범사업마을'로 지원 중이다.

몽골은 OECD/DAC 의 수원국 중 하위 중간 소득국이며, 베트남은 저소득국, 캄보디아와 라오스는 최빈국이다(DAC List of ODA Recipients, OECD/DAC, 2009). 농림수산 분야 국제 협력 중점 대상국도 캄보디아, 라오스, 베트남, 몽골 등이다(허장・정기환, 2009.3: 78-79). 한국국제협력단(KOICA)의 국제 협력 대상국도 대동소이하다. 새마을운동 세계화사업 시범마을, 우물 파기 사업, 채소 재배사업, 지붕 개량사업, 교량 건설사업, 새마을문고사업 등을 실시 중이다(주동주, 2010.7: 15). 시범마을 사례를 예시하면 아래와 같다(이종수・권찬호, 2011.6: 84-85).

첫째, 베트남 사례이다. 베트남 새마을사업의 성과 평가를 직접 효과와 확산 효과를 중심으로 분석하면, 먼저 직접 효과로는 관개수로 개량과 가뭄 해소, 신용사업자금 융자 혜택, 부엌과 화장실, 샤워장 신설 등이다. 확산 효과는 코이키면, 현릉마을 사례가 있다. 현릉마을은 베트남식 새마을운동(Lang Moi)을 시행 중이다(정기환, 2007: 52-54).

둘째, 라오스 사례이다. 라오스의 경우 기존의 ODA에서 효율화를 위한 방안으로서 라오스 현지 담당자(KOICA)와 아시아개발은행 직원과 인터뷰한 결과를 정리하면, 라오스는 ① 농촌 개발, ② 교육, ③ IT를 3개 원조 중점 분야로 선정해 줄 것을 요청한다. 그러므로 이와 같은 개도국들에 대한 대응책은 현지에 대한 이해와 현지화된 프로그램 실시 및 심층적 수요 조사를 통한 우선순위 설정이 요구된다(이요한, 2008: 200-210).

셋째, 캄보디아 사례이다. 캄보디아 새마을운동 시범사업은 중앙정부가 주관한다. 시범마을은 모두 65개이며, 사업 내용은 소득 증대, 시설 확충, 마을가꾸기, 보건과 위생, 지역사회 개발로서 우리나라와 큰 차이가 없다. 캄보디아의 경우 주민중심의 거버넌스 추진조직을 구축한 접근으로 시범사업이 성공한 것으로 평가한다(소진광, 2007: 190).

3) 몽골 새마을운동 정착 방안과 과제

새마을운동의 몽골 정착 방안으로 먼저 개도국의 경우 경제적 저발전과 빈곤, 대륙적 나태 문제 등을 해소하기 위해서는 아무래도 지원의 초기에는 NGO보다 양국의 정부 차원에서 추진하여야 할 필요가 있다(엥흐바야르 오랑거, 2009: 52; 담딘 국회의장, 2009). 즉, 정부 차원에서 새마을운동 적용의 중요성을 강조하여 국가와 행정기관 중심으로 효과를 홍보하여야 할 것이다.

새마을운동에 대한 체계적인 연구와 국제적으로 새마을운동을 교육, 전파하여 새마을운동의 글로벌화를 추진시키기 위한 과제로서 첫째, 새마을체험관을 조성한다(정갑진, 2008: 34). 즉, 새마을교육의 역사적 의미를 재조명하여 새마을운동을 학습, 체험할 수 있는 공간 조성이 요구된다(대구경북연구원, 2010: 8). 외국에서는 새마을운동 수요가 증가하고 있으나, 국내에서는 새마을 성공 현장마저도 보여줄 곳이 없는 아이러니가 일어나고 있다(정기환, 2007: 55). 둘째, 해외 수출을 위한 전문인력 양성이다(정갑진, 2008: 40). 셋째, 새마을교육 연수 프로그램의 다양화와 표준화 필요성이다. 농업 관련 주요 내용으로서 빈곤 퇴치 등을 위한 농촌 개발 공유 콘텐츠 및 기술 지원, 교육훈련사업을 추진할 필요가 있다(허장, 2009). 넷째, 기타 몽골 관련 과제로서는 ① 안정적이면서 편리한 교육 장소 필요성, ② 안정적인 교육을 위하여 역량 있는 교수진과 직원 확보, ③ 몽골만의 특이한 문화(외국 것은 배척)와 유목민족의 문화가 있어 그것에 대한 연구 필요 및 ④ 지속적인 교육을 받을 체계를 갖출 필요가 있다(마리나, 2010.9.29).

제 5 절 결론

이 연구의 의의는 국제화 시대 국제 새마을운동의 효과성 제고를 위한 ODA와 새마을운동 연계 거버넌스와 주체를 제시하였다는 점에 있다. 즉, 이 연구는 근래 활성화되고 있는 기존의 ODA와 새마을운동을 연계한 거버넌스 구조로 접근할 것을 제안하였다. 주요 내용과 논리 전개 구조는 녹색 ODA와 새마을운동의 의의, 성과, ODA와 새마을운동 연계, 새마을운동의 세계화와 거버넌스 접근 및 새마을운동중앙회의 미션 등으로 제시하였다. 특히 대몽골 지원에 주목하는 이유는 아시아 빈국 중의 하나이면서, 지리적 근접성과 문화적 동질성 및 무한한 자원을 보유한 국가라는 점에서 양 국가 간 지원 활성화는 아시아에서의 우리나라의 위상 확립과 '국격' 제고 및 세계적인 국가 이미지 제고에 많은 도움이 될 것으로 전망되기 때문이다.

요약하면, 몽골 새마을운동의 의의와 효과, 새마을운동의 국제화와 지원 성과, 한계와 과제를 제시하고, 몽골 새마을운동의 모델 개발 필요성과 지원 방향 및 지원의 성공을 위한 거버넌스 추진 방안을 제시하며, 관리 주체 등을 제안하였다. 녹색 ODA와 새마을운동 연계 효과는 녹색성장에 따른 지구온난화 방지, CO_2 감소, 지역민 고용과 소득 증대, 농업과 조림 기술 정보 제공 등을 통한 개도국 발전의 토대를 이룰 수 있다는 점이다.

이 연구의 한계와 후속 연구 과제로는 이론적 연구에 한정되다 보니 현지 사례 분석적 연구의 필요성의 미비를 지적하지 않을 수 없다. 따라서 현지, 현장 중심의 수원기구, 수혜민의 요청 사항 수렴 등을 중심으로 자생력 신장에 도움이 되는 분야에 대한 지원 방향 등을 현지조사와 분석을 토대로 한 후속 연구가 수행될 필요가 있다. 특히 새마을운동 모델의 정립, ODA와 새마을사업의 연계 효과성 검증 등을 토대로 한 개도국 수출 모델의 타당성과 효과성 관련 연구가 현지와 관련시켜 수행되어야 할 것이다. 지역별 체험 사례를 발굴, 수집하여 유형화함으로써 개도국의 수출 현장에 적용할 필요가 있다.

참고 문헌

경상북도(2008.2). 『21세기 새마을운동의 이론 정립 및 실천과제 개발』.

경제정의실천시민연합(2008). 『공적개발원조(ODA)의 중앙부처 예산집행에 대한 조사 결과 발표』.

농촌진흥청(2010.2). 『농촌진흥청 녹색성장 추진계획』.

기획재정부(2009.10). 아시아 개도국과의 녹색성장 협력 강화.

김완배 · 김관수(2010). 해외협력사업 활성화를 위한 정책 제언: 한 · 몽골 사례를 중심으로, 『한국국제농업개발학회지』, 22(3), 한국국제농업개발학회.

김용택(2009.10). 국제농림수산 ODA사업 관련 전문가 세미나 개최 결과, 농림수산식품부 농어업, 농어촌 특별대책위원회.

김용택 · 박경철(2007). 우리나라의 국제농촌개발협력체제의 강화 방안, 『농촌경제』, 30(4), 한국농촌경제연구원.

김창길 외(2010.10). 『농업부문 녹색성장의 진단과 과제』, 한국농촌경제연구원.

김형수(2008.12). 한국과 몽골 간의 사회문화적 거버넌스 형성에 과한 이론적 논의, 『한국동북아논총』, 13(4), 한국동북아학회.

대구경북연구원(2010.1.18). 새마을운동, 새로운 발전모델 찾아야, 『대경 CEO Briefing』.

마리나(2008). 몽골 새마을운동의 활동 사례, 한국새마을학회 국제학술회의.
______(2010.9.29). 2009년 새마을교육과 그린 몽골리아, 『경운대 세미나 논문집』, 새마을운동중앙회.
박숙현(2008.12). 한국 농업 분야 국제협력과 한국국제협력단(KOICA), 『한국농공학회지』, 5(4), 한국농공학회.
박종국(2010). 몽골 농목축업의 현황과 전망, 한국수출입은행.
새마을운동중앙회(2000). 『새마을운동 30년사』.
______(2008). 『몽골의 새마을운동』.
______(2009.2). 『2008 국제협력사업 결과보고서(1997-2007)』.
소진광(2007.12). 아시아 개발도상국에서의 새마을운동 시범사업 성과평가: 라오스와 캄보디아를 중심으로, 『한국지역 개발학회지』, 19(4), 한국지역개발학회.
오무근(1990). 『농촌 발전을 위한 리더십연구』, 글길.
엥흐바야르 오랑거(2009.6). 한국과 몽골의 협력관계의 재정립: '새마을운동'의 몽골 적용 사례를 중심으로, 숭실대학교 대학원 정치학 석사학위 논문.
이요한(2009). 한국의 대(對)라오스 공적개발원조 효율화 전략에 관한 연구, 『동남아시아연구』, 19(1), 한국동남아학회.
이종수(2010.12a). 우리나라와 몽골 새마을운동 거버넌스: ODA와 새마을운동의 거버넌스 접근, 『새마을운동과 지역사회개발연구』, 6: 143-168, 경운대 새마을아카데미.
______(2010.12b). 몽골 농업 ODA지원정책 전환 과제, 『동계학술대회 논문집』, 1-16, 한국행정학회.
이종수・권찬호(2011.6). 녹색성장과 몽골농업 ODA 분석, 『공공정책과 국정관리』, 5(1): 67-94, 단국대 사회과학연구소.
이판용(2010). 몽골의 경제 현황과 향후 협력 방안: 농업부문과 금융부문을 중심으로, 『NHERI 리포트』, 101, 농협경제연구소.
이해식(2005.1). 한국 농업인의 몽골 진출 방안에 관한 연구, 『상업농경영』, 국제농업개발원.
이현우・손정익(2008.12). 몽골 채소 재배 온실설치사업 사례, 『한국농공학회지』, 5(4), 한국농공학회.
임상종(2010.6.25). 농업 R&D 보급 선진화 사례: 농업 녹색기술 개발을 통한 신시장 창출과 국격 제고, 『2010 행정학 공동학술대회』, 한국공공관리학회・한국행정학회.
장태평(2010.2). 농업 분야 공적개발원조(ODA) 강화, 『통상법률』.
전운성(2009.9). 국제농업 ODA사업 참여 사례로 본 사업 방향 검토, 농어업, 농어촌

특별대책위원회.
정갑진(2010.12). 새마을교육을 바탕으로 한 국제개발협력 방안, 『새마을운동과 지역사회연구』, 6, 경운대 새마을연구소.
______(2008). 『(외국인들이 배우고 싶어하는) 한국의 새마을운동: 재평가와 활용』, 도서출판 케이빌더.
정기환(2007.7). 개도국의 농촌 개발과 KOICA의 역할, 『국제개발협력』, 2, 한국국제협력단.
주동주(2010.7). 해외출장보고서, 「새마을운동 전수사업 몽골 현지조사 보고」, KIET 대외협력과.
최영출(2008.11.20). 새마을운동 발전과 평가, 『새마을신문』.
한국국제보건의료재단(2011.5). 『몽골, 의료봉사』.
한국수출입은행(2009.10). 『우리나라 ODA통계 자료집』.
한국행정학회(2009.12). 『한국의 치산녹화 성공사례 분석』.
허장(2009.9). 『국제농업 ODA 사업의 평가와 과제』, 한국농촌경제연구원.
______(2009.7). 몽골의 농업, 『세계농업』, 107, KREI.
허장 · 정기환(2009.3). 『국제농업협력의 추진전략 및 실천 방안』, KREI.

제4편

새마을운동의 학문적 성격

제 12 장 새마을운동에 대한 일본어 문헌의 검토와 과제

제 1 절 서론

새마을운동에 대한 외국어 문헌 중에는 일본어로 되어 있는 문헌도 존재한다. 그러나 이를 포괄적으로 재검토하려는 시도는 국문 문헌에 비하여 저조하다. 그러나 한국과 유사한 아시아 국가인 일본에서 이루어진 새마을운동 연구의 성과와 과제를 재확인하고 현재 한국에 대한 시사점을 도출하는 것은 새마을운동의 독창성을 정밀화하는 데 필요한 작업이라고 할 수 있다.[1] 이에 우선 그간 일본에서 이루어진 새마을운동 연구를 시기별로 재정리하는 작업부터 착수하기로 하였다. 작업 순서는 다음과 같다.

첫째, 일본어 문헌을 검색하기 위하여 일본의 '국립정보학연구소 학술 콘텐츠 서비스(CiNii)', 한국 '학술연구 정보 서비스(RISS)'의 해외DB 통합 검색 및 미국 'Google Scholar'에서 각각 검색창에 새마을운동의 일본어 'セマウル運動'을 입력하여 열람이 가능한 논문을 대상으로 조사하였다.

둘째, 검색된 논문을 1980년대 논문, 1990년대 논문 및 2000년대 이후 논문으로

1) 한국과 일본 비교의 중요성은 일찍이 이어령(1982)이 그의 저서 『축소지향의 일본인』에서 지적한 바 있다.

구분하여 각각 내용의 특징을 유형화하였다.

셋째, 새마을운동에 대한 일본어 문헌의 특징을 종합하여 현재 한국에 대한 시사점을 제시하고자 하였다.

원래는 일본어 문헌 정리에 착수하기에 앞서 새마을운동에 대한 국문 선행 연구를 재검토하고 비교분석 틀을 마련할 필요가 있었으나 그 작업량이 많을 것을 감안하여 여기에서는 다루지 않았다.

또한 새마을운동의 일본어 'セマウル運動'으로만 문헌 검색을 시도하였기 때문에 논문 제목에 새마을운동이라는 단어가 들어가 있지 않지만 내용에 들어가 있는 경우에 대해서는 조사하지 않았다. 이 또한 좀 더 포괄적인 준비 작업이 필요하기 때문에 차후 과제로 넘기기로 하였다.

제 2 절 문헌 검토

1 일본어 문헌의 추출

새마을운동에 대한 일본어 문헌을 검색하기 위하여 일본의 'CiNii', 한국의 'RISS' 및 미국의 'Google Scholar'라는 학술논문 검색 서비스를 이용하여 각각 검색창에 새마을운동의 일본어 'セマウル運動'을 입력하여 열람이 가능한 논문을 추출하였다. 그 결과 'CiNii'에서는 8건, 'RISS' 10건(그중 8건이 'CiNii'와 중복), 'Google Scholar'에서 8건(그중 8건이 CiNii와 중복)이 검색되었고, 총 10건에 대한 내용을 정리하기로 하였다. 내용 정리의 기준은 연대별로 1980년대, 1990년대 및 2000년대 이후로 구분하였다.

2 일본어 문헌의 주요 내용

1) 1980년대 후반

새마을운동에 대한 일본어 문헌은 1980년대 후반부터 등장하는데 주로 일본에 있는 한국인[2)]에 의하여 새마을운동 정책 입안자 입장 관점의 내용을 소개하는 경향이 있었다.

(1) 한승재에 의한 연구

한승재(1988)는 "한국에서의 새마을운동의 전개"에서 새마을운동의 객관적 배경, 새마을운동의 내용과 추진 체제, 새마을운동의 전개 과정 및 새마을운동의 추진 실적에 대하여 다음과 같이 분석하였다.

첫째, 새마을운동의 객관적 배경으로 1960년대 한국 경제가 발전 단계에 접어들면서 정부는 1962년부터 71년까지 제1차, 제2차 경제개발 5개년계획을 설정하였으나 공업화에 그 중점이 있었기 때문에 농업 부문에 대한 자본 투자가 총재정투자 금액의 20% 정도로 낮았고, 그 결과 소득의 지역 불균형이 발생하여 농촌의 상대적 빈곤화가 진행되었다. 이 격차 발생이 농촌 인구의 도시 유출 원인이 되었다. 또한 1950년대 토지 개혁에 따라 토지 소유 제도가 자작농 제도로 전환되었지만 농가 중 70% 이상이 경영 면적 1ha 이하로 영세한 농업 생산을 고정화시켰다. 그리하여 쌀농사 중심의 자급자족적 가족농업으로는 농촌 빈곤을 해소하기가 어려운 구조에 있었던 것이다. 따라서 농촌을 빈곤에서부터 해방시켜 도시에 대한 인구 유출을 조정하는 등 종합적 계획에 따라 균형 발전과 사회복지의 평준화를 이루기 위하여 제2차 경제개발계획(1972~76)에 맞추어 새마을운동이 본격적으로 전개된 것이다.

둘째, 새마을운동의 내용과 추진 체제이다. 우선 목적은 마을을 단위로 한 조직 구성원 각자가 공동 개발, 공동 발전을 위하여 자발적으로 참여하고 협동적으로 실천함으로써 농촌 근대화를 이루는 데 있었다. 이를 위한 주요 사업으로 정신개발운동, 생활환경 개선사업 및 소득증대사업의 세 가지가 있었다. 그리고 새마을운동의

---

2) 단, 해당 논문의 저자명이 한글 이름으로 추적되지만 국적까지 알 수는 없었다.

추진조직으로 1970년대에 새마을운동 추진협의회가 조직화되었다. 중앙에는 새마을운동 중앙협의회가 있으며, 내무부 장관을 위원장으로 각 부처 차관급을 위원으로 하였다. 그 하부조직으로 시 · 도 협의회, 시 · 군 · 구 협의회 및 읍 · 면 · 동 추진협의회가 설치되었고, 마을에는 이동(里洞) 개발위원회가 설치되었다. 그 후 1980년에 새마을운동 중앙본부가 창립되어 새마을운동 조직육성법이 제정되었다. 이에 따라 새마을운동 중앙본부가 사단법인으로 인가되어 조직상 민영화되었다.

그림 12-1 새마을운동의 추진 조직(1970년대)

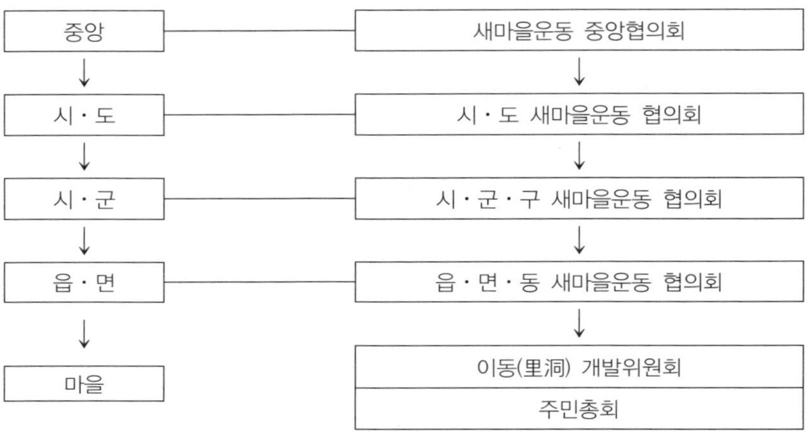

자료: 내무부(1980: 169); 한승재(1988: 53).

셋째, 새마을운동의 전개 과정은 4단계로 나뉜다. 먼저 1970년부터 73년까지 기초마을 중심의 기초 조성 단계로 기초적 환경 정비와 새마을정신 개발을 중점적으로 전개하였다. 그다음 단계는 1974년부터 76년까지 자조마을 중심의 자조 발전 단계로 환경사업과 생산 기반 확대, 노임사업 등에 의한 농가 소득 증대를 중점적으로 전개하였다. 이어 제3단계는 1977년부터 80년까지 자립마을 중심의 자립 완성 단계로 소득증대사업과 농촌주택 개량 등 문화 · 복지 기반사업을 중점적으로 전개하였다. 마지막 단계는 1981년부터의 민주복지 정착 단계로 농촌 소득의 지속적 증대와 함께 복지마을을 조성하는 것이었다.

넷째, 새마을운동의 추진 실적은 전국 34,665개 마을에 대하여 1972년 실적을 바탕으로 기초마을, 자조마을 및 자립마을로 구분하고 평가되었다. 그 이유는 마을의 단계별 육성과 그 단계에 적절한 지원을 하기 위하여 농촌의 발전 수준에 따라 구분할 필요가 있었기 때문이다. 1972년 말 기초마을 비율은 53%였지만 새마을운동 추진에 따라 기초마을 비율이 감소한 한편, 자조마을과 자립마을의 구성 비율이 증가하였다. 즉, 1977년에는 기초마을이 없어지고 그 대신 자립마을이 66%, 자조마을이 34%를 점하였다. 나아가 1979년에는 자조마을 3%에 비하여 97%가 자립마을로 전환되었다.

이상과 같은 내용은 주로 당시 한국 정부의 최신 자료에 의거하여 새마을운동을 일본에 소개한 초기 연구로서 평가된다. 단, 이론적 비판 없이 개관적 내용에 그치고 있다는 한계도 있었다.

한승재(1989)는 이어 이듬해 "새마을운동 실시 집락에서의 개별 농가 생산·생활 변화"라는 연구를 통하여 경기도 송탄시 칠원마을을 대상으로 새마을운동 주도 농가에 대한 가족과 경영자의 생활사, 농업 생산 변화, 농가 생활 변화를 조사하였다. 조사 결과에 따르면 농업노동은 1974년경까지 모내기와 수확기 노동을 품앗이로 하였기 때문에 노동력에 대한 경비는 거의 들지 않았다. 그러나 점차 마을 내 노동력의 전업과 도시 유출이 증가하여 이로 인하여 서서히 농촌 노동력이 부족해지기 시작하였다. 그 결과 1978년경 품앗이가 완전히 없어지고 그 대신 근처 공장에서 일하는 사람들과 평택 시내에서 오는 계절노동자 등에 의하여 노동력이 보완되었다. 나아가 고용노동에서도 인력이 부족해지기 시작하여 마을 내 농가끼리 고용 조건 경쟁이 일어났다. 그것이 노동자 임금 급등의 원인이 되었다. 이와 같은 노동력 부족과 과대한 노동비용 지불에 대응하기 위하여 또한 작업 능률화와 노동시간 단축을 목적으로 농업기계 도입이 시작되었다. 작물 종류도 감소하여 자급용보다는 상품용 농산물을 체계적으로 생산하게 되었다.

1인당 가처분소득과 가계비에서도 10년 전에 비하여 상당히 증가하였다. 농가 소비율은 25.6%부터 33.6%로 증가하였고 소득 증대 이상으로 소비가 늘었다. 또한 농업 소득의 증대량보다 가계비 증대량이 컸기 때문에 농업 소득에 의한 가계비 충족률은 현저히 떨어졌다. 또한 1988년에는 가계비 중에서 가계 지출액이 실질적으로 증가하였고 그만큼 현금 지출이 늘어났다. 음식비 자급률은 52.4%부터 26.1%로 떨어져 현금으로 구입하는 음식물이 많아졌다. 이 농가의 엥겔계수는 56.7%에

표 12-1 농가 경제의 변화

항목	단위	1978년	1988년
세대원 1인당 가처분소득	원	1,224,478	3,816,521
세대원 1인당 가계비	원	312,958	1,281,527
농가 소비율*	%	25.6	33.6
농업 소득에 의한 가계비 충족률	%	336.3	183.4
가계비 중 가계 지출액	원	1,339,625	7,538,967
음식비 자급률**	%	52.4	26.1
엥겔계수	%	56.7	30.9

주: * 농가 소비율은 가계비를 가처분소득으로 나누어 100을 곱한 것이다.
** 음식비 자급률은 가계로서 사용되는 음식의 비용을 가계비로 나누어 100을 곱한 것이다.
자료: 한승재(1989: 63).

서 30.9%로 떨어졌다.

이상과 같은 조사 결과를 요약하면 생산 측면에는 노동 중심에서부터 자본 투입 농업으로, 자급생산 경제로부터 상품생산 경제로 전환되었다. 생활 측면에서는 1960년대 자급 식생활 중심의 생활에서부터 구입품이 증가한 의식주 생활로 변하였다는 것이다.

이 연구는 새마을운동의 중심적 역할을 수행한 농가의 변화를 밝혔다는 데 중요한 의의가 있으나 대부분 긍정적 평가만 하고 있다는 데 한계성을 지닌다.

(2) 김상기에 의한 연구

김상기(1988)는 "한국에서의 새마을운동과 유통 근대화"라는 연구에서 새마을운동이 생협·농협을 중심으로 한 한국 유통 근대화에 어떠한 역할을 할 수 있는지에 대한 가능성을 검토하였다. 우선 새마을운동의 배경과 이념, 새마을운동의 시대적 특성과 조직구조 등이 주로 행정자료 위주로 정리하였다. 이어 한국의 생협·농협에 대하여 그 발전 과정과 현황, 소비자의 피해 문제(결함상품, 적절하지 않은 가격, 과대광고, 높은 유통비용)를 제시하였다. 끝으로 유통 근대화를 위한 새마을운동의 역할로서 ① 소비자 유통 참여를 촉진할 역할, ② 생협·농협과 지역 주민을 결합하는 커뮤니케이션 매체로서의 역할, ③ 생산지역·소비지역 간의 직거래를 통한 유통 근대화에 있어 새마을조직의 중간 매개적 역할, ④ 농촌지역 새마을

조직(새마을부녀회 등)과 농협 연쇄점의 보완 역할이라는 네 가지 역할을 제시하였다.

이 연구는 새마을운동과 유통 근대화를 접목시켰다는 데 새로운 의미가 있으나 앞 연구들과 마찬가지로 1차적으로 정부 자료에 나와 있는 새마을운동의 긍정적 설명에 대부분 의거하고 있다는 한계성을 지닌다.

이상과 같이 새마을운동에 대한 1980년대 후반 일본어 문헌은 주로 일본에 있는 한국인[3]에 의하여 작성되었다. 그 내용은 새마을운동에 대한 한국 내무부, 새마을운동 중앙본부 등 주로 정부측 자료에 의거하여 새마을운동의 정책 설명과 긍정적 성과를 정리한 것이다. 새마을운동을 일본에 소개한 초기 연구라고 할 수 있다.

2) 1990년대

1990년대에는 한국 국내의 긍정적, 비판적 논의와 다소 거리를 두어 새마을운동에 접근하는 연구가 진행되었다.

(1) 마쓰모토에 의한 연구

마쓰모토(松本, 1993)는 "1970년대 한국 농촌에서의 새마을운동의 전개" 연구에서 새마을운동의 전제 조건과 전개 과정, 효과, 한계 및 변질에 대하여 다음과 같이 논하였다(네모토 마사쯔구, 2015: 127-135).

① 새마을운동의 전제 조건

새마을운동의 전제 조건으로 우선 농촌 내 계급 구성의 동질화, 1960년대 말 농업정책의 전환 그리고 농촌 조직화의 진전이 있었다.

첫째, 농촌 내 계급 구성의 동질화는 1960년대에 자작농 하층이 소작농으로 몰락하였고 그 계층의 상당 부분이 탈농·이촌(離村)하였다.[4] 그 배경으로 한국전쟁으로 인한 농업 생산 기반 파괴, 분배농지 대가(代價) 현물 상환 및 임시 토지취득세의 과중한 부담 그리고 미국에 의한 잉여농산물 원조로 인한 농산물 가격 하락, 그리고 공업화에 따른 노동력 시장 확대가 있었다. 이에 더하여 1960년대에는 부유한 상층계급의 농촌 가족들의 이촌 경향이 강하였다. 교육 수준이 높고 교육을 위

---

3) 단, 해당 논문의 저자명이 한글 이름으로 추적되지만 국적까지 알 수는 없었다.
4) 한편 도시부에서 새로운 빈곤 문제가 발생하였다.

한 자금력이 있었기 때문에 도시에서 안정된 취업 기회를 얻는 데 유리하였기 때문이다. 또한 마을 갈등에 개입하기 쉬운 비정통주의자와 젊은 말썽꾼들도 이 시기에 마을을 떠났다. 결과적으로 1960년대·70년대 초 농촌에서는 계급·계층 구성 및 의식 구조상 예전 시기에 비하여 좀 더 동질적 성격을 가진 주민들로 구성된 것이다.

둘째, 1960년대 말 가뭄으로 인한 쌀 수확량 감소, 미국의 잉여농산물 무상 도입 중지를 배경으로 농업정책이 전환되었다. 즉, 쌀 증산 자급화와 이를 위한 수리(水利)시설 확충 그리고 축산·상품작물 도입이 정책적으로 장려되었다. 이에 따라 농가 소득이 상당 정도 상승되었다.

셋째, 농촌 조직화의 진전으로 군(郡) 단위에 농사교도소(농촌지도소)가 설립되었고, 동리(洞里) 단위에 농사개량구락부, 생활개선구락부 그리고 4H구락부가 조직화되었다. 그 밖에도 어머니회, 이동(里洞) 개발위원회, 면 단위 통합농협 등이 있었다.

② 새마을운동의 전개 과정

새마을운동은 농민의 경제적 환경 개선에 의하여 농가 경제 향상을 목표로 하는 동시에 사업 입안·실행 과정에 농민이 참여함으로써 근면·자조·협동이라는 새마을정신을 정착시키는 것이 기대되었다. 그리고 중앙·지방의 훈련기관에서 양성된 새마을지도자들이 각 동리에 배치되어 그들이 새마을운동에 대한 농민 참여를 촉진하는 역할을 담당하였다. 나아가 자재, 보조금·융자 공급이라는 재정적 조치에 따라 새마을사업에 대한 농민 참여 의욕을 이끄는 방법도 강구되었다. 또한 이러한 재정적 조치가 '우수마을 우선 지원 원칙'에 의거하고 있었기 때문에 인접 동리 간 경쟁 의식이 자극되었다. 우수한 새마을지도자에게는 각종 표창을 하는 등 개인적 동기부여에 대해서도 정책이 마련되었다.

이를 추진하기 위하여 중앙·도·군·읍면·동리라는 지방행정단체의 다섯 가지 수준에 맞게 각각 협의조직이 설치되었다. 중앙협의회, 도협의회, 군협의회, 읍면추진위원회 및 이동(里洞) 개발위원회가 그것이다. 이러한 추진협의조직과 평행적으로 각 행정기관에서 새마을운동 책임자가 임명되었다. 각 부처 차관·차장(중앙), 부지사(도), 부군수(군), 부읍면장(읍면) 및 새마을지도자(동리)가 그것이다.

이 두 가지 경로를 통하여 중앙의 사업계획·목표를 각급 행정 단위로 배분하고 동리 수준 사업계획의 각급 행정 수준에서의 집계·조정, 재정 지원 배분 및 사업 결과 평가·표창, 재정 지원 재분배 등이 반복되었다.[5]

1970년 4월 전국 지방장관회의에서 농촌 자조 노력 진작 방안에 관한 논의가 진행되었고, 10월에는 전국 33,000개 행정 이동에 시멘트 335포대씩 무상으로 배포되었으며, 이듬해 6월까지 농한기에 주민에 의한 동리 내 환경개선사업이 실시되었다. 이것이 1971년 새마을가꾸기사업이었고 이로써 새마을운동이 시작되었다. 정부는 이 사업 평가를 기초로 1972년부터 환경 개선에 한정되지 않는 종합적 농촌 개발운동으로서 새마을운동을 본격적으로 전개해 나갔다.[6]

앞서 제시한 것처럼 1971년 새마을사업은 새마을가꾸기사업이라고 불리며 주로 동리 내 환경 개선사업을 실시하였다. 1971, 72년 실적을 보면 1971년에는 마을 입구 도로 확장이 총 사업비의 48%, 1972년에는 마을 내 도로 확장이 58%로 각각 압도적 비율을 차지하고 있었다. 그 다음으로 하수구 개수·공동 우물 설치 등 복지환경 부문 사업비가 높았다. 정부는 '눈에 보이는 유형적 변화를 가져올 사업'을 농민들의 '정신혁명'을 촉진하기 위한 전략적 사업으로 인식하고 있었으므로 도로 수리와 공동 위생시설 설치 등은 비교적 용이하고 결과가 단적으로 나타나기 때문에 최적한 사업이었다.

1971~73년의 '기본 조성기'에 이어 1974~76년 '자조 발전기'에서 소득 증대(새마을 노임소득사업, 새마을소득증대 특별사업), 1977~81년 '자기 완성기'에는 주택 개량사업과 취락구조 개선사업이 시작되었다.

새마을운동에 대한 농민의 참여 의욕을 이끄는 수단으로서 자재와 보조금·융자 배포가 정책상 중시되고 있었고 총사업비에 점하는 정비지원액(자재·보조금 지급액) 비율을 제시하면 〈표 12-2〉와 같다. 이에 따르면 초년도(1971년)와 1975

---

5) 새마을운동은 재래 계 조직을 행정적으로 포섭하고 활용하였다는 특징이 있다.

6) 이 시기에 새마을운동이 시작된 배경으로 첫째, 농촌이 국내 공업 생산물의 소비시장에서 제외되거나 저조한 농업 생산이 거액의 식량 수입을 초래하는 등 농촌의 빈곤과 낙후성이 한국 공업 성장의 저해 요인이 되고 있었다는 것, 둘째, 농촌의 낙후성이 한국에서 정치적·사회적 불안의 잠재적 원인이 되고 있었다는 것, 셋째, 농촌 인구 유출로 인하여 대도시 인구의 과밀 집중 현상이 악화되고 있었다는 것이다. 1960년대 경제 개발 과정에서 현저히 나타나기 시작된 농업·농촌의 빈곤과 낙후성 해소를 목표로 새마을운동을 중요한 정치 과제로 자리매김하고 추진한 것이다(한승조, 1981: 112-113).

년의 현저히 높은 값을 제외하면 전체적으로 정부지원액 비율이 증가하고 있음을 알 수 있다(1975년의 예외적 값은 '새마을 노임소득사업'의 영향인 것으로 분석된다).

표 12-2 새마을사업 재원별 투자액

(단위: 10억 원)

연차	총투자액	정부 지원액(A)	주민 부담액(B)	기타(C)	(B+C)/A×100
1971	12.2(100)	4.1(34)	8.1(66)		1.98
1972	31.6(100)	3.6(11)	27.3(87)	0.7(2)	7.82
1973	96.1(100)	17.1(18)	76.9(80)	2.1(2)	4.61
1974	132.8(100)	30.8(23)	98.7(74)	3.3(2)	3.31
1975	295.9(100)	124.5(42)	169.6(57)	1.8(1)	1.38
1976	322.7(100)	88.1(27)	227.4(70)	7.2(2)	2.66
1977	466.5(100)	138.1(30)	325.0(70)	3.4(1)	2.38
1978	634.2(100)	145.7(23)	487.8(77)	0.7(0)	3.35
1979	758.2(100)	226.8(30)	526.6(69)	4.8(1)	2.34
1980	936.8(100)	415.6(44)	521.2(56)	–	1.25
1981	702.9(100)	419.4(60)	283.5(40)	–	0.68

주: ( ) 안은 구성 비율(%).
자료: 황인정(1980: 43); 오조환(1982: 22); 松本(1993: 22).

다음으로 〈표 12-3〉에서 주민 부담 내역을 살펴보면 노력(勞力)이 차지하는 비율이 급감한 대신에 1974년 이후 융자 비율이 증가하고 있다. 특히 노력의 경우 총투자액에 차지하는 비율이 1972년 77%에서 급감하여 1978년에는 21%에 머무르고 있다.[7] 현금이 1974년 이후 일정한 수준에 있음은 마을기금・새마을금고 운영으로 동리 내에 새마을사업을 위한 일정한 자금이 축적된 결과로 추정된다.

'기반 조성기'에는 정부에서 받는 자재 배포와 동리 내 노동이 결합되어 새마을 가꾸기사업이 추진되었다. 그 후 사업의 중심이 소득 증대 혹은 복지환경 부문으로 이행함에 따라 사업자본의 유기적 구성이 고도화되었고 그 결과 동리 내 노동에 의존하는 비율이 감소하였을 것이다. 이에 수반하여 정부 지원 비율이 증가하고 있

7) 참고 문헌 본문에서는 각각 67%, 16%로 표기되어 있으나 해당 〈표〉에 따르면 전자는 77%, 후자는 21%가 맞는 것으로 추측된다.

표 12-3 새마을사업 주민 부담액 내역 추이

(단위: 10억 원)

연차	현금	노력(勞力)	자재	토지	융자	합계
1972		21.1(77)	5.2(19)	1.0(4)		27.3(100)
1973						76.9(100)
1974	17.9(18)	54.1(55)	10.1(10)	1.9(2)	14.7(15)	98.7(100)
1975	53.5(32)	63.9(38)	8.6(5)	2.8(2)	40.8(24)	169.6(100)
1976	56.7(25)	78.2(34)	12.6(6)	2.9(1)	77.1(34)	227.4(100)
1977	80.4(25)	96.3(30)	33.9(10)	6.5(2)	108.0(33)	325.0(100)
1978	113.3(23)	102.4(21)	42.8(9)	36.6(7)	192.7(40)	487.8(100)

주: * 1973년 내역은 불명함.
** ( ) 안은 구성 비율(%).
자료: 황인정(1980: 46); 松本(1993: 22).

음에 유의할 필요가 있다.

③ 새마을운동의 효과

새마을운동의 효과로 농가 경제 향상, 농촌 시장 확대, 합의 조달 비용 절약, 정권의 정당성 조달이 지적되고 있다.

첫째, 농가 소득 향상으로 도시근로자 가계 소득에 대한 농가 소득 격차는 1967년에 60%를 기록한 이후 서서히 축소되었고, 1974년 105%를 시작으로 70년대 계속 전자를 웃돌았다. 이러한 농가 경제의 상대적 향상의 요인으로 쌀 생산력 신장, 상품작물 생산 확대 그리고 농외소득 증대라는 세 가지가 있었다.

쌀 생산량 신장은 '통일벼' 도입, 화학비료 · 농약 투입량 증대, 토지 기반 정비의 확충 내지 농업기계 보급이라는 배경이 있었다. 상품작물 도입에 관련하여 새마을운동 수상 마을인 경우 통일벼 도입과 논밭 기반 정비에 따라 높은 쌀 생산력이 달성되었고 그 결과 농업 수입 내 미곡 수입 비율이 높았으나 통일벼 보급이 일단락된 1970년대 후반에는 농업 수입 증가에 미곡이 기여하는 정도는 낮아졌다. 그 대신 상품작물과 축산이 생산액을 급증시키게 되었다. 이처럼 새마을운동은 급속한 공업화 · 도시화에 수반한 1970년대 한국의 농산물 소비구조 변화에 대한 농가의 원활한 대응을 촉진하였고 그 결과로 농업 수입 증대에 일정 정도 성공하였다.[8)]

둘째, 농촌시장 확대로 1960년대 말부터 건설업 불황으로 인한 시멘트 · 철근 등 건설자재 수요 감퇴를 보완하기 위하여 정부가 새마을운동의 일환으로 환경개선사업을 적극적으로 추진한 것으로 평가되고 있는 것처럼 새마을운동에는 그 초기부터 국내 공업 생산물에 대한 시장을 농촌 내에 신규로 개발하려는 정책적 의도가 내포되어 있었다. 참고로 GNP 대비 새마을사업 총투자액의 비율을 보면 1971년 0.35%부터 급증하여 1975년에 2.92%를 달성한 후 1970년대에 2.5% 전후를 유지하였다. 이러한 직접적 효과 외에도 신기술 도입과 농가 소득 향상을 배경으로 간접적으로 농촌 시장을 확대하는 효과를 가져왔다. 그리고 농가 소득 증대에 따라 농촌 소비재 시장 또한 확대되었다. 그뿐만 아니라 농촌 저축 성향이 높아졌고 재래 계 조직에서 제도적 저축기관으로 일정 정도 자금이 흡수되면서 농촌지역 저축액이 급증하였고 이것이 민간 총저축액에 점하는 비율이 1972년 4.4%에서 1977년 9.5%로 급상승하였다. 1970년대 한국 농촌은 국내산 공업제품 판매시장으로뿐만 아니라 국내 자본시장 확충이라는 부분에서도 급속한 공업화를 지탱하는 역할을 한 것이다. 또한 유통 과정 합리화를 통하여 거래비용과 중간비용이 절약되었고 결과적으로 농가 소득 증대와 농촌 시장 확대에 기여하였다.

셋째, 합의 조달 비용의 절약으로 새마을사업에 대한 합의가 구성원 간의 전통적 사회 관계에 의존하면서 달성되었다. 실제로 1개의 동족이 살고 있는 동리나 수많은 친족집단에 의하여 구성된 동리에 비하여 경쟁적 동족집단이 있는 동리는 새마을운동 진척이 순조롭지 않은 것으로 조사된 바 있다. 그리고 새마을사업 중 진척률이 높은 사업은 하수구 시설, 마을 내 도로 확장, 보 실치, 연못, 수로, 농로 개설 등 모두 동리가 예전부터 자치적으로 실시하여 온 것으로 기존의 합의 조달 체계가 새마을운동에서도 기능하였을 것으로 볼 수 있다. 그러므로 동리 내부에서 이해 갈등이 발생한 경우 그 조정을 위하여 필요하였을 행정비용이 절약되었다고 할 수 있다. 더군다나 동리 내 자원(노동력과 자재)을 무상으로 새마을운동에 유도함으로써 사회간접자본에 대한 국가의 투자액 자체도 그만큼 절약된 것이다.

넷째, 정권의 정당성 조달은 새마을운동을 둘러싼 동리 내 합의 형성에 관한 농

8) 그리고 농외소득 증대로 '새마을 노임소득사업'과 '새마을공장' 건설 등 농외 취업 기회 증대를 시도하는 사업이 새마을운동 내에서 전개되었다. 그러나 그 효과는 시간적 · 공간적으로 극히 한정적이었다.

민들의 경험이 지방자치로 발전하는 길이 제도적으로 막혀 있었고, 그뿐만 아니라 새마을운동은 인접 동리 간 경쟁심을 부추기는 결과를 초래하고 있어 동리라는 틀을 넘어 농민들이 하등의 정치적 합의를 형성하려는 움직임이 동리 내부에서 일어나는 데 어려움이 있었다. 이로써 농민의 정치 세력화를 회피하고 정권 정당성을 획득할 수 있었다는 것이다.

④ 새마을운동의 한계와 변질

새마을운동은 그 진척과 동시에 서서히 동리 간 격차 확대, 합의 조달 비용의 외부화, 가격정책의 한계에 봉착하였다.

첫째, 정부는 새마을운동에 대한 농민 참여를 촉진하는 방안으로 '우수마을 우선 지원 원칙'을 활용하였다. 이 정책은 동리 간 경쟁심을 조장함으로써 새마을사업을 진전시키는 데 일정한 효력을 발휘하였다. 그러나 다른 한편에서 입지 조건 때문에 사업 자체가 용이하다거나 구성원 간 합의 조달의 용이함과 같은 조건에 규정되어 새마을운동 초기 단계에서 존재하였을 사업 실시 난이도 격차를 그 후 더욱 확대 재생산하는 역할 또한 하였을 것이다. 또한 '우수마을 우선 지원 원칙' 때문에 동리 간 배타성을 조장하였다. 새마을사업 내용이 고도화되면 될수록 사업 규모 역시 동리 범위를 넘어 확대되지만 동리 간 배타성이 강화됨으로써 합의 조달 비용이 필요하게 된 것이다.

둘째, 일반 마을과 수상 마을에 대한 설문조사(황인정, 1980: 87, 89) 결과 농업소득이 일반 마을보다 상대적으로 높은 수상 마을에서 탈농 의지를 가진 농가 비율이 높은 것으로 나타났다. 여기서 가계지출액에 점하는 교육비 비율 추이를 보면 1970년대 전반에는 농가와 도시근로자 세대가 거의 동일한 수준이었는 데 비하여 1970년대 후반이 되면 전자 상승, 후자 하강이라는 대조적 추세를 보였고, 1970년대 말에는 2배 이상 차이가 나타났다. 즉, 1970년대에 일정 정도 개선된 농가 소득 중의 상당한 부분을 자녀 교육에 지출하였고, 이에 따라 차세대에 도시에서 농민이 아닌 생활을 이루도록 노력한 것이다. 따라서 수상 마을에서 탈농을 원하는 것은 상대적 고소득 실현 → 교육비 고부담 가능 → 자녀 고학력화라는 현실이 뒷받침한 것으로 볼 수 있다. 나아가 탈농·이촌 지향이 강해지면서 동리에 대한 귀속 의식이 희박해지고 농민 행동에 기회주의적 경향이 나타나게 되었다.

또한 동리 내재적 요청에 따라 이동(里洞) 개발위원회가 사업계획을 입안하고 이에 대하여 정부가 보조금 배포와 융자를 실시함으로써 새마을사업 실시를 지원한다는 것이 당초 설정된 새마을운동의 실시 과정이었지만 그 후 더 유리한 지원 조건을 정부로부터 이끌어오기 위하여 각 동리가 정부의 중점 목표에 대응하여 사업계획을 수립하게 되었다. 환언하면 유리한 보조금이나 융자가 없으면 사업 실시에 대한 동리 주민의 합의 조달이 어렵게 되었음을 의미한다. 당초 새마을운동은 사업 실시에 대한 합의 조달 비용이 동리 내에서 내부화된다는 특징이 있었지만 1970년대 후반에는 그러한 특징이 사라져 행정・재정이 그것을 보조금과 융자라는 형태로 부담함으로써 비로소 사업을 실시하게 되는 구조로 바뀐 것이다.

1970년대를 통틀어 대량의 농민이 탈농・이촌하여 농가 호수는 1970년 2,483천 호에서 1979년 2,162천 호로 13% 감소하였다. 특히 0.5정보(町步) 미안의 영세농과 2정보 이상의 상층 농민 감소가 뚜렷하였고, 그 결과 0.5~1정보를 가진 층만이 그간 구성비가 33.2%에서 35.3%로 증가하였다. 이처럼 농촌 내 계층구조는 1970년대를 거쳐 60년대보다 한층 더 균등화되었다.[9] 하지만 한편에서 농민의 기회주의화가 진행되어 향후 농업 경영의 축소・확대를 둘러싼 생각 차이가 뚜렷해지면서 새마을사업에 대한 적극성에도 농가마다 차이가 나타나게 되었다.[10]

이상과 같이 새마을사업 실시에 대한 동리 농민의 합의 조달은 동리 내 자원만으로는 수행이 어려워지자 행정적 독려와 재정지출(보조금・융자)이 필수적인 것으로 되었다. 새마을운동이라는 '운동'을 통하여 새마을사업을 추진한다는 정부 전략은 여기서 한계에 봉착하였고 일반 공공사업과 그다지 차이가 없는 것으로 변질된 것이다.[11]

---

9) 단, 이촌 농가의 부재 지주(地主)화, 고령 농가의 재촌 지주화 등으로 1970년대 후반 소작지율이 증가하게 되었으므로 실제적으로는 농지 소유와 관련하여 복잡한 관계가 형성되었다. 이것은 특히 토지 기반 정비사업 등 자본을 장기적으로 농지에 고정화하는 사업에서 그 진척을 저해하는 요인으로 작용하였을 것이다.

10) 더욱이 1970년대에 젊은 층을 중심으로 한 대량 이촌으로 인하여 농촌부에서 노임 수준이 급속히 상승하였다. 이로 인하여 새마을운동이 농한기에 실시된다고 하더라도 농민은 이에 참여할 것인지 안 할 것인지를 따지게 되는 결과가 초래되었다.

11) '이주 시 경작지 처분'이라는 질문에 대하여 '가격이 다소 낮더라도 이웃에 판다'고 답한 사람의 비율이 '일반주민'에서는 28.1%였는데 비하여 '새마을지도자'는 39.8%에 달하였다. 새마을지도자는 주관적으로는 여전히 동리에 대한 귀속 의식을 다른 구성원 이상으로 강력히 지니고 있었다. 그 때문에 새마을사업 실시를 위한 합의 조달이라는 국면에서 적극적으로 행동할 수 있었다. 그

셋째, 가격정책의 한계이다. 농가 소득의 상대적 향상 내지 농촌 시장 확대는 새마을운동만으로 이루어진 것이 아니라 정부의 가격정책과 관련되어 있었다. 미곡에 대한 정부 매입과 이중가격제도는 미곡특별회계 적자화의 원인이 되었다. 이 적자는 한국은행 차입과 양곡증권 발행으로 보전되었고, 결과적으로 통화 증발과 이에 따른 인플레이션을 초래하였다.

화학비료 가격정책을 살펴보면 다음과 같다. 화학비료 공급사업은 1962년 이후 농협이 독점적으로 실시하여 왔으며 농협은 정부가 허가한 가격으로 비료회사에서 인수하고 정부 공시가격으로 판매하였다. 그런데 1966년부터 1978년까지 1976년을 제외하고 모든 연차에서 인수가격이 판매가격을 밑돌았고 그 차액은 정부보조금으로 보전되었다. 특히 1972~75년 손실률은 30~70%라는 큰 값을 나타내고 있다. 이처럼 1970년대 화학비료 소비량 증대에 대해서도 재정지출 역할이 컸다. 새마을운동 전개 과정에서 농촌 내 생산재·소비재 시장이 확대된 배경에는 그러한 막대한 재정지출과 인플레이션 조장이라는 대가가 있었다.

(2) 최길성에 의한 연구

최길성(1997)은 "새마을운동과 농촌진흥운동"이라는 연구를 통하여 일제 강점기 농촌진흥운동이 새마을운동의 모델이 되었음을 지적하면서 새마을운동은 농촌진흥운동보다 훨씬 많은 성과를 올렸다는 차이를 제시하였다.

그는 박정희 대통령이 20대 나이에 농촌진흥운동 지정학교에 근무한 기록에 의거하여 조사한 것이다.

박정희 대통령은 1917년 경상북도 선산군 구미읍 상모리 117번지에서 태어나 농촌진흥운동이 시작된 1932년에 구미 보통학교를 졸업하였다. 같은 해 대구사범학교 입학, 1937년에 졸업하였고 문경공립 보통학교(1935년 설립) 교사로서 1937년부터 3년간 근무하였다. 그 문경공립 보통학교는 경상북도 농도(農道) 훈련소 가운데 '문경 갱생농원'과 '신북 갱생농원'의 경영 주체 지정학교였다. 농촌진흥운동을 전개한 조선총독부는 일본 국내에서 전촌(全村) 학교 등 농촌진흥운동을 성공시킨 야마자키(山崎延吉)를 촉탁하여 조선 전체에 농촌진흥운동을 전개하였다.

러나 새마을운동이 일반적 공공사업으로 변질되는 과정에서 새마을지도자는 정부의 의향에 따라 더 많은 자원을 행정·재정에서 이끌어와 이로써 동리 주민을 설득하려 하는 객관적으로는 정부 대리인 역할을 하게 된 것이다.

표 12-3 새마을운동과 농촌진흥운동의 비교

구분	새마을운동(1970년대)	농촌진흥운동(1930년대)
이념	자조·자립·협동, 충효애국 국민교육헌장	자립, 근검, 협동공영, 충군애국 교육칙어
표어	자립갱생(향약)	자력갱생(향약)
주체	새마을연구원 선발식	농도(農道) 강습소
조직	지방장관회의 → 내무부 → 내무부장·산업부장 → 도·군도(郡島)·읍면—마을	선발식 총독 → 도시자 회의 → 도·군·면·동리
주요 내용	– 국기 게양, 불언 실현, 사회정화, 미신 타파, 청결정돈(청소, 목욕), 가정의례 간소화 '가정의례준칙', 변소 개량, 부엌 개량 – 모범마을 – 경제개발 5개년계획 – 육림일 – 새마을 노래	– 국기 게양, 불언 실행, 금주, 문맹계몽, 색복 장려, 절약, 활동사진 이용, 미신 타파, 가정의례 간소화 '의례준칙', 화구(火口) 개량, 취사장 개량 – 모범부락 – 농가경제 5년계획(평안도) – 애림일 – 농촌진흥가

자료: 최걸성(1997: 175).

박정희 대통령은 그 당시 경험한 농촌진흥운동을 참고로 하였지만 농촌진흥운동과 똑같은 것이 아니라 좀 더 지속적으로 성공시켰다.

3) 2000년대 이후

2000년대 이후는 일본인에 의한 연구가 증가하였다. 특히 인접 학문의 다양한 분야로부터 접근하려는 시도가 있었다.

(1) 요코타에 의한 연구

요코타(横田, 2001)는 "한국에서의 개발 체제와 새마을운동: 1970년대를 중심으로"라는 연구에서 새마을운동에 의한 1970년대 한국 농촌의 농민 동원 시스템을 분석하였다. 분석에 앞서 그는 새마을운동의 목적을 도시에 비하여 상대적으로 낙후된 농촌을 개발하는 동시에 농촌 노동력과 자본을 경제 발전에 동원시키는 데 있었다고 보았다. 그에 따르면 일반적으로 도시에서는 저임금 공업 노동력이 대량으로 창출되어 광범위하게 '도시 하층'을 형성한다. 한국의 '도시 하층'을 이루는 노동력의 대부분은 다른 개발도상국과 마찬가지로 이농하여 농촌에서부터 유출한 사람들로 구성된다. 그런데 그들의 대부분은 도시에 유입할 때 다른 개발도상국과 달리 '도시 비공식 영역'에 머무르거나 그것을 경유할 일이 없이 바로 '공식 영역'인 대규모 공장노동에 종사할 수 있는 능력과 질을 구비하고 있었다는 것이다. 그러한 노동력 창출을 가능하게 한 것으로 교육의 역할과 새마을운동에 의한 1970년대 한국 농촌의 농민 동원 시스템을 들고 있다. 이 중 새마을운동의 역할에 대하여 다음과 같이 논하였다.

① 농지 개혁과 농민층 분해

현대 한국의 농촌 및 농업 구조를 규정한 것은 1950, 51년에 실시된 농지 개혁이었다. 토지-소작 관계가 청산되어 농민이 토지 소유권을 획득하는 동시에 농촌의 사회 관계가 수직적인 것에서 수평적인 것으로, 즉 소농사회의 특징인 균질한 농민을 중심으로 한 사회 관계로 전환되었다. 1960년대에는 일정한 농업 투자와 이에 기초한 생산력 증강에 의하여 경영 규모가 확대되어 경영 주체를 중농층 이상으로 상승시켰다. 특히 1960년대는 생계 유지 농업에서 탈피하여 시장 지향 생산에 종사하는 상품 생산력을 갖춘 농민층이 상당수 나타났다. 이러한 독립적·주체적으로 농업을 경영하는 생산적 농민층을 개발정책을 중심적으로 담당하는 세력으로서 새마을운동을 통하여 조직화하여 동원한 것이다.

② 새마을운동의 전개

새마을운동의 특징은 이 운동의 표어에서 농민의 아래로부터의 '자발성'을 강조하고 있는데도 불구하고 그 추진 체제에서는 내무부를 중심으로 한 상의하달식의 행정·관료기구 내에서 행정 업무와 깊이 연관되면서 전개되었다는 것이다. 더군다나 내무부 지방행정 관계부서는 크게 지방행정국과 치안본부로 구성되어 있었고 지방관료 체제와 경찰조직을 산하에 두면서 내무부가 그 어느 지방행정기관보다 강력하고 포괄적 권한을 쥐고 있었다. 그런데 추진 체제 중에서 가장 중요한 것은 농민들의 협동적 일상생활의 단위인 자연부락과 거의 일치하는 '마을'을 정책 침투 경로 말단으로 명확히 자리매김하고 파악하였다는 데 있었다. 이에 따라 행정군(郡)이 기준으로 되어 있었던 기존 지역개발계획에 비하여 정부는 농민에 대한 장악력을 훨씬 더 강화한 것이다.

또한 새마을운동은 새마을지도자의 지도 하에 농민의 주체성을 전면적으로 중시하면서 전개된 농촌개발사업이라고 하기보다 행정 지원을 유인책으로 하면서 행정기관과 밀접한 인간 관계를 갖는 전통적 농촌지도층의 협력과 개입을 필수적 조건으로 하고 있었다. 이로 인하여 새마을지도자의 역할이 행정과 농민 간의 의사소통을 위한 조정자 역할로 협소하게 변한 경우도 적지 않았다.

새마을사업의 전개와 지원 방식으로 1973년에 정부는 '자조'에 기초한 마을의 발전 단계를 19개 항목에 걸친 기준 사업 달성도에 따라 정하고 마을을 '기초마을', '자조마을', '자립마을'로 분류하였다. 최종적으로는 모든 마을을 '자립마을'까지 발전시키려 하였고 마을의 발전 단계에 따라 지원액을 달리하는 차별적 지원 방식을 취함으로써 각 마을 간에 격심한 경쟁이 발생하였다. 이로 인하여 새마을운동을 통하여 농민의 자립성 강화는커녕 오히려 정부에 대한 의존과 종속이 심각해지고 각 마을을 개별적 · 직접적으로 정부의 농촌 통제 시스템에 포섭시키게 되었다.

나아가 농촌에 대한 시장경제의 침투와 동시에 새마을운동에 의한 철저한 경쟁원리의 주입은 마을 간 분단뿐만 아니라 농민의 생존 유지를 일의적 목적으로 하고 이를 위한 사회 규범과 사회적 제어라는 공감대에 의하여 자급자족적 통일성을 가지고 있던 전통적 농촌 공동체를 내부로부터 해체시켰다. 원래 소농경영 발전이 어느 정도 농가의 개별화를 촉진하고 있었지만 새마을운동이 그것을 더욱 조장한 것이다. 전통적 '협동'의 쇠퇴는 이미 1960년대 중반이 되기 전에 농촌 공동체의 사회적 결속을 유지하기 위한 두레와 같은 공동 노동이 거의 없어졌다는 것으로 뒷받침된다. 그 대신 새마을운동을 통하여 자립적 개별 농가가 이윤 추구를 궁극적 목적으로 하면서 새로운 '협동'을 만들어 갔다.

1970년대 후반 이후는 기존의 중농주의 농업정책이 점차 포기되었고 특히 쌀 가격 유지정책의 중단과 수입 농산물 자유화 압력이 농산물 가격을 불안정하게 하면서 한국 농업에 큰 타격을 주었다. 이는 새마을운동을 통하여 만들어진 경제적 합리성에 기초하여 행동하는 농민층의 이농을 촉진하였다. 그들은 농업에서 이익을 얻을 수 없음을 깨닫자 농촌 공동체적 지연, 혈연 관계에 얽매일 일 없이 농지를 포기하고 도시의 새로운 이익을 찾아 유출되었다. 그들의 대부분은 자립성과 주체성이 강한 개인주의적 성향을 띠고 있기 때문에 협업보다 공장노동에 적합하고 경제 합리성과 공리주의에 따라 행동하는 근대적 공업 노동력으로 등장하게 되었다.

(2) 사토에 의한 연구

사토(佐藤, 2003)는 "한국의 정보화 정책에 관한 연구: 경상북도에서의 인터넷 새마을운동을 중심으로"를 통하여 한국이 추진하는 정보기술 선진 국가 건설을 지방자치단체가 추진하는 정보화 정책의 말단 부분에서부터 검토하고 고찰하였다. 그는 경상북도 도청, 안동시청, 성주군청, 포함시청 및 인터넷 새마을운동의 정보 시범마을을 대상으로 조사하였고, 행정 담당자, 지도자 및 수강생 모두 운동의 필요성과 이해, 참여 등에 대하여 긍정적이고 적극적인 것으로 나타났다. 기존 새마을운동 조직들과 어떠한 관계가 있는지에 대한 분석은 없었다.

(3) 노조에에 의한 연구

노조에(野副, 2007)는 "박정희의 새마을운동: 새마을운동의 빛과 그늘"에서 새마을운동의 목적, 새마을운동의 전개 및 새마을운동의 새로운 전개 그리고 새마을운동의 의의에 대하여 정리하였다. 그는 새마을운동이 본격적으로 시작된 1972년부터 74년까지 한국에 체류하며 농촌이 변화하는 모습을 직접 관찰하였다는 점에서 그 외 일본어 문헌들과 달리 실감에 뒷받침된 내용을 포함하고 있다.

그는 새마을운동의 의의를 다섯 가지로 요약하고 있다.

첫째, 새마을운동이 한국 농업과 농촌뿐만 아니라 경제와 국민 전체에 준 영향이 극히 컸다는 것이다. 농업과 농촌에 대해서는 1960년대 전반까지 존재하던 춘궁과 보릿고개가 없어졌다는 것이다. 초가집은 눈 깜짝할 사이에 없어지고 전기와 상수도 보급 등에 의한 생활의 대폭적 개선, 통일벼 보급에 의한 쌀 자급화 등 큰 변화가 있었다.

둘째, 새마을운동이 국민들에게 큰 자신감을 주었다는 것이다. '하면 된다', '우리도 좋은 생활을 하고 싶다'는 소박한 희망을 새마을운동을 통하여 실천해 온 귀중한 정신적 재산이라고 할 수 있다. 1970년대 전반 농촌에 솟아오른 뜨거운 열기는 대단하였다.

셋째, 농업과 농촌 지원에 의한 농민의 소득 증대는 국내 시장 확대로 이어져 수출 주도형 경제로 발전해 온 한국 경제의 무역 의존도를 완화시켰다.

넷째, 한국의 새마을운동이 국제적으로 주목받고 있는 상황에서 새마을운동은 수많은 개발도상국이 직면하는 경제 개발 과정에서의 농업과 농촌의 역할에 많은 시사를 줄 것이다.

다섯째, 새마을운동 조락의 원인 중의 하나인 1972년 10월 유신과의 관련성이다. 유신 체제 구상은 '닉슨 독트린'과 북한의 '4대 군사노선'을 배경으로 하였다. 즉, 베트남전쟁에서 곤경에 처한 미국은 앞으로 아시아지역 지상전에는 파병하지 않을 것을 1969년에 발표하고 이에 의거하여 주한 미국의 일방적 철수를 한국에 통고하고 있었다. 남베트남 함락 이후 북한이 대남 군사 공세를 강화하고 있는 상황에서 미국은 한국의 의향을 무시하고 주한 미군을 철수하려 하였고, 나아가 중국에 대한 접근도 도모하려 하였다. 이러한 미국의 동향은 한미 간에 큰 안보 마찰로 이어졌다. 미국의 외교정책은 박정희 대통령에게 극히 위험한 것으로 비쳤던 것이다. 미국에 의지할 수 없다면 한국은 스스로 자국을 지킬 수밖에 없다고 본 박정희 대통령은 이 비상시를 극복하기 위해서는 한국이 북한에 비하여 군사뿐만 아니라 경제・사회・정치에서도 압도적인 힘을 유지하고 북한에게 침탈 기회를 주지 않는 '총력안보 체제'를 구축할 수밖에 없다고 생각하여 그것을 실행한 것이다. 그것이 10월 유신 체제 구축이었다. 이 유신 체제는 통일주체국민회의라는 체제 외 두 가지 축으로 지탱되었다. 그 하나는 중화학 공업화 체제이고 다른 하나가 새마을운동이었다.

(4) 오민석에 의한 연구

오민석(2008)은 "일・한 생활개선운동과 새마을운동에서 본 농촌 여성교육: 농촌 여성조직과 부녀지도자를 중심으로"에서 일본의 부인 조직 변천과 지원기관으로서의 '생활개선 그룹'에 대하여 고찰하고 생활 개량 보급원의 역할 및 농촌 여성과의 관계성과 의의에 대하여 검토하였다. 그리고 한국의 부인조직 변천과 지원기관으로서의 '새마을부녀회'에 대하여 고찰하고 부녀지도자의 역할 및 농촌 여성들과의 관계성과 의의에 대하여 검토하였다.

그 결과, 양 운동의 여성교육은 여성 지도자가 선두에 서 생활 개선을 비롯한 보급교육이 추진되었다. 특히 양 운동의 농촌 여성조직은 국가 방안에 따라 교육활동을 시작하였지만 점차 참여 의욕이 높은 여성들에 의하여 자율적으로 결속되어 스스로 공통학습 과제를 가지고 자기교육사업 실천 장소로서 활용되었다.

특히 새마을운동에서 농촌 여성교육은 농촌 여성 노동력에 대한 혁명정부의 적극적 활용이라는 전략적 정책이었다. 그 역할을 수행해 온 새마을 부녀지도자는 '새마을부녀회'를 통하여 여성들의 계몽·교육사업을 담당하고 농촌 여성에 대한 교육 기회를 제공하였다. 또한 정부만으로는 할 수 없는 농촌 여성의 통제 및 정보 전달자로서의 역할을 하였고 마을 내의 결속력을 높였다. 그러나 군사정권의 하부 조직으로 관 주도의 수동적 지도 방식과 형식주의의 성과 중심 지도 방식으로 하여금 여성들의 교육사업을 추진해 온 한계성도 있었다.

그럼에도 불구하고 교육적 활동을 통하여 농촌 여성의 협동성·자율성·사회성을 배양하는 계기가 되었다. 그 결과 농촌 여성의 사회적 지위 향상, 농촌의 민주적 생활 방식에 기여한다는 성과를 올렸다.

(5) 나와쿠라에 의한 연구

나와쿠라(縄倉, 2013)는 "1970년대 한국 농촌부에서 상호금융의 변질: 새마을운동기 한국 농촌정책의 문맥에서"라는 연구에서 '한 공동체에 소속한 구성원이 그 공동체의 다른 구성원과 함께 구축하고 경제적·사회적 편익을 얻을 수 있도록 하는 네트워크'를 '사회적 자본'으로 정의한 다음 1970년대 새마을운동 및 같은 시기에 실시된 농촌정책 추진이 농촌 주민이 스스로 소속하는 공동체부터 얻고 있는 편익 다과에 어떠한 영향을 주었는지를 분석하였다.

분석 결과, 1970년대 초에 한국 농촌 주민들은 각 거주 지역에 정규 금융기관이 전혀 없는 상황에서 근린 주민과 금융계를 만들어 낮은 거래비용으로 자금을 조달하고 또한 높은 금리로 이자를 받는 편익을 받고 있었다. 금융계에 가입함으로써 이 편익을 받는 세대는 당시 농촌 세대의 90% 이상이었다.

이러한 상황에 대하여 정부는 새마을운동 및 같은 시기에 실시한 사(私)금융 양성화 조치에서 금융계를 정규 금융기관인 상호신용금고로 편입시켰다. 이는 명목 대부 금리의 대폭 인하를 수반하였지만 이 이율은 여전히 도시부 상업은행에 비하면 높은 수준에 있어 도농 간 불공평감이 남아 있었다. 나아가 예금 금리가 대폭 인하되어 주민들은 종래 금융계를 통하여 얻고 있던 이자를 얻는 기회가 감소되었다. 또한 이 시기에 정부가 새마을운동 일환으로 실시한 사업 중 금융계에 관한 것으로서는 상호금융기관을 마을금고로 개칭하는 것과 새마을영농회 설립이 있었으나 전자는 상징적 의미만 갖고 있는 것이고, 후자는 사금융 양성화 조치 이후에도 근근이 유지되고 있던 금융계를 법적으로 금지하는 것이었다.

따라서 1970년대 한국 정부가 새마을운동 및 관련 정책을 추진하는 가운데 농업뿐만 아니라 금융을 포함한 농촌 생활 전반에 개입한 결과 농촌 주민이 이자를 받고 재산을 늘리는 기회의 한 가지 방법을 상실된다는 부정적 효과가 있었다. 이 점을 고려한다면 새마을운동은 농촌 소득 향상과 농촌 기반시설 건설에 일정한 공헌이 있었으나 동시에 농촌 주민에 대한 일정한 부정적 영향도 가져온 것이다. 그러므로 앞으로 한국 정부가 새마을운동을 해외에 전파하는 데 새마을운동이 농촌 주민에 주는 부정적 영향을 신중히 검토할 필요가 있다.

제 3 절 새마을운동에 대한 일본어 문헌의 시기별 경향

새마을운동에 대한 일본 문헌을 시기별로 살펴보면 먼저 새마을운동의 각종 조사 자료, 통계 자료가 어느 정도 축적된 1980년대 후반 일본어 영역에서도 일본에 체류하고 있는 한국인에 의한 새마을운동 연구가 진행되었다. 구체적으로 새마을운동을 행정 체계 관점에서 재정리한 한승재(1988), 새마을운동을 통한 유통 근대화의 가능성을 모색한 김상기(1988), 새마을 개별 농가에 대한 사례 연구(한승재, 1989) 등이 이에 해당되는 연구로 대체적으로 새마을운동을 긍정적으로 재평가하고 있다.

다음 1990년대에는 한국 국내의 긍정적·비판적 논의와 다소 거리를 두어 새마을운동에 접근하는 연구가 진행되었다. 마쓰모토(松本, 1993)는 새마을운동 전에 농촌 내 계급 구성이 동질화되고 있었음을 지적한 후 새마을운동 정책을 통하여 공급된 정치적·경제적 자원에 의하여 마을 내 합의 조달 관습이 활성화되어 합의 조달 비용이 절약되었음을 분석하였다. 그러나 1970년대 경제 성장을 통하여 탈농, 이촌자가 늘어나 농가 경영이 다양화되어 감에 따라 서서히 외부로부터의 정치적·경제적 의존 없이 새마을운동을 추진하기가 어려워졌음을 논하였다.

한편 최길성(1997)은 새마을운동과 일본의 농촌진흥운동의 유사성에 주목하여 그 비교를 통하여 새마을운동이 일본의 농촌진흥운동보다 훨씬 성공적이었다고 분석하였다.

이어 2000년대에 접어들면 새마을운동이 농민을 도시 공업 노동력으로 동원하는 역할을 하였다는 연구(横田, 2001), '인터넷 새마을운동'에 대한 연구(佐藤, 2003), 새마을운동에 대한 긍정적 평가와 비판적 평가를 정리한 연구(野副, 2007), 새마을운동과 일본의 생활개선운동의 농촌 여성교육을 비교한 연구(오민석, 2008), 새마을운동과 상호금융의 기능에 대한 연구(縄倉, 2013) 등, 인접 학문의 다양한 분야에서 새마을운동을 연구하는 경향이 나타나고 있다.

이처럼 선행 연구의 시기별 경향은 1980년대 후반 새마을운동의 긍정성에 대한 접근, 1990년대 한국 새마을운동 연구의 상대화 그리고 2000년대 이후에는 인접 학문의 접근을 통하여 좀 더 넓은 관점에서 새마을운동을 재조명하는 연구로 전개되고 있다.

표 12-5 새마을운동에 대한 일본어 문헌의 시기별 경향

구분		논문 제목
1980년대 후반 새마을운동의 긍정성에 대한 접근	한승재(1988)	한국에서의 새마을운동의 전개
	김상기(1988)	한국에서의 새마을운동과 유통 근대화
	한승재(1989)	새마을운동 실시 집락에서의 개별 농가 생산·생활 변화
1990년대 한국 국내의 논의와 거리를 둔 접근	松本(1993)	1970년대 한국 농촌에서의 새마을운동 전개
	최길성(1997)	새마을운동과 농촌진흥운동
2000년 이후 인접 학문의 다양한 분야로부터의 접근	요코타 (横田, 2001)	한국에서의 개발 체제와 새마을운동: 1970년대를 중심으로
	사토 (佐藤, 2003)	한국의 정보화 정책에 관한 연구: 경상북도에서의 인터넷 새마을운동을 중심으로
	노조에 (野副, 2007)	박정희의 새마을운동: 새마을운동의 빛과 그늘
	오민석(2008)	일·한 생활개선운동과 새마을운동에서 본 농촌여성교육: 농촌여성조직과 부녀지도자를 중심으로
	나와쿠라 (縄倉, 2013)	1970년대 한국 농촌부에서 상호금융의 변질: 새마을운동기 한국 농촌정책의 문맥에서

제 4 절 향후 과제

원래 일본어 문헌 정리에 착수하기에 앞서 새마을운동에 대한 국문 선행 연구를 재검토하고 비교분석 틀을 마련할 필요가 있었으나 그 작업량이 많을 것을 감안하여 여기에서는 다루지 않았다. 그러나 한일 선행 연구의 상호 보완을 통한 비교 분석 틀의 구성이 향후 필요하다. 이와 함께 양과 질 양면의 보완이 필요하다.

양적 측면에서 새마을운동의 일본어 'セマウル運動'으로만 문헌 검색을 시도하였기 때문에, 논문 제목에 새마을운동이라는 단어가 들어가 있지는 않지만 내용에 들어가 있는 경우에 대해서는 알 수가 없었다. 그러나 10편 선행 연구 논문 중에 열거되어 있는 참고 문헌에서부터 좀 더 다양한 일본어 문헌의 단서를 찾을 수 있을 것으로 이에 대한 조사 확대가 향후 과제이다.

질적 측면에서는 다음 다섯 가지 과제가 있다.

첫째, 농촌과 도시의 이질성을 어떻게 연결할 것인가라는 관점에서 새마을운동을 재조명할 필요가 있다. 공동체 해체를 극복하고 주민들을 서로 어떻게 만나게 할 것인지, 읍면동에서 수십 명에서 백 명 정도를 어떻게 참여 가능하게 할지에 대한 현재 문제 의식과 연계되는 관점에서 연구를 진행할 필요가 있다. 글로벌 새마을운동이 전개되는 한편 국내 공동체 활성화에 도움이 되는 과학적 시사점을 도출할 필요가 있다.

둘째, 일본 농촌진흥운동과 새마을운동, 나아가 1970년대 일본 도시 활성화(마을만들기: まちづくり)와의 차이, 연관성, 변화 등에 대하여 추가적으로 검토할 필요가 있다.

셋째, 한국 민주화를 전후한 행정적 통제의 변질이라는 관점을 고려할 필요가 있다.

넷째, 세계적 관점에서 글로벌 새마을운동과 일본의 국제 협력 연구에 대한 연구가 필요하다.

다섯째, 위와 같은 과제에 대하여 한국 사람들과의 대화를 통하여 연구 내용을 연마할 노력이 필요하다.

참고 문헌

내무부(1980). 『새마을運動 10年史』.

네모토 마사쯔구(2015). 새마을운동과 글로벌 새마을운동, 『사회과학연구』, 32(1): 125-141.

오조환(1983). 우리나라 農村 綜合開發의 實際와 그 效率的 推進方案, 『지역사회발전학회논문집』, 8: 99-114.

황인정(1980). 『한국의 종합농촌개발』, 한국농촌경제연구원.

金尙基(1988). 韓國におけるセマウル運動と流通近代化, 『三田商學硏究』, 31(1): 63-92.

吳民錫(2008). 日韓における生活改善運動とセマウル運動からみた農村女性教育, 『早稲田大學大學院教育學硏究科紀要』, 15(2): 143-153.

李御寧(1982). 『'縮み'志向の日本人』, 學生社.

崔吉城(1997). セマウル運動と農村振興運動, 『國立歷史民俗博物館硏究報告』, 70: 161-183.

韓承宰(1988). 韓國におけるセマウル運動の展開, 『神戸大學農業経濟』, 23: 45-65.

______(1989). セマウル運動實施集落における個別農家の生産・生活の変化, 『神戸大學農業経濟』, 24: 50-64.

縄倉晶雄(2013). 1970年代韓國農村部における相互金融の変質－セマウル運動期韓國農村政策の文脈において－, 『東北アジア地域硏究』, 19: 21-34.

松本武祝(1993). 1970年代韓國農村におけるセマウル運動の展開過程, 『商経論叢』, 28(4): 1-47.

横田伸子(2001). 韓國における開發体制とセマウル運動: 1970年代を中心に, 『東亞経濟硏究』, 59(4): 437-464.

野副伸一(2007). 朴正熙のセマウル運動－セマウル運動の光と影－, 『アジア硏究所紀要』, 34: 251-276.

제 13 장 새마을운동 경제학

제 1 절 서론

1 개관

이 장에서는 새마을운동을 경제학적 시각에서, 좀 더 구체적으로는 연구개발(R&D) 활동을 통한 기술 진보의 중요성을 강조하거나, 교육훈련으로부터의 학습(learning-by-doing)을 통한 인적 자본(human capital) 축적의 중요성을 강조하는 경제성장이론(economic growth theory)의 관점에서 살펴보고자 한다. 이를 통하여 한편으로는 새마을운동의 경제적 의의를 체계적으로 이해함으로써 경제 발전에 관한 유용한 교훈을 도출하고, 나아가서는 우리가 얻은 결론들이 기존 경제성장이론 및 경제발전이론의 진전에 대하여 공헌하는 바가 있는지 알아보고자 하는 것이다.

새마을운동과 관련된 대부분의 기존 문헌은 1970년대에 진행된 새마을운동의 과정을 소개하거나 그 업적을 나열하는 데 그치고 있어서 객관적이고도 체계적인 분석을 찾아보기가 어렵다. 특히 새마을운동에 대한 경제학적인 분석은 더욱더 찾아보기 어려운 실정이다. 새마을운동이 무엇이며, 누가 그것을 시작하고 어떤 사람들이 그것에 참여하였고, 어떤 방식으로 새마을운동이 전개되었으며, 그것이 과연 성공하였는지 실패하였는지, 성공하였다면 성공의 요인은 무엇인지, 새마을운동으로부터 우리가 배워야 할 교훈은 무엇인지 등을 경제학적인 시각에서 알아보는 것이 이 장의 주된 목표이다.

새마을운동이 처음 시행된 1970년대 초 한국의 농어촌 지역은 매우 취약한 환경에 노출되어 있었다. 낮은 생산성과 소득, 청·장년층의 도시 이주로 인한 노동력의 부재, 낙후된 생활환경 등은 농어촌 주민들의 의욕을 상실시키기에 충분하였고 더 이상 미래에 대한 희망은 없어 보였다. 이에 당시 정부는 지속적인 경제 성장·발전을 위하여 농어촌 부문의 제반 문제점을 해결하고자 하였고, 이러한 문제의식에서 그 해결책으로 제시된 것이 바로 새마을운동이라고 할 수 있다.

단순히 길을 넓히고, 지붕을 개량하며, 마을회관을 건설하는 것이 새마을운동의 전부가 아님은 주지의 사실이다. 이러한 결과들은 어디까지나 표면적으로 드러난 것에 불과하다. 여기서 우리가 주장하고자 하는 새마을운동에 내재한 근본적인 요소들은 다음과 같이 크게 세 가지로 분류할 수 있다. 마을 간 경쟁 의식 고취, 인센티브의 차등 배분, 그리고 주민들의 의식 개혁이 그것이다.

새마을운동 이전까지는 마을 간에 선의의 경쟁을 한다는 사고가 부재하였다. 경쟁보다는 오히려 서로 부딪히지 않고 살아가는 것이 미덕인 양 생각하여 왔다. 그러나 이러한 침체되고 무기력한 의식으로는 마을의 발전뿐만 아니라 국가의 발전마저도 저해할 수 있다는 판단에 따라 정부는 마을 간 선의의 경쟁을 시켜 성과가 좋은 마을에는 보상을 하고, 성과가 좋지 못한 마을에는 보상을 하지 않는 차별화 전략(differentiation strategy)을 택하여 이를 새마을운동 과정에 도입하였다. 이 장에서는 정부가 성과에 따른 차등 보상 메커니즘, 즉 차등화의 원리를 따르는 자원 배분 메커니즘을 활용한 것이 새마을운동이 성공하게 된 가장 근본적인 요인임을 밝히고 있다. 차등화의 원리가 그 이전까지 무기력하던 농어촌 주민들을 자조, 근면, 협동을 통하여 세상을 개선해 나갈 수 있는 새로운 인간으로 변화시키는 데 주효하게 작용한 것이다. 여기에는 지속적인 교육 훈련 활동도 크게 이바지하였다. 지속적이고도 반복적인 교육 훈련 과정을 통하여 성공과 실패의 사례들을 공유하며 우리 마을도 다른 성공한 마을처럼, 아니 오히려 그보다 더 잘해보자는 의식을 갖게 만든 것이 성공의 또 다른 요인이라고 할 수 있다.

경제성장이론의 관점에서 새마을운동의 성격을 밝히는 그 첫 단계는 자조, 근면, 협동이라는 새마을정신(사회적 자본, social capital)의 확립이 새마을운동의 성공에 어느 정도 영향을 미쳤는지 알아보는 것이다. 이병욱(2015)의 연구에서는 총요소생산성(TFP)을 측정하는 기법인 성장회계(growth accounting) 방법을 이용하여 새마을운동 실시 전·후의 TFP 비교를 행한 바 있다. 즉, 농촌의 인구(노동력)가 감소하였음에도 불구하고 농촌 평균 가구 소득이 증가한 결과를 토대로 하고 이때 투입된 자본량의 소득 분배율을 30%로 가정하여 분석한 바, TFP는 유의미하게 증가하였음을 보였다. 이는 곧 자본과 노동이라는 일반적인 생산 요소 외에 새마을정신의 확립이 있었기에(즉, 사회적 자본의 축적이 있었기에) 사람들의 자발적 노력과 봉사를 이끌어내어 소득 증가의 결과를 가져왔다고 유추할 수 있는 것이다.

그럼 어떻게 새마을운동 시행 이후 농촌의 TFP가 빠르게 증가할 수 있었을까? 이것을 이해하기 위하여 이병욱(2015) 논문에서는 기존의 루카스(Lucas, 1988)의 경제성장 모형을 확장한 '새마을 경제성장 모형'을 제시하여 분석하고 있다. 이 모형에서는 정부의 성과에 따른 공적 자원 배분 방식이 사회적 자본 형성에 어떤 영향을 미쳤는지, 그리고 사회적 자본이 긍정적인 외부 효과를 지니는지 여부에 따라 성장률에 어떻게 상이한 영향을 미치는지 분석하였다. 이 장에서는 수리적 모형을 세부적으로 들여다보는 대신, 모형의 결과를 바탕으로 그 함의를 이해하는 선에서 그치고자 한다.

모형의 분석 결과, 개별 경제 주체인 '마을'이 긍정적 외부 효과를 인식하고 그것을 내재화하면 할수록 사회적 자본 축적을 위하여 더욱 노력하는 것으로 나타났다. 또한 그러한 사회적 자본 축적으로 인하여 경제성장률도 함께 증가함을 보였다. 여기서, 정부가 각각의 마을들(개별 경제 주체들)로 하여금 사회적 자본의 긍정적인 외부 효과를 어떻게 내재화(internalize)시킬 것인가의 문제가 따른다. 시장 제도가 잘 발달되었다면 정부는 세금(tax) 부과 또는 보조금(subsidy) 지급 등의 경제정책으로 경제 주체의 행동을 움직이게 할 수 있었을 것이다. 그러나 새마을운동 당시 한국의 농촌 사회는 그러한 시장 메커니즘에 대한 인식이 부족하였을 뿐만 아니라 가난한 농촌 주민들에게 세금을 부과한다는 생각은 할 수도 없는 상황이었다. 또한 시장 제도의 결여로 위와 같은 정책 시행이 어렵다면 또 다른 수단으로 사회적 자본 축적을 위한 강제 할당도 생각해 볼 수 있었다. 그러나 정부는 그러한 정책을 취하지 않고 자원 배분에서 잘하는 곳에 더 많은 지원이 되면 될수록 마을 주민들은 더욱 노력하는 모습을 보였고 사회적 자본의 축적으로 이어졌다. 이는 곧 사회적 자본의 긍정적 외부 효과를 경제 주체인 마을들로 하여금 내재화하도록 한 것과 같은 효과를 볼 수 있었기 때문이다. 오히려 각각의 마을들과 유대관계를 맺으며, 성과에 따른 차등 지급 원리를 적용하였다.

이와 같이 이 장에서는 새마을운동이 1970년대 한국에서 일어난 하나의 정치적 이벤트가 아니라 모든 국가의, 특히 개발도상국의 경제정책에서 활용될 수 있는 성공 원리 중 하나임을 밝히고 있다. 근래에 들어와서 다수의 개발도상국이 우리나라의 새마을운동을 배우고자 하는 열정이 높아지는 상황에서, 우리가 먼저 학문적으로 정립된 새마을운동의 근본 원리를 밝히는 데 성공하는 것이, 그들에게 새마을운동의 정수를 전수하는 가장 효과적인 방안이 될 것이다. 이 장에서 행한 주된 연구는 그러한 작업의 작은 시작이라 할 수 있다. 향후 더 많은 경제학자들에 의하여 새마을운동의 경제학적 함의를 밝히는 수준 높은 연구가 이루어진다면 '새마을운동 경제학'이 새로운 학문 분야로 정립될 수도 있을 것으로 기대하며 본격적으로 새마을운동 경제학에 대하여 살펴보고자 한다.

2 새마을운동 경제학의 배경

현재 국내에서는 과거 1970년대 새마을운동의 결과를 두고 상반된 의견이 분분한 상황이다. 긍정적 평가를 하는 측에서는 당시 침체되어 있던 한국 농어촌 사회에 경제 활동의 장(場)을 열어놓은 것으로 평가하는 반면, 부정적으로 보는 측에서는 정부에 의하여 강압적으로 동원된 사람들에 의하여 '보여주기식' 행정의 일환으로 정부의 정당성을 확보하는 데 그쳤다고 평가하기도 한다.

그렇다면 과연 어떠한 평가가 옳은 것인지 알아보기 위하여 다음과 같은 일련의 쟁점들을 연구하는 것이 새마을운동 경제학의 출발점이다.

(1) 새마을운동은 무엇이며, 어떻게 시작되었고, 어떤 방법으로 이루어졌는가.

(2) 새마을운동으로 하여금 과연 한국의 농어촌이 성공적으로 변화하였는가.
(3) 새마을운동이 농어촌 사회뿐 아니라 국가 경제 전반에 걸쳐 어떤 역할을 하였는가.
(4) 만약 중요한 역할을 하였다면 그 근본 요소들은 무엇인가.

위 질문들에 대한 답을 구하기는 사실상 어려운 문제이다. 그럼에도 불구하고 여러 학자에 의하여 새마을운동 연구가 이루어지고 있지만, 안타깝게도 그중에서 경제학적 분석은 찾아보기 어려운 실정이다.

따라서 이 장에서는 이러한 점에 착안하여 새마을운동을 경제학적, 구체적으로는 경제성장론적 측면에서 분석해 보고자 하는데, 그 일차적 목적은 새마을운동을 경제성장 모형으로 설명할 수 있는지 여부를 판단하는 것이고, 궁극적 목적은 새마을운동이 기존의 경제성장론적 연구에 더하여 또 다른 함의가 있는지 찾아보기 위함이다.

주지하다시피 우리나라는 1960년대와 70년대를 거치면서 놀라울 정도의 급속한 경제 성장을 이루었는데 이를 두고 '한강의 기적(Miracle of Han River)'이라고 표현하고 있다. 이에 대하여 간략히 살펴보면 1950년대 한국의 1인당 소득(GNI)

그림 13-1 한국의 국내총생산(GDP)(1960~79)

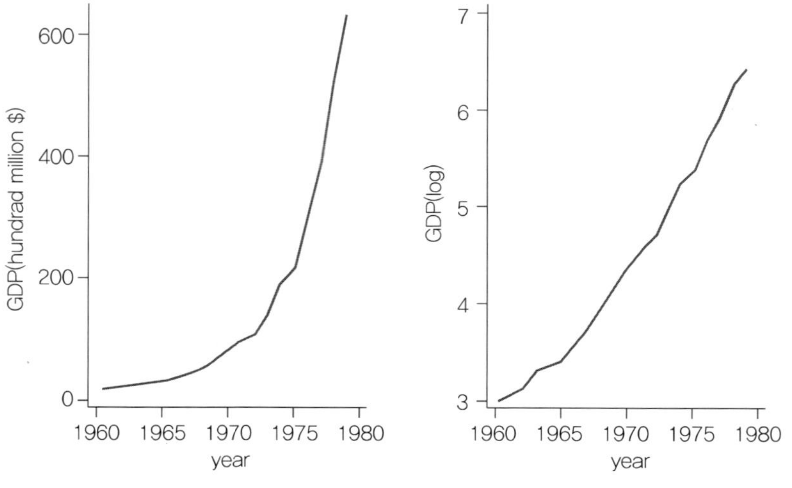

은 약 67달러(구매력 평가 기준 500달러)에 불과하였는데 반하여, 1990년대 중반 이후 한국은 선진국 대열에 들어섰고, 2015년 현재 1인당 소득은 약 29,000달러 수준에 와 있다. 특히, 1960년대부터 1970년대의 한국의 초고속 경제 성장은 세계적으로도 그 유례를 찾아보기 어려울 정도이다. [그림 13-1]에서 보는 바와 같이, 1960년대부터 GDP가 꾸준히 증가하다가 1970년대부터 급속도로 증가하는 것을 볼 수 있다.

이와 같은 결과에는 분명 그 원인이 있을 것이고, 이를 단순히 '기적'이라고 표현하는 것은 그것을 위하여 피땀 흘린 우리나라 국민들과 정부 및 각계각층의 노력을 무시하는 것이라 생각할 수 있다. 왜냐하면 '기적(miracle)'이라는 것을 어떤 초인적인(supernatural) 힘 또는 존재에 의하여 발생하는 현상이라고 정의한다면, 한국의 초고속 경제 성장은 그 어떤 초인적인 존재로부터 부여받은 것이 아니기 때문이다. 따라서 여기서는 이러한 고속 성장의 여러 가지 원인 중에서 새마을운동 시행 이전 1960년대 우리나라의 경제 발전 과정과 그 이후 1970년대 새마을운동을 하게 되면서 어떤 경제학적 원리에 의하여 추진해 왔는지 초점을 두어 논의를 진행하고자 한다.

우리나라는 1960년대 중반 이후부터 경제 발전의 성과가 드러나기 시작한다. 특히 수출진흥정책과 중화학공업 등의 육성으로 한국 경제는 조금씩 활기를 찾기 시작하였다. 그 과정에서 생산 공장들이 밀집해 있는 도시로의 인구 이동이 급증하면서 한국 사회는 도시 위주로의 경제 발전이 이루어지게 되었다. 이렇듯 1960년대 당시 한국의 경제 개발 정책은 도시 위주의 불균형 성장(unbalanced growth)정책을 편 상황이었다. 허쉬만(Hirschman, 1958)에 의하면, 경제 발전 초기 단계에서는 모든 분야의 균형 성장보다는 선택되고 집중된 일부 분야의 선제적 성장으로 인하여 경제 성장의 틀을 마련하는 것이 효율적이라고 주장한 바 있다. 같은 논리에 따라 한국 경제도 1960년대 불균형 성장정책을 취하여 성장 가능성이 큰 일부 분야의 선도 성장을 유도하게 된 것이다.

그러나 의도적인 불균형 성장정책으로 인하여 1960년대 걸쳐 한국 경제가 고속 성장을 하고 있었지만, 당시 정부는 한국 국내총생산(GDP)의 약 2/3를 차지하고 있는 농어촌 사회의 경제 침체를 무시할 경우 지속적이고 장기적인 경제 성장은 어려울 것이라 판단하게 되었다. 당시 한국의 농어촌 지역에는 '경제 활동'을 할 수

표 13-1 경제개발 5개년계획

Plan	Period	Growth Rate	Objectives
First	1962~66	7.9* (planned 7.1)	• Breaking the vicious cycle of poverty • Establishing the foundations for self-sustaining economic development
Second	1967~71	9.7* (planned 7.0)	• Modernization of industrial structure • Promotion of self-sustaining economic development
Third	1972~76	10.2* (planned 8.6)	• Harmonizing growth, stability, and equity • Realizing a self-reliant economy • Comprehensive national land development and balanced Regional development
Fourth	1977~81	5.7* (planned 9.2)	• Achievement of self-sustaining economy • Promoting equity through social development • Promoting technology and improving efficiency

자료: Song(2003).

있는 기반이 없었을 뿐만 아니라 농어촌 주민들은 삶의 활로를 찾고자 하는 희망조차 없던 상황이었다. 〈표 13-2〉에서 보듯이 1965년부터 1970년까지 도시와 농어촌의 가구당 평균 소득의 격차가 점차 벌어지고 있다. 이는 불균형 성장정책에 따른 결과이다. 비록 전체 우리나라 경제성장률은 꾸준히 높은 수준을 유지하고 있지만 농어촌의 침체는 더욱 심화되고 있었다. 따라서 농어촌 지역경제를 일으킬 수 있는 첫 번째 방안으로 제시된 것이 바로 무기력해 있던 농어촌 주민들에게 '할 수 있다'라는 자신감 고취와 함께 경제 활동의 장(場)을 만들어 주는 것이었다. 사실 아무 희망을 지니고 있지 않던 사람들에게 자신감을 고취시킨다는 것 자체가 어불성설인 것처럼 보일 수 있다. 무엇을 계기로 그들에게 자신감을 넣어준다는 것인가? 또한 아무것도 가지고 있지 않은 사람들에게 어떻게 갑자기 경제 활동의 장을 만들어 줄 수 있을 것인가? 이 고민에서 비롯된 것이 바로 새마을운동의 배경이라 할 수 있다.

이미 앞에서 여러 설명이 있었지만 이 장에서는 새마을운동 추진 과정에서 나타난 투자액을 바탕으로 이를 좀 더 경제학적 차원에서 접근해 보고자 한다.

1971년, 새마을가꾸기사업의 일환으로 전국의 약 33,267 마을에 335포대의 시멘트와 철근을 균등하게 배분한 다음, 각 마을에서 필요한 사업을 자율적으로 정하

표 13-2 농어촌과 도시의 소득 차이(1965~70)

Year	Rural Household Income		Urban Household Income		Difference		Overall Economic Growth Rate (real %)
	Real Won* (A)	Increase %**	Real Won (B)	Increase %	Absolute (B–A)	Relative (B/A)	
1965	112,201	–	112,560	–	359	1.00	7.4
1966	130,176	16.1	161,520	43.4	31,344	1.24	13.4
1967	149,470	14.8	248,640	53.9	99,170	1.66	8.9
1968	178,959	19.7	285,960	15.0	107,001	1.60	13.3
1969	217,874	21.7	333,600	16.6	115,726	1.53	15.9
1970	255,804	17.4	381,240	14.2	125,336	1.49	9.7
Average		17.9		28.6			

주: * Each rural and urban household real income is based on 1979 Korean Won.
** Increase % indicates that the increase percent compared to the previous year real income.
자료: KOSIS.

여 시행하도록 하였다. 여기서 중요한 것은 절대 정부의 강압적인 명령 하달이 아닌 마을 주민들이 자율적으로 필요한 사업을 선정하도록 하였다는 점이다. 이 해에 투입된 정부의 비용은 약 41억 원에 해당한다(〈표 13-3〉 참조). 해당 연도에 시멘트와 철근을 받고난 후 정부의 이와 같은 정책에 참여한 마을은 전체의 절반인 약 16,000여 마을밖에 되지 않았다. 나머지 마을에서는 원자재를 그냥 방치하거나 정부의 이와 같은 제안에 반신반의하며 아무것도 하지 않았다고 한다. 반면 사업에 참여한 마을 주민들은 정부로부터 받은 원자재를 종잣돈 삼아 그들의 자발적인 봉사, 재능 기부 등을 통하여 약 81억 원 정도가 추가 투입되었다. 결과적으로 새마을운동 시행 첫 해에 정부에서 지원한 원자재 값 41억 원과 마을 주민들의 자발적 기부 81억 원을 합하여 총 122억 원이 투입되었다. 비율로 보자면 전체 재원의 66.4%가 주민들의 스스로 힘과 노력에 의하여 충당된 것이다.

1972년부터는 본격적으로 새마을운동이 적극적으로 추진되었다. 처음 시행 당시 전국의 모든 농어촌 마을에 균등하게 배분하였던 것과 달리, 이듬해에는 각 마을의 성과에 따라 잘하는 곳에 더 많이 지원하고 성과가 없거나 저조한 곳에 지원하지 않는 등의 차등적 배분을 하여 차별하는 정책을 펼쳤다. 즉, 첫 해에 정부에서 지원한 원자재와 그들 스스로의 노력으로 참여한 16,000여 마을 중에서 성과가 좋은 마을에는 이듬해에 더 많은 원자재와 기술 등을 지원한 반면, 성과가 좋지 못한 마을에는 지원을 하지 않은 것이다. 처음 정부의 이와 같은 행태에 대하여 당시 마을 주민들뿐만 아니라 정부의 관료들 또한 쉽게 이해하지 못하였다고 한다. 사회통념으로는 성과가 부진할 경우 격려 차원에서 더욱 많이 지원해 주는 것이 일반적인데 새마을운동을 시행하면서는 이러한 일반적인 통념과 상반된 방향으로 추진해 나갔던 것이다.

표 13-3 1970년대 새마을운동 연도별 투자

Year	Total (Hundred Million Won)	Saemaul Investment				Own-Contribution
		Sub-total	National Budget	Local Budget	Others	
1971	122	41 (33.6%)	27	14	-	81 (66.4%)
1972	313	33 (10.5%)	20	13	-	280 (89.5%)
1973	984	215 (21.8%)	125	90	-	769 (78.2%)
1974	1,328	308 (31.8%)	121	173	14	1,020 (76.8%)
1975	2,959	1,658 (55.8%)	666	579	408	1,306 (44.1%)
1976	3,226	1,651 (51.8%)	484	396	771	1,575 (48.8%)
1977	4,665	2,460 (52.7%)	599	723	1,138	2,205 (47.3%)
1978	6,342	3,384 (53.3%)	654	773	1,957	2,958 (46.6%)
1979	7,582	4,252 (56.1%)	1,258	1,010	1,984	3,330 (43.9%)

자료: Ministry of Home Affairs(1980b).

그러나 얼마 가지 않아 그렇게 하게 된 원인이 드러나기 시작하였다. 일단 새마을운동에는 참여하였으나 성과가 부진하여 추가적인 지원을 받지 못한 마을에서는 더욱 분발하게 하는 효과가 생겼고, 처음부터 정부를 반신반의하며 참여하지 않았던 마을에서는 똑같이 가난하던 이웃 마을이 점차 새로워지고 깨끗해짐과 동시에 정부로부터 추가로 더 많은 지원을 받는다고 하니 '우리도 그럼 한번 해볼까'라는 생각을 심어주게 된 것이다. 이렇게 하여 1972년부터 전국의 약 35,000여 마을이 모두 새마을운동사업에 참여하게 되었다.

정부는 처음부터 고수하던 '차별화 전략'을 지속시켰고 이러한 방법으로 전국의 마을을 성과에 따라 크게 3등급으로 구분하여 그 지원 방식에 차등을 두었다. 3등급으로 나누는 기준을 엄격히 정하여 그 누구도 자신들의 마을 등급 판정에 대한 불만을 가지지 못하도록 하였다는 것도 특기할 만하다(〈표 13-4〉 참조). 이와 같은 기준을 두고 각 연도 말에 전국의 마을을 각각 기초마을(under-developed village), 자조마을(self-help village), 자립마을(self-reliant village)로 구분하여 집계하였다. 〈표 13-5〉를 보면, 1972년 말 기초마을이 전체의 약 53%를 차지하고 있고 이때 자립마을은 7%밖에 되지 않았다. 그러나 점차 새마을운동이 전국적으로

표 13-4 마을 등급별 승급 기준

Project	Self-help Village	Self-reliant Village
Housing Environment	• Roof Ameliorating over 70%	• Roof Ameliorating over 80%
Farming Base	• Irrigation of Farmland over 70%	• Irrigation of Farmland over 85%
Cooperative Life	• Village Fund over 500,000 Won	• Village Fund over 1,000,000 Won
Income Projects	• Avg. Annul Income per Household over 800,000 Won	• Avg. Annul Income per Household over 1,400,000 Won

자료: Ministry of Home Affairs(1980b).

표 13-5 각 등급별 마을 분포

End of Year	Total	Self-reliant Village		Self-help Village		Under-developed Village	
		# of villages	%	# of villages	%	# of villages	%
1972	34,665	2,307	7	13,943	40	18,415	53
1973	34,665	4,246	12	19,763	57	10,656	31
1974	34,665	7,000	20	21,500	62	6,165	18
1975	35,031	10,049	29	20,936	60	4,046	11
1976	35,031	15,680	45	19,049	54	302	1
1977	35,031	23,322	67	11,709	33	–	–
1978	34,815	28,701	82	6,114	18	–	–
1979	34,871	33,395	97	976	3	–	–

자료: Ministry of Home Affairs(1980b).

번져나감에 따라 1979년 말 자립마을의 수가 전체의 97%에 다다랐다. 10년이 채 되지 않은 짧은 기간 동안 어떻게 이런 결과가 나올 수 있었을까? 계속해서 궁금증이 생기지 않을 수 없다.

그리고 새마을운동을 시행하면서 그 근본에 깔려 있는 목적은 바로 농어촌 마을 주민들에게 새마을정신을 심어주는 것이었다. 자조, 근면, 협동이라는 새마을 3대 정신의 함양이야말로 정부가 새마을운동을 시행하면서 가장 역점을 두었던 부분이다. 〈표 13-6〉을 보면 새마을운동 당시 각 부문별로 정부가 투자한 재원의 규모를 알 수 있다. 부문은 크게 다섯 가지로 나누었는데, 생산 기반(Production Base), 소득 증대(Income Boosting), 복지환경(Welfare Environment), 의식 개혁(Spirit Development), 도시공장(City and Factories) 부문이 그것이다. 아래 표를 볼 때 주의하여야 할 점은 단순히 부문별로 투자된 금액만 봐서는 안 된다는 것이다.

표에서 생산 기반 부문과 소득 증대 부문, 그리고 복지환경 부문에 대한 지출이 대부분을 차지하고 있는 반면, 의식 개혁에 대한 투자는 1~2% 수준에 머물러 있어 이것만 봐서는 의식 개혁에 대한 투자가 저조하였다고 생각하기 십상이다. 여기서 말하는 의식 개혁 부문에 대한 투자는 주로 새마을교육과 훈련 등 새마을정신의 함양을 위한 투자이다. 그러나 앞에서 언급한 바와 같이 다른 부문에 대한 투자

표 13-6 부문별 새마을 투자

Unit: Hundred Million Won, ( ): %

Year	Production Base	Income Boosting	Welfare Environment	Spirit Development	City and Factories	Total
1971	78 (64.3%)	8 (6.2%)	35 (28.8%)	1 (0.8%)	–	122
1972	210 (64.3%)	19 (6.2%)	94 (28.8%)	3 (0.8%)	–	326
1973	618 (64.3%)	59 (6.2%)	276 (28.8%)	8 (0.8%)	–	961
1974	565 (42.5%)	338 (25.4%)	288 (21.7%)	32 (2.4%)	105 (7.9%)	1,328
1975	637 (21.5%)	1,875 (63.4%)	305 (10.3%)	46 (1.6%)	96 (3.2%)	2,959
1976	901 (27.9%)	1,541 (47.8%)	676 (20.9%)	57 (1.8%)	52 (1.6%)	3,227
1977	1,358 (29.1%)	1,826 (39.1%)	1,100 (23.6%)	107 (2.3%)	274 (5.9%)	4,665
1978	1,307 (20.6%)	2,426 (38.3%)	2,446 (38.6%)	126 (2.0%)	37 (0.6%)	6,342
1979	1,584 (20.9%)	3,266 (43.1%)	2,428 (32.0%)	79 (1.0%)	225 (3.0%)	7,582

자료: Ministry of Home Affairs(1980b).

에서도 정부가 지속적 차별화 전략, 즉 차등 배분 원리를 적용하여 잘하는 마을에 더 많이 지원하고 성과가 좋지 않은 마을에는 지원하지 않는 방식을 사용함으로써 그들 스스로 자조, 근면, 협동하게 하는 효과를 가져오게 한 것이다. 다시 말하면 생산 기반 부문이나 소득 증대 부문에 투자된 재원들의 배분 원리를 보게 되면 새마을정신을 함양시킬 수 있도록 철저한 차별화 전략이 내재해 있었다는 뜻이다. 궁극적으로는 모든 부문에 대한 정부 투자에서 그와 같은 원리를 적용하여 새마을운동을 이끌어 온 것이라 판단할 수 있다.

그렇다면 이런 방법을 통하여 달성한 것은 무엇일까? 새마을운동 원리를 적용하여 정부는 당시 침체되어 있고 무기력하던 농어촌 사회를 변화시키고자 하였다. 무엇보다도 도시와 농촌 지역의 소득 격차를 해소하고자 주력하였다. 그렇게 하여 1960년대부터 이어져 오던 고속 경제 성장을 지속시키고자 하였다. 먼저 〈표 13-7〉을 보자. 앞의 〈표 13-2〉를 보면, 새마을운동을 시행하기 전에는 도시 지역과 농어촌 지역의 소득 격차가 점진적으로 벌어지고 있었다. 그러나 1971년부터 본격적으로 새마을운동이 추진되고 나서는 도·농 간 격차가 좁혀지더니 급기야 약 3, 4년 만에 농어촌 가구당 평균 소득이 도시 가구당 평균 소득을 넘어서게 되었다.

이 부분에서 주목하여야 할 것은 1960년대부터 도시 위주의 경제 성장으로 인하여 농어촌의 많은 인구가 도시로 이동하여 농어촌 지역의 경제활동인구는 줄어들었다는 점이다(〈표 13-8〉 참조). 따라서 일각에서는 농어촌 지역의 가구당 평균 소득의 증가는 실질적인 소득의 증가라기보다 오히려 농어촌 인구가 감소함으로써 생긴 반사적 이익이라고 평가하기도 한다.[1)]

설사 그러한 요인이 있다 하더라도 우리가 관심을 가져야 하는 것은 비록 농어촌 인구가 감소하였음에도 불구하고 침체되어 있던 농어촌 지역에서 무기력하던 마을 주민들 스스로가 필요한 사업을 통하여 생활 터전인 마을을 변화시켰다는 것에 초점을 두어야 한다. 절대 정부에 의한 타의가 아닌 주민들이 자율적으로 참여한 새마을운동을 통하여 그 전까지만 해도 상상하지 못하던 변화가 농어촌 지역에 나타났다는 것에 주안점을 두어야 한다는 뜻이다.

---

1) 가구당 소득이 전체 소득/가구 수 또는 전체 소득/인구 수(가구당 인구 수)라고 할 때, 분모에 있는 인구 수의 감소는 분자에 있는 소득이 변하지 않더라도 가구당 소득의 값을 증가시킬 수 있다.

표 13-7 도시와 농촌의 소득 격차(1971~79)

Year	Rural Household Income		Urban Household Income		Difference		Overall Economic Growth Rate (real %)
	Real Won* (A)	Increase %**	Real Won (B)	Increase %	Absolute (B–A)	Relative (B/A)	
1971	356,382	–	451,920	–	105,538	1.27	8.2
1972	429,394	20.4	517,440	14.5	88,046	1.21	4.5
1973	480,711	11.9	550,200	6.3	69,489	1.14	12.0
1974	674,451	40.3	644,520	17.1	–29,931	0.96	7.2
1975	872,933	29.4	859,320	33.3	–13,613	0.98	5.9
1976	1,156,300	32.4	1,151,760	34.0	–4,540	0.99	10.6
1977	1,432,800	23.9	1,405,080	21.9	–27,720	0.98	10.0
1978	1,884,200	31.5	1,916,280	36.3	32,080	1.02	9.3
1979	2,227,483	18.2	2,629,556	37.2	402,073	1.18	6.8
Average		26.0		25.1			

주: * Each rural and urban household real income is based on 1979 Korean Won.

** Increase % indicates that the increase percent compared to the previous year real income.

자료: KOSIS.

표 13-8 농촌과 도시의 인구 구성

Year	Total Population (1,000 person)	Rural Population		Urban Population	
		(1,000 person)	%	(1,000 person)	%
1960	25,012	14,559	58.2	10,453	41.8
1961	25,766	14,509	56.3	11,257	43.7
1962	26,513	15,097	56.9	11,416	43.1
1963	27,262	15,266	56.0	11,996	44.0
1964	27,984	15,553	55.6	12,431	44.4
1965	28,705	15,812	55.1	12,893	44.9
1966	29,436	15,781	53.6	13,655	46.4
1967	30,131	16,078	53.4	14,053	46.6
1968	30,838	15,908	51.6	14,930	48.4
1969	31,544	15,588	49.4	15,956	50.6
1970	32,241	14,422	44.7	17,819	55.3

1971	32,883	14,712	44.7	18,171	55.3
1972	33,505	14,677	43.8	18,828	56.2
1973	34,103	14,645	42.9	19,458	57.1
1974	34,692	13,459	38.8	21,233	61.2
1975	35,281	13,244	37.5	22,037	62.5
1976	35,849	12,785	35.7	23,064	64.3
1977	36,412	12,309	33.8	24,103	66.2
1978	36,969	11,527	31.2	25,442	68.8
1979	37,534	10,883	29.0	26,651	71.0

자료: Bank of Korea(2005).

또한, 새마을운동으로 전국의 모든 농어촌 마을에 필요한 사업을 추진할 때 유휴(遊休) 노동력이 소득 활동을 할 수 있는 기회가 생기기도 하였다. 농번기(農繁期)에는 농·어업을 활동에 집중하던 인력이 농한기(農閑期)가 되면 농·어업 활동 이외에 다른 소득 사업을 할 수 있게 됨에 따라 우리나라 전체의 실업률 감소에도 기여한 셈이다. 아래 그림은 우리나라 전체의 실업률 변화를 나타낸 것이지만, 만약 새마을운동을 통한 실업률의 추가적인 감소가 없었다면 어떻게 되었을까?

그림 13-2 실업률 변화(1963~79)

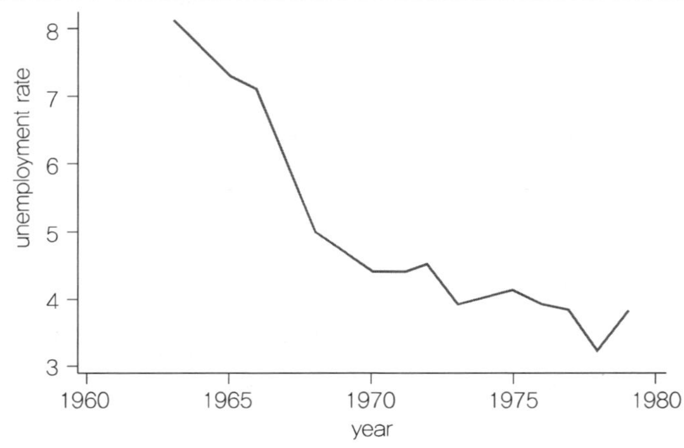

자료: Lee(2015).

그리고 각 마을마다 새마을운동 초기 사업으로 시행하였던 농로 정비 등을 통하여 농어촌 지역의 도로 포장률 또한 급격히 증가하였다.

그림 13-3 농어촌 지역 도로 포장률(1960~79)

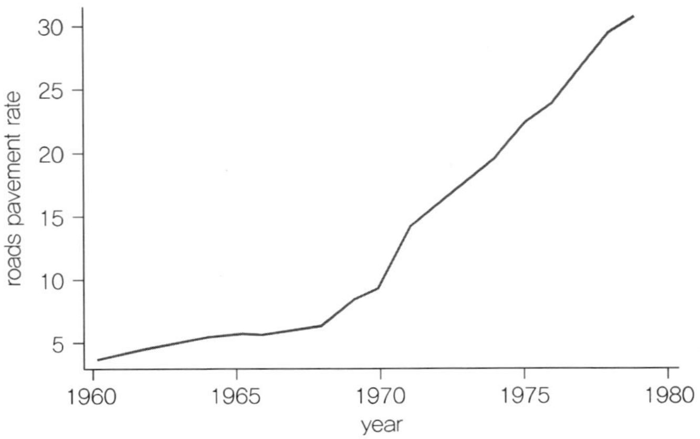

자료: Lee(2015).

농어촌 지역의 경제 발전을 대변할 수 있는 또 다른 성과는 상수도 보급률과 1인당 전력 사용량의 증가를 들 수 있다.

그렇다면 이 모든 것이 과연 새마을운동의 추진 때문에 바뀌었나 생각해 볼 수 있다. 새마을운동으로 농어촌 지역에 괄목할 만한 변화가 있었던 것은 주지의 사실이다. 그렇다고 해서 위에서 살펴본 모든 변화가 '새마을운동'이라는 명목 하에 생긴 것은 또 아닐 것이다. 1960년대부터 이어져 오던 변화 양상에 새마을운동을 통하여 더 잘 돌아가도록 하는 촉매제 역할을 하였다고 하는 것이 오히려 더 객관적인 시각일 것이다.

이 촉매제 역할을 가능하게 한 것 중에서 가장 중시하여야 하는 것이 새마을정신의 함양이다. 자조·근면·협동하게 하는 새마을정신의 함양은 바로 정부의 차별화 전략이 함께 있었기에 가능하였다. 다른 것을 다르게 대우하는 차별화 전략을 통하여 농·어촌 마을끼리 선의의 경쟁을 할 수 있는 경제 활동의 장(場)을 펼쳐준 것이다.

그림 13-4 농어촌 지역 상수도 보급률과 1인당 전력 사용량

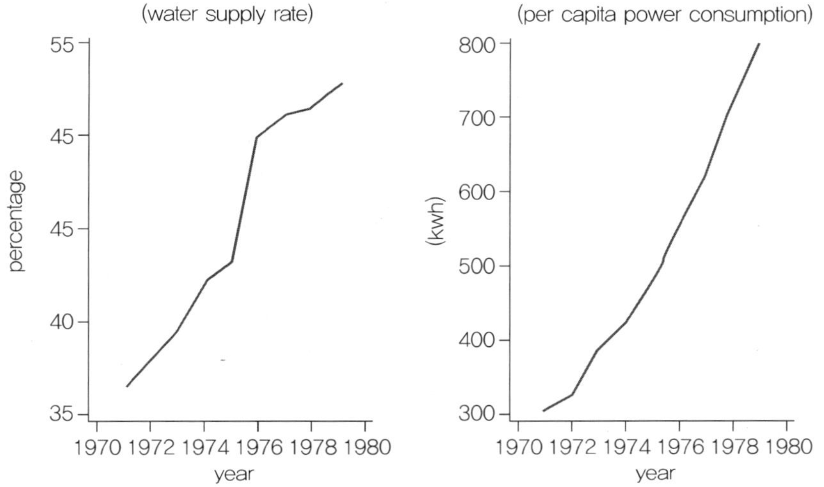

자료: Lee(2015).

이렇게 하여 새마을운동의 성공적인 요인을 [그림 13-5]와 같이 정리할 수 있겠다.

그림 13-5 새마을운동 성공의 선순환

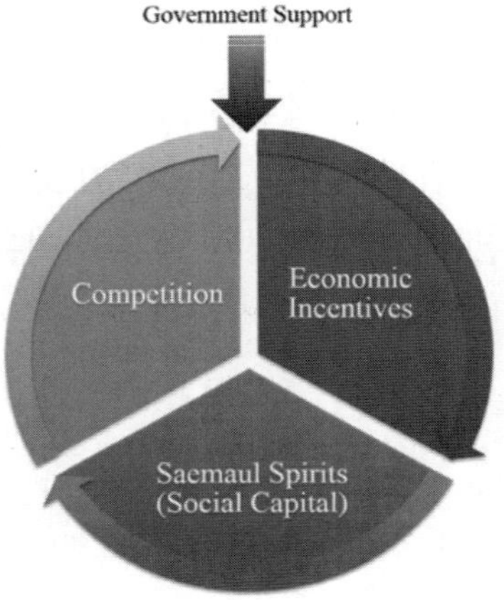

자료: Lee(2015).

제 2 절 경제학적 관점에서 본 새마을운동

앞에서 정리한 새마을운동을 경제학적 관점을 통하여 어떻게 이해할 수 있을까? 새마을운동이 과연 한국의 경제 성장·발전에 실질적인 영향을 미쳤을까? 그리고 새마을운동에서 도출할 수 있는 경제학적 함의는 무엇인가?

이와 같은 질문에 대한 답을 구하기 위하여 '새마을운동 경제학'의 몇 가지 요소를 살펴보고자 한다.

1 자원 배분 원리와 새마을운동

일반적으로 정부가 공공자원을 배분할 때 크게 두 가지 방법이 있다. 첫 번째는 성과에 관계없이 일률적으로 균등하게 배분하는 방법이고, 두 번째는 성과에 따라 차등을 두어 배분하는 방법이 있다.

새마을운동 시행 이전까지만 해도 정부의 자원 배분 방식은 일괄적 균등 배분 정책을 취하고 있었다.[2] 그 당시는 성과를 나타낼 수 있는 장치도 없었지만, 있었다고 하여도 차등적으로 공적 자원을 배분한다는 생각은 할 수조차 없었던 시기였다. 그러나 새마을운동을 시행하면서 각 마을 간에 경쟁 의식을 고취시키고 '할 수 있다'라는 확신을 주기 위하여 정부는 과감히 성과에 따른 차등 지급 원리를 택하였다. 하지만 1970년대 당시 한국의 상황을 생각해 본다면 이는 매우 이례적이고 특이한 정책이었다. 경제 원리라는 것을 접해본 적 없는 농어촌 마을 주민들에게 이전에 볼 수 없었던 새로운 정책의 시행은 매우 어려운 결정이었기 때문이다. 소득 활동이 제대로 이루어지지 않고 있는 상황에서 정부가 공공자원을 균등하게, 누

2) 사실 오늘날에도 여러 가지 정치적인 이유 때문에 일괄적 균등 배분 정책을 취하는 경우가 많다. 일례로 김영삼 정부 시절의 무차별적 농업구조 조정자금 배분이라든지, 김대중 정부 시절 농어촌 부채 탕감 등이 성과에 관계없이 일률적으로 지원한 대표적인 케이스이다. 무차별적인 농업구조 조정자금의 배분은 구조조정에 적극적인 역할을 하는 농민들을 우대하는 것이 아니라 구조조정을 하지 않는 농민들을 더 우대함으로써 구조조정의 동기와 그들의 인센티브를 없애는 방식으로 진행된 것이다(좌승희, 2014).

구에게나 공평하게 나누어주는 것이 아니라, 잘하는 곳에 더 많이 주고 못하는 곳에는 주지 않는다는 것은 쉽게 이해할 수 없는 정책이었다.

그러나 이러한 정책은 시간이 지나면서 사람들을 움직이게 하는 기제(mechanism)로 작용하였고 시대적 상황과도 잘 맞았다. 경제학에서 흔히 사용하는 말로 '사람은 경제적 인센티브에 의하여 움직인다'는 것을 직접 실현시킨 것이 새마을운동이 아니었을까? 이를 통하여 사람들은 점차적으로 경제 활동에 참여할 수 있는 기회를 가지고 발전된 의식을 가질 수 있었던 것이다.

2 경제 성장 및 발전과 새마을운동

1970년대 새마을운동은 한국의 경제 성장 및 발전에 기여한 바가 분명히 있다. 여러 이견(異見)이 분분하지만, 새마을운동으로 인하여 당시 침체되어 있던 한국 농어촌 지역의 전반적인 발전을 가져온 것은 분명한 사실이다.

그러나 새마을운동 때문에 한국의 경제가 급속도로 성장하였다고 하는 것은 견강부회(牽强附會)하는 논리일 것이다. 새마을운동은 당시 한국의 경제 성장에 주요 엔진(main engine) 역할을 하였다기보다, 촉매(catalyst) 역할을 하였다고 보는 것이 합리적인 시각일 것이다. 즉, 1960년대부터 이어져 오던 도시 위주의 경제 발전이 도시와 농어촌 간 지역 격차의 문제를 해소하지 않고서는 지속적인 경제 성장은 어려웠을 것이기 때문이다. 그런 측면에서 새마을운동은 지속적인 경제 성장에 하나의 촉매 역할을 함으로써 장기적인 경제 발전을 이룰 수 있게 하는 역할을 하였다고 평가할 수 있다. 경제 발전 초기 단계에서 불균형 성장정책으로 인하여 성장 속도가 증가한 경우, 새마을운동으로 인하여 그 속도에 가속이 붙을 수 있었다고 하는 측면에서 중요한 의의를 가진다.

3 제도 형성과 새마을운동

경제학적 관점에서 본 새마을운동의 세 번째 함의는 새마을운동을 통하여 그 이전까지 볼 수 없었던 '시장(market)'이라는 제도(institution)를 농어촌 마을에 형성시켰다는 데 있다. 이를 특히 제도경제학적 관점에서 본다면, 새마을운동의 원리를 통하여 정부는 시장 제도가 미비하였던 곳에 시장 제도를 형성시켜 놓음으로써 시장 원리에 따른 주민들의 행동 변화를 추구한 것이다. 즉, 사람들은 시장 원리에 따라 경제적 인센티브에 반응하고 그 인센티브로 인하여 더욱 분발하게 하는 효과가 있다는 것을 새마을운동을 통하여 체득하게 한 것이다.

일반적으로 경제학에서는 가계 · 기업 · 정부 등 경제 주체들의 행위를 중심으로 경제 현상들을 분석해 나간다. 이때 그 경제 주체들이 경제 활동을 하고 있는 '운동장' 즉 '경제 제도'는 주어진 것으로 간주하거나 크게 논의의 대상으로 삼지 않는다. 그러나 어떤 제도 하에서 경제행위가 이루어지느냐에 따라 경제정책도 달라져야 할 뿐 아니라 그 결과도 상이하게 된다. 이런 맥락에서 본다면 1970년대 새마을운동은 '제도'가 미비하였던 농어촌 지역을 중심으로 자본주의적 시장경제 원리, 성과에 따른 차등 인센티브 원리를 도입하여 도시에만 집중된 경제 활동 영역을 농어촌 지역까지 확장한 공로가 크다고 볼 수 있다.

4 사회적 자본과 새마을운동

새마을운동을 경제학적으로 분석 대상으로 삼기 위한 선결 조건 중 하나가 새마을 3대 정신인 자조, 근면, 협동을 사회적 자본(social capital)으로 조심스럽게 가정하는 것이다. 스스로 돕고, 부지런히 일하고, 사람들끼리 협동해서 일하는 것을 어떻게 하여 사회적 자본이라고 할 수 있을까? 일반적으로 '자본'의 정의는 생산성, 축적성, 감가상각성 등의 개념이 내포되어 있다. 새마을운동의 3대 정신에도 이와 유사한 성질을 지니고 있기 때문에 우리는 이것을 사회적 자본이라고 가정하여도 큰 문제는 없어 보인다.

첫째, 새마을정신을 통하여 생산적인 활동이 가능하기 때문이다. 마을 주민들 간에 서로 돕고 부지런히 일하는 과정에서 무언가 만들어낼 수 있는 원천이 되기 때문에 이를 자본이라고 부를 수 있게 된다.

둘째, 새마을정신은 지속적으로 축적되고 새롭게 생성될 수 있는 성질을 지니고 있기 때문이다. 마을 주민들끼리 서로 협력하여 일을 해나가는 과정에서 새마을 정신은 계속해서 축적되며 생성될 수 있다.

셋째, 마을 주민들이 지속적으로 노력하지 않는다면 새마을정신은 '감가상각(depreciation)'될 수 있기 때문이다. 모든 물적 자본(physical capital)은 시간이 지남에 따라 마모가 되거나 하여 그 가치가 점차 사라지게 된다. 마찬가지로 새마을 정신도 마을 주민들이 노력하지 않는다면 그 가치가 하락할 수 있기 때문에 이러한 이유로 자본의 범주에 포함시킬 수 있게 된다.

제 3 절 새마을 경제성장 모형

1 모형의 이해

새마을 경제성장 모형[3]은 앞에서 서술한 새마을운동의 경제학적 함의 중 특정 부분을 분석 대상으로 삼아 이를 수리적인 모형으로 만들어 그 의의를 찾고자 하는 것이다.

이 모형에서는 정부의 성과에 따른 공적 자원 배분 방식이 사회적 자본[4] 형성에 어떤 영향을 미쳤는지, 그리고 사회적 자본이 긍정적인 외부 효과(positive externality)를 지니는지 여부에 따라 경제성장률에 어떻게 상이한 영향을 미치는지 알아보고자 하는 데 의의가 있다.

새마을운동에서 중요하게 여겨지는 부분은 바로 새마을 3대 정신이다. 자조, 근면, 협동이라는 새마을 3대 정신의 함양은 새마을운동이 성공적으로 추진되는 데 큰 역할을 하였다고 볼 수 있기 때문이다. 따라서 이 모형에서도 자조, 근면, 협동의 새마을 3대 정신을 사회적 자본이라고 가정한 후 정부의 공적 자원 배분 방식에

3) 새마을 경제성장 모형은 저자가 이름을 붙인 것으로, 루카스(Lucas, 1988)의 인적 자본 모형을 차용하여 이를 새마을운동 분석에 도입한 것이다.
4) 여기서는 새마을 3대 정신인 자조・근면・협동을 일컫는다.

따라 사회적 자본이 어떻게 축적되어 경제 성장까지 이어질 수 있는지 분석하고자 하였다.

그 효과를 비교 분석하기 위하여 크게 두 가지 상황을 설정하였다. 먼저 분권화된 선택(decentralized choice)의 경우이다. 분권화된 선택이라 함은 개별 농어촌 마을들이 사회적 자본의 긍정적인 외부 효과를 인식하지 못하고 있으며, 정부 또한 사회적 자본 형성에 개입하지 않는 것을 의미한다. 즉, 마을 주민들이 자조, 근면, 협동의 사회적 자본이 마을의 생산 활동에서 긍정적인 효과를 가지고 온다는 생각을 하지 못하는 상황을 대변한다고 할 수 있고, 정부 또한 경제적 인센티브의 차등 배분 원리를 적용하지 않고 그에 대하여 개입하지 않는 상황을 가정한 것이다. 다시 말해 이는 극단적인 상황을 가정한 것으로, 새마을운동이 전혀 시행되지 않았을 경우라고 이해할 수 있다.

두 번째는 사회적으로 바람직한 선택(socially desirable choice)의 경우이다. 사회적으로 바람직한 선택이라 함은 개별 마을 스스로 사회적 자본의 생산 활동에 대한 긍정적인 외부 효과가 있음을 인지하여 정부의 개입 없이도 자율적으로 사회적 자본 형성에 동참하여 그것이 생산 활동에까지도 긍정적인 영향을 미치는 경우로 가정한 것이다. 이 경우 또한 극단적인 상황을 가정한 것으로, 새마을운동의 시행 없이도 주민들이 자조, 근면, 협동하는 정신을 스스로 내재화(internalize)하는 경우로 이해할 수 있다.

위 두 가지 선택의 결과를 비교하여 보면,[5] 사회적으로 바람직한 선택을 한 경우가 그렇지 않고 분권화된 선택을 한 경우보다 경제성장률이 더 증가함을 보였다. 수리적인 결과뿐만 아니라 이는 직관적인 생각과도 일치한다. 즉, 마을 주민들 스스로가 사회적 자본에 대한 개념을 내재화하여 그들 스스로 자조, 근면, 협동할 경우 그렇지 않은 경우보다 경제성장률에 더 크게 기여할 수 있다는 의미이기 때문

---

5) 자세한 모형에 대해서는 이병욱(2015), 서울대학교 대학원 경제학 박사학위 논문 원문 참조. 아래 표는 분권화된 선택과 사회적으로 바람직한 선택의 결과를 비교한 것이다.

	Decentralized Choices	Socially Desirable Choices
Time devoted to the production	$(u)_{ss}=\frac{\rho}{\mu}$	$(u)_{ss}^{E}=\frac{(1-\alpha)}{(1-\alpha+\alpha\beta)}\frac{\rho}{\mu}-\frac{(1-\alpha)\beta}{(1-\alpha+\alpha\beta)}$
Growth rate	$(g)_{ss}=\mu-\rho$	$(g)_{ss}^{E}=\frac{(1-\alpha+\beta)\mu-(1-\alpha)\rho}{(1-\alpha+\alpha\beta)}$

이다. 또한 주민들이 생산 활동에 기여한 시간을 보면, 사회적으로 바람직한 선택을 한 경우 생산 활동에 시간을 덜 할애하는 것으로 나타난다. 이는 사회적 자본의 긍정적인 외부 효과가 있음을 인지한 상황에서 주어진 시간에 생산 활동을 하기보다는 사람들 간의 관계를 중시하여 사회적 자본 형성에 상대적으로 더 많은 시간을 할애한다는 것을 의미한다. 이렇게 사회적 자본이 축적되면 될수록 생산에 따른 효율성이 커져 더 능률적으로 공동 사업을 추진할 수 있게 된다는 결론을 얻을 수 있다.

2 사회적으로 바람직한 선택을 위한 유도 방안

1) 일반적 접근: 조세 부과 및 보조금 지급

앞에서 언급한 두 가지 선택에서 정부가 주민들로 하여금 사회적으로 바람직한 선택을 하게끔 유도하는 방법에는 여러 가지가 있을 수 있지만, 일반적으로 회자되는 정부가 취할 수 있는 정책은 조세의 부과나 보조금의 지급 등으로 사람들의 행동 변화를 가져오게 하는 방법일 것이다. 즉, 이를 경제학적 표현을 빌려서 쓰면, 개별 경제 주체들이 직면하는 '한계 조건(marginal condition)'을 사회적 의사결정권자(social planner)가 직면하는 '한계 조건'과 같아지도록 만드는 것이다.

그러나 이와 같은 방법은 시장 제도(market system)가 잘 정비되어 있고 발달되어 있어 개별 경제 주체들의 경제 행위를 조세 부과나 보조금 지급을 통하여 적절히 조절할 수 있을 때는 효과적이고 가능하겠지만, 새마을운동을 시행할 당시 상황으로는 경제 제도가 충분히 발달되지 않았고 또 경제 주체들이 조세 부과나 보조금 지급에 대하여 합리적으로 반응할 수 있는 능력이 약할 경우에 이 방법을 사용하기 어려울 것이다. 더욱이 당시 농어촌의 상황에서 마을 주민들에게 조세를 부과한다는 것은 감히 생각하기 어려울 만큼 농어민들의 소득 활동이 현저히 저조하였다. 이러한 사정을 감안하여 아래와 같은 방식으로 새마을운동을 시행하였던 것이다.

표 13-9 새마을운동 당시 정부 개입 시 선택

	Direct Involvement of the Government
Time devoted to the Production	$(u)_{ss}^{G} = \frac{\rho}{\phi\mu}$
Growth rate	$(g)_{ss}^{G} = \phi\mu - \rho$

자료: Lee(2015).

2) 사회적 자본 축적을 위한 정부의 적극적 개입

정부가 직접적으로 사회적 자본 형성에 개입하는 경우,[6] 정부가 제공하는 경제적 인센티브의 크기에 따라 경제성장률과 생산 활동에 투입하는 시간의 양이 달라지게 된다. 즉, 앞에서 분석한 바와 같이 정부가 잘하는 마을에 더 많은 인센티브를 주고 못하는 마을에는 인센티브를 지급하지 않을 경우 그것이 가져오는 경제 성장 효과가 다르게 된다는 것이다.

정부가 제공할 수 있는 경제적 인센티브가 합리적인 범위 내에 있을 경우, 이런

그림 13-6 정부 개입의 결과

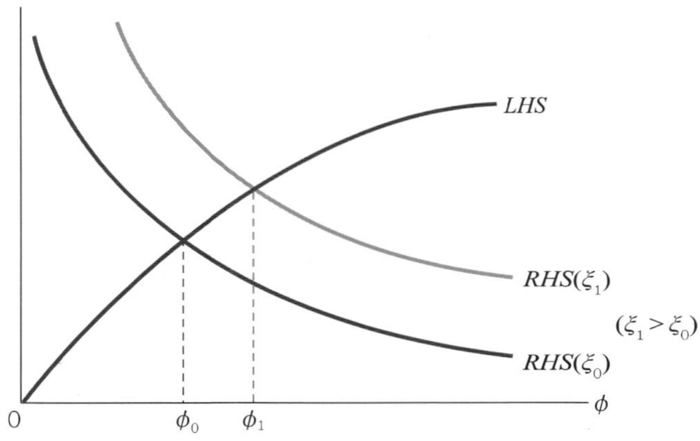

자료: Lee(2015).

6) 다시 말해, 정부가 직접 마을 주민들로 하여금 새마을 정신을 내재화하도록 유도하는 경우를 뜻한다.

메커니즘을 통하여 도달하게 되는 결과는 분권화된 선택의 결과보다는 크고, 사회적으로 바람직한 선택의 결과보다는 작게 나타난다. 따라서 정부가 취할 수 있는 최선의 방법은 정부가 사회적 자본 형성에 개입하여 그 결과가 최대한 '사회적으로 바람직한 선택'이 되도록 유도하는 것이다. [그림 13-6]은 정부의 새마을운동 정책으로 인하여 사회적 자본의 축적이 증가함을 보인 것이다.[7)]

3 새마을운동 경제학 이론적 분석의 함의

1) 경제학적 함의

위 분석에서도 살펴본 바와 같이, 새마을운동에서 새마을정신, 즉 자조・근면・협동의 사회적 자본의 생산적인 효과가 중요하다는 것을 알 수 있었다. 대부분의 사회적 자본은 긍정적인 파급 효과(positive externality)를 갖는데 개별 경제 주체들은 그것을 자기의 것으로 인지하여 내부화하지 못하므로 정부가 나서서 개별 경제 주체들로 하여금 사회적 자본의 긍정적인 파급 효과를 고려하여 행동할 수 있도록 유도하게 하는 것이다.

그러나 전술한 것처럼 사회적 자본이 갖는 긍정적인 외부 효과를 내부화하도록 유도하는 방안에는 조세의 부과나 보조금 지급이라는 전통적인 해법도 있지만, 이 모형에서 제시하듯이 정부가 직접적으로 사회적 자본 형성에 참여하는 것도 유효한 방안이 될 수 있다. 어느 방안이 우월한 것인가는 그중 어떤 것이 실행에 옮기기에 더 적합한가에 달려 있다.

새마을운동의 경우, 정부가 직접 개입하여 시장 제도가 미비한 농어촌 마을에 사회적 자본 형성을 돕는 방식을 취하였는데 그 과정에서 일률적인 균등 자원 배분이 아니라 성과에 따른 차등 인센티브 배분이라는 전략을 취하였던 것이다.

---

7) 여기서 ξ은 마을 성과에 따른 정부의 인센티브 차등 비율을 뜻하고, ϕ은 사회적 자본(새마을정신)의 축적 정도를 나타낸다. 이 그래프에 따르면, 성과가 좋은 마을에 더 많은 인센티브를 지급할수록 전반적인 새마을정신의 축적이 증가함을 보여주고 있다. 자세한 것은 이병욱(2015) 원문 참조.

2) 새마을운동 경제학

인류 역사에는 그 동안 국가의 경제를 발전시키기 위한 많은 종류의 '운동'이 있었는데 대부분은 일회성에 그치거나 그 효과가 미미하였던 반면, 장기적인 임팩트를 가지며 경제 전반에 대한 수준 향상을 가져온 것은 새마을운동이 거의 유일하다.

그렇다면 새마을운동의 어떤 점이 그것을 성공적인 것으로 만들었을까? 이론적 논의를 보면 다음과 같은 요소들이 새마을운동을 성공으로 이끈 요인인 것으로 판단된다.

① 각 마을 내(intra-village)에서는 평등한 대우를 중시하는 공동체 정신을 강조하고, 개별 마을끼리(inter-village)는 경쟁을 하도록 하였다는 것이 주효하였다. 즉, 마을 내에서는 '능력대로 일하고 필요에 따라 나눈다'는 공동체주의를 중시함으로써 마을의 영속성을 제고하고, 마을 간에는 경쟁 의식에 바탕을 둔 경쟁이 치열하게 전개되도록 유도한 것이 효과적이었다는 것이다.

② 각 마을과 마을이 치열하게 경쟁하도록 유도한 가장 중요한 메커니즘은 실제 나타난 성과에 따른 차별화된 지원 방식이었다. 이는 각 마을을 실질적인 측면에서 마을 구성원이 공동으로 소유한 소기업으로 변화시킨 다음 이들 소기업이 치열하게 경쟁할 수밖에 없는 '가상의 시장'으로 내모는 것에 해당한다. 각 마을은 경쟁에서 살아남기 위하여, 이 경우 더 좋은 성과를 냄으로써 정부로부터 더 많은 보상을 받기 위하여, 치열하게 투쟁하도록 유도되었다. 다시 말해 만일 마을 간에도 평등 대우의 원리를 적용하였더라면 새마을운동은 성공하지 못하였을 것이다.

③ 새마을운동은 시행 초기부터 교육과 훈련을 매우 중요시해 왔다. 이는 마을 주민들의 결속력을 높이고 개선하려는 의지를 강화시켰으며 마을 내에서는 협동심을 키우고 다른 마을과의 사이에서는 경쟁심을 고취시키는 데 공헌하였다. 또한 말할 것도 없이 끊임없는 교육 훈련을 통하여 새로운 지식, 정보, 기술, 노하우 등을 전수하며, 특히 교육과정을 통하여 성공 또는 실패한 마을의 사례들을 공유하게 함으로써 초기에는 상이하였던 마을의 사회적

자본이 빠른 속도로 수렴하도록 유도하는 데 크게 기여하였다.

④ 전술하였듯이 새마을운동은 제도경제학적 관점에서도 시사하는 바가 매우 크다. 신고전학파(neo-classical) 경제학자들이 중요시하는 시장의 지원 배분 기능이 효과적으로 작동하는 시장 제도가 결여되었거나, 혹 있더라도 경제 주체들이 그것에 적극적으로 참여하지 않는다면 소기의 목적을 달성할 수 없게 된다. 그런 의미에서 볼 때 새마을운동은 무(無)에서 유(有)를 창조한, 즉 새로운 제도를 건설하는 데 성공한 운동이라고 볼 수 있다.

여기에서 중요한 것은 그것이 사전적(ex-ante)으로 잘 계획된 플랜에 의해서가 아니라 단기간 내에 가시적인 성과를 거둘 수 있는, 그러면서도 첨단 기술이나 다량의 자본을 투입하지 않고서도, 정부가 조금만 지원해 주면 마을 주민들이 지닌 자원과 노동력을 결집하여 해낼 수 있는 사업들을 선정하여 그것을 실제 해보도록 유도함으로써 자연적으로 형성하였다는 사실이다.

노력을 기울이면 가시적인 성과가 금방 나오고 그 성과의 적어도 반은 자기 몫으로 가져갈 수 있음을 경험하는 것을 통하여 '하면 된다', '나도 할 수 있다', '내가 잘하면 나나 내 가족이 더 나은 삶을 살 수 있다', '혼자가 아니라 주민들이 합심하여 협동하면 더 큰 일을 해낼 수 있다'는 등의 교훈을 직접적으로 체득하게 함으로써 비교적 단시일 내에 그때까지 실의에 빠져서 무기력 하던 농어촌 주민을 역동적이며 혁신적인 새로운 일꾼으로 변신시켰다는 점이 새마을운동이 보여준 가장 중요한 교훈일 것이다.

제 4 절 결론

새마을운동으로부터 우리가 얻을 수 있는 교훈은 무엇인가? 그리고 일련의 경제성장 모형들로 새마을운동을 설명할 수 있을까? 새마을운동 경제학이라는 것이 기존의 경제학 패러다임에 더 추가할 수 있는 어떤 함의가 있을까? 새마을운동이 한국의 총경제성장률에 기여한 바가 있는가? 만약 있다면, 얼마나 그리고 어떤 방법으로 있었는가? 새마을운동 원리를 적용한 경제정책을 도출해낼 수 있을까? 이 장에서는 위와 같은 질문들을 던지고 그에 대한 답을 구하고자 하였다.

새마을운동에서 나타난 가장 두드러진 특징을 요약하면 다음과 같다. 첫째, 정부가 공적 자원을 배분할 때 균등 배분 방식과 성과에 따른 차등 배분 방식 중 경제 성장 및 발전을 고려한 결과, 성과에 따른 차등 배분 방식을 고수하였다는 것이다. 둘째, 마을 주민들로 하여금 경쟁 의식을 고취시켰다는 점이다. 더 말할 것도 없이 인간에게 경제적 자유가 주어지고, 성과에 따른 경제적 인센티브가 존재한다면 그들은 더 노력할 것이 분명하다. 새마을운동을 통하여 그러한 인간 본연의 본능을 파악하여 더욱 경쟁적으로 좋은 성과를 내도록 하는 장치를 마련한 것이다. 셋째, 새마을교육과 훈련을 통하여 성공한 마을의 사례를 전파하고 새로운 기술을 전수한 것이 새마을운동의 성공 요인 중 특기할 만한 특징이었다. 넷째, 새마을운동 이전까지만 해도 시장이라는 경제 활동의 장을 경험해 보지 못한 농어촌 마을 주민들에게 일을 하면 보상이 생기고, 더욱 일을 잘하면 더 많은 보상을 받는다는 훈련을 시킴으로써 경제 주체로서의 역할 의식을 심어주었다. 이전까지만 해도 미래에 대한 희망 없이 근근이 살아오던 농어촌 마을 주민들에게는 성과에 따른 보상이라는 것이 새로운 삶의 희망으로 다가왔던 것이다.

1960년대를 거치면서 대부분의 농어촌 마을 주민들은 오랜 가난에 허덕이며 살아오고 있었다. 농어촌 소득증대 특별사업 등과 같은 정부 시책에 의한 농어촌 부흥을 위한 시도도 있었지만, 정작 그 주민들은 거기에 별다른 반응을 보이지 않았다. 그러나 그 후 1970년이 되어 전국의 약 35,000여 농어촌 마을에 시멘트와 철근을 나눠준 뒤 이듬해 각 마을별 성과에 따라 등급을 매기고 그 등급에 따라 인센티브의 차등 배분이라는 정책을 펼침으로써 서서히 마을 주민들로 하여금 자발적으로 경제 활동에 참여하게 하는 새마을운동이 시작되었던 것이다. 초기에는 많은 사람의 반발도 있었다. 균등하고 공평하게 나누어 주어도 되는 것을 굳이 차별하여 배분하는 것이 이전 관습에 익숙해 있던 사람들에게는 생소한 것이었기 때문이다. 그러나 불만을 가졌던 부류도 점차 정부 정책의 이러한 원리에 적응하여 1979년에는 전국 약 97%의 마을이 자립마을로 승격하는 결과를 가져왔다. 이 과정에서 새마을 3대 정신인 자조, 근면, 협동이 그들 속에 내재해 왔던 것이다.

사회적 자본이라고 가정한 새마을정신은 긍정적인 파급 효과를 그 속에 지니고 있었다. 따라서 새마을운동 과정에서 정부가 추진한 성과에 따른 차등 보상 원리를 통하여 주민들은 더욱 경쟁심을 발휘하게 되고 이를 통하여 마을 내에서는 스스로 도우며 협동하게 되는 것을 보게 되었다. 이러한 모습은 강한 외부 효과를 지니며 다른 마을들에게 급속도로 퍼져나가게 된 것이다. 긍정적인 외부 효과가 강할수록 사회적 자본의 축적 속도도 더욱 증가하게 되고, 이는 경제 성장으로 이어질 수 있었던 것이다.

위 분석에 더하여 루카스(Lucas, 1988)의 인적 자본 경제성장 모형을 응용한 '새마을 경제성장 모형'을 제시하여 분석하였다. 즉, 정부의 성과에 따른 차등 배분 방식이 사회적 자본 형성에 어떠한 영향을 미쳤는지, 그리고 사회적 자본이 긍정적인 외부 효과(파급 효과)를 지니는지 여부에 따라 경제성장률에 어떻게 상이한 결과를 가져오는지 알아보았다.

모형의 분석 결과, 개별 경제 주체인 마을이 사회적 자본의 긍정적 외부 효과를 인지하고 그것을 내재화하면 할수록 사회적 자본 축적을 위하여 더욱 노력하는 것으로 나타났으며 경제성장률 또한 함께 증가함을 보였다. 문제는 정부가 각각의 마을들로 하여금 사회적 자본의 긍정적인 외부 효과를 어떻게 내재화시킬 수 있는지에 달려 있다. 시장 제도가 잘 발달된 상황에서는 조세 부과 또는 보조금 지급 등으로 경제 주체의 행동을 변화시킬 수 있겠지만, 새마을운동 당시 한국의 농어촌 사회는 그러한 시장 메커니즘에 대한 인식이 부족하였을 뿐만 아니라 가난한 농어촌 주민들에게 세금을 부과한다는 것은 매우 어려웠다. 또 다른 수단으로는 정부의 강압에 의한 강제 할당도 생각해 볼 수 있는 방안이었다. 그러나 정부는 전술한 두 방안 외에 각각의 마을들과 유대 관계를 맺으며, 성과에 따른 차등 배분 원리를 적용하였다. 즉, 정부의 공적 자원 배분에서 잘하는 곳에 더 많은 지원이 되면 될수록 마을 주민들은 사회적 자본 축적을 위하여 더욱 노력하는 모습을 보였고, 이는 곧 경제성장률의 증가로 이어졌다. 이것은 바로 사회적 자본의 긍정적 외부 효과를 경제 주체인 마을들로 하여금 내재화하도록 한 것과 같은 효과를 가져온 것이다.

여기서 지속적으로 강조하고 있는 것은 새마을정신 함양의 중요성이다. 그러나 그것을 계량화하는 데 여러 가지 제약이 많아 구체적인 실증분석은 시도하기 어려웠다. 향후 더 많은 자료가 수집되고 분석된다면, 새마을운동에 대한 경제학적 연구는 더욱 활기를 찾을 수 있을 것이다. 이 장에서 논의된 것들은 그러한 작업의 작은 시작이라고 할 수 있다. 앞으로 더 많은 경제학자에 의하여 새마을운동의 경제학적 함의를 규명하는 연구가 이루어진다면 '새마을운동 경제학'이 새로운 학문 분야로 정립될 수도 있을 것이다.

그림 13-7 새마을운동의 경제 성장 과정

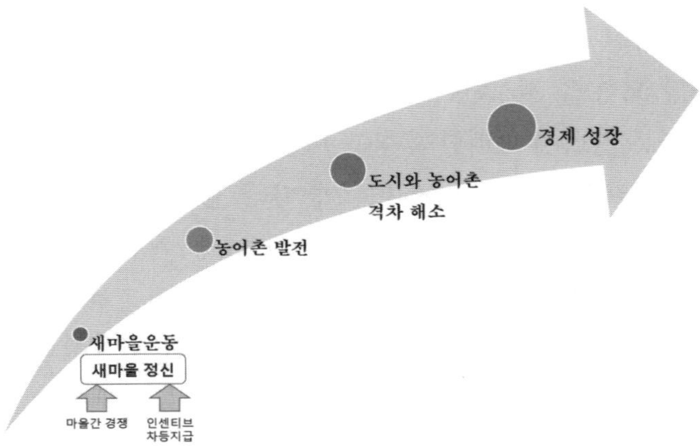

자료: Lee(2015).

참고 문헌

Aghion, Philippe & Howitt, Peter(1992). A Model of Growth through Creative Destruction, *Econometrica*, 60(2): 323-351.

______(2009). *The Economics of Growth*, Cambridge, MA: The MIT Press.

Barro, Robert J.(1990). Government Spending in a Simple Model of Endogenous Growth, *Journal of Political Economy*, 98: 103-125.

Glaeser, Edward L. et al.(2002). An Economic Approach to Social Capital, *The Economic Journal*, 112, F437-F458.

Grossman, Gene M. & Helpman, Elhanan(1991). *Innovation and Growth in the Global Economy*, The MIT Press.

Han, Do-hyun(2011). The Successful Cases of the Korea's Saemaul Undong, *2011*

Modularization of Korea's Development Experience, Korea Samaul Undong Center.

Hirschman, Albert O.(1958). *The Strategy of Economic Development*, New Haven: Yale University Press.

Jung, Gap-Jin(2009). *The Policy Experiences and Implications of South Korea Saemaul Undong in 1970s*, Korea Development Institute.

Jwa, Sung-Hee(2006). *A New Wealth of Nation*, Good Information Press.

______(2014). Korea's New Village Movement: Its Success Factors and Implications on Development Economics, *Journal of Saemaul Undong and Community Development*, 10.

Kim, Jong-Il & Lau, Lawrence J.(1993). The Sources of Economic Growth of the East Asian Newly Industrialized Countries, *Journal of the Japanese and International Economies*, 8: 235-271.

Kim, Jong-Moon(1975). The Compound Project for Income Increase in Saemaul Undong, *Monthly Review*, 79-82.

Kim, Young-Mo(2003). *Analysis of Saemaul Undong*, Go-Hun Press.

Knack, Stephen & Keefer, Philip(1997). Does Social Capital have an Economic Payoff? A Cross-Country Investigation, *Quarterly Journal of Economics*, 112(4): 1251-1288.

Lee, Byung Wook(2015). An Investigation into Saemaul Movement: Economic Growth Perspectives, Ph.D. in Economics Dissertation, Seoul National University.

Lee, Jisoon(1992). Optimal Size and Composition of Government Spending, *Journal of the Japanese and International Economies*, 6: 423-439.

Lucas, Robert E.(1988). On the Mechanics of Economic Development, *Journal of Monetary Economics*, 22: 3-42.

______(1993). Making a Miracle, *Econometrica*, 61(2): 251-272.

Ministry of Agriculture and Fisheries(1975~1980). *Farm Household Survey Report*, Republic of Korea.

Ministry of Home Affairs(1978). *Saemaul Movement: From the Beginning to the Present*, Republic of Korea.

______(1980a). *10-Year History of Saemaul Undong*, Republic of Korea.

______(1980b), *10-Year History of Saemaul Undong: Data Section*, Republic of Korea.

______(1984). *The Traces of Glory: History of Village-unit Saemaul Movement*, 7th Edition, Republic of Korea.
Rhee, Young-Hoon(2013). *The Korean History*, Guiparang.
Song, Byung-Nak(2003). *The Rise of the Korean Economy*, Oxford University Press.

제 14 장 새마을운동의 학문적 성격

제 1 절 서론

정책연구는 대체로 실증주의에 기초하는데, 이는 보통 과학주의(scientism),[1] 행태주의(behaviorism), 양화주의(quantificationism)를 그 핵심 요소로 한다(유문무, 2009; Phillips, 1977: 55-73; Stockman, 1983: 7).

이 글은 인과율에 바탕을 둔 과학주의에 기초하면서도 그것을 넘어 사회과학에 알맞게 이유(reason)를 고려하는 의도적 설명을 포괄하여야 한다는 주장으로, 그 핵심은 어떻게 새마을운동을 과학성에 발맞추느냐에 있다. 따라서 이 글은 논의는 논리적으로 밝히는 것임과 아울러 경험이라는 잣대에 의해 수락되는 과정을 새마을운동에 관한 논쟁에서 찾는데, 그 이유는 많은 논쟁이 있었기에 찬성과 반대가 확연히 구별되어 논의하기도 쉽다. 아울러 시간이 흘러 그 자료가 축적되어 있다는 장점도 있다. 물론 새마을운동을 양적으로도, 질적으로도 논의할 수 있다. 그러나 많은 선행 연구가 양적 방법에 의존하여 왔으므로, 여기서는 질적인 방법에 중점을

1) 여기서 과학주의는 그 부정적 측면인 과학만능주의나 과학맹신주의를 의미하는 것은 아니다. 이에 관하여 간단한 언급은 황희숙(2009)를 참조하고 과학주의에 대한 논의는 스토크먼(Stockman, 1983)을 참조하라.

두어 살펴보기로 한다.

브라이먼(Bryman, 1988)에 따르면 양적·질적의 차이는 서로 반대되는 인식론적 차이에 기인한다. '양적'의 성격은 실험적이고 가설연역적이며 실증적인데 비하여 '질적'의 성격은 근본적으로 맥락 의존적이고 해석적 접근이다. 좀 더 좁게 정의하면 질적 접근이란 숫자에 의존하지 않고(non-numeric character), 표준화된 도구를 이용하지 않으며, 언어에 의존하는 방법이다(Henwood & Pidgeon, 1993: 15; Shaw, 1998: 14). 이 양적 접근은 엄밀성의 추구에는 상당한 기여를 하고 있지만 과감한 가설의 정립이나 패러다임의 전환에는 제약이 가해진다(Chalmers, 1982). 더욱이 대상을 중화(neutralization)시키므로 대상 하나하나의 특성을 살펴보는, 이른바 대표성이라는 점에서는 한계를 갖는다(조용환, 1999). 여기에 질적 연구 방법의 필요성이 제기된다.

제 2 절 질적 연구의 이론적 기초와 그 한계

질적 연구 방법이란 연구 대상의 행동(actions), 언어(words), 생각(ideas) 등을 연구자의 눈을 통하여(researcher's encounter) 행위 뒤에 숨어 있는 의미나 동기를 밝혀내고 그 행태의 사실(behavioral facts)과 함의(implication)를 찾는 방법이다(Mariampolski, 2001). 질적 연구의 특징은 다양한 사람들이 그 삶을 어떻게 이해하고 해석하는지에 관심을 갖는다는 점이다.[2] 따라서 의미의 파악과 해석이 중요하다. 의미의 파악과 해석에 이론적 근거를 제공하는 이론이 현상학(phenomenology)과 분석철학(analytic philosophy) 및 구조주의이다(이명현, 1991: 303-315). 차례

2) 그 특징은 다음과 같이 요약할 수 있다(곽영순, 2011: 30-31). 첫째, 질적 연구는 자연주의적이다. 즉, 실험실이나 연구자가 통제하고 조절한 상황 속에서 자료를 수집하는 것이 아니라는 것이다. 둘째, 서술적인 자료를 사용한다는 점에서 질적 연구는 서술적이다. 맥내브(David E. McNabb)에 따르면 단어, 상징, 사진 등과 같이 숫자로 처리할 수 없는 연구자료를 다루는 연구가 질적 연구이다(권선필, 2008에서 재인용). 셋째, 질적 연구는 현재의 결과를 초래하게 된 연구 과정 자체에 대하여 관심을 가진다. 넷째, 이미 지니고 있던 가설을 증명하거나 반증할 자료를 찾는 것이 아니라 연구 과정에서 추상적인 개념을 만들어 나가게 된다는 점에서 질적 연구는 귀납적이다.

로 살펴본다.

현상학에서의 질적 연구는 생활세계라는 토대를 중시한다.[3] 이 생활세계로부터 추상이 개체의 가치를 중화하면(neutralization) 양적인 세계가 나타난다.[4] 이와는 달리 생활세계로부터 추상이 개체의 가치를 중화하지 않는 다른 수단을 매개로 하면 다양한 유형의 세계가 나타나고 이를 기술하는 것이 질적 연구이다(이남인, 2014: 346-352). 현상학적 질적 연구는 의식에 비추어진 경험을 기술하므로 질적 연구에 큰 기여를 하였다. 행정학에서도 생활세계와 행정과의 관계를 밝혀줄 유력한 근거를 여기서 찾을 수 있다. 질적 연구가 활성화된다면 지난 시절 행정과 사회의 관계를 밝히는 데 발전행정이 기여한 만큼 정책과 사회의 관계를 정립하는 데 이바지할 수 있다. 현상학적 질적 연구의 문제는 상호주관성이라는 개념을 간직하지만 '경험을 연구 대상자의 의식 안에 주어진 감각자료에 한정하는' 유아론(solipsism)에서 벗어나기가 쉽지 않다는 점이다(木田 外, 1994; 이명현, 1991: 134, 306, 313). 더 나아가 기술(description)에는 큰 역할을 하지만 설명(explanation)에는 큰 도움을 주지 못한다는 단점도 노정된다.

분석철학은 양적 연구에 더 친화적이겠지만 질적 연구에도 이바지할 수 있다. 그것은 그 특징이 해체(deconstrution)와 재구축(reconstruction)에 있기 때문인데(이명현, 1991: 303-315), 양적 연구에 의하여 구축된 '그 무엇'(예컨대 어떤 이론)에 대하여 해체를 통하여 새로운 눈으로 보아서 '어떤 것'으로 재구축할 수 있도록 하기 때문이다. 특히 의미에 관한 논리적 분석이라는 해체의 전략(이명현, 1991: 304)이 질적 연구에 공헌할 가능성은 상당히 높다고 하겠다.

구조주의가 질적 연구와 관련을 맺는 것은 세계에 대하여 우리의 인식 구조를 결정하는 것은 의미로, 의미에 우선을 두기 때문이다. 즉, 언어의 의미 체계에 따라 문화의 상이성이 결정되며 세계는 인간이 창안해내고 의미 체계에 의하여 이 모양으로 또는 저 모양으로 인식된다고 보는 점이다(이명현, 1991: 312). 구조주의는

3) 행정학이나 사회과학에서는 현상학(phenomenology)과 현상론(phenomenalism)을 혼동하는 경우를 많이 본다. 이들의 구별에 대해서는 박병철(2014), 이명현(1991: 313) 및 박(Park, 1998)을 참조하라.

4) 이남인(2014: 346-352)은 이를 '수학적인 수단을 매개로 하면 양적'이라고 보는데, 이는 좁은 의미로 보인다. 예컨대, 경제적 관점에서 'Σ소비자'와 'Σ생산자'로 인하여 시장 균형이 이루어진다고 할 때, 이도 양적인 접근이다. 따라서 본문처럼 수정하여 표현한다.

현상학이 설명하지 못하는 부분에 대해서도 설명해 줄 수 있을 뿐만 아니라 개인적 차원이 아닌 사회적 차원의 문제도 다룰 수 있다. 다만 이 구조주의는 역사적 성격에 대해서는 침묵하는 점이 단점이라 하겠다(김형효, 2008).

이러한 질적 접근의 문제점은 보편적으로 적용될 수 없으며 대다수의 지지(majority agreement)도 확보하기 어렵다는 데 문제가 있고, 따라서 심한 비판에 직면함이 보통이다(Shaw, 1998: 12-14). 그러나 질적 접근과 양적 접근을 양립 불가능한 패러다임 전쟁으로 볼 것이 아니라 상호 보완을 통한 혼합적 접근이나 통합적 접근으로 본다면 새마을운동의 평가에 유용할 것으로 보인다(박승배, 2006).

제 3 절 학문에서 연구의 전제

새마을운동에 대한 연구는 현재 만족스럽지 못하고, 과학성의 추구도 바람직하지 않을 뿐만 아니라, 이를 본격적으로 논의한 자료도 적어서 논의에 어려움은 있다. 학문 연구를 수행하기 위한 전제 조건으로 두 가지를 지적할 수 있다. 그 하나는 정책이 영향을 주는 대상으로서의 생활세계를 전제한다고 함이며,[5] 둘째로는 과학활동을 논의한다. 차례로 살펴본다.

1 정책의 대상: 생활세계

하버마스(J. Habermas)에 따르면 우리는 생활세계와 사회 체계라는 두 유형의 세계에 살고 있는데(Swingewood, 1994: 289-295; Habermas, 1992; 전태국, 1996: 519; Heath, 2011), 생활세계 개념은 후설(E. Husserl)의 현상학에서 유래하고 체계 개념은 파슨스(T. Parsons)에서 끌어왔다(전태국, 1996: 519). 사회 체계는 권력과 화폐의 매개에 의하여 조종되는 목적합리적 행동으로 개념화되는데 비하여

5) 물론 정책이 생활세계에만 영향을 주는 것은 아니며 체계에도 영향을 미치지만 이 글의 전개에서는 전자에게 미치는 영향에 주목한다.

(Fultner, 2011: 54-73), 생활세계(lifeworld)는 "상징적 공간(symbolic space)으로서 문화 전통, 가치, 윤리규범 등이 재생산되는 터전"(김문조, 1990)으로 '언어적으로 달성된 합의'에 의하여 조정되는 의사소통 행위에 기초한다. 즉, 생활세계는 의사소통적 행동을 발전시키고 정치적·경제적 체계는 언어적 상호 이해를 전혀 필요로 하지 않는 권력과 화폐의 매개를 통한 도구적 행동을 발전시켰다(전태국, 1996: 521). 체계와 생활세계의 관련성을 살펴보면, 생활세계는 사회 체계에 대응하여 개인 및 가정으로 대표되는 사적 생활세계와 지역사회 및 매스컴으로 대표되는 공적 생활세계로 나뉘며 생활세계와 사회 체계는 화폐(M)나 권력(P)이라는 체계의 매체에 연계되어 있다(김문조, 1990). 이를 나타낸 것이 〈표 14-1〉이다.

표 14-1 사회 체계와 생활세계

생활세계의 제도적 서열	교환 관계	매체로 조정되는 하위 체계
사적 영역	노동력(P) → ← 임금(M) 상품 및 서비스(M) ← → 수요(M)	경제 체제
공적 영역	조세(M) → ← 조직적 행위의 결과(P) 정치적 결정(P) ← → 대중적 복종	통치 체제

자료: 김문조(1990).

생활세계는 체계와 항시적 긴장 관계에 있고 현대 사회에서는 더더욱 심화되고 있다. 그 이유는 생산과 수익성을 지배하는 체계의 명령에 따라 화폐와 권력이라는 체계의 조종매체가 국가의 역할과 결합하여 생활세계의 구조에 침투하여, 언어적으로 매개된 상호작용을 왜곡하고 언어 속에 각인되고 있는 진리들이 갖는 합리적・보편적 요소들을 훼손하고자 한다(박지윤, 2011). 즉, 생활세계와 체계는 조화 가능성보다는 충돌 가능성이 높다는 것을 시사한다. 하버마스는 이 충돌 가능성을 막기 위한 대안으로 공론과 공론장을 중시하고 있다(Habermas, 1989).[6]

이를 새마을운동의 학문적 관점에 대입하면 체계에서는 정책을 통하여 생활세계를 포함한 사회 전체를 더 나은 방향으로 나아가려고 한다. 이 과정에서 정책의 시행은 후자에 지대한 영향을 미치는 경우가 많고 특히 생활세계와 충돌을 일으키기도 한다. 따라서 이 두 세계 사이의 조화와 충돌이 이슈가 된다. 이러한 연구 경향은 이미 발전행정에서 취해 온 바로서 그런 관점에서 발전행정은 재평가되어야 한다. 마찬가지로 이 장에서의 연구 대상인 새마을운동은 체계가 전형적으로 생활세계에 영향을 미친 정책들의 집합이다. 따라서 이를 과학적으로 검토할 가치가 있다.

2 과학활동

전통적 의미의 과학활동은 사실의 관찰에서 출발하여 귀납적 일반화를 통하여 이론을 구성하고 가설을 통하여 관찰명제가 사실과 부합되는지를 검증하는 과정으로 이해되었다. 이를 케메니(Kemeny, 1959)는 [그림 14-1]과 같이 보여주고 있다.

이 도표가 의미하는 바는 사실의 세계에서 이루어진 관찰에 기초하여 귀납적 방법에 따라 이론을 구성하고 연역을 통하여 가설을 검증하여 이론이 성립되는 과정이 과학활동이라는 것이다(전영삼, 2005). 이 모형은 '객관적인 존재'와 '인간의 의식'의 둘을 인정하므로(Phillips, 1977: 58-64) 존재론적 검증 및 인식론적 함의에 주목한다. 이 관점을 발전시킨 흐름이 논리경험주의로[7] 과학이론이란 명제의 집합

6) 하버마스는 사적인 시민들이 공적인 사안들에 대하여 이야기를 나누고 의견을 형성하여 정치에 참여하는 생활세계의 시공간적 조건을 공론이라고 하고 사람들이 의견을 내놓는 공간을 공론장(public sphere)으로 명명한다.

7) 논리경험주의와 논리실증주의에 관해서는 Joergensen(1951)과 박은진(1997)을 참조하라.

그림 14-1 과학활동

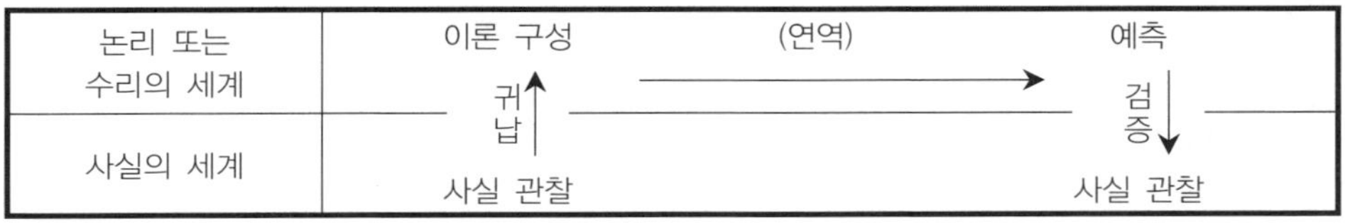

자료: 강신택(2005: 18); Kemeny(1959: 86).

(totality of true propositions)(Phillips, 1977: 65)이며, 이 명제들은 이론언어와 관찰언어로 구성되며, 전자는 어떤 형태로든 후자와 연결되어야만 의미와 정당화가 이루어진다(이상원, 2008).

평가에서 필요한 요소가 과학성이며 논리실증주의자는 이에 공헌한다는 것이 널리 퍼진 믿음이다(Shadish, 2005: 341). 대체로 과학의 요건으로는 관찰적 적절성(observational adequacy), 기술적 적절성(descriptive adequacy), 설명적 적절성(explanatory adequacy)을 갖추는 것을 의미하고 후자로 올수록 과학화가 높아진다고 한다(Lyman, 1970: 42-45; 윤명로, 1980; Young, 1968; 이한구, 2011; Popper, 1972, 1976, 1979 등). 여기서 설명적 적절성은 예측과 관련될 수도 있지만 과학성의 개념의 최소한의 전제는 인과율의 지배 아래에서 귀납적 일반화를 통한 이론 구성과 그 가설의 검증이라는 것이 전통적 견해이다(Salmon, 1973; Chalmers, 1982; Wright, 1971; Ayer, 1946; 조용현, 1992; 신중섭, 1992; 박은진, 2001; 김준섭, 1977). 그 핵심은 귀납적 일반화로 이는 검증을 통하여 입증되는 과정이다.

논리실증주의에서의 과학적 방법이란 시간의 흐름에 관계없는 논리·경험적 방법론(the timeless principle of logico-empirical methodology)을 말하였는데, 쿤(T. S. Kuhn)의 등장 이래 많은 변화가 있었다(Philips, 1977: 64). 즉, 쿤 이후에는 과학활동을 전적으로 인간의 활동으로, 과학적 방법이란 규칙이나 관습(conventions) 및 문법으로 된 게임으로 본다(Phillips, 1977: 65).

제 4 절 인과율과 의도적 설명

1 인과의 의미

후술하다시피 여기서의 연구 대상은 새마을운동으로, 이 평가를 위한 기초는 인과적 설명이냐 의도에 기초한 목적론적 설명이냐, 또는 원인(cause)과 이유(reason)가 서로 다른가 하는 문제이므로 이를 살펴보기로 한다.

인과적 설명에 관하여 논의할 때 응용할 수 있는 이론이 설(J. R. Searle)의 이론이다(Searle, 1983; 이승종, 1999: 231). 그의 이론에 따르면 과학적이라는 의미 중에 하나는 인과율의 지배를 받는다는 것으로, 물리적 현상은 마음의 현상의 결과로 본다. 즉, 마음의 현상이 물리적 세계에 인과적 영향을 미치기 때문에 [그림 14-2]처럼 목이 말라 물을 마시는 사례에서 후자는 전자의 결과로, 거시적 관점에서 보는 것이다. 만약 이를 미시적 관점에서 보면 물리적 행위의 원인이 된다는 마음은 실제로는 뇌에서 실현되는 현상이며, 물리적 행위 자체도 행위가 일어날 때 뇌의 뉴런 체계에 수반되는(실현되는) 현상이다(이승종, 1999: 231). 이를 제시하면 아래 그림이 된다.

그림 14-2 인과의 의미

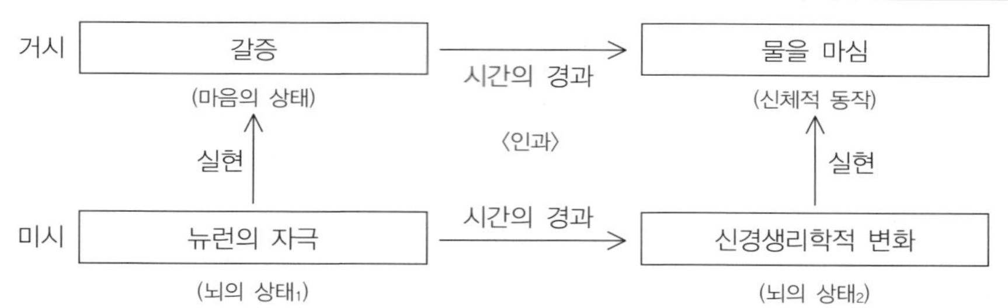

자료: 이승종(1999: 231).

그러나 사회과학에서는 다른 문제를 발생시킨다. 즉, 사회과학적 방법론은 자연과학방법론에 대하여 독립적인가, 또는 이해와 설명이 어떤 관계인가에 먼저 정초하여야 하기 때문이다(이한구, 2011: 254; Wright, 1971; Toulmin, 1961). 특히 행정은 위에서 본 바처럼 과학 활동에 기초하여 두 유형의 세계를 전제로 하여 정책을 펼칠 때, 의도가 개입하므로 원인을 넘어서는 이유(reason)가 필요하다. 이를 라이트(Wright, 1971)의 삼단논법 도식(syllogism schema)을 빌려서 논의해 본다.

대전제: A는 P를 목표로서 추구한다.
소전제: A는 자신이 a를 행하지 않으면 P를 목표로서 추구할 수 없다고 생각한다.
결론: 따라서 A는 a를 하고자 한다.
자료: Wright(1971: 96); 이한구(2011: 251).

이를 [그림 14-2]와 통합하여 도식화하면 다음과 같이 나타낼 수 있다.

그림 14-3 인과적 설명과 의도적 설명의 통합

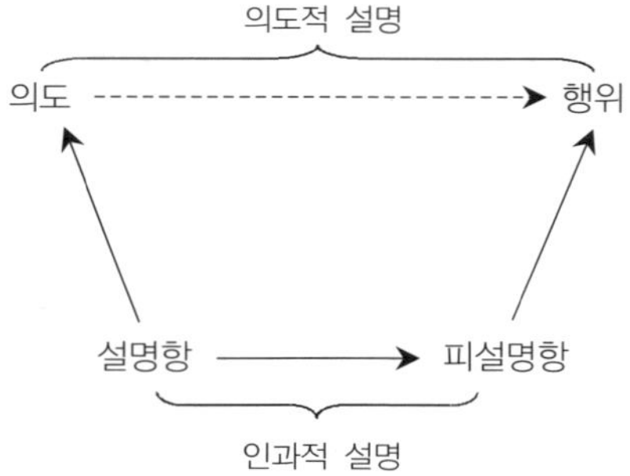

자료: 이한구(2011: 254).

위 [그림 14-3]이 나타내는 것은 의도적 설명이 필연성을 요소로 하는 인과적 설명을 포괄하여 설명 가능하므로 사회과학에서도 이를 통하여 과학적 방법에 기초한 질적 평가를 지향할 수 있음을 함축한다. 즉, 질적 평가는 인과율에 기초하면서도 그것을 넘는 의도적 설명으로 연결될 수 있다. 이제는 질적 평가와 유사한 개념들을 살펴본다.

2 논리적 질적 연구

전통이론에 의하면 이론이란 관찰에서 생겨난다는 견해를 지니고, 지식의 성장에서도 지식은 누적적·축적적으로 성장해 간다고 주장한다. 논리실증주의자들인 비엔나 학파(Vienna Circle)가 주장한 검증 원리에 따르면 한 명제의 의미란 그 명제의 검증 방법이다(황희숙, 2009). 이 주장은 검증을 유의미성으로 전환시키는 것으로 이에 대한 비판은 의미의 기준과 과학의 기준은 구별되어야 하는데 이를 혼동한 잘못이 있다는 것이다. 여기서 검증을 어떻게 볼 것인가가 이슈이다.

1) 검증주의와 그 수정

검증주의가 명제의 논리를 주장하는데[8] 이는 비트겐슈타인(L. Wittgenstein)의 『논리철학논고』에서 제시된 것을 비엔나 학파에서 정초하였다(이상욱, 2009). 검증(verification)은 관찰과 실험에 의해서 명제의 진위가 확인될 수 있고, 또 그러한 명제만이 과학적이라고 본다(송하진, 1985). 따라서 명제의 의미를 안다는 것은, 즉 명제를 이해한다는 것은 그 명제를 검증하는 방법을 안다는 것이다. 만일 명제를 검증할 수 있는 방도가 없다면, 그 명제는 전혀 의미가 없는 것이다. 이 기준이 갖는 특징은 주어진 어떤 단어나 명제를 좀 더 확실한 요소들로 분해할 수 있다고 보는 입장이다. 예컨대 논리실증주의는 '모든 백조는 희다'는 보편 명제를 우리가 직접 관찰할 수 있는 사실들에 관한 명제들, 즉 '백조$_1$은 희다' '백조$_2$는 희다' …… '백조$_n$은 희다'는 단칭 명제를 모두 모은 연접으로 바꿀 수 있다는 환원주의이다(이한구, 2013). 그러나 희지 않은 백조가 발견된다면 (실제로 오스트레일리아에서 검은 백조가 발견되었다) 이러한 귀납적 일반화는 사실상 불가능하다(Stegmüller, 1995: 67). 따라서 검증 원리의 수정이 불가피하다.

그 수정은 반증주의로부터의 비판에 대한 수정과 쿤의 논의에 따른 수정이 있지만[9] 전자만 살펴본다. 반증주의로부터의 비판에 대한 수정도 둘로 나뉘는데, 그

---

8) 명제의 논리란 유의미한 과학적 진술의 참-거짓으로 과학의 논리를 추구하는 것이다(박은진, 1997: 282).

9) 쿤의 논의에 따른 수정은 슈테그뮐러(W. Stegmüller)가 주장한 합리적 재구성 이론이라고 한다. 자세히는 박은진(1996)을 참조하라.

하나는 라이헨바흐(Reichenbach, 2006)에서 보는 바처럼 과학을 발견의 맥락(context of discovery)과 정당화의 맥락(context of justification) 나누어 후자만 과학철학의 논의 대상으로 파악하는 것이다(박은진, 1997: 284; Phillips, 1977: 62; 강신택, 1981). 또 다른 유형은 확률적인 의미로 검증 가능성을 주장하는 흐름으로 이들도 검증주의를 고수한다(송하진, 1985). 카르납(R. Carnap)의 확률 원리는 후술할 반증으로부터 비판을 받고 검증 원리를 수정한 이론이라 할 수 있다(Carnap, 1995; 1996; 2002; Schilpp, 1991; Giere & Richardson, 1996). 그는 검증 가능성(verifiability)과 반증 가능성(falsifiability)의 개념을 확증 가능성(confirmability)과[10] 테스트 가능성(testability)으로 대치한다. 명제들의 유한집합 K를 확인의 기초로 삼아 K에 속하는 명제들에 대하여 어느 정도 경험적 확증이 어느 정도 이루어진다면 순수한 논리적 연역을 통하여 얻어지는 모든 명제는 같은 정도로 확증된다(Stegmüller, 1995: 71; Schilpp, 1991). 즉, '속성 P를 가진 어떤 종류의 사물들 b_1, b_2, … b_n이 n에 대하여 확정된다고 가정해 보면(Pb_1, Pb_2, … Pb_n), 제시된 종류의 범위 내에서 모든 대상이 속성 P를 가지는 전칭일반화된 명제를 얻게 된다'(Stegmüller, 1995: 72). 확증 가능성 개념 자체는 '관찰 가능한'과 '실현 가능한'이라는 두 개념을 사용하여 경험적 방법론 안에 도입될 수 있다(Stegmüller, 1995: 74).

2) 반증주의와 그 수정

검증 원리를 비판하면서 대안으로 제시한 이론은 두 갈래로 나눌 수 있는데, 반증을 주장한 포퍼(K. R. Popper)는 생물학적 관점의 대안을 제시했으며 쿤이나 비트겐슈타인은 해석을 통한 사회학적 관점의 대안을 제시하였다(Munz, 1985; Bray-rooke, 1987). 여기서는 포퍼의 제안과 라카토스(I. Lakatos)의 방법을 살펴본다.

반증주의 인식론은 탐구의 논리를 주장하는데[11] 이론을 형성하는 보편명제와 단칭명제인 관찰명제 사이에서 모순대당의 관계를 이용한다. 즉, 만약 전칭긍정명제(이른바 A 명제)인 이론은 관찰명제로 단칭부정명제(이른바 O 명제)를 찾아낸

10) 확증가능성이란 확률적인 입증을 통하여 검증하려는 시도이다. 통계적 일반화와 같은 사례에서 보듯이 일반적으로 널리 이용되고 있다.

11) 탐구의 논리란 과학적 진술의 참을 확인해 나가는 것이 아니라 거짓 아닌 것을 찾으려고 애쓰는 가운데 진리로 나아갈 수 있다는 견해이다(박은진, 1997: 281).

다면 그 둘 사이에는 모순대당이므로(소흥렬, 1982) 둘 다 참일 수가 없다. 따라서 그 이론은 받아들이지 못한다는 주장이다. 여기서 포퍼는 지식의 성장이란 진리에 끊임없이 가까이 다가가는 것이라고 보는 진리 근접성(verisimilitude) 개념을 제시한다. 어떤 이론의 참인 집합 모두를 진리-내용이라 부르고 거짓인 집합 모두를 허위-내용이라 부른다면 두 이론 t_1과 t_2의 진리-내용과 허위-내용을 비교해 보자(Chalmers, 1982: 250).

t_2의 허위-내용이 아닌 진리-내용이 t_1의 그것보다 많다 (식 1)

t_1의 진리-내용이 아닌 허위-내용이 t_2의 그것보다 많다 (식 2)

(식 1)과 (식 2)의 경우에서만 t_2가 t_1보다 진리에 더 근접하거나 사실에 더 대응한다고 말할 수 있다. 문제는 t_1이 기술하는 세계(및 여기서 유래하는 개념들)가 t_2가 기술하는 세계(및 여기서 유래하는 개념들)와 서로 다르고 따라서 비교가 불가능하다는 점이다. 더욱이 반증주의는 개별 과학에 적용될 방법론적 논의가 아니라 논리적 차원의 논의이고 따라서 경험적 차원의 반증은 한계를 갖는 셈이다[12](박은진, 1999: 95-96). 또한 과학이론이란 간단한 단일명제로 구성되어 있지 않고 보편 명제의 복합으로 이루어져 있기 때문에 단순한 반증으로 뒤집히지도 않는다. 이러한 반증에 대한 비판은 새로운 이론이 처음으로 형성된 후에 명백한 반증에도 불구하고 유지되며 발전된다는 역사적 사례에 의하여 많이 지지된다고 한다(Chalmers, 1982: 130).

반증 원리의 수정은 라카토스의 연구 프로그램 방법론이 가장 대표적이다. 연구 프로그램 방법론은 부정적 발견법(negative heuristic)과 긍정적 발견법(positive heuristic)으로 구성되는데, 전자에 따르면 어떤 이론의 핵심은 거부되거나 수정될 수 없다는 것을 의미하고, 후자는 연구 프로그램이 어떻게 전개되어야 하는가 하는 지침을 말한다(Chalmers, 1982: 137; 김보현, 1992). 연구 프로그램이 나아가는가

---

12) 여기서 방법과 기법, 방법론의 문제를 논의하여야 할 필요성이 제기된다. 개별 과학에 대한 논의가 기법(technique)과 방법(method)에 관한 것이라면 개별 과학의 방법에 대한 논의는 방법론(methodology)이고 메타 차원의 논의인 방법론과 구별한다. 포퍼는 전자를 methodologie라 하고 후자를 Methoden-Lehre라 부른다고 한다(박은진, 1999: 96-97). 필자도 이들을 구별하여야 한다고 생각하며 후자는 방법철학으로 본다.

후퇴하는가는 새로운 현상의 발견을 유도하는 데 성공하는가 실패하는가에 따라 결정된다. 그러나 이 수정 원리도 경쟁 관계에 있는 연구 프로그램들 사이에서 선택할 수 있는 명확한 기준을 제시하지는 못하고 있으며(Chalmers, 1982: 147), 실제로도 잘 활용되지 않다고 한다(박은진, 1997: 1999).

3 역사적 질적 연구: 해석주의와 응용

철학에서 해석주의(interpretationism)는 "어떤 것을 어떤 것으로 규정하는 것, 즉 낯선 것을 익숙한 개념 체계 아래로 귀속시키는 것"을 말하는데(정성관, 2005), 사회과학에서는 해석적 방법론(interpretivism)을 의미한다.[13] 해석적 방법론은 현대 사회과학의 세 가지 흐름 중의 하나로(Brayrooke, 1987: 4-6), 여기에서는 해석학에 기초하는 것과 분석철학에 기초하는 흐름을 총칭하는 개념이다(이명현, 1991: 308-312). 사회과학적으로 해석이란 어떤 행동이 특정한 시점과 장소에서 적절한지, 또 그로 인하여 어떤 예상을 불러일으키는지를 말하는 것으로(Brayrooke, 1987: 2), 삶이란 세계에 대한 주체의 끊임없는 해석이기에 해석적 방법론이 중요시된다. 이를 구조적으로 이론화한 공적은 쿤에게 있다. 그의 설명에 따르면 과학의 진보는 "전과학-정상과학-위기-혁명-새로운 정상과학-새로운 위기…"로 이어지며(Chalmers, 1985: 151; Kuhn, 1962), 반증주의가 말하는 과학의 발견의 논리(logic of discovery)가 아닌 발견의 심리학(psychology of discovery)이라는 것이다. 그 의미는 과학은 논리적으로만 밝힐 수 있는 것이 아니라 역사적이고 사회적으로 다루어야 참 모습을 드러낸다는 것이다(박은진, 1997: 288-289). 좀 더 중요한 설명의 틀은 반 프라센(B. van Fraasen)에 의하여 제공되었다[14](van Fraassen, 1980; 이봉재, 1999: 257; 이한구, 2011: 271-272). 반 프라센에 따르면 과학적 설

---

13) 데이비드슨(Donald Davidson)과 데넷(Daniel Dennett)은 해석주의를 '해석의 본질을 성찰함으로써 마음의 본질을 이해할 수 있음'을 의미하기도 한다(Child, 1996). 해석적 방법론은 사회과학에서 반실증주의 태도이며 질적 연구를 지향한다. Denzin & Lincoln(2011) 및 http://en.wikipedia.org/wiki/Interpretivism를 참조하라.

14) 그는 과학적 실재론(scientific realism)을 비판하고 구성적 경험론을 주장한다. 이에 대한 자세한 설명은 반 프라센(van Fraassen, 1980)이나 이봉재(1999)를 참조하라.

명도 질문의 문맥에 관련된 상대적인 대답일 뿐이며 설명은 순수과학이 아니라 과학의 응용으로(최현철, 2011), 전적으로 화용론적(pragmatic)이라는 것이다(이한구, 2011: 272). 그 틀에 따르면 설명이란 이론과 사실 사이의 단순한 2항 관계가 아니라 이론과 사실 및 문맥 간의 3항 관계이다. 즉, 왜-질문(why-question) Q에서 그 문맥에 따라 요구되는 답변이 여러 가지가 될 수 있음을 의미하며,[15] 이를 〈표 14-2〉에서 좀 더 상세히 볼 수 있다.

표 14-2 반 프라센의 문맥에 따른 설명의 틀

Q: 왜 P_k인가?	선택된 주제(topic)	P_k
	대조 집합(contra class)	X={P_1, P_2, P_3, P_4, P_k, ……}
	적합성 관계(relevance relation)	R

자료: 최현철(2011); van Fraassen(1980: 132-146).

따라서 그 틀을 형식화하면 질문 3항의 관계는 Q=P_k, X, R로 표현되는데, 왜-질문(why-question)인 Q의 일반적 형식은 "(어떤 문맥으로) X 중에서 P_k이다"로 실현된다(최현철, 2011; 박승억, 2008).

이상을 통시적으로 살펴보면 비엔나 학파의 검증 원리가 반증주의에 의하여 문제점이 명백해졌고, 반증주의도 쿤의 패러다임(paradigm) 이론에 그대로 유지되기 힘들어졌다.[16] 그런데 쿤의 재해석은 핸슨(Hanson, 1958; 1969)이 주장한 관찰의 이론적재적(theory-laden) 설명을 의미하며,[17] 비트겐슈타인의 언어게임(language game)에서 유래하고 있다(Chalmers, 1985: 156; Hanson, 1958). 어떤 면에서는 비트겐슈타인의 귀환이 실현된 것이다(황희숙, 2009).

그 행정학적 의미는 무엇인가? 첫째로 캠벨(Campbell)의 원인 탐구 방법(cause-

15) 이를 보통 초점이 어디에 있느냐고 하는데, 예를 들면 왜 아담이 사과를 먹었는가(Why did Adam eat the apple)?라는 데 대한 문맥에는 '사과를 먹은 사람이 왜 아담인가(p_1)?', '아담이 먹은 것이 왜 사과인가(p_2)', '아담은 다른 행동이 아닌 왜 먹는 행동을 하였는가(p_3) 등의 서로 다른 대조되는 요소를 지니고 있다(van Fraassen, 1980: 127; 최현철, 2011; 김유신, 1995). 이 중에서 어느 문맥인가에 따라 탐구하는 정답이 도출될 수 있다.

16) 이에 관해서는 고인석(2010), 이정민(2012) 및 이상욱(2009) 등을 참조하라.

17) 이 기원은 20세기 초에 태동한 형태심리학(gestalt psychology)이라고 한다. 이론 함축성에 관한 논의는 찰머스(Chalmers, 1982) 및 박승배(2002)를 참조하라.

sprobing studies)은 포퍼의 반증에 기초하였듯이, 위에서 논의한 방법에 따라 질적 평가를 수행할 근거를 얻을 수 있다는 점이다. 둘째로 근거를 얻는다고는 하지만 그대로 적용하는 것이 아니라 행정학에 알맞게 수정하여야 한다는 점이다. 예컨대, 검증 원리를 단칭 명제를 모두 모은 연접으로 바꿀 수 있다는 환원주의까지는 아니더라도 중범위이론에서처럼[18] 일정 범위 내에서의 귀납적 일반화는 사실상 가능하고 또 필요하다. 셋째로 방법으로서의 해석의 중요성이다. 그 해석이 이루어지기 위해서는 어떤 과정을 겪었는지를 상세히 보고할 필요가 있다. 그 해석이 올바른지 여부를 판단하기 위해서는 그 과정을 확인할 수 있어야 하기 때문이다. 넷째로 실제의 이론의존성에의 주목이다. 행정 현장이거나 행정학이거나 그 평가에서 어떤 이론에 기초하는지를 분명히 명시할 필요가 있다. 이는 후속적인 평가를 가능하게 할 것이고 이론명제의 비판이 경험적 사실의 관찰명제까지 폐기하지 않을 것이기 때문이다. 이상에서 본 여러 질적 평가 방법은 검증과 수정, 반증과 수정 및 연구 프로그램 방법론, 해석이다. 이들을 기초로 새마을운동에 대한 질적 평가를 시도해 본다.

제 5 절 새마을운동에 대한 질적 연구

1 새마을운동에 대한 다양한 견해

앞서 논의한 대로 정책의 시행은 생활세계와 충돌을 일으키는 경우가 많지만,

18) 검증의 범위를 제한하려 한 것이 중범위이론(middle-range theory)이다(Merton, 1968). 머튼(Robert K. Merton)이 개발한 중범위이론이란, 실상은 이론이라기보다는 이론 형성(theory construction)을 위한 접근 방법인데, 이론과 경험적 연구(empirical research)의 통합을 목적으로 한다. 중범위이론은 사회 체계(social system)와 같은 추상적 실체와는 반대되는 개념으로서의 경험적 현상에서 출발하여 자료에 의해 검증되는 이론명제(general statements)를 창출해낸다. 중범위이론은 두 가지 특색을 가지는데, 그 하나는 실증적이라는 특색이다. 어떤 이론이 타당하다면 흩어져 개개의 사실로 존재할 수밖에 없는 가설들이나 경험적 규칙성(segregated hypotheses and empirical regularities)을 설명한다. 또 다른 특색은 부정적 성격인데, 이론이 할 수 없는 것을 설명해 준다는 점이다(http://en.wikipedia.org/wiki/Middle_range_theory_(sociology)).

두 세계 사이에서 조화도 찾아볼 수 있다. 조화를 살펴볼 수 있는 대표적 사례가 새마을운동이다. 그 까닭에 여기서 새마을운동을 질적 평가의 주제로 삼는다. 새마을운동에 대한 선행 연구를 먼저 살펴본다. 선행 연구를 살펴보면 고원(2006), 김대영(2004), 김영미(2009; 2012), 김홍순(2008), 노화준(2013), 박보영(2011), 박진도 · 한도현(1999), 변형윤(1993), 엄석진(2011), 임한성 · 임재강(2013), 오유석(2002), 정갑진(2008), 조희연(2007), 최외출(2014), 한도현(2010), 황병주(2000; 2011) 등 다수의 연구 결과가 새마을운동을 주제로 논의가 진행되고 있음을 알 수가 있다.

이들의 논지를 긍정적 평가와 비판적 이론 및 양면을 모두 인정하는 견해들이 표출하고 있으나 대체로 다음과 같이 나눌 수 있다. 부정적 견해를 살펴보면 "강제 증산 농정을 위한 농민 통제의 이데올로기이자 기구"(변형윤, 1993: 233) 및 "박정희 정권은 농민을 새마을운동에 동원하기 위한 수단으로 강력하게 조직된 관료적 국가기구를 핵심축으로 삼았다"(고원, 2006)거나 "새마을운동은 그 추진 과정에서도 국가 동원 체계로서의 성격을 분명히 보여주며 새마을운동의 중심에는 내무부라는 행정조직이 자리잡고 있다"(김대영, 2004), 또는 "정부는 농민이 보유한 자원을 원활하게 동원하기 위하여 강요, 획일성, 권위주의이고 집단주의적 가치가 실현된 것"(김홍순, 2008) 등이 부정적 견해에 속한다.[19]

이에 비하여 긍정적 견해로는 "정부는 인센티브와 상징 조작을 통하여 양적인 경제 성장과 근대 의식을 주입시키는 데 성공하였다"(김홍순, 2008)라거나 "물질적 근대화로 여성의 참여로 인한 여권의 신장과 여성 노동력의 집약적 이용"(이헌창, 2006: 516; 김홍순, 2008) 등의 견해가 대표적이다. 즉, 정부 또는 국가의 역할을 긍정적으로 평가하는 의견이다.

그 밖에 변화된 견해들도 눈에 띈다. 그러나 이들은 부정적 견해이거나 긍정적 견해의 진리함수적(truth-functional) 견해들이다. 따라서 부정적 견해나 긍정적 견해를 요소명제로 보고 논의한다.

---

19) 이 글의 관점은 행정학적 관점이기에 정치적 해석은 채택하지 아니한다. 정치적 해석의 보기는 "체제의 위기와 함께 국민적 동의의 기반이 많이 약화되었는데 새마을운동은 그러한 점을 보완하려는 정치적 동원 운동의 성격"으로 규정짓는다(조희연, 2007: 164-165).

2 새마을운동에 대한 명제의 선정과 주장

1) 새마을운동 논의에서의 전제: 과학성과 인과 및 의도

새마을운동은 의식 개혁, 환경 개선 및 소득 증대라는 세 가지 핵심 사항이 있다. 특히 그 공헌은 의식의 개혁에 있었다고 한다(최외출, 2014). 그렇다면 의식이 어떻게 해서 잘살아보자는 실제 행동으로 전환할 수 있었으며, 어떻게 그 목표를 달성할 수 있었으며, 그 과정을 과학적으로 설명할 수 있는가? 사회구조의 거시적 역사 법칙의 연구에 따르면 과학과 사회와의 관계를 미시적 법칙과 거시적 법칙이 관계맺도록 할 수 있다고 한다. 과학적 측면의 인과 관계를 기초로 하여([그림 14-2] 참조), 더 거시의 차원(여기서는 사회의 차원)으로 의도에 따라 옮아갈 수 있다고 주장한다(이한구, 2011: 301-326). 새마을운동을 옹호하는 측의 이 논리를 이용하여 제시하면 [그림 14-4]가 된다(최외출, 2014).

즉, 새마을운동이 빈곤에 대한 갈증을 느끼게 하는 과정은 인과 관계를 기초로 하였다. 이것이 공헌이기는 하지만 더 큰 공헌은 그 위로 전환되는 과정, 즉 행동이 결과를 가져온다는 기대[아래 (식 5) 참조]를 심어주어서 행동으로 옮기게 하였다는 것이다.

그림 14-4 새마을운동의 인과의 의미

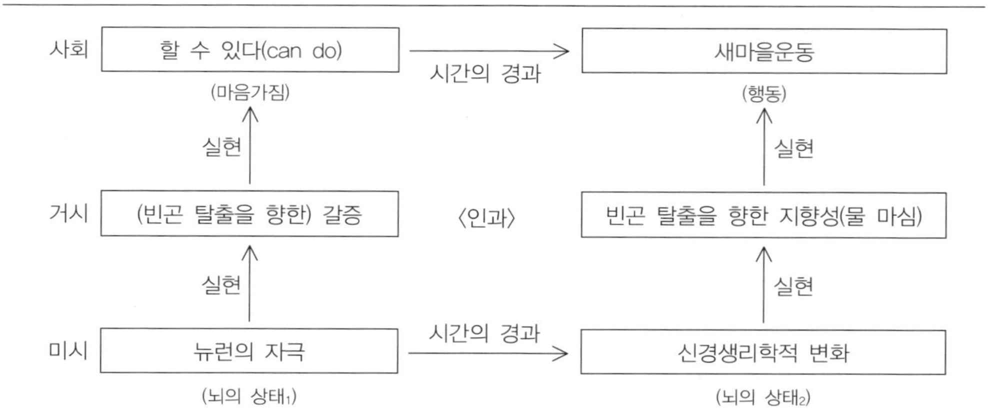

2) 명제의 선정

앞서 언급한 새마을운동에 관한 논문들에서 새마을운동에 대한 다양한 견해를 살펴보았다. 질적 평가를 하기 위해서는 꼭 필요한 것은 명제화와 그 논리 형태이므로(이남원 · 이윤복, 2011),[20] 위에서 언급한 다양한 견해에 기초하여 다음과 같이 명제를 선정한다(Salmon, 2012: 104).[21]

명제 1 [긍정적 명제]: 새마을운동은 잘살기운동이었다.
명제 2 [부정적 명제]: 새마을운동은 관(官) 주도의 동원 체계였다.

위 둘을 결합시킨 합성명제나 중도의 견해 및 변화된 견해는 위 두 명제의 진리함수적 성격이므로 논의할 필요는 없다. 즉, (명제 1)을 논의의 초점을 두어 이를 검증하든지, (명제 2)에 초점을 두어 이를 반증하든지 하여야 한다. (명제 2)에 초점을 두어 반증부터 살펴보고 (명제 1)을 논의하는 것은 다음 절에서 살펴본다.

3 논리적 질적 연구로서의 새마을운동 비판에 대한 반증

'새마을운동이 관(官) 주도의 동원 체계였다'라는 비판의 논리 형태는 다음 두 가지로 구성된다. 동원은 행정의 우월적 지위를 이용한 일방적 작용으로, 새마을운동으로 인하여 농가 부채의 증가와 도시와 농촌 간의 소득 격차 심화로 귀결되었다고 주장한다[22](변형윤, 1993: 230-261; 조희연, 2007: 164-165). 따라서 그 반증

---

20) 논리 형태란 비트겐슈타인에 따르면 명제가 현실과 공유하는 것을 말한다(하상필, 2005).

21) 과학철학에서의 명제 형성에는 '모든'이나 '어떤'과 같은 이른바 양화사가 도입된다. 이들을 둘러싸고 많은 논쟁과 수정이 있었고 이 때문에 논리실증주의의 후퇴를 가져온 것은 익히 알려진 사실이다(Gross, 1970; Hempel, 1965). 사회과학에서의 이들 양화사의 도입은 설명력과의 관련성에서 한정되어야 한다고 생각한다(중범위이론 참조). 본문에서의 명제 형성도 논리학적 관점에서 - 예컨대 전칭긍정명제(이른바 A 명제)에 대한 특칭부정명제(이른바 O 명제) - 도 가능하겠으나 행정학에 기초한 질적 평가에는 적합하지 않은 듯하기에 본문과 같이 명제를 선정한다.

22) 전통문화나 기존 마을공동체 자율성이라는 사회문화적 관점과, 의식 개혁의 획일성이나 생활의 규율화 강제라는 이념적 관점에서 논의되기도 한다. 그러나 여기서는 지면상의 제약으로 논의하지 아니한다.

은 두 방향으로 논의할 수 있다. 첫째는 행정의 우월적 지위를 이용한 일방적 작용이라는 주장에 대한 반증이고 또 다른 하나는 새마을운동으로 인한 농가 부채의 증가와 도시와 농촌 간의 소득 격차 심화이다. 전자 또한 두 방향으로 논의할 수 있다. 그들은 마을 주민의 복지라는 관점과 반 프라센의 설명의 틀에 의하여 반증될 수 있다. 먼저 마을 주민들의 복지부터 논의하는데, 이는 다음의 공식으로 표현될 수 있다:

$$W = f(F,\ V,\ C) \qquad \text{(식 3)}$$

W: 마을 주민들의 복지

F: 농민들 각자가 책임지고 해결해야 할 과제들

V: 마을 주민들의 협동적 노력을 필요로 하는 과제들

G: 정부가 담당하여야 할 정책과제들

(자료: 박진환[1982]의 공식을 노화준[2013]에서 재인용)

위 (식 3)에서 핵심은 V, 즉 '마을 주민들의 협동적 노력을 필요로 하는 과제들'이라는 관점이다. 이 V가 전근대적 환경 속에서는 작동하였으나 1960년대 후반기에는 전근대적 생활환경의 제약성이 뚜렷해졌다고 한다. 예컨대 농산물을 지게로 나르는 환경 속에서는 새마을운동이 필요하지 않겠지만 경운기와 같은 테크놀로지가 도입되면 생활환경이 바뀌어야 효과를 낼 수 있음과 같다(노화준, 2013). 나아가 생활환경의 개선에는 위 (식 3)의 V와 F이지만 그 당시 농촌 마을 주민들의 소득 수준은 아래 〈표 14-4〉에서 보듯이 무척 낮을 뿐만 아니라 〈표 14-5〉에서 보듯이 절대빈곤 인구비도 압도적으로 높은 상황에서 정부가 일정 수준 개입하지 않을 수 없었다. 이 새로운 공식이 새마을운동으로 다음과 같이 표현할 수 있다.

$$W = f(GF,\ GV,\ G) \qquad \text{(식 4)}$$

W: 마을 주민들의 복지

GF: 정부의 부분적 지원 아래에서 농민들 각자가 책임지고 해결하여야 할 과제들

GV: 정부의 부분적 지원 아래에서 마을 주민들의 협동적 노력을 필요로 하는 과제들

G: 정부가 담당하여야 할 정책과제들

(자료: 노화준, 2013)

이 (식 4)에 따른 지원액은 다음과 같다(사업 총액은 $GF+GV+G$)의 총액이며, 이 중에서 농민들 각자의 책임 몫과 마을 주민들의 협동적 노력 몫을 제외한 G가 정부지원액이다).

표 14-3 연도별 새마을 사업에 대한 정부지원액과 사업 총액

(단위: 억 원)

연도	정부지원액	사업 총액	연도	정부지원액	사업 총액
1971	41	122	1976	1,651	3,226
1972	33	313	1977	2,460	4,665
1973	215	984	1978	3,384	6,342
1974	308	1,328	1979	4,252	7,582
1975	1,653	2,959			

자료: 내무부(1980: 48)을 김대영(2004)에서 재인용.

이제 새마을운동으로 인하여 농가 부채의 증가와 도시와 농촌 간의 소득 격차 심화를 논의해 본다. 제시되는 자료가 서로 어긋나기도 하지만 이를 지지하는 연구는 변형윤(1993)에게서 볼 수 있다. 그 도식(schema)은 다음과 같이 구성된다.

그림 14-5 농가 부채의 증가와 도시와 농촌 간의 소득 격차 도식(schema)

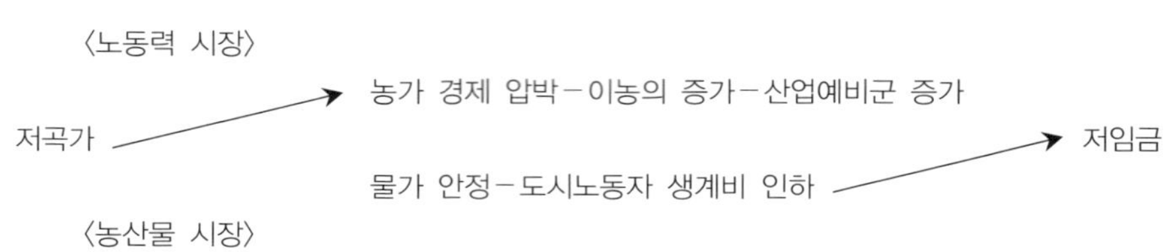

자료: 변형윤(1993: 230).

위에 언급된 도식을 주장하기 위하여 방증으로 든 농가 소득은 아래와 같다.

표 14-4 농가 소득과 도시노동자 가구 소득의 비교

(단위: 천 원)

연도	가구당 명목소득		가구당 실질소득(1975 가격)			1인당 실질소득(1975 가격)		
	농가	노동자	농가(A)	노동자(B)	A/B	농가(C)	노동자(D)	C/D
1967	150	249	493	733	0.67	81	134	0.60
1970	256	381	580	776	0.75	98	145	0.67
1972	429	517	761	832	0.91	133	158	0.84
1975	837	859	873	959	0.91	155	166	0.93
1977	1,433	1,405	980	1,106	0.89	178	232	0.77

자료: 변형윤(1993: 242).

위 표는 변형윤(1993)의 주장과는 달리 농가의 소득이 도시가구와 비교하여 1977년에는 악화되지만 대체적으로 나아지고 있다고 해석된다. 실질소득의 관점에서 보면 1975년도에는 거의 도시가구의 소득에 근접하고 있다. 또 새마을운동의 결과를 보면, 1970년을 기준으로 삼아 100으로 할 때, 1977년의 농가 실질소득은 193.3으로 계속 상승한다고 정부 통계는 보여준다(변형윤, 1993: 231). 즉, 새마을운동의 부정적 평가가 옳지 않음을 보여준다고 하겠다. 더 나아가 옳지 않음을 방증하는 자료가 〈표 14-5〉로 빈곤층 인구를 통하여 발전의 정도를 유추해 보자.[23)]

〈표 14-5〉를 보면 절대인구 및 절대빈곤 인구비가 급감하고 있음을 보여주고 있다. 따라서 위 〈표 14-4〉와 〈표 14-5〉를 통하여 (명제 2)를 반증할 수 있다.

표 14-5 빈곤층 인구 추이

	절대빈곤선 (1인/월; 천 원)	절대빈곤 인구 (만 명)	절대빈곤 인구비 (%)	상대빈곤 인구비 (%)
1965	1.5	1,175.0	40.9	12.2
1975	8.8	519.8	14.6	12.4
1980	18.4	364.4	9.8	13.4

자료: 이헌창(2006: 524).

23) 물론 이 수치가 전적으로 새마을운동과 관련이 있다고는 할 수 없다 다만 방증으로 유용함을 강조하고자 한다.

4 논리적 질적 평가: 검증

새마을운동이 국가 발전에 공헌하였다는 (명제 1)의 주장의 근거는 의식의 근대화에 있다고 한다(김홍순, 2008). 그 의미는 새마을운동이 '잘살아보겠다'는 동기부여를 이룩하였다는 고찰이다. 새마을운동의 시작 전의 상태가 구한말(舊韓末)의 모습을 서술한 비숍(Isabella B. Bishop) 여사의 글처럼은 아니겠지만 가난을 체념으로 여기는 풍조가 있었음을 이미 지적되었다(김경동, 1995). 이를 극복하려는 데에 대한 논리 형태는 잘살아보려는 마음가짐(김경동, 1995: 196), 이른바 캔두이즘(Candoism)의 의미와 캔두이즘의 적용 과정으로 표현된다(최외출, 2014; 임환성·임재강, 2013; 엄석진, 2011).[24] 캔두이즘의 의미는 동기부여의 이론으로 뒷받침할 수 있다. 즉, 새마을운동의 공헌이 의식의 근대화에 있다면(김홍순, 2008) 이는 기대이론으로 설명 가능하다. 익히 알려진 바대로 기대이론이란 욕구·만족·동기유발의 체계에 기대라는 인식론적 개념을 첨가하고 동기 유발의 과정에 중심을 두어 설명한다(오석홍, 1999: 169). 기대이론의 표현은 다음 (식 5)와 같다.

$$MF_i = f[\sum_j (V_i P_{ij})] \qquad \text{(식 5)}$$

MF(motivational force): 동기의 강도
V(valence): 결과에 부여하는 가치
P(probability): 행동이 결과를 가져온다는 기대
i: 행동 I
j: 결과 j

(자료: 오석홍, 1999: 192)

위 식을 간단히 표현하면 아래 (식 6)이 된다(오석홍, 1999: 193).

$$\text{동기의 강도} = f[\sum(\text{결과의 가치} \times \text{행동에 거는 기대})] \qquad \text{(식 6)}$$

---

24) 캔두이즘(Candoism)은 '할 수 있다(can do)는 정신'을 뜻하는 조어이다(최외출, 2014).

위 (식 6)이 의미하는 바는 동기가 강하게 부여되기 위해서는 결과에 대한 가치를 익히 알고 있어야 할 뿐만 아니라 당사자가 행동이 가능한 범위 내에서 그 행동이 이루어질 수 있어야 함을 내포한다(오석홍, 1999). 새마을운동 이전에도 결과의 가치는 습득되어 있었다. 문제는 이를 어떻게 동기로 이끌어내었는가에 새마을운동의 의의가 있다. 즉, 행동이 결과를 가져온다는 기대로 연결될 수 있는 그 구체적 방법이 문제였다. 체념화된 빈곤 상태에서 '잘살 수 있다'는 동기부여를 제공하고 이를 실천하여 보였다는 점에 그 의미를 두어야 하는데(최외출, 2014; 김경동, 1995: 196), 어떤 결과에 주관적으로 부여하는 가치가 크도록 관(官)이 유도하여 관에 따른 행동이 그런 결과를 가져올 개연성이 높다고 믿도록 하였음이 그 공헌이라고 할 수 있다.

기대이론 중에서 그 과정을 잘 설명한 것이 브룸(V. H. Vroom)의 동기유발모형이다. 이는 두 가지 명제로 구성되는데, 첫째는 행동을 하려는 사람의 정신적인 힘은 결과에 부여하는 효용과 그 결과의 달성에 그 행동이 가지는 유용성을 곱한 것이다. 둘째는 동기만이 어떤 행동을 유발하는 유일한 요인이 아니고 동기를 뒷받침할 능력이 있어야 한다는 데 주의를 환기시킨다(오석홍, 1999: 123). 이를 다음의 [그림 14- 6]으로 나타낼 수 있다.

이 그림에 따르면 어떤 결과에 주관적으로 부여하는 가치가 크고 어떤 행동이 그런 결과를 가져올 개연성이 높다고 믿을 때 행동할 동기는 커진다(오석홍, 1999: 192; 김경동, 1995: 196).

여기서 캔두이즘에 주목하는 것은 새마을운동의 대표성이다.[25] 즉, 성공한 새마을운동을 '새마을운동$_1$은 성공하였다', '새마을운동$_2$는 성공하였다', …… '새마을운동$_n$은 성공하였다'는 단칭 명제를 모두 모은 연접으로 바꿀 수 있다. 다시 이것은 P에 새마을운동의 성공적 결실이라는 속성을 대입하면, 예컨대 경북 청도군의 새마을운동 성공 사례를 P_1으로(전기우, 2014), 포항시 문성리의 새마을운동 성공 사례를 P_2(임한성 · 임재강, 2013)로, 경산시 남천면의 새마을운동 성공 사례를 P_3 (Choi & Chae, 2013) 등으로 하여 단칭 명제를 모두 모은 연접으로 바꾸면 앞서 기술한 b_1, b_2, … b_n이 n에 대하여 (Pb_1, Pb_2, … Pb_n)로 확정될 수 있고, 제시된 종

25) 이 점에서 질적 연구의 취지에 부합된다. 양적 연구가 보편성을 지향하는데 비하여 질적 연구는 대표성을 지향하기 때문이다.

그림 14-6 브룸의 동기유발모형

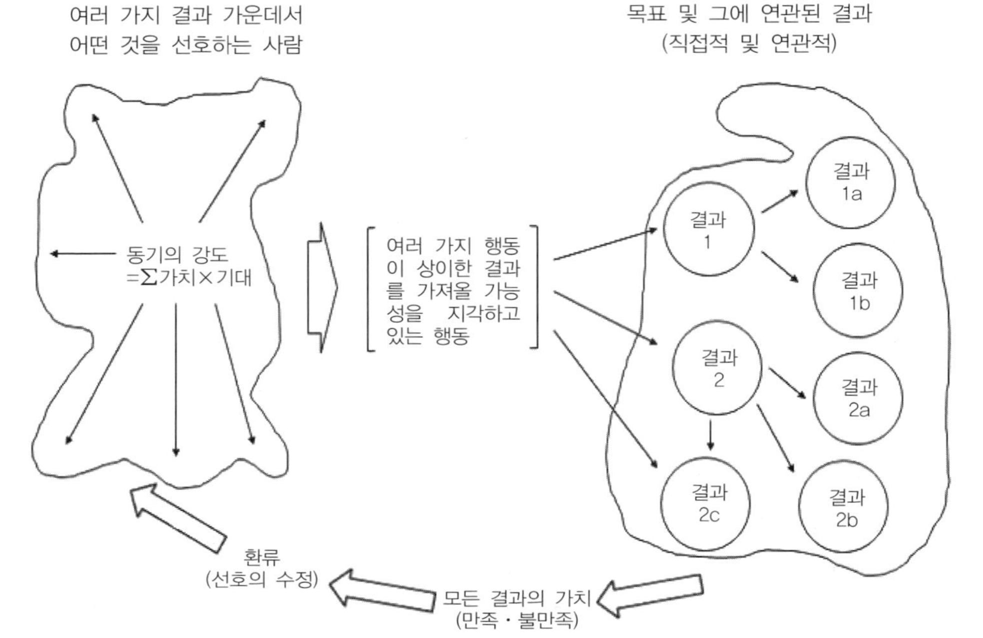

자료: 오석홍(1999: 123).

류의 범위 내에서 모든 대상들이 속성 P(새마을운동의 성공적 결실의 이유)를 가지는 전칭일반화된 명제를 얻을 수 있다.

이 전칭일반화된 명제에서 헴펠(C. G. Hempel)의 설명모델, 이른바 설명과 예측의 대칭성 이론을 도입하면,[26] '새마을운동$_p$는 성공할 것이다'라는 예측으로 이어진다. 현재 아시아·아프리카 개발도상국이 새마을운동을 배우러 오고 새마을운동이 전파되는 현상은 헴펠의 설명모델이 현실적으로 또 경험적으로 유의미함을 보여준다고 하겠다.

---

26) "설명과 예측의 논리적 구조는 동일하며, 둘의 구별은 설명항이 피설명항보다 먼저 발생한 것인가 아닌가 하는 시간의 선후 관계에 의해서만 구분될 수 있다. 따라서 모든 설명은 잠재적 예측이다"라는 것이 헴펠의 설명모델이다(최현철, 2011; Hempel, 1966).

3 역사적 질적 연구

이를 달리 반 프라센의 설명의 틀을 이용하여 (명제 1)의 주장의 근거(즉 R)를 설명 가능하다. 앞서 서술한 "Q: 왜 P_k인가?"에서 Q=P_k,, X, R로 이루어지고 여기서 P_k,는 국가 동원 체계를, X={P_1, P_2, P_3, P_4, …}는 여러 대안의 집합을, R은 적합성의 관계를 나타낸다(최현철, 2011; 박승억, 2008). 새마을운동을 여기에 대입하면, 새마을운동을 시작할 당시에 역량을 기준으로, X={P_1, P_2, P_3, P_4, …}의 집합에서, 루이스(L. Lewis)의 경제하려는 의지를 자극하여 가난을 벗어나도록 선도할(water-priming) 행위자는 국가에 의한 동원 체계(P_k)뿐이었다. 즉, 선택할 만한 다른 대안이 없었으며(변형윤, 1993: 103), 다른 대안을 선택하였다면 이렇게 급속히 발전이 이루어지지 않았다는 이야기이다. 따라서 P_k가 선택될 수밖에 없었다. 이는 산업화에 대한 국민의 집단 의지(collective will) 또는 공통 의지(common will)가 산업구조에 영향을 끼친 사례로 해석된다(김진업 외, 2001: 130).[27] 이를 새마을운동 시행 직전의 5개년계획인 제1차 경제개발 5개년계획을 중심으로 살펴보자.[28]

제1차 경제개발 5개년계획의 기본 목표를 자립경제의 달성을 위한 기반 구축에 두고 그 중점 목표로 농업생산력 증대에 의한 농업 소득의 향상을 열거하고 있다(변형윤, 1993: 107; 이헌창, 2006: 440-448; 강광하, 2000; Cha et al., 1997). 이와 관련된 농업정책으로는 농산물 가격정책과 새마을운동으로 요약할 수 있다(변형윤, 1993: 230). 농산물 가격정책은 저농산물 가격정책으로 이로 인하여 해외 농산물이 도입되었고, 투자재원은 비농업·도시 부문에 집중되어, 농·공 사이에, 도·농 간 격차가 점차 확대되었다. 그 결과 농촌의 문제에도 정책이 시행되어야만 하는 상황으로 진행되었는데, 그 예는 고미가정책(1968), 이중곡가제(1969) 등이다.

---

27) 여기서 집단 의지(collective will) 또는 공통 의지(common will)란 국가 혹은 정부의 정책 이면에 존재하는 것으로 정책 과정에서 내재적으로 표현된다(김진업 외, 2001: 130).

28) 그 대표적인 보기가 경제기획원의 설치(1961)라든가 4차례의 경제개발 5개년계획으로 그 유용성이 입증되어, 국가 경제의 발전을 위한 5개년계획은 이른바 문민정부까지 계속되었다. 1962년부터 시작된 경제개발 5개년계획은 4차례의 실시 이후(1962~81), 1982년부터는 경제사회발전 5개년계획으로 명칭이 바뀌고(1982~91) 김영삼 정부 아래에서는 신경제 5개년계획(1993~97)으로 진행되었다(강광하, 2000).

그림 14-7 조직 목표와 개인 목표의 통합에서의 모형

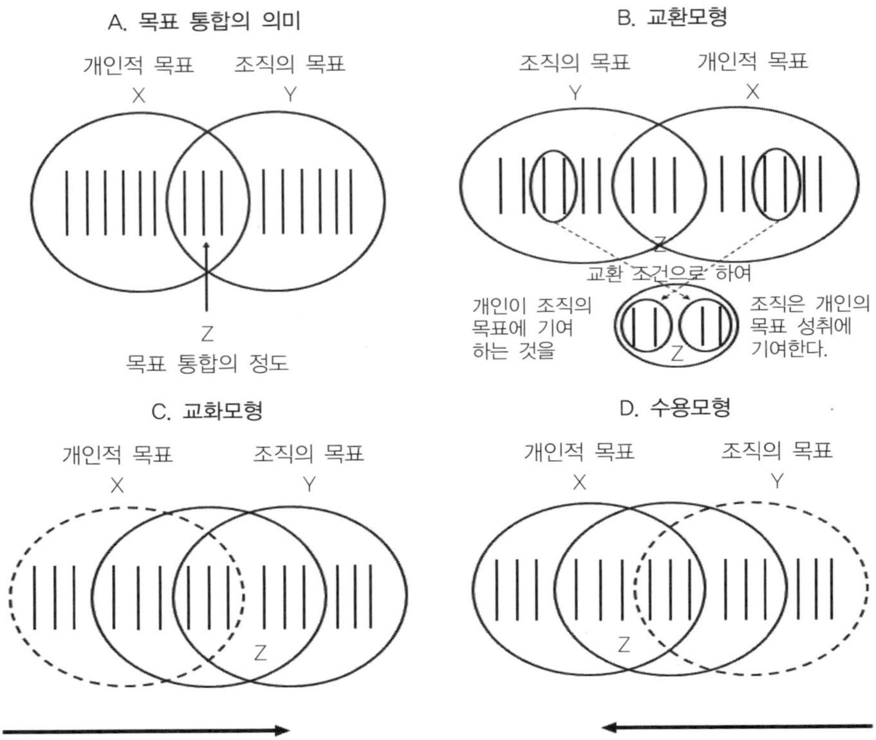

자료: 오석홍(1999: 123).

이런 배경 아래에서 새마을운동이 등장하였다.

그렇다면 R은 어떻게 해서 적합하다는 판정을 내릴 수가 있는가? 이는 국가 목표와 개인 목표의 통합을 말한다. 익히 알려진 대로 국가 목표와 개인 목표의 통합을 설명하기 위한 모형에는 교환모형, 교화모형, 수용모형이 있는데 이를 중심으로 논의해 본다(오석홍, 1999: 124). [그림 14-7]의 A에서 X는 개인적 목표이고 Y는 국가의 목표이다(그림에서는 조직 목표로 표현됨). 통합모형이란 수용과 교화를 통하여 Z의 영역을 넓히고 개인이 국가의 목표를 내재화하게 된다. 이를 나타낸 것이 [그림 14-7]의 C(교화모형의 관점)와 D(수용모형의 관점)이다. 한편 [그림 14-7]의 B(교환모형의 관점)에서는 국가 목표와 개인 목표가 병존하는 상태에서

국가와 개인 사이의 거래 관계에서 외재적 보상에 기초를 둔 모형이다.

국가 동원 체계이든 잘살기운동이든 중요한 것은 새마을운동에서 국가 목표와 개인 목표의 통합이 이루어졌다는 점이다. 즉, 새마을운동은 위 모형 중에서 어디에 해당한다고 할 수 있는가? [그림 14-7] C의 교화모형의 관점을 함축한다고 하겠다.[29)]

제 6 절 결론

이 글에서는 과학의 의미를 발견의 심리학으로 보고 이제는 우리 역사의 한 부분이 된 새마을운동을 개인적 호·불호나 그 정책을 시행한 정부의 호·불호를 떠나 객관적으로 또는 합리적으로 평가할 필요성이 제기된다. 이에 기초하여 선행 연구를 검토한 결과 긍정적 명제로 '새마을운동은 잘살기운동이었다'와 부정적 명제로 '새마을운동은 관 주도의 동원 체계였다'라는 두 유형의 명제를 중심으로 이에 대하여 검증주의와 반증주의 및 해석주의라는 질적 평가의 틀을 이용하여 논의하였다. 그 의미는 새마을운동에 대하여 논리적 접근 및 역사적 접근을 시도해 보는 데 있다. 더욱이 새마을운동은 행정과 사회와의 관계를 잘 설명해 주고 있기에 계속 연구의 필요성이 제기된다. 아무쪼록 긍정적 평가든 부정적 평가든 이에 대한 연구와 평가를 할 수 있는 무대가 마련되고, 많은 연구자가 이에 대하여 관심을 가져주기를 소망한다.

참고 문헌

강광하(2000). 『경제개발5개년계획』, 서울대출판부.

강신택(1981). 『행정학의 논리』, 박영사.

______(2005). 『사회과학 연구의 논리: 정치학·행정학을 중심으로』, 박영사.

29) 이에 대하여 자세한 설명은 최와 채(Choi & Chae, 2013)를 참조하라.

강진호(2010). 촘스키와 비트겐슈타인의 지칭 의미론 비판, 『철학』, 102.
고원(2006). 박정희 정권 시기 농촌 새마을운동과 근대적 국민 만들기, 『경제와 사회』, 69: 178-201.
고인석(2010). 빈 학단의 과학사상, 『과학철학』, 13(1): 53-81.
곽영순(2011). 『질적연구: 철학과 예술 그리고 교육』, 교육과학사.
권선필(2008). 행정학 연구에서 과학적 방법론의 진화와 질적 연구 방법론, 한국행정학회 하계학술대회 발표 논문.
김경동(1995). 『한국사회변동론』, 나남.
김대영(2004). 박정희 국가동원 메커니즘에 관한 연구: 새마을운동을 중심으로, 『경제와 사회』, 61.
김문조(1990). 하버마스의 의사소통행위론, 『사회비평』, 4, 나남.
김병철(2009). 『메타평가론: 메타평가 모형의 설계와 적용』, 한국학술정보.
김보현(1992). 라카토스의 긍정적 발견법, 『철학연구』, 118, 대한철학회.
김영미(2009). 『그들의 새마을운동』, 푸른역사.
______(2012). 식민지 주민 동원의 유산과 변용, 『한국학논총』, 38: 335-364, 국민대학교 한국학연구소.
김유신(1995). 경험주의 설명 이론: 헴펠과 반 프라센을 중심으로, 『철학연구』, 37, 철학연구회.
김준섭(1977). 『과학철학서설』, 정음사.
김진업 외(2001). 『한국 자본주의 발전모델의 형성과 해체』, 나눔의 집.
김형효(2008). 『구조주의: 사유체계와 사상』, 인간사랑.
김홍순(2008). 근대화 프로젝트로서의 새마을운동에 대한 비판적 고찰: 1970년대를 중심으로, 『한국지역개발학회지』, 12(2): 21-38.
노화준(2004). 『정책평가론』, 법문사.
______(2013). 『정책학원론』, 박영사.
______(2013). 『한국의 새마을운동』, 법문사.
문장수(2004). 『의미와 진리』, 경북대출판부.
박동서(2005). 『한국행정론』, 법문사.
박만엽(2008). 포퍼의 사회과학 논리에 대한 비판적 고찰, 『철학』, 24: 65-89.
박병철(2014). 『비트겐슈타인 철학으로의 초대』, 필라소픽.
박보영(2011). 지역사회개발사업과 발전주의 복지정치: 박정희 정권의 새마을운동을 중심으로, 『사회복지정책』, 38(3): 57-80.

박승배(2002). 이론-적재적? 이론-중립적?, 『과학철학』, 9: 53-73.
______(2009). 질적 연구와 양적 연구의 혼합 논리로서 프래그마티즘과 교육학 연구방법에 대한 듀이의 입장 고찰, 『교육과정연구』, 27(2): 63-81.
박승억(2008). 통섭: 포기할 수 없는 환원주의자의 꿈, 『철학과 현상학 연구』, 36: 197-218.
박은진(1996). 과학철학의 어제, 오늘, 내일, 과학사상연구회(편), 『과학과 철학』, 7, 통나무.
______(1997). 논리적 과학철학에서 역사적 과학철학으로, 김여수 외, 『언어 · 진리 · 문화』, 2, 철학과현실사.
______(1999). 반증과 반증주의, 조인래 외, 『현대과학철학의 문제들』, 아르케.
______(2001). 『칼 포퍼 과학철학의 이해』, 철학과현실사.
박이문(1982). 『인식과 실존』, 문학과지성사.
박지윤(2011). 온라인 뉴스 텍스트의 비판적 이해과정, 『텍스트언어학』, 31: 103-122.
박진도 · 한도현(1999). 새마을운동과 유신체제: 박정희 정권의 농촌 새마을운동을 중심으로, 『역사비평』, 47: 37-80, 역사문제연구소.
변형윤(편저)(1993). 『한국경제론』, 유풍출판사.
소흥렬(1982). 『논리와 사고』, 이화여대출판부.
송하진(1985). 이론의 확증에 관한 소고, 『한국자치행정학보』, 1.
신중섭(1992). 『포퍼와 현대의 과학철학』, 서광사.
엄정식(편역)(1988). 『비트겐슈타인과 분석철학』, 서광사.
______(2011). 동원과 참여 사이에서: 1970년대 농촌 새마을운동 과정에서의 지방공무원의 역할, 『한국행정학보』, 45(3): 97-122.
오석홍(1999). 『조직이론』, 박영사.
오유석(2002). 박정희식 근대화 전략과 농촌 새마을운동, 『동향과 전망』, 55: 157-177.
유문무(2009). 홀리스틱 패러다임과 사회과학의 지평 확대, 『홀리스틱교육연구』, 13(2): 17-39.
윤명로(1980). 과학의 개념, 한국사회과학연구소(편), 『사회과학의 철학』, 민음사.
이남원 · 이윤복(2011). 『언어와 논리』, 정림사.
이남인(2014). 『현상학과 질적 연구: 응용현상학의 한 지평』, 한길사.
이명현(1991). 분석철학과 현대철학의 좌표, 한국분석철학회(편), 『비트겐슈타인과 분석철학의 전개』, 철학과현실사.
______(1997). 철학, 비트겐슈타인 이전과 이후, 김여수 외, 『언어 · 진리 · 문화』, 철학

과현실사.
이봉재(1993). 과학사와 과학철학: 자연주의 메타방법론의 검토, 『철학연구』, 33: 137-155.
______(1999). 과학적 실재론, 조인래 외, 『현대 과학철학의 문제들』, 아르케.
이상욱(2009). 비트겐슈타인과 비엔나 모임: 과학철학적 접점, 『과학철학』, 12(2).
이상원(2008). 인식적 확실성, 원초 문장, 실험의 비단일성, 『철학탐구』, 23: 199-226.
이승종(1999). 대칭적 전체론을 위하여, 한국분석철학회(편), 『언어·표상·세계』, 철학과현실사.
이정민(2012). 쿤과 과학적 철학의 이념, 『과학철학』, 15(2): 175-208.
이정민·배영남(1990). 『언어학사전』, 박영사.
이좌용(1980). 지식의 체계성과 적합성, 한국사회과학연구소(편), 『사회과학의 철학』, 민음사.
이한구(2011). 『역사학의 철학』, 민음사.
______(2013). 『지식의 성장』, 살림.
이헌창(2006). 『한국경제통사』, 법문사.
임규정(2004). 포퍼와 쿤의 과학관을 통해 본 진리, 『대동철학』, 25: 1-21, 대동철학회.
임한성·임재강(2013). 새마을운동의 성공 요인에 관한 사례 연구, 『지방정부연구』, 17(3): 153-176.
전기우(2014). 새마을운동 국제화, 이광석 외, 『국제행정론』, 대영문화사.
전영삼(2005). 논리주의의 세계 구성: 카르납의 경우를 중심으로, 『과학철학』, 8(2): 1-30.
전태국(1996). 인간 이성에 대한 굳건한 믿음과 새로운 사회, 김재용·윤형식·이삼성·한정숙(편)(1996). 『명저의 세계』, 한길사.
정갑진(2008). 『한국의 새마을운동: 새마을운동의 재평가와 활용』, 도서출판 케이빌더.
정성관(2005). 니체와 해석주의, 『니체연구』, 7: 105-128.
조용현(1992). 『칼 포퍼의 과학철학』, 서광사.
조인래·박은진·김유신·이봉재·신중섭(1999). 『현대 과학철학의 문제들』, 아르케.
조용환(1999). 『질적연구: 방법과 사례』, 교육과학사.
조희연(2007). 『박정희와 개발독재시대: 5·16에서 10·26까지』, 역사비평사.
최외출(2014). 더 안전하고 행복한 세상을 향하여: 새마을정신 공유와 실천을 중심으로, Global Saemaul Forum 2014 발표 논문.
최정규(2011). Homo Economicus의 변천. 경북대 학술잔치 발표 논문.

최현철(2011). 반 프라센의 설명 화용론에 대한 고찰, 『철학논총』, 66, 새한철학회.
하상필(2005). 『논고』의 과학관: N. 가버의 해석에 대한 비판을 중심으로, 『철학적 분석』, 12: 161-182.
한도현(2010). 1970년대 새마을운동에서 마을 지도자들의 경험세계: 남성지도자들을 중심으로, 『사회와 역사』, 88, 한국사회사학회.
황병주(2000). 박정희 시대의 국가와 민중, 『당대비평』, 12: 46-68, 생각의나무.
______(2011). 유신체제의 대중인식과 동원 담론, 『상허학보』, 32: 143-186.
황희숙(2009). 과학적 철학의 꿈: Wittgenstein 오독의 유산, 『대동철학』, 47, 대동철학회.
木田元・野家 啓一・村田純一・鷲田清一(1994). 『현상학사전』, 이신철 옮김(2011). 도서출판 b.
Ayer, Alfred Jules(1946). *Language, Truth and Logic*, New York: Dover Publications, 송하석 옮김(2010). 『언어, 논리, 진리』, 나남.
______(1982). *Philosophy in the 20th Century*, London: Unwin Paperbacks.
Bergmann, Gustav(1967). *The Mataphysics of Logical Positivism*, Milwaukee: The University of Wisconsin Press.
Brayrooke, David(1987). *Philosophy of Social Science*, Englewood Cliffs: Prentice-Hall.
Brown, Harold I.(1977). *Perception, Theory and Commitment: The New Philosophy of Science*, Chicago: The University of Chicago Press, 신중섭 옮김(1987). 『논리실증주의의 과학철학과 새로운 과학철학』, 서광사.
Bryman, Alan(1988). *Quantity and Quality in Social Research*, London: Unwin Hyman.
Butler, Christopher(2002). *Postmodernism: a very short introduction*, Oxford: Oxford University Press.
Carnap, Rudolf(1995). *The Unity of Sciences*, Bristol: Thoemmes Press.
______(1996). *Philosophy and Logical Syntax*, Bristol: Thoemmes Press.
______(2002). *Logical Syntax of Language*, London: Routledge.
Cha, Dong-se, Kim, Kwang-suk, & Perkins, Dwight H.(1997). *The Korean Economy 1945-1995: Performance and Vision for the 21st Century*, Seoul: Korea Development Institute.
Chalmers, Alan Francis(1982). *What is the thing called Science?: An Assessment of the Nature and Status of Science and its Method*, St. Lucia: University of

Queensland Press, 신일철·신중섭 옮김(1985). 『현대의 과학철학』, 서광사.

Child, William(1996). *Causality, Interpretation, and the Mind*, Oxford Scholarship Online(http://www.oxfordscholarship.com/view/10.1093/0198236255.001.0001/acprof-9780198236252-chapter-2).

Choi, Oe-Chool & Chae, Young-Taek(2013). *Field Note of Saemaul Undong in the 1970s*, Kyoung-san: Park Chung Hee Leadership Research Institute.

Denzin, Norman K. & Lincoln, Yvonna S.(2011). *The Sage Handbook of Qualitative Research*, London: Sage.

Farmer, David(1999). *The Language of Public Administration: Bureaucracy, Modernity, and Postmodernity*, Tuscaloosa: University of Alabama Press, 강신택 옮김(1999). 『행정학의 언어』, 박영사.

Fultner, Barbara(2011). Communicative Action and Formal Pragmatics, *Jürgen Harbermas: Key Concepts*, Durham: Acumen.

Giere, Ronald N. & Richardson, Alan W.(1996). *Origins of Logical Empiricism*, Minneapolis: University of Minnesota Press.

Gross, Barry R.(1970). *Analytic Philosophy: An Historical Introduction*, New York: Pegasus.

Habermas, Jürgen(1992). Transcendence from Within, Transcendence in this World, Don S. Browning & Francis Schüssler Fiorenza (eds.). *Habermas, Modernity*, and Public Theology, New York: Crossroad.

Hanson, Norwood R.(1958). *Patterns of Discovery: An Inquiry into the Conceptual Foundation of Science*, 송진웅·조숙경 옮김(2007). 『과학적 발견의 패턴: 과학의 개념적 기초에 대한 탐구』, 사이언스북스.

______(1969). *Perception and Discovery: An Introduction to Scientific Inquiry*, San Francisco: Freeman, Cooper and Company.

Heath, Joseph(2011). System and Lifeworld, Barbara Fultner (ed.), *Jürgen Harbermas: Key Concepts*, Durham: Acumen.

Hempel, Carl G.(1965). *Aspect of Scientific Explanation and other Essays in the Philosophy of Science*, New York: The Free Press.

______(1966). *Philosophy of Natural Science*, Englewood Cliffs: Prentice-Hall, Inc., 곽강제 옮김(1981). 『자연과학철학』, 양영각.

Henwood, Karen L. & Pidgeon, Nick F.(1993). Qualitative Research and Psychological Theorizing, in Martyn Hammersley(ed.). *Social Research: Phyloso-phy, Politics and Practice*, London: Sage Publications.

Joergensen, Joergen(1951). *The Development of Logical Empiricism*, Chicago: The University of Chicage Press.

Kemeny, John G.(1959). *A Philosopher Looks at Science*, London: D. Van Nostrand Co.

Kuhn, Thomas S.(1962). *The Structure of Scientific Revolutions*, London: The University of Chicago Press.

______(1970). Logic of Discovery or Psychology of Research. In Imre Lakatos & Alan Musgrave(eds.). *Criticism and the Growth of Knowledge*, Cambridge [Eng.]: Cambridge University Press, 조승옥 · 김동식 옮김(2002). 『현대과학철학 논쟁』, 아르케.

Lakatos, Imre(1978). *The Methodology of Scientific Programmes: Philosophical Papers*, edited by John Worrall & Gregory Currie, Cambridge University Press, 신중섭 옮김(2002). 『과학적 연구 프로그램의 방법론』, 아카넷.

Lyman, Edmund(1970). *Philosophy and Science, Wittgenstein and Chomsky: An Examination of the Current Theory of Innate Ideas*, Austin: The University of Texas.

Mariampolski, Hy(2001). *Qualitative Market Research: A Comprehensive Guide*, London, Sage.

Merton, Robert K.(1968). *Social Theory and Social Structure*, New York: The Free Press.

Munz, Peter(1985). *Our Knowledge of the Growth of Knowledge: Popper or Wittgenstein?*, London: Routledge and Kegan Paul.

Newman, Janet & Yeats, Nicola (eds.)(2008). *Social Justice: Welfare, Crime and Society*, Maidenhead: Open University Press.

Park, Byong-chul(1998). *Phenomenological Aspects of Wittgenstein's Philosophy*, Dordrecht: Kluwer Academic Publishers.

Phillips, Derek L.(1977). *Wittgenstein and Scientific Knowledge: A Sociological Perspective*, London: Macmillan.

Popper, Karl R.(1972). *The Logic of Scientific Discovery*, London: Hutchinson, 박우석 옮김(1994). 『과학적 발견의 논리』, 고려원.

______(1976). *Unended Quest: An Intellectual Autobiography*, Illinois: Fontana Collins.
______(1979). *Objective Knowledge: An Evolutionary Approach*, Oxford: Clarendon Press, 이한구 · 정연교 · 이창환 옮김(2013). 『객관적 지식: 진화론적 접근』, 철학과현실사.
Reichenbach, Hans(2006). *Experience and Prediction: An Analysis of the Foundations and the Structure of Knowledge*, University of Notre Dame.
Salmon, Wesley(1973). *Logic*, Englewood Cliffs: Prentice-Hall, 곽강제 옮김(2012). 『논리학』, 박영사.
Schilpp, Paul A.(ed.)(1991). *The Philosophy of Rudolf Carnap*, La Salle: Open Court.
Searle, John R.(1983). *Intentionality: An essay in the Philosophy of Mind*, Cambridge University Press, 심철호 옮김(2009). 『지향성』, 나남.
Shadish, William R.(2005). Philosophy of Science and the Quantitative-Qualitative Debates: Thirteen Common Errors in Stern, Elliot (ed.)(2005). *Evaluation Research Methods*, London: Sage Publications.
Shaw, Ian(1998). *Qualitative Evaluation*, London: Sage Publications.
Stegmüller, Wolfgang(1989). *Hauptströmungen der Gegenwartsphilosophie*, 이초식 · 김영남 · 정영기 옮김(1995). 『현대 경험주의와 분석철학』, 고려대학교출판부.
Stern, Elliot(ed.)(2005). *Evaluation Research Methods*, London: Sage Publications.
Stockman, Norman(1983). *Antipositivist Theories of the Sciences: Critical Rationalism, Critical Theory and Scientific Realism*, Lancaster: D. Reidel Publishing Company.
Swingewood, Alan(1994). *A Short History of Sociological Thought*, London: Macmillan.
Toulmin, Stephen E.(1961). *Foresight and Understanding: An Inquiry into the Aim of Science*, New York: Harper Touchbooks.
van Fraassen, Bas(1980). *The Scientific Image*, Oxford: Clarendon Press.
Wright, Georg Henrik von(1971). *Explanation and Understanding*, New York: Cornell University Press, 배철영 옮김(1994). 『설명과 이해』, 서광사.
Young, Michael(ed.)(1968). *Forecasting and the Social Sciences*, London: Heinemann.

찾아보기

ㄷ

ㄹ

ㅁ

ㅂ

ㅅ

ㅇ

ㅈ

ㅊ

저자 소개

이광석(李光錫)

영국 뉴캐슬대학교(University of Newcastle upon Tyne)에서 사회정책학 박사학위를 받고 현재 경북대 행정학부 교수로 재직 중이다. 관심 분야는 복지정책, 국제행정, 다문화행정 등이며, 주요 논문으로는 “프레임의 명명과 전환 및 검증에 관한 연구”(2016), “행정학에서의 질적 평가에 관한 연구”(2015) 등이 있고, 주요 저서로는 『국어정책론』(2016), 『소통학: 학문, 문화, 응용』(2016: 공저), 『복지모순론』(2016) 등이 있다.
(lightstone@knu.ac.kr)

임한성(林漢聲)

독일 프라이부르크대학교(Albert-Ludwigs-Universität Freiburg im Breisgau)에서 경제학 박사학위를 받고 경운대학교 새마을아카데미 연구원을 거쳐 현재 새마을세계화재단 자문위원으로 활동하고 있다. 주요 논문으로는 “새마을운동의 성공 요인에 관한 사례연구”(2013), “DHP를 활용한 새마을운동 세계화사업의 평가지표 개발”(2013), “새마을 시범사업의 현황과 개선 방안: 경상북도의 르완다 사례를 중심으로”(2014), “경상북도 새마을 시범마을 조성사업 추진 방안”(2016) 등이 있다.

이정훈(李正勳)

영남대학교에서 행정학 박사학위를 받고 현재 대구과학대학교 경찰경호행정과 교수로 재직 중이다. 관심 분야는 경찰행정, 재난관리, 민간경비 등이며, 주요 논문으로는 “해적행위에 대한 법적 처벌 근거에 관한 고찰”(2015), “관리적 보안활동과 보안인력 전문성이 기술 유출 방지에 미치는 영향”(2015) 등이 있고, 주요 저서로는 『신편 경찰학개론』(2014), 『쉬운 경비업법』(2015) 등이 있다.
(cabbage19200@hanmail.net)

강왈구(康曰九)

연세대학교에서 경제학 석사학위를 받고 MG금융경제연구소 금융경제연구팀장 및 책임연구원으로 재직 중이다. 관심 분야는 서민금융정책, 새마을금고의 정체성, 지역공동체 복원, 지역사회개발 등이며, 주요 논문으로는 “Structural Relationships among Customer Loyalty, Satisfaction and Trust of Internet Banking”(2012) 등이 있고, 주요 저서로는 『새마을금고의 정체성과 미래』(2016), 『인터넷전문은행 설립 방안 연구』(2015), 『새마을금고 원형모델 변화에 관한 연구』(2012) 등이 있다.

김학실(金學實)

충북대학교에서 "지방 문화산업정책 집행요인과 성과분석: 첨단문화산업단지 조성을 중심으로"로 행정학 박사학위를 받고, 현재 충북대학교 행정학과 교수로 재직 중이다. 관심 분야는 사회경제정책, 젠더정책, 복지정책, 문화정책, 질적연구방법론 등이며, 주요 논문으로는 "여성정책 변동과 연구경향 분석"(2012), "여성고용정책에 대한 비판적 담론 분석"(2015), "돌봄사회적기업 성공 요인에 관한 연구"(2015) 등이 있다.
(khaksil67@chungbuk.ac.kr.)

이병기(李炳璣)

중앙대학교에서 경제학 박사학위를 받고, 현재 협성대학교 도시행정학과 교수로 재직 중이다. 관심 분야는 농촌 개발, 지역경제 등이며, 주요 논문으로는 "참여정부 농촌개발정책의 회고"(2008), "농촌계획제도의 실태와 전망"(2009), "농촌과소화 실태와 전망"(2010) 등이 있고, 저서로는 『농촌계획의 이론과 실제』(2006, 공저)가 있다.
(bklee@uhs.ac.kr)

김관욱(金官旭)

충남대학교 의과대학을 졸업하고, 가정의학과 전문의로 근무했고, 현재 영국 더럼대학교(Durham University) 인류학과에서 의료인류학 박사과정 중에 있다.

전기우(田基雨)

영남대학교에서 행정학 박사학위를 받고, 새마을세계화재단 연구원으로 재직했으며, 현재 청도우리정신문화재단 연구개발팀장으로 재직 중이다. 주요 관심 분야로는 사회복지행정, 새마을운동 세계화 등이며, 주요 논문으로는 "발전국가론적 시각하의 새마을운동 기원과 발전에 관한 연구"(2010), "지역사회의 교육불평등 해소를 위한 정책적 우선순위의 탐색"(2011), "새마을 시범사업의 현황과 개선 방안: 경상북도의 르완다 사례를 중심으로"(2014), "해외진출 기업의 CSR과 새마을운동 세계화사업의 연계 방안 탐색"(2014), "새마을운동 세계화 사업 운영 과정상의 성과와 과제: 경상북도 사례를 중심으로"(2014) 등이 있다.
(8387woo@hanmail.net)

이종수(李宗秀)

중앙대학교에서 "중앙정부와 지방정부 간 기능 배분에 관한 연구"로 행정학 박사학위를 받고 한국지방자치학회 편집위원, 한국행정학회 상임이사, 중앙대 법대, 행정대학원 연구교수로 재직 중이다. 관심 분야는 조직문화, 관료병(官僚病) 스토리텔링 힐링 등이며, 주요 논문으로는 "조선 전기 외관 포폄제도 집행실태 분석"(2000), "조직문화와 조직구조관계 분석"(2008), "13세기 대원제국의 탐라다루가치 연구"(2014), "정도전의 민본사상 연구"(2014), "관료병의 오리(梧里)청렴 스토리텔링 힐링"(2015, 2016) 등이 있고, 저서로는 『한국 지방자치의 발전과 쟁점』(공저, 2016), 『21세기 지방자치와 지역문화』(공저, 2006), 『서울시 장소자산 연구』(2009) 등이 있다.

네모토 마사쯔구(根本眞嗣)

한국 충북대학교에서 행정학 박사학위를 받고 현재 충북대학교 사회과학연구소 전임 연구원으로 재직 중이다. 관심 분야는 사회적 기업, 협동조합, 비영리 민간단체, 지역정책 등이며, 주요 논문으로는 "원자력 재해 발생 시 지역사회 기반 주민방호 제고 방안: 일본의 원전 10km권 커뮤니티 방재활동 사례를 중심으로"(2016), "한국 사회적 경제 조직의 정착을 위한 법제도 발전 방향: 일본의 특정 비영리 활동 촉진법(NPO법)과의 비교를 중심으로"(2015), "재난 발생 시 '재난 약자'에 대한 지역사회 지원 체계 강화 방안 연구: 한・일 양국의 재난 약자에 대한 사전조사 체계 비교를 중심으로"(2014) 등이 있다.
(motomotonemoto@gmail.com)

이병욱(李秉昱)

서울대학교에서 경제학 박사학위를 받고 현재 서울대학교 연구조교수로 재직 중이다. 또한 서울대학교 경제학부에서 학부 거시경제이론과 경제원론을 가르치고 있다. 관심 분야는 거시경제, 경제 성장, 개발경제학 등이며, 주요 논문으로는 "Understanding North Korea's Stagnation"(2016: 공저), "새마을운동의 경제발전이론화와 실증적 효과분석"(2016: 공저), "An Investigation into Saemaul Movement: Economic Growth Perspectives"(2015) 등이 있다.
(econ2010@snu.ac.kr)

발전행정 시대의 정부와 사회
-새마을운동을 중심으로-

펴낸날 제1판 제1쇄 2016년 8월 20일
지은이 이광석 외
펴낸이 임춘환
펴낸곳 도서출판 대영문화사
주소 서울특별시 용산구 청파로 61길 5(청파동 1가) 제일빌딩 2층
등록 1975년 12월 26일 제3-16호
전화 (02)716-3883, (02)714-3062
팩스 (02)703-3839
홈페이지 http://www.dymbook.co.kr

ISBN 978-89-7644-569-8
값 25,000원